1921-2021
厦门大学
XIAMEN UNIVERSITY

厦门大学百年校庆系列出版物

校史资料汇编与学生名录系列

厦门大学校史资料选编

（1992—2017）

第二册 (1996—1999)

主编：石慧霞　连　念

厦门大学出版社
XIAMEN UNIVERSITY PRESS
国家一级出版社
全国百佳图书出版单位

《厦门大学校史资料选编（1992—2017）》编纂组

组　长：石慧霞　连　念

成　员（以姓氏笔画为序）：

毛春红　石慧霞　刘珊珊　吴爱华　连　念　张璐阳

林秀莲　曾晓秋　蔡秋才　薛小勤　魏　昊

执行编辑：

1992—1994 年：曾晓秋　连　念　张璐阳　吴爱华

1995—1997 年：张璐阳　连　念　吴爱华

1998—1999 年：毛春红　魏　昊　连　念　张璐阳　吴爱华

2000—2002 年：吴爱华　连　念　张璐阳　魏　昊

2003—2004 年：蔡秋才　连　念　张璐阳　吴爱华　魏　昊

2005 年：　　　薛小勤　连　念　张璐阳　吴爱华　魏　昊

2006—2008 年：毛春红　连　念　张璐阳　吴爱华　魏　昊　林秀莲　董健岚

2009—2010 年：薛小勤　连　念　张璐阳　吴爱华　魏　昊

2011 年：　　　蔡秋才　连　念　张璐阳　吴爱华　魏　昊

2012 年：　　　连　念　吴爱华　张璐阳　魏　昊

2013—2015 年：刘珊珊　连　念　张璐阳　吴爱华　魏　昊

2016—2017 年：连　念　吴爱华　张璐阳　魏　昊

总　序

厦门大学　党委书记　张　彦
校　　长　张　荣

2021年4月6日，厦门大学百年华诞。百载风雨，十秩辉煌，这是厦门大学发展的里程碑，继往开来的新起点。全校师生员工和海内外校友满怀深情地期盼这一荣耀时刻的到来。

为迎接百年校庆，学校在三年前就启动了“百年校庆系列出版工程”的筹备工作，专门成立“厦门大学百年校庆系列出版物编委会”，加强领导，统一部署。各院系、部门通力合作，众多专家学者和相关单位的工作人员全身心地参与到这项工作之中。同志们满怀高度的责任感和紧迫感，以“提升质量，确保进度，打造精品”为目标，争分夺秒，全力以赴，使这项出版工程得以快速顺利地进行。在这个重要的历史时刻，总结厦大百年奋斗历史，阐扬百年厦大“四种精神”，抒写厦大为伟大祖国所做出的突出贡献，激发厦大人的自豪感和使命感，无疑是献给百岁厦大最好的生日礼物。

“百年校庆系列出版工程”包括组织编撰百年校史、百年组织机构史、百年院系史、百年精神文化、百年学术论著选刊、校史资料与学生名录……有多个系列近150种图书将与广大读者见面。从图书规模、涉及领域、参编人员等角度看，此项出版工程极为浩大。这些出版物的问世，将为学校留下大量珍贵的历史资料，为学校深入开展校史教育提供丰富生动的素材，也将为弘扬厦门大学“自强不息，止于至善”校训精神注入时代的新鲜血液，帮助人们透过“中国最美大学校园”的山海空间和历史回响，更加清晰地理解厦门大学在中国发展进程中发挥的独特作用、扮演的重要角色，领略“南方之强”的文化与精神魅力。

百年校庆系列出版物将多方呈现百年厦大的精彩历史画卷。这些凝聚全校师生员工心血的出版物，让我们感受到厦大人弦歌不辍的精神风貌。图文并茂的《厦门大学百年校史》，穿越历史长廊，带领我们聆听厦大不平凡百年岁月的历史足音。《为吾国放一异彩——厦门大学与伟大祖国》浓墨重彩地记述厦门大学与全国34个省级行政区以及福建省九市一区一县血浓于水的校地情缘，从中可以读出厦门大学在中华民族伟大复兴征程中留下的深深烙印。参与面最广的“厦门大学百年院系史系列”、《厦门大学百年组织机构史》，共有30多个学院和直属单位参与编写，通过对厦门大学各学院和组织机构发展脉络、演变轨迹的细致梳理，深入介绍厦门大学的党建工作、学科建设、人才培养、组织管理、社会服务等方面的发展历程，展示办学成就，彰显办学特色。《厦门大学校史资料选编（1992—2017）》和《南强之星——厦门大学学生名录（2010—2019）》，连同已经出版的同类史料，将较完整、翔实地展现学校发展轨迹，记录下每位厦大学子的荣耀。“厦门大学百年精神文化系列”涵盖人物传记和校园风采两大主题，其中《陈嘉庚传》在搜集大量史料的基础上，以时代精神和崭新视角，生动展现了校主陈嘉庚先生的丰功伟绩。此次推出《林文庆传》《萨本栋传》《汪德耀传》《王亚南传》四部厦门大学老校长传记，是对他们为厦大发展所做出的突出贡献的深切缅怀。厦大校友、红军会计制度创始人、中国共产党金融事业奠基人之一高捷成的传记《我的祖父高捷成》，则是首次全面地介绍这位为中国人民解放事业做出杰出贡献的烈士的事迹。新版《陈景润传》，把这位“最美奋斗者”、“感动中国人物”、令厦大人骄傲的杰出校友、世界著名数学家不平凡的人生再次展现在我们眼前。抒写校园风采的《厦门大学百年建筑》、《厦门大学餐饮百年》、《建南大舞台》、《芙蓉园里尽芳菲》、《我的厦大老师》(百年华诞纪念专辑)、《创新创业厦大人2》、《志愿之光》、《让建南钟声传响大山深处》、《我的厦大范儿》以及潘维廉的《我在厦大三十年》等，都从不同的角度，引领我们去品读厦门大学的真正内涵，感受厦门大学浓郁的人文精神和科学精神。

此次出版的“厦门大学百年学术论著选刊”，由专家学者精选，重刊一批厦大已故著名学者在校工作期间完成的、具有重要价值的学术论著(包括讲义、未刊印的论著稿本等)，目的在于反映和宣传厦门大学百年来的学术成就和贡献，挖掘百年来厦门大学丰厚的历史积淀和传统资源，展示厦门大学的学术底蕴，重建“厦大学派”，为学校“双一流”建设提供学术传统的支撑。学校将把这项工作列入长期规划，在百年校庆时出版第一辑共40种，今后还将陆续出版。

“自强！自强！学海何洋洋！”100年前，陈嘉庚先生于民族危难之际，抱着“教育为立国之本，兴学乃国民天职”的信念，创办了厦门大学这所中国历史上第一所由华侨独资建设的大学。100年来，厦大人秉承“研究高深学术，养成专门人才，阐扬世界文化”的办学宗旨，在实现中华民族伟大复兴的征程上书写自己的精彩篇章。我们相信，当百年校庆的欢庆浪潮归于平静时，这些出版物将会是一串串熠熠生辉的耀眼珍珠，成为记录厦门大学百年奋斗之旅的永恒坐标，成为流淌在人们心中的美好记忆，并将不断激励我们不忘初心继承传统，牢记使命乘风破浪，向着中国特色世界一流大学目标奋勇前行！

张彦 張榮

2020年12月

编纂说明

一、为回顾厦门大学发展历史，总结办学经验，继承发扬优良传统，更好利用档案史料，1987—1996 年，厦门大学先后编纂出版《厦大校史资料》9 辑，收录 1921—1991 年间的校史资料。2021 年，厦门大学迎来百年华诞，根据百年校庆系列出版物编委会工作安排，档案馆承担《厦门大学校史资料选编(1992—2017)》丛书(以下简称丛书)的编纂工作。

二、丛书收录校史资料起止时间：1992 年 1 月 1 日至 2017 年 12 月 31 日。

三、丛书主要内容包括厦门大学党委书记、校长的重要讲话稿，上级机关、领导贺信、贺电，学校党建、思想政治、教学、科研、管理与服务工作等方面的规章、制度、办法等，党代会、工会、教代会等重要会议的重要报告，全校性的工作规划、计划、总结，重大工作的实施方案，重要专题报告等。所选文献主要来源于厦门大学档案馆馆藏档案，包括《厦门大学报》部分文章。

四、丛书按照年度—主题的编排体例。收录校史资料以年度为序，各年度内容分特载、专文、党建与思想政治工作、教学与科研工作、管理与服务工作五大主题。由于各年度选录校史资料数存在差异，丛书根据年度材料多寡适当分册编排。

五、丛书是档案文献出版物，因收录时间跨度较长，其间一些文献的行文用语、称谓、时间、标点符号、层次序号、行文格式等与最新公文、图书出版标准存在不一致，为反映历史原貌，收录文献一般按原文照录原则处理；文献中明显的漏字、错别字等，则直接改正；有些文献根据图书出版规范重新拟写了标题。

六、丛书对部分涉及人名、个人电话号码、邮箱等个人隐私或其他不宜公开的内容做了删节。

七、丛书因保密、书稿篇幅限制等原因，所收录校史资料不尽齐全；丛书收录的规章、制度、办法等是档案文件的，其执行范围、时效等解释权归文件形成部门。

八、丛书于 2019 年 5 月立项：百年校庆系列出版物编委会审定丛书编纂原则；邓朝晖副校长就编纂原则、编排体例、审稿、出版等都给予悉心指导；编纂组成员多次开会研究落实编纂原则、编排体例，分工合作通读十余万份馆藏档案资料，认真挑选出 2000 多份史料，按档案文献编纂出版要求进行文稿录入和编辑加工；文件形成部门对其部门入选文件进行会稿确认；校保密办就史料出版进行保密审查；学校办公室积极参与“专文”部分的选编工作。在此，谨对各级领导的关心指导，对相关职能部门的大力支持，对出版社的细致审校，一并致以最衷心的感谢。

九、因编者水平有限，丛书疏漏、不当之处在所难免，敬请读者批评指正。

《厦门大学校史资料选编(1992—2017)》编纂组

2021 年 2 月

目　录

1996年

特　载

专　文

党建与思想政治工作

教学与科研工作

管理与服务工作

1997 年

特　载

专　文

党建与思想政治工作

教学与科研工作

管理与服务工作

1998年

特　载

专　文

党建与思想政治工作

教学与科研工作

管理与服务工作

1999年

特　载

专　文

党建与思想政治工作

教学与科研工作

管理与服务工作

1996年

·特　载·

同心协力　谱写新篇

——一九九六年新年献词

（1995 年 12 月 30 日）

校长　林祖赓

正当全校师生员工以自强不息、团结奋进的昂扬姿态，朝着我校二十一世纪奋斗目标努力迈进过程中，我们又迎来了 1996 年。值此万家欢乐之际，我代表校党委、校行政向全校师生员工致以亲切的问候，祝大家新年愉快，身体健康，学习进步，工作顺畅！

一元复始，万象更新。回顾过去的一年，我们满怀喜悦，充满自豪。1995 年，在小平同志建设有中国特色社会主义理论指引下，在国家教委，省、市政府的领导、关心和支持下，在全校师生员工共同努力下，我校各项事业蓬勃发展，综合实力显著增强，地位和影响日趋上升，为今后的改革与发展奠定了良好基础。

1995 年我校上下认真贯彻《中国教育改革与发展纲要》，制订了面向二十一世纪的奋斗目标，描绘了学校在下世纪初叶的宏伟蓝图，极大地振奋了师生员工的精神，调动了大家的积极性，使我校各项工作顺利推进，成效突出。六月份，学校顺利地通过了国家教委“211 工程”部门预审，获得各位专家高度评价，认为我校是一所国内一流、在国际上有较大影响的国家重点大学。七月和八月，连续成功地举行两个有重大影响的大型国际学术会议，即第 19 届国际统计物理会议和第 46 届国际电化学年会。这标志着我校具有举办大型国际学术会议的能力。十二月，国家教委咨询委员会第六次会议在我校举行，中央领导、教委领导和委属高校领导一百余人参加会议。此外，学校还举办了亚太地区私立高等学校教育研讨会、海峡两岸和港、澳地区研究生教育研讨会。在过去的一年里，我校又有两位教师荣获国家杰出青年科学基金。新建立了两个国家教委开放实验室。在首届全国哲学社会科学成果评奖中，我校有十四项成果获得奖励。所有这些，有力地促进了我校教学科研和学术水平的提高，扩大了学校在国内外的知名度，进一步树立了“南方之强”的良好形象。

过去的一年中取得的成绩，是全校师生员工同心协力、艰苦奋斗的结果，它再次展现了厦大人始终不渝的爱国爱校、自强不息、止于至善的精神风貌，再次表现出厦大人不畏艰难、团结拼搏的良好作风，这是一股强大的凝聚力，我们深信，有了它，我们一定可以战胜和克服在改革和发展过程中遇到的任何艰难困苦，我们的奋斗目标一定能够实现！

新年伊始，全校师生员工任重而道远，新时代不断赋予我们新的使命，1996 年我们仍应保持和发扬艰苦创业、团结拼搏的好传统，深化改革，加快发展，促进教学、科研、管理各方面再上新台阶。我们要按照学校制定的奋斗目标，扎扎实实地练好内功，创造和改善各种条件，突出抓好学科建设、师资队伍建设、专业调整和学院建设,继续关注跨世纪人才的培养,造就和培养一批卓越、杰出的人才,是摆在我们面前的一大课题,师资队伍建设是我们学校跨入二十一世纪的关键,我们还要抓教学改革,努力提高教育质量,加快学科建设和改造的步伐,突出我校学科的整体水平和优势特色,使我校学科建设更好地为国家经济建设和社会发展服务。

师生员工同志们,光阴紧迫,时不我待,我们要用百倍的努力,更加勤奋工作,刻苦学习,用我们的智慧和汗水,谱写厦大更加辉煌、更加美好的明天,迎接新世纪的到来!

——本文摘录自《厦门大学》(校刊),1995 年 12 月 30 日第 332 期

我校庆祝建校七十五周年　国家教委专电致贺

（1996年4月6日）

在我校建校七十五周年庆祝大会上，国家教委办公厅副主任王庆林宣读了国家教委的贺电。全文如下：

厦门大学：欣逢你校隆重举行七十五周年校庆之际，谨向全体师生员工致以诚挚、亲切的问候和热烈的祝贺。

由著名爱国华侨领袖陈嘉庚先生亲自创办的厦门大学是国家教委直属的全国重点大学，也是唯一一所地处经济特区的重点大学，有着悠久的历史、光荣的革命传统和优良的校风学风，在海内外享有声誉。七十五年来，在“自强不息，止于至善”的校训感召下，经过几代厦大人的艰苦努力，学校积累了丰富的办学经验，栉风沐雨，广育英才，在不同的历史时期为国家和民族的振兴做出了重要的贡献。新中国成立以后，学校受到党和政府的高度重视和关怀，各项事业获得了长足的发展。特别是党的十一届三中全会以来，学校乘改革开放的春风，认真贯彻党的教育方针，面向现代化、面向世界、面向未来，勇于开拓，不断进取，为国家培养了一大批高级专门人才；在办学管理体制改革、教育教学改革、学科建设、师资队伍建设、科学研究、对外交流等方面取得了显著成绩，为国家特别是地方经济建设和社会发展做出了积极的贡献。近年来，在实施《中国教育改革和发展纲要》，深化高等教育体制改革的进程中，学校抓住国家教委与地方人民政府共建厦大的契机，充分利用海内外多方面的支持与帮助，使学校各项事业呈现出加快发展的良好态势和勃勃生机。

国家教委殷切希望你校全体师生员工继续全面贯彻党的教育方针，弘扬爱国爱校优良传统，深化改革，努力进取，进一步提高教育质量、科研水平和办学效益，为实施“科教兴国”战略，为国家特别是福建及东南沿海地区的经济建设和社会发展做出更大的贡献！

国家教育委员会

一九九六年四月一日

——本文摘录自《厦门大学》（校刊），1996年4月15日第337期

学校本学期工作计划要点提出深化改革　加强管理　打好基础　全面实施“211 工程”建设

(1996 年 3 月 15 日)

今年,是我校开始全面实施“211 工程”建设发展规划的第一年。学校坚持以建设有中国特色社会主义理论为指导,根据“211 工程”建设发展规划,制订了本学期工作计划要点,提出要抓住机遇,深化改革,加强管理,为把我校建设发展工作推上一个新台阶打好基础。

本学期,学校要在深化改革、加强管理、打好基础上下大功夫,着重抓以下几个方面:

1.深化办学体制改革。要与厦门市政府密切配合,努力完成医学院的筹建和招生准备工作;要完成海洋与环境科学学院、工商管理学院和南洋研究院的筹建工作,并试行以学院为教学、科研及行政管理基本单位的管理体制。同时,也要积极探讨与其他高等学校和科研单位联合办学的问题。

2.深化教学管理改革。一要启动面向 21 世纪教学内容和课程体系改革计划,组织立项、申请、审核等工作。二要启动计算机辅助教学(CAI)和计算机辅助设计(CAD)工作。三要狠抓教学质量,并注重学生的素质和能力培养。四要改革招生制度,试行按院、系招生办法;调整学生收费标准,对基础学科学生的收费实行优惠政策。

3.深化科研管理改革。一要实行基础研究与应用研究、科学研究与技术开发(社会服务)并重的政策,从职称评聘等制度方面,鼓励教师从事科技开发的积极性。二要加强高层次科研项目管理。进一步组织力量争取国家“九五”重大科学研究计划项目;坚持以“项目责任制”为中心,健全管理体制。三要积极争取建设国家教委开放研究实验室和省重点实验室。四要争取与厦门市共建科研中试基地和若干项有特色的高新技术产业。在七十五周年校庆之际,要举行我校第十二届科学讨论会。

4.深化人事分配制度改革。一是队伍建设。要继续组织中青年骨干教师的选拔、培养工作,实施“学科带头人培养计划”;进一步改革职称评审办法;组织实施教师资格过渡;研究制定党政干部培养、交流和选拔任用办法。二是分配制度。在做好检查核实工作的基础上,要实施正常晋升工资档次制度;要根据各单位的实际情况,逐步推行工资总额动态包干。三是机构改革和加强机关管理。要组织力量研究机构设置及其职权划分,理顺关系,合理定编,实行部门工作责任制和岗位工作责任制;要加强机关作风建设,健全工作制度,强化监督机制,提高办事效率。

5.深化后勤管理改革。学校后勤工作要坚持“三服务,两育人”的宗旨,逐步转向社会化轨道。一要加快“安居工程”实施进度。东区住房建设,要坚持工程招标制度,加强施工质量监督。二要加快学校计算机联网工程和电话网络升位工程建设,一举完成电话服务社会化、信息渠道国际化。三要研究制订总务后勤下一步改革方案,迈出后勤服务社会化的新步伐。四要加强学校理财工作,健全财务管理监督制度。校办产业要按照建立现代企业制度的要求,深化以劳动人事和工资分配为主的企业内部管理体制改革,优化企业劳动组织,注重科技开发,提高经济效益。

本学期,学校党的建设和思想政治工作,要着重抓好以下几方面:

1.继续深入学习建设有中国特色社会主义理论。当前学习的基本要求是向深度和广度方面拓展,学习范围要扩大到全体师生员工,学习内容要推进到这一理论的各个重要方面。本学期,一要着重抓好党员在学习理论过程中的对照检查。二要进一步加强党校培训工作,除了继续开办入党积极分子培训班外,还要举办系主任研讨班和分团委书记学习班。三要坚持中心组学习制度,突出这一理论学习的内容,继续加强领导干部学习,各级领导干部一定要带头讲政治。

2.加强各级党组织和领导班子建设。一要坚持民主集中制，建立健全民主集中制的各项具体制度。本学期要修订《厦门大学党总支(直属党支部)工作暂行条例》、《厦门大学党支部工作暂行条例》及有关的党务工作制度。二要积极培养、选拔跨世纪干部。要坚持任人唯贤的路线和德才兼备的标准，修订《厦门大学干部管理暂行条例》，改进干部选拔、任用和管理制度。三要加强党员教育管理。要坚持“三会一课”制度，注意改进教育内容和教育方式。在建党七十五周年之际，要表彰一批先进党组织和优秀党员、优秀党务工作者。四要加强爱国统一战线工作，在互通信息、加强协商合作的同时，要积极支持民主党派的组织建设。

3.改进和加强思想政治工作。一要继续加强学生的“两课教育”和日常思想政治教育。马列主义政治理论课和德育课，要当作重点课程来建设；建设有中国特色社会主义理论要进教材、上课堂。二要进一步加强校园文明建设，加强校园治安管理，继续维护学校稳定。三要加强学生政工队伍建设。定期进行业务培训，健全工作制度；并有计划地选留部分优秀的研究生充实政工队伍，不断提高政工干部队伍的整体素质。四要增加投入，利用现代化手段加强宣传教育工作。

4.深入持久地抓好党风廉政建设和反腐败斗争。一要抓好领导干部的廉洁自律。二要加强执法监察，重点在招生、工程建设、物资管理、财务管理等方面进行专项监督；要查处案件，纠正不正之风。三要加强党风廉政教育和制度建设，增强党性观念和拒腐防变能力。要认真执行已有的反腐倡廉制度和规定，修订《厦门大学关于加强廉政建设的若干规定》。

学校要求各单位、各部门，要根据学校本学期工作计划要点，认真制订计划并组织实施。

——本文摘录自《厦门大学》(校刊)，1996年3月15日第334期

校党委和行政制订本学期工作计划要点

(1996 年 9 月 15 日)

校党委和行政于 8 月底制订了《1996—1997 学年第一学期工作计划要点》,现摘要如下:

本学期,要继续以邓小平同志建设有中国特色社会主义理论为指导,认真贯彻党的十四届四中、五中全会精神,以学校“211 工程”建设为中心,抓改革、抓发展、抓管理、抓各项工作的落实,全面提高学校办学水平。其中,应着重抓好以下三个方面的工作:

一、进一步加强党的建设和思想政治工作

要深入学习建设有中国特色社会主义理论。当前要组织师生员工,着重学习江泽民同志关于讲政治及提高干部队伍政治业务素质的重要讲话,党委要坚持每两周一次的中心组学习制度,党校将先后举办部长和总支书记学习班、统战委员培训班,党委宣传部要做好党员和教职工学习的具体安排并加强检查指导。

要继续贯彻十四届四中、五中全会精神和《中国共产党普通高等学校基层组织工作条例》,加强各级党组织和领导班子建设。校党委要拟制厦门大学党的建设五年规划,并着手筹备校第七次党代会的有关事项。要坚持任人唯贤的干部路线和干部“四化”方针,继续调整配备若干部门、单位的领导班子,认真考核选拔后备干部队伍,有计划地组织干部交流。党委组织部要对各单位领导班子的团结协作、工作业绩、廉政建设和贯彻民生集中制的情况进行一次抽查。组织、人事部门,要制订党政干部培训计划,分批实施。

加强思想政治工作,首先要求各级党组织进一步发挥政治核心作用,同时也要求行政领导把思想政治工作列入重要工作日程。要适当增加投入,改善宣传教育设施和条件。要紧密围绕教学、科研和各项管理工作,开展思想政治工作。当前,要认真组织实施学校德育工作五年规划,突出爱国主义教育,切实加强政治理论课和德育课教学,巩固和发展校园精神文明建设成果,优化教育环境。校党委要继续加强对工会、共青团工作的领导,认真做好教代会和部门工会的换届选举工作;同时要加强同民主党派的协商共事,积极选拔推荐党外干部。

继续加强党风廉政建设,要把思想教育、制度健全和严肃查处三方面有机结合起来。认真组织廉政建设的宣传教育,普遍提高干部,特别是领导干部勤奋工作和清廉自律的自觉性;在建立特邀监察员队伍后,还要进一步建立健全检查监督制度。年底,要在领导干部中组织一次廉政建设大检查。

二、加强学科建设,提高教学、科研水平

近年来,“211 工程”建设,一直是我校工作的中心。本学期,一方面要继续做好我校“211 工程”立项评审的准备工作;另一方面要组织实施学校《面向 21 世纪规划纲要》,加强八个学科群及学科建设的宣传教育;根据社会需要和科技发展,研究调整学科结构,成立医学院。要采取有力措施,切实加强学科建设,不断提高教学、科研水平。

教学方面,要深化改革,加强管理,进一步提高教学质量。各级领导要把主要精力放在抓教学工作上。要适当增加教学经费,逐步改善教学基础设施。要精心组织“面向 21 世纪教学内容和课程体系改

革”的立项，并逐步落实。要认真准备，申请国家教委“教学工作优秀评价”，做好“九五”国家级重点教材的立项申请；要修订研究生培养方案，加强研究生教学管理；组织成人教育评估，提高成人教育的教学质量；总结人才培养基地建设经验；研究调整数学、外语和计算机公共教学管理体制；加强体育教学、训练和组织管理，提高学校体育运动水平。

科研方面，要加强组织领导，促进学科渗透，争取一流研究成果。人文社会科学要加强研究项目管理，促进研究计划落实；自然科学既要继续加强基础研究，又要注重科技开发，促进产、学、研相结合。要探讨组建国家级基础性研究基地和高技术研究中心的可能性；并筹建学校高新技术研究发展中心。要努力争取国家和省、市重大、重点科研项目，同时进一步发展横向科研，较大幅度地提高学校科研经费总量。

师资队伍建设方面，要改善管理，强化培训，提高政治业务素质，建立一支跨世纪的高水平的师资队伍。要认真实施《厦门大学师资队伍建设“九五”计划》，继续采取有效措施，稳定教学科研骨干，拓宽人才引进途径，改善师资队伍的学历和学缘结构，加强学术梯队建设，扶持青年学术带头人的成长。要强化教师政治、业务和基本技能培训，本学期要以讲政治为主题，举办中青年教学科研骨干学习班；有计划地分批组织中青年教学科研人员学习应用计算机，继续举办不同层次的外语学习班。

三、深化管理体制改革，提高管理服务质量

加强工作作风建设。学校领导班子要建立深入基层、调查研究制度，努力提高学校宏观管理水平。各部门、各单位领导，都应当深入教学、科研和管理工作的第一线，及时了解情况，有效解决问题。机关和后勤服务单位，要厉行部门工作责任制和岗位工作责任制，提高办事效率，改善服务态度。组织、人事部门要建立健全相应的检查、考核和奖惩制度。同时，要利用学校计算机网络，逐步推行办公自动化。

后勤管理体制改革，要以提高服务质量、做好服务保障、增进管理效益为宗旨。总务后勤改革，要分科选项，有计划地试行，逐步向社会化方向发展。继续实施“安居工程”，组织东区建房施工质量监督，并要组织力量清理学校公有住房。要严格实行学校基建项目的公开投标和质量监督制度。加强学校理财工作，强化财务监督，健全管理制度，提高财务管理效益。要修订工资总额动态包干方案，适当拓宽试点面。

要在全校范围内继续开展整顿校园及周边治安秩序的专项工作，进一步改善我校办学环境。

校办产业要继续深化企业内部管理体制改革，积极利用学校综合优势，抓好新增长点，逐步形成以科技成果或优势学科为依托的经济实体。

——本文摘录自《厦门大学》(校刊)，1996年9月15日第343期

·专 文·

在厦门大学工会第十九次代表大会上的讲话(摘要)

(1996年1月22日)

校党委书记 叶品樵

厦门大学工会第十九次代表大会今天隆重开幕了。这次工代会的召开,不仅对于加强工会自身建设,开拓工会工作的新局面,具有重要意义;而且对于学校的改革和发展,力争到二十一世纪初把我校建设成为国内一流和国际上有较大影响的社会主义综合性大学,也具有重要意义。

五年来,学校教育改革和发展,开始形成了蓬勃发展的势头。在国家教委,省、市政府的领导、关心和支持下,我们围绕"改革、发展、稳定"大局,认真实行落实党的路线、方针和政策,贯彻《中国教育改革和发展纲要》,组织实施学校"211工程"建设,深化教育、教学改革,加强学校管理工作,学校教育事业得到全面发展。今年是"九五"计划的第一年,学校建设和发展的各项规划也已启动。在这世纪之交的重要历史时期,我校面临新的挑战。我们要继续围绕教学科研这一中心,深化改革,加快"211工程"建设,为早日实现我校二十一世纪的奋斗目标而努力。全校教职工要为学校的教育事业的发展做出新的贡献。

五年来,学校的工会工作取得了显著成绩。在邓小平建设有中国特色社会主义理论指导下,校工会按照工会的章程,结合工会工作的特点,配合学校各阶段的中心任务,努力发挥自己的职能作用,在开展教职工思想政治工作,加强学校民主管理,维护教职工合法权益,活跃教职工业余文化生活,组织教职工健身活动,组织和动员广大教职工参加学校"211工程"建设等方面,都做了大量工作,并取得了很大的成绩。希望通过这次大会,能全面总结过去五年来工会工作的经验,进一步明确今后工会工作的任务,并采取有力措施,努力开创新时期工会工作的新局面。

今天,我就如何加强党对工会的领导和工会工作等问题,讲几点意见:

一、加强领导,保证工会正确的政治方向

工会是中国共产党领导的职工自愿结合的工人阶级群众组织,是重要的社会政治团体,高校工会是党密切联系教职工群众的"桥梁"和"纽带"。党对工会的领导,是工会坚持正确的政治方向和充分发挥自己的作用的根本保证。

校党委历来重视、支持工会的工作。今后,校党委要继续加强和改善对工会的领导。要根据党的路线、方针、政策,用建设有中国特色社会主义理论武装工会干部,定期讨论工会工作中的重大的带有方向性的问题,及时指明正确的政治方向,使学校工会既能履行各项职能,发挥积极作用,又能朝着有利于党

的事业方向前进,为学校的发展做出贡献。全校各级党组织必须牢固树立全心全意依靠工人阶级和广大人民群众的思想,重视工会工作。要善于放手,创造条件,支持工会依照法律和工会章程独立自主地开展工作,支持工会更好地维护全校教职工群众利益,充分发挥它在学校思想政治教育中的作用,发挥它民主参与、民主监督作用。校党委和各级党组织要为工会增强活力、工会干部队伍建设等方面做出努力。

二、群策群力,共同推进学校的改革和发展

高等学校工会要在维护稳定、促进发展方面发挥作用。安定团结的政治局面是学校教育事业发展的基础。工会应当密切联系群众,做好群众工作。要主动关心教职工群众疾苦,反映教职工群众的呼声,为教职工群众办实事,为教职工群众排忧解难,保证学校安定团结。学校面临的形势,各阶段的中心任务,应及时向工会通报,让群众了解事实真相;教职工的思想、意见和要求通过工会及时反映给学校,起到桥梁作用。学校各级工会要重视政治稳定工作,掌握教职工的思想动态,共同维护学校安定团结的政治局面。全体教职工要做安定团结政治局面的维护者,为创造良好的政治环境做出自己的努力。

我校已经开始全面实施"211 工程"建设,这就需要调动一切积极因素,发挥全校教职工的主动性和创造性。我校的目标是明确的,是鼓舞人心的,但任务是艰巨的,需要全校教职工齐心协力,团结一心,共同推进学校的改革和发展。各级工会和广大教职工要树立全局观念,多为学校的改革发展献计献策,一方面为学校发展提出有益的建议和意见,另一方面要为学校分担任务和困难。同时,各级工会要发挥共产主义学校的作用,配合校党委加强教职工的思想政治教育。尤其要在广大教职工中开展"教书育人"、"管理育人"、"服务育人"的活动,加强爱国主义和职业道德教育,发扬爱岗敬业的精神。要采取各种措施,化解矛盾,增加凝聚力。全校教职工要从学校大局出发,统一认识,正确处理国家、集体和个人的利益关系,发扬主人翁精神,团结一致,为办好具有中国特色社会主义大学而奋斗。

三、积极参与,开创学校民主管理的新局面

工会是职工群众有组织有纪律有领导地参政议政的民主渠道。参与高校民主管理是工会的一项基本职能。工会参与学校民主管理,一方面可以集思广益,反映教职工的愿望和要求,使学校做出决策有群众基础,使工会真正成为教职工群众的代表;另一方面,工会可以全面了解党和国家的方针、政策,更好地教育、组织教职工投身改革和教学科研工作,使高校管理充满生机。

在我校,各级工会在参与学校民主管理方面已经发挥了一定作用。今后要继续探索工会参政议政的路子。工会要围绕学校工作,加强专题调查,为学校决策提供信息,使学校决策有群众基础;同时,要充分发挥工会作为教代会工作机构的作用。校党委要继续关心、支持工会工作,健全和完善教代会制度,重视发挥工会的作用;工会要加强理论学习,提高自身的参政议政能力,支持并协助校党委和校行政工作,参与学校民主管理和民主监督,共同探索社会主义高校民主管理的途径。校党委要充分支持工会发挥民主监督作用。同时工会要在代表和组织教职工对学校的民主监督上做出努力,还要认真组织教职工学习《工会法》、《教师法》、《教育法》、《妇女权益保障法》等,提高教职工的依法维护能力。

四、炼好内功,切实加强工会的自身建设

加强工会的自身建设,是关系到能否充分发挥工会在高校改革与发展中的主力军作用的大问题。

针对现状,工会必须切实加强干部队伍的思想建设。各级工会要以建设有中国特色社会主义理论来统一思想,认真组织各级工会干部学习《工会法》、工会章程及其他重要文件,进一步明确工会工作的指导思想和工会在建设社会主义民主政治中的维护、监督、参与、教育作用;要加强工会领导班子的组织建设,着重克服自身的"官气"和行政化倾向,实现工会组织的群众化、民主化,建立一支有坚定正确的政治方

向、年龄和知识结构合理、能真正为教职工说话办事、勇于开拓创新的领导班子;同时要重视工会干部的培养和提高,要对他们进行工会知识、工会工作方法和一些专门问题的培训;要抓工会组织的作风建设和制度建设,转变活动方式,积极参与协商对话、民主管理和民主监督,把工作重点放在基层,把工会建成真正的"教职工之家",赢得教职工群众,特别是基层群众的信任。

——本文摘录自《厦门大学》(校刊),1996 年 1 月 25 日第 333 期

在纪念厦门大学党组织成立七十周年座谈会上的讲话(摘要)

(1996年6月25日)

校党委书记　叶品樵

今天我们在这里举行座谈会,隆重纪念中国共产党厦门大学组织成立70周年。下面,我讲三个问题:

一、厦大第一个党支部的诞生,他是闽西南地区建党的策源地、革命运动的核心力量

厦门大学第一个党支部正式建立于1926年2月。创建时的党员只有3人,即罗扬才、李觉民、罗秋天。罗扬才是1924年12月考入厦门大学预科文教法科,后升入教育系。1925年11月,罗扬才代表厦门学生联合会出席在广州召开的两广地区大学生代表会。会议期间,由杨善集、罗善培介绍,经学代会的党支部吸收入党。他是厦门大学、厦门地区和闽西南地区的第一个共产党员。第二个是李觉民。1926年1月,他以国民党左派身份被推选出席在广州召开的国民党第二次全国代表大会。会议期间,由杨善集、罗善培介绍,经这次大会的党支部吸收入党。按党章规定,这时厦门只有两个党员,还不能成立党支部。罗秋天是1925年在广东大学读书时,由蓝裕业、罗善培介绍入党的。在罗善培同志的建议下,中共广东区委调派学生党员罗秋天转学到厦门大学就读。罗秋天是1926年1月底来厦大的。这样,厦门大学第一个党支部于1926年2月在学校囊萤楼罗扬才的宿舍正式成立,罗扬才任书记。中共厦门大学支部是厦门地区、闽西南地区,也是福建省最早建立的第一个党支部。

1926年2月底,中共广东区委派罗善培到厦门来整顿党团组织,帮助指导厦大党支部开展活动,发展党员。应当指出的是"厦大党组织成立以后,活动地点是全厦门",而不是局限在厦大。在罗善培等同志的努力下,1926年3月,厦门的党团员已有43人,其中党员18人,在此基础上建立了党团混编的厦门特别支部干事会,特别支部设在厦门大学,书记阮山,特派员罗善培,组织委员李觉民,宣传委员刘大业,学运委员罗扬才。1927年1月,中共广东区委派汕头地委书记罗明帮助建立中共厦门市委,书记罗秋天,组织委员罗扬才,宣传委员吴世华。这三位同志都是厦大的学生和校友。自厦大党支部建立至中共厦门特别支部成立这段时间,厦门地区发展的党员,都是由厦大第一个党支部直接批准的。先发展党员,然后才建立党组织;建立了党组织,继续发展党员,扩大党的组织——这是厦大党组织建立和发展的初始阶段。

从1926年夏开始,中共厦门特别支部派遣以厦大党员为骨干的积极分子到闽西、泉属、漳属地区开展建党工作,对闽西南党组织的建立起着"策源地"的作用。

二、厦大党组织的征程坎坷,他经受了白区环境的考验和磨炼,在革命中历险弥坚

在长达10年之久的第二次国内革命战争时期,厦大党组织曾经三次划归中共福建省临时委员会和省委直接领导。在十分险恶的白区环境中,厦大党组织处于历险患难的坎坷征程,经过挫折、中断、恢复、再挫折、再中断、再恢复的艰苦曲折过程。

1937年7月7日发生卢沟桥事变,中国抗日民族解放战争从此开始。1937年9月3日,日本军舰炮击胡里山炮台和学校校园,我校师生奋起抗击日寇的侵略暴行。1937年12月底,厦门大学暂时迁往山城长汀。在当时复杂的情况下,地下党不仅要积极组织抗日,同时还必须与反共势力作斗争。在8年的血与火的抗日战争中,厦大党组织和广大师生员工英勇奋斗,为民族解放战争做出了重大的贡献。抗战胜利后,厦门大学于1946年秋由长汀迁回厦门。1947年春至1949年夏,中共闽粤赣省委(区党委)的闽南地委、中共闽浙赣省委(区党委)的城工部和闽中地委,相续在厦大建立了中共(闽西南)厦大总支部、中共(城工部)厦大校部总支部和新生院党支部、中共(闽中)厦大总支部。厦大各地下党组织遵照党中央的指示精神,以厦大学生为主体,联合厦门地区各学校,冲破重重阻力和破坏,克服种种困难和艰险,先后掀起“抗暴”运动、“反饥饿、反内战、反迫害”运动、“反美扶日”运动以及“助学自救”运动等等,与国民党反动派进行针锋相对的斗争,冲击反动营垒,扩大革命影响。在解放战争中,共产党党员修省、张逢明、陈炎千、陈绍裘、周景茂等同志,用自己的生命保护地下党组织和其他同志的安危,为革命献出了自己的青春年华。在厦大地下党的组织下,学生爱国民主运动走向与工农武装斗争相结合的道路。厦大输送180名党员与大批团员和积极分子分别进入闽粤边、闽西南、闽中、浙南等广大游击区,在发展敌后武装斗争,开辟新区,阻击敌军,支援前线等方面,发挥了重要作用。特别是在创建中共安溪中心县委及所辖区域的革命和建设中做出了重要的贡献。

三、厦大党组织日益发展壮大,他发扬了革命优良传统,在新时期再创业绩

新中国成立初期,厦门市军事管制委员会是全市最高权力机关。1949年10月20日,厦门市军管会委派吴强、肖枫为厦门大学正、副军事代表,负责接管事宜。10月21日,军代表吴强主持召开在校的地下党员大会,宣布成立中共厦门大学支部,这时候全校党员只有23人。为加强对高校的思想政治领导,1952年6月27日,福建省委调派干部15人(其中党员13人)到学校,至此党员数为62人。7月5日成立厦门大学临时党委会,10月9日成立中共厦门大学委员会。1955年1月召开中共厦门大学代表会议,从此学校实行党委领导下的校长负责制。从1957年至今,中共厦门大学委员会先后召开了6次代表大会,学校党员也从1957年的619人发展到现在的2850人。目前,学校现有党总支和直属党支部45个,基层党支部138个。

在这光辉的70年间,厦大党组织始终与全党和全国人民一起,以特有的环境和优势,为实现革命理想和各个时期的革命任务,历尽千辛万苦,动员和组织全校师生员工,进行了开创性的工作,做出了显著的业绩。建校75年来,厦大为国家培养了5万多名毕业生,其中不少已成为蜚声中外、在学术上卓有成就的专家、学者,有的在现代科学的前沿领域里大显身手,有的担任了党政领导职务和企事业管理工作,成为现代化建设的中坚力量和精神文明的传播者。据统计,在中国科学院、工程院院士中,有厦大校友29人,其中毕业于厦大的有16人。现在,一大批“文革”后的毕业生,正在迅速成长为中央以及地方各部门、各行业的骨干力量。此外,厦大在台、港、澳的校友有2000多人(其中台湾有300多人),他们也正在为祖国的统一大业做出贡献。

应当特别指出的是,党的十一届三中全会以来,厦门大学党委更加坚定社会主义办学方向,坚持从学

校的实际出发，认真贯彻党的基本路线，坚持四项基本原则，逐步形成了明确的办学指导思想，即以邓小平建设有中国特色社会主义理论为指导，全面贯彻党的教育方针，以培养"有理想、有道德、有纪律、有文化"的社会主义建设者和接班人作为学校的根本任务。1984 年，学校起草《厦门大学改革和发展的基本设想》，提出"把我校办成一所开放型、具有较高水平和富有特色的多学科综合性大学"。1985 年，在学习贯彻《中共中央关于教育体制改革的决定》中，学校认真总结历史经验，提出一系列具体改革措施。在国家教委、福建省和厦门市政府的支持下，全校师生解放思想，转变观念，深化改革，各项事业都有了较大发展。1993 年以来，学校认真贯彻落实《中国教育改革与发展纲要》，加快改革步伐，率先走国家教委和地方政府共建之路，为争取实现"到 21 世纪初，把厦门大学建设成为国内一流、国际上有较大影响的社会主义的综合性大学"的战略目标创造了较好的条件。在共建的道路上，厦门市领导卓有远见，融厦门大学与厦门市的发展为一体，不断加大共建力度，堪称全国典范。目前，厦门大学的办学水平、办学条件和综合实力有了明显的提高和改善，得到了国家有关部门、省市政府、兄弟院校和社会各界的充分肯定。1993 年，厦门大学荣获中组部、中宣部、国家教委授予的"党建和思想政治工作先进集体"的光荣称号。1994 年 11 月，学校顺利通过了国家教委组织的校园文明建设评估并被授予"文明校园"的称号。1995 年 6 月又顺利通过了国家教委对我校进行"211 工程"项目的预审，厦门大学的教育质量、学术水平和整体实力又上了一个新台阶。

70 年来，厦大党组织为厦门大学的变革和发展建立了不朽的丰碑，为党和国家培养了一代又一代的社会主义建设者和接班人。为此，对于现任党委和全体共产党员来说，我们只有努力奋斗和继续奉献的责任，绝不能有任何自满和索取的妄举。我们要继续高举马列主义、毛泽东思想的旗帜，更加紧密地团结在以江泽民同志为首的党中央周围，沿着邓小平提出的建设有中国特色社会主义道路，在新的征途中创造出新的业绩。

——本文摘录自《厦门大学》(校刊)，1996 年 6 月 25 日第 341 期

加强学校的社会主义精神文明建设

——在校党委中心组会议上的发言

(1996年10月29日)

校党委书记　陈传鸿

加强社会主义精神文明建设,是当前摆在我们面前的首要任务。校党委已召开专门会议传达了党的十四届六中全会精神,并组织了专题调查研究,大家提出很多好意见。今天,我想谈一下自己的学习体会,并结合学校实际情况,提出以下几点初步贯彻意见。

一、要进一步掀起学习、宣传和贯彻党的十四届六中全会精神的热潮

通过学习,一要进一步提高对社会主义精神文明建设战略地位的认识。江泽民总书记指出:"我们进行社会主义现代化建设,无疑要致力于发展生产力,把物质文明建设好。同时,必须把社会主义精神文明建设提到更加突出的地位。要把物质文明和精神文明建设作为统一的奋斗目标,始终不渝地坚持两手抓,两手都要硬。在任何情况下,都不能以牺牲精神文明为代价去换取经济的一时发展。"要正确处理物质文明和精神文明建设的关系;正确处理坚持四项基本原则和改革开放的关系;正确处理改革、发展、稳定的关系,把握它们的内在联系,增强全面性,克服片面性。二要对当前精神文明建设的形势有一个全面辩证的分析和认识,既要充分肯定主流是好的,又绝不能忽视存在的问题。例如,"一手硬、一手软"的问题以及由于市场缺陷和消极因素的影响,导致在人们的思想意识和人与人的关系上,诱发拜金主义、享乐至上、极端个人主义等问题。我们应该把社会主义精神文明建设放到全局上来考察,从而增强搞好精神文明建设的自信心、紧迫感和责任感。三要加深对精神文明建设目标、任务、方针、政策的认识。四要加强对精神文明建设的长期性、复杂性的认识,希望毕其功于一役的想法是不现实的。五要加深对精神文明建设工作重点的认识。当前要突出思想道德建设和文化建设。思想道德建设要选准突破口,比如,"三德"教育,关键是抓好职业道德建设,从而带动社会公德和家庭美德建设。

要充分认识高等学校精神文明建设面临的形势和历史重任。现在和今后一二十年培养出来的学生,他们的思想道德和科学文化素质如何,直接关系到21世纪中国的面貌,关系到我国社会主义现代化战略目标能否实现,关系到能否坚持党的基本路线一百年不动摇。江泽民同志指出:"科学技术是精神文明建设的重要基石,科技工作者要争取做社会主义精神文明建设的排头兵。"高等学校作为培养"四有"新人和发展科技的重要基地,要按照中央的部署,认真结合学校工作的实际,切实抓好社会主义精神文明建设,同时对社会的精神文明建设起带头和示范作用。

二、认真制定好我校社会主义精神文明建设的规划

1.我校社会主义精神文明建设的指导思想和奋斗目标是:以马克思列宁主义、毛泽东思想和邓小平建设有中国特色社会主义理论为指导,坚持党的基本路线和基本方针,全面贯彻党的教育方针,以科学的理论武装人,以正确的舆论引导人,以高尚的精神塑造人,以优秀的作品鼓舞人,培养有社会主义觉悟、有文化的建设者和接班人,培养跨世纪的一代"四有"新人,为把我校办成国内一流,在国际上有较大影响的社会主义综合性大学而奋斗。

2.进一步强化思想理论建设,突出抓好邓小平建设有中国特色社会主义理论的学习。通过学习教育引导干部和师生员工正确认识中国革命的发展前途,牢固树立建设有中国特色社会主义的共同理想,牢固树立坚持党的基本路线的坚定信念。要加强理论研究骨干队伍建设,理论研究要进一步面向实际,以优秀的成果为党和政府的决策服务。努力在理论上着力研究和解决好,在坚持以经济建设为中心的前提下如何做到两手抓;在建立社会主义市场经济体制和扩大改革开放的条件下如何搞好社会主义精神文明建设这两个历史性课题。

3.广泛深入开展爱国主义、集体主义和社会主义思想教育。爱国主义教育是精神文明建设的一个重要内容,要贯穿到学校工作的全过程。要通过各种生动活泼的形式,广泛深入持久地加强爱国主义的宣传和教育,提高全国人民,特别是青年学生的民族自尊心和自豪感,进一步发扬以热爱祖国,贡献全部力量建设祖国为最大光荣,以损害祖国利益和尊严为最大耻辱的良好风尚。特别要使青年学生了解祖国的悠久历史和灿烂文化,了解我们党和人民的光辉业绩和优良传统,满怀信心地投身祖国社会主义现代化建设的伟大洪流。多年来我校坚持新生入学军训的国防教育,党史、校史教育,陈嘉庚先生爱国倾资办学伟业的教育以及成人宣誓仪式等都是进行爱国主义教育的好形式。

4.加强对青年学生的思想道德教育。要认真落实《中共中央关于加强和改进学校德育工作的若干意见》,以提高素质为目标,以全面发展为宗旨,切实加强和改进学校德育工作。进一步加强和改进马列主义理论课,政治思想教育的教学要强化德育实践环节,把劳动教育和社会实践作为必修课,让青年学生接触工农,培养劳动人民感情和吃苦耐劳、艰苦奋斗精神。进一步健全党委领导,行政负责的德育工作体制,进一步优化育人环境,落实教书育人,管理育人,服务育人,充分发挥全校各方面的力量都来关心青年学生的健康成长。注意把传授知识和陶冶情操结合起来,形成热爱祖国、尊敬师长、勤奋好学、团结互助、遵纪守法的风气,努力培养德智体全面发展的社会主义建设者和接班人。

5.以职业道德建设为重点,从而带动社会公德和家庭美德建设,营造良好的社会风尚和和谐的人际关系。社会主义道德建设的核心是为人民服务,基本要求是爱祖国、爱人民、爱劳动、爱科学、爱社会主义。引导人们正确处理国家、集体、个人三者的关系,发展团结互助、平等友爱、共同前进的人际关系,形成良好的社会秩序和健康的社会风气。加强教师的师德建设,它不仅关系到一代青年学生的灵魂塑造,而且是教师成才立业的必由之路。要在大力提倡"尊师重教"、"尊重知识、尊重人才"、关心教师工作和生活的同时,在教师中特别是青年教师中大力提倡忠诚党的教育事业、爱岗敬业、又红又专、教书育人、为人师表、勇攀高峰等优良品德,以树立良好的教风来带动学风的建设。机关和后勤部门要勤政廉政,不断改进工作作风,提高办事效率,面向基层,服务群众,科学管理,真正做到管理育人,服务育人。

要把职业道德教育同建立和完善各种规章制度结合起来,提高干部职工遵守道德规范的自觉性,坚决纠正行业不正之风。要广泛开展树立社会主义新风尚的系列活动,规范和强化良好的行为习惯,约束和制止不文明行为,巩固活动成果,形成扶正压邪、扬善惩恶的良好氛围。

6.深入开展群众性精神文明创建活动,建设文明校园和校园文化。要通过群众性精神文明创建活动,以推动两个文明建设的有机结合并落实到基层,落实到提高人的素质。要巩固我校"211工程"建设和校园文明建设的成果,继续整治薄弱环节,大力促成群众文明举止和习惯的养成;加强校园规划,加强绿化、美化、净化和做好环境保护。要下决心建设设施良好的公共食堂、公共浴室和公共厕所,切实改善学生的基本生活设施,继续整治校园内部和周边的治安秩序和校园内的交通秩序,加强对校园文化活动的管理。模范遵守厦门市有关文明城市的有关法规和制度。

建设以爱国主义为主旋律的校园文化活动,深入开展文明班级、文明宿舍、文明家庭、文明食堂以及军民共建、社区共建等群众性精神文明创建活动。大力开展群众性文化,卫生、体育和科学普及活动。充分发挥群众的积极性和创造性,宣传和学习在社会主义精神文明建设中涌现出来的先进集体和先进人物,提倡从我做起,从小事做起,使群众在参与的过程中受教育,在实践中得到提高。在群众性精神文明创建活动中一定要讲求实效,坚决反对任何形式的形式主义。

7.加强宣传舆论阵地、文化阵地和文化设施建设,并充分发挥它们在社会主义精神文明建设中的作用。

8.充分发挥学校在教育、人才、科技等方面的优势,积极参与厦门市的社会主义精神文明建设活动,献计出力,服务人民,奉献社会,努力推进厦门市“科教兴市”的战略实施,努力巩固和发展校市共建的成果。

三、加强和改善党对社会主义精神文明建设的领导,狠抓落实

1.搞好社会主义物质文明建设关键在党,搞好社会主义精神文明建设关键也在党。要克服“一手硬、一手软”的现象,首先党的领导要两手抓两手硬。要从战略的高度,从全局上、政治上认识社会主义精神文明建设的重要性和紧迫性。要紧紧围绕经济建设这个中心,把精神文明建设摆上重要议事日程,把两个文明作为统一的奋斗目标,一起研究,一起部署,一起落实。要充分发挥各级党组织的领导作用,基层党组织的战斗堡垒作用和党员的先锋模范作用。要建立健全领导目标管理责任制,充分发挥工会、共青团在精神文明建设中的作用。

2.要从严治党,搞好党风廉政建设。各级党组织和党的领导干部,要树立全心全意为人民服务的思想并身体力行,在精神文明建设中既要起好核心作用,又要起好表率作用,以优良的党风政风推动社会风气的好转。

3.要加强思想政治工作。精神文明建设工作,说到底是做人的工作,是做群众的工作,做好思想政治工作是现代化建设实践中把两个文明统一起来的中心环节。要把思想政治工作贯穿到学校工作的各方面和全过程,深入到基层和业务工作中去。

4.必须抓好队伍建设。按照政治强、业务精、作风正派的要求,继续全面加强队伍建设,保证精神文明建设的主要阵地牢牢掌握在党的手里。

5.要切实加大对精神文明建设的投入,切实解决目前各项精神文明建设的投入总量偏少,比例偏低的问题。在我校“211 工程”规划中的精神文明建设项目,要切实落实,同时要正确处理好硬件建设和软件建设的关系。

——本文摘录自陈传鸿:《大学之道:在建设一流大学的征程上》,厦门大学出版社,2003 年 12 月版

团结奋进　继往开来　为顺利实现跨世纪宏伟目标而努力

——在 75 周年校庆大会上的讲话

(1996 年 4 月 6 日)

校长　林祖赓

我们以满怀喜悦的心情，热烈地欢庆厦门大学建校 75 周年。

厦门大学是伟大的爱国华侨领袖陈嘉庚先生倾资创办的。75 年来，厦门大学栉风沐雨，历尽沧桑，为实现陈嘉庚先生“培育英才，改造社会，振兴祖国”的宏愿，自强不息，奋力开拓，取得了辉煌的业绩，成为一所学科门类齐全，办学特色鲜明，基础研究力量和师资队伍较强，在国际上有一定影响的高水平的国家重点大学。

厦门大学 75 年来的成就令人瞩目，尤其是在刚刚跨过的“八五”计划内，我校改革和发展取得了更加令人鼓舞和振奋的成绩。

五年中，我校有 3 位教授当选为中国科学院院士，新增 30 位博士生导师，新建 3 个博士后流动站，新增 2 个博士点、15 个硕士点和 13 个本科专业，建立 3 个国家人才培养基地，建成 1 个国家专业实验室和 2 个开放研究实验室，设立了国家教委图书文献中心。学校教学质量明显提高，复合型人才培养深受社会欢迎，五年中共向社会培养输送万余名合格的毕业生。学科建设步伐加快，目前正在积极筹建医学院，使我校学科在委属院校中最为齐全。科研水平不断提高，自然科学方面，获得包括国家自然科学奖在内的各级政府奖励 64 项，SCI 论文数从 1991 年列全国第 44 位到 1995 年上升为第 19 位，承担 3 项国家 863 课题；社会科学方面，获国家社会科学基金资助金额居全国前列，批准立项数居委属高校第 7 位，在去年首次全国人文社会科学研究优秀成果评选中，我校有 1 项成果获一等奖，13 项成果获二等奖。全校科研经费大幅度增长，从 1991 年的 400 余万元猛增至 1995 年的 1289.85 万元。师资队伍建设成效显著，新一代学术带头人迅速茁壮成长，目前 45 岁以下教授 15 人、博士生导师 10 人、国家跨世纪人才 2 人、获国家中青年优秀人才基金 3 人、获霍英东科研基金 4 人、获霍英东青年科研教学奖 3 人。我校对外学术交流成果丰硕，1995 年第 19 届国际统计物理会议和第 46 届国际电化学年会相继在我校召开，取得圆满成功，我校对台交流影响很大，走在全国高校前列，学校与台湾学术单位共同组织了 4 次有影响的学术会议，1995 年 4 月底，我校与台湾淡江大学签订校际交流合作协议，这是两岸高校第一个实质性合作协议。

“八五”时期，我校基础设施和公共服务系统建设上水平，上档次。投入实验室建设经费(不包括科研经费和国家重点实验室建设资金)约 5000 万元，比“七五”时期增加 3 倍多，仪器设备总数从“七五”末的 5000 万元增加到现有的 9000 万元。图书馆建立计算机流通系统和光盘检索系统，开通信息网络及电子邮件。海内外校友、朋友向我校捐建了逸夫楼、克立楼、清洁楼、自钦楼、基金楼和钟林美广场等，另外建文楼、保欣丽英楼、成枫楼、钟铭选楼、祖营楼的捐款已经到位，不久即将开工。

五年来，我校积极进行办学体制改革，努力探索一条以政府投入为主、社会多渠道办学的新路子。1993 年由十四家外经贸企业率先发起并捐款建立“厦门外经贸企业厦门大学教育发展基金会”，在全国引起热烈反响，到 1995 年，基金会成员已发展到 25 家企业，基金数已达到 2000 万元。1994 年和 1995 年，国家教委先后与厦门市政府和福建省政府签署共建厦大的决定，使我校不仅从省、市政府的财政上获得有力的支持，也给我校今后的长远发展注入了新的活力。

我校在向“211 工程”迈进的过程中，全校师生员工齐心协力，创造了一个又一个佳绩。1994 年作为进入“211 工程”一项重要前期工作的校园文明建设，取得优秀成绩，获得国家教委奖励，我校被冠以“一流的社会主义大学校园”光荣称号。1995年我校顺利通过国家教委“211工程”部门预审,标志着我校跨过了一个新的里程碑,为面向21世纪的发展打下良好基础。

1995年,我校制定了面向21世纪的发展与改革规划,提出到21世纪初,把厦门大学建成国内一流、国际上有较大影响的社会主义综合性大学。为此,必须深化改革,转变体制,狠抓管理,突出重点,发扬优势,办出特色。

学科建设方面,按照分层次协调有序发展的思路,再建5~7个重点学科;鼓励学科渗透交叉,提高基础学科活力,促进高新技术学科迅速发展;优化调整学科结构,扶持我校布点较少学科,发展应用学科、现代工程学科,拟新增10个左右博士点、15个左右硕士点。

人才培养做到突出层次,稳定规模,注重质量和特色,逐步达到研究生、本科生并重;进一步提高教学质量,创建若干体现我校教学优势的名牌课程,推进一批主干课和基础课达到国内一流水平;推广运用现代化教学手段,增加教学基本建设投入,继续强化提高外语和计算机教学水平,保持我校优势。

科学研究方面,要形成基础研究、高科技研究和应用开发协调发展的新局面;鼓励基础研究向学科前沿拓展,向新技术延伸,应用研究面向经济建设主战场,到21世纪初取得若干项国际上有重大影响的研究成果、一批横向合作开发研究和一批能够解决当前社会发展的理论和实践研究成果。科研经费要以15%年增长率提高,力争再建2~3个国家重点实验室和重点专业实验室、1个国家工程中心、2个国家级科研中心或基地;努力建成2T个重点科技产业。

继续抓好师资队伍建设,造就一批政治可靠、业务精湛、国内外有一定知名度、结构合理的优秀人才,学校将采取各种有效措施,招贤纳才,到2001年,具有博士学历的教师要达到25%~30%。

继续不断探索办学体制和管理体制改革,巩固发展国家教委与福建省政府、厦门市政府共建厦大的成果,进一步拓宽多渠道办学路子;建立和完善校一院一系三级管理体制,提高后勤管理水平,建立咨询、决策、执行、监督、评估、反馈的现代化管理体系。

扩大国际学术交流和地区学术交流,提高层次,注重实效,选择与若干所发达国家的知名大学发展稳定有效的合作交流,争取主办高层次大型国际学术会议,创建2~3个与海外合作的办学实体或研究中心。

大力改善办学条件,加强教学实验室建设,到“九五”末使全部实验课教学达到国内先进水平;建设若干跨学科、多功能、面向全校的高水平的实验室;把图书馆建成现代化多功能的文献信息中心,达到国内高校一流水平。

今年是“九五”计划的第一年,我们要发扬优良传统和校风,鼓足劲,开好头。我校进入“211工程”立项工作即将展开,这是我校最终进入“211工程”,成为国家重点建设的综合性大学的关键一步。我们相信,在国家教委领导下,在省、市政府支持下,在各方朋友和校友关心帮助下,经过师生员工的团结奋进,我校跨世纪的宏伟目标一定能够实现!

——本文摘录自《厦门大学》(校刊),1996年4月4日第336期

·党建与思想政治工作·

关于实行《纪律检查建议书》和《行政监察建议书》制度的办法

（1996年9月16日）

《纪律检查建议书》和《行政监察建议书》是纪检、监察机关在实施监督检查的过程中向有关党组织和党员、行政机关及其工作人员分别发出的具有监督约束力的纪检监察文书。根据《中国共产党纪律检查机关案件检查工作条例》及其《实施细则》以及《行政监察条例》等有关规定精神，决定在我校实行《纪律检查建议书》和《行政监察建议书》制度。为保证这一制度的顺利实施，提出如下实施办法：

一、《纪律检查建议书》和《行政监察建议书》的适用范围

1.纪委遇有下列情况之一时，可向有关党组织或党员个人发出《纪律检查建议书》：

（1）对检举控告党组织和党员的问题，经调查，需要对被检举者加以制止、批评教育或要求被检举者就有关问题做出书面说明时；

（2）对有违纪事实，但情节轻微，不需要追究党纪责任，但需要有关党组织做出恰当处理时；

（3）对有关党组织压案不报、私自了结或查案不力，需要加强办案工作力度时；

（4）有关党组织对违纪党员不能严格按照有关规定处理，需要进行纠正时；

（5）党员民主权利受到侵犯，需要有关党组织给予保护时；

（6）在查处党内违纪案件过程中，有关党组织和党员对抗、阻挠、干扰、破坏违纪案件的查处，使案件查处工作不能顺利进行时；

（7）有关党组织及其领导成员违反议事规则和决策程序，造成不良后果，需要提出建议时；

（8）其他问题，需要向有关单位和部门提出建议时。

2.监察处遇有下列情况之一时，可向有关行政单位及其工作人员发出《行政监察建议书》：

（1）不履行、不正确履行或拖延履行职责造成不良后果时；

（2）做出的决定，或制定的规章办法不适当应予纠正或撤销时；

（3）对检举控告行政单位及其工作人员的问题经调查，需要对被检举者加以制止、批评教育、采取补救措施，或要求被检举者就有关问题做出书面说明时；

（4）对有违纪事实，但情节轻微，不需要追究政纪责任，但需要有关主管部门做出恰当处理时；

（5）其他问题，需要提出监察建议时。

二、《纪律检查建议书》和《行政监察建议书》的使用方法

1.《建议书》由纪委、监察处填写后,分别交纪委正副书记、或监察处正副处长签发,并加盖单位公章。

2.《建议书》由纪委、监察处直接送达被建议单位或个人,也可以留置送达、邮寄送达,或者委托其主管部门代为送达。受送达单位或个人应在送达回执上签名或盖章,并注明送达日期。

3.收到《建议书》的党组织或行政单位对《建议书》所提建议必须认真研究采纳;对未能采纳的,应在规定时间内说明原因。属于党员或干部个人的问题,应及时将《建议书》转交本人,并在规定的时间内,将办理结果以书面形式报告纪委或监察处。对于既不采纳又不做出说明的,纪委、监察处可视情节轻重,给予批评教育、通报或必要的党政纪处分。

4.受理《建议书》的党组织或行政单位必须按《建议书》中规定的时限要求将办理情况报告纪委或监察处。

5.纪委收到有关党组织或行政单位落实《建议书》的情况后,有权对《建议书》的执行情况进行检查,并对处理不当的问题提出纠正意见。被检查单位或个人如对检查结果有异议的,可向纪委或监察处提出,纪委、监察处应及时给予答复;如答复后被检查单位或个人仍有异议的,可报请上一级纪检监察机关裁决。

三、《纪律检查建议书》和《行政监察建议书》的填写与保管

1.《建议书》的基本内容为:(1)主要情况或问题;(2)建议意见;(3)办理结果报告方式与时限要求。

2.正文内容应简明扼要,如栏目空白处填写不下时,可加附页。

3.填写时一律用钢笔或毛笔书写。

4.《建议书》按年度装订成卷,存档备查。

四、实施时间

本办法自公布之日起实施。

中共厦门大学纪律检查委员会

厦门大学监察处

一九九六年九月十六日

——本文摘录自《关于实行〈纪律检查建议书〉和〈行政监察建议书〉制度的办法》,(1996)厦大纪5号,档号1996-DQ06-1

关于实行领导干部离任廉政检查制度的决定

（1996年9月16日）

为了加强对处以上领导干部工作业绩和遵守财经制度的情况进行考察，把干部廉洁自律的定期检查与平时检查结合起来，经研究，决定在全校中层以上干部中实行离任廉政检查制度，现将有关事项通知如下：

一、廉政检查的对象

根据校党委对领导干部调整的决定，凡调离或改任它职的副处级以上干部，都应作离任廉政检查。单位党政正职领导和分管财务、设备、开发创收的领导离任廉政检查时，应通知纪委、监察处、审计处参加。

二、廉政检查的内容

领导干部应就任职期间的工作，参照《厦门大学关于贯彻领导干部廉洁自律有关规定的实施办法》的有关规定，对廉政勤政情况进行总结。在此基础上，还应着重检查以下四个方面的内容：

1.财务制度是否健全，财务开支是否公开。有无私设“小金库”、擅自截留挪用专款等违反财经纪律和严重公款吃喝请送等挥霍浪费等问题。

2.经手的经济来往是否清楚并按时移交。

3.有无失职、渎职问题。

4.单位配发的办公用品归还情况。

三、检查的方法与程序

1.在干部接到离任通知后，应在一周内将任职期间的经济来往手续结清，配发的办公用品移交完毕。

2.离任廉政检查由单位党总支（或直属支部）书记组织实施。如书记为检查对象时，由系主任或党总支副书记负责实施。与会人员除本单位中层干部外，可请上级领导或单位教职工代表参加。

3.检查应在干部离任二周内完成，遇有特殊情况延期举行，应事先征得纪委或监察处同意。

4.离任廉政检查会的主要程序是：

(1)听取被检查对象个人的报告；

(2)经手账目及办公用品移交情况；

(3)必时要审查有关账目和凭据，请当审人说明有关问题；

(4)填写干部离任廉政检查意见；

(5)在规定时间内，由实施人向单位职工报告廉政检查结果。

5.干部离任廉政检查登记表及相应有关材料由纪委或监察处负责整理归档，作为选拔干部和年度考核的重要依据。

6.干部离任廉政检查中如发现干部有违纪行为，可建议组织处理或移交纪委、监察部门立案查处。

四、检查中应注意的几个问题

为确保领导干部离任廉政检查工作的质量和效果，在具体实施时应注意以下几个问题。

1.各单位党政主要领导对本单位离任干部廉政检查负有主要责任。一定要认真、深入、细致地做好准备工作，多征求群众意见，了解被检查干部准备情况，及时给予指导。

2.与会同志要坚持向组织、向教职工、向干部个人负责的原则，恰如其分地评价干部的实际情况，绝不能夸大成绩，言过其实，或者缩小问题，掩盖错误。

3.纪检、监察部门选派参加检查会的人员应认真指导检查工作的正常进行，针对发现的问题提出相应的处理意见。

4.离任干部如无特殊原因一再拖延离任廉政检查的，除给予通报批评外，还可视情况给予一定的政纪处分。

中共厦门大学纪律检查委员会

厦门大学监察处

一九九六年九月十六日

——本文摘录自《关于实行领导干部离任廉政检查制度的决定》，(1996)厦大纪 6 号，档号 1996-DQ06-1

关于信访工作的暂行规定

（1996 年 10 月 26 日）

为加强学校信访工作，保证我校师生员工充分发表对学校工作的意见、建议，保证领导及时了解、处理群众的意见、建议，根据《党政机关信访工作暂行条例》结合我校实际情况，特制订本规定。

1.党委办公室、校长办公室是学校信访工作的职能部门，其职责是：

(1)负责接待群众来信来访，办理学校和上级领导机关交办的信访问题；

(2)定期研究信访工作的情况和问题，及时向学校领导反映，并提出解决问题的建议；

(3)向学校有关部门、单位交办信访事项，并负责检查、催办；

(4)组织、协调有关部门、单位联合办理涉及多个部门、单位的信访问题；

(5)协助校领导做好接待群众来访的有关工作。

2.恢复设立校长信箱，由党办、校办专人负责每天取信。

3.党办、校办，应指定人员负责接待群众来信来访，并要按照信访登记卡逐件进行登记。登记时，应把信访人所反映的问题和要求如实记录，并签署受理人姓名。

4.做好信访登记后，应及时将登记卡汇总编号，并按党、政分送党办主任、校办主任转呈有关领导阅批或批转有关部门办理；对于急件或属于重大、复杂问题的，应注明该件性质；对于控告、检举性质的信访材料，应及时转给纪委办理。

5.对于校领导批办和两办主任批转的群众来信来访问题，各部门、各单位必须尽快处理，并在限定时间内或办理结束后将处理结果报党办或校办；两办认为处理不妥的，或信访人对处理结果表示不满意的，两办可视情况通知承办单位复核，或再议。在办理期限内承办单位无法完成的，要主动向两办说明情况。对于一些重要情况或重大问题，根据校领导的意见，党办、校办也可直接处理。

6.信访材料在交转有关单位之后，党办和校办要及时催办，或了解办理情况；催办应填写催办单，或派人催办。

7.信访问题处理结束后，经办人员要负责将该材料装订成卷，归档备查。两办或经办部门应分别情况，将处理结果告诉信访当事人。对于校领导批办的信访问题，两办还应将处理结果报告给校领导，并注明信访人对处理结果的意见。

8.两办应定期或不定期编发“信访摘报”，通报信访处理情况，对于一些带有政策性、普遍性、倾向性问题和其他重要信息应及时向校领导呈报。

9.两办信访承办单位和工作人员应认真检查总结信访工作经验，不断提高我校信访工作质量和水平。

厦门大学党委办公室

厦门大学校长办公室

一九九六年十月廿六日

——本文摘录自《关于信访工作的暂行规定》，(1996)厦大委办 13 号，档号 1996-DQ01-3

中共厦门大学委员会关于进一步加强统一战线工作的意见

(1996 年 11 月 7 日)

为了进一步贯彻落实全国和福建省统战工作会议精神,根据中共中央统战部、国家教委《关于进一步加强高等学校统一战线工作的意见》和有关文件,结合我校的实际情况,特提出如下意见。

一、加强学习宣传,努才提高“法宝”意识

1.组织全体党员特别是领导干部,认真学习邓小平同志新时期统战思想。通过学习使广大党员深刻认识高校统战工作是党的工作的一个重要方面,做好高校统战工作关系到人才的培养,关系到统一战线事业的兴旺发达,关系到共产党领导的多党合作和政治协商制度的长期存在和发展。各级党政领导要带头学好新时期统战理论、方针和政策,要从全局的战略高度深刻认识统战工作的重要性、必要性和紧迫性,高度重视统战工作。党委党校要把统战理论列入党员和干部培训的必修课程。

2.大力加强统战的宣传工作。要进一步落实江泽民总书记关于“统一战线确实是我党的一个法宝,要广泛宣传这个法宝”的指示,党委宣传部和各理论宣传部门都要把统战宣传作为日常的重要工作切实抓好。要充分利用各种形式,如广播、有线电视、校刊、宣传栏等,及时报道有关统战工作的动态、经验和先进事迹,使党的统战理论和方针政策深入人心。

二、认真做好民主党派工作

1.积极支持民主党派加强思想建设。帮助民主党派深入学习邓小平建设有中国特色社会主义理论,学习党的方针政策,统一思想、增进共识、认清形势、继承传统。支持民主党派采用有效的学习形式,如讲习班、研讨会、参观考察等,进行自我教育,积极投身社会主义精神文明的创建活动,努力提高全体成员的政治思想素质和道德修养水平。党委党校每年举办一期民主党派骨干培训班,并纳入党校培训计划。

2.积极支持协助民主党派做好组织发展工作。民主党派组织发展是一项政策性很强的工作,必须从政治上慎重对待,在工作中认真把握。各基层党的组织要协助民主党派做好组织发展工作,给予必要的协调、帮助和指导。

3.积极支持民主党派加强领导班子建设。今后几年各级民主党派组织和政协都要先后进行换届工作,我校的任务十分繁重。党委统战部必须主动同各党派上级机关密切配合,严格按照中央有关规定和民主党派的各自章程,协助民主党派对领导班子人选进行充分酝酿,慎重选拔。党委组织部门和各基层党组织都要积极配合和支持这项工作。通过换届努力改善我校各党派领导班子的年龄结构、知识结构,提高整体素质,既要实现人事上的新老交接,更要顺利进行政治上的交接。

4.积极做好民主党派后备干部的培养。各级党组织都要十分重视民主党派后备干部的培养工作,要根据需要有意识有目的地将一部分优秀知识分子留在党外,在尊重本人意愿的基础上,主动向民主党派推荐。要积极做好这批新一代党外代表人物的培训工作,通过实职安排、政治安排、参加社会活动等多种形式,不断提高他们的政治素质、理论政策水平和知名度。各总支和直属支部一定要从全局上认识这一工作的战略意义,每年确定好留在党外的优秀知识分子人选和培养计划,并报统战部统一安排。

5.积极支持民主党派开展活动。支持民主党派围绕经济建设、教育改革、祖国统一等重大课题,深入

调查研究，积极献计献策。支持民主党派发挥智力优势和社会影响优势，开展各种咨询服务，积极参与社会办学、科技扶贫等服务于社会主义物质文明、精神文明建设的各项社会活动。学校有关部门要切实帮助解决活动经费、场地等条件问题。继续帮助搞好民主党派联合办公室和活动中心的建设。

三、健全各项规章制度，逐步使统战工作规范化和制度化

1.坚持征求党外人士意见的制度。学校的重大事情要与民主党派负责人和无党派代表人士充分协商，广泛听取并认真研究党外人士的意见和建议。重大问题的协商会每学期至少进行一次。有关学校的教学、科研、基建等重要问题的座谈会一般每两个月举行一次。学校主要党政负责人和有关部门领导要亲自参加协商会和座谈会，并对党外人士提出的意见认真研究，及时反馈。

2.完善同党外人士交友联谊的制度。各级党员领导干部都要相应确定联系几位民主党派、无党派代表人士，定期互相走访，谈心交友。党政主要负责人根据需要，不定期地邀请党外人士举行谈心活动，就共同关心的问题自由交流，沟通思想，征求意见。要在重大节日走访和看望党外代表人士。每年元旦、春节期间要举行各界代表人士的茶话会。

3.落实党外人士有关待遇的规定。学校举行的中层干部会应通知各民主党派和团体负责人参加。学校举行的有关重要会议和大型活动，应视情况邀请党外代表人士参加。学校发给系处一级的有关文件，应同时发给各民主党派和团体。民主党派负责人应按照学校的有关规定减免教学工作量。

4.加强民主监督工作。校纪委、监察处应与民主党派协商，聘请一批党外人士担任特邀监察员，并就党风建设、廉政建设等问题，每年向民主党派、无党派代表人士通报 1 至 2 次。学校组织的财务检查、机关作风检查、廉政建设检查、校园文明检查等活动，要邀请民主党派、无党派代表人士参加。聘请民主党派代表担任学校教学督导员。

四、大力支持政协联络组的工作

学校党委要支持和帮助各级政协厦大联络组开展工作，充分发挥各级政协委员的参政议政作用。对政协委员的视察、调研活动提供必要的条件。学校各有关部门要积极协助政协委员做好提案工作。

五、切实加强党委对统战工作的领导

1.校党委和各级党组织要把统战工作列入重要议事日程。党委常委每学期至少召开一次专门会议，听取统战工作汇报，部署和检查全校统战工作。党委指定一位副书记分管统战工作，党总支要配备统战委员，支部要有负责统战工作的委员。全体党员领导干部都要率先垂范，影响和带动各级党的干部做好统战工作。要把是否重视并善于做好统战工作作为衡量和考核领导干部工作实绩的标准之一。

2.加强统战干部队伍建设。统战部是党委进行统战工作的职能部门，要选派一批热心统战工作，具有较强理论、政策水平和实际工作能力的同志充实统战干部队伍，特别是要选配好统战部长、副部长。要关心统战干部的学习、生活和工作，努力提高他们的政治和业务素质。

3.大力支持统战部开展工作。校党委和行政要为统战工作提供必要的人力、物力和财力条件。党政群团及各部门单位都要积极支持和配合统战部，相互协调，共同做好统战工作。

中共厦门大学委员会
一九九六年十一月七日

——本文摘录自《中共厦门大学委员会关于进一步加强统一战线工作的意见》，厦大委综〔1996〕3号，档号 1996-DQ01-2

厦门大学党的建设五年规划(1996—2000年)

(1996年12月30日)

1996—2000年,是厦门大学全面实施"211工程"建设发展规划的关键时期。加强党的建设,对我校坚持社会主义办学方向,实现跨世纪的战略目标,培养有社会主义觉悟的高级专门人才,具有重大意义。

这五年,我校党建工作的指导思想和主要目标,是以马克思列宁主义、毛泽东思想和邓小平建设有中国特色社会主义理论为指导,坚持党的基本路线和基本方针,从适应国家经济、科技和社会发展的需求和社会主义市场经济新体制的需要以及从在厦门经济特区办学的实际出发,紧密结合学校的教学、科研和各项管理工作,为不断提高教育质量和办学效益,勇于创新,扎实工作,全面推进学校党的建设,争取一流成绩,创造新鲜经验,努力开创我校党建工作的新局面,为把我校建成国内一流、国际上有较大影响的社会主义综合性大学而努力奋斗。

一、加强党的思想理论建设

要继续加强党的思想理论建设,使广大党员特别是党员领导干部的党性观念明显增强,理论政策水平和思想道德水平进一步提高,牢固树立建设有中国特色社会主义的共同理想,牢固树立坚持党的基本路线的坚定信念,普遍提高爱岗敬业争上游、团结奋斗做表率的自觉性,进一步发挥共产党员的先锋模范作用。

1.坚持用邓小平建设有中国特色社会主义理论武装全体党员。要以《邓小平文选》、《中国共产党章程》、《建设有中国特色社会主义理论学习纲要》和党的其他重要文件为基本教材,结合学习马克思主义经典著作及哲学、政治学、经济学、法学等基本知识,并根据形势、任务和学校的实际,进一步充实学习内容。在学习中,要注重把握建设有中国特色社会主义理论的精神实质及其科学体系,坚持理论联系实际的原则,在改造自己的世界观、人生观和价值观上下功夫,在分析问题和解决问题上花力气。党员领导干部应当学得多一些,学得好一些。

2.健全和坚持学习制度。坚持领导干部进中央党校、国家教育高级行政学院、省委党校脱产轮训制度,认真落实中共中央关于县以上党政领导干部参加学习培训每届任期内不少于3个月的指示。加强学校党委中心组学习制度,健全我校党校分批轮训党员和党员领导干部制度,改进党课教育制度,建立党员形势政策教育制度,坚持政治学习制度。要采用多种形式,把集中学习和分散自学结合起来,定期学习和不定期教育结合起来,系统的理论学习和重点专题教育结合起来。要确保学习时间,讲究学习效果。校党委要加强领导,合理安排,定期检查,抓好落实,在党员、干部中造成浓厚的学习气氛。

3.组织和扩大理论骨干队伍。这是提高思想理论教育水平的必要条件。要利用我校综合性大学的优势,以党的报告员队伍为基础,组建一支50至100人的多学科的、高素质的理论骨干队伍,在思想理论教育中发挥宣传辅导作用,在重大理论政策研究中发挥攻关作用。

4.巩固和发展党员思想理论教育阵地。继续加强党校正规化建设,充实师资队伍,增加经费投入,改善工作条件,把党校建设成为我校党员教育的中心基地。各党总支要普遍建立党员活动室,为党员教育和活动提供较好的条件。要健全和发展党章学习小组,使校、室、组成为入党积极分子的培养基地,对党员进行党章和党的基本知识再教育的阵地。改进和加强“两课”教育,帮助学生系统掌握党的基本理论、基本路线和基本知识。利用电视、计算机网络等现代化手段,逐步建立思想理论教育网络。

5.加强理论政策的研究。加强建设有中国特色社会主义理论研究中心,充实党校党建研究室人员,发挥马列教学部、德育室及党务工作者的积极性,从形势任务和学校的实际出发,有组织、有计划地开展研究工作,定期组织理论研讨和政策分析,为地方政府、校党政领导的重大决策提供有重要参考价值的方案,并争取拿出一批具有国内一流水平的研究成果。要筹集30万元思想理论研究专项基金,支持各立项课题的研究。

二、坚持和健全民主集中制

要加强宣传教育,注重建章立制,严格检查监督,使党员特别是领导干部的民主集中制意识显著增强,民主集中制的各项具体制度更加健全,广大党员和各级党组织的积极性和创造性充分发挥,造成又有集中又有民主,又有纪律又有自由,又有统一意志又有个人心情舒畅、生动活泼的政治局面。

1.加强宣传教育。要以《中国共产党章程》、《关于党内政治生活若干准则》、《中共中央关于加强党的建设几个重大问题的决定》、《中国共产党高等学校基层党组织工作条例》,以及有关的马克思主义著作作为基本教材,结合思想实际和工作实际,通过各种方式、各个渠道,经常地、有针对性地进行宣传教育。教育的重点是各级领导干部,特别是中层以上领导干部;各级领导干部应当以身作则,把自我教育和教育他人结合起来,成为坚持民主集中制的模范。

2.注重建章立制。学校实行校党委领导下的校长负责制,要进一步明确各级党政职责分工,并把集体领导与个人分工负责结合起来;既要制定实体性规范,又要制定程序性规范。要根据民主集中制的原则,建立学校重大问题的民主决策机制。要分别建立健全校党代会、党委会、党委常委会、纪委会、党总支委员会和党支部委员会的工作制度,进一步健全和完善党员民主生活会、领导干部双重民主生活会、各级党组织委员会的选举、各级领导干部的选拔任用等党内生活制度。用各项具体制度,保证民主集中制原则的贯彻落实。

3.严格检查监督。各级党组织及其主要负责人,纪律检查委员会和各级纪检委员,对民主集中制各项具体制度的执行情况,应定期组织检查监督,并经常听取党员群众的意见。对违反民主集中制的现象进行及时查处和纠正。

4.既要充分发扬民主,又要保证集中统一。各级党组织和党员,要坚决执行党章规定的“四个服从”和党员权利保障条例的规定,加强组织纪律性,自觉维护党中央的权威,保证党组织的决议得以贯彻执行,保证政令畅通。党员要正确行使民主权利,坚决履行义务;各级党组织和党员领导干部,要充分尊重和保障党员的民主权利,积极支持行政领导行使职权、开展工作。要坚决反对小团体主义和非组织行为。

各级党组织要加强对工会、共青团的领导,并积极支持他们按照各自的章程独立自主地开展工作,主动听取他们的意见和建议,充分发挥他们在团结和教育群众、参与民主管理、实行民主监督等方面的积极作用。校党委要加强对统战工作的领导,要关心、支持民主党派的建设和工作,定期通报工作情况,认真听取他们对学校工作的建议和意见。努力创造依靠全校师生员工办学,共同开创学校教育改革和发展的新局面。

三、加强基层党组织建设

认真贯彻中共中央制定的《中国共产党高等学校基层党组织工作条例》、中共福建省委制定的《实施〈中国共产党普通高等学校基层组织工作条例〉细则》,各级党组织要建设好坚强的领导班子、政治业务素质较高的党员队伍,并建立良好的工作制度,成为群众所信任的政治核心和战斗堡垒,在教学、科研和各项管理工作中,能够充分发挥保证监督作用和党员的先锋模范作用。

1.加强校党委自身建设。校党委成员要努力学习,不断提高领导素质,把校党委建设成为政治坚定、团结协作、清廉公正、勤奋务实的坚强领导集体,加强对学校工作的统一领导。要坚持群众路线,注重调查研究,建立民主科学决策制度;正确处理党委与校长之间、党委会与常委会之间的工作关系,健全集体领导和个人分工负责相结合的领导制度。校党委要以主要精力研究、决定学校的重大方针政策,把握办学方向,抓好党的建设、思想政治工作和干部的管理教育,力戒包揽行政事务。

2.加强基层单位党组织建设。认真执行厦门大学党总支和党支部工作条例,并在实际工作中认真总结经验,不断加以完善。要建立工作考核评估制度,继续开展创建和评选表彰先进党组织活动。校党委要定期研究党总支、党支部工作,有计划地对书记和委员进行政治业务培训,争取每年重点抓好 1/3 党总支和党支部的建设。党总支(直属党支部)委员会要参与本单位教学、科研、行政管理工作中重要事项的讨论和决定。党总支和党支部要支持行政领导在其职责范围内独立负责地开展工作,并发挥保证监督作用;要建立健全群众工作制度,团结和带领师生员工保证教学、科研、管理等各项任务的完成,保证党和国家的方针、政策及学校的各项决定在本单位的贯彻执行。党总支、党支部要结合学科建设和本单位实际,研究新情况、总结新经验,不断改进党组织的活动内容和工作方式,增强党组织解决自身矛盾的能力,增强党组织在群众中的凝聚力和在各项工作中的战斗力。

校部机关党组织,要根据机关工作特点,着重加强思想政治教育,调动机关工作人员的积极性,保证各部门工作任务的完成,强化服务意识,优化服务质量,提高办事效率;同时,配合各部门负责对机关工作人员的政治思想表现及工作业绩进行比较考察,协助组织人事部门培养、选拔后备干部。

3.加强党员教育管理。要从学校的改革和发展出发,把党员教育与党员管理结合起来,建立和健全基层党组织党员管理目标责任制,坚持和改进“三会一课”制度,定期进行民主评议党员,开展“争创一流业绩”活动,大力表彰优秀党员的先进事迹,妥善教育和处理不合格党员,坚决清除腐败分子。要以提高素质、增强党性为目标,加强和改进党员教育和管理工作,教育党员树立共产主义理想,坚持全心全意为人民服务的宗旨,保持工人阶级先锋战士的本色;要在精神文明建设中,在本职工作上,发挥先锋模范作用,带动群众在教学、科研、管理和精神文明建设中做出实绩。

4.发展壮大党员队伍。要按照“坚持标准,保证质量,改善结构,慎重发展”的方针,加强建党工作。要坚持和发展党章学习小组,坚持和改进入党积极分子进党校培训制度,坚持和健全共青团组织从优秀团员中推荐建党对象的制度,保证党员发展质量。注重在大学生和中青年教职工中,特别是在中青年教学、科研骨干中,培养和发展党员。到 2001 年,本科生中党员数要占 8%～10%,做到低年级班有党员,高年级班有党小组、系有学生党支部;研究生中党员数要占 30%左右。在职教职工中党员数要保持在 50%左右。保证我校教学、科研和各项管理工作中,始终有一支能起先锋模范作用的党员队伍。

四、加强领导班子建设

努力建立优秀人才脱颖而出的具有生机活力的干部选拔任用制度。要选拔一批德才兼备的优秀年轻干部进入各级领导班子,使各级领导班子结构优化,整体素质提高,思想解放,勇于开拓,成为具有领导学校教育改革和发展能力的坚强领导集体。

1.培养选拔 200 名左右的后备干部队伍。培养选拔后备干部队伍,要按照《中共中央关于抓紧培养选拔优秀年轻干部的通知》精神,坚持德才兼备标准和干部“四化”方针,认真了解干部的政治方向、立场、观点、纪律、鉴别力和敏锐性,把革命化放在首位,注重工作实绩和群众公论。要建立后备干部培养选拔制度,有意识地把后备干部放到基层锻炼,加强教育、指导和管理,有计划地轮换岗位,并组织跟踪考察,为年轻干部脱颖而出创造良好的环境条件。

2.改革干部选拔任用制度。选拔任用各级领导干部,既要坚持群众路线,又要坚持党委集体讨论决定的原则;既要个别考核,又要左右比较,坚持好中择优。要参照国家公务员制度,在定编基础上,确定各领导职位所需资格条件,按照公开、公平、竞争、择优的原则,把公开推荐同考核(考试)结合起来,逐步建立推荐、考核(考试)、决定、试用、正式任命等系列配套制度。同时要建立健全领导干部任期目标责任制、特定职位限任制、干部交流制、工作业绩考核制以及离任审计监督制度等,把选拔任用干部的工作制度化和规范化。要坚决贯彻干部能上能下的原则,调整改善各级领导班子结构,逐步优化领导干部队伍,提高领导效能。

3.突出加强各级领导班子的思想政治建设。按照江泽民同志"领导干部一定要讲政治"的指示,要加强教育,严格要求,逐步提高各级领导班子成员的思想政治素质,在事关大局和根本原则的问题上,能始终保持政治上的坚定和清醒的头脑。各级领导班子成员要继续开展向孔繁森同志学习活动,树立正确的世界观、人生观和价值观,强化宗旨意识,密切联系群众,全心全意为人民服务,以高度的事业心和责任感,组织实施学校面向 21 世纪规划纲要,带领师生员工在教育改革与发展中做出实绩。同时,还应当努力学习教育管理科学,掌握高等教育管理规律,不断提高领导工作水平。

五、加强党风廉政建设

要从严治党,严肃党的纪律,弘扬正气,纠正不正之风,制止党内和干部队伍中的消极腐败现象,保持党的队伍的先进性和纯洁性;要建立健全各项管理和监督制度,有效防止各种消极腐败现象的滋长,进一步形成勤政廉洁、优质服务的新风尚。

1.继续加强反腐倡廉宣传教育的力度。要定期组织各级领导干部学习有关廉政建设的方针、政策,大力宣传表彰反腐倡廉中的先进人物和典型事迹,揭露严重的消极腐败现象。在党员和各级领导干部中,警钟常鸣,反复教育。要在全校造成以清廉自律为荣,以消极腐败为耻的浓厚风气。

2.深入开展反腐败斗争。严格党内生活,坚持开展批评和自我批评;严肃查处各种违法违纪案件,特别是重大案件。要认真纠正部门和行业的不正之风;要严肃处理违纪党员,妥善处置不合格党员,坚决清除腐败分子。

3.健全管理制度,强化监督机制。要建立健全各级领导班子廉政建设责任制,对发生严重腐败现象和案件的单位,要追究党政主要负责人的领导责任。要全面加强人、财、物等各项管理制度的建设,严密防范腐败现象的滋长。要定期认真过好双重民主生活会。要健全群众举报及其查处工作制度,健全和坚持领导干部财产收入申报制度、个人重大事项向组织报告制度等。要进一步健全特邀监察员工作制度,充分发挥纪检组织以及监察部门的监察、保护、教育和惩处的职能。

——本文摘录自《关于印发〈厦门大学党的建设五年(1996—2000 年)规划〉的通知》,厦大委办[1996]21 号,档号 1996-DQ01-1

厦门大学社会主义精神文明建设五年规划(1996—2000年)

(1996年12月30日)

今后五年,是迈向新世纪的五年,也是我校实现"211工程"奋斗目标的关键五年。为认真贯彻《中共中央关于加强社会主义精神文明建设若干重要问题的决议》,为把我校建设成为国内一流、国际上有较大影响的社会主义综合性大学,根据党的十四届六中全会精神,结合我校实际,制定本规划。

一、面临形势和总体目标

1.新形势、新机遇和新要求。

改革开放以来,在解放思想、实事求是的思想路线和党的基本路线指引下,我校全面贯彻党的教育方针,深入进行教育改革,大力推进"211工程"建设,学校在规模、层次、水平上都有了很大的发展和提高。与此同时,我们从党建和思想政治工作、德育工作以及校园文明建设等,多方面加强社会主义精神文明建设,对促进我校改革、发展与稳定,起了重要的作用。近几年来,我们坚持用邓小平建设有中国特色社会主义理论武装全党,强调讲学习,讲政治,讲正气,全心全意为人民服务,深入宣传和贯彻党的基本路线和基本方针,有针对性地进行爱国主义、集体主义、社会主义教育,有步骤地加强党风、廉政建设和机关作风建设,生动活泼地开展了以爱国、爱校为主旋律的校园文化活动,广泛持久地展开了学雷锋、学孔繁森、学先进人物以及青年志愿者、文明督导岗、军民共建、社区共建、关心下一代等一系列群众性的精神文明建设创建活动。广大师生员工解放思想,开拓进取,精神奋发,团结自强,表现出很强的凝聚力和向心力,学风、校风和精神文明风貌出现了显著的变化,使学校处于蓬勃发展的好时期。我校继获得了中组部、中宣部和国家教委表彰的全国高校党建和思想政治工作33个先进单位之一后,又以优异的成绩顺利通过了国家教委校园文明建设评估,被授予"文明校园"的光荣称号。所有这些,都为我们进一步加强社会主义精神文明建设打下了良好的基础。

但是,我们也应该清醒地看到,我校精神文明建设还存在不少亟待解决的问题。主要表现在"一手硬一手软"的现象依旧存在;思想政治教育和管理还比较薄弱;爱岗敬业、奉献精神有所削弱,部分教师不能为人师表,部分职工服务意识、职业道德淡薄;拜金主义、个人主义、享乐主义有所滋长;腐败现象时有发生,党风、政风和校园风气受到一定的损害;少数人对社会主义的前途产生困惑和动摇等,应当引起我们的高度重视。

我们既要充分认识进一步改革开放、社会主义市场经济和厦门经济特区的发展给我校带来的机遇,也要高度重视市场经济可能诱发的负面影响,高度警惕西方敌对势力对我进行"分化"、"西化"的图谋,用党的十四届六中全会的精神来统一思想,提高认识,增强社会主义精神文明建设的自信心和责任感,认真总结经验,切实加强领导,使我校精神文明建设上一个新台阶。

2.我校社会主义精神文明建设的指导思想。

我校社会主义精神文明建设,必须以马列主义、毛泽东思想和邓小平建设有中国特色社会主义理论为指导,坚持党的基本路线和基本方针,全面贯彻党的教育方针,紧密结合我校正在进行的"211工程"建设,加强党建和思想政治工作,加强思想道德文化建设,确实把精神文明建设提到更加突出的位置,以科学的理论武装人,以正确的舆论引导人,以高尚的精神塑造人,以优秀的作品鼓舞人,全面提高师生员工的思想道德素质、科学文化素质和民主法制意识,培养一代跨世纪的、"四有"的社会主义建设者和接班人,为把我校建设成为国内一流、在国际上有较大影响的社会主义综合性大学而努力奋斗。

我校进行社会主义精神文明建设必须坚持以育人为本,着眼于教育、培养和提高师生的全面素质;必须坚持围绕党的中心工作和学校的中心任务来进行,与《211 工程建设总体规划》、《党的建设五年规划》、《德育工作五年规划》相配套、相衔接;必须坚持把精神文明作为一个系统工程来建设,把长远目标与阶段性的任务结合起来,认真解决当前精神文明建设中师生普遍关心的重要问题;必须坚持重在建设的方针,加强制度建设和环境建设,加大投入,狠抓落实,讲求实效,持之以恒;必须坚持立足校园,辐射社会,努力为厦门经济特区精神文明建设做出表率。

3.今后十五年我校社会主义精神文明建设的奋斗目标。

围绕把我校建设成为国内一流、国际上有较大影响的社会主义综合性大学的宏伟目标,在全体师生员工中牢固树立建设有中国特色社会主义的共同理想;牢固树立坚持党的基本路线不动摇的坚定信念;实现以思想道德修养、科学教育水平、民主法制观念为主要内容的全面素质的显著提高;实现以积极健康、丰富多彩、服务师生为主要要求的文化生活质量的显著提高;实现以党风、校风、公共秩序、生活环境为主要标志的校园文明程度的显著提高;在全校范围形成物质文明与精神文明协调发展、精神风貌蓬勃向上的良好局面。

4."九五"期间我校社会主义精神文明建设的基本构想。

——构筑五个体系。即构筑党委统一领导,各方面齐抓共管的领导体系;突出抓好干部和学生这两个重点,着眼于提高全体师生员工的思想道德素质的教育体系;以"三育人"为主导的文明建设的制度体系;以高品位、有特色、开创性为特点的校园文化建设体系;以提高校园文明程度为目标的群众性广泛参与的创建体系。

——抓住四个重点。即抓党建,带动全校精神文明建设;抓师德,推动良好教风、学风的形成;抓基层,巩固文明基础阵地;抓典型,促进面上学习推广。

——创造三个环境。即创造安定团结、和谐协调的工作环境;自强不息、止于至善的育人环境;整洁、高雅、安全、有序的生活环境。

——提高两个素质。即提高全校师生员工的思想道德素质和科学文化素质。

——形成一个局面。即全校师生员工明确树立"解放思想、爱岗敬业、奋发向上、争创一流"的强烈意识,在学风、教风、校风、精神风貌、校园文明等诸方面形成健康向上、生动活泼和蓬勃发展的新局面。

二、主要任务和基本要求

1.突出抓好邓小平建设有中国特色社会主义理论的学习、宣传和研究。

要在全校党员、干部和师生中有计划、有步骤地深入进行邓小平建设有中国特色社会主义理论的学习,引导广大师生员工正确认识国家的命运和前途,坚定建设有中国特色社会主义的理想和信念。

——进一步健全校党委常委和中心组的学习制度,不断改进学习方法,提高学习成效,为全校做出表率。校系领导干部要通过深入学习,进一步掌握邓小平理论的科学体系和精神实质,分清马克思主义同非马克思主义;辩证唯物主义、历史唯物主义同唯心主义、形而上学;社会主义公有制为主体、多种经济成分共同发展同私有化;社会主义民主同西方议会民主;社会主义思想文化同封建主义、资本主义腐朽思想文化等重大问题的是非界限,坚持正确的政治方向和政治立场。

——继续办好党校。党校是学习、宣传和研究马列主义、毛泽东思想、邓小平建设有中国特色社会主义理论的重要阵地。党校要以建设有中国特色社会主义理论为主要教育内容,每年至少举办六期不同类型的学习培训班,争取五年内对党支部委员以上党员骨干、中青年骨干教师轮训一遍,同时,扩大和加强对建党积极分子的培训。五年内计划培训各类学员 4000 人次;对校系领导干部培训时间,五年内累计不少于三个月。

——改进和加强师生的政治理论学习和形势任务教育。努力做到坚持制度，落实时间，讲究方法，讲求实效。完善党的报告员制度，结合学校实际，加强学习的引导，通过检查评比、经验交流、总结提高，逐步形成学习理论的良好氛围。

——大力推进政治理论课和思想品德课的改革，把“两课”的教学和改革作为重点学科来建设，以邓小平建设有中国特色社会主义理论为指导，修订编好各门课的教材，加强师资培养，改进教学方法，完善教学体系，使邓小平理论“进教材、进课堂、进头脑”，有针对性地帮助学生解决世界观、人生观、价值观的各种问题，使“两课”在理论教育和引导中取得较好的效果。

——我校是省社会主义理论研究五大基地之一，要继续加强理论研究基地的建设，组织好力量，围绕现代化建设和改革开放实践中的重大问题，集中力量进行理论攻关，五年内争取完成100个课题项目，争取出一批有全国影响的研究成果，其中二三项能进入省和全国的“五个一工程”。

2.加强哲学社会科学学科建设

我校是综合性大学，加强哲学社会科学学科建设，是学校建设的一项重要任务，也是加强党的思想建设和巩固、发展社会主义意识形态的一项重要任务，必须确立马列主义、毛泽东思想和邓小平建设有中国特色社会主义理论在哲学社会科学学科中的指导地位。

——根据六中全会的精神，坚持哲学社会科学要为党和政府决策服务、为两个文明建设服务的方针，把改革开放和社会主义现代化建设的重大理论和实践问题作为主攻方向，积极参加关系当代世界和我国发展的重大课题的攻关研究，多出有价值的研究成果。

——进一步深化哲学社会科学教育改革，努力提高教育质量，发展哲学社会科学教育事业。要按照“政治强、业务精、作风正”的要求，建设好高校哲学社会科学理论队伍，努力造就一支德才兼备的跨世纪的理论骨干和带头人队伍。要以强烈的政治责任意识做好哲学社会科学的对外交流和合作，保证这一工作沿着正确的方向发展。

——充分发挥哲学社会科学教育的育人功能，坚持学术有自由，教育有原则，积极、准确地传播爱国主义、集体主义、社会主义的价值观念。

3.广泛深入地开展爱国主义、集体主义和社会主义思想教育。

爱国主义教育是社会主义精神文明建设的重要内容，要认真贯彻中共中央《爱国主义教育实施纲要》，深入进行以社会主义现代化建设的伟大成就和宏伟目标、中国近现代史、中共党史和基本国情、中华民族优秀传统和革命传统、民族团结和祖国统一、国防和国家安全为主要内容的爱国主义教育。要把爱国主义教育贯穿到学校工作的全过程，并与弘扬我校光荣传统相结合，大力倡导“爱国、爱校、自尊、自强”的嘉庚精神，激发师生的民族自尊心和自豪感，把师生的爱国热情引导到实现我校21世纪奋斗目标和“创一流业绩”上来。

坚持行之有效的礼仪教育制度，如重要会议唱国歌、升国旗仪式、成人宣誓仪式等；坚持新生入学军训的国防教育制度。利用各种节庆，开展弘扬爱国主义的系列纪念活动；充分运用我校的校史、党史资料，定期进行学校光荣传统教育；加强爱国主义教育的基地建设，除了建设好我校原有的人类博物馆、鲁迅故居陈列室、陈嘉庚纪念堂、罗扬才烈士陵园、福建省第一个党支部旧址外，积极筹建校史陈列馆、厦大名人与科学家史迹陈列室、厦大科技成果陈列室，并力争在五年内增建一批爱国主义教育的校园景点，如嘉庚广场、光前广场等，营造浓郁的校园爱国主义氛围。

4.加强青年学生的思想道德教育

认真贯彻落实《中共中央关于进一步加强和改进学校德育工作的若干意见》，以提高素质为目标，以全面发展为宗旨，切实加强学校德育工作。发挥大学生教育的主渠道作用，进一步加强和改进马列主义政治理论课和思想品德课的教学。进一步加强艰苦创业精神的教育，强化德育实践环节，把劳动教育和社会实践作为必修课，有计划地组织学生参加社会实践和生产劳动，让青年学生接触社会，接触工农，培养劳动人民感情和吃苦耐劳、艰苦奋斗精神，帮助他们认识社会，了解国情，增强建设祖国、振兴中华的使命感和责任感,动员学校各方面的力量,都来关心青年学生的健康成长,建立一定的激励机制,落实教书育人、管理育人、服务育人的工作。要充分发挥关心下一代工作委员会在青年学生思想道德教育中的积极作用,充分发挥共青团组织在团结引导青年学生树立正确的人生价值观的重要作用,努力形成学校、家庭、社会“三位一体”的德育工作新格局,培养学生热爱祖国、尊敬师长、勤奋好学、团结互助、遵纪守法的良好风尚,造就德智体全面发展的社会主义建设者和接班人。

加强对研究生的教育和管理工作。健全研究生思想教育的机构和队伍,明确工作途径和管理规范,扭转研究生工作相对薄弱的局面。

5.以职业道德建设为重点,带动社会公德和家庭美德的建设,营造良好的校风、社会风尚和和谐的人际关系。

社会主义道德建设要以为人民服务为核心,以集体主义为原则,以爱祖国、爱人民、爱劳动、爱科学、爱社会主义为基本要求,引导人们正确处理国家、集体、个人三者的关系,发展团结互助,平等友爱,共同前进的人际关系,形成良好的社会秩序和健康的社会风气。在我校要突出抓好师德和职业道德的建设,以带动社会公德和家庭美德的建设。

——大力倡导爱岗敬业、诚实守信、办事公道、服务群众、奉献社会的职业道德,加强教职工的师德建设,是当前学校道德建设最重要内容。高校的教师和教育工作者,肩负着培养社会主义事业建设者和接班人的光荣任务,是人类灵魂的工程师。教育工作者的师德修养,是一个教师成才立业的的必由之路,也是引导学生健康成长的关键因素,教师自身的言行举止,对学生存在着潜移默化的影响,教师的师德如何,不仅关系到学校教学质量和办学水平,而且首先关系到一代学生灵魂的塑造。在大力提倡“尊师重教”、“尊重知识”、“尊重人才”,关心教师工作和生活的同时,要在教师中特别是在青年教师中开展师德修养的讨论,组织好“树、创、献”(即:树师表形象,创文明校风,为实现跨世纪宏伟目标做贡献)活动的开展,大力倡导忠诚党的教育事业、爱岗敬业、勇攀高峰、教书育人、为人师表、乐于奉献、又红又专的优良品德。要认真修订《教师规范》和《教书育人条例》,在政策上和机制上激励教师加强师德修养,树立优良品格,以良好的教风来带动学风建设。

机关行政部门的职工,要以热情为师生、为基层服务的宗旨,大力推进机关作风的改革,努力做到勤政廉政、科学管理,不断改进工作作风,提高办事效率,面向基层,服务师生,多办实事,讲求实效,以科学的管理、良好的作风真心实意地帮助基层和师生解决困难与问题,真正做到管理育人。

总务后勤部门的职工,是师德建设的一支重要方面军,他们不仅以其辛勤劳动和良好服务,为办好学校提供物质保障和良好的校园环境,而且在和广大师生的直接接触中,也以他们的行为举止、服务态度和工作作风,对青年学生起着潜移默化的影响。要在推进总务后勤体制改革的同时,加强职业理想和职业道德的教育,引导他们正确处理经济效益与社会效益的关系,树立诚心诚意为师生服务的崇高品德,倡导“岗位做奉献,真情为他人”的良好风尚,不断改善服务态度,提高服务技能和服务质量,真正做到服务育人。学校要选择一二个条件较好的窗口单位,进行承诺制的试点,认真总结经验,以便在五年内逐步推开。

要把职业道德的教育和完善各种规章制度结合起来,把职业道德建设的一些必要内容纳入法制化管理轨道,采取行政、经济、教育等多种手段,同劳动人事制度、分配制度、奖惩制度的改革相配套。同时,要广泛开展树立社会主义新风尚的系列活动,提高干部职工遵守道德规范的自觉性,坚决纠正行业不正之风,形成扶正祛邪、扬善惩恶的良好氛围。

——加强文明举止的教育与管理。开展特区大学生文明形象的讨论,推广大学生“文明修身工程”,大力倡导文明礼貌、助人为乐、爱护公物、保护环境、遵纪守法的社会公德,认真组织青年学生学习贯彻《厦门市市民文明公约》、《十不准规范》、《高校学生行为准则》以及国家教委和学校制定的各项有关规章制度,并着手制定《厦门大学文明公约》等相应文明制度体系,从校园文明逐步推及到课堂文明、宿舍文明、食堂文明。除了职能部门加强管理督导外,继续组织好群众性的文明督导队,以管理促教育,以教育促养成,树立特区大学生的文明形象。

——在教职工中大力倡导尊老爱幼、男女平等、夫妻和睦、勤俭持家、邻里团结的家庭美德。通过制定楼区文明公约,评选"文明楼区"、"五好家庭"、"文明家庭"、"教育世家"等各种活动,大力宣传和推广中华民族的传统美德,推动楼区文明建设,在校园内形成良好的社会风尚和和谐的人际关系。

6.建设文明校园,优化育人环境。

在巩固我校校园文明建设已有成果的基础上,要以高起点规划、高标准建设、高效能管理来抓好校园、学生学习与生活环境的建设、管理和维护,营造一个良好的工作环境、育人环境和生活环境,使我校文明校园建设上一个新台阶。

——组织力量,根据我校21世纪初发展目标和校园原有的布局特色,重新修订校园的总体规划,科学、合理地划分教学区、生活区和文化休闲区,有计划、有步骤地进行分块、分区的改造和建设,逐步增建一批有教育意义的文化景点、雕塑和艺术标志,不断扩大文化休闲区点,使校园更加布局合理、错落有致、富有特色、高雅美观。

——进一步搞好校园环境卫生、绿化和美化。要逐年增加植树造林和铺植草坪面积,不断扩大绿色园林覆盖面;继续完善和落实"卫生包干区"、"门前三包"、"卫生大扫除"等各种行之有效的制度;通过定期检查、评比,逐步形成制度化、经常化;搞好责任区的净化、绿化和美化,定期组织群众性的卫生大扫除,彻底消灭卫生死角和"白色污染"。

——营造良好的学习、生活环境。加强学生宿舍综合管理,进一步完善楼委会等各种学生自我管理的制度,深入开展"文明宿舍"、"文明楼"的评比、表彰活动,着力建设宿舍区各种文化设施和活动场点,充分调动学生自我服务、自我管理、自我教育的积极性,使学生宿舍区成为精神文明建设重要基地;进一步完善学生参与食堂民主管理的各种制度,不断改进和提高食堂的管理水平、服务态度、膳食卫生、饭菜质量,力争成为全省、全国高校的先进单位;增加投入,五年内,翻修一批教室、实验室,增建一批体育设施和场地,按实用、美观、方便的原则,翻建全校的食堂、公厕和浴室.既保证师生学习、生活的需要,又美化整个校园的环境。

——加大整治校园秩序的力度。建立校园秩序整治领导小组和办公室,在今后两年内采取各种措施,加强对校园秩序的综合治理。坚持"预防为主,防打结合"的方针,加强校园治安工作,控制发案率,提高破案率,重点打击偷盗犯罪,做好各种预案,维护学校的安定和治安秩序;组织力量,定期进行对外来人口的清理,加强办证和管理工作,清除外口管理的死角;配合市、区,对校园周边商业摊点整顿清理,按照国家教委和省委的指示精神,在清理整顿的基础上,关闭一批录像厅(室)、台球室、电子游艺室。同时,整顿校内的商业摊点,杜绝串楼叫卖现象,保证校园一个健康向上的环境;采取切实可行的办法,加强校园内机动车辆和交通秩序的管理,以保证教学区、生活区的安静、安全和有序。

——校园文明环境的维护和营造,除了要加强师生社会公德和基础文明教育外,广泛发动群众性的参与、管理是关键,要通过建立文明监督岗、文明督导队、治保委员会、自律委员会等各种形式,使广大师生自觉参与管理,增强维护和营造意识,确保校园文明环境的优化。

7.建设高品位、有特色、开创性的校园文化。

校园文化活动是学校思想政治教育不可缺少的组成部分,是学生提高文化素质不可缺少的第二课堂,也是师生精神文明建设的一个重要阵地。建设好校园文化对于学校精神文明建设、提高学生两个素质具有特别重要的意义。作为一流大学的校园文化,应该具有强烈的时代气息,高尚的道德情操,浓厚的学术氛围,丰富的文化涵养,必须是高品位、有特色、开创性的。要认真总结我校的有效经验,坚持和发扬好的传统,并不断开创新的形式,使我校校园文化在今后五年中,提高到一个新的水平。

——加强对校园文化建设的领导。学校要建立校园文化指导中心,定期研究每个时期校园文化建设的中心任务,坚持"二为"和"双百"方针,倡导"爱国、爱校、自强、成才"的主旋律,大力扶持高品位的具有浓厚学术、科技氛围的各种社团活动和文化活动,定期开展有纪念意义的、集中性的系列活动,以带动学校各种文化活动的开展。要充分发挥我校艺术教育学院、文科各系在校园文化中的指导作用。

——总结我校历年来受到师生欢迎的各种文化形式,逐步形成传统,如"校庆文化艺术周"、"校园文化节"、"科技活动月"、"支部节"、"国庆游园晚会""教职工、学生歌咏比赛"、"十佳歌手评选"、"班级全能大赛"等,并不断推出具有时代气息和富有创新意义的活动,如"台岛纵横"、"蓝色自由港"、"博士论坛"、"中青年学术讲座"、"百科知识讲座"等,使校园文化活动,既有传统活动的不断翻新,又有创意的新项目不断丰富,充满生机活力,推向一个又一个高峰。

——加强文化艺术社团的建设。在师生中要大力倡导开展健康有益的社团活动,以更多的交流、沟通信息,活跃文化生活,增长知识技能,提高全面素质。今后五年内,学校要重点建设两团三队,即学生艺术团、教职工合唱团、铜管乐队、体育专业队、军事射击队,重点扶持10个学生社团,以此为骨干,带动全校的社团活动,促进校园文化的繁荣与发展。

——加大投入,抓紧文化基础设施的建设。要按照"211工程"建设规划的要求,在五年内,逐步建成教职工活动中心,增建一批篮排球场,新建一个游泳池和田径运动场,以保证师生课余文化体育活动的需要。

8.加强宣传舆论阵地的建设

——加强对校刊、电台等宣传阵地的领导,各种宣传阵地都应坚持党性原则,把握正确的舆论宣传方向,深入宣传党的路线方针政策,紧密结合学校中心工作,大力宣传学校各项改革和"211工程"建设,针对群众关心的热点进行正面引导,密切学校领导与广大师生的联系,唤起广大师生投入学校改革发展的热情,要不断改进宣传内容,增加必要的人力和资金的投入,更新电台设备,缩短校刊周期,提高宣传质量和效果。

——筹建校新闻发布中心,组织录制节目力量,在有线电视台开辟"每周要闻"、"专题新闻"、"理论形势教育专题"、"党员教育专题"等节目,使校有线电视台更好地为学校中心工作服务,以充分发挥其在舆论宣传中的重要作用。

——加强学校讲坛的管理和领导。高校讲坛是宣传舆论的重要阵地,在课堂教学和举办讲座中,必须坚持四项基本原则,与党中央保持一致;邀请校外人员来校举办人文科学讲座,必须按规定报请有关部门批准后方可举行。

——校出版社、校哲学社会科学学报和文科各种出版物,要将社会效益放在首位,坚持以马列主义、毛泽东思想和邓小平建设有中国特色社会主义理论为指导,坚持正确的舆论导向,严格把好审稿关,不断提高出版物的质量和学术水平,力争办出特色,提高知名度。

——不断扩大舆论宣传的设施。五年内,要接通学生宿舍有线电视网,增建一批学生阅报栏和宣传栏,制作一批大型宣传标语架,并力争建成低音柱校园有线广播网络和大屏幕电视标语新闻,以更好地发挥各种宣传舆论阵地的作用。

9.深入持久地开展群众性精神文明创建活动。

——认真抓好"文明单位"建设。紧紧围绕学校"争先进,创一流"的目标,广泛深入持久地开展"建文明单位,创优良业绩"为主题的评估创优活动,制订创优计划,落实创优措施,建立评估指标体系,经过申报评估达标者,由学校授予"文明单位"光荣称号,并给予一定物质奖励,通过总结交流经验,逐步扩大"文明单位"行列,形成全校创优的热潮。

——在全校学生中开展"建一流大学,做一流大学生"、"做文明厦大人"的讨论,并在此基础上经过群众参与,制订《厦门大学文明公约》,广泛开展争做文明班级、文明楼区、文明宿舍的活动,把广大学生的热情引导到创建文明集体的实际行动中来。

——充分发挥工会、共青团组织等各种群众性组织的作用,通过各种形式,广泛开展"献爱心"、"一帮一"、"希望工程"、"资助贫困学生"、"青年志愿者"、"文明监督岗"等各种群众性的创建活动,激发师生高尚的人生追求,塑造学校浓厚的文明氛围。

——继续深入开展军民共建、警民共建、社区共建和双拥等各种活动,使学生加强与社会的联系,提供知识和文化服务,并从中受到教育,更好地推动校园文明建设。

——发动广大学生参与校园文明建设的督导与管理,如参加"文明督导队",参与食堂、教室、图书馆等民主管理,在参与中接受锻炼,增长才干,也在参与管理中,接受教育,增强文明意识。

10.充分发挥学校的优势,积极参与厦门市社会主义精神文明建设,做出表率。

——充分发挥我校学科和人才的优势,主动、积极地为厦门市精神文明建设献计献策,提供咨询,为市委市政府重大决策服务,为厦门建设"教育之城"提供各种智力支持。

——充分发挥我校的理论优势,主动、积极地配合厦门市做好精神文明建设的舆论宣传和理论教育工作。

——积极开展社区共建精神文明活动,配合地方建设社区文化。组织青年学生志愿者走进街区,广泛开展知识咨询、科技服务、文明督导、献爱心做好事等各种活动,服务特区人民,树立文明形象,扩大学校精神文明建设的影响。

三、组织领导和保障措施

1.切实加强和改善党对精神文明建设的领导。

建设社会主义精神文明,关键在党,要始终坚持两手抓,两手都要硬,要从战略的高度,从全局上、政治上认识社会主义精神文明建设的重要性和紧迫性,党委要成立校社会主义精神文明建设指导委员会,设立精神文明建设办公室,坚持把两个文明作为统一的奋斗目标,一起研究,一起部署,一起落实,进一步开创新形势下我校"211 工程"建设与精神文明建设协调发展的新局面;要充分发挥学校各级党组织的政治核心作用、战斗堡垒作用,进一步发挥党员的先锋模范作用,建立和健全领导目标管理责任制,把精神文明建设作为班子、干部考核评价的基本依据;要重视和发挥工会、共青团和民主党派的作用,形成精神文明建设齐抓共管的局面;要加强精神文明的有关规章制度建设,加强法制宣传教育,使精神文明建设逐步走上制度化、规范化的轨道。

2.从严治党,搞好党风廉政建设。

各级党组织是精神文明建设的核心力量,既要发挥领导作用,又要体现表率作用,共产党员尤其是各级领导干部要坚定社会主义、共产主义的理想和信念,身体力行共产主义道德,全心全意为人民服务,以优良的党风政风推动社会风气的好转;要加强对党员特别是领导干部的严格要求、严格管理、严格监督;要深入进行以讲学习、讲政治、讲正气为主要内容的党性党风教育;要坚持以预防为主的原则,建立健全监督机制,实施领导干部离任审计制度、个人重大事项报告制度和财产收入申报制度等;要继续深入开展反腐败斗争,坚决查处违纪违法案件。

3.进一步加强思想政治工作。

认真贯彻民主原则和正面引导的方针,根据不同对象,采取不同方式,加强针对性,增强思想政治工作的实效。党委要继续把思想政治工作摆到重要位置,经常研究,抓好落实;各级党组织要结合实际情况,采取各种形式,切实做好思想政治工作,用有力的思想政治工作促进各项任务的完成。要把思想政治工作贯穿到学校工作的各个方面和全过程,党务干部要深入基层和业务工作中,行政业务干部、业务教师要结合业务一起做好思想政治工作;要在广大师生员工中,尤其是青年教师、青年学生中,突出抓好艰苦创业精神的教育和国情教育,树立勤俭建国、勤俭办校的思想,发扬艰苦奋斗的精神。

4.进一步抓好队伍建设。

按照"政治强、业务精、作风正"的要求,继续全面加强队伍建设,保证精神文明建设的主要阵地牢牢地掌握在党的手里;要制定配套的政策,稳定专职政工干部队伍,改善他们的工作环境和工作条件,关心他们的成长;要切实加强队伍的自身建设,不断提高队伍素质,认真履行职责,造就一支高素质的队伍,同时要建立一支又红又专的双肩挑的思想政治工作队伍。

5.切实增加精神文明建设的投入。

加大资金投入,切实解决目前我校各项精神文明建设投入总量偏少、比例偏低的问题;要采取有效措施,保证我校"211 工程"规划中的精神文明建设项目的落实;正确处理好硬件建设和软件建设的关系,保证资金投入的使用效益。

一九九六年十二月

——本文摘录自《关于印发〈厦门大学社会主义精神文明建设五年(1996—2000 年)规划〉的通知》,厦大委办[1996]22 号,档号 1996-DQ01-1

·教学与科研工作·

厦门大学研究生学位论文格式规范的通知

〔1996〕厦大研学位03号

(1996年)

为使我校研究生学位论文格式规范化,参照学位管理的有关规定,现将有关事项通知如下,望各有关单位遵照执行。

一、学位论文的组成

学位论文一般应包括以下部分:

1.论文摘要;

2.关键词;

3.论文目录;

4.序言;

5.实验与计算,或事实与理论分析;

6.总结;

7.参考文献。

二、论文字数

按有关规定,硕士学位论文的字数在3万字左右;博士学位论文的字数在5万字左右。

三、论文摘要

硕士学位论文中文摘要1000字左右;

博士学位论文需有中、英文摘要,中文500字左右,英文摘要3000～4000个字符。

四、关键词

论文摘要后要附关键词。关键词不超过三个。每个关键词的字数不超过 5 个。关键词要反映论文的主要内容。

五、参考文献

论文引用的参考文献体例要规范化。

1.注明作者、文章题目；

2.注明刊物名称、年、卷、期、页码；

3.如果是著作，注明作者、书名(第几版)，出版社，出版日期、页码。

六、论文封面格式

1.论文封面按国家标准局《科学技术报告、学位论文和学术论文编写格式》的封面要求印制。(见附页“学位论文封面格式”)。

2.论文份数及封面纸质。

硕士学位论文打印 30 本。

博士学位论文打印 50 本。其中简装本 42 本，精装本 8 本。

——本文摘录自《厦门大学研究生工作手册(1996)》，档号 2019-XZ28-008

厦门大学考场纪律及违纪处分办法

(1996年1月15日)

第一条　每场考试,学生必须提前5分钟到达考场,持学生证、身份证按指定地点入座;迟到15分钟以上不得进入考场。

第二条　保持考场肃静,考场内不得交谈喧闹,不得吸烟,不得中途擅自离开考场。

第三条　服从主监考教师的指令、监督和劝告。

第四条　除开卷考试外,学生一律不得将书本、笔记、书包、资料等带进座位,需按监考教师的要求放在座位课桌以外的指定地点。

第五条　学生必须按时交卷,交卷后立即离开考场,不得在考场内对答案,不得在考场附近逗留或大声说笑。

第六条　考试全过程要独立完成,认真作答,不得出现下列作弊行为:

1.事先将公式或与考试内容有关的文字抄写在桌椅、衣服、文具、身体上等;

2.偷看或让人偷看、抄袭或让人抄袭试卷;

3.在考场内夹带、传递字条,或利用计算器、工具书等物品传递考试内容;

4.考试时虽经允许离开考场,但在考场外偷看有关资料,或与他人交谈考试内容;

5.考试时向他人示意,或与他人核对考题答案;

6.在考场内朗读考试内容;

7.请人代考或替人考试(包括请、替校外学生);

8.其他作弊行为。

第七条　违反上述规定视情节轻重分别给予下列处分:

1.违反本办法第一至第五条中的一条规定,不听劝告者,给予记过处分,该门课程最终成绩记为零分,不得参加正常补考。情节特别严重,干扰考场秩序,影响考试正常进行者;或在校学习期间因违反本办法第一至第五条的规定,受过记过处分,又再违反达到记过处分者,给予勒学处分。

2.违反本办法第六条规定,给于勒令退学处分。涉及其他同学时,经查属实,则被涉及者亦视为有作弊行为,同样给予勒令退学处分。

第八条　违反考场纪律者,如有损坏公物或其他破坏行为,按有关规定另行处罚。

第九条　凡违反考场纪律被勒令退学的非毕业班学生,退学一年后确有悔改表现,可返校申请自费试读,经所在系同意和教务处批准,办理自费试读手续,修完规定的全部课程,成绩合格可发给毕业文凭,但不授予学位。试读期间再违反本办法者,勒令退学。

第十条　毕业班学生违反本办法而被勒令退学者,只发给肄业证书,不再办理自费试读。

第十一条　有特殊原因不能按时参加考试者,须由本人在考前一周提出申请,持有效证明,经系主任同意,报教务处批准。未办理缓考手续,或虽已办理缓考申请,但未得到批准而不参加考试者,该课程按零分论处,不得参加正常补考。

第十二条　教务处组成考场纪律监督小组,按照本办法和监考教师提供的考场情况记录,在认真查证的基础上,认定违反考场纪律的性质和情节轻重,在违反考场纪律事件发生后24小时内,直接做出处分决定。必要时可请有关系的领导参加研究。记过处分由教务处分管处长批准,勒令退学报经分管校长批准执行。

第十三条　本规定自1996年1月1日起执行,以前有关规定凡与本办法不符的,以本办法规定为准。

第十四条　本办法由教务处负责解释。

厦门大学

——本文摘录自《关于发布〈厦门大学考场纪律及违纪处分办法〉和〈厦门大学主、监考教师工作规范〉的通知》,厦大教〔1996〕2号,档号1996-XZ12-2

厦门大学主、监考教师工作规范

(1996年1月15日)

主考监考教师受学校或学院、系委托,负责某门课程考试的管理和监督工作,责任重大,将作如下规范。

1.主考、监考教师必须认真负责,熟悉考场纪律规定;坚持原则,认真监督每一场考试;每场考试应有2名监考教师;如果几个考场只有一名主考教师,该主考教师要兼顾各个考场。

2.主、监考教师必须提前十分钟到达考场。开考前认真清查考场,安排学生座位,发现考场周围或桌椅上有与考试内容有关的文字、资料,要及时给予妥善处理。

3.考卷分发前监考教师要向学生宣布《厦门大学考场纪律及违纪处分办法》,监督学生把书籍、笔记等放在指定地点,查验学生的学生证或身份证是否与本人相符。

4.主、监考教师要为人师表,不迟到早退,在监考时间内,不得离开考场,不得聊天,不得在教室里抽烟,不得做与监考无关的事情,不得向学生暗示或回答试卷答案。

5.主、监考教师无权擅自缩减或增加考题,延长或缩短考试时间,若有特殊原因,由主、监考教师事先向系和教务处分管领导说明,征得同意后方可调整考题或更动考试时间。

6.考试全过程,要认真巡查、监督,防止学生违反考场纪律和考试作弊现象发生。一旦发现有违反考场纪律、考试作弊行为要严肃对待,不得放任不管,不得徇私,应立即终止有关学生的考试,令其退出考场,并在其试卷上注明"违反考场纪律",同时签上监考教师姓名,做好考生违纪详细情况记录;在"厦门大学考场监考情况登记表"中,将违纪作弊具体情节,包括有关学生的姓名专业、班级和处理意见一一写清。

7.考试一结束,主、监考教师收齐试卷,清点份数,要如实填写"厦门大学考场监考情况登记表"。"厦门大学考场监考情况登记表"在考试结束后直接送教务处,必要时应向教务处分管处长口头反映情况。无论是书面还是口头报告考场情况,都要实事求是。

8.本规范从1996年1月1日起执行。

厦门大学

——本文摘录自《关于发布〈厦门大学考场纪律及违纪处分办法〉和〈厦门大学主、监考教师工作规范〉的通知》,厦大教〔1996〕2号,档号1996-XZ12-2

厦门大学硕士学位和博士学位授予工作细则

（1996年3月修订稿）

第一章　总　　则

第一条　根据《中华人民共和国学位条例暂行实施办法》和国务院学位委员会《关于做好博士研究生学位授予工作的通知》，结合我校的实际情况，制定本工作细则。

第二条　经国务院批准，我校有权授予硕士、博士两级学位，按哲学、经济学、法学、教育学、文学、历史学、理学、工学八个学科门类授予。我校有权授予博士学位、硕士学位的学科、专业详见附录。

第二章　学位评定委员会

第三条　学校成立学位评定委员会，由校领导、教授、副教授等二十五人组成，任期二至三年。校学位评定委员会名单由研究生院提名，经校长同意，报国家教委批准，国务院学位委员会备案。

校学位评定委员会履行以下职责：

（一）审查通过接受申请硕士学位和博士学位的人员名单；

（二）确定硕士学位和博士学位的考试科目以及基础理论课和专业课的考试范围，审批主考人、考试委员会和论文答辩委员会成员名单；

（三）通过学士学位获得者的名单；

（四）做出授予硕士学位的决定；

（五）审批申请博士学位人员免除部分或全部课程考试的名单；

（六）做出授予博士学位的决定；

（七）通过授予名誉博士学位的人员名单；

（八）做出撤销违反规定而授予学位的决定；

（九）研究和处理授予学位的争议和其他事项；

（十）遴选博士生指导教师。

校学位办公室是学位评定委员会领导下的常设办事机构，负责处理学位工作中的具体事务，并行使委员会授予的职权。

第四条　学位评定分委员会按学科或系（所）组成，协助校学位评定委员会做好学位工作。分委员会由七至十五人组成，应有一定数量的、符合条件的中青年教学、科研人员参加。分委员会设正、副主席各一名，主席由校学位评定委员会委员或该学科的学术带头人担任，委员以教授、副教授为主。

分委员会的组成由系（所）提名、学位办公室初审、报学位评定委员会主任批准。

分委员会履行以下职责：

（一）代行审查接受硕士学位的申请；

（二）审定本学科、专业的研究生培养方案和教学计划执行情况；

（三）初审博士学位课程考试范围，提出博士学位基础理论和专业课考试委员会人员名单，报校学位评定委员会批准；

（四）审批硕士学位答辩委员会成员名单；提出博士学位答辩委员会成员名单，报校学位评定委员会

批准;

(五)初审授予硕士学位和博士学位人员名单;

(六)完成校学位评定委员会交给的其他任务。

第三章　学位学术水平和学位申请办法

第五条　学位申请人通过硕士或博士学位的课程考试和论文答辩,成绩合格,达到下述学术水平,方可授予学位。

一、硕士学位

1.掌握本学科坚实的基础理论和系统的专门知识;

2.具有从事科学研究或独立担负专门技术工作的能力;

3.能比较熟练地运用一种外国语阅读本专业的外文资料和撰写论文摘要。

二、博士学位

1.掌握本学科坚实宽广的基础理论和系统深入的专门知识;

2.具有独立从事科学研究的能力;在科学或专门技术上做出创造性的成果;

3.能熟练地用第一外国语阅读本专业的外文资料,并有一定写作能力;具有用第二外国语阅读本专业外文资料的初步能力。

第六条　凡是拥护中国共产党的领导,拥护社会主义制度,遵纪守法,品行端正,并具备以下条件者,均可按本细则的规定,申请相应的学位:

1.完成培养方案规定的学习项目,经考核合格,取得规定的学分;

2.导师或推荐人认为论文质量符合申请条件。

第七条　本校应届毕业研究生应在最后一学期结束前二个月递交论文,同时办理申请学位手续。指导教师应向教研室(研究室)介绍论文水平并写出详细的学术评语,教研室(研究室)在听取研究生论文报告及导师介绍后提出推荐意见,经系主任同意,方得向学位评定分委员会提出申请。

本校应届毕业研究生在申请学位时应完整地提交学位申请书和学位论文评阅书等申请材料。

第八条　在职人员申请学位,按国务院学位委员会正式公布的实施办法和《厦门大学授予具有研究生毕业同等学力的在职员人员硕士、博士学位的实施细则》办理。

第四章　学位课程和考试办法

第九条　硕士学位课程有:(1)马克思主义理论课;(2)基础理论课和专业课,一般为三至四门;(3)外国语一门。上述课程的设置及考试要求必须符合《中华人民共和国学位条例暂行实施办法》第七条的规定。学位课程考试成绩70分(百分记分制)以上者方为合格。

学位课程考试成绩合格,其他课程考试成绩及格,取得规定的学分后方可进行学位论文答辩。学位申请者如有一门学位课程不合格,可以补考一次,补考后仍不合格,不得进行学位论文答辩。

第十条　博士学位课程有:(1)马克思主义理论课;(2)基础理论课和专业课,至少有两门;(3)两门外国语(个别专业经学位评定委员会审定,可只修第一外国语)。

博士学位课程考试要求按《中华人民共和国学位条例暂行实施办法》第十一条规定办理。学位课程考试成绩70分(百分记分制)以上方为合格。全部课程成绩合格者并通过综合考试方可进行博士学位论文答辩。

第十一条　马克思主义理论课应由副教授以上的教师主持考试和评定成绩。文科博士生导师应参加所招收的博士生的马克思主义理论课的考核工作。

外国语考试参照原教育部《研究生外国语学习和考试的规定》(试行草案)及其他有关规定执行。

博士生综合考试委员会成员由本学科和相关学科专业中副教授以上职称的专家组成,名单由学位评定分委员会提出,校学位评定委员会批准。

第五章　学位论文的基本要求

第十二条　学位论文应在导师指导下，由研究生独立完成。硕士论文的基本要求是：(1)基本论点、结论和建议，应有理论意义或实际价值；(2)论文内容应能反映作者掌握本学科坚实的基础理论和系统的专业知识；(3)表明作者已掌握本研究课题的研究方法和技能，具有从事科学研究或独立担负专门技术工作的能力；(4)应有新的见解，取得一定的科研成果。

第十三条　博士论文的基本要求是：(1)基本论点、结论和建议应具有较大的理论意义和实际价值；(2)论文内容应能反映作者已掌握本学科坚实宽广的基础理论和系统深入的专门知识；(3)应能反映作者已独立掌握本研究课题的研究方法和技能，具有独立从事科学研究工作的能力；(4)有创造性的见解，取得较显著的科研成果。

第十四条　论文一般包括序言、实验与计算、事实与理论分析、总结、参考文献等部分，此外应附摘要和关键词。科学论点要有理论论证或实验验证，对所用研究方法的可行性要加以严谨的说明。引用别人的资料要忠于原著原文，利用合作研究成果的要加附注。词句力求精练通顺，条理分明，文字图表清晰整齐。硕士论文最多三万字左右，博士论文最多五万字左右。

第十五条　论文经教研室(研究室)审查和同意推荐答辩后付印。导师对论文的评语和推荐意见，应密封传递，注意保密。

第六章　论文评阅

第十六条　答辩前两个月，由教研室(研究室)提名和学位评委分委员会同意后聘请相关学科的专家评阅论文。硕士学位论文评阅人两名，其中校外的教授、副教授至少一名。博士学位论文评阅人三名，其中校外的教授至少两名。

硕士学位论文和博士学位论文评阅人由所在系(所、室)聘请。评阅人应是责任心强，学风正派，学术造诣较深，近年来在相关领域的科学研究中有成绩的专家。

第十七条　评阅人应对论文写出详细的学术评语，供答辩委员会参考，评阅人可参照下列几个方面审查论文质量：(1)研究成果的理论意义和实际价值；(2)论文的观点、结论是否正确，论据是否充分、可靠；(3)论文的学术水平和创造性；(4)论文的主要优缺点(包括研究方法、写作技巧和逻辑性等)。

论文评阅人的姓名和学术评语应对学位申请人保密，并密封传递。

第十八条　答辩前应将博士论文或详细摘要印送有关单位及个人认真听取意见，搞好同行评议，或将学位论文的主要内容在正式学术刊物上发表。

第七章　论文答辩委员会和答辩规则

第十九条　硕士学位论文答辩委员会由三至五人组成；如果指导教师参加答辩委员会，应由四至六人组成；教授、副教授或相当职称的专家应占半数以上。答辩委员会主席由副教授以上专家担任，指导教师不能担任。委员会设秘书一人。除新设和薄弱的专业外，硕士生的学位论文答辩可不请校外专家参加。硕士学位论文答辩委员会组成由学位评定分委员会批准。

博士学位论文答辩委员会由五到七人组成；如果指导教师参加答辩委员会，应由六至八人组成，其中教授或相当职称的专家应占半数以上，必须有一至二位校外专家。论文答辩委员会主席一般由教授或相当职称的专家担任，指导教师不能担任。委员会设秘书一人。博士学位论文答辩委员会组成由学位评定分委员会提名，校学位评定委员会批准。

答辩委员会组成名单在答辩前应保密。论文答辩的组织接待工作由所在系(所、室)安排，学位申请者不得参加接待工作。

第二十条　论文答辩应在申请人递交论文后三个月内完成。答辩前应先审阅论文评语；未收齐评阅意见书一般不得进行答辩。如遇一名评阅人持否定意见，暂不进行答辩，应增聘一名评阅人；如多数评阅人的评语是肯定的,可进行答辩;如多数评阅人的评语是否定的,则不进行答辩。

第二十一条　发扬学术民主,答辩以公开方式进行(保密专业除外)。论文答辩的程序一般是:(1)主席宣布开会;(2)导师介绍研究生课程学习成绩和论文工作情况;(3)学位申请人报告论文的主要内容(不超过一小时);(4)委员提问(可休会15~20分钟让申请人准备,也可以不休息),申请人答辩;(5)休会,委员举行会议,由秘书宣读指导教师和评阅人的学术评语,商定评价论文的标准,并对论文做出评价,对是否通过论文答辩和建议授予学位进行表决;(6)主席宣布答辩委员会对论文的评语和投票结果。

为保证论文答辩有充分时间,一般在一次会上只答辩一篇论文。答辩时要详细记录或录音,博士论文答辩要有录音。

第二十二条　答辩委员会必须坚持学术标准,坚持实事求是的科学态度。

论文答辩委员会采取不记名投票方式,做出论文是否合格和是否建议授予学位的决议,须有三分之二以上委员同意方为通过。决议经答辩委员会主席签字,送学位评定分委员会初评后,报校学位评定委员会审批。

第二十三条　硕士学位论文答辩不合格的,经答辩委员会半数以上委员同意,可做出在一年内修改论文、重新答辩一次的决议。博士学位论文答辩不合格的,经不记名投票,获半数以上委员同意,可做出在两年内修改论文重新答辩一次的决议。

除答辩委员会做出决议外,任何个人无权同意修改论文和重新组织答辩。

第二十四条　硕士学位申请人的论文,如已达到博士学术水平,答辩委员会在做出授予硕士学位的决议的同时,还可推荐授予博士学位。

博士学位申请人的论文虽未达到博士学术水平,但已达到硕士学术水平,且申请人尚未获得该学科硕士学位的,答辩委员会可以做出建议授予硕士学位的决议。

第二十五条　论文答辩结束后,各系(所、室)应将学位申请书、课程成绩表、论文的全文与论文摘要、导师评语、论文评阅书,专家推荐书、答辩委员会决议和答辩记录、录音磁带、表决票,以及毕业研究生登记表(毕业鉴定,或申请人所在单位党组织意见)等有关材料整理立卷,送校学位办公室存档。

学位论文由各系(所、室)送学校图书馆一份存档;博士论文按规定由学校送国家有关部门存档。

第二十六条　为了加强学术交流,不断提高学位论文质量,改进学位授予工作;凡已通过的硕士学位论文,应争取尽早发表(保密专业除外)。硕士论文摘要(每篇为1000字左右),由学位办公室编印成册,报国务院学位委员会和学科评议组审阅,并与兄弟单位交流,听取同行评议。博士论文的中、英文摘要和科研成果的报送按国务院学位办(1991)3号文件进行。

第八章　其　　他

第二十七条　对于国内外卓越的学者或著名的社会活动家,经校学位评定委员会提名,报国务院学位委员会批准,可以授予名誉博士学位。

第二十八条　在我国学习的外国留学生申请学位,参照本细则办理。

第二十九条　各级学位证书,由校长颁发。证书生效日期,一般自学位论文通过答辩之日起。

第三十条　随着我国学位制度的不断完善,本细则的个别条款将根据国务院学位委员会颁发的新规定适时进行必要的修改。

——本文摘录自《厦门大学研究生工作手册(1996)》,档号2019-XZ28-008

厦门大学关于聘任硕士生指导教师的试行办法

(1996年3月修订)

研究生指导教师在全面完成培养研究生的任务、提高培养质量方面,起着至关重要的作用。按照国务院学位委员会和国家教委有关规定的精神,决定在我校具有副教授以上(或相当职称以上)的人员中聘任硕士研究生导师。

一、硕士研究生指导教师应具备以下基本条件:

1.必须有教授、副教授或相当等级职务;

2.政治思想好,治学严谨,作风正派,工作认真负责,重视教书育人,能认真履行导师职责;

3.有科学研究的工作经验,有明确、稳定的研究方向,承担一定的科研任务,近年来有科研成果(二年内在国内外有影响的学术刊物上发表研究论文4篇以上,或有学术著作正式出版等),有一定的科研条件和科研经费来源;

4.有教学经验,至少能承担一门硕士生课程(指必修课或专业选修课);

5.年龄符合校内管理体制的有关规定,身体健康,能胜任指导研究生的工作。

二、遴选审批办法:

1.凡申请为硕士生导师者,由本人填写申请表,向学位评定分委员会提出书面申请。学位评定分委员会应根据上述的导师基本条件和岗位需要的情况进行评审,然后将拟聘的人选名单及申请表上报研究生院审批。获批准者,由院长聘为硕士生指导教师。

2.硕士生指导教师不是荣誉称号,而是工作岗位。对曾招收过硕士生但目前没有研究生的教授、副教授,其导师资格必须按遴选办法重新进行确认。

三、对曾被正式聘任的硕士生导师的人员,经审核有下列情况者暂停招收研究生:

1.长期离校,无法履行导师职责者;

2.两届不按培养方案进行培养或不按规定制订和执行学位课程教学大纲和教学计划的;

3.不能教书育人,不能为人师表的。

四、硕士生导师因出国访问或其他原因需要较长时间离开学校时,其指导工作必须经同系(所)分管领导商定后请他人代理,并向研究生院报告。

附件:

厦门大学硕士研究生导师职责

1.导师应对自己研究生的德、智、体全面成长负责,经常关心和了解他们的学习、思想及生活等情况,身教言教做到教书育人。

2.自觉贯彻执行国家和学校有关研究生培养工作的规章制度。

3.参与或承担拟订研究生招生计划和入学考试的命题、评卷等工作。

4.参与制订本专业的研究生培养方案,指导研究生按培养方案的要求确定研究方向和制订个人培养计划。

5.引导研究生了解和掌握本学科的学术动态,培养研究生的高尚科学道德和严谨治学态度,形成良好的学习风气。

6.承担研究生课程的教学,定期指导和检查研究生的课程学习、科学研究及其他培养环节的实施情况,督促研究生认真完成培养计划所规定的任务;导师应定期与研究生见面并形成制度,及时发现和解决培养工作中的问题。

7.认真审定研究生的外出学习计划(包括社会调查、搜集资料、参加学术会议以及外出听课等),并检查执行情况。

8.及时向有关领导和管理部门提出研究生中期分流的意见。

9.具体指导研究生进行论文选题报告,指导拟订写作大纲与工作计划,并最后审定论文,必须立足于指导,不应包办代替。

10.对研究生的学位论文做出客观评价并提出是否推荐答辩的意见,协助有关部门做好论文答辩工作。

11.协助有关部门督促研究生做好学年思想小结、毕业鉴定等工作,对自己的研究生的优、缺点做出实事求是的评价。应协助有关部门做好毕业研究生的分配工作。

12.定期向教研室、系(所、室)报告研究生培养工作的情况。每届研究生毕业后,应写书面总结。导师应积极参加研究生教学改革和研究生教育的研究活动,不断总结培养工作的经验。

——本文摘录自《厦门大学研究生工作手册(1996)》,档号 2019-XZ28-008

教学改革成绩显著　教学质量不断提高

(1996年4月4日)

近年来,我校以提高教学质量为中心,在课程建设、教学改革和教学管理工作中努力探索,取得了显著的成绩。

在教学改革上,多种形式的探索具有创新意义。

——我校是国内较早推行学分制的院校之一。我校开展的"三学期"制的试验,开设了大量"短、精、新"的课程,实现了跨专业的选修,促进了跨专业课程的设置与发展,曾引起国内外的较大反响。

——1985年以来实施的主辅修制(以后明确为兼读第二专业制),经过多年实践,纠正了现行体制的许多弊端,成功地进行了复合型人才培养的尝试。

——实行中期选拔制、本科优秀毕业生免试升硕士生、硕士生提前攻博以及降级自费试读制、奖学金评定等一系列与学分制管理相配套的教改措施在不同程度上激励了学生的学习积极性。

在课程建设上,"着重基础,强调主干",规划早,见效快。

——1986年底全校进行课程质量普查,1987年制订了课程建设规划,提出了课程建设的七个标准。多年来坚持不懈,逐项解决问题,多次评估,逐批验收,已有两批共49门主干课获准为校级优秀主干课程,其中8门已被评为福建省的优秀课程。

——在福建省普通物理课程评估中厦大获第一名,大学英语和计算机教学水准长期处于全国、全省前列。1987年以来的全国大学英语四级统考,年年位居全国前列,通过率和优秀率大幅度超过全国院校和重点院校的平均数。近两年,英语四级通过率稳定在95%以上,优秀率为18%左右;六级通过率为38%。1993年我校学生林歆晅还创造了一人同时获得国家六级考试满分(100分)和托福考试满分(677分)的全国最高纪录。首次福建省大学生计算机应用水平统考,我校以80%的通过率,超出全省63.7%的平均通过率,其中全省87名优秀者中,我校占了61名。1993年4月我校学生林舟在重庆参加由国家教委科技委员会、全国学联举办的全国大学生计算机之星操作大赛中夺得了这次大赛唯一的特等奖。

教学改革产生了大批高水平的教学成果。首次全国优秀教学成果评奖,我校获国家级优秀奖3项、省级一等奖4项、省级二等奖7项;第二届全国优秀教学成果评奖中,1个项目获得了国家级特等奖(集体)、3个项目获国家级二等奖、3个项目获省级一等奖、3个项目获省级二等奖。1987年以来,共有37部教材在全国获奖。其中,两届全国教材评优中,有1部获得国家级特等奖、4部获国家级优秀奖、19部获国家教委及有关部委级奖。

在教学管理上,突出一个"严"字,即严密的组织、严整的制度、严格的管理。

——学校对教学各个环节的管理已形成一整套制度。学校还特别注重对教学过程的调控。教务部门引入计算机管理手段,开展对教学质量管理的研究、评估和改革试验,在实际工作中做出了实绩,1993年教务处集体荣获全国高等学校先进教务处光荣称号。

——本文摘录自《厦门大学》(校刊),1996年4月4日第336期

科研经费增长较快　科研成果逐年增加

(1996 年 4 月 4 日)

我校的科研经费增长速度较快,科研成果突出,特别是应用性的科研成果广泛受到各级政府和企业的重视。我校所具有的“侨、台、特、海”区位优势,还使部分学科研究成果独具特色。

我校现有一个国家重点实验室,一个国家专业实验室,一个国家教委文科文献信息中心,37 个研究所(其中人文社会科学研究所 25 个)。全校科研项目、经费呈持续上升之势,1993 年、1994 年两年均达到 1200 多万元(其中 80%为纵向经费),相当于 1978 年的 7.6 倍,1985 年的 4 倍。

全校自然科学折合人均科研经费 1992—1994 年三年分别为 1.7 万元/人、2.2 万元/人、2.2 万元/人(折合全时),超过了委属综合性大学人均科研经费平均水平(1.78 万元/人,1993 年)之上。在基础研究方面,1993 年、1994 年两年我校获国家自然科学基金资助项目经费分别居中科院总排序第 17 位,全国高校第 11 位;1994 年申请资助获准率达 22.7%,比全国平均资助率(17%)高出 5.7 个百分点;其中化学学科资助率达 50%,物理化学学科达 70%。80 年代以来,我校自然科学获国家及省部级奖励 229 项,其中国家自然科学奖 8 项,总积分居全国高校第七位;发表论文 5000 多篇,被 SCI 收录论文数逐年增加;另据中国科技信息研究所发表的报告,我校 1990 年、1991 年两年发表“基金论文”数分别居全国高校第十和第八位,这从另一侧面反映我校基础研究的实力和水平。

在人文社会科学方面,近年来获国家社科基金资助金额居全国高校前十名;项目申请中标率较高,立项评议全票通过率在高校中也位居前列。1990—1993 年共承担国家、部委、省级课题 186 项,实际到位科研经费(不含人员工资)分别为 72 万、101 万、116 万元。其中 1993 年新增课题 126 项(包括中华及青年社科基金课题 11 项,国家教委社科“八五”规划课题 43 项),平均单项课题资助强度居委属院校首位,批准立项数列委属院校前六名。1994 年又新增课题 38 项,科研经费为 72 万元。1985 年以来共承担国家和省部级各类基金课题 458 项。“八五”期间,我校获国家社科和国家教委社科资助项目数均位居委属高校前七名。十年来,出版著作 800 多部,发表论文 8000 多篇,获省部级以上人文社科成果奖 235 项;在福建省政府第一、二届社科优秀成果评奖中,我校 173 项成果获奖,占全省获奖总数 1/3 强。这些成果为国家的改革开放和经济建设做出了积极贡献。

——本文摘录自《厦门大学》(校刊),1996 年 4 月 4 日第 336 期

厦门大学关于一九九五级学生试行新的奖贷学金的有关规定

（1996年4月30日）

为了改革和建立新的学生奖贷学金制度，国家教委决定从一九九五年秋季始入学的学生中开始试行新的学生贷款办法，根据国家教委《关于改革国家教委直属院校学生贷款办法的通知》，结合我校的实际情况，现就1995级及以后入学的学生试行新的学生贷款、优秀学生奖学金、特困生补助规定如下：

一、学生贷款

（一）学生贷款用于帮助部分家庭经济特别困难的学生，解决其生活存在的实际困难，使其安心学习。

（二）学生贷款是国家向学生提供的无息贷款，实行“有借有还”的原则。

（三）学生贷款经费总额按公费生每人每年120元计算。

（四）学生贷款分为三个等级，甲等每人每年1000元；乙等每人每年为800元；丙等每人每年为600元。各等享受人数由各系根据学生经济困难的程度，在规定的贷款经费总额内确定。

（五）学生贷款的申请条件：

1.学生经济确有困难，无力支付学习期间全部或部分基本生活、学习费用。

2.奋发向上，努力学习。

3.生活俭朴，不铺张浪费。

4.遵守国家法律和学校的规章制度，道德品质良好。

（六）学生贷款申请的程序和办法：

1.学生本人提出贷款申请，提供本人及家庭经济状况的有关材料，由班级民主评议，经系审查同意后，填写“学生贷款申请表”（一式三份），承诺还贷责任。

2.由学生本人将“学生贷款申请表”（一式三份）寄给家长签署，确认贷款意见并承担还贷担保人。

3.经家长所在的单位或镇、乡人民政府签署意见后交回本系。

4.各系对回收的“学生贷款申请表”（一式三份）汇总审批后，留一份本系保存，一份退还学生保存，一份经学生处复核后转财务处办理发放并保存。

（七）学生贷款偿还分为下列形式。

1.学生毕业前，一次或分次还清。

2.学生毕业时，由接受单位将全部贷款一次垫还给学校。

3.毕业后最长还款期限为6年。

4.贷款的学生被学校勒令退学、开除学籍或因退学、出国等原因离校的，应在离校时一次还清所借贷款。

（八）符合下列条件之一的可减免偿还贷款：

1.对于毕业时，服从国家分配，到艰苦地区、艰苦行业或国家规定的某些重点单位工作的学生，可减免偿还贷款。

2.对获省部级以上（包括省部级）年度表彰的学生，免还一年贷款；获校级表彰的优秀学生也可减免偿还贷款。

3.对毕业前还清贷款的学生给予20%减免优惠。

(九)对违约不能如期归还贷款者,由担保人承担全部还款责任,并缴纳一定的违约金。

(十)学生贷款偿还的具体办法,参照厦门大学《关于本、专科学生偿还贷款有关问题的通知》的规定(厦大财字[1990]92号文件)执行。

二、优秀学生奖学金

(一)优秀学生奖学金用于奖励德、智、体全面发展,品学兼优的学生(含计划内自费生)。

(二)评定条件:

1.坚持四项基本原则,模范执行《高等学校学生行为准则》和学校各项规章制度,道德品质优良。

2.热爱所学专业,勤奋学习,奋发向上,学习成绩在同班或同专业相对优秀。

3.积极参加各项文体活动和义务劳动,身体健康。

(三)评定的标准和比例:

优秀学生奖学会分为一等、二等、三等和单项奖。

一等奖学金每人每年500元,按学生人数的5%评定。

二等奖学金每人每年400元,按学生人数的10%评定。

三等奖学金每人每年300元,按学生人数的30%评定。

单项奖学金为每人每年100元,按学生人数的25%评定。

优秀学生奖学金经费总额按每人每年170元计算,各等级的评定比例各系可根据实际情况在控制总额内上下浮动。如无获单项奖学金人选,可将其金额和比例折算加到三等奖学金中。

(四)评定的办法:

1.优秀学生奖学金的评定与"三好优干"的评选相结合。凡被评为优秀三好生的,同时获得一等奖学金;凡被评为三好生或优秀学生干部的,同时获得二等奖学金。

2.评定由各系辅导员、班主任在"三好优干"评选的基础上,根据优秀学生奖学金的评定条件,结合综合测评或量化管理,提出获得各等奖学金学生的名单,经系审核同意后,向全体学生公布,征求意见。之后,将确定的获奖者名单填表报送学生处批准,向财务处领取奖学金。

三、特困学生补助费(定期)

(一)申请的条件:

1.学生家庭经济特别困难,无力解决在学期间的生活费用。

2.努力学习,奋发向上。

3.遵守国家法律和学校有关规章制度,道德品质良好。

(二)特困学生补助费经费总额按公费生人数每人每年60元计算,分为三个等级,甲等每人每年600元,乙等每人每年400元,丙等每人每年200元。各等级享受人数各系可根据特困学生实际情况在经费控制总额内确定,结余部分由各系掌握用于学生临时困难补助。

(三)特困学生补助费由本人提出申请,班级民主评议后提出初步名单,经系审核同意后,向全体学生公布,征求意见。之后,将确定的享受人员名单填表报送学生处批准,向财务处领取补助费。

四、其他有关问题

(一)根据国家教委文件规定,试行新的贷款办法后,暂时停止执行[87]教计字139号文及相关通知、办法和规定中有关优秀学生奖学金和贷款制度的相关内容。

(二)师范类学生仍执行专业奖学金制度,不实行本规定。

(三)本规定自一九九五年秋季始入学的学生开始试行。

厦门大学

一九九六年四月三十日

——本文摘录自《厦门大学关于一九九五级学生试行新的奖贷学金的有关规定》,厦大学〔1996〕8号,档号 1996-XZ11-1

厦门大学研究生教育收费管理的规定

(1996年6月19日)

随着我校研究生教育的不断发展,为了便于对委培研究生和自筹经费研究生(以下简称缴费研究生)以及研究生课程进修班的收费管理,特制订以下规定,请遵照执行。

1.各类缴费研究生的培养费必须按上级部门规定的收费标准收取。研究生课程进修班应按学员的进修课程门数收费,办班收费标准必须报研究生院审核。

2.培养费可一次性或分学年度缴交。凡分学年度缴交者,每学年第一学期开学时必须缴清当年的学费,并持"委培生报到卡"及我校财务处的收款收据到研究生院签到后,方可到系、所注册。

3.各类缴费研究生的培养费不得申请减免,个别确实无力缴交者,可由有关单位代为缴交。缴费研究生提前毕业亦必须交足全部培养费。研究生课程进修班学员被录取为委培硕士研究生后其进修费不能冲抵培养费。

4.缴费研究生在论文答辩前必须交清全部培养费,否则系、所有权暂不准予其进行答辩,即使已经答辩,研究生院将暂不提交学位委员会讨论其学位授予资格。课程进修班学员结业前未交清进修费者,暂不发给结业证书。

5.学员缴费的数额以我校财务处收款收据为依据,单位代收的必须及时上交财务处,所有拖欠款都应根据拖欠时间计算缴交滞纳金。

厦门大学

一九九六年六月十九日

——本文摘录自《厦门大学研究生教育收费管理的规定》,厦大研〔1996〕3号,档号1996-XZ28-1

厦门大学本、专科学生学分制学籍管理实施细则(修订稿)

(1996 年 7 月 5 日)

为了维持学校的正常教学秩序和提高教学质量,促进学生德、智、体全面发展,培养社会主义现代化建设的合格人才,现根据 1990 年 1 月国家教委发布的《普通高等学校学生管理规定》有关部分,制定本实施细则。

第一章 入学与注册

第一条 凡我校录取的新生,须持录取通知书和有关证件,按期到校办理入学手续。因故不能按期入学者,应写信并附原单位或所在街道、乡镇证明,向学校请假。请假一般不得超过两周。未经请假或请假逾期的,以旷课论,超过两周者,取消入学资格。

第二条 新生入学后,学校在规定的时间内(一般约 3 个月)对新生进行复查。复查合格者,即取得学籍。经复查不符合招生条件或属徇私舞弊者,取消学籍,予以退回。情节恶劣的,报请有关部门查究。

第三条 新生入学要进行体检复查。患有不符合招生条件的疾病者,取消入学资格;若患有不属于前述范围的疾病,但又不宜在校内过集体生活者,经校医院证明,由本人申请,学校批准,可保留入学资格一年。保留入学资格的学生,必须在第二学年开学前持县级以上医院证明,校医院复查合格证明,向学校申请办理入学手续。

保留入学资格期间,不享受在校生和休学生待遇;逾期不办理入学手续,取消其入学资格。

第四条 每学期开学时,学生必须按校历规定日期到系办公室办理注册手续,方可取得本学期学习资格。未经注册者不准参加学习。注册手续不得由他人代办。因故不能如期到校注册者,必须履行请假手续,否则,以旷课论处。已办理请假手续,但超假两周和未经请假达两周不注册的,按自动退学处理。

各系须于截止注册的次日前,将未如期到校注册的学生名单报送教务处;开学后三周内将“学生注册情况报表”送教务处学务科。

第二章 成绩考核与记载办法

第五条 学生所修习全部课程都必须参加考核。考核及格方可获得该门课程的学分,考核成绩载入记分册和学籍总登记卡。学籍总登记卡复印件在学生毕业时归入其个人档案。原件存校档案馆。

第六条 考试方式可根据课程特点,分别采用笔试(闭卷或开卷)、口试,或口笔试结合等多种形式,由任课教师提出,教研室(组)主任审定。每门课程笔试时间一般为两小时,个别课程确有特殊情况要增加考试时间,须经系主任批准,报教务处备案,考试时间最多不超过三小时。

第七条 课程成绩由期末考试成绩(占 60%～70%)和平时测验成绩(占 30%～40%)等综合评定。采用百分制或五级制记分。实验课、生产实习、学年论文和毕业论文(或科研训练)等成绩采用五级制记分。

百分制与五级制的换算标准是:90～100 分为优秀(A);80～89 分为良好(B);70～79 分为中等(C);60～69 分为及格(D);60 分以下为不及格(E)。

第八条 体育课的成绩要以考勤、科目成绩和实际表现综合评定。某些实践性课程(如实验、实习)

的成绩可根据课内外作业、平时测验、实习和实验报告及实际表现综合评定。

第九条 不及格课程的补考,应在下学期开学前一周内进行,有本《细则》第三十三条第(1)款规定的情况者除外。补考试题和评分标准应与期终考试要求一致。补考成绩按及格(D)和不及格(E)两档载入记分册和学籍总登记卡,并注明“补考”字样。

体育课、军事训练、生产实习考核不及格者,不得补考,按本《细则》第十六条第(1)(2)款规定办法办理。

第十条 学生因故不能参加考核,必须事先向系主任提出申请,同意后报教务处批准可以缓考。原来已批准请假的学生,期末不能参加考试的,必须另行申请缓考。一学期申请缓考的课程原则上以3门为限。缓考与补考同时进行。缓考不及格者可补考一次。超过考试时间才办理缓考者无效,作缺考论。

第十一条 擅自缺考者,该课程成绩以零分计,并不准参加本《细则》第九条规定的正常补考。

第十二条 任课教师应于课程考试结束后一周内,将学生成绩登记表一式二份分别送系办公室和教务处学务科归档。

第三章 课程选修、免修、缓修与重修

第十三条 关于课程选修:

(1)修读课程分为必修课、限定性选修课和非限定性选修课。任何一门必修课缺修均不准毕业(经批准免修者除外);限定性选修课和非限定性选修课,由学生根据教学计划规定的学分数选修。

(2)学生应按校、系现定的时间办理选课手续。

选课必须在指导教师的指导下严肃认真地进行。凡规定要有先修课程的,必须取得先修课程学分,方可选修该门课程,同一课程的理论和实验分别上课的,应同时选修。

限定性选修课一经选定不得任意退选,如确实选课不当,必须在上课后的一周内征得选课指导教师同意,方可退选或改选,并以一门为限,逾期不予办理。非限定性选修课允许退选。

(3)未经办理选课手续而参加听课、考核者,其考核成绩不予承认。

第十四条 关于课程免听与免修:

(1)凡学生成绩优异,经本人申请和系主任批准,某些课程可以自学而不听课(政治课、体育课、实验课除外),但仍须参加平时测验和实践教学环节,按时完成教师布置的作业,参加期末考核,成绩在及格以上者可获得该课程学分。

(2)学生可以申请免修某些必修课(政治课、体育课、实验课除外)。凡申请免修的课程,都必须事先通过考试。

(3)学生申请免修,须交该课程的读书笔记与习题演算等自学材料,经任课教师口头询问或考核同意,向系办公室办理手续,并参加考试。

(4)申请免修课程考试一般与上届学生的课程考试同时进行。免修课程的考试,必须按照教学大纲的要求考核全部内容,试题由任课教师拟定,教研室主任审核。

(5)通过免修课程考试,主干课成绩达80分或良好以上,其他课程达到70分或中等以上的方可取得该课程的学分。

(6)学生因生理缺陷或患某种疾症,经校保健室确认,可以申请免于或暂缓参加军事训练。

(7)学生确属健康原因,经校保健室证明,体育课可转修“保健体育课”;考核及格者可以取得体育课的成绩和学分,但需注明“保健体育课”。

第十五条 关于课程的缓修:

学生因基础差或健康条件学习有困难者,经系主任签注意见、教务处批准,一个学期可缓修某些对后续课程影响不大的课程2～4学分。

第十六条 关于课程的重修:

(1)体育课、军事训练、生产实习考核不及格者不得补考,应重修。

(2)实验课缺做实验达1/3者,该门实验课必须重修。

(3)一门课程缺课的学时累计达到该门课程总学时数的1/3者,该门课程必须重修。

(4)非限定性选修课不得补考,应重修或改修。

(5)重修一般应于下学期或下学年进行,安排有困难时,可予暂缓。确实无法安排重修的课程,按本《细则》第五十一条处理。

第四章 编 班

第十七条 学生在校期间都应按专业教学计划规定的学分额度编入相应的班级,并参加班级活动。

第十八条 允许学生提前修读高年级课程,提前修读课程的学分数少于当年在修课程学分总数1/2者,仍应参加原班级活动。

学业成绩特别优秀的学生,如本人申请提前编入上一个年级,应就上一年级教学计划规定的已修课程进行考核(经考核主干课程成绩达到80分或良好以上,其他课程及格的),由系主任审查签注意见,教务处批准,允许提前编入上一年级。

第十九条 一学期或连续两学期不及格课程(必修课和限定性选修课)学分数达到该学期必修课和限定性选修课总学分数的50%者,或补考后仍不及格的必修课和限定性选修课(体育、军事训练、生产实习除外)累计达到或超过8学分者,应编入下一年级。一年级学生第一学期不及格课程学分达到降级编班规定时,准予第一学年结束时再补考一次,补考后视全学年成绩决定是否降级编班。

第二十条 学生降级编班前一学年所学课程考核成绩达到"中等"或70分以上,已取得的学分仍然有效,允许免修;成绩低于70分(或"中等"以下)的课程必须重修;重修不及格允许参加正常补考;学有余力,可以学习部分后续课程,考核及格的,取得学分;考核不及格的,按本《细则》第九条规定办理。

第二十一条 本科学生在校学习期间降级编班不得连续或累计超过两次;专科学生在校学习期间降级编班不得超过一次。

第五章 转系(专业)与转学

第二十二条 学生有下列情况之一者,可允许转系(专业)、转学:

(1)确有专长,转系(专业)、转学更能发挥其专长者;

(2)患有某种疾病或有生理心理缺陷,经学校指定的医疗单位检查证明不能在原系(专业)学习,但尚能在本校其他系(专业)或其他高等学校学习者;

(3)确有某种特殊困难,不转系(专业)或不转学无法继续学习者。

第二十三条 学生转系(专业)、转学的手续,按下列办法办理:

(1)学生在本校范围内转系(专业),由本人申请,所在系和拟转入系审核同意,由教务处审批;

(2)转入其他学校者,由本人申请,经两校同意,两校所在省(自治区、直辖市)教委批准,并由转入省(自治区、直辖市)教委将批件抄送转入校所在地的公安、粮油部门;

(3)学生转系(专业)、转学的手续,应在每学年第一学期开学前办理。

第二十四条 转学或转专业的学生,应修满转入专业教学计划规定的课程和总学分数方可毕业。转入专业应根据本专业教学计划的要求,经认真审查后,有条件地承认学生原学专业获得的部分或全部课程成绩和学分。

跨系科转专业的学生,原则上应编入下一年级或从一年级重新修习。

第二十五条 不予转系(专业)、转学的规定:

(1)新生入学未满一学年者;

(2)本科三年级(含三年级)以上或专科二年级(含二年级)以上者;

(3)非重点院校学生原则上不得转入本校;

(4)师范类学生不得转入本校非师范类专业,学校认为不宜学师范者除外;

(5)专科生不得转为本科生,另有文件规定者除外;

(6)自费生或委培生不得转为公费生(或并轨后的收费生);

(7)无正当理由者。

第六章　休学、停学与复学

第二十六条　学生有下列情况之一者,应予休学:

(1)因病经校医院保健室诊断,须停课治疗、休养时间占一学期总学时三分之一(含三分之一)者;

(2)在一学期内请假、缺课时间超过该学期总学时三分之一(含三分之一)者;

(3)因某种特殊原因,本人申请或学校认为必须休学者。

第二十七条　学生休学一般以一年为期,因病经学校批准,可连续休学两年,累计不得超过两年。

休学后复学的学生,未修满一学期又休学应视为连续休学。

未办理休学手续,而擅自离校者,视作自动退学。

第二十八条　休学学生的有关问题,按照下列规定办理:

(1)休学学生不享受贷学金。原来享受专业奖学金的,按最低等级发放。

(2)因病休学的学生,应回家疗养。病休期间享受公费医疗一年。连续病休超过一年从第二年起停止公费医疗,医疗费用自理。享受公费医疗期间,应在当地公立医院就诊,凭医院正式单据向学校报销。

(3)学生休学回家,往返路费自理。

(4)休学学生的户口不迁出学校。

第二十九条　学生因特殊困难等原因须中途停学,但不符合休学条件,经本人申请,学校批准,可保留学籍一年。经有关部门批准出国或到港澳地区定居或自费留学的学生,由本人申请,学校批准,可保留学籍一年。保留学籍期满不办理复学手续者,视作自动退学。保留学籍的学生不享受在校生和休学生待遇。

第三十条　学生复学按下列规定办理:

(1)学生休学期满,应于开学前一周填写《复学申请书》,经系主任签注意见,报教务处批准,在注册前办理复学手续。

因病休学的学生,申请复学时,须由县级以上医院诊断,证明已恢复健康,并经校医院复查合格,方可复学;其他原因休学的学生申请复学时,须持有关证件,并经校医院体检合格,方准办理注册手续。

(2)复学学生原则上应编入下一年级。个别基础好、自学能力强的,可根据情况,在复学前提出申请,经学校批准,可参加原年级所学必修课、限定性选修课课程补考。各门功课补考及格者,可跟原年级学习。考试应在复学前一周进行。

(3)要求复学的学生,由校、系有关部门进行政治复查。休学期间,如有违法乱纪行为者,取消复学资格。

第三十一条　学生申请复学时,若原专业已调整、合并或中断招生,可安排到其他相近专业学习,或由学校负责介绍转到其他院校学习。

第三十二条　学生在保留入学资格、保留学籍、休学期间不得报考其他学校。

第七章　退　　学

第三十三条　学生有下列情形之一者,应予退学:

(1)学期不及格的必修课和限定性选修课学分数达到该学期所学的必修课和限定性选修课学分总数的60%者(此类学生不得参加补者);

(2)一学期经补考后仍不及格的必修课和限定性选修课的学分数达到该学生一学期所学必修课和限定性选修课总学分数的50%者;

(3)一学年经补考后仍不及格的必修课和限定性选修课的学分数达到该生一学年所学必修课和限定

性选修课总学分数的 30%者；

(4)经补考后不及格的必修课和限定性选修课学分累计达到教学计划规定的学年平均学分数的 50%者；

(5)按本《细则》第二十一条规定应予退学者；

(6)本科学生不论何种原因(含休学、保留学籍)，在校学习时间累计超过其学制两年(例如四年制的不得多于六年)，专科学生超过其学制一年者；

(7)休学期满不办理复学手续或经复查不符合复学条件者；

(8)因病经学校动员休学而不休学，且在一学期内缺课超过该学期总学时数的三分之一者；

(9)经过指定医院确诊，患有精神病、癫痫病和其他不宜在校继续就读，且经休学无法治愈的疾病者；

(10)意外伤残不能再坚持学习者；

(11)本人申请退学，经说服无效者；

(12)在校学习期间擅自结婚者。

按本条规定处理的学生，对学生不是一种处分。由系报教务处审核，校长批准。

第三十四条　学生退学的善后处理，按下列规定办理：

(1)退学和因各种原因处理离校的学生，入学前是国家或集体企业单位的在职职工，按国家有关规定处理，其他的由家长或抚养人负责领回，并在其所在地落户。

(2)退学学生发给退学证明，并根据学习年限发给肄业证书(至少学满一年，成绩及格者)。未经学校批准，擅自离校的不发给退学证明和肄业证书。

(3)退学的学生，不得申请复学。

第三十五条　对因本《细则》第三十三条(1)至(4)款原因(称学业原因)而退学者，或因第四十二条而被勒令退学者，可申请试读一年，具体办法另行规定。

第八章　考　　勤

第三十六条　出勤的检查与处理：

(1)学生上课、实习、劳动、军训、政治学习等均应实行考勤。

学生应按时参加教学计划规定和学校统一安排、组织的一切活动。因故不能参加者，必须事先办理请假手续。凡未请假或请假超期者，一律以旷课论。实习、劳动、军训、毕业论文(设计)等一天按五学时计算，上课旷课按实际授课的时数计算。

(2)对旷课的学生，应根据旷课时数及情节，给予批评教育，直至纪律处分(见本《细则》第四十条)。

(3)一门课程的作业缺交达 1/3 者，不得参加该门课程的考试，该课程成绩记 0 分，在限时补齐作业后，视情况决定是否给予补考。

(4)考勤由班长负责，每周向系办公室报告，由系办公室每月公布一次；公共课、选修课的考勤由教师指定一名课代表负责，每周向任课教师报告。班长或课代表应如实报告学生出勤情况。

第三十七条　请假：

(1)学生请假，须由学生本人填写请假单并附上有关证明，按下列规定办理手续：

病假在三天以内(含三天，下同)，事假、公假一天以内的，须经班主任批准；病假三天以上二周以内，事假、公假一天以上一周以内的，须经班主任签注意见，系主任批准；病假二周以上，事假、公假一周以上的，须经系主任签注意见，教务处批准。经批准后将准假通知书交系办公室登记。

(2)请假期满需续假者，应于请假期满前另持证明，办理续假手续，经获准后方为有效。否则，作旷课论处。

(3)学生学习期间不得请假出国探亲(个别因直系亲属发生意外事故例外)。利用寒暑假出国探亲，逾期返校者，按旷课论处，逾期达二周者作自动退学处理。

第九章　奖励与处分

第三十八条　对德智体诸方面发展或在思想品德、学业成绩、身体锻炼、课外活动等某一方面表现突出的学生,可分别授予“三好学生”称号或其他单项荣誉称号。

实行精神鼓励和物质鼓励相结合,以精神鼓励为主的办法。表扬和奖励方式有:口头表扬,通报表扬,发给奖状、证书、奖章、奖品和奖金等。

第三十九条　对犯有错误的学生,学校可视其情节轻重给予批评教育或纪律处分。处分分为七种:(1)通报批评;(2)警告;(3)严重警告;(4)记过;(5)留校察看;(6)勒令退学;(7)开除学籍。

留校察看以一年为期。毕业班学生不给予留校察看处分。受留校察看处分的学生,一年内有显著进步表现的,可解除留校察看,经教育不改的可勒令退学或开除学籍。

第四十条　学生一学期旷课达十学时,系内通报批评;达二十学时,视其认错态度决定给予警告或严重警告处分;达三十学时,给予记过处分;达四十学时,给予留校察看处分;超过五十学时,按本《细则》第四十一条第(6)款规定处理。

凡受处分后又旷课的,处分前后的旷课时数累计计算。

第四十一条　有下列情形之一的学生,给予勒令退学或开除学籍的处分:

(1)有反对四项基本原则的反动言论和行为者;组织和煽动闹事、扰乱社会秩序、破坏安定团结、侮辱和诽谤他人而坚持不改者。

(2)触犯国家刑律,构成刑事犯罪者。

(3)破坏公共财物,偷窃国家、集体、私人财物造成严重损失和危害者。

(4)有偷窃行为而又屡教不改者;酗酒、赌博、打架斗殴,情节严重者;品行极为恶劣,道德败坏者。

(5)违反学校纪律,情节严重者。

(6)一学期旷课达到或超过五十学时者。

上述学生,经教育后认识错误较好,并有真诚悔改或立功表现者,可酌情减为留校察看的处分。

第四十二条　违反考场纪律者,按《厦门大学考场纪律及违纪处分办法》[厦大教(96)2号文]处理。

第四十三条　对犯错误学生,要热情帮助,严格要求。处理时持慎重态度,坚持调查研究,实事求是,善于将思想认识问题同政治立场问题区别,处分要适当。处理结论要同本人见面,允许本人申辩、申诉和保留不同意见。对本人的申诉,学校有责任进行复查。

第四十四条　对学生做出勒令退学、开除学籍处分由学生所在系领导提出,有关部处审核,分管校长审批,并报省教委备案。

第四十五条　被勒令退学的学生只发给学历证明;被开除学籍的学生不发给学历证明。勒令退学、开除学籍的学生,其善后问题按照本《细则》第三十四条规定处理。

第四十六条　对学生的鉴定、奖励、处分材料,均归入本人档案。处分不得撤销。

第十章　毕　　业

第四十七条　具有学籍的学生,德育、体育合格,修完教学计划规定的全部课程,完成各个教学环节,获得规定的学分数,准予毕业,发给毕业证书。

第四十八条　凡提前修满教学计划规定的学分数,并达到其他教学环节要求的学生,经本人申请,系和教务处审核,分管校长批准,准予提前毕业。

第四十九条　学生毕业时,要作全面鉴定,其内容包括政治态度、思想意识、道德品质以及学习、劳动和健康状况等方面。

第五十条　体育课、军事训练、生产实习重修仍不及格者,作结业处理,发给结业证书。以后也不能再补考或重修,不再换发毕业证书。

第五十一条　按本《细则》第十六条规定必须重修的课程,在校学习期间确实无法安排重修,先作结业处理。结业后一年内补修,补修及格,结业证书换为毕业证书;补修不及格,不再换发毕业证书。

第五十二条　学生历年如有不及格的课程(未达到退学或降级编班规定的学分数者)毕业前再补考一次,补考及格者发给毕业证书;补考后仍不及格者或无故缺考者,发给结业证书。在结业后一年内可申请再补考一次,补考及格换发毕业证书。逾期不申请补考或补考不及格者,以后不再补考,也不再换发毕业证书。

第十一章　学士学位

第五十三条　符合《中华人民共和国学位条例暂行实施办法》有关学士学位授予规定的本科毕业生,可授予学士学位。

第五十四条　凡有下列情况之一者,不得授予学士学位:

(1)在校学习期间,累计有 18 学分以上(含 18 学分)课程经补考者;

(2)在校学习期间曾被降级编班者;

(3)受过记过以上处分(含记过)或受过两次警告以上(含警告)处分者;

(4)结业者。

附　　则

第五十五条　本《细则》从 1996 年 9 月 1 日起施行。

第五十六条　本《细则》解释权归教务处。

第五十七条　学校及教务处可根据教学改革和教学管理的需要,对本《细则》未尽事宜制订单项规定或补充规定,与本《细则》一并实施。

一九九六年七月

——本文摘录自《关于印发〈厦门大学本、专科学生学分制学籍管理实施细则(修订稿)〉和〈厦门大学本、专科学生学籍管理补充规定〉的通知》,厦大教〔1996〕32 号,档号 1996-XZ12-2

厦门大学本、专科学生学籍管理补充规定

(1996年7月5日)

一、关于试读问题

1.退学试读仅限于学业原因和考试作弊而被退学者,即依照《厦门大学本、专科学生学籍管理实施细则》第三十五条规定的方被处理者。其他原因被退学的学生,不得申请试读。

2.因学业原因而退学的学生可直接申请试读;考试作弊被退学的学生,原则上需在退学一年后方可申请返校试读。部分专科专业因隔年招生,退学一年后无班可跟的,可以提前申请试读,但毕业证书需推迟一年发放。

3.试读手续:个人申请,提交退学后一年内的个人鉴定(由所在街道或村政府,或工作单位做出),系领导同意,教务处批准,方可取得试读资格。

4.退学不足一年要求提前返校学习者,作旁听生处理。由个人提出书面保证不再违反校规校纪,经所在系领导同意,由教务处批准,方可获得旁听生资格。旁听时间在半年内收一学期旁听费;超过一学期至一年者,按一年标准收费。旁听期间所取得的学分,在正式批准试读后可以追认。

5.旁听或试读期间发现违纪行为或不及格学分达到降级编班标准者,取消旁听和试读资格。

二、关于选拔专科生升入本科学习的问题

1.为激励学生学习积极性,我校决定并经国家教委同意在三年制专科生(工科除外)中选拔少数学习特别优秀的学生升入本科继续学习两年,修完规定课程,成绩合格,发给本科毕业证书和相应学士学位证书。各系应根据本科培养要求修订教学计划,让专升本的学生补足基础理论课和专业课。

2.选拔资格:

(1)国家计划内招收的三年制专科自费生,修完教学计划规定的课程,学分积点(各门课成绩分别乘以学分后的总和除以课程总学分数,Σ实际成绩×学分/Σ学分)排在全班人数的前15%以内者,不得有课程补考;

(2)大学英语四级考试合格;

(3)德育方面表现良好;

(4)属委托培养的学生,须出具原委托单位同意转入本科学习的书面材料,方可参加选拔。

3.选拔比例控制在10%以内,严格掌握质量标准,宁缺毋滥。

4.选拔工作安排在第三学年第一学期末进行。

5.选拔工作要增强透明度。各专业各班级的基本情况(学分积点、德育、CET-4成绩、获奖情况等)要张榜公布;选拔工作要在系办公会议研究通过(吸收部分任课教师、班主任或辅导员参加);系办公会议确定的名单作为"选拔候选人"再次张榜公布。同时将以上操作过程的全部材料(原件)送教务处,由学校领导正式批准。

三、关于修读第二专业(夜大学专科)问题

1.申请对象:普通全日制在校本科生学业成绩及各方面表现良好,学有余力,自愿交费,并能坚持业余学习第二专业(夜大学专科)者。

2.申报与批准程序:个人申请、系主任同意、教务处审核、夜大学批准录取。

3.学习计划安排:

(1)在校学生于一年级下学期向所在系提出申请,经有关部门批准录取之后,从二年级开始,利用业余时间,一般在两年内跨学科修完夜大学的一个专科专业的课程。少数学生如本科专业教学计划时间安排许可,可以延长半年修习时间,用于补修或续修未完成的课程。但到本科毕业时仍未完成第二专业学业者只能作肄业处理。

(2)就读第二专业的本科生,凡在本科专业修过的与专科专业相同的课程,其教学要求和学分数不低于专科专业课程的,原取得学分数的可以相抵。另外,参加修习第二专业的学生可以免修本科教学计划规定的全校性选修课程(8学分)。

(3)本科生在夜大学学习期间,如本科课程出现不及格应立即终止夜大学的学业,已取得的学分可视作非限定性选修课的学分记入学籍档案。

(4)本科生在夜大学就读期间应遵守夜大学的有关学籍管理规定。不及格的课程可以补考;补考仍不及格的课程在毕业之前允许再补考一次;累计二门课程(指夜大学课程)补考不及格应终止夜大学学习。

四、关于全校性公共选修课问题

1.根据教学计划规定,学生(艺术类除外)需选修8学分跨系跨专业的全校性选修课。未修满8学分全校性公共选修课,且总学分未达到教学计划学分数的学生不能毕业。

2.全校性公共选修课一般安排在2～3年级修习,每学期选修一门。教务处负责组织全校的选课工作。学生应按教务处规定的时间、方法及时办理选课手续。

3.因故未能正常取得全校性公共选修课学分的学生应在毕业前安排补修。

4.兼修第二专业(夜大学专科)的学生,可以用第二专业取得的学分顶替全校性公共选修课的学分。

五、关于大学英语四级(CET-4)考试问题

1.CET-4是一种教学水平测试,与每学期的英语课程考试分开。本、专科学生修完校内英语四级者方可报考CET-4。

2.本校本科生要求一律参加CET-4考试,成绩合格可视作一次任何一级校内英语的毕业前补考及格;未通过CET-4考试者按4学分计算补考学分数。

3.英语补考未及格,毕业前最后一次补考者,一律参加最后一学年1月份的CET-4考试,其及格分数线由教务处会同公共外语教学部负责人一起划定,学校不再组织英语毕业前补考工作。

六、关于福建省非计算机专业大学生计算机应用水平等级考试问题

1.根据福建省教委规定,非计算机专业本科生从1994级起都必须参加全省计算机应用水平等级考试,并作为计算机课程的期末考试。其中文科类要参加一级考试,理工类和经济类要参加二级考试。

2.计算机课程考试成绩的合格分数线,由教务处会同公共计算机教研究室负责人共同确定。今后要逐步达到通过省计算机应用水平等级考试才合格。

3.毕业前计算机应用水平等级考试未通过者,以3学分计入补考学分数。

七、若干收费问题

1.降级编班者,按编入的年级、专业的标准收费。自费生性质不变,按编入的年级、专业自费生标准收费。退学试读者,试读期间按编入的年级、专业的自费生标准收费。

2.休学期满批准复学的学生,按休学前所在专业、年级标准收费。其中在一学年的第一学期休学者,复学后收取半年学费;一学年的第二学期休学者,复学后按一年标准收取学费。休学前已交清学杂费者,休学时不予退还。

3.毕业前补考(即第二次补考)实行收费办法,每学分收费20元。补考费需在补考前一次交清,凭收据领取补考准考证。补考费交学生所在系办公室,由各系支配使用;公共课的补考费,各系应将其中的50%交开课单位。补考费主要用于教师出卷、阅卷方面的开支。

4.修读第二专业(夜大学专科)的收费标准在当年第二专业的招生简章中公布。学生须在每学年的

第一学期到夜大学注册时交清一年的培养费。凡中途自愿退学,或因学业差而被终止学习者,所交培养费不予退还。

八、本补充规定自1996—1997学年第一学期起执行,原有规定凡与本规定抵触的一律停止执行。

九、本补充规定的解释权归教务处。

一九九六年七月

——本文摘录自《关于印发〈厦门大学本、专科学生学分制学籍管理实施细则(修订稿)〉和〈厦门大学本、专科学生学籍管理补充规定〉的通知》,厦大教〔1996〕32号,档号1996-XZ12-2

厦门大学本专科学生学习成绩管理规定

（1996 年 11 月 25 日）

学习成绩是衡量一个学生对所学课程知识内容掌握情况的主要依据，也是判断学生智力水平的标准之一。学习成绩管理必须十分严肃认真，不得随意改动或伪造。为此，特作如下规定：

一、任课教师必须在课程考试结束后一周内完成阅卷评分工作，并将学生成绩如实填入“课程成绩登记表”（一式二份），经教研室主任签字后，一份送系教学秘书，一份送教务处。

二、系教务人员须将任课教师送来的学生成绩准确登入“学生学籍总登记卡”（以下简称“总卡”）。登录差错而改正者，须加盖成绩校正专用章。

三、在校生“总卡”由所在系教学秘书统一管理，未经系分管教学主任或教学秘书同意，任何人无权动用“总卡”。

四、毕业生的“总卡”在毕业生资格审查时由教务处加盖公章后，各系将毕业生总卡整理移交校档案馆统一管理。

五、学生学习成绩管理的归口单位是校教务处。在校生办理成绩证明时，须持“总卡”复印件并经系分管主任或教学秘书签名加盖系公章后到教务处办理；已毕业的学生办理成绩证明，须持校档案馆有关负责人和经办人签名并加盖档案馆公章后的密封件到教务处办理。

六、任何单位和个人不得擅自改动学生学习成绩或出具假证明。一经发现视其情节，予以纪律处分。

七、本规定自公布之日起执行。

——本文摘录自《关于印发〈厦门大学本专科学生学习成绩管理规定〉的通知》，厦大教〔1996〕49 号，档号 1996-XZ12-1

·管理与服务工作·

厦门大学关于发放特区津贴的补充规定

(1996年1月3日)

一、根据福建省人事厅《关于印发厦门经济特区实施特区津贴制度中有关问题意见的通知》(闽人薪[1995]33号)文件精神,结合我校实际,制定本补充规定。

二、在职人员办理年度聘任手续的,根据厦门市规定的标准发放特区津贴。

三、离退休人员,根据厦门市规定标准发放特区津贴,即离休人员按在职人员标准的金额发给,退休人员按在职人员标准的80%发给。

四、在职人员本学年度未聘、拒聘的不发特区津贴。半聘人员、缓聘人员和试聘人员,符合《厦门大学工资制度改革津贴实施办法》四等发放条件的,特区津贴按80%标准发给。

五、女职工按国家规定请产假的,特区津贴照发;请哺乳假的,停发特区津贴。

六、一个月旷工一天,停发当月特区津贴。

七、事假一年累计在十五天之内的,特区津贴照发,超过十五天的,从第十六天起,在停发工资的同时,停发特区津贴。

八、病假期间达到国家规定扣发工资的,特区津贴按80%计发。

九、因私出境出国,从停发工资起停发特区津贴。离退休人员出境出国定居,特区津贴按50%计发。

十、因公出国访问、进修人员,从离校起停发特区津贴,三个月以内(含三个月)返校的补发特区津站,超过三个月返校的,不补发特区津贴。

十一、应邀出国讲学、合作科研或开发等工作,对方提供工资待遇或资助的,从离校起停发特区津贴。

十二、受行政记大过、党内严重警告及其以上处分,处分期内(未规定处分期的一年内)按80%发给。

十三、违反计划生育规定超生孩子受处罚的,处分期内按80%发给。

厦门大学

一九九六年一月三日

——本文摘录自《厦门大学关于发放特区津贴的补充规定》,厦大人[1996]3号,档号1996-XZ10-1

关于“评聘分开”副教授聘任问题的意见

(1996 年 1 月 5 日)

经校党委常委、校办公会议研究，鉴于 1991 年评审“评聘分开”副教授任职资格的情况，现决定如下：

一、现仍在职的、已获得“评聘分开”副教授任职资格的教师，可申请聘任副教授职务，申请者须提交 1991 年 12 月以来承担教学工作情况和发表的论著、成果，经所在单位考核是否能担任副教授职责后，送校职改办审批。经批准后，由所在单位安排相应任务，方可聘任副教授职务。

二、聘任时间从校职改办批准当月起算。

三、待遇：享受与原待聘副教授同等待遇，但其工资从聘任后按现职务执行。

厦门大学

一九九六年一月五日

——本文摘录自《关于“评聘分开”副教受聘任问题的意见》，厦大办[1996]1 号，档号 1996-XZ09-1

关于教职工因公出国出境有关问题的补充通知

(1996年3月20日)

各系、各单位:

为了加强我校因公出国出境等工作的管理,学校曾于一九九四年九月十九日下发《厦门大学因公出国出境、邀请境外学者讲学、招收境外学生办事程序》(厦大外[1994]23号)。该文对规范办事程序、提高办事效率起了一定作用,但也存在一些问题。为了进一步加强教职工因公出国出境工作的管理,现就有关问题补充通知如下:

一、本校教职工因公出国出境(不论时间长短和以何种形式出国出境),均必须由本人在离校前到人事处办理离校手续,外办凭人事处通知发给因公出国出境教职工签证护照。

二、人事处根据该同志出国出境形式和时间长短,按学校有关规定,发给或停发该同志的工资及其他津贴。

三、因公出国出境教职工在期满返校后,应及时到人事处报到,并办理聘任手续。

四、因公出国出境超过批准时间,须在规定的时间内由所在单位申请并向原经办单位办理延期手续,经批准后报人事处备案。凡未办理延期手续的,按因私超期处理,停发其工资及所有津贴。

五、公派出国出境进行科研合作的,六个月以下的须由师资处会稿后送科研处审批,以便统一核算教职工因公出国出境时间。公派出境讲学、留学、进修者,须由科研处会稿后送师资处审批,以便科研课题的管理。

六、本通知从下发之日实行。其他有关因公出国出境的办事程序,仍按厦大外[1994]23号文件的规定办理。

特此通知。

厦门大学

一九九六年三月廿日

——本文摘录自《关于教职工因公出国出境有关问题的补充通知》,厦大人[1996]28号,档号1996-XZ10-1

厦门大学科级干部考察任免管理工作暂行规定

（1996年3月25日）

为了认真贯彻执行党的干部路线、方针、政策，建立科学规范的党政干部选拔培养制度，建设一支革命化、年轻化、知识化、专业化的科级干部队伍，提高教育管理水平，根据上级有关干部选拔任用工作文件精神，参照国家公务员职务升降的有关规定，制定本暂行规定。

第一条　科级干部应具备以下基本条件：

（一）具有履行职责所需要的马列主义、毛泽东思想的理论政策水平，掌握建设有中国特色社会主义的理论，努力用马克思主义的立场、观点、方法分析和解决实际问题。

（二）坚决执行党的基本路线和各项方针政策，有较强的事业心和责任感，立志改革开放，献身高校党政管理工作，讲实话、办实事、求实效，在工作中开拓创新，做出实绩。

（三）具有高等教育、高校管理和从事相关工作所需要的业务知识和管理能力，熟悉本职工作程序和有关方针政策、制度规定，有一定政策水平，有独立工作能力和协调能力，能起草一定质量的文件报告，能较好完成所承担的工作任务。

（四）正确行使组织和群众赋予的权力，廉洁奉公，勤政为民，作风正派，密切联系群众，全心全意为人民服务，反对滥用职权谋取私利，反对官僚主义。

第二条　科级干部应符合下列资格条件：

（一）近两年年度考核中定为优秀（一等或特等），或近三年年度考核中定为称职（二等）以上。

（二）具有大专以上文化程度。

（三）提拔副科级职务，大专毕业或大学本科毕业须担任科员三年以上，获硕士学位或第二学士学位须担任科员一年以上。

提拔正科级职务，须担任副科级职务二年以上。

具有中级以上职称的专业技术人员，调任党政科级职务，任职年限可不受上述规定限制。

（四）身体健康，能坚持正常工作，年龄一般不超过45周岁。

（五）对确有与拟任职务相适应的政治思想水平和工作能力，且成绩特别突出的，第（二）、（三）项规定可适当放宽。但任职年限放宽一般不超过一年。

第三条　科级干部应履行下列职责：

（一）负责本科室或本科室某方面的党政管理工作，负责起草有关的文件材料，处理工作中的疑难问题。

（二）根据工作需要，指导本科室其他职员的工作。

（三）完成领导交办的其他任务。

第四条　提拔科级干部，要逐级提拔，个别确因工作需要，德才条件和工作实绩特别突出者，可以越级提拔。越级提拔，应按有关程序办理。

第五条　提拔科级干部，要重视干部的社会实践活动。积极参加社会实践活动的干部，在同等条件下可优先提拔。

第六条　提拔科级干部，所在单位必须具备岗位职数。科级单位设科长或副科长（含相当职务，下同）一名。工作任务较繁重的科级单位，可设科长、副科长各一名。因工作需要增加职数的，须报学校审批。对确实优秀又没有岗位职数的,可以根据需要调整工作岗位后安排。

第七条　科级干部的推荐、考察和任命,按下列程序办理:

(一)要采取领导和群众相结合的办法推荐科极干部。各单位根据工作需要,经广泛征求意见,提出推荐人选。

(二)推荐人选提出后,由所在单位根据本规定进行资格审查,在符合条件者中确定初选对象。

(三)初选对象确定后,根据拟任职务的要求对初选对象进行全面考察。各系所等基层单位的行政科级干部,由所在单位负责考察;校部行政机关科级干部,由人事处负责考察;党委各部门的科级干部,由党委组织部负责考察。要全面了解干部的德、能、勤、绩,注重考察工作实绩,注意听取和分析不同意见,并写出符合实际的考察材料。

(四)在资格审查和全面考察的基础上,系所行政科级干部由所在单位党政领导集体研究决定,并报人事处办理任命手续。校部行政机关科级干部和党委部门科级干部分别由人事处和党委组织部研究决定并办理任命手续。

(五)工作确实需要,所在单位又没有合适人选,可以跨单位选调,也可以公开招聘。

跨单位选调,资格审查和全面考察工作由人事处配合选调对象所在单位党政领导进行,最后由人事处研究决定并办理任命手续。

公开招聘在全校范围内进行。凡本校编制内教职员工,符合科级干部任职条件,均可报名应聘。人事处根据工作岗位性质和所需干部的条件,进行资格审查和全面考察,最后由人事处研究决定并办理聘用任命手续。

(六)科级干部由人事处拟文任命,须经党委组织部会稿后送主管校长审批;由党委组织部拟文任命,须经人事处会稿后送主管书记审批。经主管校长或主管书记审批后,方可正式发文。

第八条　做好科级干部任职期间的考核管理工作。

(一)科级干部要定期进行考核,以全面了解干部本人在任职期间的工作表现情况,并作为提升、续任、免职的依据。

(二)考核工作由党委组织部和人事处组织实施,具体工作由所在单位党政领导主持进行。

(三)科级干部的考核结合教职工学年度考核进行。

(四)考核的内容为干部本人的德才表现、工作实绩。

(五)考核可以采用民主评议的方式进行。先由本人写出年度述职报告,再由所在单位领导主持召开群众座谈会进行评议,或个别征求群众意见。

(六)所在单位应对干部是否称职写出书面意见。对群众反映的问题,要及时向被考核者反馈,并制定整改措施。考核形成的材料要分别送党委组织部和人事处备案。

(七)凡年度考核称职以上的科级干部,可继续担任原职,也可调整其他岗位任职。考核优秀的科级干部,符合处级后备干部条件的,要及时纳入后备干部队伍培养。

(八)科级干部在年度考核中定为不称职的,或者不胜任现职又不宜转任同级其他职务的,应予降职或免职。

(九)科级干部一任三年,同一岗位连续任职一般不超过六年。任职超过六年的,应在本部门或校内其他单位交流。

第九条　本规定从公布之日起实行。

第十条　本规定由党委组织部和校人事处负责解释。

厦门大学

一九九六年三月廿五日

——本文摘录自《厦门大学科级干部考察任免管理工作暂行规定》,厦大人[1996]27 号,档号 1996-XZ10-1

关于实施教师资格过渡工作的通知

（1996 年 5 月 15 日）

各单位：

根据国家教委《关于实施〈教师资格认定的过渡办法〉的通知》（教人[1995]110 号）和福建省教委《关于实施教师资格过渡工作的通知》（闽教人[1996]12 号）精神，现就我校实施教师资格过渡工作中的有关问题通知如下：

一、教师资格过渡的范围

首批教师资格认定的对象为 1994 年 1 月 1 日已在我校从事教育教学工作的教师（统称在职教师）及承担教育教学任务的其他专业技术人员和教育职员（统称其他人员），符合《教师法》第十条规定的条件，具备大学本科毕业以上学历或现在我校任教并已评聘相应教师职务的，属于教师资格过渡的认定范围。

不能履行教师职责；经考核不合格；因本人业务能力或者思想表现等原因既未评聘教师职务，又未达到大学本科毕业以上学历的在职教师，暂缓认定教师资格。

二、教师资格过渡的工作要求

教师资格是由国家规定的从事教育教学工作的人员应当具备的特定条件，是国家对教师实行的一种法定的职业许可制度，具有十分重要的意义。为此，各单位要切实加强对实施教师资格过渡工作的领导，并由一名领导负责教师资格过渡工作。在实施教师资格过渡的工作中，要组织教职工认真学习《教师法》、《教师资格条例》和《教师资格认定的过渡办法》等文件，加强对教职工进行职业道德、敬业奉献精神的教育，进一步调动广大教师教书育人的积极性和创造性。

三、教师资格过渡的工作安排

1.教师资格的申请：凡符合教师资格过渡范围的在职教师和其他人员，由本人提出申请，按要求准确填写“教师资格过渡申请表”一式三份，于 5 月 23 日前送交本单位，并由单位领导审核签章。

2.教师资格认定名册的填报：各单位在认真审核本单位申请教师资格过渡人员任职资格的基础上，按填报要求和排列顺序认真填写“教师资格认定名册”一式三份，并于 5 月 28 日前将“教师资格过渡申请表”、“教师资格认定名册”各一式三份报送人事处。

3.“教师资格过渡申请表”和“教师资格认定名册”中的编号，由人事处按先后顺序不间断递增统一编写。

4.经上级有关部门审核认定后，符合教师资格过渡的教师，需交 2 寸正面免冠照片 2 张及“教师资格证书”工本费 9.5 元（工本费由国家教委定价）。各单位收齐后于 6 月 10 日前交人事处，由人事处统一向福建省教委办理“教师资格证书”。

附件:1.中华人民共和力教师法

2.国家教育委员会关于《中华人民共和国教师法》若干问题的实施意见

3.福建省实施《中华人民共和国教师法》办法

4.教师资格条例

5.教师资格认定的过渡办法

6.关于实施教师资格过渡工作的通知

(附件略——编者)

厦门大学

一九九六年五月十五日

——本文摘录自《关于实施教师资格过渡工作的通知》,厦大人[1996]41号,档号1996-XZ10-1

厦门大学改进机关作风和提高办事效率的补充规定

（1996年5月23日）

第一条　为进一步改进机关作风，提高工作效率，根据《厦门大学机关工作作风建设暂行规定》（厦大办字[1992]20号）精神，参照《厦门市改进行政机关作风和提高办事效率的规定》（厦门市人民政府13号令），结合我校实际，制定本补充规定。

第二条　机关工作人员应坚持为教学科研服务、为基层服务、为师生员工服务的宗旨，坚持公开、公正、精简和高效的办事原则，认真履行职责，做好本职工作。

第三条　机关各部门应在醒目处悬挂处（科）室招牌。工作人员上岗时应在办公桌上放置有本人姓名、职务的身份牌并佩带有本人照片、姓名、职务的身份牌。

第四条　各处（科）室应在醒目处悬挂职责示意图，并公布具体承办人、负责人姓名。

第五条　对来机关办事的人员，承办人员应告知办事政策法规依据、办事程序；在承办过程中，要告知能否办理，是否手续完整、齐全；对符合规定、手续齐全的应马上办理，不能马上办好的要告知办事时限。

第六条　机关实行办事时限制度，凡学校有规章明确时限要求的必须严格执行；规章没有规定时限的事项，必须自行确定时限，并公布于众。任何部门对受理的办事请求在规定时限内没有答复而又无正当理由的，视为同意，并应予以补办手续，但其请求违反有关法律、法规、政策或学校有关规定的除外。

第七条　机关工作人员应礼貌待人，热情为教职工服务，不得以任何理由刁难来机关办事的人，不得利用公务关系谋取不正当利益。

第八条　继续认真实行上下班签到制度。工作人员要严格遵守上下班和请销假制度，不得迟到、早退、缺勤。子女在小学二年级以下，早晚需要接送的，经所在部处长批准，上下班时间可适当照顾。上班时间不得办私事。有事外出，须事先报告上级领导，并在办公桌上放牌标明去处。上级领导应指定有关同志代为办理和承接有关事务。

第九条　机关工作人员要遵守机关组织纪律，对学校和上级领导的决定、命令要坚决执行，尽快办理，不得以任何借口拖延不办。

第十条　机关因办事手续繁杂，职责不清，互相推诿，办事效率低，群众反映强烈，或没有按照本规定采取公开措施的，该机关负责人要向机关作风监督部门说明情况，提出整改措施，并限期实施，必要时，机关作风监督部门可给予该机关通报批评。

第十一条　学校在监察处设立机关办事效率投诉信箱和投诉电话（电话号码），接受教职员工对本校党政机关及其工作人员违反机关作风建设规定的投诉，调查处理行政机关及其工作人员违反机关作风建设规定的问题。

第十二条　机关工作人员违反本规定及其他机关作风建设的规定时，由该机关负责人给予批评教育；批评教育无效的，可提请机关作风监督部门给予告诫；机关作风监督部门在检查监督中认为机关工作人员违反上述规定的，可以直接给予告诫。告诫材料要记录在案。情节恶劣的，监察处可给予通报批评。

第十三条　机关工作人员工作作风和办事效率情况，要作为年度考核的重要内容。工作人员一年内被告诫一次的，停发当月机关作风奖金，年度考核不能评为优秀；一年内被告诫两次，或累计被告诫三次的，停发当年全部机关作风奖金，年度考核定为不合格，给予试聘或调整工作岗位。调整岗位后再被告诫的,可给予辞退。

第十四条　机关处(科)室负责人对本处(科)室的工作作风和办事效率负有领导责任,并作为考核其政绩的依据。

机关处(科)室负责人对下属工作人员作风恶劣,效率低下长期失察,管理措施不严,造成严重后果的,监察处可以给予该处(科)室负责人通报批评或行政处分。

第十五条　机关工作人员违反本规定构成违纪的,由监察处追究其政纪责任。

第十六条　机关工作人员模范执行本规定,事迹突出的,由所在处(科)室或学校给予表彰。

第十七条　本规定由学校机关作风建设领导小组负责解释。

第十八条　本规定从一九九六年六月十七日起施行。

——本文摘录自《关于印发实施〈厦门大学改进机关作风和提高办事效率的补充规定〉的通知》,厦大人[1996]51号,档号1996-XZ09-5

关于年度考核聘任工作的若干补充规定

（1996 年 5 月 31 日）

为了进一步完善年度考核聘任工作，巩固校内管理体制改革成果，根据国家教委人事司转发的人事部《事业单位工作人员考核暂行规定》（人核培发[1995]153 号）精神，总结我校几年来考核聘任工作的经验，制定如下补充规定。

一、人事部人核培发[1995]153 号文件第十条规定："年度考核要严格坚持标准，符合实际，被确定为优秀等次的人数，一般掌握在本单位工作人员总人数的百分之十。最多不超过百分之十五。"从今年开始，各单位优秀等次的人数按人事部规定掌握，不得超过本单位总人数的 15%。

二、从今年开始，在年度考核中，对单位不再分 A、B、C 类。各单位可根据本单位实际，在人事部控制的比例内，确定本单位优等人数。其中占实际聘任人数 2%的一等人员，可由单位领导机动掌握，但应计入所在单位一等比例之内。

三、教职工考核等级仍按特等、一等、二等、三等、不合格分级。为了同人事部人核培发[1995]153 号文件规定的等次一致，特规定以特等、一等为优秀，二等、三等为合格。

四、评为特等的人员，经所在单位推荐，由校考核聘任领导小组研究确定。50 人以下的单位，可推荐 1 人；50 人以上、100 人以下的单位，可推荐 2 人；100 人以上、200 人以下的单位，可推荐 3 人；200 人以上单位，可推荐 4 人。特等人员必须是在教学、科研、党政管理等工作中做出特殊贡献，工作成绩显著的人员。评为特等人员的总人数不能超过实际聘任人数的 2%。

五、各单位在年度考核中，应实事求是评定等级，防止考核工作流于形式，产生新的大锅饭。有下列情况，应定为三等或不合格：

（一）连续旷工二天，定为三等；旷工三天及其以上者，定为不合格。

（二）请事假累计三十天及其以上，或者请病假累计六十天及其以上者，定为三等。

（三）经常迟到、早退（月均达到五次的）最高只能定为三等。

（四）受党、团、行政处分的，最高只能定为三等；其中受行政记大过，党内严重警告处分的，定为不合格。

（五）违反计划生育受处分的，当年度内，定为不合格；一年后的六年内，最高只能定为三等。

（六）犯有严重错误，产生严重后果的，定为不合格。

六、专任教学人员和专任科研人员分列按各自的系列进行考核，具体标准见《考核评分参照标准及说明》。教学考核必须以研究生院、教务处备案的教学任务书为依据。科研考核必须以科技处和社科处备案的计划任务书为依据。

七、聘任为专任教学人员，其教学工作量应不少于 70%；聘任为专职科研人员，其到校的科研经费必须达到科技处和社科处规定的最低数。

八、教师的教学质量测评，由教研室负责评定，测评结果应参考学生和教师的测评情况确定。

九、兼职人员的兼职工作量补贴，要根据实际投入情况确定，不得一概以最高额补贴。在校部机关兼职的党政干部，超额完成本人承担的教学科研工作量，又认真履行机关工作职责，在年度考核中被评为一等的，可不占所在单位的比例数，也不作为所在单位计算比例的底数。凡评为一等的，需经校考核聘任领导小组审核方为有效。

十、年度考核工作结束后,考核结果存入本人档案,并作为晋升工资档次,发放校内津贴和30%津贴的依据。

十一、年度考核在三等以上人员,结合下学年聘任情况发放校内津贴。下学年全聘的,职务津贴全额发给,业绩津贴按考核等级全额发给;下学年半聘的,职务津贴按一半发给,业绩津贴按考核等级的一半发给。1995—1996学年半聘的人员,这次考核最高只能定为三等。下学年所有缓聘人员,职务津贴和业绩津贴一律停发。

十二、年度考核不合格,或因个人原因没有考核结果,下学年工作任务符合全聘的,可试聘半年,试聘期间不发职务津贴和业绩津贴。试聘期满,考核合格,转为正式聘任,可以发给职务津贴和三等业绩津贴。

十三、当年度考核被确定为不合格的,应给予批评教育。连续两年考核被确定为不合格的,根据不同情况,可予以降职、调整工作、低聘或解聘。连续两年考核被确定为不合格等次的,又不服从组织安排或重新安排后年度考核仍为不合格的,予以辞退。

十四、新调进人员,留学回国人员,进修返校人员,应及时办理聘任手续,满聘的,发给职务津贴和二等业绩津贴。属于个人原因造成工作量不满的,半聘的发给一半职务津贴、业绩津贴按三等发给;缓聘的,不发职务津贴和业绩津贴。

十五、各单位要根据学校有关考核聘任的文件要求,结合本单位特点,制定具体实施细则。

十六、本次考核聘任工作于六月初开始,六月底结束。本次考核由所在单位负责审查,有关职能部门抽查,考核结果应向教职工公布。六月二十一日上报考核结果花名册和考核结果登记表;六月二十八日将下学年聘任花名册送有关职能部门审核后报人事处。各单位的考核聘任名册应自留一份,以备查对。

十七、本规定由人事处负责解释。

厦门大学

一九九六年五月三十一日

——本文摘录自《关于年度考核聘任工作的若干补充规定》,厦大人[1996]57号,档号1996-XZ10-1

厦门大学企业编制管理暂行办法补充规定

（1996 年 6 月 4 日）

一、为进一步深化校内管理体制改革，加强企业编制用工管理，特制定本补充规定。

二、厦门建南集团所属成员企业以外的厦门大学其他单位（以下简称“集团公司外单位”），确因工作需要，可用企业编制招聘合同工。

三、学校核定的企业编制数，统一划归厦门建南集团公司管理使用，集团公司外单位的企业编制指标由校人事处确定，人员选配由用人单位和人事处考核，人事处负责审批。

四、集团公司外单位，因工作需要招收企业编制合同工，应根据学校和厦门建南集团公司企业编制人员管理办法，制订企业编制人员管理制度，报送厦门建南集团公司审批。

五、集团公司外单位企业编制人员的工资、福利、社会保险、医疗等费用均由用工单位负责解决。社会保险统一由集团公司按厦门市职工社会保险有关规定办理，不参加社会保险的单位不能招聘企业编制合同工。住房问题由用工单位自行解决，亦可参照《校行政办公会议纪要》（厦大综[1993]66 号）第六条规定采用租赁办法，向学校承租。专业技术职务指标，由学校单列给集团公司，集团公司负责考核，并推荐参加全校评审。专业技术职务的聘任工作，由用工单位负责。

六、集团公司外单位企业编制人员，由集团公司签订聘用合同，由用工单位签订上岗合同。合同的内容应包括双方的责、权、利及违约责任等。企业编制人员如违约被解聘或合同期满，用工单位提出不再续签劳动合同的，学校和集团公司不负责安排工作。

七、集团公司外单位招聘企业编制工作人员，需向集团公司交纳管理费，每人每月 10 元。

八、本补充规定从公布之日起施行。

厦门大学

一九九六年六月四日

——本文摘录自《厦门大学企业编制管理暂行办法补充规定》，厦大人[1996]61 号，档号 1996-XZ10-1

厦门大学内部审计工作的规定

(1996年6月5日)

第一条　根据《中华人民共和国审计法》和国家教委发布的第24号令《教育系统内部审计工作规定》,结合我校的实际情况,制定本规定。

第二条　在我校内部依法建立审计机构,健全内部审计制度,实行审计监督、评价和服务职能,以期加强内部财务管理,维护国家财经法纪和我校有关财务规定,提高教育投入使用效益,促进廉政建设,保障教育改革和发展的顺利进行。

第三条　学校应当设置独立的、与学校财务处相同级别的内部审计机构——审计处。我校内部审计机构,即校审计处,在校长的委托下,接受校总会计师的直接领导下,依照国家法律、法规和政策,对校级单位及下属单位的财务收支和经济效益进行审计监督评价;独立行使内部审计监督权,对校长和总会计师负责并报告工作。同时,校审计处接受审计机关和国家教委审计局的指导和监督。

第四条　审计人员恪守审计职业道德,遵循审计纪律,做到依法审计,忠于职守,客观公正,实事求是,廉洁奉公,保守秘密。不得滥用职权,徇私舞弊,泄露秘密,玩忽职守。

第五条　审计人员依法行使职权,受国家法律保护,任何单位和个人不得设置障碍和打击报复。

第六条　学校应当保证审计工作所必需的人员编制,配备具有较高的政治思想素质,专业知识和业务能力的专业人员。并应形成合理的专业、知识和年龄结构,保持相对稳定。审计人员的待遇不低于同级财会人员。

第七条　学校可以根据工作需要,聘请适合做审计工作的特约审计员和兼职审计人员。

第八条　审计处机构的变动和主要负责人的任免或调动,应事先征求国家教委审计局的意见。

第九条　目前,我校总会计师接受校长委托,分管领导审计处,其主要职责是:

(一)建立健全内部审计机构,加强审计队伍的组织、思想、作风和业务建设。

(二)定期研究、部署和检查审计工作,听取审计处的工作汇报。

(三)及时批复审计报告、审计意见书或审计决定,督促审计意见书或审计决定的执行,支持审计处和审计人员依法独立行使审计监督权。

(四)为审计处和审计人员履行职责提供必需的经费保证,创造良好的工作环境和条件。

(五)对成绩显著的审计处和审计人员进行表彰和奖励。

(六)切实解决审计人员在工作、生活、职称、待遇等方面存在的实际困难和问题。

第十条　审计人员办理审计事项,与被审计单位或审计事项有利害关系的,应当回避。

第十一条　审计人员原则上应保证有不少于两周的脱产学习、培训或进修的时间,并应有相应的经费保证。

第十二条　审计人员的专业技术职称和聘任,应当按照国家和校主管部门的有关规定予以执行。

从事审计工作的财经、工程技术或其他方面的专业技术人员,凡符合有关规定的,应当评聘相应的专业技术职称。

第十三条　审计处对校级单位及其下属单位的下列事项进行审计:

(一)财务计划或单位预算的执行和决算;

(二)预算内外各项教育经费的管理和使用;

（三）与财务收支有关的经济活动；

（四）国有资产的管理和使用；

（五）企业单位、校办产业资产、负债和损益；

（六）基建、维修工程的概算和预决算；

（七）办学效益，经济效益；

（八）国家财经法规和上级部门、本部门、本单位规章制度的执行；

（九）内部控制制度的建立和执行；

（十）学校和企事业单位法人和主要负责人的经济责任；

（十一）校长和总会计师交办的其他审计事项。

第十四条　下列事项需经审计处审签，方为有效：

（一）单位预算和财务收支计划执行情况及决算的上报；

（二）各种专项经费结算和决算的上报；

（三）自筹基建经费的使用，基建、维修工程的结算；

（四）企业单位、校办产业年度资产、负债、损益报表的确认，关、停、并、转时清产核资结果认定，厂长、经理的离任；

（五）校长和总会计师决定的其他事项。

第十五条　在审计范围内，审计处的主要权限是：

（一）根据审计工作的需要，要求被审计单位按时报送有关的计划、预算、决算、报表和文件、资料等；

（二）查核凭证、账表、决算、资金和财产，查阅有关文件和资料；

（三）参加有关财经会议；

（四）对审计涉及的有关事项，向有关单位和个人进行调查并索取有关文件资料和证明材料；

（五）对正在进行的严重违反财经法纪、严重损失浪费的行为，经本部门、本单位负责人同意，可以做出临时的制止决定；

（六）对阻挠、妨碍审计工作以及拒绝提供有关资料的，经单位负责人批准，可以采取必要的临时措施，并提出追究有关人员责任的建议；

（七）提出改进管理、提高效益的建议以及纠正、处理违反财经法纪行为的意见；

（八）监督检查经总会计师批准的审计决定或审计意见书的执行；

（九）对审计工作中的重大事项，向国家教委审计局反映；

（十）根据总会计师的授权，进行经济处理和经济处罚。

第十六条　审计工作的主要程序是：

（一）根据国家教委审计局的部署和校有关领导的意见，结合我校实际情况，拟订审计项目计划，报经总会计师批准后组织实施。

（二）组成审计小组，于实施审计三日前，向被审计单位送达审计通知书。

（三）审计人员实施审计时，应填写审计工作底稿，取得有关证明材料。审计终结时，审计组向审计处提出审计报告，并应征求被审计单位的意见；被审计单位应当在接到审计报告之日起十日内，将其书面意见送交审计处，逾期视为同意。审计处审定审计报告后，做出审计决定或出具审计意见书，报送总会计师审批。经批准的审计决定或审计意见书，应及时送达被审计单位和有关单位，被审计单位和有关单位必须执行。

（四）被审计单位或有关单位对审计决定或审计意见书如有异议，可以在收到审计决定或审计意见书之日起十五日内，向总会计师书面提出，总会计师应于二十日内做出是否更改的决定。

第十七条　审计处对重要审计事项进行后续审计，检查审计决定或审计意见书的执行情况和结果。在审计事项结束后，应当建立审计档案，按照规定管理。

第十八条　审计处的审计报告和审计调查等成果，经测评后，可作为国家审计机关、上级内部审计机构和社会审计组织的工作依据。

第十九条　违反本规定，有下列行为之一的单位和个人，根据情节轻重，审计处可以提出警告，通报批评，给予党纪、政纪处分或经济处罚等意见，报请总会计师或纪检、监察部门处理：

(一)拒绝或拖延提供与审计事项有关的文件、会计资料和证明材料的；

(二)转移、隐匿、篡改、销毁有关文件和会计资料的；

(三)转移、隐匿违法所得的财产的；

(四)弄虚作假，隐瞒事实真相的；

(五)阻挠审计人员行使职权，抗拒、破坏监督检查的；

(六)拒不执行审计决定和审计意见书的；

(七)报复陷害审计人员和检举人的。

上述各款所列行为构成犯罪的，应提请司法部门处理。

第二十条　违反本规定，有下列行为的审计人员，由审计处或总会计师视情节轻重，给予警告、罚款或提请纪检、监察部门给予党纪、政纪处分：

(一)利用职权，谋取私利的；

(二)弄虚作假，循私舞弊的；

(三)玩忽职守，给国家和单位造成重大损失的；

(四)泄露国家秘密的。

上述各款行为构成犯罪的，应提请司法部门处理。

第二十一条　本规定报送审计署驻国家教委审计局备案。

第二十二条　本规定由校审计处负责解释。

第二十三条　本规定自颁发之日起执行。一九九一年四月厦大综字[1991]78号《厦门大学审计工作实施细则》同时废止。

厦门大学审计处

1996年6月5日

——本文摘录自《厦门大学内部审计工作的规定》，[96]厦大审字第07号，档号1996-XZ19-3

厦门大学整顿校园及其周边治安秩序实施方案

（1996 年 6 月 11 日）

近几年来，我校校园治安状况总体保持稳定，保障了教学、科研、工作和生活的正常进行。但是，由于受到社会治安严峻形势的影响和学校改革开放中出现的新情况、新问题，我校及周边环境发生了很大变化，治安秩序日趋复杂化。以高校师生为主要消费对象的歌舞三厅、台球室、电子游戏机室、图书报刊亭、音像制品店、发廊、旅社、酒家饭店、咖啡厅等商业服务群聚。有的进行色情赌博活动；有的宣扬传播暴力、淫秽、迷信；有的无证开店、占道经营、串楼叫卖；有的超时经营、酗酒斗殴、划拳吵闹、通宵达旦，扰乱师生正常学习、工作和休息。随着学校办学规模不断扩大，民工、合同工、成教生、培训生越来越多，外来人口的违法犯罪问题突出，恶性案件时有发生。校园的公房擅自出租，违章建筑、违章搭盖随处可见。道路拥挤，交通混乱，事故不断发生。上述问题，严重地影响我校正常的教学、科研、工作和师生的生活秩序，如不及时整顿和治理，势必影响学校乃至社会的稳定。为了进一步维护校园以及周边的治安秩序，优化教书育人环境，根据中央社会治安综合治理委员会、公安部和国家教委联合下达的《关于整顿高等学校治安秩序的通知》和福建省闽综治委(96)7 号文件精神以及厦门市人民政府关于整顿校园治安秩序的统一部署，结合我校的治安实际情况，校党委研究决定，从现在起，用三个多月的时间，在全校范围内开展一次整顿校园以及周边治安秩序的专项工作。实施方案如下：

一、主要任务

1.严厉打击侵害学校师生安全的违法犯罪活动。继续执行学校“打暴力、反盗窃、追逃犯”的“严打”斗争方案，侦破一批案件，追捕一批逃犯，处理一批违法犯罪分子，查禁一批非法邪教组织，把“严打”斗争引向深入。

2.整顿商业服务网点。关闭校园及周边的“三厅两室”，清查图书、报刊、音像制品市场，整顿酒家饭店等餐饮业，规范其他商业服务网点，坚决查处从事“黄、赌”、有害师生身心健康的违法犯罪活动，取缔非法经营、扰乱学校正常秩序的摊点，拆除违章搭盖。

3.清查外来人口。凡在校务工、经商、投亲、就读等非本市户口的，按厦门市人民政府二号令的规定，都要到外来人口申报站申报暂住户口。与我校无关的外来人员一律清理出校，任何单位和个人不准租房留宿，派出所不给办理暂住证。

4.整顿校园交通秩序。改善主干道交通设施，实行交通分流，加强机动车辆管理，制定《厦门大学交通管理规定》，减少案件和事故的发生。

通过整顿和治理，有效地遏制各类违法犯罪活动，使校园和周边治安秩序明显改善，师生的安全感明显增强，校园面貌焕然一新。

二、工作方法

1.加强宣传，统一认识。

召开各级领导干部会议和各种类型、各个层次的会议，层层传达和学习中央、省、市有关文件精神和典型经验。利用校刊、电台广播、专栏橱窗、闭路电视等宣传媒介,广泛宣传这次整顿治安秩序的目的、意义、任务和要求,造成良好的舆论氛围,积极支持和投入整顿校园治安秩序的工作。

2.建立机构,明确职责。

这次整顿治安的时间紧、任务重、要求高、涉及面大、政策性强,必须建立组织,加强领导,明确职责,周密计划,才能全面完成整治任务。

学校成立"整顿校园治安秩序领导小组",校党委副书记王豪杰任组长,副校长朱崇实、纪委书记魏洪沼任副组长,夏耀梅、洪桂芳、林火生、陈昆宁、黄良快、杨友庭、林志成、金能明、王为民等部门主要负责同志为领导小组成员。领导小组下设办公室,夏耀梅同志兼任办公室主任,王为民同志任副主任。办公室依托在保卫处,联系电话 2186246,2182270。

各院、系、部、处、所及各直属单位都必须建立由党政主要领导组成的整治领导小组,按照职能和管辖范围,组织整治工作和完成学校交代的有关事宜。

3.自查自纠,落实整改。

各部门、各单位根据自己的整治任务和职责分工,组织专门力量,深入基层,实地调查摸底,按照整治要求,开展自查、自纠,落实整改。

4.集中力量,整治难点。

经过各单位的自查自纠,可以预计大部分的治安问题得到解决。对一些治安难点或"钉子户",学校将依靠当地政府的执法队集中整治。

5.建章立制,巩固成果。

学校要与各部门、各院系、各单位主要责任人签订"治安责任状",强化校园治安防范机制,建立完善校园治安、门卫、宿舍、娱乐场所、外来人口、餐饮业、招待所、旅社、商业服务网点的各种安全管理制度,特种行业还要与公安机关签订"治安责任状",保证不发生问题。在此基础上,各职能部门和主管单位加强检查督促,发现问题,照章处理,巩固成果,防止出现反复。

6.验收评估表彰先进。

上述各项工作完成之后,学校将组织若干验收小组,依照本方案规定的任务、要求和职责分工,深入职能部门和主管单位开展实地验收评估,总结经验,表彰先进;对验收中发现的问题,进行补缺补漏,凡验收不合格的,要限期重新整顿,务求全面完成整治任务,迎接省和市政府领导来校检查验收。

三、时间步骤

用三个月的时间,分四个阶段进行。

6 月 1 日至 6 月 20 日,为宣传发动阶段;

6 月 21 日至 7 月 15 日,为自查自纠阶段;

7 月 16 日至 8 月 30 日,为集中整治建章立制阶段;

9 月 1 日至 9 月 30 日,为验收评估阶段。

四、加强组织领导,保证全面完成校园整治任务

1.这次校园治安秩序整顿,是"严打"斗争的有机组成部分,是各级领导讲政治的实际体现,是履行保一方平安的政治责任。充分认识维护高校治安和稳定的重要性和紧迫性,增强做好学校治安综合治理工作的责任感,各级领导务必高度重视,作为当前中心工作,认真组织,周密安排,集中力量,敢于碰"硬",千方百计地完成整治任务。

2.这次校园及周边治安秩序整治工作,是在当地政府统一领导下进行的,我校各部门各单位都要自觉地接受当地政府职能机关的领导,严格依法办事,文明执法,遇到疑难问题,及时请示报告,妥善处理各

类事端，防止引发新的不安定因素。

3.各部门、各单位整治领导小组名单、整治工作方案及需要学校统筹解决的问题，请于6月20日前书面报整治办。

以上方案望全校贯彻实施，执行情况和出现问题及时上报。

附《关于整顿高等学校治安秩序的通知》(综治委[1996]6号文件)

(附件略——编者)

中共厦门大学委员会

一九九六年六月十一日

——本文摘录自《厦门大学整顿校园及其周边治安秩序实施方案》，厦大委办[1996]11号，档号1996-DQ01-1

机关事业单位工作人员正常晋升工资档次政策要点

(1996年6月21日)

一、机关、事业单位正式工作人员中,凡1993年10月1日工资制度改革后,两年考核成绩均为称职(合格)以上的人员,可从1995年10月1日起在本职务(技术等级)所对应的工资标准内晋升一个工资档次。

考核不称职(不合格),以及两年中只有一年才考核称职(合格)的人员,不得晋升工资档次。(人薪发[1995]150号)

二、新参加工作的人员,从试用期工资(见习期工资、学徒期工资、熟练期工资)执行期满正式确定工资档次之时起,在连续两年考核称职(合格)后的10月1日晋升一个工资档次。分配工作后即执行定级工资标谁的大中专毕业生和取得博士、硕士学位的毕业生参加工作后,考核年限分别从执行定级工资标准、初期工资之时起计算。(人薪发[1995]150号、省人事厅《说明》)

三、1993年10月至12月底前晋升职务,增加的职务工资虽然超过现职务一个档差,也按1993年9月30日任职人员办法晋升工资档次。

1994年1月2日至1995年12月底晋升职务的人员,如晋升职务增加的职务工资(不含事业单位津贴)少于或等于新任职务工资一个档差的,其晋升前后的考核年限可累加计算;如晋升职务增加的职务工资已超过新任职务工资一个档差的,其考核年限要从晋升职务之时起重新计算,在连续两年考核称职(合格)后的10月1日晋升一个工资档次。(省人事厅《说明》)

四、从事业单位调入机关,或从机关调入事业单位的人员,凡职务(技术等级)没有变动的,其考核年限可累加计算;凡职务(技术等级)晋升的,按上述第三条的规定办理。(人薪发[1995]150号)

1993年工改后从企业调入机关、事业单位的人员,由调入单位按新任职务比照同等条件人员确定工资,经考核称职以上的,可按同类人员晋升工资档次。(闽人薪[1996]6号)

五、1995年10月至1995年12月底从企业调入机关、事业单位以及新参加工作人员至1995年12月底转正定级已满二年,经考核称职以上的,可比照上述第二、四条规定执行。(省人事厅《说明》)

六、1993年10月1日以后按规定受到奖励晋级的人员,在两年考核均为称职以上的,可在正常晋升工资档次的基础上予以累加。(闽人薪[1996]6号)

七、现工资已达到本职务对应工资标准最高档的人员,凡符合晋升工资档次条件的,此次按最高档与次高档的档差增加工资。(闽人薪[1996]6号)

八、事业单位专业技术人员兼任行政管理职务,行政管理人员聘任专业技术职务的,以1995年12月底其所执行的工资序列,对照文件规定的条件,衡量其晋升工资档次。从1996年1月1日起,上述人员的职务没有变动的,一律不再变动其职务工资序列。(省人事厅《说明》)

九、违反《福建省计划生育条例》规定,至1995年12月底前处罚年已满7年、且连续两年考核称职的,可按规定晋升一个工资档次;未达到规定处罚年限的,从处罚年限满当年的10月1日起晋升一个工资档次。(省人事厅《说明》)

十、部分高校行政人员(含离退休人员)经批准工改参照机关同类人员增资外齐后,这次正常晋升工资档次增加的工资(含津贴)、增发离退休费(含津贴)超过机关同类人员增资的,其超过部分要在本人原工资补齐部分中抵扣。(省人事厅《说明》)

十一、1993 年 10 月 1 日至 1995 年 9 月 30 日晋升职务人员，其工改前原职务工资（包括我市 1992 年和 1993 年两次调升工资部分）等于或低于就任职务工改前行政职务为倒二档，专业技术职务为末档职务工资标准的保留工资部分。从 1995 年 10 月 1 日起停发；1995 年 10 月 1 日后晋升职务的，从晋升职务的下一个月起停发。（厦人[1996]046 号）

十二、今后机关、事业单位工作人员正常晋升工资档次，均从连续两年考核称职（合格）后的 10 月 1 日起执行。执行中的有关具体问题，参照本办法办理。（人薪发[1995]150 号）

十三、离休人员按工改套改的职务工资晋升一个档次的增资额增加离休费，低于 25 元的按 25 元增加，其中事业单位已被评聘为教授及相应专业技术职务的离休干部每月增资额低于 40 元的按 40 元，副教授及相应专业技术职务的，每月低于 30 元的按 30 元增加。（厦府[1996]综 078 号）

十四、1995 年 9 月 30 日前已办理退休手续和已达到退休年龄（不含符合有关规定经组织批准延退的人员）按每月 20 元增加退休费，其中按副厅以上套改职务工资的退休干部以及 1952 年底前参加革命工作领取 100％退休费（含退休补助费）的退休人员，晋升一个工资档次的增资额增加退休费，低于 20 元的，按 20 元增加。（厦府[1996]综 078 号）

十五、符合国发[1978]104 号、闽人福[1984]119 文规定办理退职的人员，从 1995 年 10 月 1 日起，每人每月按 15 元增加退职生活费。（闽政[1996]11 号）

——本文摘录自《关于印发〈机关、事业单位工作人员正常晋升工资档次政策要点〉的通知》，(96)厦大人字 21 号，档号 1996-XZ10-3

关于主办或承办会议若干规定的通知

(1996年7月1日)

各系、各单位:

近年来,随着我校在国内外影响的不断扩大和校园软硬件设施的不断完善,由我校各部门,各院、系、所主办或承办的各类会议逐年增加。这一方面有利于开展对国内外的交流、提高学校声誉,但另一方面也给学校造成繁重的会务压力和经济压力。为了加强对主办或承办各类会议的归口管理,理顺关系,经校办公会议研究决定,现将有关规定通知如下:

一、主办或承办各类会议,应视学校的接待条件和各单位的会务组织能力而定;主办者或承办者应提前一个月按归口报党委办公室或校长办公室(党、团、群各部门报党办,行政各部门报校办)备案,并由党办或校办视情况报主管校领导审批。

二、主办或承办各类会议,应做好经费预算,尽量节省经费开支;确因必要,须由学校解决部分会议经费的,应事先报告党办或校办,由党办或校办呈主管校领导审批;事先未报批所造成的经费超支或其他后果,均由会议主办者或承办者承担。

三、需要校领导出面接待与会者或出席的会议,应在呈送党办或校办备案的报告中注明,由党办或校办合理统一安排。

四、会议举办过程中如遇特殊、突发情况,应及时通报党办或校办,并由党办或校办协调解决。

厦门大学

一九九六年七月一日

——本文摘录自《关于主办或承办会议若干规定的通知》,厦大办[1996]24号,档号1996-XZ09-5

厦门大学固定资产及低值设备登账补充规定

（1996 年 9 月 23 日）

我校自 1990 年开展物资清理整顿工作、建立健全了物资（设备）管理的规章制度后，学校的物资、设备管理已经比较严格有序。但由于近年来各级管理人员变动以及经费、物资等来源渠道多样化等原因，须加强和改进管理工作。因此，在强调必须严格执行 1991 年颁行的《厦门大学贯彻〈关于高等院校物资工作若干问题的规定〉实施细则》和《厦门大学仪器设备管理办法（试行）》等文件的同时，并根据国家教委对固定资产管理的新规定（固定资产会计起点从 200 元调整到 500 元），我校固定资产管理作相应调整，500 元至 200 元的仪器设备与 200 元以下仪器设备合并，均为低值设备，财务账和实物账调整，但管理模式维持原来不变。

现根据我校目前管理情况，重申如下：

一、实验办作为校一级物资归口管理单位，负责全校仪器设备类固定资产的登账、报损报废、报失、调拨等实物的具体管理以及统计报表工作，财务处负责固定资产财务账。

二、总务处的财产管理，500 元以上的固定资产，统一由物资科仓库到实验办办理登记、销账等。500 元以下低值品，由总务处物资科仓库登记入账建立计算机管理数据库，而后定期报给实验办纳入全校资产数据库，总务处财务科应对在本科报销的固定资产作财务账。

三、一切以厦大基层单位、科研题组、专业职务名义接受的外来捐赠物，所有权归学校，必须自觉及时到实验办登记入账，纳入学校管理。

四、各单位自行购买的物品，不管其经费来源如何，所有权都归属学校，必须登账管理。

五、各单位必须对自行购置的仪器设备严格把关，按有关规定由领导审批（注意市场询价）、供应室或财产管理人验收登账，加强领用管理，减少浪费和杜绝财物流失。

六、固定资产及低值设备登账办法：

（一）自购部分（含捐赠）：

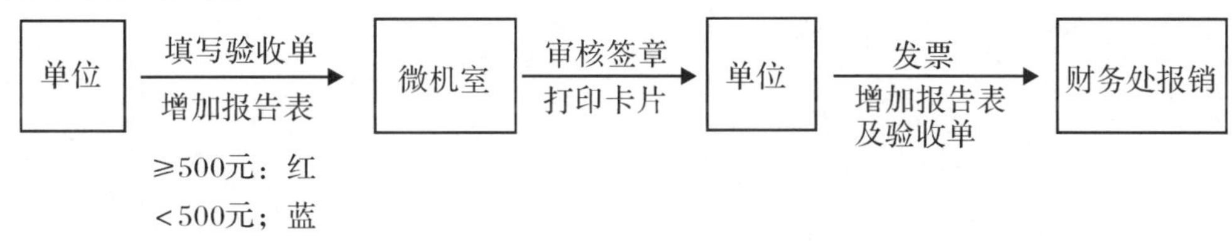

（二）分配部分：

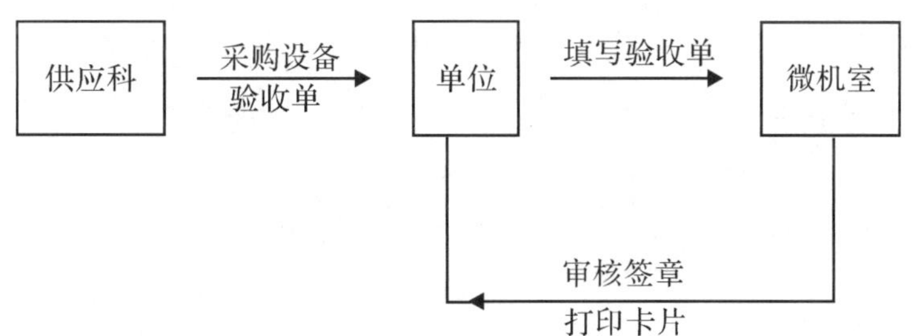

附:验收单填写注意事项:

1.固定资产是指500元以上(含500元)、耐用期一年以上的仪器设备。其余设备为低值设备。

2.由实验办购买并分配的设备应填写验收单一式四联。

3.单位自购的设备须填写固定资产(或低值设备)增加报告表一式二联及设备验收单一式三联(第四联可不填)。填写设备验收单时注意:

(1)“采购员填写”栏由采购经办人填写使用单位、单价、发票号、开票日期、供方等。

(2)“仓管员填写”栏由供应室财产管理员填写验收和附件。

(3)“用户填写”栏除设备编号由实验办统一编号外,其余各项应根据设备上的铭牌如实填写。没有铭牌的可根据说明书或外包装上的数据填写。

4.将验收单和增加报告表交实验办微机室统一编号并打印卡片后:

自购设备:凭编号、签名后的增加报告表和设备验收单(第三联报销凭证)向财务处报销。

分配设备:将设备验收单第三、四联交仓库,由采购员凭第三联向财务处办理报销手续。

厦门大学物资与实验办

一九九六年九月廿三日

——本文摘录自《关于转发〈厦门大学固定资产及低值设备登账补充规定〉的通知》,(1996)厦大办14号,档号1996-XZ09-3

关于调整校内津贴分配办法等有关问题的通知

（1996 年 9 月 25 日）

各系、各单位：

1993 年 1 月，我校实行校内管理体制改革，发布并实施了《厦门大学校内津贴试行办法》，实行国家工资和校内津贴相结合的双轨制分配形式。几年来，学校投入了大量资金，根据聘任和考核结果发放校内津贴，调动了教职工的工作积极性。工资制度改革后，我校又需要大笔资金，来弥补各种补贴的缺额，保证我校教职工工资水平同厦门市的基本平衡。根据《厦门大学校内津贴试行办法》关于"校内津贴标准与学校财力变化相适应"的原则，为了更好地减轻学校各院、系、所在发放校内津贴问题上的压力，经校办公会议研究决定，对校内津贴标准作相应调整。现就有关问题通知如下：

一、校内津贴分值由原来的每津贴分 5 元调整为 3 元。

二、校内津贴所需经费由学校承担，不再实行校、系两级负担。

三、校内津贴分配的其他办法，仍按学校原来的有关规定执行。

四、新的校内津贴标准从 1996 年 11 月起执行。

厦门大学

一九九六年九月廿五日

——本文摘录自《关于调整校内津贴分配办法等有关问题的通知》，厦大人[1996]93 号，档号 1996-XZ10-2

厦门大学校园交通管理暂行规定

(1996年12月11日)

为整治校园交通秩序,防止事故,减少污染,保障学校和师生员工安全,根据《中华人民共和国道路交通法规》,结合我校实际情况,制定本规定。

第一章　一般规定

一、校园内行驶的机动车辆(包括摩托车),必须性能良好,牌照证件齐全。

二、非机动车辆靠道路右边行驶,自行车不准载人。

三、行人走人行道。

四、人人都要遵守交通规定,爱护交通设施,服从执勤人员的管理指挥,自觉维护校园交通秩序。

第二章　进出校门规定

五、机动车辆就近进出校门,即海滨区经新区校门进出;白城区经白城校门进出;旧校区经西校门进出;大南区居民经大南校门进出。

六、禁止机动车辆横穿校园。

七、摩托车、自行车过校门应从边门下车推行。

八、校外机动车辆必须进校门,应向门卫人员出示证件,经允许,按指定的校门进出。

第三章　道路交通规定

九、群贤路、大南路、南义路、海滨路、国光路、博学路、芙蓉路为学校主干道路,应保持道路畅通。

十、囊萤楼、映雪楼至图书馆内侧是学校的教学区,上午7:00至晚上7:00,禁止机动车辆驶入,保证教学区安静和卫生。

十一、机动车辆时速不得超过15公里,禁止超车、鸣号,禁止在主干道停放。

十二、任何单位和个人不准在道路上打球,堆放杂物,占道经营,随意挖沟破路,阻碍交通。

第四章　违章处罚规定

十三、违反交通规定,按《中华人民共和国道路交通法规》、《福建省道路交通法规细则》处罚,或由学校给予行政处分;造成后果者移交公安机关依法处理。

十四、特种车辆在执行公务时不受上述规定限制。

本规定自一九九七年元月一日起实行。

本规定由校保卫处负责解释。

厦门大学

一九九六年十二月六日

——本文摘录自《关于印发〈厦门大学校园交通管理暂行规定〉的通知》,厦大综[1996]72号,档号1996-XZ09-2

厦门大学电费包干使用及收费管理暂行规定

(1996 年 12 月 13 日)

第一章　用电户的类型及用电包干办法

根据我校的实际情况,把不同的用电对象分为教学、科研、办公、后勤、教职工宿舍、学生宿舍、营业性和半营业性单位或场所等八大类。学校节能办依据各类用电户的不同性质和特点,计算确定包干用电量及收费标准。

第一条　教学用电:主要指教室用电和教学实验室用电两大类。

包干办法:(1)教室用电——按每一栋教学楼的灯数(功率)和正常使用时间计算;(2)教学实验室用电——在核算实验设备用电负荷的基础上,根据教务处所定的实验课程进行核定。

第二条　科研用电:主要指从事应用性及基础性研究的科研单位(含实验室)用电。

包干办法:科研用电部分应全额收取,但从事基础性研究的单位可向学校申请部分用电量补贴。

第三条　办公用电:主要指机关部处、教学、科研等机构及所属单位的办公和值班场所用电。

包干办法:根据办公场所大小、环境、设备、人数核算包干用电量。

第四条　后勤服务部分用电

1.食堂(含膳食科二线食品加工点、冷库、锅炉房):根据各食堂核算的用电包干数,由学校把用电包干指标统一下达给膳食科,再由膳食科包干给各食堂。

2.幼儿园、托儿所:根据幼儿人数、场所及规模核定用电包干量。

3.煤气站、信箱:根据场所、设备的安全及工作需要用电核定用电包干量。

4.抽水机站、校园路灯、线路损耗等公共部分用电:实行独立装表、按表计量、包干使用。

第五条　学生宿舍用电

学生宿舍用电收费管理工作由宿管科、成教学院负责。根据学生的实际住宿间数,按每间 20 度/月计算免费用电量及公共路灯用电核定包干用电量。

第二章　收费管理规定

第六条　教职工(含临时工)宿舍用电

实行一户一表制,参照厦门市电业局有关规定,实行分档收费,即每户月用电量在 100 度以下(含 100 度),每度 0.317 元;101～150 度(含 150 度)每度 0.467 元;151～200 度(含 200 度)每度 0.667 元;201 度以上每度 0.867 元。今后这部分用电收费办法及价格标准随厦门市电业局调整而调整。

第七条　营业性单位或场所用电:从事对内对外经营活动的单位或场所用电。

收费办法:根据不同类型分别按商业、工业(含加工业)用电的电价标准收费。

第八条　半营业性单位或场所用电:有从事对内对外经营活动,同时又承担一部分教学、科研及师生服务工作的单位或场所用电。

收费办法:采取先收后补的办法。即先按营业性电价全额收取,再将学校所用的那部分用电费用返还该单位或场所。

第九条　教学、办公、后勤服务、学生宿舍等单位根据核定下达的用电包干指标,实行"定额包干、超用交费、节余奖励”的管理办法，每月定期抄表结算。

第十条　在学校进行基建施工需要使用学校电力的单位，须先向动力科申请，并向节能办缴交3000元押金，由动力科安排接电。未申请或虽申请未同意，或未向节能办缴交押金而擅自接电者，以窃电论处。

第十一条　任何单位和个人在接到收费通知单七天内，必须交清款项。逾期未交清者按厦门市电业局有关规定每天加收3‰的滞纳金；逾期30天未交清，由节能办按规定程序停止供电。待交清电费、滞纳金后，方予恢复供电。因此实施停电所造成的一切责任和损失由用户自己负责。

第十二条　用户发现表计损坏或无法正常计量时，应及时报告节能办。表计损坏期间造成计量不准确时，参照上两个月的平均数换算收费。

第三章　奖惩规定

第十三条　公共用户用电实行用电量包干指标管理责任制，通过加强管理未超过包干指标的，给予奖励或按节余部分10%～20%给予奖励；不能达到管理目标的，罚扣有关单位或管理人员业绩奖。

第十四条　用电户有以下行为之一的按窃电行为论处：

1.在供电设施上擅自接线用电；

2.绕越用电计量装置用电；

3.伪造或私自开启加封的用电计量装置封印用电；

4.故意损坏计量装置导致计量不准或失效；

5.采用其他方法偷电。

发现窃电行为的，由用电管理部门责令停止违法行为、追缴电费并处以应收电费5倍以下的罚款。单位窃电，除按以上规定处罚外，还应当追究单位负责人的领导责任；构成犯罪的，依法追究刑事责任。

第四章　附　　则

本规定公布之前的文件条款与本规定相抵触的，一律按本规定执行。

本规定由校节能领导小组负责解释。

本规定自1997年1月1日起执行。

——本文摘录自《关于印发〈厦门大学电费包干使用及收费管理暂行规定〉的通知》，厦大办[1996]55号，档号1996-XZ09-1

厦门大学仪器厂结束承包经营后干部、工人安置工作实施方案

（1996 年 12 月 23 日）

一、安置工作的基本原则

1.除个别确因工作需要留守工厂人员外，其余干部、工人一律按校行政办公会议确定的“先下岗后安置，从 1997 年 1 月 1 日起先发下岗安置生活费，然后再逐步做出安排”的原则执行。

2.对暂时下岗干部、工人，学校保留其住房。

3.学校鼓励下岗干部、工人到社会自谋职业，学校将尽力提供必要的帮助。

4.学校和集团公司在仪器厂干部、工人人事关系不变的前提下，努力动员一些岗位，采取竞争上岗、择优录用的办法，以合同方式，多渠道逐步安置仪器厂干部、工人重新上岗。

二、下岗安置生活费的发放

1.下岗干部、工人的安置生活费发放标准：

(1)下岗干部、工人每月按其原基本工资额的 140%核定基本生活费；

(2)下岗干部、工人原每月享受的房租补贴、住房公积会补贴按在岗标准计发；

(3)除按国家规定由企业交纳的社会统筹保险金仍由企业交纳外，原由个人交纳的社会保险部分，也由仪器厂和学校一并承担；

(4)下岗干部、工人个人每月实际发放的基本生活费金额，按其基本工资额的 140%计算，加上房租补贴、住房公积金补贴、医疗费补贴(此项仅限大集体编制人员)的总和扣除住房公积金后的余额发放；若实际发放金额低于 400 元者，按 400 元发放。

2.下岗安置生活费发放的对象

安置生活费发放的对象仅限于仪器厂现仍在岗，结束承包后按下岗待业办法处理的人员。

3.下岗人员今后若遇下列情况之一者，则其安置生活费应予停发：

(1)由学校或集团安排岗位安置上岗，其下岗工资基本保留原有水平者，停发其下岗安置生活费；若安排临时工岗位且只发临时工工资者，下岗安置生活费照发；

(2)由学校或集团同意借调到原合作企业或其他单位工作，其工资及社会统等保险原则上应由借用单位负责，借用期间停发其下岗安置生活费；

(3)调离学校者；

(4)个人在社会另谋有职业但暂时无法办理调动手续者(如已受聘于某企业、已领取营业执照自行经商等)，停发其该段期间的下岗安置生活费；

(5)下岗干部、工人在外单位已谋到职业(无论是长期或一定期限)而隐瞒不报，骗取下岗安置生活费者，一经发现，停发其生活费，并追缴其骗取所得，情节严重的，按学校有关规定予以除名处理。

三、对安置工作中若干具体问题的处理办法

1.工龄计算问题。下岗干部、工人在下岗待业期间的连续工龄照计。

2.调资问题。遇国家调整工资时,下岗干部、工人的底薪标准将参照国家有关调薪的政策规定办理。

3.医疗费用问题。全民所有制人员按原享受的公费医疗办法和规定办理;集体所有制人员按包干使用的办法,即每人每月享受10元医疗补贴费。个别确因危重病而导致家庭生活发生严重困难者,按有关程序报批,由企业和学校视实际情况给予适当补助。

4.外商承包期间办理停薪留职人员继续按停薪留职办法处理。所有停薪留职人员免交留职所需缴纳的各种费用。

5.干部男年满57周岁、女年满52周岁,工人男年满55周岁,女年满47周岁,经个人申请,允许办理提前退休手续。

6.男年满55周岁的干部和50周岁的工人,女年满50周岁的干部或年满45周岁的工人,超过病休规定期限或经医院证明确因有病难以坚持正常工作者,经学校批准,允许办理病退手续。

四、安置工作的组织和具体的实施步骤

1.安置工作的领导和工作机构

仪器厂干部、工人的安置工作由校办企业改革领导小组负责;校办企业改革领导小组下设仪器厂工作小组,具体负责日常事务性工作。工作小组由下列人员组成:

组长:黄良快

副组长:陈昆宁

成员:黄田　林萍芳　曾春岳　李伟德

2.安置工作的具体实施步骤

对学校和集团所提供的安置岗位和必须具备的条件,张榜公布。

干部、工人根据公布的岗位和所需的条件申报上岗志愿。

由仪器厂工作小组、人事处及用人单位联合组成考评小组,根据干部、工人的申报情况,择优录用。

未被录用的干部、工人,如仍有安置岗位且其本人愿意服从组织调配者,由联合考评组安排其上岗;不愿上岗者,视同学校已安置,今后不再或暂缓考虑其安置上岗问题。

本《实施方案》由校办企业改革领导小组负责解释。

本《实施方案》从1997年1月1日起实行。

——本文摘录自《关于印发〈厦门大学仪器厂结束承包经营后干部、工人安置工作实施方案〉的通知》,厦大办[1996]57号,档号1996-XZ09-5

厦门大学教师职务评聘工作十年总结

（1996 年 12 月 30 日）

自 1986 年党中央、国务院决定实行专业技术职务聘任制以来，我校作为第二批改革试点单位，实行教师职务聘任制已有十年。十年来，职务聘任制度改革和经常化评聘过程中，取得丰硕成果，为了继续深化职称改革，完善教师职务聘任制度，现将我校十年来职改工作总结如下：

一、十年来的评审成果和发展状况

（一）职改工作取得可喜成绩

我校是目前唯一地处经济特区的全国重点综合性大学，历史悠久，学科齐全，身兼教学和科研双重任务，在职改前仅有教授 59 人、副教授 102 人，远远不能适应学校事业的发展和学科建设的需要。自 1985 年试点以来，在教师及各类专业技术职务评聘工作中，认真贯彻"坚持原则、保证质量、全面考核、择优评聘"的十六字方针，不断改革与探索。十年来，共召开了 10 届教师职务评审委员会，共评审教授 335 人、副教授 1148 人、讲师 1146 人，平均每年评审教师高级职务达 150 人；召开了 9 届各类专业技术职务评审委员会，共评审高级职务 161 人、中级职务 517 人。

目前我校现有的 1495 名在编教师中，在聘的教学科研系列正高级职务 218 人、副高级职务 626 人、中级 481 人。现有的 1188 人在编各类专业技术人员中，在聘的高级职务 109 人、中级职务 448 人。

十年来，我校一直重视学科的发展和师资队伍建设。根据行之有效的设岗方案，按需设岗、以岗择人，组织正常化评审。同时注重选拔优秀中青年教师和学科带头人后备人选。从考核聘任和聘后管理方面来看，逐步建立健全考核聘任制度，实行量化管理，加强对优秀中青年骨干教师和后备学科带头人的培养，努力建设一支素质过硬、结构优化、精干高效、富有活力的师资队伍。

（二）回顾历史发展状况

我校职称改革工作大体上经历了三个阶段：

第一阶段：恢复教师职称评定工作。1983 年全国职称评定工作冻结后，我校于 1985 年作为国家教委第二批改革试点单位，又开始了教师职务的评审工作，对职称改革进行了初步的探索。

第二阶段：1986—1989 年。根据中央职改领导小组的决定，在全国实行专业技术职务聘任制，我们结合本校的教学科研任务初步制定了系级单位教师职务的设岗方案，在限额内进行评聘工作。

第三阶段：从 1990 年至今。教师职务评聘工作转入经常化，在首次聘任的基础上开展经常化评审，逐步完善设岗方案，制定《厦门大学实行〈高等学校教师职务试行条例〉的实施意见》和《厦门大学关于教师职务评审程序的若干规定》，逐年完善评审制度，完善考核制度和加强聘后管理工作，使整个聘任制度逐步走向规范化、制度化。

二、坚持做好岗位设置和明确岗位职责

(一)岗位的设置

专业技术聘任制主要内容是:“科学设岗、按岗聘任、人事相宜、事职相符”。科学合理的设岗并使之形成合理的职务结构,是实行教师职务聘任制的前提和基础,是师资队伍规划和建设的重要环节,对学科的发展和队伍的建设具有十分重要的意义。早在1987年,学校根据教师职务聘任制的精神,按系级单位承担的教学和科研任务,制定了各系级单位教师职务的岗位设置方案。几年来,根据国家教委增补下达的教师职务岗位数和学校的实际情况,对各单位的岗位分布也作过适当的调整,为了更科学更合理地设置教师职务岗位,使之更有利于学科发展,有利于教师队伍的建设,我校已在原有基础上采用学科规划与任务结合的方法进行设岗,将对教师职务岗位按二级学科设置。

(二)明确岗位职责

教师职务岗位的设置是以教学科研任务为主要依据的,因此除了科学设置岗位,还必须明确岗位职责,否则就谈不上按岗聘任。

根据《高等学校教师职务试行条例》,我校在制定《实施意见》中,专门对岗位职责做出相应明确的规定,使承担某一职务的教师明确自己的职责。每年考核时,把受聘各级职务的教师能否胜任相应职务的岗位职责,能否完成工作任务的情况作为年度工作考核的重要依据,其结果直接影响是否继续受聘。同时,对申请晋升高一级职务的教师除符合高一级职务任职条件外还须具备履行高一级职务岗位职责的能力。

三、逐步完善评审制度

(一)严格掌握评审条件

实行教师职务聘任制以来,评审工作做得如何显得很重要,评审中的矛盾也越来越突出。评审工作是一项政策性、导向性、技术性很强的工作。我校在评审工作中一直重视严格掌握任职条件,这是保证评审质量的主要环节。

1.基本条件严格把关。政治思想表现是评聘教师职务的主要条件之一。我校在评审过程中十分重视政治思想表现和业务并重,在年度考核和任职考核中把政治思想表现作为对申请者考核的首要方面严格把关,严格要求申请者年度考核均需达到优良。在评审过程中,系级考核推荐组有党务领导参加,注意发挥基层党组织作用,协调解决各种矛盾。此外,对于学历、任职年限、外语水平、进修情况等基本条件,均在个人提出申请后就进行资格审查,符合条件方可参加评审。

2.任职条件逐步量化。自1990年以来,评审工作经常化后,在评审工作中,由于岗位紧张,竞争激烈,为了坚持评审标准,保证评审质量,我校根据中央职改领导小组职改字国科发[1986]第11号文《高等学校教师职务试行条例》、职改字[1986]第25号文《自然科学研究人员职务试行条例》和职改字[1986]第73号文《中国社会科学研究人员职务试行条例》等有关文件精神并结合我校情况制定了《厦门大学实行〈高等学校教师职务试行条例〉的实施意见》和《厦门大学评聘专职科研人员职务实施意见》,对任职条件的量化指标的规定进行了积极探索。对教师晋升高一级职务的教学情况和科研成果做出一些具体规定,使评审条件更加量化、更加“硬化”。对此,广大教师普遍反映较好,认为这样做容易掌握和比较,能真正把业务能力较强、工作业绩较突出、学术水平较高的教师优先评聘。

今年我校根据国家教委职改办[1996]3号文的精神和我校今后的奋斗目标的要求再次提高了任职

条件。我校是综合性大学，各学科门类较齐全，这给我们制定任职条件带来很大困难。为了兼顾各学科门类的特点，在制定任职条件时尽量多订几项条件供从事各学科工作的教师选择。如在教授、副教授任职条件中，既有适合于理科、工科的，又有适合于文科、艺术学科的；既有适合于基础学科研究的，又有适合于应用学科研究的，既有适合于专业教师的，又有适合于长期从事基础课教学教师的；既有适合于任职年限满五年且具备规定学历的教师；也有适合于不具备规定学历或资历破格晋升和优秀中青年骨干教师的选拔；等等。

(二)严格执行评审程序

根据职改字国科发[1986]第 11 号文《高等学校教师职务评审组织章程》的规定及福建省职改工作有关文件的精神，结合我校实际情况，于 1989 年起草了《厦门大学教师职务评审程序若干规定》，并于 1990 年开始实施。几年来，根据国家人事部人职发[1991]8 号文《关于重新组建专业技术职务评审委员会有关事项的通知》的精神及我校实践经验，对《评审程序》进行了修改完善。

《评审程序》包括了申报人、申报资格审查、系级单位考核推荐、代表作送审、任职资格复查、学科组评审、委员会评审和校职改领导小组审批。整个评审程序都体现了公开、公平、公正的原则，体现了“两公开、一监督”的精神。广大教师对此反映较好。

几年来，我校各级评审组织严格执行《评审程序》，使整个评审工作有条不紊地进行。实践表明，有了这个《评审程序》后，评审工作更加程序化、制度化、规范化。

四、加强师资队伍建设，促进学科发展

十年来，为了调动广大教师的积极性，加强师资队伍建设，注重优化师资队伍，促进学科发展，我校开展优秀中青年的选拔工作，使优秀拔尖人才脱颖而出。

实行教师职务聘任制后，为了及时把优秀中青年选拔出来，1987 年 2 月，我校首批破格选拔了 5 名教授、7 名副教授。之后，每年均有一批优秀中青年骨干教师被破格提拔。九年来，我校共选拔出教授 53 人和副教授 165 人，其中 40 岁以下教授 28 人、35 岁以下副教授 95 人。这些优秀骨干教师在教学科研第一线发挥着重要作用。同时也加强了师资队伍的建设，改善了队伍的结构，为培养学术带头人和跨世纪人才打下良好的基础。

中青年教师普遍都有扎实的专业基础知识和较新的知识结构，学术思想活跃，易出成果。特别是 50 岁左右的中年教师，通过多年的工作实践和知识积累，具备解决重大攻关项目和重大课题的实际能力。由于各单位岗位紧张，有些确有真才实学的中年教师因没有机会晋升，既影响学科建设，也影响个人的积极性。为了解决这问题，我校拨出一定的教授岗位数作为全校“统评教授”，凡当年没有教授岗位的单位，符合晋升条件者可以申报参评。几年来共评出“统评教授”11 人。既缓解了有的单位教授岗位紧张的矛盾，也使一些学术水平较高的中年教师得到及时晋升，促进学科的发展。

十年来，由于职称改革工作的顺利开展，促进了我校师资队伍的建设，也促进了学科的发展。1985 年我校仅有博士点 10 个，硕士点 33 个，博士生导师 16 人，院士 4 人，教授 59 人。现在我校博士点已发展到 22 个，硕士点 71 人，博士生导师 83 人，院士 5 人，教授 218 人。这些都为我校于 1995 年顺利通过国家教委“211 工程”部门预审，也为实现我校 21 世纪奋斗目标奠定了良好的基础。

五、落实知识分子政策，认真解决老教师的晋职问题

由于“文革”的影响，职称评审工作停顿多年，影响了一部分老教师的晋职，为了落实知识分子政策，解决历史遗留问题，使一些老教师在退休时得到一点安慰，从 1986 年至 1988 年我校共评审了“评后退休”的教授 23 人，副教授 27 人。

为了解决师资队伍出现的断层现象,国家采取了一定措施,对青年教师给予倾斜政策,这对师资队伍建设是十分有利的,但也给老教师的晋职问题带来了新的矛盾。这些教师长期以来一直兢兢业业,为祖国的教育事业奋斗了一辈子,在他们临近退休,却因教授岗位紧张而无法得到晋升。为了解决老教师晋升职务问题,我校从1991年开始推行"短期周转"教授的评审,学校拨出6个教授岗位并从每年部分单位尚未使用的教授岗位中借出若干岗位,供年满59岁的老教师申报,评上后只聘任一年即办理退休。从1991年至1995年共评审了"短期周转"教授30人,今年还将有8名教师申请"短期周转"教授。对这部分老教师,学校还根据工作需要和个人身体健康状况给予返聘,继续发挥他们的作用。

六、坚持"十六字"方针,保证评审质量

1986年国家教委批准我校具有教授、副教授及部分系列专业技术高级职务评审权后,绝大部分学科的教授、副教授和大部分系列高级职务及所有中、初级职务均由我校组织评审。十年来,我校认真根据中央职称改革有关文件规定及福建省有关文件,始终贯彻"坚持原则、保证质量、全面考核、择优评聘"的十六字方针,正确使用国家教委给我校的评审权。从已评上的335名教授、1148名副教授、1146名讲师中来看,基本上都符合晋升各级职务条件,均能履行相应职务的职责,在教学、科研第一线发挥了重要作用。他们当中有67人被确定担任博士生导师;有2人被国家教委确定为"跨世纪人才计划"专家,有5名中青年教师为"国家杰出青年基金"获得者;有6人被确定为国家级中青年专家。其中一部分教师兼任了校、院、系各级领导职务,为学校的管理工作贡献了力量。

七、党委重视,健全机构

职称改革以来,我校党委非常重视学校的职称工作,校长亲自抓。由于职改工作政策性较强,为更好地抓好这项工作,1989年校党委决定成立由部分常委、校行政主要领导和专家代表组成的"厦门大学职称改革领导小组",统一领导我校的职改工作,负责制定我校的具体实施意见,同时对职称改革过程中出现的一些具体问题及时研究处理,审批确认评审委员会评审通过的各级职务任职资格。这有力地保证了我校职称改革工作顺利地开展。

八、实行教师职务聘任制度,加强评审后续管理

实行教师职务聘任制是管理制度与人事制度进行改革的重要组成部分。十年来随着改革的深入,在实践中不断地摸索和总结经验,聘任制以及与之相配套的考核制度逐渐完善,对职务评审的后续管理起到了一定积极的作用。

我校实行教师职务聘任制大致可分为两个阶段:"七五"期间,即改革的初始阶段。这个阶段的工作重点主要放在定编、定岗和职务评审上,而聘任工作较为薄弱,虽然也要求每位受聘者填写任务书并发给聘任证书,但工作未细化,只是在教师现任职务及上级下达编制数的基础上进行的聘任。而考核工作亦流于形式,以职务定工资,结果职务能上,终身享有;干多干少一个样,干好干坏一个样。"八五"期间,随着校内管理体制改革的全面铺开,才开始实行真正的聘任制。

(一)建章设制,规范管理

为了使聘任工作有章可循,我校对各类专业技术人员分别制定有关的聘任实施办法,如《厦门大学教师职务聘任工作实施办法》、《厦门大学专职科研编制定额分配与聘任试行办法》、《厦门大学实验(工程)人员定编、定岗、定责和考核、聘任办法》等,还辅之一些配套措施,如考核及校内津贴试行办法等。

(二)定额聘任,量化考核

以往教师工作量只有在参加职称评定时才对参评者进行临时的计算与考核。实行聘任制后,必须是全聘及考核优或良者,才有资格参加职务评审。聘任、考核与职务评审紧密地结合在一起,互相制约。聘任分为全聘、半聘和缓聘三种:总工作量≥100%的为全聘;70%≤总工作量<100%为半聘;总工作量<70%的为缓聘。为了便于计算及操作,作为教师聘任考核依据的工作量,不再按以往职称评定时依据的工作量计算办法,即1981年教育部下发的《高等学校教师工作量》,而是根据定编的工作量计算标准按不同的职务定额聘任。如专任教师分别为教授、副教授、讲师、助教的,每年分别定额295、271、246、221标准课时方为满工作量。科研按不同职务确定其每年实际到校的科研经费定额聘任。因科研经费来源及额度有别,故文理科科研经费定额标准亦有所不同,如文科研究员、副研究员、助理研究员分别不少于1500元/(人・年)、1000元/(人・年)、500元/(人・年)方可受聘;理科的研究员、副研究员、助理研究员分别不少于1.5万元/(人・年)、1万元/(人・年)、0.7万元/(人・年)方可受聘;研习员须至少参加一个课题组工作。兼任党政职务的教学科研人员工作量分别给予相应的减免。为防止出现凑工作量的现象,教学科研人员的本职工作量不得少于70%。为了鼓励青年提高业务水平,优化师资队伍学历结构,但又不影响正常的教学秩序,对教师在职攻读学位的,规定其教学工作量满100%的可全聘,否则就只能半聘。

加强考核是巩固聘任制与职务评审的一项重要措施。为了客观地检测教师的工作业绩,我校制定可量化评估的标准分值,配合一年一度的聘任,进行一年一度的考核。考核结果分为优、良、中、差四等。考核结果与聘任挂钩,与相应职务的业绩津贴挂钩,且与职务评定挂钩。考核不合格者,在下一学年试聘半年,半年后再酌情聘任。

(三)取得的成效

实行考核聘任制后,实现了职务和责任的统一,贯彻按劳分配的原则。经过几年的实践,我校的聘任、考核工作已基本制度化、规范化,且不断的完善,促进了与之相关的业绩津贴发放、职务评定以及各种类型的选拔与评奖活动等工作的顺利进行,极大地调动了教师的工作热情与积极性。在师资队伍规模略有缩小而教学及科研任务不断加重的情况下,教师的工作效率却大为提高。具体表现在:师生比从1990年1∶7.4到现在的1∶8.8;开课教师数所占的比例从1990年的60%提高到现在的93%;争取到的科研经费数额比1990年增加了近3倍;高质量的教学成果和科研成果捷报频传,为学校能在新世纪争创一流打下了坚实的基础。

实行聘任制对于激发教师工作积极性,调整优化师资队伍结构,提高师资队伍整体效益起到了良好作用。但如何在控制岗位总量的情况下,形成优者高聘,劣者低聘的竞争机制,却有待进一步的探讨。

九、存在问题

十年来,尽管职改工作取得了很大成绩,但也还存在不少问题,主要有以下几点:

1.教授、副教授岗位紧张的问题,始终困扰着学校。职改初期,历史遗留问题严重,广大教师特别是中老年教师都希望通过晋升高级职务解决待遇问题,岗位紧张显得十分突出。经过几年的努力,问题逐步得到解决。近年来,新补充的中青年教师中高学历者越来越多,且许多30～40岁的教师评上教授,他们到退休时间还有几十年,评聘高级职务特别是正高级职务岗位的紧张问题不能不引起我们的重视。

2.在评审过程中,忽视教学,特别是教学质量,而看重科研论文成果的现象还较突出。我校虽在教学工作量方面尽量给予量化,但教学效果好坏还没有较有力的措施体现在评审中。

3.由于各学科门类复杂,学科发展不平衡,任职条件量化标准较难把握。标准高了,一刀切,对个别较差的学科卡死了;不一刀切,似乎又没有标准了。

4.校评审委员会是由各学科的专家组成,作为每一个委员只是某一学科的专家,在评审过程中主要依据所提供的材料,在当前这种社会风气下"人情票"、"感情票"还很难遏制。目前采取无记名投票表决的办法,有的教师戏称为"无责任"投票表决。因此,有时也出现了个别不正常的表决结果。

5.目前,专业技术职务特别是教师职务,因各高校任职条件的要求千差万别,但工资标准是相同的,如国家重点大学的教授的任职条件高于普通院校,而教授工资标准是一样的。教师对此反应较强烈,同时也不利于教师的流动。

6.聘后管理还是个薄弱环节。1990 年开始,我校每年进行一次考核,特别是 1992 年以后,对年度考核逐步实行量化考核,但还有个别教师评上教授就觉得到顶了,有的不愿承担教学工作,只搞科研,有的甚至应付了事。此外,现在评上教授、副教授的年青教师越来越多,如何加强聘后管理极为重要,我校也正在探索这方面的工作。

厦门大学

一九九六年十二月二十五日

——本文摘录自《关于报送〈厦门大学教师职务评聘工作十年总结〉的函》,厦大师职[1996]64 号,档号 1996-XZ14-1

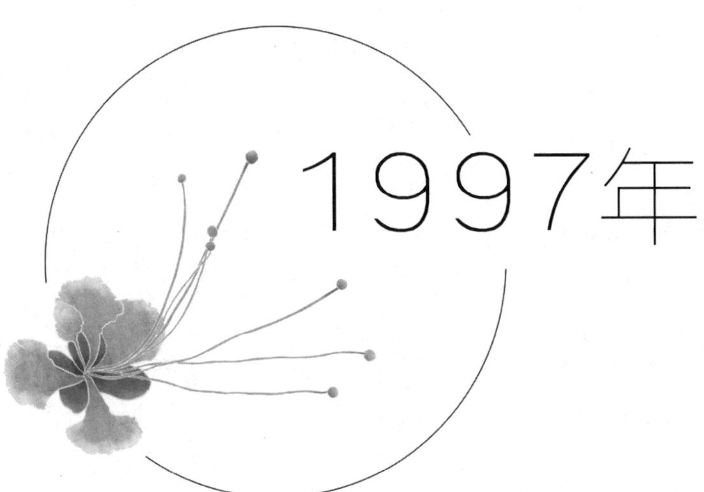

1997年

·特 载·

团结奋进 再创辉煌

——一九九七年新年献词

(1997年1月15日)

校长 林祖赓

正当全校师生员工自强不息,团结奋进,朝着我校面向21世纪宏伟目标迈进的过程中,我们又迎来了1997年。值此辞旧迎新之际,我代表校党委、校行政向全校师生员工致以亲切的问候,祝大家新年愉快、身体健康、学习进步、工作顺利!

一元复始,万象更新。回顾过去的一年,我们满怀喜悦,充满自豪。1996年,在邓小平同志建设有中国特色社会主义理论指引下,在国家教委和省、市政府的领导、关心和支持下,在全校师生员工共同努力下,我校继续深化教育改革,各项事业蓬勃发展,学校水平全面提高,为今后的改革和发展奠定了良好基础。

1996年是我校开始全面实施"211工程"建设发展规划的一年,我校一手抓以学科建设为龙头的教学科研工作,一手抓精神文明建设,取得了可喜的成绩。经过努力,我们已经完成了《厦门大学"211工程"建设项目可行性研究报告》,8个重点建设学科也已经国家"211工程"办公室批准,我校"211工程"建设迈出了坚实的一步;我们积极探索办学体制改革的路子,与厦门市政府联办厦大医学院,与晋江市政府联办厦大晋江学院,学科建设获得了可喜进展;成立了工商管理学院、海洋与环境学院、南洋研究院。经国务院学位办批准,我校新增了两个博士点;随着医学院的成立,我校已成为国内综合性大学中学科门类最齐全的高校之一。去年,我校教学科研事业继续保持良好的发展势头。争取到2个国家教委开放研究实验室,3个"863"项目,共有19项科研成果荣膺部、省级科技进步奖;开始组织实施"面向21世纪,教学内容和课程体系改革"计划并有6大项21个子项目获得国家教委立项,还顺利通过了成人教育评估。此外,校园及周边治安秩序整治工作和"安居工程"也正在稳步推进,已取得阶段性成果;完成了"嘉庚楼群"的捐款和方案设计;我们还分别制定了《厦门大学师资队伍建设"九五"计划》、《厦门大学"跨世纪人才工程"实施方案》、《德育工作五年规划》、《党建五年规划》、《社会主义精神文明建设五年规划》,并开始组织实施。

过去一年中取得的成绩,是全校师生员工共同奋斗的结果,它再次展现了厦大人始终不渝的爱国爱校、自强不息、止于至善的精神风貌,再次表现出厦大人不畏艰难、团结拼搏的良好作风。这是一股强大的凝聚力,我们深信,有了它,我们一定可以战胜和克服在改革和发展过程中遇到的任何艰难困苦,我们的奋斗目标一定能够实现。

新年伊始,全校师生员工任重而道远,新时代不断赋予我们新的使命。1997年,我们要在巩固现有成绩的基础上,发扬艰苦奋斗、团结拼搏的精神,继续深化改革,加快发展,促进教学、科研、管理各方面再上一个新台阶。今年,国家“211 工程”办公室将组织对我校“211 工程”立项的评审,要抓紧各项准备工作,保证立项评审的顺利进行;要认真做好“教学工作优秀评价”的各项准备工作;要抓好基础设施建设特别是“嘉庚楼群”建设、东区集资建房的交付使用以及公共服务体系建设;继续认真实施“211 工程”规划,在内涵发展上下功夫,重点抓好科学建设、师资队伍建设,努力提高教学质量、科研水平,使我校综合实力跃上一个新台阶,更好地为国家和持区经济建设和社会发展服务。

师生员工同志们,光阴紧迫,时不我待,我们要用百倍的努力,更加勤奋工作、刻苦学习,用我们的智慧和汗水,再创辉煌,以更为优异的成绩,迎接党的十五大和我校第七次党代会的召开!

——本文摘录自《厦门大学》(校刊),1997 年 1 月 15 日第 352 期

深化改革　发挥优势　团结务实　开拓进取
为把我校建设成为一流的社会主义大学而奋斗

——在中国共产党厦门大学第七次代表大会上的报告

(1997年6月7日)

校党委书记　陈传鸿

各位代表、同志们：

中国共产党厦门大学第七次代表大会今天开幕了。我受校第六届党委会的委托，向大会作工作报告，请代表们审议。

这次党代会是在全党和全国人民全面贯彻落实《国民经济和社会发展“九五”计划和2010年远景目标规划》，迎接香港回归和党的十五大胜利召开的重要历史时期召开的，对于加强我校党的建设和思想政治工作，团结、带领全体党员和师生员工落实“211工程”建设规划，把一个蓬勃发展、充满活力的厦门大学带入21世纪具有重要的意义。

这次大会的主要任务是：以马克思列宁主义、毛泽东思想，特别是邓小平建设有中国特色社会主义理论和党的十四届四中、五中、六中全会精神为指导，认真贯彻江泽民同志关于教育工作“两个重要转变”的指示精神，全面总结第六次党代会以来贯彻党的基本路线和教育方针，推进学校改革和发展的实践经验，确定今后几年学校党的建设和改革发展的主要任务，选举产生中共厦门大学第七届委员会和中共厦门大学新一届纪律检查委员会，动员全校共产党员和师生员工进一步解放思想，深化改革，发挥优势，团结务实，开拓进取，坚持社会主义办学方向，不断提高教育质量、办学水平和办学效益，为把我校建设成为国内一流、国际上有较大影响的社会主义综合性大学而奋斗。

我们相信，经过全体代表的共同努力，这次大会一定能够开成民主团结务实奋进的大会、促进厦门大学改革与发展的大会。

一、蓬勃发展的五年

我校第六届党委会自1992年1月选举产生以来，在国家教委、福建省委的领导和厦门市委的大力支持下，带领广大共产党员和师生员工，加强党的建设和思想政治工作，维护安定团结，推进学校改革，促进各项事业蓬勃发展，开创了学校工作的新局面。1992年，我校推行了以人事和分配制度改革为重点的校内管理体制改革；1993年，我校荣获中组部、中宣部、国家教委党组授予的“党建和思想政治工作先进高等学校”称号；1994年，我校在办学管理体制改革上取得重大突破，“共建模式”形成。校园文明建设通过国家教委评估，荣获“文明校园”称号；1995年，我校“211工程”建设顺利通过国家教委预审，成功举办了两次大型国际会议；1996年，我校完成《厦门大学“211工程”建设项目可行性研究报告》的编制工作，先后荣获“全省高校德育工作先进单位”、“全省理论学习先进单位”称号；今年四月底，我校完成《“211工程”建设项目可行性研究报告》专家论证工作，并将作为重点建设项目列入国家“九五”计划。

(一)坚持党要管党，认真抓好党的建设

——加强党的思想理论建设。校党委坚持以科学的理论武装人，始终将马克思列宁主义、毛泽东思想和邓小平建设有中国特色社会主义理论的教育摆在学校各项工作的突出地位。一是完善中心组学习制度、党员干部理论培训制度和政治学习制度等；二是狠抓阵地建设，努力办好党校。几年来，党校已举

办各类培训班 41 期,共培训各类学员 5650 人次。在"两课"教学阵地上,采取有效措施,努力把邓小平理论"进课堂、进教材、进头脑"落到实处;三是加强理论队伍建设。党委组织了一支由 30 多位专家、政工干部"组成的党的报告员队伍,到各单位做专题报告,开展理论和形势教育;四是加强理论研究。通过建设全省五个邓小平理论研究基地之一的"厦门大学建设有中国特色社会主义理论研究中心",几年来共承担研究课题 70 多项,30 多篇文章入选国家教委和省级研讨会。

——加强党的组织建设。一是在党员发展工作上,立足"抓早、抓细、抓严",贯彻"坚持标准,保证质量,改善结构,慎重发展"的方针,注重在大学生和青年教师中发展新党员。五年来,共发展 1671 名新党员;二是在加强党员教育管理方面,要求各支部坚持"三会一课"制度。同时开展民主评议党员活动,开展学习邓小平建设有中国特色社会主义理论和党章的"双学"活动,使广大党员普遍受到深刻教育;三是在基层党组织建设方面,先后制订了《党总支工作条例》、《党支部工作条例》,开展争创先进党组织活动,推动了基层党组织的建设;四是在各级领导班子建设方面,着重抓好校、院、系领导班子的自身建设和干部队伍建设。严格按照"四化"方针和德才兼备原则选拔任用干部,注意培养选拔优秀年轻干部,一支思想素质较高、结构较合理、能适应学校改革与发展的后备干部队伍正在成长。

——坚持不懈抓好党风和廉政建设。一是认真组织党员干部学习上级关于廉政建设的有关规定,并以处级以上领导干部为重点,进行党风廉政教育,提高了反腐倡廉的自觉性;二是把廉政建设作为领导干部双重民主生活会的主要内容之一,加强领导班子内部的自我监督;三是加强廉政制度建设,制定《厦门大学领导干部廉洁自律的七项规定》、《厦门大学关于贯彻领导干部廉洁自律有关规定的实施办法(试行)》等一系列制度,为有效监督提供保证;四是加强对违法违纪案件的查处。通过这些措施,使我校的廉政建设收到了较好的效果。

经过近几年的努力,我校党组织的凝聚力和战斗力都有了明显的增强,涌现出一大批先进党组织和优秀共产党员,他们在学校各个方面发挥着战斗堡垒作用和先锋模范作用,成为争创一流社会主义大学的骨干力量。五年来,共有 54 个党总支和党支部被评为全国和省、市、校的"先进党组织",共有 215 人被评为省、市、校的"优秀共产党员"和"优秀党务工作者"。

(二)加强师生的思想政治教育,维护学校政治稳定,推进精神文明建设

——逐步完善了党委统一领导、党政工团齐抓共管、分工负责的思想政治工作体系。通过多年的探索,逐步理顺了教职工、本专科生、研究生的思想政治工作体制,强化了行政系统"三育人"功能,充实和加强了政工干部队伍,注意充分发挥校工会、团委、关心下一代工作委员会以及民主党派在思想政治工作中的积极作用,充分调动留学生同学联谊会、研究生会、学生会等各种群众组织和社团的自我教育、自我管理、自我服务的积极性。思想政治工作得到明显加强。

——努力维护学校稳定。党委始终把确保学校稳定作为首要的政治任务,主要领导负责抓稳定工作,层层落实责任制,做到了工作到位,责任到人,措施落实。在做好日常思想政治工作的同时,注意倾听群众意见,化解矛盾,增进理解,妥善处理各种事端,增强了维护稳定的群众基础。维护学校安定团结的政治局面,已成为广大师生的共识。

——切实改进和加强学生的教育与管理。在学生的思想教育中,坚持以爱国主义教育为主线,通过"两课"、团校、形势政策教育和党章学习小组,使学生掌握马克思主义的立场、观点和方法,努力提高教育的针对性和有效性,重视解决学生深层次的理论问题和认识问题,促进正确世界观、人生观和价值观的形成;大力倡导"自强不息,止于至善"的校训和"爱国爱校,艰苦奋斗,勤奋好学,勇攀高峰"的优良传统;广泛开展"学雷锋、树新风""学习孔繁森""青年志愿者""社区援助"等活动;组织大学生参加社会实践,引导他们在实践中了解国情,增长才干。学生社会实践多次被中宣部、国家教委、团中央和团省委等授予先进单位和优秀组织奖;通过组织学生开展丰富多彩的校园文化活动,兼顾了教育、娱乐等多重功能,弘扬了主旋律;发挥奖惩在学生管理中的作用,做到奖惩结合,加强管理,促进学生德智体全面发展。

——加强学校精神文明建设,优化育人环境。学校先后成立校园文明建设领导小组和德育工作领导

小组,由党政主要领导担任正、副组长。由于领导重视、真抓实干以及广大师生员工积极参与、全力支持,近年来学校开展的校风建设、校园文明建设和校园及周边治安秩序整治等各项工作,都取得显著成效。同时,通过经常性的管理督导,使广大师生自觉接受文明道德的教育,既优化了学校的育人环境,也提高了广大师生的文明道德素质,为进一步推进学校的精神文明建设打下了良好的基础。

——积极开展党建和思想政治工作的调研和探索。举办厦门大学党建与思想政治工作研讨会,出版了论文集《思考·探索·创新》和《当代社会主义问题与党的建设》。针对我校地处经济特区的特点,坚持开展师生的思想状况调查。1993年开始受国家教委委托,开展了《特区高校思想政治工作战略研究》的专题调研,完成了《厦门特区高校学生思想政治教育考察》、《立足特区环境、改革教育机制、拓展德育领域、实现培养目标》等调研报告,经国家教委思政司转发有关教育部门和部分高校研究参考,得到好评。1996年,《改革开放与高校德育——来自南方沿海高校的调研报告》一书由全国思想政治教育研究会编辑并在我校出版,我校承担的课题成果均收录其中。通过调研,为探索特区高校思想政治工作的新途径、新办法提供了思路依据和对策性意见。

(三)加强党的领导,全面推进学校的改革和发展

——坚持方向,推进改革。校党委坚持社会主义办学方向,根据《中国教育改革和发展纲要》的精神,在国家教委、省委省政府、市委市政府的重视与支持下,紧紧抓住机遇,率先在办学管理体制改革方面,实现了从单一的办学体制到“共建模式”的突破,取得实质性的进展。这种进展主要表现在多种形式共存(即联办、共建、企业参与、各界人士资助)和多种层面发展(即国家教委同省共建、同市共建、省校联办、市校联办、校企联办,不仅是校一级,而且已深入到院、系、所一级)。共建后,厦门市共投入共建费4335万元,各类补贴5200多万元;福建省自1983年、1985年先后与我校联办政法、艺术学院以来,累计投入共建费5900多万元。此外,海外华侨、港澳台同胞、校友和企业通过多种形式支持我校办学。五年来各种捐款累计达8150万元。

在校内管理体制改革方面,学校从1992年开始制定和实施了“三定一聘”的改革方案和与之相配套的改革制度,实行国家工资和校内津贴双轨运行、与年度考核聘任相结合的分配机制。同时先后出台了《人事管理工作的若干补充规定》等30多个文件,对深化校内管理体制改革,加强学校管理起了积极的作用。

在教学改革方面,我们积极进行按系按专业大类招生试点,理顺了公共课程的教学管理体制,不断完善教学手段的现代化,制定一系列教学管理制度,加强了教学过程的管理,建立了教学督导组,促进了教学质量的稳步提高;启动了“面向21世纪教学内容和课程体系改革计划”,五年来,共有70门主干课程被评为校级优秀课程,其中19门被评为福建省的优秀课程,获省级优秀教学成果一等奖10项、二等奖8项,有9部教材获国家级和省部级奖励;在全国英语四级、六级考试中,通过率连续多年居全国各大学前列,在福建省计算机等级考试中均获优异成绩;研究生教育规模逐年扩大,层次不断提高,校研究生院去年三月获国家教委批准正式挂牌;成人教育评估也获得优秀成绩。

在科研管理体制改革方面,逐步建立和完善一系列科学化、规范化的科研管理规章制度和奖励措施,实行科研定编和业绩考核,调动了科研人员的积极性,使全校科研项目、经费、成果等呈持续上升趋势。自然科学方面,五年来承担科研课题687项,发表科技论文3132篇,被SCI收录论文数从1991年的全国第44位上升到1995年的第15位,共获得省部级以上奖励48项。人文社会科学研究方面,承担国家、部委、省级课题279项,出版著作600多部,发表论文7700多篇,获省级以上人文社科成果奖131项。

——重在建设,促进发展。校党委把握大局,着眼改革,加快建设步伐,坚持以“211工程”建设为动力,以学科建设为龙头,以队伍建设为关键,努力提高办学水平。五年中新增4个博士点,新建立3个博士后流动站,新增15个硕士点,新建立3个国家基础学科教学和科研人才培养基地,1个国家重点专业实验室,2个国家教委开放研究实验室及1个国家教委文献信息中心。

在学科建设方面,根据“保护基础,加强应用,发展新兴交叉学科”的原则和适应改革开放及特区经济

建设的需要,调整、改造、更新和组建了一批学科、专业,使学科布局趋向合理。医学院的成立,使我校成为委属高校中学科较为齐全的高校之一。

在师资队伍建设方面,教师队伍整体素质正在不断提高,五年中有1位教授增补为中科院院士,新增48位博士生导师,新一代学术带头人正在茁壮成长。制定了《厦门大学优秀中青年教师选拔培养暂行条例》,从1991年起先后三批共选拔了261位中青年骨干教师进行重点培养,其中具有博士学位的127名,45岁以下的教授47名,有5人获国家杰出青年科学基金,2人被列入国家百千万人才工程,3人被列入国家教委跨世纪人才行列,3人获国家基金委优秀中青年人才专项基金,3人被列为国家教委重点跟踪对象,111人获国家教委重点项目、博士点基金及优秀年轻教师基金。

在对外教育与学术交流方面,由于共建,国家教委将我校出国、出境人员的审批、聘用境外学者等行政管理权下放给厦门市,为我校开展对外教育及国际学术交流与合作提供了便利。1995年第19届国际统计物理会议和第46届国际电化学年会的成功举办,标志着我校已具备了承办大型国际学术会议的能力。在对台交流上我校具有得天独厚的区位优势和人文优势,先后与台湾地区24所高校、63个研究所和34家媒体建立学术联系,成为祖国大陆对台教育、科技、文化交流最活跃的高校。

在办学条件方面,我校教学科研设备和公共服务体系得到较大的改善,仪器设备总值从“七五”末的5000万元,增加到现在的11900多万元,初步形成了多层次、多学科的实验室体系;校园高速信息网络建设规模、水平居全国高校前列;图书馆建成了计算机自动化管理和先进的电子文献检索系统。

在后勤工作方面,我们推行了“适当集中财权、完善统一领导、分级管理的校内财务管理体制”,理顺了收支渠道,创办了校内结算中心;实行了电话网络社会化的改造,改善了供水供电能力和食堂环境,学校绿化工作荣获“全国绿化400佳”称号;抓好“安居工程”建设,稳步出售公有住房,开展海滨东区集资建房;五年完成各类基建投资6964万元,竣工面积81738平方米,其中教工住宅46246平方米,教学科研用房和学生生活用房35492平方米,较大地改善了师生员工的工作、学习和生活条件。

在校办产业方面,组建了建南集团公司,逐步理顺校办产业管理体制,面向市场,参与竞争,促进了各项业务的发展,对学校教育事业做出了一定的贡献。

——实施“211工程”建设,制定跨世纪发展规划。《中国教育改革和发展纲要》颁布之后,校党委抓住机遇,围绕制定学校面向21世纪的发展规划、办学体制改革的思路与措施等重大问题,开展了综合评估和专题调研,集思广益,认真分析了我校的办学基础、条件、水平和“侨、台、特、海”的办学特色,制订了《厦门大学面向21世纪改革与发展纲要》,提出“到21世纪初,把厦门大学办成国内一流、在国际上有较大影响的社会主义综合性大学”的总体战略目标和分阶段目标以及改革与发展的基本思路。1995年我校通过了国家教委“211工程”预审,今年四月底完成了《“211工程”建设项目可行性研究报告》专家论证工作。

经过几年的改革与建设,厦门大学的整体水平、综合实力和办学效益有了明显提高,办学条件有了明显改善,为学校跨世纪的发展奠定了坚实的基础。“211工程”立项审核专家组认为,“厦门大学已是一所学科门类较为齐全,办学特色鲜明,基础研究力量和师资队伍较强,在国际上有影响的高水平的国家重点大学”,而且“呈现出蓬勃发展的良好势头”。这些成绩的取得是来之不易的,是在国家教委、福建省委的正确领导下以及在厦门市委、市政府的大力支持下,全校共产党员和师生员工共同努力奋斗的结果。

但是,也必须看到,我们的工作中还存在着不少问题和不足。主要有:一是学校的改革还不能适应经济、社会和科技发展新形势的要求,思路不够开阔,改革力度不大,影响了学校优势和潜力的发挥;二是深入基层调查研究不够,决策科学化、民主化的水平还有待提高;三是管理工作薄弱,有些改革计划缺乏落实和督查,有些问题长期以来没有得到有效的解决,内部管理体制改革还有待深化;四是在社会主义市场经济条件下,在党的自身建设和思想政治工作方面,校风、学风建设方面,还有待进一步加强和提高。这些问题今后要认真加以解决。

通过回顾与总结,我们体会到:一是面对跨世纪激烈的国际竞争及其对高等学校提出的挑战和要求,党委必须始终把握大局,紧紧抓住机遇,并从厦门大学的实际出发,提出新思路、采取新举措、开创新局面；二是要坚持两手抓、两手都要硬，既要抓业务又要抓思想，既要改善办学条件又要优化育人环境，既要增强学校的物质实力又要展现学校的精神魅力，既要提高教学质量和科研水平又要不断推进学校社会主义精神文明建设；三是学校改革与发展的关键在于培养一支高素质的干部队伍和师资队伍，没有一流的干部队伍，出不了一流的管理水平，没有一流的师资队伍和学术带头人，谈不上创一流的教学、科研水平；四是要办实事，抓落实，大力改善师生员工的工作、学习和生活条件，充分调动他们工作的主动性、积极性和创造性。在决策的过程中，注意倾听群众意见，一切从群众利益出发，不断增强学校的凝聚力、向心力和吸引力。

二、学校面临的形势和今后的任务

正确地分析和认识我们所面临的形势是确定学校今后任务的基本出发点。从国际上看，当今世界两极格局已经终结，世界正朝着多极化方向发展，国际竞争更加激烈。当今国际竞争的实质是以经济和科技实力为基础的综合国力竞争，而综合国力的竞争，说到底是人才的竞争。谁要在激烈的国际竞争中立于不败之地，谁就必须能够培养出高质量的人才。从国内看，世纪之交是我国提前实现国民生产总值翻两番和我国第二步发展目标，从而开始向第三步发展目标进军的重要时期，因此，江泽民总书记指出，“我们的经济工作正在实现经济体制和经济增长方式的两个根本性转变。在这种新的形势下，我们的教育工作必须进一步解决好两个重要的问题，一是教育要全面适应现代化建设对各类人才培养的需要；二是要全面提高办学的质量和效益。这一重要指示，为我们指明了今后改革与发展的方向。

本世纪末到 21 世纪初的几年，是厦门大学改革与发展的关键时期。根据《厦门大学面向 21 世纪改革与发展纲要》，我校面向 21 世纪奋斗目标是：到 21 世纪初，把厦门大学建设成为国内一流、国际上有较大影响的社会主义综合性大学。根据分步走的战略，我校到 2001 年的建设目标是，学校综合改革和重点建设已见成效，办学条件有较大改善，并在学科建设、教学质量、科学研究、管理水平和办学效益等方面有显著提高，整体水平位居国内前列，部分学科接近或达到国际先进水平，为实现总体奋斗目标奠定坚实的基础，为国家特别是福建省、厦门经济特区的经济建设和社会发展做出重要贡献。

我校改革与发展的基本思路是：在邓小平建设有中国特色社会主义理论指导下，全面贯彻党的基本路线和教育方针，积极探索同社会主义市场经济体制和科技发展相适应的新的办学模式和路子，“立足特区、面向全国、发挥优势、主动服务”，充分发挥我校侨、台、特、海的办学特色和区位优势，为国家特别是地方经济社会发展做出贡献；进一步深化办学体制改革，巩固共建成果，增强办学实力；稳定办学规模，努力提高办学层次；以学科建设和教学改革为核心，以教师队伍建设为关键，以拓宽集资渠道为后盾，以加强党建思想政治工作和社会主义精神文明建设为保证，全面提高师生的思想政治和业务素质，全面提高教学质量和科学研究水平，全面提高管理水平和办学效益。

根据我校面临的形势和改革与发展的基本思路，今后几年校党委要进一步加强自身建设，把握学校改革与发展大局，重点完成以下七项任务：

（一）深化教学改革，努力提高人才培养质量

高等教育的各项改革最终要落实在培养人才上。我们必须在立足国内培养高层次人才和面向社会需求办学方面做出新的尝试，使培养的人才适应 21 世纪经济和社会发展的需要。要重视培养和造就一批有坚定社会主义信念的优秀人才，包括优秀的青年马克思主义者、优秀的建设人才。

——稳定规模，提高层次。按照“稳定规模、提高质量、提高层次、提高水平”的原则，在基本稳定招生总规模的前提下，压缩专科，扩大研究生招生规模。到 2001 年，在校学生总规模 10200 名，其中博士生 420 名，硕士生 1680 名，本科生 8100 名。此外，外国留学生 450 名。把我校办成高层次人才培养的重要基地。

——进一步深化教学改革，提高教育质量；要进一步转变教育思想，根据社会需要，继续调整专业设

置和专业方向;要加强外语、计算机、高等数学、大学语文等公共基础课教学,提高学生的基本文化素质和适应社会的能力;要加强教学内容和课程体系的改革,优化课程结构,加强实践环节,抓好教材建设;继续完善主干课程设置,提高一类优秀课程比例;在招生制度上,要拓宽专业面,全面实行按系按专业大类招生;研究生教育要优化结构,推进改革,提高质量,加大博士生的培养力度;要确保1998年底顺利通过国家教委组织的"本科教学工作优秀学校评价"。

(二)加强学科建设,优化学科结构,提高科研水平

学科建设是学校发展的基础。通过几年的建设,按照"国内一流、国际上有较大影响"的目标要求,建设好一批代表国家水平、具有厦大特色的学科。

——学科建设要面向21世纪经济和社会发展的需要,围绕"突出重点,保持特色,加强交叉渗透,发展应用学科"原则,发挥我校基础学科的优势,以重点学科为龙头,大力促进学科间的交叉渗透,使基础学科提高水平,高新技术学科迅速发展,应用学科更具活力,实现学科体系调整和结构优化,形成文科与理工科、基础与应用学科、传统与新兴学科协调发展的局面。到2001年,要在巩固和发展现有7个国家级重点学科的基础上再建成4～5个新的重点学科或相当于国家级重点学科水平的学科。

——主动面向经济建设主战场,提高学校整体科研水平。在保持基础研究雄厚实力的同时,大力加强高新技术研究,要从个体的科研行为转向联合攻关和群体作战,组织争取国家重大重点项目、攻关项目、"863"项目和"973"项目。树立主动服务意识,大力开展横向科研,为福建省和厦门经济特区的经济建设和社会发展服务。到2001年,学校年度科研经费总额要有大幅度提高,自然科学领域要争取6～8项国内一流、在国际上有重要影响的研究成果,年度重大科研成果不少于20项,被SCI收录的科研论文数位居国内同类高校前列。人文社会科学方面,要发挥我校的区位优势和学科优势,把国家、特区经济建设和社会发展中急需解决的重大理论与实际问题作为主攻方向,进行重点研究,争取出一批国内有影响的高水平研究成果。

(三)进一步重视和加强队伍建设

加强队伍建设,特别是加强教师队伍和党政干部队伍建设是办好厦大、创建一流社会主义大学的关键所在。

——要在继续重视和加强师资队伍建设的同时,树立全局观念,增强使命感和责任感,充分发挥中老年教师的重要作用,全面关心青年教师的成长,通过实施"跨世纪人才工程",造就跨世纪的学术带头人。要继续完善选拔、破格晋升、重点培养学术带头人和中青年骨干教师制度;要积极引进优秀人才,优化师资队伍的知识、学缘、学历、年龄结构;从出国进修访问、职称评审、解决生活困难等多方面给予政策上的支持,努力创造一个人才辈出的环境,使他们真正承担起跨世纪学术带头人的重担,承担起培养高层次专门人才和国家重大、重点科研项目的任务。

——要高度重视党政干部队伍建设。按照干部队伍建设的"四化"方针和德才兼备原则,积极选拔,大胆起用优秀的中青年干部。要健全后备干部培养选拔制度,有意识地把后备干部放到基层锻炼,有计划地轮换岗位,并组织跟踪考察,为年轻干部脱颖而出创造良好的环境条件;要进一步完善干部选拔任用制度,逐步健全推荐、考核、公平竞争、择优任用等系列配套制度,健全领导干部任期目标责任制、特定职位限任制、干部交流制、工作业绩考核制及离任审计监督制度等,实现选拔任用干部的工作制度化和规范化。

(四)积极推进管理体制改革,不断提高管理水平和办学效益

创办一流大学必须有一流的管理水平。要努力改变学校管理薄弱的状况,不断深化管理体制改革,以改革促发展,向管理要效益。

——巩固和发展共建成果。要按照"立足特区、面向全国、发挥优势、主动服务"的办学思路,努力做

好为福建省和厦门经济特区的服务工作，密切与省市的联系，巩固和发展共建成果。同时要深化与拓宽多渠道集资的内涵，即借鉴学校与省市共建的形式，积极推进各院系、各单位与企业、行业部门的共建、联合，通过有效的共建方式促进各单位的自身发展，为全校加快发展注入新的活力。

——逐步完善校、院、系管理体制。前几年，学校为加强学科和学术梯队建设，加强教学、科研和管理，组建了11个学院。对其运行情况要加以认真总结，逐步实现"校级主要抓宏观管理和目标管理，学院要成为拥有相应权力的管理实体，系集中精力抓教学科研"的目标；要理顺关系，明确职能，逐步下放部分行政管理权限，扩大学院自主权，充分发挥学院在学科建设、提高管理效能和多渠道集资办学等方面的主动性和积极性。

——进一步深化人事和分配制度改革。要在继续做好编制管理的基础上，完善岗位设置，优化队伍结构，健全考核聘任制度，进一步强化竞争机制、激励机制、人才合理流动机制和自我约束机制，体现按劳分配原则，努力改善教职工待遇，调动教职工的积极性，提高工作效率。机构改革要本着精干、高效的原则，进行必要的精简和调整，理顺关系。机关要进一步建立和完善各种规章制度和办事程序，使管理工作有章可循，使机关运转高效灵活有序，使服务质量、服务水平显著提高。

——后勤改革要逐步朝社会化方向迈进。建设一流的学校必须要有一流的后勤保障体系。要始终坚持为学校教学和科研服务、为师生员工提供"优质、高效、及时、可靠"服务的宗旨，加大后勤改革的力度；基建工程、水电安装、修缮工程等许多工作应实行公开竞标，按市场经济规律运行，并加强财务审核制度；要积极推行有计划的财务运行体制即预算制度，开源节流，勤俭办学；不断完善基础设施建设，切实改善师生员工的学习、工作和生活条件；后勤改革要选准目标，先易后难，看准一项，改革一项，逐步逐项地实行社会化，加快社会化服务体系建设，使学校能集中精力搞好教学、科研工作。

——校办产业要加强产、学、研合作，促进高新技术产业实体的形成和发展。要进一步深化管理体制改革，加强企业管理，增强企业的市场竞争能力，提高经济效益和社会效益，为学校的建设与发展做出更大的贡献。

(五)扩大开放，积极发展对外学术交流与合作

要把厦门大学建成一流大学，必须扩大开放，积极发展对外交流与合作。根据我校的办学特色，加强与东南亚各国及台港澳地区高校的学术联系，使我校成为我国与东南亚各国及台港澳地区教育、科技、文化交流的窗口。

——扩大校际交流与合作。选择若干世界发达国家中的一批知名大学发展稳定的、有实际效果的合作交流关系；继续扩大国际合作办学，大力培养与国际接轨的各类专门人才。

——提高留学生教育的数量和层次。到2001年，长期留学生250人，短期留学生200人，高层次留学生占留学生总数的三分之一。

——加强师资引进和派出。更广泛地聘请外国知名学者、专家来校任教、讲学或开展合作研究，进一步加强选派教师出国进修、访问、进行合作研究和参加国际学术会议。通过引进和派出，及时掌握当今世界学术发展的前沿动态。

——继续办好海外教育学院。把海外教育学院办成以东南亚为重点、面向全球的教育基地。要增设海外学生急需的函授、面授本科专业，完善教学与生活设施，扩大办学渠道，提高办学质量和效益。

(六)认真贯彻六中全会精神，积极推进学校精神文明建设

党的十四届六中全会做出的《关于加强社会主义精神文明建设若干重要问题的决议》，是指导精神文明建设的纲领性文件。各级党组织要把贯彻六中全会精神作为今后一个时期工作的重点，把思想认识统一到《决议》精神上来，增强学校精神文明建设的紧迫感和责任感。精神文明建设必须坚持以育人为本，着眼于教育、培养和提高师生的全面素质；必须围绕党的中心任务和学校的中心工作来进行，与《面向21世纪改革与发展规划》、《党的建设五年规划》、《德育工作五年规划》相配套、相衔接；把精神文明建设作为

系统工程来抓,把长远目标与阶段性任务结合起来;必须坚持重在建设的方针,加强制度建设和环境建设,加大投入,狠抓落实,讲求实效,持之以恒;必须坚持立足校园,辐射社会,努力为厦门经济特区精神文明建设做出贡献。

根据党委制定的《厦门大学社会主义精神文明建设五年(1996—2000年)规划》,今后几年,我校社会主义精神文明建设的基本构想和主要任务是:

——构筑五个体系。即构筑党委统一领导,各方面齐抓共管的领导体系;突出抓好干部和学生这两个重点,着眼于提高全体师生员工的思想道德素质的教育体系;以"三育人"为主导的文明建设制度体系;以高品位、有特色、开创性为特点的校园文化建设体系;以提高校园文明程度为目标的群众性广泛参与的创建体系。

——抓住四个重点。即抓党建,带动全校精神文明建设;抓师德,推动良好教风、学风形成;抓基层,巩固文明基础阵地;抓典型,促进面上学习推广。

——创造三个环境。即创造安定团结、和谐协调的工作环境;自强不息、止于至善的育人环境;整洁、高雅、安全、有序的生活环境。

——提高两个素质。即提高全校师生员工的思想道德素质和科学文化素质。

——形成一个局面。即全校师生员工明确树立"解放思想、爱岗敬业、奋发向上、争创一流"的强烈意识,在学风、教风、校风、精神风貌、校园文明等诸方面形成健康向上、生动活泼和蓬勃发展的新局面。

(七)继续抓好工会、共青团等群众组织和统战工作

建设一流大学,必须全心全意依靠广大师生员工。因此,要进一步加强党对群团组织、离退休工作和统战工作的领导,努力发挥群团组织、离退休同志、民主党派和党外知识分子在团结和教育群众、参与民主管理、实行民主监督中的积极作用,共同推进学校建设和改革事业的发展。

——完善教职工代表大会制度;继续加强党对工会、共青团、学生会和研究生会等群众组织的统一领导,支持他们根据有关章程,按照各自特点独立自主地开展工作。

要定期召开教职工代表大会,议大事,办实事,发挥主人翁精神,充分发挥民主管理和民主监督作用;帮助工会加强自身建设,支持工会开展教职工思想教育工作,把"三育人"和"树、创、献"(树师表形象、创文明校风、为实现跨世纪宏伟目标做贡献)活动不断引向深入;支持工会维护教职工的正当权益,反映教职工的意见和要求,帮助教职工解决生活中的实际困难。

要充分发挥共青团作为党的助手和后备军的作用,协助党委抓好青年的思想政治工作,支持学生会和研究生会在自我教育、自我服务和自我管理中发挥积极作用,大力推进"青年成才工程"和"青年文明修身工程"活动。学校要为他们开展工作创造条件,提供必要的活动场所、设备和经费。

——努力做好离退休工作。离退休同志是学校的宝贵财富,他们积累了丰富的经验,有着优良的传统。要认真落实离退休教职工的各项待遇,从政治上、生活上关心他们,根据他们的精力和特长,继续发挥他们在学校工作中的积极作用。

——高校统战工作是新时期党的统战工作的重要领域,是学校党委工作的一项重要内容。必须坚持与民主党派和无党派人士定期座谈通报情况和听取意见的制度,充分发挥他们在民主办学、民主管理和民主监督中的积极作用;支持民主党派加强自身建设;认真做好党外后备干部的培养和考察工作;积极向各级人大、政协和政府举荐干部;根据我校海外校友多、留学人员多的特点,要进一步拓展与海外校友的联络,为学校的改革发展,为祖国的统一大业贡献力量。

三、加强党的建设,提供强有力的思想政治和组织保证

建设一流的社会主义大学,任务是艰巨的。我们必须进一步加强党的建设和思想政治工作,为完成以上任务提供强有力的思想政治和组织保证。

根据党的十四届四中全会精神和中共中央制定的《中国共产党普通高等学校基层组织工作条例》，我校今后几年党建工作总的指导思想是：以马克思列宁主义、毛泽东思想，特别是邓小平建设有中国特色社会主义理论为指导，全面贯彻党的基本路线和教育方针，紧紧围绕学校改革、发展和稳定工作，围绕培养“四有”人才的根本任务，认真贯彻落实我校党建五年规划，切实加强党的建设，把我校各级党组织建设成为思想上政治上组织上更加巩固，能够经受各种风浪考验的坚强核心和战斗堡垒。为此，应着重做好以下四个方面的工作。

(一)坚持用科学理论武装全校党员，不断加强党的思想理论建设

用马克思列宁主义、毛泽东思想，特别是邓小平建设有中国特色社会主义理论武装全党，是新时期我校党的思想理论建设的根本任务。学习建设有中国特色社会主义理论，一要按照“学马列要精，要管用”的原则，注重把握这一理论的精神实质及其科学体系，在全校形成一个学习理论、运用理论解决实际问题的浓厚氛围；二要坚持和健全政治理论学习制度，完善党的报告员制度，确保学习时间，改进学习方法，增强学习效果；三要巩固和发展学习阵地，继续抓好党校建设，改善工作条件，使党校成为我校党员、干部学习理论的中心基地。继续加强“两课”建设，加快“两课”改革的步伐，把马列主义理论课和思想品德课作为学生学习理论的主阵地。充分发挥我校有线电视台、广播电台、校刊等媒体的作用，宣传理论，推动学习；四要加强理论研究，发挥建设有中国特色社会主义理论研究中心和哲学、社会科学研究队伍的作用，立足学校、立足特区、面向全国开展研究工作，多出研究成果；五要各级领导干部要带头学好理论，继续采取坚持党委中心组学习制度、举办党员干部理论学习班等措施来保证各级领导干部的理论学习，并用所学理论指导调研和决策，增强工作中的科学性、预见性和创造性。要联系我国改革开放和现代化建设的实际，联系学校改革、发展的实际，联系自己的工作和思想实际，在掌握理论的科学体系、基本原理及其精神实质上下功夫，率先垂范，推动全校的理论学习；六要把学习邓小平理论与开展“双学”活动、“三讲”教育结合起来，增强政治意识，加强对高校意识形态领域工作的领导。进一步提高广大党员，特别是党员领导干部的政治理论水平和思想政治素质，以达到增强党性、提高素质、改进作风、勤政廉政的目的。

当前，各级党组织要组织干部、党员认真学习江泽民同志5月29日在中央党校省部级干部进修班毕业典礼上的讲话。特别是各级领导干部要带头学习，深刻领会。要把《讲话》的学习纳入建设有中国特色社会主义理论的学习计划。通过学习，进一步增强贯彻党的基本理论、基本路线和基本方针的自觉性和坚定性，更好地服从和服务于全党全国工作大局。

(二)努力加强领导班子建设

要完成各项任务，实现学校的发展目标，必须坚持党委领导下的校长负责制，切实加强党委对学校工作的集中统一领导。要加强各级领导班子建设，特别是校领导班子的建设。

——坚持和健全民主集中制。要加强民主集中制的学习教育，进一步明确各级党政职责分工，并把集体领导与个人分工负责紧密结合起来。要建立学校重大问题的民主决策机制，分别建立健全党委会及其常委会、纪委会及其常委会的工作制度，特别是工作报告制度，坚持领导干部定期过双重民主生活会等制度，用制度保证民主集中制的贯彻落实。努力营造一个又有集中又有民主，又有纪律又有自由，又有统一意志又有个人心情舒畅，生动活泼的政治局面。

——努力维护领导班子团结。党委常委和各级领导班子成员一定要发扬团结协作精神，共同为学校的改革发展努力工作，要识大体，顾大局，讲团结。正确开展批评和自我批评是维护领导班子团结，增强领导班子战斗力的有力武器。班子内部要从团结的愿望出发，正确使用这一武器，要倡导大事讲原则，小事讲风格，事事促团结，努力维护班子的团结。

——进一步加强领导班子综合素质和思想作风建设。在现代科学技术迅速发展，社会主义市场经济不断发展的今天，我校各级领导干部不仅要学习政治理论，努力提高政治素质，而且要学习市场经济知识，学习先进的教育管理知识和现代科学文化，努力钻研业务，不断提高综合素质和领导水平。

各级领导要牢牢树立全心全意为师生员工、为基层服务的意识,不断改进工作作风,精简会议,抓大事,办实事,深入基层调查研究,密切联系群众,及时听取他们对学校工作的意见和建议,想方设法帮助群众和基层解决实际问题。

——进一步加强党风廉政建设。贯彻"预防为主,教育为主"的方针,继续抓好党风廉政教育,强化党政监督,开展执法监察。在坚持和完善党内监督各项制度的同时,要努力拓宽党外监督渠道,充分发挥职能监督、群众监督和舆论监督的作用,形成多方位切实有效的监督体系。继续抓好副处级以上领导干部廉洁自律。要在领导干部中大力倡导讲学习、讲政治、讲正气。要结合我校实际,认真学习贯彻《中国共产党党员领导干部廉洁从政若干准则(试行)》和《中国共产党纪律处分条例(试行)》,严格要求,严格执行,严格检查,并逐步建立和完善党员领导干部廉洁自律的监督制约机制,做到标本兼治。

(三)进一步加强基层组织建设,充分发挥支部的战斗堡垒作用和党员的先锋模范作用

基层党组织是党的全部工作和战斗力的基础。我们要充分认识在社会主义市场经济条件下加强基层党组织建设的重要性,努力把基层党组织建设成为带领广大师生员工在学校改革发展中勇于开拓进取的坚强集体。

——继续加强基层党组织的组织建设。要对我校现有的45个总支(直属支部)、138个支部的现状进行调查分析,加强对基层组织的工作进行分类指导,要特别重视加强教师党支部的建设。选好支部书记是支部建设的主要环节,要真正把素质好、党性强、威信高的同志选为支部书记,并通过有计划地组织培训,不断提高他们的政治和业务素质。要继续开展创建和表彰先进党组织活动,不断改进基层党组织的活动内容和工作方式,增强党组织解决自身矛盾的能力,以不断增强凝聚力和战斗力;更好地发挥战斗堡垒、政治核心和保证监督作用。

——以提高素质、增强党性为目标,加强和改进党员教育和管理工作。坚持和改进"三会一课"制度,定期对党员进行民主评议。开展"争创一流业绩"活动,大力表彰优秀党员的先进事迹,在全校进一步树立崇尚先进的良好风气。严肃教育和妥善处理不合格党员,坚决清除腐败分子,以纯洁党的队伍。教育党员树立共产主义理想和坚定走有中国特色社会主义道路的信念,提高坚持党的基本理论和基本路线的自觉性,模范执行党的各项政策。教育党员坚持全心全意为人民服务的宗旨,廉洁奉公,遵纪守法,自觉抵制拜金主义、个人主义和腐朽生活方式的侵蚀。教育党员按照党章规定认真履行义务,正确行使权利。要站在学校改革发展的前列,在两个文明建设活动中,发挥先锋模范作用,带动群众创一流业绩。

——继续做好组织发展工作,吸收更多的优秀分子入党。按照"坚持标准、保证质量、改善结构、慎重发展"的方针,加强建党工作,不断增加党的新鲜血液。要坚持和发展党章学习小组,坚持和改进入党积极分子进党校培训制度,坚持和健全共青团组织从优秀团员中推荐入党对象的制度。到2001年,本科生中党员数要占8%～10%,做到低年级班有党员,高年级班有党小组,系有学生党支部,研究生中党员数要占30%左右。要注重在中青年教职工中,特别是中青年教学、科研骨干中培养和发展党员,以保证在我校教学、科研和各项管理工作中,始终有一支能起先锋模范作用的党员队伍。

(四)加强和改进思想政治工作,充分调动广大党员和师生员工的积极性

思想政治工作是学校党组织的一项基本任务。越是改革开放,越要加强思想政治工作。新时期思想政治工作一定要紧紧围绕党的中心任务和学校的中心工作来进行,紧紧围绕培养合格的社会主义建设者和接班人来进行。

——根据特区的特殊环境和改革开放的新形势,大力加强和改进思想政治工作。

根据我校地处厦门经济特区的特殊环境和改革开放的新形势,注重研究思想政治工作的新特点,拓展思想政治工作的内涵,增加新内容,开创新形式,采用新方法,在化解矛盾、理顺情绪、凝聚人心、调动热情上下功夫,努力提高思想政治工作水平,为学校实现跨世纪的奋斗目标创造一个稳定、团结、奋进的良好氛围。要巩固校园文明建设成果,继续开展群众性精神文明创建活动,使广大师生在自愿、自觉参与各

种活动中，接受自我教育；继续加强校园文化建设，使之形成高品位、有特色、开创性，既弘扬主旋律又丰富多采的校园文化氛围，为学生成才创造良好条件；进一步发挥校关心下一代工作委员会的作用，充分发挥离退休老干部、老教师的政治、学术优势和人格力量，协助做好师生员工的思想道德教育；通过军训、国防教育、法制教育、社会实践、举办讲座、开展咨询服务等活动提高学生的综合素质；要进一步完善师生思想道德行为规范，采取行政、经济、教育等多种手段，把管理和教育有机地结合起来，形成良好的校风。

按照"政治强、业务精、作风正"的要求，下大力气建设一支专兼结合、功能互补、信念坚定、业务精湛的思想政治工作队伍。通过健全思想政治工作制度，推行目标责任制和激励机制，奖优汰劣，增强政工干部的责任心；通过建立干部培训制度，选留优秀研究生，开展研讨交流活动等，提高队伍的政治理论素质和业务能力；通过制定配套政策，解决他们的实际问题，调动队伍的积极性，增强队伍的敬业精神；同时，还要发挥广大教师教书育人的主导作用和学生骨干的榜样作用，建设一支有战斗力的思想政治工作队伍。

加大投入，为思想政治工作提供物质保障。加强爱国主义教育基地的建设，营造浓厚的爱国主义氛围；不断增添舆论宣传设施，更好地发挥各种宣传舆论阵地的作用；抓紧文化基础设施建设，以保证校园文化活动的需要；增建一批校园教育景点和文化景点，以营造一个更为优良的育人环境。

——通过有力的思想政治工作，充分调动广大党员和师生员工的积极性。思想政治工作是一个系统工程，各级党组织要担负起领导责任，认真组织实施《厦门大学党的建设五年规划》、《厦门大学社会主义精神文明建设五年规划》、《厦门大学德育工作五年规划》，党、政、工、团要从各自的职能出发，齐抓共管，把思想政治工作渗透到教学、科研、学习、生产和管理的各个环节，积极帮助解决实际问题，有效地调动师生员工的积极性、主动性和创造性；大力弘扬我校的优良传统，从爱国主义、集体主义、社会主义教育入手，通过"两课"建设、文明校园建设、校园文化建设、学校育人环境建设，引导师生树立共同理想和正确的世界观、人生观、价值观，增强师生的凝聚力和向心力，激发师生积极进取，奋发向上，为实现我校跨世纪宏伟目标而努力奋斗的热情。

代表们，同志们！过去的五年，我校党的建设和其他各方面工作都取得了很大的成绩。今后几年我们面临的任务是光荣而艰巨的。我们坚信，只要我们继续高举邓小平建设有中国特色社会主义理论的伟大旗帜，紧密团结在以江泽民同志为核心的党中央周围，在国家教委和福建省委的领导下，在厦门市委的大力支持下，坚定不移地贯彻执行党的基本路线和党的教育方针，把握大局，解放思想，深化改革，发挥优势，团结务实，开拓进取，我们就一定能够把学校的党组织建设好，团结和带领全校师生员工，为把厦门大学建设成为国内一流、国际上有较大影响的社会主义综合性大学而努力奋斗！

——本文摘录自《关于印发陈传鸿同志〈在中共厦门大学第七次代表大会上的报告〉和魏洪沼同志〈中共厦门大学纪律检查委员会向中共厦门大学第七次代表大会的工作报告〉的通知》，厦大委办[1997]15号，档号1997-DQ01-1

厦门大学“211工程”建设项目可行性研究报告

(1997年4月28日)

第一部分　建设的意义和必要性

一、建设的意义

当今世界范围内日趋激烈的经济竞争、综合国力竞争,实质上是科学技术的竞争和民族素质的竞争。从这个意义上说,谁掌握了21世纪的教育,谁就能在21世纪的国际竞争中处于战略主动地位。因此,当前高等学校都面临着一个“把什么样的高等教育带入新世纪”的问题。

厦门大学从自身实际出发,制定了面向新世纪的改革与发展规划,提出了“到21世纪初,把厦门大学建设成为国内一流、国际上有较大影响的社会主义综合性大学”的奋斗目标,其建设规划的意义在于:

1.科教兴国战略的全面实施,正在把教育推向战略重点的位置,给教育的大发展带来了难得的机遇。全国八届人大四次会议审议通过的《关于国民经济和社会发展“九五”计划和2010年远景目标纲要》,明确地把实施“科教兴国”和可持续发展,确定为实现我国这一跨世纪发展宏伟蓝图的重要战略。具有七十五年办学历史的厦门大学,已经奠定了坚实的办学基础,应当充分发挥优势,在实施科教兴国战略中发挥更大的作用,担负起历史的重托,为祖国的现代化建设尤其是在实现东南沿海经济腾飞的宏伟目标中做出应有的贡献。

2.厦门大学作为我国五个经济特区和福建省内唯一的一所委属综合性大学,以其学科、人才、科技等综合性优势,成为推动地方经济社会发展的一个重要依靠力量,在福建省实施“科教兴省”和建设“教育强省”、厦门市实施“科教兴市”和建设“教育之城”的规划中具有举足轻重的作用。省、市政府从经济社会发展的需要出发,分别与国家教委共建厦门大学,并把厦大的发展列入其“九五”计划和2010年远景目标规划之中,在财力上给予强有力的支持。

3.厦门大学作为我国第一所由海外华侨创办的高等学府,七十五年来,遍布全球的数万名校友成为联系海外华侨的纽带,广大海外华侨华人和校友,弘扬“嘉庚精神”,不断以各种方式支持厦门大学实现“南方之强”的理想,殷切期望厦门大学迅速进入国内一流、在国际上有较大影响的大学行列。因此,办好厦门大学,对于团结海外的华侨华人有着重大的意义。

4.厦门大学地处台湾海峡西岸,在两岸关系中,厦大除拥有得天独厚的区位优势外,还具有难以替代的人文优势,即两地语言相同、习俗相近。由于历史的原因,厦大在台校友为数众多、联系面广、影响力大。近年来,厦大已成为大陆开展对台教育、科技、文化交流最活跃的高校,也是台商台胞参观访问最集中的高校。因此,办好厦门大学,将对实现祖国统一大业产生积极的影响。

综上所述,把厦门大学列入国家“九五”计划加以重点建设,既是我国东南沿海地区和特区经济建设、社会发展的需要,也是促进祖国统一大业的需要;既是全校师生员工、海内外校友和爱国华侨华人梦寐以求的强烈愿望,也是全省、全市人民的共同心愿。

二、建设的可能性

厦门大学已初步具备创建国内一流大学的基础。1995 年 6 月，厦门大学通过了国家教委“211 工程”预审。预审专家组认为：“厦门大学提出的面向 21 世纪的建设目标是合适的，是符合国家‘211 工程’的建设要求的，同时也是符合福建省、厦门市经济和社会发展需要的；学校围绕这一建设目标所确定的发展思路与相应措施是可行的；经过全校师生员工的奋发努力和国家及地方政府的有力支持，学校的发展目标是能够实现的。”

1.改革开放以来，厦门大学抓住机遇，积极探索办学体制改革，地方政府、企业、华侨、华人、校友积极参与厦大建设，以实际行动支持厦大的“211 工程”建设，给学校的进一步发展创造了良好的外部环境，从而使师生员工的凝聚力不断增强，整个学校呈现出蓬勃发展的良好势头，进入了建校以来最好的发展时期。

由于致力于办学体制改革，厦门大学已逐步形成了以国家拨款为主、多渠道筹措办学资金的新格局。从 1979 年至 1995 年，多渠道集资 5.1 亿元，占总收入的 52.1％。

2.厦门大学有条件也能够为国家培养更多现代化建设所需要的合格人才。“七五”、“八五”的十年共授予博士学位 228 名，硕士学位 2308 名，毕业本专科生 17078 名；目前在校博士生 215 名，硕士生 1145 名，本专科生 9180 名。1996 年 3 月，国家教委正式批准我校成立研究生院，厦门大学已成为我国高层次人才培养的重要基地之一。

3.厦门大学拥有较强的师资队伍和基础研究力量，通过加强重点建设，能够为国家特别是福建省和厦门经济特区的经济社会发展做出更大的贡献。“七五”以来，有 244 项自然科学研究成果获国家及省部级奖励，其中国家自然科学奖 9 项，国家发明奖 2 项，国家科技进步奖 3 项，国家教委科技进步奖 41 项；在人文社会科学研究方面，“八五”期间有 217.5 项成果获省部级以上奖励。这些成果直接服务于社会，产生了良好的社会效益和经济效益。

4.从 1979 年至 1995 年，扩建校舍 29.67 万平方米，相当于从 1921 年建校到 1978 年的校舍建筑面积总和的 1.3 倍，其中新增教学科研用房 7.9 万平方米，改善了一些院系的教学科研及办公条件；建成教工住宅 15.3 万平方米，学生宿舍 6 万平方米，使教职工和学生的住宿条件得到了较大幅度的改善；同时还通过海外华侨、港澳台同胞、校友捐款和地方政府、企业资助及学校自筹资金，兴建了国际学术交流中心（邵逸夫楼）、海外教育服务中心（蔡清洁楼）、会议中心（黄克立楼）、学生活动中心（许自钦楼）、明培体育馆、台湾研究所大楼、外语培训中心（基金楼）等现代化建筑。所有这些，都为厦门大学的进一步发展创造了有利的条件。

三、存在的问题和差距

改革开放以来，厦门大学加快了改革与建设步伐，学校的办学条件有了明显改善，办学实力也有了较大提高，但是要办成“国内一流、在国际上有较大影响”的大学，除教学与科研水平尚有差距外，在硬件方面由于历史原因，亦存在许多困难和不足。主要表现在：

1.尽管近十年来下大力气开展多渠道集资办学，但由于历史“欠帐”太多，投入不足的问题仍然是学校面临的首要问题。1995 年，厦大年度总收入仅为 1.77 亿元，固定资产总值仅为 3.16 亿元，各项建设的投入幅度较低。

2.在现有 53.5 万平方米的校舍中，教学科研用房仅为 11.82 万平方米，有些院系仍然使用二十年代的旧房，水电、通风条件较差；有的则十分拥挤或分散。

现有教工住宅 18.84 万平方米；按照国家现有住宅标准，目前仍有部分教师的住宅尚未达标，有少数危旧房应拆除重建。学生宿舍拥挤，特别是芙蓉楼区亟待改造。此外，随着对港澳台招生规模扩大、博士后与流动专家的增多,也急需兴建公寓楼来满足他们的居住要求。

3.在实验室建设上,学校现有的国家重点实验室、重点专业实验室和国家教委开放研究实验室及许多专业实验室,相当一部分未达到用户标准;预计到2001年,需要增加4万平方米的实验用房。1995年,教学仪器设备总值仅10296万元,档次高的尖端设备较少,老专业设备更新困难,新专业装备不足,专业实验课的生均设备套数尚未达标,跟不上基础教学和学科发展的要求,难以适应现代化教学科研的需要。

4.水电等基础设施急需更新、改造。随着新区住宅的建设,供水问题相当突出,需要自己投资增容、铺设管道和兴建水塔;全校电线均为架空线,事故隐患多,需要分期分批投资铺设地下电缆,并逐步把围墙以外的北村、西村、周边一条街等处的用电管理等转由市供电局负责;同时还需下大力气尽快使教学科研用房、实验室用房的水电使用规范化、标准化。

第二部分　建设目标及主要建设内容

一、总体的指导思想及建设目标

1.我校改革与发展的总的指导思想是:在邓小平同志建设有中国特色社会主义理论指导下,全面贯彻党的基本路线和教育方针,贯彻落实江总书记关于教育要解决好“两个转变”的精神,始终把培养“有理想、有文化、有道德、有纪律”的社会主义建设者和接班人作为学校的根本任务。进一步深化办学体制改革,巩固共建成果,增强办学实力;抓好学科建设和教学改革,全面提高学校的教学质量、科研水平和办学效益;强化师资队伍建设,大力培养跨世纪的中青年学术带头人。把我校建设成为办学特色鲜明、综合实力雄厚的著名高等学府,为我国的社会主义现代化建设做出更大的贡献。

2.我校总的建设目标是:到21世纪初,把厦门大学建设成为国内一流、国际上有较大影响的社会主义综合性大学,自然科学、人文社会科学、管理科学和新技术科学协调发展,拥有若干国际一流和一批接近或达到国际先进水平的学科,成为高层次人才的培养基地,成为“科教兴国”、“科教兴省”、“科教兴市”的重要基地。

二、“九五”期间建设目标及主要任务

厦门大学“九五”期间建设目标是实现我校总体建设目标的第二步,即到2001年学校综合改革全面推进,重点建设已见成效,办学条件有较大改善,并在学科建设、教学质量、科学研究、管理水平和办学效益等方面有显著提高,综合实力(主要指标)位居国内前列,部分学科接近或达到国际先进水平,成为国内高等教育领域培养高层次、高素质专门人才,解决国家经济建设、科技进步和社会发展重大问题的基地之一,为实现“国内一流、在国际上有较大影响”的奋斗目标奠定坚实的基础,为福建省和厦门经济特区的经济和社会发展做出重要的贡献。主要任务和具体发展规划是:

(一)人才培养

继续深化教学改革,特别是面向21世纪本科生教学内容与课程体系改革和研究生课程体系建设,完善教学管理体系,推广运用现代化教学手段,从严治教,培养思想合格、基础扎实、素质全面、适应社会的高质量人才。学校将在总规模基本不变或适度增加的情况下,扩大研究生招生规模。到2001年,学校学生总规模10200名,其中博士生420名,硕士生1680名,本科生8100名。此外,外国留学生达450名。

(二)学科建设

通过重点建设,发挥我校基础学科的优势,以重点学科为龙头,组建面向 21 世纪的学科群,促进学科间的交叉渗透,使基础学科提高水平、高新技术学科迅速发展、应用学科更具活力,实现学科调整和结构优化,形成文科与理工科、基础与应用学科、传统与新兴学科协调发展的局面。到 2001 年,要在巩固和发展现有 7 个国家级重点学科的基础上力争再建成分析化学、国际经济法等 4～5 个新的重点学科或相当于国家级重点学科水平的学科,各重点学科要达到或接近国际先进水平,非重点学科要充分利用区位优势和与地方政府共建的优势,抓住机遇,在不同层次上进入国内先进行列。

(三)科学研究

从我校的现有基础、特色出发,着眼于学科的发展趋势和未来社会发展的需要,大力加强基础研究、高新技术研究和应用研究,争取多承担国家级的重大和重点项目,做出有特色的高水平研究成果;理顺科技开发体制,制定鼓励和支持科技开发的政策,促进我校科研成果的产业化,为地方经济建设服务。到 2001 年,自然科学领域取得 6～8 项国内一流、在国际上有重要影响的研究成果,文科科研要加强对当代社会发展的理论问题和现实问题的研究,积极参与各类重大问题的决策、咨询,出一批国内一流的高水平研究成果,取得较好的社会经济效益;学校年度科研经费总额要有大幅度提高,年度重大科研成果不少于 20 项,年度被国际四大检索系统收录的科研论文数不少于 300 篇,其中被"SCI"收录的科研论文 200 篇以上。

(四)教师队伍

大力培养跨世纪的高水平学科带头人和中青年教师,积极引进优秀人才,优化师资队伍的知识、学历、年龄结构,到 21 世纪初,建成一支政治素质优良、业务水平精湛的教师队伍,编制总规模 1755 人,其中固定编制占 60%。教师中的 90%必须具有博士、硕士学位,其中具有博士学位的 450 人左右;教师队伍中要有 20 名学科研究水平达到世界学术和科技前沿的科学院和工程院院士或相当于院士水平的学术带头人;有 100 名学科研究达到国内先进水平的中青年学科带头人和 200 名左右具有指导博士生水平的教师,承担起培养高层次专门人才和国家重点科研项目的任务。

(五)办学条件

广开筹集办学资金的渠道,大力改善办学条件,增强学校的实力和自主办学的活力。

加强基础教学设施建设和公共服务体系建设,从学科建设、发展和互相渗透的需要出发规划实验室建设,到 2001 年建成不同层次、互相配套、门类齐全、具有特色的实验室体系,大部分实验课教学达到国内先进水平,并有若干实验室达到或接近国际先进水平;从人才培养和基础教学的需要出发进行普通教室、多功能教室的改造,新建部分适应现代化教学需要的教室。到 2001 年学校的基础教学环境达到国内一流;以提高文献信息保障率为前提,以建设计算机网络化为手段进行图书馆现代化建设,构建一个联合、开放、电子化的文献服务体系。到 2001 年,图书馆整体水平居国内高校一流,某些服务项目接近或达到国际水平,成为与学校教学、科研相适应的多功能的文献信息服务中心;继续建设厦门大学教育和科研计算机网(XMUNET),完善我校的信息高速网络,提供包括文献和信息检索、东南亚问题与台湾问题信息资源、经济和管理信息资源、人文科学信息资源、理工信息资源、学校行政管理信息系统、计算和网络技术等服务,在学校教学、科研、管理方面发挥重要作用,通过与 CERNET 联网,在对外学术交流与信息交换方面发挥积极作用。

在科学规划、合理布局的原则下进行基础设施建设,到 2001 年,投入 1.096 亿元,完成十几个基建项目及水、电基础设施建设,新建教学、科研用房面积为 55500 平方米,博士后与流动专家公寓面积为 3500 平方米,学生宿舍、食堂及配套设施面积为 19000 平方米,教工活动中心等其他用房、附属用房 6700 平方米。

(六)校办产业

要依靠学校的科技、人才、信息的优势,借助地处厦门经济特区的区位优势,形成以高新技术产业为龙头,集科技开发、咨询服务、国内外贸易、房地产开发、对外科技劳务合作、旅游宾馆服务等为一体的技工贸相结合的经济实体;理顺管理体制,大力开展多种经营,加大科技开发力度,提高校办产业的科技含量。到2001年,形成2～3个规模较大的科技企业,使校办产业的产值、利润有较大幅度增长,为学校的建设和发展提供强有力的财力支持。

(七)对外合作交流

到21世纪初,厦门大学要成为在国内外具有较大影响的对外教学基地和海外华文教学研究中心。要选择若干发达国家的知名大学进行合作,发展稳定的、有实际效果的校际交流关系。要落实一批高水平的国际合作项目,稳步地扩大国际合作办学。加强国外师资引进工作和师资对外交流的派遣工作,使我校的对外交流管理规范化。

以海外教育学院和台港澳地区学生先修部为基地,发展与东南亚各国及台、港、澳地区高校的合作交流关系,使厦门大学成为我国与东南亚各国以及台、港、澳地区教育与学术交流的窗口。

进一步扩大海外教育规模,到2001年,海外招生点由20个发展到30个,海外办学的面授教学基地5个,函授生6000人。

提高留学生教育层次,到2001年,长期留学生250人,短期留学生200人,留学研究生占留学生总数的三分之一。

第三部分　“九五”期间建设项目

根据国家计委、国家教委有关“211工程”建设的规划精神和我校“211工程”整体规划,拟将重点建设分为:学科建设;基础教学设施建设;公共服务体系建设;配套基础设施建设。

一、学科建设

学科建设是提高学校教育质量和科研水平的基础和核心。为实现我校第二步规划目标,将主要依托我校现有的7个国家级重点学科,适当拓宽建设口径,选择部分基础好、实力强的、能够对国家的经济建设和社会发展产生较大影响的、尤其是地方政府发展支柱产业和增强经济实力所需要的学科进行重点建设。同时,还要加强与学科建设密切相关的基础教学设施建设,以提供较好的实验手段和设施,改善教学科研的条件。

(一)建设目标

“九五”期间,我校将以学科建设作为学校发展的基础和核心,以现有的重点学科为依托,根据“突出重点,保持特色,加强交叉渗透,发展应用学科”的建设思路,重点建设好若干在国内具有优势的学科和具有传统办学特色的、具有较好基础的以及对服务地方经济社会发展有重要意义的学科群,使“物理化学与应用化学”、“经济理论与管理”、“高等教育学”和“东南亚问题和台湾问题研究”等学科的整体实力保持国内领先地位,并在国际上具有较大影响;使“现代动植物生物学”、“海洋资源与环境”、“国际经济法及台港澳法”达到国内一流水平,并在若干研究方向上具有一定国际影响;使“信息光电子材料与信息技术”在高层次人才培养和科学研究成果方面达到国内先进水平,并在若干研究方向达到国际先进水平。通过重点建设,使该8个学科建设项目成为我国高水平的博士、硕士人才培养和承担国家重大科研任务的重要基地。

在办好现有7个国家级重点学科的基础上,力争把分析化学、半导体物理与半导体器件物理、环境海洋学、分子生物学、国际经济法、政治经济学、中国地方史(台湾史)等建成国家级重点学科。

(二)建设内容

1.理科学科建设

(1)物理化学与应用化学

该学科主要依托化学化工学院和固体表面物理化学国家重点实验室及材料和生命过程分析科学国家教委开放实验室。其中物理化学(包括催化化学、电化学、结构和量子化学三个主要分支学科)是国家级重点学科,在国内具有传统优势;分析化学以原子光谱和分子光谱分析见长,具有鲜明特色;它们及与其他学科之间的相互交叉、相互渗透和相互促进,形成了实力雄厚、配置合理的学术梯队,拥有教授40名,副教授90名,其中中科院院士4名,博士生导师21名,具有博士学位的中青年教师56名,完成了多项国家重大科研任务,曾获国家自然科学奖与发明奖8项,显示出发展基础理论、新技术和新方法的实力。面向21世纪,该学科将强化优势和特色,拓宽学科发展的思路,注重物理化学理论、谱学分析表征方法和化学应用等方面的结合。以期在发扬现有学科优势和特色的基础上,带动和促进应用化学及相关学科的发展,争取把分析化学建成国家级重点学科,把材料和生命过程分析科学开放实验室建成国家重点实验室,争取增设有机化学博士点,并努力把本学科点建设成国内一流、国际上有较大影响的科学研究和人才培养的重要基地。"九五"期间将重点建设现代合成化学实验室和现代谱学实验室。

(2)海洋资源与环境

海洋资源开发与环境保护是21世纪新技术革命和科学研究的前沿领域,对我国沿海社会经济可持续发展具有特殊作用。厦门大学海洋学科历史悠久,现有海洋科学博士后流动站,海洋生物学、海洋化学和环境海洋学三个博士点,海洋生物学理科人才培养基地和海洋生态环境国家教委开放实验室。本重点学科主要依托海洋与环境学院,重点发展三个博士点学科方向,使其学术水平接近国际先进水平;同时拓展新兴交叉学科——分子海洋生物学与生物技术、海洋环境科学与工程,使这些领域的研究水平达到国内领先水平,并带动相关的应用技术的发展。争取把厦门大学办成我国南方海洋科技人才的培养基地,办成海洋科技转化为生产力的中介基地以及与东南亚国家和港、澳、台地区同行进行学术交流、合作研究的基地。"九五"期间将建成"海洋大楼",并重点建设4个高水平的实验室和1个管理中心——海洋生态环境实验室、海洋生物生理生态与生物技术实验室、海洋遥感与信息处理实验室、化学海洋学实验室和海洋调查仪器研制与管理中心。争取把我校的国家教委海洋生态环境开放实验室办成国家重点实验室。

(3)现代动植物生物学

该学科主要依托生物学系、寄生动物学与细胞生物学两个委批研究室及肿瘤细胞工程国家专业实验室。该学科拥有国家级动物学重点学科、动物学和植物学两个博士点、生物学博士后科研流动站以及生物学理科人才培养基地;形成了一支素质好、学术水平较高的师资队伍,其中教授30名、中科院院士1名、博士生导师7名;完成了多项国家重大科研任务,曾获得国家自然科学奖、科技进步奖和发明奖6项。根据我校地处沿海和亚热带的特点,继续开展和扩大宏观各领域的研究,保持和加强我校动、植物学科的优势和特色。与此同时,开拓微观研究新领域,大力发展分子生物学、基因工程高技术。积极引入近代化学、物理学等新理论和新技术,促进学科的相互渗透和交叉学科的发展。力争在21世纪初,把我校建成有特色的现代动、植物生物学研究中心,使寄生动物学、细胞生物学、肿瘤细胞工程、植物生理生态、海洋硅藻学等研究方向达到国内领先和国际先进水平。"九五"期间将重点建设寄生动物学实验室、细胞与分子生物学实验室和现代生理生态实验室。

(4)信息光电子材料与信息技术

该学科群主要依托物理系、电子工程系、海洋系(水声工程)、系统科学系、计算机科学系和校网络中心。该学科群实力雄厚,拥有7名博士生导师,20名教授和高素质的年轻博士队伍。目前承担多项国家重要研究课题,部分项目的成果已达到国际先进水平。该学科群将立足于已有的传统优势,承担国家重点基础研究和应用基础研究任务,并选择若干具有重大应用前景的高新技术进行攻关。到2001年,力争把半导体物理与半导体器件物理建成国家级重点学科,在高层次人才培养和科学研究成果方面达到国内先进水平,在水下多媒体信息传输系统研究等方向上达到国际先进水平。"九五"期间将重点建设信息光电子技术、神经网络信息处理、立体通信模拟与视觉听觉、自动控制仿真等实验室及材料物理测试评估基地,并扩建水声实验室。

2.文科学科建设

(1)经济理论与管理

该重点学科依托经济学院和工商管理学院的6个系1个中心(含17个专业)和2个研究所,有3个国家级重点学科、6个博士点和1个博士后流动站。师资力量强,拥有教授56名(博士生导师21名),在45岁以下的170名中青年教师中,具有博士、硕士学位的159名,占93.5%,目前承担多项国家社会科学和自然科学基金重点课题。"九五"期间,除巩固和提高现有基础外,加强建设政治经济学、工商管理两个学科和争取增设1个至2个博士点(企业管理、国际经济),主要进行社会主义市场经济理论与管理的研究,形成有特色的经济理论与管理科学的"南方学派",用15年时间把本学科建成具有国际影响的、处于全国中心地位的学科。"九五"期间将重点建设经济管理研究和模拟教学中心、经济管理图书资料检索系统、经济管理案例教学实验室。

(2)东南亚问题和台湾问题研究

厦门大学的东南亚问题和台湾问题研究具有传统优势和区位优势。东南亚研究是多学科结合的区域政治、经济和国际关系的研究,台湾研究是以两岸关系为中心的政治、经济、历史的综合研究。加强东南亚问题与台湾问题研究,将对我国现代化建设决策和涉外、对台政策的制订提供重要依据,并为福建省及厦门经济特区建设做出积极贡献。

该学科群主要以南洋研究院和台湾研究所为依托,结合历史系、中文系的研究力量。有经济学、史学、文学、教育学各领域的教授(研究员)10名,副教授(副研究员)25名,博士点1个,硕士点5个。"八五"期间承担了国家社科基金及国家教委研究项目21项。"九五"期间将开展东南亚各国现状与历史的综合调查,发挥多学科的优势。加强当代东南亚政治与经济、世界华侨华人、中国与东南亚关系史、东南亚教育与文化和台湾地区政治、经济、社会等领域的研究,保持各研究方向学术水平的国内领先地位,成为国内东南亚问题和台湾问题研究与人才培养的重要基地。其重点建设项目主要是建设信息资料网络系统(包括南洋研究院、台湾所、海外汉语言文化教育研究所、历史系东南亚史研究中心各建一个计算机房)。

(3)高等教育学

高等教育的发展与改革、决策的制定和管理的实施都需要科学的理论指导,因此高等教育研究在世界各国日益受到重视。厦门大学以高等教育科学研究所为主体的高等教育学科,是全国唯一的国家级高等教育学重点学科。创建于1978年的厦大高教研究所是中国最早成立的以高等教育为研究对象的专门研究机构,拥有中国第一个高等教育学硕士点和博士点,是中国高等教育学研究会挂靠单位。该学科的教学、科研水平,目前已处于国内领先地位,部分研究成果已达国际水平。通过重点建设,将在已有基础较强的若干研究方向,取得一批突破性的重大研究成果。预期在10年后,达到国际先进水平,进一步成为中国高等教育学研究与人才培养的主要基地、国家高等教育发展与改革决策的咨询站和思想库之一。"九五"期间,该学科将重点建设高教信息资源网络系统和心理实验室。

(4)国际经济法及台港澳法

本学科建设将以国际经济法学科为重点,涵括台港澳法学科。其重点建设将对我国改革开放和促进祖国和平统一大业,具有重大的现实意义。

厦门大学是各经济特区和沿海开放地带唯一设有国际经济法专业博士点的高校,所在的福建省毗邻台、港、澳,具有重点建设本学科项目的独特区位优势。本学科点又是国内最早从事国际经济法及台港澳法教学和科研工作的基地之一,在学术梯队、研究成果、人才培养以及办学条件等综合实力上已位居全国领先地位,并已在国外有一定的学术地位和影响。

本学科建设的预期目标是:把本学科点办成全国国际经济法及台港澳法学术研究、决策咨询、人才培养以及信息交流中心,并争取在国际上有较大的学术影响。"九五"期间将重点建设信息资源网络系统和现代教学手段综合实验室。

二、基础教学设施建设

(一)建设的目的及必要性

基础教学设施是提高教学质量,建立高水平学科,培养高质量人才的必要条件。大量教学工作是在教室、基础课实验室、公共微机室等基础教学设施中进行的。因此只有为基础教学提供足够的空间、良好的环境和各种现代化的教学设施,才能适应建设高水平学科和培养高质量人才的需要。

目前我校尚有部分教室条件较为简陋,现代化教学装备不足,教学环境不够理想,影响教学效果。因此需在一部分教室配以相应装备并建立多媒体教学实验室以满足课堂教学的需要;我校公共微机室承担全校本科生的计算机等级教育任务,计算机数量与型号都需要增加与更新,"九五"期间需增添一批586微机;我校基础课实验室设备较为陈旧、套数不足,新的实验项目因受条件限制发展较慢,需要重点投资和建设。通过加强建设力度,推进教学内容、方法和手段的更新及现代化。

(二)建设内容

配合重点学科建设加强对普通物理实验室、基础化学实验室、生物技术基础实验室的建设和更新;更新和增添计算机等级教育公共微机室的设备;建立多媒体教学实验室;改善普通教室和多功能教室的装备。

三、公共服务体系建设

公共服务体系建设的主要任务是建设教育和科研计算机网、图书馆文献信息服务中心,以改善公共服务设施,优化教学、科研和管理的运行环境。

(一)教育和科研计算机网

1.必要性和可行性

当前,教育和科研计算机网的建设已成为衡量高校综合办学水平的重要标志之一。厦门大学教育和科研计算机网(XMUNET)是为提高我校综合办学能力,改善公共服务体系而进行的重点建设项目之一。厦门大学于1994年开始建设XMUNET,已形成了以有学术专长的教授、年轻博士为骨干的学术和技术梯队。由于厦门市政府提供的共建经费使建网的财力得到有力支持,1994年和1995年XMUNET第一期工程已顺利完成,第二期工程已按计划进行,第三期工程已完成部分。

2.建设内容

XMUNET网络工程分为四期建设:第一期工程,使局域网并网,通过CHINAPAC使XMUNET和CERNET接轨;第二期工程,主要为主干网和网络节点的建设,改造电话通讯系统;第三期工程,为服务器/工作站和部分信息资源的建设;第四期工程,为信息资源和服务体系的建设。

1996—2000年将继续建设第二期至第四期工程。第二期延续工程将把ATM主干网延伸到院级单位和重要的系所;建设覆盖学校的子网;对主要网络设备进行升级和扩展。第三期延续工程将建设计算机和网络技术实验室。第四期工程将建设信息资源体系,如文献和信息检索服务、东南亚问题和台湾问题信息资源、经济和管理信息资源、文科信息资源、理工信息资源、学校行政管理信息系统,计算和网络技术服务。

(二)图书馆文献信息服务中心

1.必要性和可行性

为了支持我校"211 工程"的建设和厦门经济社会的发展,图书馆必须也有可能在现有良好的馆藏基础、人员素质、计算机软硬件设备和网络应用水平的条件下,大大提高服务水平。在"九五"期间,我们的建设目标是以建设计算机网络为核心,构建一个联合、开放、电子化的文献服务体系,把图书馆建设成为与厦门特区的经济发展和学校教学、科研相适应的多功能的文献信息中心。其中,重点建设一些面向 21 世纪的网络信息项目,充分发挥有特色的地区文献信息资源基地辐射作用。

2.建设内容

(1)现有光盘网络系统的更新、升级、充实,使之支持 TCP/IP 协议的多平台网络系统,并扩充服务器组达到 1Terabyte 的海量存储和访问能力。

(2)开发数字信息资源。以光盘资料购购置、网际间数据库的访问及研制开发有特色的数据库(事实与全文数据库)等方式来满足读者对信息资源日益增长的需求。

(3)开发基于网络数据库系统的多媒体、超媒体数据库。

(4)通过 CERNET、INTERNET 与信息源互联,获取信息为读者服务。

(5)把现有的"电子文献信息部"建设成为电子文献阅览、网际信息利用、读者教育培训、电子文献制作、多媒体视频点播、远程教学等多功能的部室。

(6)提高人员在进行全面电子化服务方面的能力,坚持业务工作的规范化、标准化。

四、配套基础设施建设

"九五"期间,我校基础设施建设项目主要是教学科研用房、水电基础设施、生活用房及其他用房的建设。通过配套建设,形成布局合理、相对集中和便于管理的教学、科研、实验基地,以利于重点学科提高建设效益。

(一)教学科研用房(陈嘉庚楼群、海洋大楼、联兴楼)

1.随着改革开放以来厦大办学规模的扩大,校舍面积也得到扩建,但仍存在紧张的状况,无法适应建设国内一流大学的要求。在现有 53.5 万平方米的校舍中,教学科研用房仅为 11.82 万平方米。有些院系用房十分拥挤;有的用房条件差,达不到实验用房标准;有的则分散在校内数处。这种状况严重影响了正常教学、科研的进行和教学质量、科研水平的提高。因此急需在"九五"期间安排建设一批教学科研用房。

2.建设规模、用途及资金

陈嘉庚楼群共五幢:主楼为综合楼(21000 平方米),保欣丽英楼为理工 1 号楼(6000 平方米),钟铭选楼为理工 2 号楼(6000 平方米),成枫楼为理工 3 号楼(6000 平方米),祖营楼为理工 4 号楼(6000 平方米),建筑面积共计 45000 平方米,资金 6060 万元,其中已捐款 4060 万元,学校自筹 1000 万元,需要国家教委解决基础工程费 1000 万元。

海洋大楼:作为海洋与环境学院办公、教学、科研、实验用房,建筑面积 6000 平方米,需资金 800 万元,在省政府与国家教委共建经费中安排。

联兴楼:作为海外教育学院与建筑系教学大楼,建筑面积 4500 平方米,需资金 400 万元(其中 200 万元捐款,200 万元学校自筹)。

(二)生活用房(博士后与流动专家公寓、学生宿舍、学生食堂)

1."九五"期间,我校教工住宅的建设将通过教职工集资来解决,主要有东区住宅 700 套,向市政府申请购买统建房 530 套,这 1200 多套住房交付使用之后,我校教职工的住房条件将达到国内高校较好水平。而从学生生活设施来讲则仍需将一些项目列入"九五"计划之中。另外,我校目前设有 4 个博士后流动站,进站人员逐年增加;学校随着医学院的创办和师资管理制度的改革,急需聘请一批流动专家来校任教,因此拟兴建公寓来解决他们的住房问题。

2.建设规模、用途及资金

博士后与流动专家公寓(笃行二、三、四,3500 平方米),学生宿舍(芙蓉五、六拆建,10500 平方米),学生食堂(东膳厅、竞丰食堂拆建,8500 平方米),共需资金 2180 万元(其中 5 万元以上设备 300 万元),列入国家教委正常基建经费中安排。

(三)其他用房及附属用房

1.教职工活动中心(建文楼,5000 平方米),需资金 800 万元,已由泰国校友丁政曾、蔡悦诗捐赠 400 万元,学校自筹 400 万元。

2.芙蓉区及新区学生运动场:180 万元列入国家教委正常基建经费中安排。

3.其他附属用房包括学生澡堂、开水房等(1700 平方米),室外工程包括排污系统、道路、挡土墙等需资金 340 万元,列入国家教委正常基建经费中安排。

(四)其他基建费

即与上述这些工程相关的勘探设计、质量监督、四源费等,共需 200 万元,列入国家教委正常基建经费中安排。

(五)水电基础设施

1.我校是 1921 年创办的老校,在水电基础设施建设上虽逐年陆续都有投入,但大都陈旧老化,尤其是我校地处市区供水末端,市区用水高峰期我校则"水荒";我校又地处海岛,台风经常刮断架空的电线,事故隐患多。为保证教学、科研、生活的正常进行,以适应"九五"期间事业发展的需要,加大水电设施的建设力度,已迫在眉睫。

2.建设内容

水电基础设施建设内容包括新的供水、供电工程及旧管网改造工程。供水方面包括兴建东区 700 套新住宅的供水工程和对旧水管进行调整改造或更新。供电方面包括对住宅规划出售区和周边一条街实行社会化管理的电路改造和学校范围内架空电线改为地下电缆线(700 米 15 千伏高压电缆工程、35000 米 0.1 千伏低压电缆工程,20 间配电房土建工程,20 个低压配电柜、20 个环网控制柜,10 台变压器等),资金预算为 2000 万元,其中在国家教委"九五"正常基建经费中列支 200 万元。

——本文摘录自《厦门大学》(校刊),1997 年 4 月 28 日第 357 期

国家教委专家组论证审核通过我校“211工程”立项《报告》,标志着被列为国家“九五”重点建设项目

(1997年5月15日)

国家教委和福建省、厦门市政府共同组织的厦门大学“211工程”立项论证会,于4月29日和30日在我校举行。国家教委专家组通过认真的论证和审核后宣布:一致同意通过《厦门大学“211工程”建设项目可行性研究报告》(简称《报告》)。这标志着我校“211工程”正式进入实施阶段,被列为国家“九五”计划重点建设项目。

1995年6月,我校已顺利通过国家教委“211工程”部门预审,取得进入国家“211工程”的“入场券”。近两年来,学校继续深化和完善各项改革,许多方面取得了新进展,同时进一步修订和完善“211工程”建设规划。此次,我校是国家教委组织专家组对直属高校“211工程”建设立项《报告》进行论证审核的第11所大学。

应邀莅校的国家教委专家组一行十人,组长由南京大学原校长陈懿教授担任,组员有:国家自然科学基金委员会副主任孙枢院士、中科院青岛海洋研究所曾呈奎院士、中科院半导体研究所前所长王启明院士、武汉大学法律系韩德培教授、复旦大学管理学院院长郑绍廉教授、中山大学东南亚研究所所长余定邦教授、复旦大学物资处处长刘振道教授、北京大学设备实验室处处长王兴邦副研究员、南京大学现代分析中心副主任杨伯苗高级工程师。

4月29日上午,厦大“211工程”立项论证会举行开幕式。国家计委、国家财政部、国家教委和省市有关领导,国家教委专家组全体成员,我校党政领导以及各部处、系所负责人参加了会议。开幕式由国家教委高教司副司长、直属办主任陈小娅主持。

福建省教委副主任陈孔德,厦门市委常委、宣传部部长杜明聪先后在会上发表讲话,他们对各位领导专家的到来表示欢迎和感谢,充分肯定了我校教育事业的发展和做出的贡献,表示将一如既往地支持厦大的建设和发展,希望厦大坚持社会主义的办学方向,认真贯彻党和国家的教育方针、政策,以改革促发展,不懈努力,再度创业,为祖国的繁荣富强,为福建省和厦门市的经济和社会发展做出更大的贡献。

国家计委社会发展司副司长、“211工程”部际协调小组办公室副主任李守信在讲话中阐述了“211工程”建设对国家培养高层次人才、促进经济和社会发展的战略意义。他说:“厦大作为国家“211工程”重点建设之一,对学校是一个新机遇,希望在建设中创造出新的成绩。”

接着,我校校长林祖赓教授向与会领导和专家介绍了厦大“211工程”建设项目可行性研究报告。他指出,厦大“211工程”重点建设分为四部分即学科、基础教学设施、公共服务体系和配套基础设施等,其中学科建设将重点建设物理化学与应用化学、海洋资源与环境、现代动植物生物学、信息光电子材料与信息技术、经济理论与管理、东南亚问题和台湾问题研究、高等教育学、国际经济法及台港澳法;公共服务体系则将建设教育和科研计算机网及图书馆文献信息服务中心;“九五”期间还将完成博士后与流动专家公寓等配套设施。

会后,专家组分成整体组和仪器组,对我校提出的《报告》进行论证和审核,还分别审阅了有关材料,并听取了学校有关领导、部分学科带头人以及学校实验室管理部门的说明和解答。

会议期间,厦门市市长洪永世特地前来看望国家教委有关领导和专家组全体成员。

在30日上午的反馈会上,陈懿教授宣读了论证专家组对《报告》的整体审核意见,一致同意通过对《厦门大学“211工程”建设项目可行性研究报告》的论证。同意厦门大学根据“211工程”总体规划提出的

“九五”建设目标和计划，认为《报告》指导思想明确，规划全面，重点突出；实事求是，对预期效益的分析符合实际。同时，专家们也提出一些调整和修改意见。王兴邦副研究员宣读了论证专家组对《报告》中仪器设备购置审核意见，原则同意仪器设备购置计划。

国家教委计划建设司副司长牟阳春、专家组郑绍廉教授也在会上发了言。

最后，林祖赓校长激动地讲了话。他说，厦大“211工程”立项报告通过国家教委专家组的论证和审核，这在厦大发展史上是一件大事。对国家教委、省市政府长期以来的关心和支持，我们表示衷心的感谢。这次专家们能应邀来厦大本身就不容易，在论证中又那么认真，提出中肯意见，可谓肺腑之言，经验之谈，我们得到另一笔财富，使我们更有信心来完成“211工程”建设。他表示，听到大家的赞扬声，我们感到不安，既要看到成绩，更要看到差距。今后要珍惜机遇，以论证为起点，加倍努力工作，把充满生机、富有潜力的厦大带进21世纪。

据悉，我校已根据专家组的意见，对《报告》作进一步修改并上报，可望近期内得到国家有关部门批准，正式列为国家“九五”计划“211工程”重点建设项目。其任务完成后，将为实现我校21世纪初的奋斗目标奠定坚实的基础。

——本文摘录自《厦门大学》(校刊)，1997年5月15日第358期

《厦门大学“211 工程”建设项目可行性研究报告》论证专家组整体审核意见(摘要)

(1997 年 5 月 15 日)

专家组听取了厦门大学校长林祖赓教授关于学校“211 工程”建设项目可行性研究报告的汇报，审阅了有关文件材料，并听取了学校有关领导和部分学科带头人的说明。经过认真讨论、研究和评议，形成如下审核意见：

一、厦门大学是一所由著名爱国华侨领袖陈嘉庚先生创办的，具有悠久历史和光荣革命传统的高等学府，在七十多年的办学历程中形成了“爱国爱校、艰苦奋斗、勤奋好学、勇攀高峰”的优良的校风、学风。新中国建立以后，学校历届领导带领广大师生员工弘扬嘉庚先生倡导的“自强不息，止于至善”的办学精神，艰苦创业，辛勤耕耘，为国家的经济建设和社会发展做出了重要贡献。厦门大学的建设和发展始终得到国家和福建省、厦门市政府的高度重视与大力支持，同时继续得到海内外华侨华人、广大校友和各界人士的关注和支持。改革开放后，特别是在福建省、厦门市政府与国家教委共建厦门大学以来，学校事业得到更为迅速的发展。学校的整体水平、综合实力和办学效益有了明显提高，呈现出蓬勃发展的良好势头，同时在为地方服务方面也发挥着越来越重要的作用。学校已是一所学科门类较为齐全，办学特色鲜明，基础研究力量和师资队伍较强，教育质量和科研水平较高，在国际上有影响的高水平的国家重点大学。

厦门大学于 1995 年 6 月通过“211 工程”部门预审。此后，学校根据预审专家组和有关领导部门的意见，进一步修订和完善了“211 工程”建设规划，继续深化和完善各项改革，在学科建设、人才培养、科学研究、师资队伍建设以及加强为地方经济建设和社会发展服务、多渠道筹措办学资金等方面都取得了新的进展。在此基础上，学校编制了《厦门大学“211 工程”建设项目可行性研究报告》。

二、同意厦门大学根据“211 工程”总体规划提出的“九五”建设目标，即：到 2001 年学校综合改革和重点建设已见成效，办学条件有较大改善，并在学科建设、教学质量、科学研究、管理水平和办学效益等方面有显著提高，整体办学水平位居国内前列，部分学科接近或达到国际先进水平，成为国内高等教育领域培养高层次、高素质专门人才，解决国家经济建设、科技进步和社会发展重大问题的基地之一，为国家特别是福建省和厦门经济特区的社会经济发展做出重要贡献，为实现学校的总体奋斗目标奠定坚实的基础。

三、《报告》指导思想明确，规划全面，重点突出，实事求是。所提出的八个重点建设的学科项目充分体现了学校的优势和特色，既考虑了国家的需要，也考虑了福建省和厦门经济特区的经济建设和社会发展的实际需要，所提出的建设内容及项目符合建设目标的要求，是切实可行的。

四、同意厦门大学“九五”建设计划。学校“211 工程”建设资金落实，分项目、分年度资金安排明确，比例基本合理。

五、《报告》对预期效益的分析符合实际。通过重点建设，将进一步增强学校的综合实力，使学校在教育质量、学科建设、科学研究、管理水平和办学效益等方面有显著提高。

六、专家组通过认真论证和审核，建议在学科建设内容和任务中，学科建设项目名称可根据具体建设内容进一步明确为学科群或学科，对学科群中诸学科之间的关系要进一步协调明确；“经济理论与管理”等项目建设内容中有关指标应根据新的专业目录进一步修订和规范；“东南亚问题和台湾问题研究”项目中可进一步突出建设的具体目标，如有可能还可适当增加图书资料的投入比例；“海洋资源与环境”项目名称，不必加以地域上的限制，可在具体建设目标和内容中明确提出侧重的方面。《报告》及附件中某些具体指标和提法建议作进一步调整和修改,使之更加切实可行。

七、鉴于厦门大学是唯一一所地处经济特区,在东南亚及港澳台地区有重要影响的国家重点大学,建议国家应从实现祖国东南沿海地区和特区的经济腾飞、实现祖国统一大业的战略高度出发,尽可能地给予更多的经费和政策上的支持。

八、专家组全体成员一致同意通过对《厦门大学"211 工程"建设项目可行性研究报告》的论证,并建议学校作适当修改后上报,以便尽快批准实施。

——本文摘录自《厦门大学》(校刊),1997 年 5 月 15 日第 358 期

《厦门大学“211 工程”建设项目可行性研究报告》论证专家组仪器设备购置审核意见(摘要)

(1997 年 5 月 15 日)

专家组经过认真讨论,形成如下审核意见:

一、厦门大学“211 工程”建设项目拟购仪器设备和配置计划符合学校总体建设目标的要求,仪器设备购置的资金分配及配置方案体现了“211 工程”建设项目以优势重点学科为核心的指导思想。在资金分配上 70%的拟购设备用于重点学科建设项目,保证了高层次人才培养和高水平科学研究的需要。同时,也兼顾了学校基础教学实验室和公共服务体系项目的建设,以提高学校整体办学水平。学校的仪器设备购置计划既考虑了购置仪器设备的超前性、先进性,也注意到与现有仪器设备的合理配套,将使学校仪器设备的整体水平达到新的高度。

二、厦门大学采纳了国家教委“211 工程”办公室关于大型、贵重、精密仪器设备的反馈意见,在组织校内外专家多次论证的基础上对四极质谱仪、电子能谱仪、流式细胞分析/分选仪、激光扫描共焦显微细胞仪等做了补充论证和说明。经过认真审核并听取了有关学科负责人的答辩后,专家组建议:

1.对于“四极质谱仪”,学校已做进一步论证。这台设备的购置对于学科发展及与现有仪器配套是必要的,所选的 SSQ7000 型较其他同类仪器相比具有较好的通用性,仪器选型是适当的。因此,原则同意购置该台仪器。

2.“物理化学和应用化学”学科群购置的“电子能谱仪”不仅对于保持和发挥该学科群体原有优势,在激烈的国际竞争中保持某些研究方向的先进地位具有重要的作用;而且还可为本校物理、海洋、生物、工程技术等学科与表面有关的科研以及邻近地区的科研和经济发展提供服务。厦门大学在开展电子能谱仪的工作方面有很好的基础,目前本地区和邻近地区尚无同类设备,本校一台同类仪器已老化,不能正常为科研、教学服务。因此,原则同意购置,但应进一步落实经费的缺额部分。

3.“现代动植物生物学”学科拟购置的“激光扫描共焦显微细胞仪”和流式细胞分析/分选仪”对于该学科提高微观领域研究水平具有重要意义,该学科所承担的“863”任务、“九五”攻关等课题以及国家级、省部基金资助课题对上述食品使用的迫切性和需用量日益增加。另学校海洋资源及环境、物理化学与应用化学等学科和医学院的部分科研课题与教学也需使用(利用率较高),且目前本地区无同类仪器。因此,原则同意购置。

三、考虑到学科发展的需要和仪器设备的市场变化,建议上级主管部门在审核年度仪器采购清单时,在购置经费额度相当的情况下应允许学校在规格、型号上进行适当调整,并希望学校精心组织采购和验收工作。

四、对拟购置的微机、服务器、工作站及附属设备,专家组认为应考虑其更新换代较快、价格变化较大的情况,学校要在满足各学科需要的前提下统筹安排,分批集中购置,以节约经费,提高投资效益。

五、厦门大学在实验室和设备管理方面有较好的基础,希望学校进一步加强对大型、贵重、精密仪器特别是共用性强的仪器设备的管理,在落实设备的管理人员和技术人员的基础上购置,并努力组织课题,使仪器能用出高水平,以保证开放使用、资源共享、提高使用效益。

经过认真论证和审核,专家组原则同意厦门大学“211 工程”可行性研究报告中的仪器设备购置计划。

——本文摘录自《厦门大学》(校刊),1997 年 5 月 15 日第 358 期

厦门大学1966—1997学年第二学期工作计划要点

（1997年2月24日）

本学期工作要以邓小平建设有中国特色社会主义理论为指导，认真学习和贯彻党的十四届六中全会精神，把社会主义精神文明建设摆在突出地位，认真实施我校“211工程”规划，精心筹备和开好我校第七次党代会，紧密团结在以江泽民同志为核心的党中央周围，把握大局，再接再厉，同心同德，开拓进取，以新的精神风貌和优异成绩迎接香港回归和党的十五大的胜利召开。

这一学期，在认真做好日常工作的同时，应着重抓好以下工作：

一、党的建设和思想政治工作

坚持“两手抓，两手都要硬”的方针，进一步加强党的建设、精神文明建设和思想政治工作，全力维护稳定，为召开我校第七次党代会创造更好的条件。

实施我校党的建设和精神文明建设的五年规划，把我校党的建设和精神文明建设提高到一个新的水平。深入开展以为人民服务为核心，以职业道德建设和校风建设为重点的“树、创、献”（即树立师表形象，创建文明校风，做出实际贡献）活动，广泛开展群众性精神文明创建活动，努力为师生员工办实事办好事。要大力宣扬敬业爱岗的先进典型，在全校营造忠于职守，敬业爱岗，勤奋工作的良好氛围。

认真贯彻落实“中共福建省委关于在全省县处级以上领导干部中进行以讲学习，讲政治，讲正气为主要内容的党性党风教育的通知”。要切实加强领导，通过教育，进一步提高干部队伍的思想政治素质和业务素质，特别是解决处级以上干部的理想信念和思想作风方面存在的突出问题，进一步提高认识，统一思想，增强贯彻执行党的基本理论，基本路线和基本方针的自觉性和坚定性，以达到增强党性，提高素质，改进作风，勤政廉政的目的。

提高各级领导干部和党员对反腐倡廉工作重要性、紧迫性的认识，按中纪委的新要求、新举措，加大力度，务求在落实“廉政准则”和党风廉政责任制方面取得成效。

以我国恢复对香港行使主权为主题，积极组织好与香港回归有关的历史、法律、政策的学习、宣传。深入开展“爱祖国，爱家乡，促统一”的主题教育活动。

要建立学校新闻中心，充分发挥校有线电视台在舆论宣传中的重要作用，更好地为学校中心工作服务。

召开我校第七次党代会是本学期学校政治生活中的一件大事。这一次党代会的召开，将在全面回顾总结上一次党代会以来我校党的建设、思想政治工作和学校改革、发展等各项工作的基础上，面向21世纪，进一步加强我校党的建设，坚持社会主义办学方向，推动学校各项工作继续健康向前发展。要继续抓紧做好各项筹备工作，确保6、7月间召开的党代会圆满成功。

二、实施“211工程”规划，提高教学科研水平

“稳定规模，提高质量，提高层次，提高水平”，牢固树立创一流的意识，努力提高教学质量和科研水平。

准备迎接国家教委的"本科优秀教学评价"是本学期和今后一年学校工作的重点。要充分认识这一评价的艰巨性、紧迫性和重要性。扎实做好评价检查的各项准备工作,对《综合大学本科教学工作优秀评价方案》中所列的十一项指标,逐项对照检查,找出差距,采取相应的得力措施,务求在1998年下半年前基本达标。通过评价,认真总结我校教学工作经验,深化教学改革,加强教学基本建设,完善教学管理系统,不断提高教学质量和办学效益。

继续做好基础课和专业基础课实验室评估的各项准备工作,迎接福建省和国家教委评估。

根据人才培养的需要,拓宽专业面,我校今年全面实行按系、按专业大类招生的办法。要按照新的招生办法继续做好教学计划的调整及有关工作。

召开全校研究生工作会议,全面落实国家教委制定的《研究生院设置暂行规定》,提高研究生的培养质量,切实加强研究生的政治思想工作。认真组织第七批博士、硕士学位授予学科专业的申报和硕士、博士点的评估工作,继续推进我校的学科建设。

认真办好医学院。各单位各部门要通力协作,并充分利用多学科优势为医学院服务;努力克服创办医学院的特殊困难,与厦门市政府共同办好医学院。

科学研究要巩固和发展原有的优势,重视引导组织联合攻关,争取更多的国家及省、市的重大、重点科研项目;进一步发展横向科研,力求较大幅度地提高科研经费总量,力争今年在产、学、研相结合方面有新的突破,更好地为"四化"服务,特别是为地方经济和社会发展多做贡献。

要按照《厦门大学优秀中青年教师选拔培养暂行条例》的要求,在继续做好对优秀中青年教师的重点培养工作的同时,启动"跨世纪人才工程",选拔和重点培养第一批跨世纪的学科带头人。对人才的选拔、培养,要进行严格的考核,实行竞争机制。

三、深化改革,加强管理

进一步加大人事改革力度,推行大中专毕业生聘用合同制,扩大流动编制人员,建立富余人员下岗机制;对干部的任用要实行任期制和轮岗制;要适当扩大校内工资总额动态包干试点。

继续加强机关和院系所的工作作风建设。过去一年,学校机关和院系所的工作作风整顿已初见成效,本学期要再接再厉,继续强化服务意识,提高办事效率和管理水平。领导干部要多深入基层、深入实际、虚心听取意见。要继续做好信访工作。要强化对干部的考核和监督。

逐步建立学校办公自动化管理信息网络系统,本学期先在党办、校办、教务处、科技处、实验办试行。

后勤改革要逐步社会化。要结合我校实际,研究制定后勤改革方案,看准一项改革一项,稳步推开。加强后勤管理,本学期着重抓好国有资产、基建项目、房屋维修、水电服务、膳食服务、校园环境等的管理工作。要选择后勤工作中服务面广、时效性强、群众普遍关心的热点问题扎扎实实为师生员工办几件实事,为他们的工作和生活创造良好的保障条件。

要加强财务管理,严肃财经纪律,整顿会计工作秩序,继续推行有计划的财务运行体制即预算制度,严格财务项目的审核制度,在校内许多工作如基建、水电安装、维修、印刷等都应实行公开竞标,按市场规律运行。

校办产业要抓紧落实企业内部管理体制改革方案,建立科技开发基金,支持教师、科研人员从事应用研究和开发研究,为地方经济建设服务。

"陈嘉庚楼群"基建的前期工作要抓紧进行,争取76周年校庆时动工。继续抓好东区700套教工住宅楼群的建设,确保按期优质完成基建任务,搞好配套服务设施和管理规章制度的建设,努力把东区建设成为安全文明小区。

各部门、各单位要按照本计划要点,结合实际,研究制定各自的工作计划或实施方案,并于3月7日(第二周星期五)前报送校党委办公室。

——本文摘录自《关于印发〈厦门大学1966—1997学年第二学期工作计划要点〉的通知》,厦大委办[1997]4号,档号1997-DQ01-1

厦门大学 1997—1998 学年第一学期工作计划要点

（1997 年 8 月 28 日）

本学期，要继续以邓小平建设有中国特色社会主义理论和党的基本路线为指导，认真学习贯彻即将召开的党的十五大精神，以学校“211 工程”建设为中心，深化改革，加强管理，落实校第七次党代会提出的各项任务，努力提高学校整体办学水平和综合实力，为此，应着重抓好以下几方面工作：

一、进一步加强党的建设和思想政治工作

继续加强党的思想理论建设，深入学习邓小平建设有中国特色社会主义理论。当前要组织师生员工，着重学习江泽民同志 5 月 29 日重要讲话《高举邓小平建设有中国特色社会主义理论的伟大旗帜，抓住机遇，开拓进取，把我们事业全面推向 21 世纪》，通过学习，进一步增强贯彻党的基本理论、基本路线和基本方针的自觉性和坚定性，以实际行动迎接党的十五大的召开；党的十五大召开后，要组织师生员工认真学习十五大文件；同时，结合学校实际，落实校第七次党代会提出的各项任务。要努力在党内创造一种认真学习的风气，民主讨论的风气，积极探索的风气，求真务实的风气。

继续贯彻《中国共产党普通高等学校基层组织工作条例》和《厦门大学党建五年规划》，加强各级党组织和领导班子建设。着重抓好校党委自身建设，要带头贯彻民主集中制原则，完善学校重大问题的民主决策机制，进一步健全工作制度，严守纪律，维护大局，加强团结。要加强领导，做好支部换届选举工作；要按照《条例》要求，切实加强党总支和直属党支部的建设，切实重视和加强在优秀中青年教师和科研人员中的新党员发展工作。

加强思想政治工作和学校的社会主义精神文明建设。认真落实《厦门大学社会主义精神文明建设五年规划》，积极开展以“讲文明、树新风”为主题的群众性精神文明创建活动。继续抓好校园文明建设，进一步强化校园交通管理。紧密结合学校改革与发展，切实贯彻落实《教育法》、《教师法》和党的知识分子政策，继续开展“树、创、献”活动，突出师德建设，把教师的思想政治工作落到实处；认真研究，深化“两课”改革，充分发挥“两课”在学生思想政治教育中的主渠道和主阵地作用。

继续加强党风廉政建设。要认真学习和贯彻《中国共产党党员领导干部廉洁从政若干准则》及相关条款。建立“领导干部党风廉政建设责任制”，强化各级领导抓党风廉政建设的责任意识；确定若干重点部门，开展专项监察。认真贯彻落实《中共中央、国务院关于党政机关厉行节约，制止奢侈浪费行为的若干规定》，坚持和发扬艰苦奋斗、勤俭节约的优良传统和作风，促进党政机关的廉政建设。

二、实施“211 工程”规划，加强学科建设，进一步提高教学科研水平，为地方经济建设服务

本学期，我校“211 工程”“九五”重点建设项目进入正式实施阶段，要认真研究，建立和完善实施“211 工程”的各项规章制度，确保为“211 工程”“九五”建设目标的实现起好步；同时，加强重点建设项目集中统一管理，使资源得以合理配置和最大程度的共享。

要适应面向21世纪经济和社会发展的需要,进行学科体系和专业结构的调整,加强学科建设。通过规范学科设置和专业重组,在巩固和发展老学科优势的同时,努力形成新的学科增长点;要认真组织好第七批增列博士、硕士学位授予点的申报工作。

教学工作要深化改革,提高质量,大力推进课程体系、教学内容和教学方法的改革,加强教学过程的规范化管理,健全教学质量监控体系。本学年要增加教学经费投入,进行教学重点项目建设,使学校本科教学工作在本学年内基本达到国家教委"本科教学工作优秀学校评价"的各项指标。

科研工作在继续发挥基础研究优势,做好1997年国家重大重点项目、攻关项目和"863"项目的争取和落实工作的同时,文理科都要主动面向经济建设主战场,大力加强横向科研工作;在认真总结工学院办院经验的基础上,加强工学院的学科建设,努力为福建省和厦门经济特区的经济建设和社会发展服务。

师资队伍建设要从改革和完善师资队伍管理体制入手,健全激励机制和淘汰机制,逐步优化队伍结构,提高队伍的学术水平。建立师资培养基金;建立有效机制,提高青年教师的全面素质,把提高青年教师的个人素质和队伍的整体素质结合起来,业务素质和思想素质结合起来;认真实施跨世纪人才工程,做好跨世纪人才的选拔培养工作。

三、深化管理体制改革,不断提高管理水平

继续加强工作作风建设。各级领导特别是校级领导,要不断改进工作作风,经常深入教学、科研和管理的第一线调查研究,及时了解情况,有效解决问题。抓大事,办实事,提高政策水平和管理水平;机关和院、系、所单位行政人员要在一年来加强工作作风建设的基础上,增强服务意识和学术意识,进一步建立和完善各种规章制度和办事程序,努力提高服务质量和服务水平。

进一步深化人事和分配制度改革。开好人事师资工作会议;修订考核聘任条例,完善考核聘任办法;认真总结校内工资总额动态包干试点单位工作。

后勤工作要围绕加强管理、提高效益的要求,改革完善机构,调整充实干部,提出后勤管理体制改革方案,使后勤工作稳步朝社会化方向迈进;要继续办好今年的8件实事,努力提高后勤服务水平和服务质量。财务工作,要加强管理,强化监督,提高财会管理水平;加强资金宏观调控,提高资金效益。进一步加强管理,大力节约水电开支。要继续推进"安居工程"的实施,完成东区集资建房的配套设施建设,做好二次分房工作。要抓紧嘉庚楼群动工的各项基础工作,确保工程顺利开工。逐步增加投入,努力改善单身教职工的住宿条件和学生的学习、生活条件。

各部门、各单位要按照本计划要点,结合实际,研究制定各自的工作计划或实施方案,并报送校党委办公室。

——本文摘录自《关于印发〈厦门大学1997—1998学年第一学期工作计划要点〉的通知》,厦大委办[1997]18号,档号1997-DQ01-1

·专　文·

关于学校改革与发展的几点思考

——在四届一次校教代会闭幕会议上的讲话

校党委书记　陈传鸿

（1997年1月10日）

四届一次教代会在全体代表的共同努力下，已经圆满完成了预定的议程，今天就要闭幕了。下面我想就代表们在讨论中普遍关心的问题谈几点意见。

一、认清形势，迎接挑战

正确地分析和认识我们所面临的形势是确定学校今后任务的基本出发点。从国际上看，当今世界正朝着多极化的方向发展，国际竞争更加激烈，其实质是以经济和科技实力为基础的综合国力的竞争，说到底是科技和人才的竞争。谁要想在激烈的国际竞争中立于不败之地，谁就必须能够培养出高质量的人才。从国内看，我国正为提前实现国民生产总值翻两番和开始向第三步发展战略目标进军，经济工作正在实现经济体制和经济增长方式的两个根本性的转变。所有这些都对高等教育和高校人才培养提出了新的要求。特别是在经济转轨的历史时期，如何继续坚持社会主义办学方向和全面贯彻党的教育方针，以创造性的工作推进学校的改革和发展。去年三月江泽民总书记在接见四所交通大学负责人的谈话中指出：在新形势下，我们的教育工作必须进一步解决好两个重要问题，一是教育工作要全面适应现代化建设对各类人才培养的需要，二是要全面提高办学质量和效益。简单地说，一是适应问题，二是提高问题，这也可以说是当前教育工作面临的“两个根本转变”。江总书记这一重要指示为我们指明了今后改革与发展的方向。

代表们在讨论中一致认为，学校正保持着蓬勃发展的势头，形势喜人，但喜中有忧。要把学校建设成国内一流，国际上有较大影响的社会主义综合性大学，任务艰巨。在今后一段时间内，我们在办学中还会遇到不少困难，其中主要有两个，一是办学经费不足，二是办学人才不足。我们国家是穷国办大教育，近几年虽然中央政府拨款的绝对数逐年增加，但只能维持办学的基本需要，单纯依赖中央政府拨款，学校难以得到大的发展。人才方面，“文革”造成的人才断层的影响正在表现出来，同时，我们面临着国内外对人才的激烈竞争，我们引进人才的条件和机制还不完善，措施还不得力，我门面临的困难还不少。但正像大家说的，办法总比困难多，只要我们认清形势，同心同德，开拓进取，艰苦奋斗，就一定能达到我们预定的目标。

二、巩固和发展“共建”成果

“共建”是我校深化教育管理体制改革的重要举措之一，它进一步增强了学校面向社会自主办学的能力,开创了学校办学的新局面,已经取得了明显的成效。"共建"促使学校在办学思想,人才培养,科技工作的面向等方面如何更好地适应社会主义市场经济创造了有利条件。

为了巩固和发展"共建"成果,还有很多工作要做。首先,要转变观念,解决依靠和面向问题,过去委属高校主要依靠中央政府办学,以"面向全国,服务全国"为准则,而为地方服务的意识和观念比较淡薄。社会主义市场经济的建立,促使计划经济体制下的全国统一的产业经济模式向区域经济转变,高等学校必须适应这种转变,确立学校在区域经济中的定位。按照学校提出的"立足特区,面向全国,发挥优势,主动服务"的思路,牢固树立首先为地方经济与社会发展服务的指导思想。从学校内部的改革与发展讲,要逐步建立面向社会自主办学的体制,把教育推向经济的主战场,实现教育与科技、社会、经济的紧密结合,主动为地方的经济建设和社会发展做贡献。因此,巩固和发展"共建"成果,不单是为了要钱,关键是做好服务,做出贡献。例如,我校创办飞机维修专业,就是为了满足厦门市需要开拓办学空间的很好的例子。当然在为地方经济服务的问题上,我们要站得高些,看得远些。我们常说,"经济是今天,科技是明天,教育是后天",适应地方经济发展需求并不是简单地去"对应"这种需求,即不仅要适应眼前的需求,更要适应长远的需求。积极为地方经济和社会的持续发展做好人才和科技的储备,这将对学校的学科建设,专业更新,教学改革,基础研究和高新技术研究提出新的更高的要求。为了更好地为地方经济建设服务,要大力加强工科的建设。巩固和发展"共建"成果,我们还要加强引导,积极推进院系所与企业,行业部门的共建,以使得学校与社会经济更紧密的结合,并推动学校各单位的改革和增强各单位的自我发展能力。

三、把握改革发展稳定的工作大局,深化教学科研改革

今年全党全国有两件大事,一是香港回归,二是党的十五大的召开。因此,在工作大局上要把保持稳定放在第一位。提高办学质量和效益,关键在于深化改革,向改革、向管理要质量,要效益。教学和科研是学校工作的两个中心,"教学是基础,科研是关键,人才是根本,经费是保障",这是大家的共识。

搞好改革的一个重要前提是调动全校师生员工的积极性,使大家对学校的工作全局有一个共识,有良好的精神状态和强烈的创一流的意识,有一个迎接挑战和克服困难的责任感,这样就可以使得我们学校有一个很强的承受能力,以应付各种可能出现的复杂局面。其次改革的目的,要使学校的有限资源得到合理的配置和使用,使学校的工作能更好地按教育规律办事,更好地适应经济工作的两个转变的要求,提高质量和效益。

要切实地把教学科研改革放在重要的议事日程。世界科技革命的浪潮使得知识更新更快,科技成果转化为生产力的周期缩短,学科的发展呈现高度分化和高度综合的趋势;另一方面,市场经济体制的建立对人才的素质和培养模式也提出了新的要求。自主择业的就业方式要求学生有更强的适应能力和竞争能力;人才的流动性要求更强的应变能力,更强的独立获取知识和更新知识的能力。因此,这就要求我们探索新的人才培养模式,强调对学生的知识、能力、素质的综合培养。综合素质的核心是创新精神和创新能力,它对学生的成才和终生继续学习十分重要。这要求我们在教学过程中给予学生更多的自主和选择的机会,尽可能地加强学习与研究,学习与创造的结合。努力探索改革人才模式,力求逐步形成我校的个性和特色。要大力提倡教学与科研的紧密结合,做好科研工作的转轨;提倡学科交叉融合,联合攻关;努力促成基础研究向高科技延伸,使科技与经济建设主战场紧密结合,促进科技成果的产业化。

四、加快培养和选拔跨世纪优秀人才

今后几年,是教师队伍离退休的高峰,预计每年有100多名教师退岗。此外,我校现有近300名中层以上领导干部在本世纪退岗的占一半以上。学校的教师队伍和干部队伍将由以"文革"以前毕业的,过渡到由以"文革"后毕业的为主体。如何避免学术断层和优良传统的断层值得关注。如何造就一支面向21世纪的师资队伍,是摆在我们面前的首要任务,包括加强中青年教师的培养,优秀学术带头人和骨干教师

的引进和培养,以及如何造就大师人才等。学校工作千头万绪,师资队伍建设是最关键的。

首先,要广开进贤之路,坚持德才兼备的原则,不拘一格引进人才。引进一个杰出的学术带头人,可以带动一个学科,凝聚一支队伍,开辟一个研究方向,故曰:“人才难得”。要克服武大郎开店的思想,破除论资排辈、求全责备、文人相轻等陈规陋习。同时对引进的人才还要关心服务,做到事业留人,感情留人,服务留人。各单位要根据事业发展规划,制定人才引进规划,不单要坐等人才上门求职,要建立国内外的人才库,有计划地主动出击,加强联络交流。其次,要创造让优秀人才脱颖而出的良好环境,特别要全面关心青年教师的成长。建立和完善人才选拔的公平竞争和流动机制。继续完善中青年骨干教师的选拔培养制度,以及在出国进修,职称评审,解决生活困难等多方面给予关心和支持,在教学科研工作中让他挑重担,使他们在实践锻炼中不断增长才干,也不断提高思想道德修养。

一流的大学,要有一流的管理。就我们学校来说,管理比较薄弱,又存在着轻视管理人才的偏见。大学之间的竞争,首先是大学领导人之间的竞争,随着大学功能的扩展和办学自主权的扩大,学校的生存和发展在很大程度上要靠自己。建设一支一流的管理干部队伍也是当务之急。特别应当像重视学术带头人一样重视党政领导人才的建设,鼓励党政管理干部不仅把党政管理工作当作一个为人民建功立业的岗位,而且真正当作一门学问去研究和实践。

五、进一步加强教代会建设

这次教代会有很多新气象,一是充分发扬民主,广开言路;二是代表们围绕学校大事和群众关心的热点问题开展调研,使代表们的议事建言的质量很高。对学校的工作既有批评又有建设性的意见,提出了一批质量较高的提案;三是校领导和院系领导始终和代表一起讨论,加强了沟通和理解。在这里,我代表校党委、校行政对代表们辛勤和卓有成效的工作表示衷心的感谢。

我们要进一步加强教代会建设,校党委要进一步加强对教代会工作的领导,进一步规范制度建设,提高教代会质量,切实重视和发挥教代会的作用。教代会是全校教职工当家作主,参与学校民主管理,民主监督的重要制度,也是实行校务公开和维护教职工权益的重要渠道。充分发扬民主是实现决策民主化和科学化的重要保证,也是开好教代会的重要标志。校领导,包括学校职能部门定期地向教代会汇报工作是自己应尽的责任,为了使代表们多了解情况,学校今后还要不定期向大家通报学校的重要情况,使大家知情出力,支持学校的工作。校领导还要深入基层虚心倾听意见,特别要欢迎批评意见。校领导的工作和教代会的工作目标是一致的,通过沟通,取得共识,就能步调一致去夺取胜利。

做一名教代会代表是十分光荣的,责任也十分重大。各位代表都是民选的,得到群众的信任和委托,因此有政治上的优势;大部分代表来自基层,了解群众的冷暖,热心为群众服务,因此有群众的优势;代表们又是某一方面的专家能手,熟悉校情和办学规律性,所以有学问上的优势,加上依靠代表的集体努力,就一定会把工作做好。希望代表们更多关注学校的大政方针、发展战略和学校的中心任务,开展工作。希望各单位领导要为代表们开展调查研究提供帮助和方便。每年一次的教代会会议时间安排都很紧凑,代表们的任期是四年,所以两次会议之间如果代表们能选择一些专题开展调查研究,那么对提高下一次会议的质量肯定会有很大的帮助。

——本文摘录自陈传鸿:《大学之道:在建设一流大学的征程上》,厦门大学出版社,2003年12月版

以整风精神开展“三讲”教育

——处级以上干部“三讲”教育动员报告

(1997年3月21日)

校党委书记　陈传鸿

中共福建省委要求今年9月前在全省县处级以上干部中集中开展以讲学习、讲政治、讲正气为主要内容的党性党风教育。为保证这一教育扎实有效的开展,校党委已经做了专门部署(厦大委办[97]6号文)。现在我再讲两点意见。

一、充分认识开展教育的重要意义

在全校处级以上干部中开展以讲学习、讲政治、讲正气为主要内容的党性党风教育,是深入开展党员“双学”(即学党章、学理论,主要是学习邓小平建设有中国特色的社会主义理论)活动,是加强党的建设,坚持从严治党,建设高素质干部队伍的一项重要举措。

江泽民总书记在党的十四届五中全会以来一再强调,领导干部一定要讲学习、讲政治、讲正气。在纪念中国共产党成立七十五周年座谈会上指出:政治路线确定之后,干部就是决定的因素;建设高素质干部队伍“已经成为摆在全党面前的刻不容缓的任务。”在改革开放和现代化建设时期,小平同志多次强调:在工作重心转移到经济建设以后,要防止埋头经济工作,忽视思想工作的倾向,防止在日益复杂的斗争中迷失方向。他语重心长地告诫我们:“中国的事情能不能办好,社会主义和改革开放能不能坚持,经济能不能快一点发展起来,国家能不能长治久安,从一定意义上说,关键在人。”“中国要出问题,还是出在共产党内部,对这个问题要清醒。”“努力建设高素质干部队伍”和开展“三讲”教育,是党中央正确地分析了国内外形势,从巩固社会主义制度的高度提出的,是我们党率领全国人民实现跨世纪宏伟纲领的重要保证,是贯彻党的基本路线一百年不动摇的重要战略措施。这是因为我们所面临的伟大艰巨的经济建设和社会发展的任务,需要有强有力的政治保证;在新形势下,实现跨世纪宏伟目标对党的自身建设提出了新的任务,对各级领导干部的素质和领导水平提出了更高的要求。

江泽民总书记指出:讲学习、讲政治、讲正气,三者是紧密相连和互相统一的。这次“三讲”中,讲学习是前提,是基础;讲政治是核心,是关键。学习好了,政治上强了,正气也就伸张起来了。我们讲的政治,是马克思主义的政治,是建设有中国特色社会主义的政治。政治包括政治方向,政治观点,政治纪律,政治鉴别力,政治敏锐性。江泽民总书记还指出:“什么是政治?从根本上说,政治问题主要是对人民群众的态度问题,同人民群众的关系问题。也就是说,忘记群众利益、群众路线就会丢掉政治的根基,从根本上断送我们的政治,窒息我们经济的发展。”

讲政治对高校有极强的针对性,对于在新形势下加强高校党的建设和干部队伍建设具有十分重要的指导意义。高校担负着培养社会主义事业的建设者和接班人的根本任务,还具有引导社会思潮、发展社会文化、建设社会主义精神文明等重要社会功能。高校是思想战线的一个重要阵地,也是西方敌对势力对我国进行“分化”、“西化”的重要目标。讲政治及时告诫我们一定要保持警惕,保持清醒的政治头脑,一定要克服忽视政治的错误倾向。当前在思想战线上存在的一些问题不容忽视。例如,在某些领域,马克思主义学说的指导地位被削弱,一些错误思潮还有市场,思想政治工作被忽视,部分师生人生价值取向多元化,个人主义价值观有所抬头以及一些干部为政不廉,脱离群众等等。所以高校必须讲政治,特别在培养人的问题上,必须有清醒的政治头脑。高校的干部必须明确,在政治的问题上做到守土有责,寸土不让。

高校讲政治,首先必须坚持学习邓小平建设有中国特色的社会主义理论。政治上的清醒和坚定,是以理论上的清醒和坚定为基础的。只有学好理论,才能分清一些思想理论是非,划清一些基本界限;第二,必须旗帜鲜明地坚持党的教育方针,把领导班子建设成为"讲政治"的坚强集体,确保党中央的路线、方针、政策不折不扣地在学校得以贯彻执行;第三,必须保持奋发进取、迎难而上的精神状态,解放思想,转变观念,努力解决当前教育体制改革和办学机制转换过程中遇到的困难和矛盾,不断推进事业的发展;第四,必须坚持共产主义信念和全心全意为人民服务的宗旨,自觉加强世界观的改造;第五,必须坚持党管干部的原则,按照"四化"的方针和德才兼备的原则,搞好干部队伍建设。

实践证明,改革开放和现代化建设的伟大实践锻炼了广大党员干部,我校大多数处级以上干部素质是好的,是学校的中坚力量,发挥了先锋模范作用。但也应该看到,在部分干部中,也存在一些不容忽视的问题:如有的疏于学习,理想淡薄;有的事业心不强,满足于应付日常工作;有的精神不振,开拓意识较差;有的校外兼职过多,精力外流;有的本位主义严重,全局观念薄弱;有的纪律松懈,对自己要求不严;有的甚至为政不廉、以权谋私、违法乱纪等等。这些问题不同程度的存在,直接损害了党风和校风,损害了党的形象,影响了事业的发展。也深刻说明,努力提高干部队伍素质是一项刻不容缓的战略任务。因此,深入开展"三讲"教育,对于提高干部队伍素质,解决处级以上干部在理想信念和思想作风方面存在的突出问题,是必要的、及时的。对于增强贯彻执行党的基本路线的自觉性和坚定性,推动我校改革和发展,都具有十分重要意义。

二、加强领导,精心组织,以整风的精神开展"三讲"教育

这次"三讲"教育,以讲学习、讲政治、讲正气为主要内容,讲学习主要是学理论,学党章,首先是学好马列主义、毛泽东思想,特别是学习邓小平建设有中国特色的社会主义理论。学会运用马克思主义的立场、观点、方法来研究新情况,解决新问题。邓小平建设有中国特色的社会主义理论,内容丰富,博大精深,涵盖了我国现阶段经济、政治、文化、军事、外交和党的建设等各方面的基本问题。把这一理论的学习提高到新的水平,要在深度和广度两方面下功夫。学习要坚持以自学为主,以学原著为主。通过学习,努力掌握这一理论体系的精神实质,并善于用它来指导我们的各项工作。讲政治,主要是坚持正确的政治方向,坚定的政治立场,树立正确的政治观点,严格遵守政治纪律,不断提高政治鉴别力和政治敏锐性。讲正气,就是要坚持和发扬共产党人的政治本色和革命气节,在马克思主义的思想基础上,培养和弘扬高尚的人格品质,继承和发扬我们党在长期革命斗争和社会主义建设中形成的好传统,坚持真理,坚持原则,大力弘扬浩然正气,艰苦奋斗,勤俭节约,坚持同一切歪风邪气和各种腐败现象作斗争。

讲学习、讲政治、讲正气,讲的是共产党员和领导干部应当具备的理论素质和思想作风素质。归根到底,讲的是要有正确的世界观、人生观和价值观。素质是一种无形的力量,需要长期的自觉的刻苦的磨炼而成。好的素质是做好党和人民所交给的工作所必需的主观条件,缺乏这样的素质,轻则影响工作,重则在复杂的斗争中有可能迷失政治方向。

要以整风的精神搞好这次"三讲"教育。教育中要坚持一个"严"字,强调一个"实"字,要求学好文件,解决问题,抓出实效。要以理论为武器,以党章为镜子,以提高干部素质特别是政治素质为目标。教育要坚持理论联系实际的原则,用整风的精神搞好对照检查,重点解决好处级以上干部在理想信念,贯彻执行基本路线的坚定性、坚持全心全意为人民服务的宗旨,贯彻执行民主集中制原则以及思想作风等五个方面存在的突出问题;要开展认真的批评和自我批评,认真听取群众的意见,提倡干部间交流思想,开展谈心活动,统一思想,增进团结,进一步加强领导班子建设。开展批评和自我批评,也要讲政治,既要从大处着眼,又善于见微知著,防微杜渐;要抓住问题实质,分清政治上的是非界限,不要纠缠于枝节问题,以达到弄清思想、团结同志的目的。希望通过这次党性党风教育,逐步形成一个认真学习的风气、民主讨论的风气、积极探索的风气、求真务实的风气,坚持理论联系实际,学以致用,提高马克思主义理论水平,提高

解决实际问题的能力,在改造客观世界的同时改造主观世界。

要切实抓好整改,通过对照检查和整改,克服不良习气,做到自尊、自省、自警、自励,切实改进领导作风和工作作风。要从思想上筑起反腐拒变的长城,努力形成"讲学习,做表率;讲政治,当公仆;讲正气,树形象"的良好氛围,达到密切干群关系,推动工作,增强党性,提高素质,改进作风,勤政廉政的目的。

江总书记对于年轻干部特别寄予厚望,要求大家,"刻苦学习,勤奋工作,勇于创造,自觉奉献。尤其是要牢固树立正确的世界观、人生观和价值观,坚持正确的政治立场和政治方向,经得住执政、改革开放和发展社会主义市场经济的考验。"我们也希望各级领导同志,老同志在带头学习检查的同时,给年轻干部更多的关心和帮助。

这次集中教育活动从 3 月上旬到 6 月上旬,前后三个月时间;共分学习,对照检查和整改三个阶段。党委的文件对各个阶段都提出了具体要求,请各总支、直属党支部结合本单位实际贯彻执行,切实抓好落实。

——本文摘录自陈传鸿:《大学之道:在建设一流大学的征程上》,厦门大学出版社,2003 年 12 月版

把握办学方向　落实教学核心地位

——在厦门大学 1997 年教学工作会议上的讲话

（1997 年 5 月 31 日）

校党委书记　陈传鸿

近几年来，厦门大学的办学条件有了明显改善，管理体制改革迈出了较大的步伐，教学改革有了良好的开端，学校的校风更加好转，教育教学质量有所提高，保持了团结稳定，积极向上的局面。今年 4 月底顺利通过了国家教委对我校“211 工程”重点建设项目可行性研究报告的论证和立项审核，为我校跨世纪的奋斗目标打下了坚实的基础。

我们在看到成绩和良好发展势头的同时，还应当看到困难和问题。学校的教学和科研水平尚有差距，由于历史的原因，在硬件建设许多方面还很不足；经济体制转轨过程中一些不规范的东西及其负面影响有待解决；人才培养的质量还不能适应社会发展和经济建设的需要。到 21 世纪初，要实现把厦门大学建成国内一流，国际上有较大影响的社会主义综合性大学，需要付出艰辛的努力。面对这些艰巨而繁重的任务，我们要按照江泽民同志指出的“两个重要转变”，即全面适应社会主义现代化建设对各类人才培养的需要以及全面提高办学的质量和效益的要求统一我们的思想。下面我就把握办学方向，落实教学核心地位的问题谈四点意见。

一、明确办学指导思想，把培养人才作为学校的根本任务

高等学校具有培养人才、发展科学、服务社会的三项职能，而培养人才是最基本，最主要的首位职能。学校的科研要出人才，出成果，说到底，也是为人才培养服务的。人才培养的质量也决定了科学研究和服务社会的方向和水平。但在实践中，在国家教育经费投入不足，学校热点多，办学遇到种种困难的时候，培养人才和教学工作往往会不自觉地被忽视。例如，前一阶段存在的“四个投入不足”（即：一是教学经费投入不足；二是领导精力投入不足；三是部分教师对教学工作投入不足；四是学生对学习投入不足）的现象，就是突出的表现。这些问题如果长期不解决，就可能导致教学质量的“滑坡”。这种不够重视人才培养和教学工作的倾向，是办学思想不端正的一种表现，必须引起高度重视。只有坚持正确的办学指导思想，才能统一认识，真正把人才培养作为学校的根本任务，把教学改革放在学校工作的核心位置上，才能充分调动广大教师的积极性，推进教学基本建设，深入开展教学改革，不断提高人才培养质量，全面推动学校改革与发展。

校党委要切实加强对教学工作和教学改革的领导，校院系各级领导和教学管理部门领导和干部都要深入基层，深入课堂、实验室，深入教学第一线，积极探索改革教学思想，教学模式，更新教学观念和加强教学管理。同时还要尽可能加大对教学的投入。努力改善教学基础设施和学生的学习生活条件，优化育人环境，把政治思想工作深入到教学的各个环节中去，真正把培养人才这一根本任务落到实处。

二、始终把坚定正确的政治方向放在首位

社会主义事业的建设者和接班人不仅要有精湛的业务知识和专业技能，更重要的是要坚持正确的政

治方向,具有很高的思想道德素质和文化素质,这样才能充分发挥自己的专业知识和技能在社会主义现代化建设中的作用。高校是建设社会主义精神文明的重要阵地和排头兵,学校培养的人才既是专业知识和技能水平比较高的知识分子群体,也应是思想道德素质和文化素质最高的人才群体。这就是要求我们培养的人才必须是政治上坚定,思想上清醒,具有应对社会各种复杂问题的知识,能力和较高的思想政治素质。思想政治素质中最主要的是要有强烈的爱国主义精神和艰苦奋斗精神。

要特别重视培养和造就一批有坚定社会主义信念的优秀人才,包括优秀的青年马克思主义者,优秀建设人才。要进一步加强"两课"建设,抓好"两课"改革,努力使马克思主义理论课、思想品德课在教学的基本要求、课程设置、教学大纲、教学内容、教学方式等方面逐步规范起来,努力使邓小平建设有中国特色社会主义理论进教材、进课堂、进头脑。

江泽民总书记1991年12月9日视察厦门大学时语重心长地指出:党中央对青年一代寄予厚望,广大青年是我们社会主义事业的接班人,是祖国未来的建设者,对他们要经常进行马克思主义基本理论教育,同时也要经常进行我们民族的优良传统教育。例如,孟子的"富贵不能淫,贫贱不能移,威武不能屈";文天祥的"人生自古谁无死,留取丹青照汗青";林则徐的"苟利国家生死以,岂因祸福避趋之"等等,对于激励人们的爱国热忱是很有作用的。应该说,这些话都是我们民族文化中富有哲理,教人正直、忠贞、有抱负的名言。学习和掌握它们,对于青年立言行事,为国家,为人民建功立业是受益匪浅的。

我们还要积极加强学校的社会主义精神文明建设,搞好校园文化建设,引导和组织青年学生进行各种社会实践活动,努力培养适应21世纪需要的有理想、有道德、有文化、有纪律的社会主义新人。

三、进一步加强教师队伍建设

建设一支高素质的教师队伍,是落实教学核心地位,提高教育教学质量的关键。我校在国内外都享有较高的声誉,主要是得益于我们有一支水平较高,经验丰富,吃苦耐劳的教师队伍。近几年来,学校正处新老教师交替的时期。到本世纪末,五六十年代毕业的老一代教师大部分都要退出教学第一线,21世纪初的讲台将主要由改革开放以后培养出来的年轻教师来接班。针对这一状况,学校必须下大力气,加强教师队伍的建设和培养。要通过进一步深化校内管理体制改革,在政策和措施上向从事基础课教学的教师倾斜,吸引大批高水平的青年教师到教学第一线上来。当前正在开展的高等教育面向21世纪教学内容和课程体系改革,是一项立意新、起点高、有组织的教改实践,学校要结合正在开展的本科教学评价工作,积极吸引广大教师,特别是青年教师参加。一方面发挥他们知识新、富有创新精神的优势,另一方面也是他们向老一代教师学习的好机会。要进一步加强对教师的职业道德教育,提倡奉献精神和为人民服务的精神。

大学教师的基本职责是在传授知识的同时,培养和发展学生的良好智力和人格,教书育人。教师是辛勤的园丁,是人类灵魂的工程师。要帮助青年教师牢固树立从教光荣的思想,明确教师工作的崇高职责,从而自觉树立献身于教育事业的光荣感、责任感和使命感。教师要在道德、情操、品行、作风等方面成为学生的楷模,做到严于律己,为人师表。努力提高教师的政治水平和业务水平,要充分发挥教师在教学中的主导作用和示范作用,热爱学生,维护学生的权益,全面关心学生的成长。

四、加强学风建设,努力营造一流的校风

优良的学风对于促进学生健康成长有着相当重要的作用。优良的学风是学校的无形资产。名校的优良学风影响着一代又一代学生,激励他们刻苦学习、奋发向上、勇于创新。而学校优良学风的形成,与很多因素有关,如历史传统的因素、教师的因素、学生的因素等等,当然也包括管理的因素。

学风反映学生精神面貌和学校的管理水平。学风建设是学校精神文明建设的重要内容。应当看到当代大学生的主流是好的,是积极向上的。虽然对目前校风、学风的估计还不能过于乐观,但不能因为当

前学风中存在的一些问题，以偏概全否认当代大学生的主流。加强学风建设，要坚持正面教育，积极引导，还要健全制度，积极探索建立教学质量的保证机制。要加强教学管理，尤其是学籍管理和教学秩序的管理。

学籍管理制度规定了学生学习生活中必须遵守的一些规定，具有严肃性、强制性和导向性的特点。学生遵守这些规定，按照要求去做，就会促进他们自觉养成勤奋学习、奋发向上、求实创新的优良学风。而保持稳定的教学秩序，这是学校完成教学任务，培养合格学生的前提。教学秩序的管理和学籍管理是相辅相成的。要认真贯彻落实《厦门大学教学规范》，教师首先要自觉遵守规范，以身作则。加强教学秩序的管理和学籍管理是学校的一项经常性工作。学校领导，教务处和各院系领导要常抓不懈，抓出成效。要经常深入教学第一线，了解情况，检查督促。对发现的问题，该批评的要严肃批评，确实要执行纪律的，就要按规定严格执行纪律，防止失之于宽，失之于软。同时要为树立良好的教风学风鼓劲撑腰。各院系要把贯彻教师教学规范与“树，创，献”活动紧密结合起来，表彰教书育人的先进典型，大力提倡恪尽职守的敬业精神，努力营造一流的校风。

开展的高等教育面向21世纪教学内容和课程体系改革，积极准备迎接国家教委“本科教学优秀评价”工作，是学校“211工程”建设的第三大战役，它是关系到能否实现我校跨世纪奋斗目标的大事。要高度重视本科教学工作，真正把教学改革放在学校工作的核心位置上。加大对本科教学的投入，加强教学基础设施的建设，努力实现教学手段和教学管理的现代化，不断深化教学改革，并着眼于未来，把提高教学质量这一永恒的课题长期坚持不懈地坚持抓下去，努力开创我校本科教学的新局面。

——本文摘录自陈传鸿：《大学之道：在建设一流大学的征程上》，厦门大学出版社，2003年12月版

找差距　创一流　兴南强
——在校第四届教代会第一次会议上报告摘录

(1997 年 3 月 30 日)

校长　林祖赓

我们已制定了面向 21 世纪的奋斗目标,我校的定位是“国内一流,国际上有较大影响”。为此,全校师生都要树立创一流的意识,用创一流的意识来推动全面工作,并以此来鼓舞广大师生,团结和凝聚全校的力量。要创一流的教学、科研水平,一流的师资队伍,一流的管理水平,一流的后勤保障系统,树优良的校风、学风,形成坚强的党建和思想政治工作体系,争取在每一部分工作中都能多上几项国内一流,特别是确定作为“211 工程”重点建设的八个学科(群)更要率先创出一流业绩。

这几年来,厦大确确实实有了明显的进步和发展,赢得了一片赞扬声。但是,应当看到,我校还存在着许多差距,因此要有危机感。我们要敢于正视问题,然后去克服它,才能缩短差距,力创一流。为此,我感到有几个问题需要着手去做:

1.大力提倡敬业精神,忠于职守、勤奋工作。要宣传鼓励把更多的精力投入到教学科研工作中,乐于奉献;在政策上对把精力投入教学、科研的要给予适当的倾斜。

2.要使有限的资源产生更大的效益。一方面要集中有限资源在某个领域,以利有所突破,率先做到国内领先(如学校把共建经费投入网络中心和图书馆,已使其向国内前列迈进)。另一方面,在教学科研设备的管理和使用上要处理好集中与分散的关系,要明确这些设备不是个人所有,也不是单位所有,而是全校共有,让学校集中有限财力购置的大型设备充分发挥效益,做到全校共建、资源共享。

3.后勤改革要朝社会化方向迈进。后勤改革的目标是“少花钱,多办事,办好事”。今后要加强财务项目审核制度,在校内许多工作如基建、水电安装、维修项目、印刷费用等都应实行公开竞标,按市场经济规律运行;要积极推行有计划的财务运行体制即预算制度,减少不必要的开支;后勤工作要逐步逐项地实行社会化,加快社会化服务体系建设,使学校能集中精力搞好教学、科研工作。

4.深化与拓宽多渠道集资的内涵。要加强引导,在学校与省、市共建的基础上,积极推进各系、各单位与企业、行业部门的共建,通过有效的共建来加强各单位的自身发展。

5.保持规模,提高质量、层次和水平。保持规模,是指在招生总规模不变的情况下,减少专科,提高研究生的比例,以提高办学层次。实际上这也是利用有限资源发挥更大效益的一个重要方面。与此同时,要下大力气努力提高教学质量和科学研究水平。为此,要做好以下三方面工作。

(1)大力推行教学和科研相结合的原则:教学是高等学校最基本的活动,从现在开始,结合“教学工作优秀评价”工作,全校都要把提高教学质量放到突出位置来抓。一流的学校,要有一流的教学,包括一流的教师、一流的课程、一流的实验室,才能培养出一流的人才。因此要号召一流的教师站到教学第一线上。同时要充分认识到教学与科研又是相辅相成的,搞好科研,赶超前沿,是更新教学内容、提高教学质量的源泉。面向 21 世纪高素质的教师队伍,必须是教学、科研并重型的。

(2)要注意科研工作的转轨:即从个体的研究转向联合攻关,从无序到有序,从无形到有形。具体而言,一方面我们不否定个人申请课题,但要注重组织争取重大项目、攻关项目、“863”项目等在全国有影响的项目,只有这样才能体现一流大学的研究水平。另一方面要改变以往重大项目拿不到而地方项目又不肯拿的思想,大力开展横向科研,为福建省和厦门经济特区服务。要从过去个人的科研行为转向有组织的行为,树立全局观念和协作意识、主动服务地方意识,开展校内组合、校校组合、校内外组合。

(3)专业、学科建设的转向、重组、更新:五六十年代的优势学科、现有优势学科到了 21 世纪就不一定还是优势学科了。因此必须面向21世纪转向、重组、更新学科，以适应21世纪经济和社会发展的需要；要瞄准21世纪方向，建设新学科，发展新方向，使我校能在21世纪有更多的国家级优势学科。

6.造就一支面向21世纪的师资队伍。朱开轩同志曾经指出："创办一流大学，队伍建设是根本，物质基础是保证，科学研究是关键。"因此，我们应面向21世纪抓师资队伍建设，要继续做好中青年骨干教师的培养，并在此基础上培养院士级、大师级的人才。

——本文摘录自《厦门大学》（校刊），1997年3月30日第355期

我校一年来两个文明建设取得可喜成绩

——在校庆大会上的讲话摘要

(1997年4月6日)

校长　林祖赓

如今的厦门大学,已经是一所学科门类齐全,办学特色鲜明,基础研究和师资队伍较强,在国际上有一定影响的高水平的国家重点大学,而且具有蓬勃发展的良好势头。在“九五”开局的头一年,我们一手抓以学科建设为龙头的教学科研工作,一手抓精神文明建设,取得了可喜的成绩。

一年来,我校已经完成了《厦门大学“211工程”建设项目可行性研究报告》的编制,8个列入“211工程”重点建设的学科已获得国家教委“211工程”办公室批准;我们积极探索办学管理体制改革的新路子,与厦门市政府联合创办了厦大医学院,成立了海洋与环境学院、工商管理学院和南洋研究院,学科建设获得较大进展,去年经国务院学位办批准我校增设了两个博士点。医学院的成立,使我校成为国内综合性大学中学科门类最齐全的高等学校之一。通过对原有7个重点学科和8个“211工程”重点学科的建设,将使我校具备面对21世纪挑战的学科优势。

一年来,我校的教学科研事业继续保持良好的发展势头,在争取“863”项目方面有较大突破,获得了三个领域中的4个项目,共有18项科技成果获省部级以上奖励,申请专利25项,1996年我校被SCI收录的论文数从1995年的第19位跃居到第15位;经过努力我校又组建了2个国家教委开放研究实验室,增强了我校基础研究的优势;组建了“厦大高新技术研究发展中心”,在促进我校高新技术成果转化方面又前进了一步;去年我校有34个人文社会科学课题列入国家教委“九五”第一期计划。在教学方面,为了拓宽专业面,满足当今社会对人才素质的要求,我们积极进行了按系按专业大类招生试验,今年将全面进行按系按专业大类招生;我们开始组织实施“面向21世纪教学内容和课程体系改革”计划,有6大项21个子项目获得国家教委立项;我们正在积极抓紧“本科教学工作优秀学校评价”准备工作。此外,我们还通过了国家教委组织的成人教育评估。

在办学条件方面,校园高速信息网络建设规模、建设水平跃居全国高校前列,去年中国教育和科研计算机网Homepage(信息主页)评比,我校居全国第六位。学校下大力抓好“安居工程”,开展海滨东区的集资建房,目前施工进展顺利,8月份将保质保量全部交付使用。在基建方面,捐赠项目建文楼(教职工活动中心)今天就要封顶,联兴楼(海外教育学院、建筑系教学大楼)不久即可封顶,嘉庚楼群的捐款已全部落实,方案设计也已完成,本学期内即可破土动工。

——本文摘录自《厦门大学》(校刊),1997年4月15日第356期

正确处理教学工作中的几个关系

——在全校教学工作会议上的讲话(摘要)

(1997年9月30日)

校长　林祖赓

我校已通过国家计委、财政部和教委联合举行的"211工程"可行性报告专家论证,也已成为"211工程"学校之一。我们的奋斗目标是要把我校建设成国内一流、国际上有较大影响的社会主义综合性大学。我说过多次,一流大学要有一流的教学、一流的师资、一流的科研和一流的后勤。但大学最主要的任务是培养高质量的人才,学科建设、科研工作、后勤工作都是为了培养人才。因此,一定要树立教学工作在学校各项工作中的核心地位。我这里主要就创立一流教学工作局面过程中可能遇到的矛盾或认识分歧问题,谈几点意见。

一、"211工程"建设与搞好教学的关系。我校确定8个学科或学科群列入国家重点建设,这是为了保持和发展我校的优势,一个大学没有优势学科就没有地位这是不言而喻的。我们搞重点学科,并不意味着其他学科点不重要了,重点学科只是起一种龙头作用,目的是带动所有学科共同发展,况且重点学科建设本身也是动态的过程,我们希望有更多的新的优势学科点出现。这次"211工程"建设,就经费安排而言,相当一部分是投入到公共服务体系的建设上,这也将为其他学科的发展提供条件。关键要做到资源共享,提高设施的利用效率,不仅教师、研究生可以使用,高年级本科生也能使用。做到这一点,也就处理好了"211工程"建设与教学的关系。

二、科研与教学的关系。教学和科研是相辅相成的,不可相互脱离。一个教师不做科学研究或不具备科研能力,不可能成为好教师;同样,一个教师只搞科研不搞教学,也就没有发展的后劲,不可能成为大家名师。的确也有一些教师,对教学和科研的关系没有处理好,其主要矛盾面在不重视教学,不愿意上本科的课程。一定要采取措施或创造条件让年轻的高学位教师承担本科基础课,评定职称标准要增加教学方面的要求,不仅有工作量的标准而且还应当有教学质量的标准。

三、研究生教学与本科生教学的关系、普通教育与成人教育的关系。"211工程"规划确定我校人才培养层次定位在研究生和本科生并重,今后研究生规模还要扩大。这个变化不能单纯地看成只是学生数量比例的改变,而是意味着整个学校人才培养规格的改变,也就是两个层次教育的功能任务要进一步明确。本科要按照拓宽基础、文理渗透、淡化专业、实行素质教育的要求,课程体系和内容改革,要改变目前专业划分过细的状况。在本科实行素质教育的前提下,专业教育很大程度上要由研究阶段来完成,避免目前研究生教育本科化的现象。按照我校所处的地位,今后成人教育也要高层次,要以应用型研究生、课程进修班、在职干部插班生以及高级技术培训中心为主。

四、本科教学中素质教育与专业教育的关系。高等教育发展很快,但基本上是数量扩张,培养的人才仍然不能适应社会主义市场经济和现代化建设的需要,过去主要是数量上的不适应或许还有质量上的不适应。而现在主要是质量上的不适应,培养的人不少,然而高素质的人才却稀有。原因很多,其中重要原因是中学实行应试教育,大学实行专业教育。目前这个阶段提倡素质教育和专业教育相结合比较符合实际。我们学校参加了国家教委组织的文化素质教育试点,除了进一步强化计算机、外语教学外,实行了按系招生改革,对理科开设大学语文与写作、对文科开设高等数学,设立了连续不断的百科讲座。今后要进一步实行文理渗透,扩大全校互选的课程比例,通过合并,减少专业数并压缩专业课程量。这一方面为了使本科教育更好地适应经济科技和社会发展的需要,另一方面也为理顺研究生和本科生课程体系结构的关系创造条件。

五、专业教育中理论教学与实验实践教学的关系。学生动手能力很重要,而这正是目前用人单位意见比较大的一个问题。如何提高学生的动手能力应作为素质教育的重要方面予以高度重视,实验教学和实习是提高学生动手能力的基本环节。最近几年实验室建设的投入加大了,情况有了相当大的改变,但与一流教学的要求还有很大的距离。场所问题等嘉庚楼群盖起来后就能得到根本解决,其他问题的解决既要靠加大投入、进人来解决,也要从优化管理入手来解决,通用的实验室一定要集中统一建设,不能一个系建一个,一定要增强资源共享意识。此外,管实验和管教学分离的体制看来要进行改革。实习基地建设,有一些系做得不错,要巩固、发展、提高;其他系要以讲实效为原则想出新思路,创立新模式。

六、课堂教学与学生课外学习的关系。加大教学改革的步伐,实行素质教育,要适当减少课程和课时,要转变教学观念,要更多地让学生从课堂走向图书馆、开放实验室、网络中心,要更多地让学生参加丰富多彩、健康有益的课余活动,使他们的能力、知识、个性得到全面发展,德、智、体得到全面发展。

最后,我还要强调抓教学工作特别是完成国家教委的教学评优这一关系全局的大事,不能看作只是教务处,只是教学口的事情,而是我校今后一段时间里的头等大事,是继校园文明建设、"211 工程"之后的第三战役。全校各部门都要把它看作是自己的事情,同心协力,密切配合,狠抓实干,共同为把一流的教学带入 21 世纪而奋斗。

——本文摘录自《厦门大学》(校刊),1997 年 9 月 30 日第 364 期

·党建与思想政治工作·

中共厦门大学委员会关于在全校处级以上领导干部中进行以讲学习、讲政治、讲正气为主要内容的党性党风教育的通知

（1997 年 3 月 10 日）

各党总支、直属党支部：

最近，中共福建省委下发闽委[1996]21 号文件，要求在 1997 年 9 月前在全省县处级以上领导干部中集中开展以讲学习、讲政治、讲正气为主要内容的党性党风教育。为贯彻落实党的十四届六中全会精神和省委的部署和要求，为保证这一教育扎实有效地开展，现就我校开展党性党风教育，提出如下意见：

一、充分认识开展教育的重要意义

在全校处级以上领导干部中开展以讲学习、讲政治、讲正气为主要内容的党性党风教育，是深入开展党员“双学”活动，加强我校党的建设的重要组成部分，是贯彻落实党的十四届六中全会精神，推进社会主义精神文明建设的一个重要步骤，是坚持从严治党、搞好党风，建设高素质干部队伍的一项重大举措。

实现跨世纪宏伟目标对党的自身建设提出了新的任务，复杂多变的国内外环境对广大党员特别是领导干部提出了新的考验。在这关键时期，党中央对建设高素质的干部队伍十分重视。多次对党的干部的基本政治业务素质提出了严格和明确的要求。

实践证明，改革开放和现代化建设的伟大实践锻炼了广大党员干部，我校大多数处级以上领导干部素质是好的和比较好的，在学校党的建设和“211 工程”建设中成为中坚力量，发挥了先锋模范作用和表率作用。但也应该看到，在部分干部中，仍然存在一些不容忽视的问题，如有的疏于学习，理想淡薄；有的事业心不强，工作应付；有的精神不振，开拓意识较差；有的兼职过多，精力外流；有的本位主义较重，全局观念薄弱；有的纪律松弛，对自己要求不严；有的甚至为政不廉、以权谋私，违法乱纪。这些问题不同程度的存在，直接损害了党风和校风，损害了党的形象，影响了我校教育事业的健康发展，也深刻说明，努力提高干部队伍素质，是一项刻不容缓的战略任务。因此，在深入开展“双学”活动、贯彻落实六中全会《决议》中，对处级以上领导干部集中进行一次以讲学习、讲政治、讲正气为主要内容的党性党风教育，是十分必要的，它不仅有利于提高干部队伍素质，特别是解决处级以上领导干部在理想信念和思想作风方面存在的突出问题，进一步提高认识，统一思想，增强贯彻执行党的基本理论、基本路线、基本方针的自觉性和坚定性；而且有利于把握大局发展良好势头，同心同德继续开拓前进，并对于我校认真贯彻党的十四届四

中、五中、六中全会精神,全面落实我校"211 工程"建设规划,实现我校面向 21 世纪的奋斗目标,都具有十分重要的意义。

二、开展教育的基本要求

这次党性党风教育,以讲学习、讲政治、讲正气为主要内容。讲学习,主要是学理论,学党章,学党的方针政策。首先是学好马列主义、毛泽东思想,特别是邓小平建设有中国特色社会主义理论,学会运用马克思主义的立场、观点、方法来研究新情况、解决新问题。讲政治,主要是坚持正确的政治方向,坚定正确的政治立场,树立正确的政治观点,严格遵守政治纪律,不断提高政治鉴别力和政治敏锐性。讲正气,主要是继承和发扬我们党在长期革命和建设事业中形成的好传统,坚持真理,坚持原则,大力弘扬浩然正气,坚持同一切歪风邪气和各种腐败现象作斗争。

教育要坚持理论联系实际的原则。要从缅怀邓小平同志的丰功伟绩、认真学习邓小平同志建设有中国特色社会主义理论和思想、认真学习邓小平同志伟大革命风格入手,紧密联系当前的形势和任务,联系我校"211 工程"建设的实际,联系党员领导干部在理想作风方面存在的突出问题,重点解决好五个方面问题:一是坚持用党的基本理论武装头脑,着重解决轻视理论学习,理论脱离实际的倾向,努力增强学习自觉性,进一步端正学风,讲求学习效果,不断提高政治水平和理论水平。二是坚定共产主义的理想信念,着重解决意志衰退、理想淡化、方向不清、视线不明的问题,始终保持政治上的清醒和坚定,在工作实践中把握大局,在重大原则问题上明辨是非,坚定不移地走建设有中国特色社会主义道路、提高贯彻执行党的基本理论和基本路线的自觉性和坚定性。三是坚持全心全意为人民服务的根本宗旨,着重解决"为谁服务"的问题,树立正确的世界观、人生观和价值观,正确对待党和人民赋予的权力,坚持群众路线,进一步密切党群关系。四是严格遵守党的组织原则和政治纪律,着重解决党的观念和全局观念淡薄的问题,克服自由主义、本位主义思想,做到坚持原则、顾全大局,自觉与党中央保持高度一致,坚决维护中央权威。五是发扬党的艰苦奋斗、求真务实的优良作风,着重解决官僚主义、形式主义等问题,克服不良习气,做到自尊、自省、自警、自励,切实改进领导作风和工作作风,从思想上筑起拒腐防变的长城,经受住各种考验,树立良好党风,带动社会风气的进一步好转,从而达到增强党性,提高素质,改进作风,勤政廉政的目的。

这次教育采取集中与分散相结合的方法,动员报告、辅导报告由党委、党校统一组织,自学、讨论、对照检查、专题民主生活会原则上由各党总支组织安排(人数过多或较少的由党委组织部作适当调整)。

教育要从实际出发,讲求实效。要以自学为主,各党总支要通过各种形式教育和引导处级以上干部,抓紧时间,认真学习学好指定文件,自觉用整风的精神,严格对照解剖自己,并与专题民主生活会、民主评议党员领导干部结合起来,认真听取群众的意见,正确开展批评与自我批评,自觉检查在理想信念和思想作风方面存在的突出问题。开展教育要同党风廉政建设,创先争优学先模活动等结合起来,使教育更好地为推进我校两个文明建设服务。要努力探索融教育、管理、监督为一体的好办法,通过有效的组织管理,加强和健全党内监督,善于运用反腐败斗争中的正反两方面典型来教育干部,大力弘扬正气,反对歪风,在党内造成一种奋发向上的良好风尚。要立足于正面教育、自我教育、相互启发教育,做到气氛浓厚又扎实细致,不搞形式主义,不走过场,努力形成"讲学习、做表率,讲政治、当公仆,讲正气、树形象"的良好氛围,激发各级领导干部团结带领全校师生员工以崭新的精神风貌和优异的成绩,迎接校第七次党代会、香港回归和党的十五大胜利召开。

三、开展教育的步骤及时间安排

教育时间至少保证每周一个单位时间(自学文件时间自行安排),一般安排在星期五下午。教育共分三个阶段:

1.学习阶段(3 月上旬—4 月下旬)

党委进行学习动员和部署。党校组织 2～3 次辅导报告。各总支认真组织处以上领导干部自学指定文件和讨论。每个干部必须在自学文件基础上,写出发言提纲,做好讨论的准备。在学习告一段落时,组织一次学习心得体会的大会交流。

2.对照检查阶段(5 月上旬—5 月中旬)

各党总支主要负责人、各学习组组长要对对照检查的准备情况进行检查并做好安排。党员处级以上干部,要按照校党委的要求,自觉用整风的精神,根据这次教育重点需要解决好的五个问题,严格对照解剖自己,写出书面的对照检查材料,并在专题民主生活会上进行交流。专题民主生活会要邀请基层干部、党员、群众代表参加,认真听取他们的意见,正确开展批评和自我批评。通过对照检查,努力形成"讲学习、做表率,讲政治、当公仆,讲正气、树形象"的良好氛围。这一阶段,校党委将组织力量分别到各党总支、各学习小组参加各单位的对照检查和专题民主生活会。

3.整改阶段(5 月下旬—6 月上旬)

各党总支、直属党支部要针对教育中暴露出来的问题,进行认真的分析并提出书面的整改意见,报请党委审核后,要向党内外教职工通报。要教育和引导处级以上干部,正确对待基层党员和群众提出的意见,虚心接受群众意见,认真整改。对需要沟通说明的,也要及时解释,以利于团结师生员工增强凝聚力,同心同德,做好本单位工作。这个工作告一段落时,校党委将进行总结和表彰。

四、加强对教育的组织领导

校党委要加强对这次教育的领导。党委常委要带头学好,做好对照检查,并积极参与教育的全过程。党委各部门、校纪委要密切配合、各司其责、齐抓共管、形成合力、共同落实教育任务。要搞好教育的舆论宣传工作,校刊、校电台、校有线电视台等宣传形式,要配合做好宣传工作,形成一定声势,推动教育的深入开展。校党委要组织力量加强指导和督促,并要将这次教育中的情况和成效,作为考察、评价领导班子和干部的重要依据。对搞得好的单位和个人予以肯定和表扬,对搞得不好的单位和个人给予批评,该补课的要补课。

各党总支、直属党支部要根据校党委的通知精神,认真研究部署,制定切实可行的实施方案,提出明确的具体要求,落实进行教育的保证措施。对开展教育中暴露出来的问题,进行认真分析,实事求是地加以解决,并及时报告校党委。集中教育结束时,每个处级以上领导干部都要对学习教育情况做出小结,各单位也要总结这次教育情况,并上报校党委组织部。

这项教育于 1997 年 6 月初告一段落,届时省委将对这次学习教育情况进行检查。

附件:1.推荐重点阅读的篇目

2.处级以上党员干部"三讲"教育活动日程安排表

(附件略——编者)

中共厦门大学委员会

一九九七年三月十日

——本文摘录自《中共厦门大学委员会关于在全校处级以上领导干部中进行以讲学习、讲政治、讲正气为主要内容的党性党风教育的通知》,厦大委办[1997]6 号,档号 1997-DQ01-1

中共厦门大学纪律检查委员会
向中共厦门大学第七次代表大会的工作报告

(1997年6月7日)

一、五年来工作的回顾

党的十四大以来,特别是中纪委二次全会以来,党中央对党风廉政建设和反腐败斗争做出了全面部署,确定了反腐败工作的指导思想、基本原则和三项工作格局。校纪委坚持"两手抓、两手都要硬"的方针,按照上一届党代会提出的"坚决、持久地抓好党风和廉政建设"、"准确、严肃查处违纪案件"、"真正担负起'党的忠诚卫士'的光荣职责"的任务要求,扎实有效地开展工作,取得初步成效。

(一)认真抓好党风廉政建设和开展反腐败斗争,为促进学校改革和发展服务,为加强社会主义精神文明建设做出贡献

过去五年,是我校全面发展的一个重要时期,纪委在上级纪委和校党委的领导下,坚持党的基本路线和基本方针,牢牢把握中心,抓好党风建设,全力维护学校发展、稳定,逐步形成了"党委统一领导,党政齐抓共管,主要领导亲自抓,纪委组织协调,部门各负其责,依靠群众支持参与"的反腐败工作机制。

几年来,纪委认真贯彻中央和中纪委有关全会精神,认真学好江泽民同志多次重要讲话,制定了相应的贯彻意见。各级干部通过认真学习,准确把握精神实质,严格遵守党的政治纪律,在政治上、思想上、行动上与中央保持一致,自觉维护了党中央的权威。

为了保证学校坚持正确的社会主义办学方向,纪委注重以思想政治建设为重点,积极参与学校各项重大决策的制定。近年来,在认真调查和缜密思考的基础上,协助党委制定了"党建"和"精神文明建设"的五年规划,为"九五"期间学校改革和发展打下了坚实的政治与思想基础。

同时,采取多种方式,进行党的优良传统和作风教育,提倡艰苦奋斗精神,反对奢侈浪费现象。年终岁尾开展"反对铺张浪费、公款吃喝"的专项治理,努力在学校营造一个以艰苦奋斗、勤俭朴素为荣,以铺张浪费为耻的良好校园氛围。

(二)坚持"明确任务、确立目标、突出重点、完善措施、加强检查"的工作思路,促进领导干部廉洁自律工作,干部认识不断提高,工作成效日益明显

领导干部廉洁自律既是反腐败工作的一项重要任务,也是落实领导干部"自重、自省、自警、自励"要求、建立高素质干部队伍的重要措施。纪委立足制度规范,重在具体部署,几年来,制定了《校领导议事规则》、《处以上领导干部廉洁自律的若干规定》等制度,并逐年修订,使之日臻完善。1995年制定的《厦门大学关于贯彻领导干部廉洁自律有关规定的实施办法》符合实际,切实可行,得到了国家教委纪检组的充分肯定。

开展领导干部廉洁自律工作,既坚持基本要求,又有不同时期的针对性。1995年的廉洁自律工作按"实施办法",全面检查;1996年上半年突出了领导干部要讲政治的主题,主要检查贯彻遵守民主集中制的情况,促使各单位坚持办公会议制度,在财务、用人、选派出国等问题上集体研究、政务公开;1996年底的廉洁自律工作,主要检查财经纪律执行情况,增强了财务一支笔的责任感,增加了财务工作的透明度,

严格了管理。

提高民主生活会质量是做好廉洁自律工作的中心环节。为了避免领导干部在对照检查过程中出现泛泛而谈、回避问题的情况,纪委设置了对照检查表,促使干部按规定内容进行对照检查。每年校领导民主生活会,都受党委委托会同有关部门召开干部和教师代表、民主党派负责人座谈会,广泛听取意见,做好会前准备。在各单位召开民主生活会期间,纪委选择若干有代表性的单位,参加他们的民主生活会,进行督察和指导。同时还做好会议记录本的查阅工作,全面了解和掌握情况,寻找问题,总结工作。近两年来92%的处以上领导干部都按要求进行了自律检查。

抓紧"三项制度"的贯彻落实。学校副处以上党政干部按中央规定进行收入申报,纪委、组织、人事部门严格进行审核,并促使干部按章纳税。对于公务活动中收受的礼品,大部分干部能办理登记和主动上交。实行离任廉政检查制度以来,已有17位领导干部自觉做了离任前的廉政检查,这使干部工作移交有了制度保证,为领导干部党风廉政责任追究制度的实施创造条件。少数不重视建章立制,疏于督促检查,致使自己负责的部门发生违纪案件与不正之风、给集体造成重大影响和损失的干部,受到应有的追究。

(三)坚持把查处违法违纪行为和纠正不正之风作为反腐败三项工作的重点来抓,标本兼治,巩固成果,推动了党风廉政建设的深入

在建立社会主义市场经济体制的过程中,不可避免地出现违法违纪现象,在高校,一些单位制度不健全、监督措施不力,极易诱发少数素质较低的干部违法违纪。从已揭露出来的案件看,危害后果和不良影响极其严重。要在高校更有成效地开展反腐败斗争,就要加大办案力度,查处违纪人员。

纪委加强与有关职能部门的配合,克服种种困难,查处了一批违法违纪案件。五年中,共受理信访件315件(次),初查核实304件。立案13件,已全部结案,涉及贪污、挪用、失职、诈骗、腐化堕落等违法违纪问题。其中受开除党籍和公职处分2人,开除党籍处分1人,留党察看处分2人,党内严重警告、警告2人,开除公职1人,开除留用1人,行政记大过2人,记过1人,警告1人,为学校挽回经济损失49.7万元。此外,对不涉及党纪政纪处分,但核实做出处理意见的专项调查30余件,使一些问题及时得到澄清。

在纠风专项治理工作中,坚持"公开与监督"制度,充分利用"两公开一监督"专栏,公开办事程序、办事结果,接受群众监督。公布了学校在评奖、职称评定、招工聘干、农转非、分房、对外服务收费等"热点"问题百余项,群众反应较好。

招生录取是高校纪检监察工作的重点内容之一。每年除了参加招生监察工作外,纪委还特别重视做好艺术类招生专业考试的监察工作。会同主管部门制定和完善措施,防止不正之风,维护考试的公正性,取得了较好的社会效果。主动会同学校招生办、财务处共同制定新生注册的收费项目和标准。此外,对校内服务收费,在调查摸底的基础上,取消和调整了部分项目和标准,一定程度上抑制了乱收费现象。配合学校财务、审计等部门,开展每年一度的财税物价大检查、清理"小金库"、清理预算外资金等工作,检查处理违反财经纪律的行为,防止挥霍浪费和公有资产的流失。近三年来,通过财务检查,纠正了一些单位的违纪现象,收回应缴款77万元。

二、主要做法与体会

党风廉政建设和反腐败斗争是严肃的政治任务,纪委认真履行职责,努力工作,取得一定的成效。主要做法和体会是:

(一)创造良好的政治环境和舆论氛围、健全领导机制和确立工作格局,是党风廉政建设有序进行的必要前提

学校党委把反腐败纳入重要的议事和工作日程,掌握党风廉政建设的领导权和决策权。凡中央重大决策和有关纪检工作的重要会议,党委都召开常委会听取汇报,进行周密研究、安排部署、贯彻实施。党委不仅创造条件让纪委参与学校各项重大事项,而且积极支持纪委独立开展工作。校党委、行政主要领导多次就纪委的具体工作进行指导,从人力物力上保证纪检监察各项任务的落实。对揭发出来的问题不

护短、不手软,真正做纪检监察工作的坚强后盾。全校初步形成了党风廉政建设的工作格局,建立了党风廉政责任制,使纪检工作能与教学、科研等各项工作一起部署、一起落实、一起检查、一起考核,逐步形成了反腐倡廉、齐抓共管的局面。

(二)坚持预防为主、教育为主、惩前毖后、治病救人的工作方针,提高干部的政治思想素质,是从严治党的根本措施

为了解决一部分党员干部法制观念淡薄,对党风廉政建设缺乏信心等问题,纪委明确提出了把党风廉政教育作为纪检工作上台阶的首要任务,认真抓好《党风廉政教育工作纲要》的落实,组织领导干部学习邓小平同志关于端正党风、反对腐败的论述,进行世界观、人生观和群众观的教育。去年按中纪委的部署,在党员干部中进行党政纪条规教育,历时三个月,大大提高了广大党员干部在市场经济条件下不断增强党性、遵纪守法的自觉性。中纪委五次、六次全会后,纪委及时印发会议材料,布置学习,使党员干部了解中央关于反腐败和党风廉政建设的有关精神。为了提高总支纪检委员工作责任意识和相关业务知识需要,举办了培训班,依托党校对党员和入党积极分子进行党纪政纪专题教育。

在宣传教育工作中采取多种形式,提高学习效果。从去年起,充分利用学校有线电视网,建立"电视教育周"制度,开展党风廉政教育,已播放各类教育片 10 部。定期出版纪检监察工作简报,开展党风廉政建设问卷调查与评析,对中层干部进行党政纪条规知识测验,强化学习效果。采取"请进来,走出去"的方法,邀请厦门市纪委和反贪局领导来校作专题报告,听取石狮市纪委开创工作新局面的经验介绍。通过灵活多样的学习方式,把党风廉政教育活动逐步引向深入。

(三)完善各项工作制度,建立健全监督制约机制,是做好党的纪律检查工作的重要保证

纪委注重在调查研究和广泛征求意见的基础上,本着"成熟一个、颁布一个,逐步配套,为有效监督提供保证"的原则,建章立制、规范行为,从建立完善制度入手,争取工作上的主动。根据中纪委二次全会以来有关规定的精神,陆续制定了《厦门大学行政监察工作规定》、《处以上领导干部廉洁自律的若干规定》、《厦门大学关于贯彻领导干部廉洁自律若干规定的实施办法》、《领导干部离任廉政检查制度》、《关于实行〈纪律检查建议书〉和〈行政监察建议书〉制度的办法》以及《关于在民主党派中聘请特邀监察员的办法》和《关于特邀监察员参与行政监察工作的几点意见》等。制度的建立,突出了配套性和操作性,充分发挥制度建设在党风廉政工作中的治本作用,逐渐走上了从单纯依靠组织手段转为主要靠制度管理干部的新路子。

(四)党风廉政建设是一个复杂的系统工程,多方合作,综合治理,是加大监督力度的有效途径

新形势下的党风廉政建设,需要各级党组织的共同努力,需要全体共产党员的积极参与。纪委着力与各系、所党组织互相配合,就面临的党风问题共同研究解决办法,在干部廉洁与离任检查工作中,主要发挥各单位党总支的积极作用,使这些工作逐渐成为党组织的自觉行动。与有关部处,建立联席会议制度,加强了纪检工作的横向拓展。针对教职工中违法违纪现象以及财务管理、物资采购供应工作等方面出现的问题,和职能部门通报情况,提高综合监督能力,收到了一定效果。

(五)培养一支高素质的纪检监察干部队伍,是深入开展党风廉政建设的基本条件

几年来,纪检干部相对稳定、素质不断提高,基层党总支纪检委员队伍也得到加强,发挥了应有的作用;1996 年又从各民主党派聘请了 17 位素质较高、参政意识较强的特邀监察员,他们定点联系有关职能部门,从行政监察的角度,实施参与、监督和服务。

针对当前党风廉政建设和反腐败斗争中出现许多新情况、呈现许多新特点的形势,纪委重视增强纪检干部的理论水平和业务能力,保证了纪检工作的质量。在专职干部中建立了每周的工作会议制度,进行工作总结和布置任务;建立了业务学习交流制度,各取所长,共同提高;积极选派专职纪检干部参加上级纪委举办的业务培训。由于学校的重视和自身的努力,纪委成为一个团结、有朝气、有战斗力的集体,有的同志还被评为"全国教育系统优秀纪检干部"。

回顾五年来的工作,虽然取得了一定成绩,但与中纪委提出的各项要求,与学校改革发展的形势以及群众的期望还有较大的距离。主要是:

(一)思想认识不能完全适应形势的要求,尤其是对高校如何开展纪检监察工作缺少深入研究,坚持"两手抓、两手都要硬"方针的自觉性依然不够。

(二)制度的滞后,仍然制约着工作的深入开展,检查的力度不够,致使有些制度不能取得实效。一些制度还缺少针对性和保证措施,不便于操作和落实。

(三)一些单位反映出来的问题,纪委未能及时采取措施给予解决;有的干部监督和接受监督的意识较差,纪委批评教育不够。

(四)反腐败三项工作发展不平衡,工作重点还不够突出。查办案件的力度不大,方法不多,纪检干部深入到基层了解情况、发现问题还不够,申控和信访制度有待进一步完善。

事实说明,反腐败仍然面临着严峻的形势,党风廉政建设的任务还十分艰巨,必须统一认识、扎实工作,坚定不移地把这场斗争继续深入下去。

三、今后四年反腐败和党风廉政建设的任务

党的十四届六中全会指出:"加强精神文明建设,首先要从严治党,抓好党风。"形势和任务对党的建设和党的纪律检查工作提出了更高的要求,从我校看,纪检工作既存在有利条件,也有许多亟待解决的问题。有利条件是:全校已逐步形成了精神文明建设和党风廉政建设的良好政治环境和舆论氛围,领导干部廉洁自律、查办案件和纠正不正之风三项工作的深入开展开创了党风廉政建设的新局面,广大党员对反腐倡廉的认识有了较大提高,绝大多数干部遵纪守法,总体上说我校的党风现状是好的。

但是,腐败现象和不正之风仍然通过各种形式反映到学校来,有些党员违反政治纪律,不能坚持政治上的坚定性,缺少应有的政治敏锐性和政治鉴别力;少数干部不能廉洁从政,对腐败现象的抵御力减弱,滋长了享乐主义思想;个别单位的领导对反腐倡廉缺乏重视,有章不循,我行我素,脱离群众,造成干群之间的隔阂。

纪委只有适应党的全局工作的需要,根据改革开放和党风廉政建设、反腐败斗争形势的发展,确定工作内容、工作重点和工作方法,才能全面履行职能,为改革、发展和稳定的大局服务。

(一)以邓小平建设有中国特色社会主义理论为指导,解放思想、实事求是,保证党中央的各项政策在学校贯彻落实;坚持党性原则,维护政治纪律,保证社会主义办学方向

今后,凡中央和中央纪委的重大决策,纪委都要及时地提出相应的贯彻意见,明确阶段性工作目标和措施要求,认真检查各级领导班子是否用中央精神统一思想,把任务落到实处。

纪委要为学校建设的大局服务,围绕中心工作,认真分析学校反腐败斗争的形势,每年都应重点选择1～2项涉及教学、科研、管理和群众关注的问题,深入调查研究,向党委提出建设性意见,为党委总揽全局、科学决策提供依据。协助党委做好党风廉政建设和反腐败的组织协调工作,进一步形成全校性反腐败的领导体制,加强领导,督促检查,抓住有利时机,以取得比较明显的阶段性成果。

(二)结合学校的特点,深化党风廉政建设的探索,做到整体工作的思路和方法有新的突破

随着反腐败斗争的深入,必须逐步完善和落实纪检工作的领导机制和工作方针,主要是:加强领导,深入落实责任制;突出重点,积极搞好专项治理。具体要做到以下几点:通过健全党风廉政责任制,强化各级领导抓好党风廉政建设的责任意识,明确廉政建设的基本内容和要求,保证工作的措施和目标任务落到实处;及时将党风廉政建设的专项任务分解到相关部门,总结已有的工作经验,制定部门之间协调合作的工作程序;发挥组织协调作用,加强与有关部门的配合,共同制定工作方案,加大查办案件的力度;抓住重点,选准项目,集中精力,对容易出现违法违纪现象的重点部门、重要岗位、关键环节,开展专项监察。

纪委要坚持工作的综合性、主动性、预防性、规范性,全面履行"保护、惩处、监督、教育"的四项职能,防止片面性。善于分析和把握可能出现的矛盾和问题,提前介入,主动出击,强化管理,堵塞漏洞。继续完善专项制度,按照严格规范、强化制约的原则,严密办事规则,建立起行之有效的内部制约机制,做到涉及教职工利益的事情都能办事公开,接受群众监督。

(三)加强各级班子的思想作风建设,加强对领导干部的监督制约机制,促使领导干部廉洁奉公,在党风廉政建设中取得更加明显的成效

严格按照中纪委关于党内监督五项制度的实施要求,建立新形势下贯彻民主集中制的具体制度。为了真正把党的民主集中制落实到工作中,纪委应协助党委制定有关议事规则、决策程序。根据民主集中制的原则,对研究重大事项、重要决策的办法做出更具体的规定,实施重要项目建设、财务预算执行、大额度资金支出等方面的报告制度。通过开展多种形式的检查活动保证民主集中制在党内得到切实有效的贯彻执行。

监督到位,是开展廉政建设的关键因素之一。纪委要正确地履行自己的监督职能,严格按党规党纪办事。要坚决贯彻《中国共产党纪律处分条例》,对领导干部和党员严重违纪的问题敢于监督和处理。针对一些单位漏洞较多、管理松懈的现象,纪委要主动介入,提出和制定防范措施,抑制和减少各种消极腐败现象。按照严格规范、强化制约的原则,对一些比较典型、带有倾向性的问题,纪委要采用通报批评的办法,限期纠正。对在党风廉政建设中领导上失职、管理上失控,致使单位出了问题,并造成不良影响的领导干部,要追究责任。要对处以上领导干部建立廉政档案,实施干部廉政自查答复制度,凡接到群众反映干部个人违反民主集中制、以权谋私、弄虚作假、官僚主义失职渎职以及廉洁自律等方面的问题,纪委要区别情况,以廉政意见书的方式,要求干部在规定时间内做出书面答复。

(四)坚持党中央确定的反腐败指导思想、基本原则和工作格局,全面落实反腐败三项任务

在坚持反腐败三项工作格局不变的前提下,今后要把领导干部廉洁自律工作放到重要地位,作为取得反腐败斗争更大成效的关键来抓。为此,今后几年内,要着重抓好以下几个方面的工作:根据领导干部《廉洁从政若干准则》的要求,制定我校具体贯彻意见,并针对高校工作的特点,每年确定几项内容作为对照检查的重点;认真组织每年的专题民主生活会,重视会前调研,强化会中指导,抓好会后整改三个环节。凡群众反映多、批评尖锐的问题,要求干部个人在会上做出说明,并及时向群众通报,真正体现监督的有效性;领导干部个人重大事项申报是增强领导干部廉洁自律意识,加强事前监督的有效制度,要严格执行申报工作纪律,及时进行监督检查。

查处案件要进一步加大办案力度,把查办案件的力气用在那些重点部位上,改进办案方法,使查办案件的工作由被动变主动;强化办案领导责任制,凡立案查处的,都确定一名主要领导负责,定期向委员会报告;在办案方法上加强联合办案,提高办案效率,在“细、快、清”上做文章,要定期排查案件线索,按时完成初核工作,提高初查率和成案率。避免案件久拖不决、久查不结的现象。同时,查办一个案,处理一件事,纪委都要针对存在的问题,从防范和制度上提出相应的整改措施。

以研究新问题、及时掌握动态、势力取得主动权作为纠正不正之风工作的出发点,重点从以下几个方面开展工作:坚决纠正有令不行、有禁不止、各行其事、弄虚作假的现象,保证政令畅通;对影响教职工利益,损害党群、干群关系的问题,采取措施及时解决;坚决纠正部门和行业不正之风,把纠风工作与领导廉政责任制以及职业道德建设结合起来;坚持把改变工作作风置于群众的有效监督之下,进一步完善“两公开一监督”制度,增强工作透明度;根据学校的实际情况,进行建设工程项目、科研经费使用等方面的专项检查,有计划、有领导、分期分批地对职能部门开展评议作风的活动。

(五)以相信群众、依靠群众、向群众负责为基本要求,继续发扬勇于创新、秉公执纪的精神,不断提高纪检工作的整体水平

培养一支政治坚定、业务过硬、作风优良、群众信赖的纪检监察干部队伍,是当前纪检工作中亟待解决的问题。当前,要提高纪检监察干部的使命感和责任感,尽心尽力向群众负责。在工作中要牢固树立群众观点,增强群众意识,依靠群众搞好反腐败工作。凡中央反腐败的方针政策和任务要求,都要通过各种方式让群众及时了解,使纪检工作置于群众的视线之下。及时向党内外通报有关工作进程,保证群众对纪检工作进行有效的监督。要调动和保护群众的积极性,认真做好信访举报工作,充分听取群众反映,限时给予处理和答复。

以职业道德建设为重点,在纪检干部中加强职业道德、职业理想、职业纪律的教育,塑造纪检干部良

好的精神风貌。纪检干部要发扬兢兢业业、淡泊名利、甘于清苦、艰苦奋斗、拼搏进取、秉公执纪的精神。要加强纪检监察业务知识和有关政策、法律、法规的学习，增强维护党的纪律、同腐败现象作斗争的本领。各级党组织要加强对纪检委员工作的指导，继续支持他们履行职责，更好地发挥兼职纪检监察人员的作用。

同志们，几年来的实践证明，高校的纪检监察工作只能加强，不能削弱。纪委要在上级纪委和校党委的领导下，主动积极地开展工作，以崭新的精神面貌和卓有成效的工作，把我校的纪检工作提高到一个新水平，为迎接党的十五大的胜利召开，为把厦门大学建设成为国内一流水平的社会主义大学而做出自己应有的贡献。

——本文摘录自《关于印发陈传鸿同志〈在中共厦门大学第七次代表大会上的报告〉和魏洪沼同志〈中共厦门大学纪律检查委员会向中共厦门大学第七次代表大会的工作报告〉的通知》，厦大委办[1997]15 号，档号 1997-DQ01-1

关于进一步加强精神文明建设工作的决定

(1997年11月25日)

为响应江泽民总书记在党的十五大政治报告中提出的“要深入持久地开展群众性精神文明创建活动”的号召,进一步贯彻《中共中央关于加强社会主义精神文明建设若干重要问题的决议》,更好地落实我校精神文明建设五年规划,学校决定进一步加强我校精神文明建设工作。

一、精神文明建设的现状

近几年来,我校精神文明建设工作的总体情况是好的,尤其是一九九四年十一月顺利通过国家教委的“文明校园”评估,有力地推动了学校的“211工程”建设。但从目前各方面反映出来的情况看,仍存在不少问题,与全市精神文明建设的水平存在一定的差距。作为高等学校,本应是精神文明建设的排头兵,绝不能拖全市的后腿。因而,我们必须认真总结经验,加强领导,常抓不懈,使我校精神文明建设再上一个新台阶。

二、本学期的工作重点

根据《厦门大学社会主义精神文明建设五年规划》,结合学校的实际情况,本学期我校精神文明建设将重点抓好以下四方面工作:

(一)建设文明校园,优化育人环境

1.增加植树造林和铺植草坪面积,不断扩大绿色园林覆盖面。

(1)学校除抓好现有绿地管理之外,计划在芙蓉园、大礼堂周围、鲁迅广场喷水池等地铺植草坪,扩大绿地面积。

(2)各院系所的办公楼和实验室周围的草坪铺植和管理工作由各单位自行负责,学校进行督促和检查。

(3)各住户区负责本区的草坪种植和管理工作。

2.落实卫生评比的各项制度,定期组织群众性的卫生大扫除,进一步搞好校园环境的净化和美化工作。

3.增建一批有教育意义的文化景点、雕塑和艺术标志,本学期将做好建设规划。

4.营造良好的学习和生活环境,继续开展“文明宿舍”、“文明楼”的评比表彰活动。

5.加大校园整治的力度,进一步做好校园交通秩序的管理工作。

(二)积极开展“讲文明、树新风”的创建活动

1.加强对学生的文明行为举止的教育,着手制订《厦门大学学生文明公约》,督促学生遵守执行。

2.在教职工中继续开展“树、创、献”活动,抓好师德和职业道德建设。

3.落实机关作风建设的规章制度,提高服务质量。

4.学校将总结各单位精神文明建设的先进经验和典型做法,大力宣传涌现出来的先进集体和个人,并通过校内各种宣传媒介的舆论监督,促进校园精神文明建设的进展。

(三)广泛深入地开展爱国主义、集体主义和社会主义思想教育

1.认真贯彻"在升国旗仪式和重大会议活动中奏唱国歌"的要求,坚持行之有效的礼仪教育制度。

2.加强我校爱国主义教育基地的建设和管理工作。

(四)加强宣传舆论阵地的建设

1.加强对校有线电视台的管理,让有线电视进食堂,以进一步完善宣传网络,扩大有线电视的覆盖面。

2.增建阅报栏和宣传栏,扩大宣传阵地,并加强大南校门、三家村、新区等处报栏的管理工作,充分发挥报栏的宣传作用。

3.继续办好校新闻中心,本学期要抓好专兼职工作人员队伍的建设和新栏目的设置,提高节目质量。

4.加强对校艺术团工作的指导和投入。

三、加强对精神文明建设的领导

精神文明建设是一项长期的工作,不可能一劳永逸,各单位必须把它作为一项经常性、长期性的工作抓紧抓好。校精神文明建设领导小组和办公室做为学校精神文明建设的具体领导机构,要加强对精神文明建设工作的协调、督促和检查,制订工作规划和实施方案,组织和领导全校各系各单位积极、认真地开展校园精神文明建设工作。

各单位领导务必高度重视,确实加强领导,在本单位原有的工作基础之上,进一步宣传发动,完善规章制度,落实岗位责任制,并使之与校内分配挂钩,与干部考核联系;应把是否积极参与精神文明建设作为学生德育评估的重要内容。

各有关职能部门要根据本学期的工作任务,积极、主动地对本部门职责范围内的工作进行全面检查,并提出可操作的具体整改与完善措施。

厦门大学精神文明建设领导小组

一九九七年十一月廿五日

——本文摘录自《关于转发校精神文明建设领导小组〈关于进一步加强精神文明建设工作的决定〉的通知》,厦大委办[1997]30号,档号1997-DQ01-1

厦门大学研究生思想政治教育管理暂行规定

(1997年12月3日)

为了进一步加强我校研究生思想政治教育和管理工作,经研究决定,做出如下规定:

一、管理体制

1.我校研究生思想政治教育,实行校、系(所)二级管理、以系(所)管理为基础的体制。

2.全校研究生思想政治教育管理工作,在校党委的统一部署下,由分管学生工作的党委副书记具体负责,成立以校党委副书记、研究生院、宣传部、学生工作部、校团委负责人组成的研究生思想政治教育管理领导小组,校党委学生工作部为职能部门。

3.系(所)研究生思想政治教育管理工作,在系(所)党总支领导下,由分管学生工作的党总支副书记具体负责,系(所)行政分管研究生工作的领导积极配合,并由一名或数名研究生班主任负责具体的教育管理工作。

二、工作职责

1.学生工作部

(1)贯彻学校关于研究生思想政治教育管理工作的有关规定,围绕校党委中心工作,指导和协调各系(所)开展研究生思想政治教育管理工作。

(2)定期进行研究生思想动态调研,有针对性地制定研究生思想政治教育管理工作计划,并检查贯彻执行情况。

(3)指导研究生会按照其章程开展各项工作。

(4)做好三好生、优秀学生干部以及优秀毕业生的评选指导和审核工作。对违纪的研究生及时提出处理意见。

(5)做好研究生党建、团建、评奖评优、学位授予及毕业生择业、困难补助以及其他管理工作,帮助研究生解决实际思想问题。

(6)协助研究生院做好研究生入学政审工作。

2.系(所)

(1)负责本系(所)研究生新生入学教育、平时的综合测评、评优、奖惩、毕业生的毕业教育(毕业鉴定)等工作。

(2)针对本系(所)研究生的实际情况,在日常学习、科研和生活中做好思想政治教育工作。

(3)组织本系(所)研究生积极参加全校性的各种活动。

(4)指导本系(所)研究生党、团组织、研究生分会开展各项工作。

(5)配合、支持研究生导师做好教书育人工作。

(6)选派业务水平高、工作能力强、有责任心的教师担任研究生班主任。

3.研究生班主任

(1)在系(所)的直接领导下，参与研究生班级活动，具体负责所在班级研究生日常思想政治教育管理工作。

(2)了解和掌握研究生的思想、学习和生活状况，并积极向系(所)和学校反映研究生中存在的困难和问题，及时提出意见和建议，并协助解决。

(3)参与研究生的评优评奖、困难补助、违纪处分等工作。

4.指导教师

(1)了解和掌握研究生的思想、学习和生活状况，及时把信息反馈给有关领导。

(2)在指导研究生业务学习的同时，培养他们成为具有正确政治方向、良好道德品质、严谨求实治学态度和强烈事业心的合格人才。

(3)注重为人师表，言传身教，把思想教育渗透到业务培养的全过程，使教书育人真正落到实处。

三、研究生的党、团组织和学生组织

1.研究生的党支部

原则上按系(所)建立研究生党支部；研究生党员人数不足的单位，可同本科生党员合并成立学生党支部。

2.系(所)研究生应建立团总支或团支部，在系团委领导下开展各项活动。

3.各系(所)应建立研究生分会，在系党总支领导下、系团委指导下，开展各项活动，并积极参加校研究生会的活动。

4.校研究生会在校党委学生工作部领导下和校团委的指导下开展活动。要围绕研究生的学习、生活、文体等方面，努力开展积极向上、丰富多彩的课外活动，积极开展学术科技交流和文娱、体育活动，认真组织研究生参加各种社会实践。

——本文摘录自《关于印发〈厦门大学研究生思想政治教育管理暂行规定〉的通知》，厦大委办[1997]31号，档号1997-DQ01-1

中共厦门大学委员会常务委员会会议议事规则

(1997年12月11日)

第一条　根据中共中央《中国共产党普通高等学校基层组织工作条例》、中共福建省委《〈中国共产党普通高等学校基层组织工作条例〉实施细则(试行)》和中共中央组织部、中共中央宣传部、国家教委党组《关于加强高等学校领导班子建设的若干意见》等文件精神,为保证党委决策的民主化、规范化、科学化,结合学校实际,特制定本议事规则。

第二条　中共厦门大学委员会常务委员会(以下简称常委会)负责党委日常工作,在党委全委会议闭会期间,行使全委会的职权。常委会要定期向全委会报告工作(一般每年一次),对全委会负责。全委会每学期至少召开一次,如遇重大问题,可随时召开。

第三条　常委会必须坚持以下原则:认真贯彻党的路线、方针、政策,坚持社会主义办学方向,在政治上、思想上和行动上与党中央保持高度一致;坚持党委领导下的校长负责制,维护党委对学校工作的核心领导地位;认真贯彻执行民主集中制,坚持少数服从多数和党政分工协作的原则;解放思想,实事求是,注重调查研究;讲学习、讲政治、讲正气,讲党性、讲团结、讲纪律。

第四条　常委会议事内容主要包括:

(一)学习、研究贯彻执行党的路线、方针、政策和上级重要指示精神,做出决定和工作部署;

(二)研究决定加强党的思想、组织、作风建设方面的重大问题;

(三)研究决定加强和改进学校思想政治工作和精神文明建设的重大问题;

(四)研究决定学校改革和发展以及教学、科研、行政管理等工作中的重大问题。学校工作的重大问题主要是指:办学方针和指导思想、发展规划、年度工作计划、重大改革方案、重要规章制度、队伍建设、机构设置、人事安排、干部的任免和奖惩、年度财务预决算、大额资金使用、国内外重要合作交流协议的审定、德育工作、校园综合治理,以及其他涉及群众切身利益的重要问题等;

(五)研究决定干部教育、培养、管理、考核工作的指导思想、方针、政策和措施;研究决定副处级以上干部的任免、晋升、奖惩,决定校务委员会、校学术委员会、校学位委员会及职改领导小组等全校性委员会的成员;

(六)研究决定纪检、监察、审计工作中的重大问题;

(七)研究统战和民主党派工作,研究决定校教职工代表大会、工会、共青团、学生会等群众组织的指导思想和重大事项;

(八)研究其他需要常委会讨论决定的重要事项。

第五条　常委会由书记或书记办公会决定召开,原则上两周一次,根据实际情况可随时召开。常委会由党委书记(或委托副书记)召集并主持。根据议题需要,可通知有关部门主要负责人列席。

第六条　常委会必须有半数以上的常委出席才能举行;讨论决定干部任免、奖惩等议题时,应有三分之二的常委出席,并经全体常委半数以上通过,决议方为有效。未到会常委的书面意见不能计入票数。常委因故不能出席的,要事先向主持会议的书记请假。

第七条　常委会讨论决定干部的任免、奖惩事项,应逐一表决。任命正处级以上干部,应采用无记名投票方式表决。如果原拟人选被否决,应按有关规定程序重新提报人选,避免临时动议。

第八条　常委会议题,由党委常委提出,由书记或书记办公会确定。除特殊情况外,一般不讨论临时议题。凡需提交常委会讨论的议题，由分管常委拟出提要，若议题内容涉及几位有关领导，应事先通气，会前三天报党委办公室，再交书记或书记办公会确定。对所确定的议题和相关材料要提前两天，由党委办公室送达各位常委。

第九条　对需提交常委决策的重大问题，如遇特殊情况，个别问题来不及召开常委会研究，经书记和校长同意后可先办理，但事后需及时向常委会汇报。

第十条　与会人员要自觉维护党的纪律，严守党的机密。未经授权，不得将不宜外传的会议议题、讨论表决情况、个人发言及其他保密事宜向外透露。对违反规定者，要严肃批评，直至纪律处分。

第十一条　常委会会务工作、会议纪要和会议决议的信息发布、情况通报由党委办公室负责。会议决定事项，由党委办公室负责通知有关领导和相关部门、单位（干部任免由党委组织部负责通知），由分管的校党政领导组织有关部门落实，并将落实情况向党政主要领导汇报，必要时向常委会汇报。对缺席的常委，由党办主任向他们转达常委会讨论决定的事项，同时补送议题材料。

第十二条　凡经常委会讨论确定由党政有关部门完成的工作或处理的问题，分别由党委办公室或校长办公室负责督查。党委办公室和校长办公室要及时了解情况并向党政主要领导汇报，必要时可向常委会汇报。

——本文摘录自《关于印发〈中共厦门大学委员会常务委员会会议议事规则〉的通知》，厦大委办[1997]33 号，档号 1997-DQ01-1

·教学与科研工作·

厦门大学教学督导办法

(1997年2月28日)

第一章 总 则

第一条 为了加强教学管理,疏通教学信息渠道,调动师生积极性,全面提高我校教学质量,由校长聘任若干名教学督导员,组成教学督导组。

第二条 教学督导组受校长委托,在教务处指导下,从事教学状况的调查研究和咨询工作。

第三条 教学督导应符合下列要求:

1.以党的教育方针为指导,把握政治方向,重视教书育人。

2.对教学状况的了解分析要力求客观、深入,争取师生参与,善于听取各方面意见。

3.对教师教学工作的评价力求准确、公正,评判教师的教学水平要尊重教学过程的规律性,考虑教学内容的先进性和学生学习效果各个因素,并以《厦门大学教师教学规范》和各项规章制度为依据。

4.督导员听课要经常化,每次听课有书面记录和分析、建议。

第二章 教学督导员的职责

第四条 反映教师执行《厦门大学教师教学规范》、教学计划和其他教学规章制度,做出分析评价。

第五条 深入教学第一线,了解各门课程的教学内容、教学效果,指导青年教师改进教学方法。

第六条 反映实验设备、电教设备等教学设备使用情况。

第七条 反映学生学习态度和遵循规章制度的情况,协助教务处维持课堂纪律和考场纪律,指导学生会学习部门开展活动。

第八条 协助教务处和有关部门调查研究全校性公共基础课的师资状况。

第九条 指导教师和有关教学人员建立教学档案、开展教学研究活动,检查各系教学管理人员执行学校教学规章制度的情况。

第十条 向教务处反映教师的教学经验,提出推广的建议并协助实施。

第十一条 向教务处和有关部门反映教学效果差或违反学校教学规章制度的教师情况,按有关规章提出批评和处理建议。

第十二条 列席学校和系级教学工作会议,通过教学简报和其他形式就学校教学改革和管理等重大问题提出批评和建议。

第十三条　受校长和教务处处长委托担任有关教学评奖和立项的学术顾问或评审专家。

第十四条　协助教务处编辑教学简报,及时向上级领导反映教学动态。

第十五条　教学督导员凭教学督导工作证履行其职责,在履行职责过程中享有本办法第十六条、十七条、十八条所规定的权力。

第十六条　有权随时进入教室和实验室听课。

第十七条　有权查阅教师教学教案,调阅教材、学生学习笔记、考试试卷及其他教学资料档案。

第十八条　有权向教师和学生询问有关教学问题,随时调阅各系学生学籍总卡及其他有关教学管理的资料档案。

第十九条　教学督导员在执行、履行其职责过程中,各系、各单位及有关人员要积极配合,如有阻挠或不合作行为,视情况给予通报批评和纪律处分。

第三章　教学督导员的聘任

第二十条　担任教学督导员要具备下列条件:

1.坚持四项基本原则,立场坚定。

2.年龄一般在 65 岁以下,身体健康。

3.教学经验丰富,学术造诣较高,具有副教授以上任职资格。

4.为人公正,工作责任心强。

第二十一条　教学督导员主要从符合条件的离退休的正、副教授中聘请,由校长发给聘书和工作证,按月付给适当津贴。

第二十二条　教学督导员任期一学年。期满视本人意愿和工作需要可以续聘,对于因健康或其他原因无法继续履行督导员职责者,由教务处提请校长批准也可以提前解聘。

第四章　附　　则

第二十三条　督导组办公室设在教务处,教学科科长兼任督导组办公室主任。

第二十四条　本办法自 1997 年 2 月 21 日起执行。

第二十五条　本办法由教务处负责解释。

一九九七年二月二十八日

——本文摘录自《厦门大学教学督导办法》,厦大教[1997]13 号,档号 2015-XZ12-017

厦门大学毕业生就业工作暂行规定

(1997年5月19日)

第一章　总　　则

第一条　为积极稳妥地推进我校毕业生就业制度改革,有利于学校主动适应经济与社会发展的客观需要,有利于提高学生的学习积极性,有利于保障毕业生就业工作的顺利进行,根据国家教委《普通高等学校毕业生就业工作暂行规定》及相关文件精神,参照省市毕业生就业主管部门的有关规定,结合我校毕业生就业工作的具体情况,制订本规定。

第二条　本规定中的毕业生指按国家计划培养的、取得毕业资格的本专科毕业生和硕士博士毕业研究生。毕业生有执行国家就业方针、政策和根据需要为国家服务的义务。必要时,国家采取行政手段,安置毕业生就业。

第三条　毕业生就业工作要按照统筹安排、合理使用、加强重点、兼顾一般和面向基层,充实生产、科研、教学第一线的方针,贯彻理顺就业体制、完善改革措施、健全服务体系、优化资源配置、提高办学效益的基本原则。

第四条　学校在毕业生就业工作中发挥主导作用。根据国家的毕业生就业政策制定并完善本校的毕业生工作规定;负责本校毕业生的资格审查工作并及时报送毕业生资源情况;收集需求信息、组织双向选择、负责毕业推荐;开展毕业教育与就业指导工作;及时上报毕业生就业建议计划;组织办理毕业生离校手续;开展与毕业生就业有关的调研工作;完成主管部门交办的有关工作。

第二章　毕业生就业工作程序

第五条　毕业生就业工作程序及时间安排由国家教委统一部署。毕业生就业工作程序分为就业指导、收集发布信息、供需见面及双向选择、制订就业计划、进行毕业生资格审查、派遣、调整、接收等阶段。

第六条　毕业生就业工作一般从毕业生在校的最后一学年开始。9月,各系填报毕业生基本情况表、专业介绍。10月,各系统一组织办理毕业生推荐表;学校制作完成毕业生信息资源库及厦门大学专业介绍,学校向各部委、省市寄发厦门大学毕业生基本情况表。11月,统一下发毕业生推荐表;开办就业指导系列讲座,为推荐毕业生做好各项准备工作。11月至5月,多渠道、多方位收集毕业生需求信息;积极开展各种形式的供需见面活动,召开厦门大学毕业生就业供需见面双向选择洽谈会,积极向用人单位推荐毕业生;签订毕业生就业协议。4月至5月,各系推荐上报优秀毕业生,学校审批后予以表彰。5月底,完成我校毕业生就业建议计划,在与各有关部委、省市协商后上报国家教委审批。6月中旬,毕业生进入毕业鉴定阶段。7月上旬,举行毕业典礼、派遣毕业生、寄发档案。9月10日前,将跨省市调整改派材料寄达国家教委审批。

第三章　供需见面和双向选择活动

第七条　供需见面和双向选择活动是落实毕业生就业计划的重要方式。高等学校在毕业生供需见面和双向选择活动中起主导作用。

第八条　毕业生联系工作时间应安排在1月至5月，春季毕业研究生可适当提前。毕业生的就业活动不得影响学校正常的教学秩序。

第九条　毕业生应持学校统一的毕业生推荐表参加供需见面和双向选择活动。

第十条　经供需见面和双向选择后，毕业生、用人单位和高等学校应当签订由国家教委统一制作的毕业生就业协议书，作为制定就业计划和派遣的依据。未经学校同意，毕业生擅自签定的协议无效。

第十一条　签定就业协议书后，一般不得中途改变。若毕业生在三方签约后、学校向国家教委上报计划前要求解除协议的，须征得用人单位及学校的同意，并向学校交纳一千元违约金。

第四章　就业计划

第十二条　国家计划招收的学生毕业后，在一定范围内自主择业，经供需见面和双向选择活动落实就业单位。该类毕业生有服从国家需要，到国家重点单位工作的义务。少数经学校推荐确无单位录用的毕业生(含结业生)，原则上回生源所在地区就业；学校将其个人档案及户粮关系在7月上旬转回生源所在地区，由当地人事部门协助推荐就业。

第十三条　来源于边远省区的毕业生，只要是边远省区急需的，原则上回来源省区就业。边远省区指：黑龙江、内蒙古、甘肃、宁夏、青海、新疆、贵州、云南、广西、西藏。

第十四条　委培生、定向生(含师范类毕业生)按合同就业，一般不得办理改派。若确因特殊情况需要改派的，也只能在原单位所在省区范围内进行。须持有对方签约单位同意解除合同的证明、新单位的接收函及人事部门的审批表，在规定时间内，经学校审核，报国家教委审批，获准后向学校交纳四千元违约金，然后办理派遣手续。

第十五条　艺术教育学院师范类毕业生综合测评前15%的优秀毕业生可跨地区就业，其中前10%可在专业艺术团体就业，后5%在教育系统就业。因家庭特殊困难(指毕业生父母户口变动且身边无子女)等情况，可允许一个子女回父母户口所在地普教系统任教。父母从福、厦、漳、泉、莆五城市支援宁德、南平、三明、龙岩四地市从教25年以上，可允许一个子女回原籍普教系统任教。

第十六条　国家招生计划内自费生毕业后自主择业，在规定时间内找到单位的，由地方主管调配部门开具《报到证》。若超过三个月落实单位的，即10月16日至12月31日落实单位的，须向学校交纳五百元违约金。若在12月31日后仍未落实工作单位的，学校将其个人档案及户粮关系转回生源所在地区。经毕业生自愿申请，也可将其个人档案及户粮关系转到福建省毕业生就业指导中心继续推荐。

第十七条　国家统招统分的研究生毕业后在国家规定的范围内就业。毕业研究生就业服务范围是：由国家拨款的学校、全民所有制科研单位、文化、医药、卫生等公益事业单位；人民解放军；党政机关；行使国家行政管理职能的国家银行；国有重点大中型企业(参照当年国家教委公布的重点单位名单)。超出国家规定的服务范围就业的研究生，经批准后，向学校补交一万元培养费，然后办理有关手续。

第十八条　优秀毕业生可不受生源地域限制，在全国范围内优先就业。学校鼓励毕业生到国家重点单位工作，鼓励内地毕业生到边远省区工作。凡到国家重点单位工作及支边的毕业生，学校给予二千元奖励，接受贷款的学生可免还贷款。

第十九条　鼓励毕业研究生到“三高”用人单位(高等学校师资、高层次的科研单位和高新技术国有企业)和国家教委推荐的重点急需用人单位工作。毕业研究生有义务到国家建设急需用人单位工作。

第二十条　为保证毕业生就业协议的落实，维护学校的信誉，在学校向国家教委上报建议就业计划之后，毕业生一般不得要求变更就业单位。若确因特殊情况毕业生要求改变计划的，须征得原用人单位书面同意、持有新单位的接收函、学校审核同意后，向学校交纳二千元违约金，并办理有关手续。

第二十一条　当年已考取硕士博士研究生未读、拟进入博士后流动站未成行而要求参加就业的毕业生，应提前提出申请并落实工作单位。若在学校向国家教委上报计划之后提出申请的，应回生源所在地区就业。符合国家规定申请自费留学的毕业生，要在学校规定的期限内提出申请并按规定偿还教育培养费，经批准后，学校不再负责其就业。派遣时未获准出境的，学校可将其档案、户粮关系转至家庭所在地自谋职业。自筹经费毕业研究生落实接收单位后,参照统配生派遣。

第二十二条　凡已纳入国家就业计划而拒不服从的毕业生,三个月内不去报到者,学校不再负责安排就业。在学生本人交纳全部培养费后,将其个人档案、户粮关系转回生源所在地,自谋职业。

第五章　毕业鉴定、毕业典礼、派遣工作

第二十三条　毕业生离校前的最后三周为毕业教育及派遣工作时间。其主要内容是:第一周,各系组织以"爱国""爱校""文明离校"等内容为主题的各种文艺体育比赛,邀请本系卓有成就的校友返校与毕业生座谈怎样尽快适应社会,组织各种毕业纪念活动等。各系要注意掌握毕业生的思想动态,并及时向学校反馈。第二周,进行毕业鉴定;各系公布毕业生就业方案并向校毕业生工作领导小组反馈情况。第三周,举行毕业典礼;办理离校手续;领取毕业证书、报到证、户粮关系、派遣费等;寄发毕业生档案。毕业生车票及行李托运工作由总务处组织实施。具体时间安排以"毕业工作日程表"为准。

第二十四条　毕业鉴定主要包括毕业生在校期间德智体等各方面的基本情况,各系要认真组织填写,核对无误后归档。毕业生档案应包括以下内容:厦门大学毕业生鉴定表、毕业生登记表、学生健康检查表、学籍总卡复印件、在校期间入党(团)材料、在校期间受各种表彰的材料、在校期间受各种处分(警告以上)的决定、原高考招生材料、其他应归档的有关材料。

第二十五条　毕业典礼由校长办公室负责协调。基本程序为:奏国歌、校长宣布准予毕业的决定、表彰优秀毕业生、优秀毕业生代表上主席台接受优秀毕业生荣誉证书。

第六章　组织机构

第二十六条　学校继续设立由主管校领导任组长的"厦门大学毕业生工作领导小组",依托校学生工作处具体负责我校毕业生就业工作的全面组织实施。各系所成立由分管学生工作的党总支副书记任组长的"系毕业生工作指导小组",负责具体实施各项工作。

第二十七条　参加毕业生就业工作的全体干部应尽心尽责,廉洁奉公,模范遵守党纪政纪。在毕业生供需见面高峰期及制订毕业生就业计划期间,各系所毕业生工作指导小组应在办公室安排值班,并做到在工作时间内随时有人接待用人单位的来访;应当按时按要求如实上报各种材料,保证各项工作的准时完成。不得以各种手段故意错报、漏报、虚报材料,造成后果的将追究责任。

第七章　附　　则

第二十八条　本规定由校学生工作处负责解释。以前颁布的条例、规定、决定与本规定不符者,以本规定为准。

第二十九条　本规定自颁布之日起执行。

——本文摘录《关于印发〈厦门大学毕业生就业工作暂行规定〉的通知》,厦大学[1997]10号,档号1997-XZ11-1

厦门大学关于学生早操的若干规定

（1997年6月5日）

为了保证学生早操锻炼的正常开展，促进学生德、智、体全面发展，根据国家教委《大学生体育合格标准实施办法》的有关通知，结合我校的实际情况，制定本规定。

一、除公共节假日外，每周一至周五早上6:15～6:30为早操时间。

二、早操时间，全体学生应按时到指定地点报到，并根据本系安排的方式进行户外活动。

三、学生由学生工作处为主，会同教务处、宣传部、校团委、体育部负责全校学生早操的指导、检查、考评等工作。

四、各系设立由系党政领导参加及有关教师组成的学生早操工作组，全面负责本系学生干部的组织、管理工作。各系可指定部分学生骨干配合系工作组参与每天早操的考勤工作。各系早操工作组成员应经常轮流到场检查了解学生早操情况。

五、早操考勤人员应于每天早上6:10到达指定地点，在规定的时间内进行早操点名，不得在其他时间、地点进行早操点名。

六、早操考勤人员应佩带标志上岗，认真负责地做好当天记录。完成考勤任务后，应认真及时做好有关的交接工作。

七、学生因病、因事不能出操的，必须事先向系早操工作组教师请假，并出具有关证明（急症可于二日内补办）。

八、早操旷操一次，以旷课一学时论处，并与专业课旷课的学时合并计算。学生一学期累计旷操达5次者，由系给予通报批评；旷操达10次者，除通报批评外，以《大学生体育合格标准》中"课外体育锻炼"项目不及格论处，并取消当年评奖选优资格；旷操超过20次者，除上述处理外，视其情节给予相应的纪律处分。凡处分后继续旷操的，处分前后旷操时数合并计算。

九、托人或代人虚报出勤，或者早操时弄虚作假、包庇错误的，视其情节给予批评、撤销学生干部职务、取消当年评奖选优资格直到纪律处分。

十、每学期学生早操时间从开学后第二周开始至放假前两周结束。

——本文摘录自《关于印发〈厦门大学关于学生早操的若干规定〉的通知》，厦大学[1997]12号，档号1997-XZ11-1

厦门大学课程档案管理规定

(1997 年 10 月 7 日)

一、为了加强课程建设,完善教学管理,特制订本管理规定。

二、课程档案依照统一格式建设,包括总览和分类。

总览有以下栏目:课程编号、课程名称、总学时、学分、修课专业年级、内容简介、师资,以及使用教材、教学装备情况等;

分类归档范围含:课程教学大纲、使用过的各种版本的教材(含讲义、多媒体教材等)和辅助教材;习题集和辅导资料;教学内容和教学方法改革的方案、总结材料;试题库和试卷;学生考试情况分析材料;师资配置;教学装备;与本课程相关的学术论著、教学研究论文、获奖证书等。

以纸张为载体的课程档案资料按照 8 开、16 开、32 开统一规格,分门别类整理,分卷、编码、装袋、归档。

总览表格、课程分类档案卷宗封面、材料袋由学校统一印制。总览部分要按统一要求输入计算机,分类部分要努力创造条件、逐步达到运用计算机管理。

三、课程档案建设是教学基本建设的重要内容。课程档案由各教研室组织任教师收集、整理、归档,系教学秘书负责日常管理,系分管教学工作的主任担任主管。

四、学校教学行政主管部门要定期检查各系、各教学部课程档案建设情况。对课程档案建设工作开展得好的单位和个人要给予表扬奖励,推广先进经验;对后进单位要及时批评、限期整改。

五、本规定自公布之日起实行。

(附表略——编者)

——本文摘录自《关于印发〈厦门大学课程档案管理规定〉的通知》,厦大教[1997]64 号,档号 1997-XZ12-2

厦门大学学生违纪处分条例

（1997年10月29日）

第一条　为了维护学校正常的教学、工作和生活秩序，保障学生身心健康，把学生培养成为社会主义现代化建设的合格人才，根据国家教委《普通高等学校学生管理规定》，结合我校的实际，制定本条例。

第二条　校规校纪是全体学生应当共同遵守的行为规范，凡有违犯校规校纪的行为，依照本条例应当给予纪律处分的，都必须受到追究。

第三条　学生违犯校规校纪，视情节轻重和本人认错态度，给予批评教育或相应的纪律处分。处分等级如下：(1)警告；(2)严重警告；(3)记过；(4)留校察看；(5)勒令退学；(6)开除学籍。

第四条　学生违纪已达到勒令退学处分的，经教育后对错误认识较好并有真诚的悔改或立功表现，可酌情减为留校察看处分。

留校察看以一年为期。毕业班学生不给予留校察看处分。受留校察看处分的学生，留察期间有悔改和进步表现的，可按期解除察看；有立功者，可提前解除察看；无悔改表现或在留校察看期间又有违纪行为的，给予勒令退学或开除学籍处分。

第五条　对于犯有本条例规定的违纪行为，情节显著轻微，能深刻认识错误，并有明显悔改表现的，可给予口头或通报批评，不予处分。

第六条　违反国家法律、法令、法规，受到司法或公安部门处罚的，分别按下列规定处理；

(一)被处以治安警告或者罚款的，视情节轻重，给予警告或严重警告处分。

(二)被处以行政拘留的，视情节轻重，给予记过、留校察看、勒令退学处分。

(三)被判处管制、拘役、徒刑或劳动教养的给予开除学籍处分。

第七条　有反对宪法确定的基本原则的言论和行为，视情节轻重，给予记过以上处分。

第八条　煽动闹事，组织和参与罢课、罢考等，扰乱学校正常的教学秩序和公共秩序的，对策划者、组织者给予勒令退学或开除学籍处分；对于起骨干作用者，给予记过或留校察看处分；对其他参与者，给予警告或严重警告处分。

对不明真相被裹挟参加，经教育后有悔改表现的，可给予口头或通报批评，不予处分或免予处分。

第九条　书写、张贴、散发各种非法宣传品(包括大小字报、标语、传单等)，视情节后果给予记过以上处分。

第十条　造谣、诬告、侮辱、诽谤他人的视情节后果给予记过以上处分。

第十一条　偷窃、诈骗、侵吞国家、集体和私人财物，除责令其退还赃款、赃物或赔偿损失外，视其情节轻重，给予下列处分：

价值不满200元的，给予警告或严重警告处分。

价值在200元以上，不满400元的给予记过处分。

价值在400元以上的给予留校察看、勒令退学、开除学籍处分。

作案价值虽不大，但属多次作案，影响很坏的，应加重一级处分。

凡偷窃自行车的，加重一级处分。

经公安部门或保卫部门确认有作案企图或行为，但作案未遂的，视情节给予警告以上处分。

盗用他人证件冒领他人邮寄钱物的,除追回冒领的钱物外,给予记过以上处分。

第十二条　造成打架事件的肇事、策划、打人以及其他参与者,视其情节轻重及后果,给予下列处分:

(一)故意用语言、动作挑逗对方或用各种方式触及对方,虽未动手打人,但造成打架后果的,视其情节轻重,给予警告以上处分。

(二)策划、纠集、指使他人打架斗殴、挑起事端,造成后果者,给予记过或留校察看处分;造成严重后果的,给予勒令退学或开除学籍处分。

纠集、引进校外人员到校打架、斗殴造成后果的,给予留校察看或勒令退学处分;造成严重后果的,给予开除学籍处分。

(三)动手打人的,给予严重警告处分;致他人轻微伤的,给予记过处分;致他人轻伤的,给予留校察看或勒令退学处分;致他人重伤的,给予开除学籍。

持械打人者视后果严重程度,加重一级处分。

(四)以"劝架"为名,偏袒一方,促使打架事态发展,并造成后果的,给予严重警告或记过处分。

为他人打架提供凶器的,视造成后果的程度,给予记过以上处分。

打人致伤者,除按上述规定给予纪律处分外,均需赔偿受伤者的医疗费、营养费、误工费等费用。

第十三条　学生一学期旷课达二十学时,视其认错态度给予警告或严重警告处分;达三十学时,给予记过处分;达四十学时,给予留校察看处分;超过五十学时,给予勒令退学处分。

早操旷操一次,以旷课一学时论处,超过 20 次者,视情节给予相应的纪律处分。旷操次数和专业课旷课时数合并计算。

第十四条　违反考场纪律及考试作弊的,按《厦门大学考场纪律及违纪处分办法》[厦大教(96)2 号文]处理。

第十五条　生活作风越轨,道德败坏的,视其情节轻重,分别处理如下:

(一)男女生在公共场合搂抱接吻,行为不文明而不听劝告,态度恶劣的,给予警告或严重警告处分。

(二)在异性宿舍内留宿或在宿舍内留宿异性的,视情节给予记过以上处分。

(三)男女生与他人非法同宿或发生不正当性行为的,给予退学处理或勒令退学处分。

(四)其他流氓行为,品行恶劣的,给予记过以上处分直至开除学籍。

第十六条　严厉禁止下列行为:

(一)传播、制作、观看、租借、出售反动淫秽书画、声像制品、光盘等;

(二)嫖娼、卖淫或者强迫、介绍、教唆、引诱、容留他人嫖娼、卖淫;

(三)聚众或参与赌博、变相赌博或为赌博提供场所或其他方便条件;

(四)吸食、注射毒品;

(五)参与走私、贩私;

(六)为他人窝赃、销赃或明知是赃物而购买的;

(七)伪造、变造公文、印章、证件、证书、个人档案、学习成绩及其他以不正当手段来达到个人目的的行为。

有上述行为之一者,尚未构成追究刑事责任的,视情节后果给予严重警告以上处分直至开除学籍。

第十七条　凡在校园内摔砸酒瓶者,视情节后果给予记过以上处分。

第十八条　故意破坏公私财物、公共设施的,除责令其赔偿损失或按有关规定罚款外,视情节后果给予严重警告以上处分。

第十九条　学生有下列行为之一的,视情节后果给予警告以上处分直至开除学籍:

(一)家不在厦门市区的住宿生,未经所在院、系批准,擅自在外留宿或彻夜不归的;

(二)晚上熄灯就寝时间后,高声喧哗、哄闹,影响他人正常休息的;

(三)在校内打麻将,不听劝告的;

(四)违反有关规定进行经商活动的;

(五)酗酒滋事,造成不良影响的;

(六)在营业性歌舞厅、酒店等充当“三陪”的;

(七)撕割图书馆、资料室图书、资料及破坏有关管理的行为;

(八)因考试成绩、教育管理等原因,对教师或其他有关工作人员寻衅滋事、威胁恐吓的;

(九)违反校园道路交通管理规定,拒不接受处理,无理取闹的。

第二十条　包庇他人或故意为他人作伪证,干扰、妨碍组织调查的,给予严重警告以上处分。

第二十一条　拒绝、阻碍国家工作人员或学校管理人员依法或依照校规执行职务的,视情节给予严重警告以上处分。

第二十二条　本条例没有列举的其他违纪行为,应给予处分的可参照本条例中相类似的条款处理。

第二十三条　对犯错误的学生,要坚持“惩前毖后、治病救人”的方针,实行惩戒与教育相结合。处理时要持慎重态度,坚持调查研究,实事求是。处分要恰当。

第二十四条　二人以上共同故意违纪的,对为首者,在本条例规定的处分幅度内,从重处分;对其他成员,根据其在共同违纪中所起的作用和应负的责任,分别给予相应的处分。

第二十五条　一人犯有本条例规定的两种以上应当受到的校纪处分的错误,应当合并处理,按所犯数种错误中应受到的最高处分加重一级给予处分;如果其中一种错误应当受到开除学籍处分的,即给予开除学籍处分。

第二十六条　有下列情节之一的,可以从轻或者减轻处分:

(一)主动交代错误的,认错态度良好的;

(二)主动检举同案人的问题,经查证属实的;

(三)主动挽回损失或者有效地阻止危害结果发生的;

(四)有其他立功表现的。

第二十七条　有下列情节之一的,可以从重或者加重处分:

(一)违纪后拒不承认错误的;

(二)违纪受处分后又再违纪的;

(三)串供或者阻止他人揭发、检举、提供证据材料的;

(四)伪造、销毁、藏匿证据的;

(五)强迫、唆使他人违纪的。

第二十八条　受处分者,给予附加下列处罚:

受处分者,一年内取消其评定奖学金和评选先进个人的资格。

受记过以上处分者,取消其享受学生贷款资格。

第二十九条　毕业生离校时,有违犯校纪校规的,视情节轻重给予严重警告以上处分(包括取消其毕业资格,按退学处理),并通报其家长和就业单位。

第三十条　受勒令退学或开除学籍处分的学生,自宣布之日起,一周内办理离校手续并离校,逾期不离校的由保卫部门强制离校。

第三十一条　处分的办理程序和审批权限:

(一)学生发生违纪事件后,有关的院、系应及时查清并核对事实,掌握确凿证据,一般应于事发后十天内提出处理意见。需要给予留校察看以上处分的,凡事实清楚,处分材料完备,学校职能部门应在一周内审核完毕,并行文上报学校主管领导。

(二)学生处分材料应具备以下几项内容:

1.违纪事实的调查结果及处分意见材料;

2.当事人的检查交代材料;

3.各种有关的旁证材料;

4.违纪事实的核实材料等。

(三)凡应给予警告、严重警告、记过处分的,在征求有关职能部门意见后,由违纪学生所在的院、系党政领导讨论决定。处分决定报送学生工作处及教务处备案。

(四)凡应给予留校察看、勒令退学、开除学籍处分的,由违纪学生所在的院、系提出处分建议,处分材料经学生工作处或教务处审核后,上报学校主管领导审批。

(五)凡违反考场纪律和考试作弊的处理,由考场主考、监考教师或考场巡视人员将违纪情节如实填入《厦门大学考场监考情况报告表》,经教务处领导核实,上报分管的校领导审批。

(六)院、系与学校有关职能部门处分意见不一致,经复议仍有分歧时,上报学校主管领导决定。

(七)对违纪学生的警告、严重警告、记过处分,如果所涉及的问题带有很强的政策性,或者涉及的院、系及人员较多,情况较为复杂,必要时可由学校职能部门负责审核、行文,上报学校主管领导审批。

(八)处分决定按审批权限分别在校、院、系范围内发文公布,同时由有关的院、系通知学生本人及家长。

第三十二条　处分决定一经公布即开始执行。本人如果不服,允许申诉。对本人的申诉,学校或有关的院、系应及时复查,并将复查结果通知本人。但在复查期间,不得以任何理由停止处分的执行。

第三十三条　受纪律处分的学生,其处分决定装入本人档案,不得撤消。处分后有显著进步表现的,可在该生毕业前对其表现进行鉴定,填写《厦门大学学生受处分后表现情况表》,一并归入本人档案。

第三十四条　学生违纪处分办理完毕后,承办人应按照《厦门大学文书处理部门文件材料立卷归档办法》(厦大综[1992]79 号文件)的规定,将处分决定二份及有关原始材料交本单位的文书档案管理人员立卷归档,并移交学校档案馆长期保存。

第三十五条　本条例所说的以上、以下、以内,均含本数在内。

第三十六条　本条例由学生工作处负责解释。

第三十七条　本条例自公布之日起执行。以前有关规定凡与本条例不符的,以本条例规定为准。

——本文摘录自《关于印发〈厦门大学学生违纪处分条例〉的通知》,厦门大学[1997]18 号,档号1997-XZ11-1

厦门大学授予具有研究生毕业同等学力的在职人员硕士、博士学位的实施细则

（1997年11月修订）

第一章　总　　则

第一条　为了多渠道地促进我国高层次专门人才的成长，进一步提高各条战线上广大干部和专业人员的素质，切实做好在具有研究生毕业同等学力的在职人员中开展授予硕士、博士学位的工作，根据《中华人民共和国学位条例》、《中华人民共和国学位条例暂行实施办法》、《国务院学位委员会关于授予具有研究生毕业同等学力的在职人员硕士、博士学位暂行规定》（学位[1991]7号文）及其实施细则，《关于进一步做好在职人员以研究生毕业同等学力申请硕士学位工作若干问题的通知》（学位[1995]8号文）和《关于调整在职人员以研究生毕业同等学力申请学位工作有关政策的通知》（学位[1997]53号文），特制订本实施细则。

第二条　凡拥护中国共产党的领导，拥护社会主义制度，热爱祖国，遵纪守法，品行端正，较好地完成本职工作，在教学、科研或专门技术上做出成绩，学术水平已达到硕士、博士研究生毕业同等学力的在职人员（以下简称在职人员），经所在单位同意，可按照本实施细则的规定，向我校申请相应的学位。

第三条　凡我校已有五届以上（含五届）毕业硕士生的学科、专业，由学位评定分委员会审核同意，经校学位评定委员会批准，报国务院学位办备案后，可接受在职人员申请硕士学位。已有两届以上（含两届）博士毕业生的学科、专业，由学位评定分委员会审核同意，经校学位评定委员会审核，上报国务院学位委员会批准后，可接受在职人员申请博士学位。

第二章　申请条件

第四条　申请硕士学位

一、申请硕士学位的在职人员必须是学士学位获得者，毕业后从事本专业或相近专业工作四年以上。

二、申请人必须参加培养方案规定的全部课程考试，考试应绩合格并已完成学位论文；外语通过同等学力申请硕士学位全国统考，其学术水平已达到硕士学位的要求。

第五条　申请博士学位

申请博士学位的在职人员必须是硕士学位获得者，毕业后在本专业或相近专业工作五年以上，最近五年来在国内外权威和核心刊物上至少发表三篇与学位论文有关的学术论文（第一作者），其中至少有一篇发表于权威刊物，或出版过高水平的学术专著。

第三章　课程考试与认可

第六条　课程考试

一、硕士学位课程

1.硕士学位申请人应按规定在四年内通过我校硕士研究生培养方案规定的全部课程考试，并且与我校研究生同一标准评分，成绩合格。其中，外语参加同等学力申请硕士学位全国统一考试，并取得合格证书。

2.申请经济学、法学、管理学、以及工学门类中的管理科学与工程等学科的学位者，必须通过专业必修课题库考试。我校每年组织统一考试(具体办法见《厦门大学在职人员以同等学力申请硕士学位部分专业必修课程实行题库管理实施细则》)。

3.申请人的课程考试成绩不合格，允许重考一次。外语课程必须在申请学位前取得全国统一考试合格证书，参加考试次数不限。

二、博士学位课程

1.博士学位申请人必须参加我校相应专业博士学位课程的考试，成绩合格。

2.博士学位申请人如果有重要的学术著作、发明、发现或创造，可免除部分学位课程的考试，但应向我校提供有关的出版物、发明鉴定或证明材料。免试申请应经两位教授或相当职称专家推荐，由相应学科、专业免试推荐人以外的三位专家组成的考试委员会审查后，报校学位评定委员会批准。

第一外国语一般不能免试。

第七条　课程考试时效

一、以上课程成绩的有效期以申请人通过全部课程考试，取得规定的学分之日起到接受申请学位时，三年内有效。申请人自参加第一门课程考试到论文答辩期限不得超过六年。

二、申请人需要跟随我校研究生同堂学习者，应到研究生院培养处办理成绩登录认可手续。其课程考试按本章有关课程考试的条款进行。

第四章　学位申请与资格审查

第八条　受理申请和确定指导教师

在职申请学位工作由我校学位办公室统一受理。符合条件的申请者，在通过全部课程考试后，可向我校各学位评定分委员会提出申请，确定论文指导教师。申请时需提交以下材料：

1.最后学历、学位证明(原件)；

2.外语统一考试合格证，所有课程考试成绩单(原件)；

指导教师由学位评定分委员会指定后，报校学位办审核、批准。

第九条　学位申请

申请学位需提交以下材料：

1.单位介绍信。

2.最后学历、学位证明(原件和复印件各一份)。

3.外语统一考试合格证，所有课程考试成绩单(原件和复印件各一份)。

4.申请学位的论文一式 15 份。

5.经所在工作单位领导签署的登记卡和在职申请学位审查表各一份。

6.两位教授或相当专业技术职务专家的推荐书(加印密封)。

硕士学位申请人的推荐人中应有一位是我校相应学科的硕士研究生指导教师。

博士学位申请人的推荐人中应有一位是我校相应学科的博士研究生指导教师。

推荐人应充分了解申请人所提交论文的实际工作过程或曾指导过其论文工作。

7.近五年内公开发表的学术论文，获奖证书或专利证书。正式出版的专著。

8.厦门大学学位申请书一式两份

第十条　资格审查

一、我校在申请日期截止后两个月内对申请人的政治表现、思想品德、学术水平和业务能力等方面进行全面的资格审查，决定是否接受申请。

二、资格审查工作由校学位评定委员会授权有关学位评定分委员会负责进行。校学位办将申请者的全部材料、论文等交有关学科、专业学位评定分委员会。学位评定分委员会自申请截止后两个月内对申请者进行全面审查(必要时可面试)，做出是否同意受理申请的决定，并由主席在厦门大学在职人员申请学位审查表上签署审查意见后，报校学位办审核。

博士学位申请人资格的审查由有关学位评定分委员会审议通过后，报校学位评定委员会主席审批。

必要时，可派人到所在单位进行实地考察。

第十一条　受理费用

申请人在办理申请手续时应缴纳一定的费用，详见《厦门大学关于在职人员申请博士、硕士学位经费问题的暂行规定》。

第十二条　学位申请受理日期：每年3月1日至3月31日。

第五章　学位论文评阅和答辩

第十三条　申请人提交的学位论文，应是本人独立完成的成果。同他人合作完成的论文、著作、发明等，对其中确属本人独立完成的部分，可由本人整理成学位论文提出申请，并附送该项成果主持人签署意见和其他合作完成者的证明，以及合作完成的论文、著作等全文。同时附送该成果的学术评价、鉴定材料、使用部门意见等的复制件。

第十四条　博士学位申请人应在课程考试合格后，在指定博士生指导教师的指导下在我校进行为期不少于三个月与论文有关的科学研究，申请人应在博士生指导教师的主持下，在有关教研室（研究室）报告其论文工作情况并接受质疑。硕士学位申请人也应参照办理。

第十五条　学位论文评阅

一、硕士或博士学位论文的评阅和答辩，分别按照《中华人民共和国学位条例暂行实施办法》第九条或第十三、十四条及《厦门大学硕士和博士学位授予工作细则》的规定进行。

二、硕士论文应聘请两位以上（含两位）相关领域的专家评阅，其中至少有一位校外专家。

博士论文至少应有三位（含三位）相关领域的专家（博导）评阅。其中至少有两位校外专家。

论文评阅人应在推荐人以外的专家中聘请。

三、论文评阅人的姓名不得告知申请人。评阅意见应密封传递。

第十六条　学位论文答辩

学位评定分委员会根据审查结果和论文评阅情况决定是否组织答辩。

一、硕士、博士学位论文答辩委员会均应有校外专家参加。答辩委员会人选由学位评定分委员会确定后，报校学位评定委员会审批。

二、论文答辩应该公开举行（保密专业除外），注意吸收在校研究生参加。答辩人不得参与校外专家接待工作。

三、学位答辩工作一般应在提交学位申请后一年内完成。

第十七条　审定和授予学位

一、硕士学位：有关学位评定分委员会对经答辩委员会通过并建议授予硕士学位的申请人的材料要逐个进行审议，以无记名投票方式就是否建议授予学位进行表决，做出决议，报校学位评定委员会讨论授予学位。

二、博士学位：

1.博士学位申请人的材料，须报国务院学位办公室批准后，才受理其学位的申请。

2.经答辩委员会通过并建议授予博士学位的申请人的材料，须报国务院学位办公室审批同意，再由有关学位评定分委员会审议通过，提交校学位评定委员会讨论授予学位。

三、校学位办公室对批准授予学位的申请人按《厦门大学硕士和博士学位授予工作细则》有关规定发给相应的学位证书，并将授予学位人员名单报国务院学位委员会和国家教委学位办公室备案。

第六章　附　　则

第十八条　在职人员以同等学力申请获得学位，不涉及学历。

向在职人员颁发学位证书,按国务院学位委员会的有关规定执行。学位证书需单独编号。

第十九条　本细则经校学位评定委员会讨论通过,报国务院学位委员会办公室备案,自一九九八年一月一日起实行。本细则由我校学位评定委员会负责解释。

——本文摘录自《厦门大学授予具有研究生毕业同等学力的在职人员硕士、博士学位的实施细则》,档号 2019-XZ28-008

·管理与服务工作·

厦门大学校内公文处理规范化的若干规定

（1997 年 1 月 4 日）

为使我校的校内公文(以下简称“公文”)处理工作进一步规范化、制度化，提高公文质量和公文处理效率，保证公文的严肃性，根据中央中央办公厅发布的《中国共产党机关公文处理条例》和国务院办公厅发布的《国家行政机关公文处理办法》，结合我校实际情况，特对公文处理做出如下规定：

一、公文处理程序

1.公文处理须及时、准确、规范。

2.各单位、各部门呈送校党、政领导及校长助理审批的公文一律先送校长办公室，由校长办公室负责公文处理的人员进行来文签收、登记，并加盖“厦门大学校内公文收文登记章”后，再呈送校有关领导审批。

凡未有加盖厦门大学校内收文登记章的公文，校党、政领导及校长助理不予审批。

3.各单位、各部门应有专人负责公文处理工作。须由职能部门审核或会稿的公文，应先送职能部门签署意见。

4.公文呈送时，拟稿和会稿单位领导应在“厦门大学校内办文单”上签署姓名、日期和意见，拟稿单位应加盖本单位公章。

校领导审批、签发文件时，亦要签署姓名、日期和意见。各级领导审批、签发文件时不能用铅笔和圆珠笔。

5.各单位拟稿时应做到情况确实、观点明确、层次分明，语言精炼。

应使用学校的统一公文稿纸(16 开“厦门大学”信笺)，拟稿应使用钢笔或打字，不能使用铅笔和圆珠笔；拟稿人须在“厦门大学校内办文单”上签署姓名和拟稿日期。文稿的内容必须做到：

(1)人名、地名、数字、引文准确。引用公文应当先引标题，后引发文字号。日期应当写具体的年、月、日；

(2)必须使用国家法定计量单位；

(3)公文中的数字，除成文时间、部分结构层次序数和词、词组、惯用语、缩略法、具有修辞色彩语句中作为词素的数字必须使用汉字外，应当使用阿拉伯数码。

(4)使用简称时，一般应当先用全称，并注明简称。

6.凡以学校名义发出的公文,党委办公室或校长办公室应从内容和格式两方面对公文进行核稿。对不符合要求的公文,可将文稿退回拟稿单位修改、补充材料或直接予以修改。公文核稿后再呈送校有关领导审批、签发。

7.以学校名义发出的公文,须由校长办公室按部门分类和公文性质登记、编号。以部门名义发出的公文,由该部门负责登记、编号。

8.校长办公室文印室负责以学校和党、校办名义发出的公文的缮印工作,各部门的公文和材料一般由各部门负责缮印。缮印人员要准确地按照规范的格式要求及时打印文稿。

校对由拟搞人负责,拟稿人应认真、细致地对文稿进行全面校对。

缮印和校对中不得随意修改原稿,缮印、校对人员必须在公文原稿上签署姓名和日期。

9.公文装订、用印和发送须按规定进行。

10.公文发送后,公文的立卷、归档和销毁按档案馆制定的具体办法执行。

二、公文种类

根据学校实际,我校日常使用公文种类有:

1.决定:适用于重要事项或重大行动的确定性安排。

2.通告:适用于在一定范围内公布应当遵守或周知的事项。

3.通知:适用于发布规章;转发上级机关、不相隶属机关的公文,批转下级单位的公文;要求下级单位办理和需要周知或共同执行的事项;任免和聘用干部。

学校制定的规章、行政措施和其他规范性文件根据实际内容可分别冠以"规定""办法""细则"等名称。不得使用法律规定只适用于特定国家机关的文件名称。"规定""办法""细则"等一般用"通知"印发。

4.通报:适用于表彰先进,批评错误,传达重要精神或情况。

5.报告:适用于向上级机关汇报工作,反映情况,提出意见和建议,答复上级机关的询问。

6.请示:适用于向上级机关请求指示、批准。

请示和报告要分开,请示问题应做到一文一事,报告中不得带请示问题。

7.批复:适用于答复下级单位请示事项。

8.函:适用于不相隶属单位之间相互商洽工作,询问或答复问题;向有关主管部门请求批准等。

9.会议纪要:适用于记载和传达会议情况和议定事项。

三、公文格式规范

1.公文版头。现有公文版头共八种:

(1)"厦门大学";(对外上行文或平行文使用)

(2)"厦门大学文件";(校内下行文使用)

(3)"厦门大学()";(行政部门使用)

(4)"中共厦门大学委员会";(对外上行文或平行文使用)

(5)"中共厦门大学委员会文件";(校内下行文使用)

(6)"中共厦门大学委员会()";(党委部门使用)

(7)"中共厦门大学纪律检查委员会";(纪委使用)

(8)"厦门大学职称改革领导小组文件";(职改部门使用)

2.发文号。包括单位代号、年号、顺序号。

正确的使用方法,如:

(1)学校文件:厦大委办[199×]×号

厦大办[199╳]╳号

(2)部门文件:(199╳)厦大委办╳号

(199╳)厦大办╳号

年代省略(如将"〔1996〕省略为〔96〕")、顺序号累赘(如在发文顺序号前加"0")等表达方法均为使用发文号不当。

联合发文的,只注明主办单位发文字号,不得有两个发文字号。

3.标题。一个完整的标题应包括发文机关、事由、文种三要素,一般可省略发文机关。标题应准确、简要地概括公文主要内容。

4.主送单位。向上请示、报告公文,一般只有一个主送单位,不宜多头主送,以免责任不明。如需同时送其他单位,可用抄报、抄送形式。主送单位表述应准确,一般用全称。

5.正文。是公文的主体部分。要求情况确实、观点明确、文字精炼。

6.附件。是正文的补充说明,或有关参考资料。附件名称和件数标注在正文之后、发文单位之前。附件应与主件一起装订发送。

7.发文单位。标注在正文下面偏右。要写全称,并加盖单位印章。

8.发文日期。标注于发文单位下面并稍向右错开。须用汉字写明年、月、日。发文日期一般以领导签发日期为准,几个单位联合发文的,以最后签发单位领导人的签发日期为准。

9.主题词:反映文件主要内容的规范化名词或名词性词组。标注在发文日期和印发说明之间,并按照《关于标注公文主题词的通知》[(1993)厦大办18号]规定标引,最多不超过七个。

10.印发说明。公文的最后组成部分。包括印发范围和公文印数。部门公文须发至校内其他部门的,不宜用"下发",应用"发"。

公文打印,文字从左至右横排。公文纸一般用16开型。装订时,公文纸右侧与下边对齐,在左侧装订,订2颗订书钉,书钉位置距左侧边沿1cm和距上、下边5cm的交汇处。

附件:1.公文文面格式

2.具体打印格式

(附件略——编者)

——本文摘录自《关于印发〈厦门大学校内公文处理规范化的若干规定〉的通知》,厦大办[1997]2号,档号1997-XZ09-1

厦门大学字画与文博资料管理暂行办法

(1997年1月13日)

厦门大学字画与文博资料是学校的宝贵历史文化财产,为了加强字画与文博资料的管理,根据国家有关法律、法规,特作如下规定:

一、厦门大学字画与文博资料,是指由学校或校内各单位征集、收藏或名家、名人题赠给学校或校内各单位的字画与文博资料及其他具有历史意义的资料。

二、厦门大学字画与文博资料由档案馆统一管理。档案馆必须认真做好字画与文博资料的保管、修复及装裱工作。

三、档案馆应负责下列字画与文博资料的征集、登记、收藏、保管、修复、整理以及展览交流等事宜:

1.属学校所有的字画与文博资料;

2.属校内各单位所有却为名贵的字画与文博资料;

3.题赠给厦门大学名家、名人字画;

4.未题款给任何校内单位的名家、名人字画的,视为题赠给厦门大学,为学校所有。

四、属校内各单位所有的字画与文博资料,该单位应确定专人负责管理,并按规定编造目录送交档案馆,名贵字画与文博资料应及时送交档案馆保管。

五、若校内各单位欲使用第三条所列的字画与文博资料的,应经档案馆审核,并报主管校领导批准。

六、任何单位和个人不得私自保存第三条所列的字画与文博资料,更不得占为己有,否则将按国家有关法律、法规处理。

七、若因有关单位或个人的故意或过失导致字画和文博资料毁损、遗失的,应按情节轻重和字画与文博资料的价值依法追究有关单位和个人的行政及法律责任。

本规定由档案馆负责解释。

本规定从1997年2月1日起实行。

——本文摘录自《关于印发〈厦门大学字画与文博资料管理暂行办法〉的通知》,厦大综[1997]7号,档号1997-XZ09-4

厦门大学工资总额动态包干试行办法

（1997年1月14日）

为进一步深化校内管理体制改革，强化自我约束和激励机制，促进校内资源的合理配置，优化队伍结构，提高办学效益，根据国家教委《关于下发[国家教委直属高等学校工资总额动态包干管理暂行办法]及组织实施工作的通知》(教人[1995]30号)精神，结合我校实际，制定本试行办法。

一、工资总额动态包干的基本原则

1.学校根据各单位编制数核定工资总额。

2.学校对工资总额实行动态管理，现有人员按现有工资项目实行全额包干，缺编人员按基本工资包干。

3.在包干总额范围内，对现有人员的工资按现行国家政策和学校有关规定分配。缺编人员的包干工资，由所在单位根据本单位实际情况，制定具体分配办法。

二、缺编人员包干工资的计算

1.缺编人员的核定，以学校对各单位的定编控制数为依据，计算各单位实际缺编人员。

2.缺编人员包干工资人均月金额，以上一年度全校教职工月平均工资(含职务工资和国家规定的30％津贴)加上185元保留补贴计算。

3.缺编人员包干工资学年初核定，学年终根据下列情况结算：

(1)人员自然增减情况；(计算到月份，下同。)

(2)国家统一调整工资提高平均工资标准；

(3)因工作需要，增加或减少编制；

(4)其他学校认为应该调整的原因。

三、缺编人员包干工资的使用

1.缺编人员包干工资可用于所在单位支付下列开支：

(1)课时补贴；

(2)加班补贴；

(3)超工作量奖金；

(4)本单位内兼职补贴；

(5)返聘人员工资；

(6)临时工工资；

(7)其他有突出贡献人员的奖励。

2.缺编人员包干工资不能平均分配。

3.缺编人员包干工资纳入年度工资基金使用计划，包干工资分配方案报人事处审核后执行。人事处、财务处应对包干工资分配进行检查和监督。

四、工资总额动态包干的审批和应予注意的事项

1.申请试点的单位必须向学校正式提出申请，并制定本单位实施包干的具体办法，经人事处审核后报学校批准执行。

2.各试点单位要加强内部管理，在“三定一聘”的基础上严格考核，奖勤罚懒，奖优罚劣，切实根据教

职工完成任务的数量、质量和所作的贡献,拉开档次,合理分配。

3.实行工资总额包干,要注意防止短期行为,避免因此影响优秀人才的引进。为了加强宏观调控,暂定缺编数在编制数20%以内给予补贴,超过20%部分不予补贴。

4.各包干单位可以通过优化组合,调整队伍结构,提高单位整体效益。不聘人员应按学校有关规定处理,单位不能自搞停薪留职。

五、本办法从1997年3月起在部分单位试行。

六、本办法由人事处负责解释。

——本文摘录自《关于印发〈厦门大学工资总额动态包干试行办法〉的通知》,厦大人[1997]10号,档号1997-XZ10-1

厦门大学公共场所禁止吸烟暂行办法

（1997年3月24日）

第一条　为了控制吸烟危害，保障学校师生员工的健康，保护校园环境，预防火灾，根据《厦门市公共场所禁止吸烟暂行规定》，结合我校实际，制定本办法。

第二条　在厦门大学校园范围内的下列公共场所禁止吸烟：

（一）学校和各系、各单位的会议室和会场；

（二）教室、实验室、计算机房等室内教育场所；

（三）图书馆（包括阅览室）、博物馆、纪念馆、展览馆的展示厅；

（四）医疗部门的候诊室、诊疗室和病房；

（五）幼儿园、托儿所；

（六）室内体育馆（场）、音乐厅、歌（舞）厅、咖啡厅、录相放映厅等场所；

（七）学生宿舍、食堂、商场（店）、书店等场所；

（八）其他不宜吸烟的场所。

第三条　禁止吸烟场所的所在单位应在场所内设置醒目的禁止吸烟标志，并不得放置吸烟器具。

对在禁止吸烟场所内的吸烟者，场所所在单位应责令其立即停止吸烟。

第四条　厦门大学医院保健室是厦门大学校园范围内公共场所禁止吸烟的主管部门。

第五条　被动吸烟者有下列权利：

（一）在禁止吸烟场所内，有权要求在该场所内的吸烟者停止吸烟；

（二）有权要求禁止吸烟场所的所在单行履行本办法第三条规定的职责；

（三）向市或区、县卫生局或厦门大学医院保健室举报违反厦门市和厦门大学关于禁止吸烟的规定或办法的行为。

第六条　本办法由厦门大学校长办公室负责解释。

第七条　本办法自公布之日起施行。

厦门大学校长办公室

一九九七年三月十八日

——本文摘录自《关于转发〈厦门大学公共场所禁止吸烟暂行办法〉的通知》，厦大办[1997]16号，档号1997-XZ09-1

厦门大学校园道路交通管理暂行规定实施办法

(1997年3月24日)

第一章 总 则

第一条 为加强我校的道路交通管理,维护交通秩序,防止事故,减少污染,保障学校和师生员工的安全,根据《中华人民共和国道路交通法规》和《厦门大学校园道路交通管理暂行规定》,制定本办法。

第二条 在校园内通行的车辆、行人和在道路上进行与交通有关活动的人员,均适用本办法。

第三条 各部门、各单位和在校的居委会、民工队和商业网点都应组织所属人员学习交通规定和实施办法,教育他们自觉维护交通秩序,服从交通管理人员的指挥。

第四条 对违反交通安全的行为,人人都有权劝阻、举报和控告。

第五条 交通管理人员是学校职能机关委派,负责校园道路交通管理的路勤和门卫人员,必须着装整齐,佩带标志,举止端正,文明礼貌,严格管理,照章处罚,履行职责,自觉接受学校和师生员工的监督。

保卫部门应加强对交管人员的培训和管理教育,对擅离职守、滥用职权、徇私舞弊等违法违纪行为严肃查处;对忠于职守、严格管理、秉公办事、维护交通秩序成绩显著的个人,提请学校给予精神和物质奖励。

第六条 交通管理实行统一指挥,分段管理。主干道由交通组实施管理,非主干道和门卫按属地管辖,原则上由各保卫科负责管理。

第二章 道 路

第七条 基建处、总务处、资产管理处和保卫部门应按各自职责,加强道路的建设和管理,保证道路完好、安全、畅通。

第八条 未经主管部门同意和保卫部门批准,任何单位和个人不得挖沟破路、占道经营、堆放杂物、设置障碍,违者处五十元罚款,并限24小时内整改。超过整改期限,每天加处一百元。

第九条 禁止在道路上打球嬉闹、停车交谈、排放污水、污物,违者处十至五十元罚款。

第十条 禁止在主干道停放各种车辆,违者按以下规定处罚:非机动车辆每次罚款十元;摩托车(包括助动自行车,下同)每次罚款二十元;汽车每次罚款五十元;找不到车主或驾驶员的违章车辆,按无主车辆送交派出所处理。车主须持有效证明、证件,并补交罚款、运输费、保管费,方可领回。

第十一条 损坏道路设施和交通安全标志的,除照价赔偿外,视情节轻重和态度好坏处十元至一百元罚款。

第十二条 半月池路、东大沟路、东边社路为步行道,禁止一切车辆驶入,违者,自行车罚款十元,摩托车罚款二十元,汽车罚款一百元。

第三章 车 辆

第十三条 行驶的机动车辆必须性能良好,牌照证件齐全,违者按以下办法处理:

(一)来历不明的车辆一律扣留,移交公安机关查处。

(二)无证、无牌车辆禁止行驶,违者,校外车辆一律扣留,移交思明交警大队处理;校内车辆通报批评,屡犯的扣留车辆,移交思明交警大队处理。

(三)无证驾驶机动车辆罚款一百元,重犯报请拘留十五日。

(四)未经公安机关检验安全合格的车辆不准在道路上行驶。违者暂扣车辆,并处一百元罚款。

第十四条　机动车辆禁止鸣号、超车,时速不超过二十公里。违者处二十元罚款。

第十五条　机动车辆违章驶入禁行区、强闯校门或交通岗亭,罚款一百元。

第十六条　机动车辆就近进出校门,违者罚款五十元。

第十七条　自行车不准载人,违章又不听劝阻的处十元罚款。

第十八条　车辆发生交通事故,应立即停车,保护现场,抢救伤员,及时向交通管理组报告(电话:2182270),听候处理。违者罚款五百元。

第十九条　其他有碍交通安全的行为,视情节轻重处十元至五十元罚款。

第四章　附　　则

第二十条　道路交通管理人员对违章人员实行处罚时,应出示证件,说明违章条款,允许对方申辩。必须扣车、扣证时应开具统一凭证,罚款必须使用财务处统一收据,全部上交学校。

第二十一条　违反本办法,无理取闹,拒不接受处理的,按扰乱交通秩序论处,校外人员移送公安机关处理;校内人员给予通报批评,并给予必要的行政处分。

第二十二条　经学校整治领导小组批准的特种车辆,车身必须喷成黄色。

第二十三条　本办法如与国家和省市交通法规不相符合的,以国家和省市交通法规为准。

第二十四条　本办法经厦门市公安局批准,自一九九七年四月一日起实施。

第二十五条　本办法由厦大保卫处负责解释。

厦门大学

一九九七年三月十日

——本文摘录自《关于印发〈《厦门大学校园道路交通管理暂行规定》实施办法〉的通知》,厦大综[1997]18 号,档号 1997-XZ09-4

厦门大学关于机关作风建设的若干补充规定

(1997 年 3 月 25 日)

为了贯彻落实十四届六中全会精神,巩固学校机关作风建设成果,促进学校精神文明建设活动,经研究制定如下补充规定:

一、进一步落实岗位责任制,实行工作日记制度。机关工作人员每天下班前,要把当天从事的主要工作,完成任务的数量、质量,摘要记录在册,以备检查。工作日记应作为年度考核和述职的主要依据。

二、建立部处工作例会制度。工作例会每周一举行,由个人简要汇报上周工作,并提出本周工作思路。人员较多的部处工作例会,可先吸收科长参加,然后再分科进行。分科进行的工作例会由科长负责召集。

三、进一步完善机关作风建设考评制度(考评标准附后)。考评可实行机关内部自评和基层评议相结合。机关作风建设领导小组负责检查监督,同时聘请离退休同志参与检查监督。

四、机关作风建设实行部门首长负责制。单位领导对本部门在机关作风建设方面出现的问题,负有领导责任。各部处领导要深入基层调查研究,提出改进机关作风,提高办事效率的办法和途径。要加强内部管理,教育本部门干部职工敬业爱岗,提高思想道德素质,树立全心全意为基层服务、为群众服务的思想,真抓实干,干出实绩,抓出实效。

五、认真执行有关制度规定,实行纪律检查制度。要树立典型,并以点带面蔚成风气。对违反机关作风建设制度规定的,要及时给予批评教育,并限期改正,情节严重造成严重后果的应根据有关规定给予纪律处分。

六、认真实行干部培训制度。要制定机关干部培训计划,并认真组织实施。机关工作人员应定期参加培训学习,不断提高业务能力和思想水平。业务培训应作为干部职务晋升的必要条件。

七、以上规定同样适用于各基层单位及所属党政管理人员。

一九九七年三月十四日

厦门大学机关作风建设单位考评标准

一、政治方面

1.及时传达党中央和上级党委重大会议精神，认真落实校党委、校行政工作部署。（检查会议记录）
A.及时传达布置。
B.有传达布置，但没做到及时。
C.有的有传达，有的没有传达。
D.经常不传达。
2.领导干部积极参加中心组学习和中层干部会。（检查会议考勤）
A.没有无故缺勤，能准时到会。
B.一学期缺勤达三人次的。
C.一学期缺勤三人次以上，或经常无故不参加学习的。
3.单位坚持政治学习，每月至少两次，大多数同志参加学习，并做好记录。（检查会议记录、签到本）
A.能按计划组织学习，学习人数达到80％以上，并认真做好记录。
B.仅完成应学习次数80％，或参加学习人数常达不到80％以上，一般能做好记录。
C.学习次数仅完成50％，人员缺席较多，学习有记录。
D.很少学习，或完全没有记录的。
4.党组织健全，活动正常，党员起模范带头作用。（检查支部会议记录、了解群众）
A.党组织健全，组织生活正常，党员表现好。
B.党组织健全，但组织生活不太正常，党员表现尚好。
C.党组织不太健全，经常不过组织生活。
D.党组织不健全，党员表现差，群众意见大。
5.领导班子起模范作用，受群众拥护，全体工作人员团结协作，整个单位有凝聚力。（向群众了解）
A.领导带头、群众团结、人际关系和谐。
B.群众对领导有些意见，单位内部不够团结。
C.单位内部矛盾尖锐，影响正常工作。
6.全体工作人员法纪观念强，模范遵守各种规章制度，廉洁奉公。（向群众了解、检查违纪记录）
A.全体人员遵纪守法，廉洁奉公，纪律性强。
B.多数人遵纪守法，个别同志纪律观念较淡薄，廉政勤政不太好。
C.多数人法纪观念淡薄，纪律性不强，影响不好，群众对廉政勤政反映强烈。

二、业务方面

1.能够围绕学校中心工作，以改革的精神搞好业务工作。年终检查时，完成既定目标，受到上级部门肯定或表彰。

A.学期初有计划，学期末有总结，目标明确，完成任务好。

2.学期初有计划，目标明确，学期末没有总结，完成任务一般。

C.学期初无计划，学期末无总结，应付一般事务。

2.管理机制健全，分工明确，认真开好工作例会，充分发挥全体人员的积极性、创造性。（检查记录和向群众了解）

A.工作例会健全,人员分工明确,管理民主,群众工作积极性高。

B.工作例会不太健全,人员分工不明确,工作人员工作欠主动。

C.无工作例会,缺乏民主机制,工作无序。

3.自觉公开办事程序,认真执行办事时限制度,接受群众监督。(检查规章制度、了解群众反映)

A.公开办事程序良好,工作透明度高,认真执行办事时限制度,接受群众监督措施有力。

B.能公开办事程序,接受群众监督和执行办事时限制度有一定保障措施。

C.工作透明度不高,接受群众监督措施不力,工作拖拉,不执行办事时限制度,群众意见较大。

4.工作顾全大局,树立全校一盘棋思想,积极支持和协助其他单位开展工作。

A.协作精神好,顾全大局,积极支持和协助其他单位工作。

B.协作精神一般,但基本上能顾全大局。

C.本位主义意识较强,协作精神较差。

5.有计划地组织本单位人员学习科学知识和业务知识,并取得成效。(检查会议记录及有关材料、证书)

A.学习制度健全,成效显著。

B.有时能组织本单位人员开展学习,但学习未形成制度。

C.从未组织学习。

三、作风方面

1.主动为基层服务,为群众排忧解难。经常深入基层,调查研究,受到群众普遍称赞。(向群众了解)

A.经常下基层调研,积极创造条件为基层服务,为群众服务,群众反映好。

B.能够面向基层,在职责范围内做好服务工作,群众反映尚好。

C.工作面向基层,为基层办事,但有的工作人员服务态度较差。

D.不主动为基层服务,为群众服务,工作人员态度不好,群众意见较大。

2.认真履行工作职责,工作积极性高、业务运转快、效率高,并做好工作日记。(检查工作日记等)

A.全体工作人员工作积极性都较高,工作效率高,并认真做好工作日记,受到上级表扬或群众赞誉。

B.多数人能履行工作职责,但个别人办事拖拉、不认真做工作日记。

C.整体工作效率不高,不做工作日记,群众意见较大。

3.认真执行签到制度,不无故迟到早退、缺勤,坚持挂牌上岗,全体人员爱岗敬业,乐于奉献。(检查签到本、放牌挂牌制度)

A.单位签到制度健全,没有无故迟到、早退、缺勤,坚持挂牌上岗,有事外出有放告示牌。

B.单位有签到本,但签到制度不够健全,有个别无故迟到早退、缺勤现象,有时不挂牌上岗,有事外出不放告示牌。

C.有考勤制度,多数同志表现较好,个别人经常迟到、早退、缺勤,经常不挂牌上岗。

D.单位考勤制度不严格,执行不力,迟到、早退、缺勤情况严重,基本上不挂牌上岗,影响不好。

4.语言文明,待人热情,服务意识强。(了解群众)

A.全体工作人员都能做到语言文明,礼貌待人,受到群众普遍赞誉。

B.多数人能做到语言文明,礼貌待人,但少数人喜欢摆架子,群众有意见。

C.语言不文明,待人不热情,服务意识差,群众意见大。

四、环境方面

1.办公室整洁有序,美观大方,搞好环境卫生。

A.卫生制度健全,职责明确,定期打扫办公室,办公环境整洁有序,桌面不杂乱,地上无纸屑、无痰迹,窗明几净,环境卫生好。

B.办公室整洁、有序,地上无纸屑、痰迹,设施用品整齐摆放,门窗无积尘。

C.办公室整洁,地上无纸屑、痰迹,门窗无积尘,但室内设施摆放不整齐、桌面较杂乱。

D.办公室卫生状况较差。

2.工作人员注意形象,仪表端庄。

A.全体人员仪表端庄、形象好。

B.个别人员衣冠不整、形象不佳。

C.多数人经常不注意个人形象。

3.治安、消防措施严密,保密工作好。

A.认真执行治安、消防、保密规定,措施严密,安全观念强,从未发生安全事故。

B.能注意治安、消防和保密工作,从未发生较大安全事故。

C.治安、安全、保密状况较差,有事故发生或发生过重大安全事故。

厦门大学机关作风建设单位考评表

项目	自评	互评	领导评	备注
一、政治方面 1.传达上级重大会议,工作部署情况 2.领导干部参加学习,出席会议情况 3.单位政治学习情况 4.党组织活动和党员表现情况 5.领导带头,群众团结情况 6.遵纪守法,廉政建设情况				
二、业务方面 1.制定工作计划,完成工作任务情况 2.管理制度建设,召开工作例会情况 3.公开办事程序,接受群众监督情况 4.工作顾全大局,互相支持协作情况 5.组织开展业务学习情况				
三、作风方面 1.深入基层调研,主动为基层服务情况 2.认真履行职责,做好工作日记情况 3.出勤情况 4.待人接物情况				
四、环境方面 1.办公室卫生整洁情况 2.工作人员仪表情况 3.安全防范情况				
总计	A: 项 B: 项 C: 项 D: 项	A: 项 B: 项 C: 项 D: 项	A: 项 B: 项 C: 项 D: 项	总评:

厦门大学机关作风建设个人考评标准

1.积极参加政治学习,讨论时踊跃发言。

A.政治学习从不因私请假,每次讨论都积极发言。

B.政治学习一学期请假不超过三次,讨论能积极发言。

C.政治学习一学期请假超过三次,讨论极少发言。

2.遵纪守法,廉洁自律。

A.一贯遵纪守法,纪律观念强,廉洁奉公,严于律己。

B.能遵纪守法,在廉洁自律方面表现尚好。

C.法纪观念较淡薄,在廉洁自律方面群众有较大反映。

3.顾全大局,团结协作,服从领导,善于与同事合作共事。

A.全局观念强,协作精神好,积极支持他人工作,服从领导,团结同志。

B.基本上能顾全大局,协作精神还好,一般能服从领导,与同事关系尚好。

C.个人主义较强,协作精神较差。

4.勇于承担工作任务,工作积极主动,工作量饱满。

A.承担较多的工作任务,工作积极主动,完成任务好。

B.领导交给的任务能完成,工作量不够饱满。

C.承担的工作量少,领导交给的任务经常完不成。

5.工作认真负责,责任心强,并且做好工作日记。

A.能认真做好每项工作,质量较高,并认真记好工作日记。

B.能做好负责的工作,但质量一般,基本上能坚持记工作日记。

C.对自己负责的工作常有疏漏,质量较差,未能坚持记工作日记。

6.认真执行时限制度,自觉接受群众监督。

A.严格执行时限制度,自觉接受群众监督,工作效率高,群众反映好。

B.能执行时限制度,接受群众监督,群众反映尚可。

C.办事比较拖拉,工作常不落实,群众意见较大。

7.积极参加业务学习,熟悉有关政策规定,努力提高工作能力和业务水平。

A.积极参加业务学习活动,熟悉有关政策规定,业务水平高,工作能力强。能独立处理工作中的疑难问题。

B.能参加业务学习活动,了解有关政策规定,能处理工作中的一般问题。

C.较少参加业务学习活动,不了解有关政策规定,无能力处理工作中的具体问题。

8.热爱本职工作,勇于开拓进取,工作富有创造性,能积极提出改进工作的意见、建议。

A.干一行爱一行,工作有独创性,经常提出改进工作的意见和办法,工作中有独立见解。

B.能围绕中心任务积极开展工作,提出一些改进工作的建议和办法。

C.开拓进取精神较差,较少提出改进工作的建议和办法。

9.主动为基层服务,为群众排忧解难。

A.面向基层,积极为基层服务,为群众服务,受群众普遍称赞。

B.能够面向基层,在自己职责范围内做好服务工作,群众反映尚好。

C.为群众服务意识比较淡薄,群众有意见。

10.认真执行签到制度,不无故迟到、早退、缺勤,坚持挂牌上岗。

A.坚持按时上下班,执行签到制度,从不无故迟到、早退、缺勤,坚持挂牌上岗,有事外出有放告示牌。

B.能按时上下班,但签到不够认真,每月迟到、早退达三次,有时不挂牌上岗,有事外出不放告示牌。

C.常有无故迟到、早退、缺勤现象,不认真签到,每月迟到、早退超过三次,经常不挂牌上岗。

11.热情接待来访,语言文明,服务周到。

A.语言文明,待人礼貌热情,细致周到,受群众普遍赞誉。

B.能注意语言文明,礼貌待人,但热情细心不够,群众反映尚好。

C.语言不文明,待人冷淡,喜欢摆架子,服务意识差,群众意见大。

12.积极参加打扫环境卫生,办公场所整洁有序。

A.劳动观念强,卫生习惯好,办公场所定期打扫、整理,整洁有序。

B.能参加打扫环境卫生劳动,办公场所摆设基本整洁有序。

C.环境卫生劳动不够积极主动,办公场所卫生状况较差。

13.安全防范意识强,无责任事故。

A.认真执行治安、消防、保密规定,安全观念强,从未发生安全事故。

B.能做好治安、消防、保密工作,未发生较大安全事故。

C.治安、安全、保密观念差,发生过责任事故。

厦门大学机关作风建设个人考评表

<table>
<tr><th>项目</th><th>自评</th><th>互评</th><th>领导评</th><th>备注</th></tr>
<tr><td>1.积极参加政治学习,讨论踊跃发言;
2.遵纪守法,廉洁自律;
3.顾全大局,团结协作,善于与同事合作共事;
4.勇于承担工作任务,工作量饱满;
5.认真履行职责,做好工作日记;
6.认真执行时限制,自觉接受群众监督;
7.积极参加业务学习,努力提高工作能力和业务水平;
8.热爱本职工作,善于开拓进取,工作中有独立见解;
9.主动为基层服务,为群众服务;
10.认真执行签到制度,不无故迟到、早退、缺勤,坚持挂牌上岗;
11.热情接待来访,语言文明,礼貌待人;
12.积极参与打扫环境卫生,办公场所整洁有序;
13.安全防范意识强,无责任事故。</td><td></td><td></td><td></td><td></td></tr>
<tr><td>总计</td><td>A: 项
B: 项
C: 项</td><td>A: 项
B: 项
C: 项</td><td>A: 项
B: 项
C: 项</td><td>总评:</td></tr>
</table>

——本文摘录自《关于印发〈厦门大学关于机关作风建设的若干补充规定〉的通知》,厦大人[1997]22 号,档号 1997-XZ10-1

厦门大学教职工住房分配管理办法

(1997 年 5 月 9 日校第四届教职工代表大会第二次会议通过)

(1997 年 5 月 14 日)

第一章　一般规定

第一条　为了切实做好教职工住房的分配与管理,根据《高等学校教职工代表大会暂行条例》,结合我校实际情况,制定本办法。

第二条　凡是厦门大学所有的教职工住房,或为本校所支配使用的教职工住房的分配与管理,均依本办法执行。

第三条　教职工住房分配与管理要发扬民主,坚持公正公开、合理兼顾的原则。所有分房(含调整住房,下同)都必须公布,接受群众监督。

第二章　住房分配机构

第四条　学校教职工住房分配的权力机构是厦门大学教职工住房分配委员会(以下简称房委会)。

第五条　房委会由教代会选举产生,代表全校教职工利益进行工作,并对教代会负责,接受教代会监督。其职责是:

(1)根据本办法规定,讨论职能部门提出的住房分配实施方案,确定分房范围和对象,并审定评房对象的分房资格;

(2)听取、讨论职能部门关于分房及住房制度改革的情况汇报;

(3)讨论并决定职能部门提出的具体疑难问题的处理办法;

(4)经常听取和收集教职工的意见,对学校分房、管房和房改等工作进行调查研究,提出建议。

第六条　房委会由有关单位负责人和经教代会民主选举产生的教职工代表共 19 名委员组成,由校长批准任命,任期至本届教代会期满。"有关单位负责人"包括:校房管职能部门主要负责人一名(当然委员,任房委会主任),校工会主要负责人一名(当然委员,任房委会副主任),职能部门房产科长一名(当然委员)。

第七条　房委会会议由主任主持。出席会议的委员数达到委员总数的三分之二以上,会议方为有效;做出决议时须得全部委员数的二分之一以上的委员通过方为有效。

第八条　住房分配管理的执行机构是房产科。其与房委会的关系是:

(1)执行房委会的各项决议;

(2)根据房源情况,提出住房分配方案,报房委会讨论决定;

(3)办理教职工分房工作的各项手续;

(4)准确掌握房产资料和教职工住房情况,建立和保存房产档案,供房委会决策参考;

(5)负责教职工住房的日常管理及违章处理;

(6)完成房委会交办的其他任务。

第九条　教代会主席团接受群众举报,对房委会做出不合理决定,群众意见大的,可予以否决;对营私舞弊的房委会委员可直接或提请教代会予以罢免。

第三章　住房分配标准及条件

第十条　单间集体宿舍的标准：面积 $16m^2$ 以下的住两人；面积 $16m^2$ 以上的住三人。

第十一条　单身教职工(或只有一个本市户口)的用房标准：

(1)单身教职工年满 40 岁或具有中级职称、正科职务年满 35 岁的，可安排一个单间；

(2)具有中级职称、正科级职务年满 40 岁的，可参加一房一厅分房；

(3)具有副高职称、副处职务以上的，可参加两房一厅分房。

第十二条　夫妻关系的两口户、其他符合本办法规定又实际共同居住生活、校外无住房的直系亲属两口户，可参加正常分房。

第十三条　家住厦门市区较远地区(鼓浪屿、文灶以东、厦禾路以北、黄厝以远)的，可统一安排 1/4 间床位作为午休床位。

第十四条　凡持结婚证，夫妻双方户口均在本市，符合本办法其他规定者均可申请结婚用房，按积分顺序参加分配。

第十五条　成批分配的住房，须留 10%～15%作为校长机动留房，用于引进急需人员或有特殊贡献人员的住房。校长留房应合理确定房号，分配使用应公正公开、定期公布接受监督。

第十六条　校外已有住房的教职工，原则上学校不再分配住房，校外住房条件与其职称(务)差距较大，原住房使用权又能交给学校的，可按正常条件参加分房；原住房使用权无法交给学校的，可在总面积不超过校内可享受面积 $10m^2$ 的幅度内参加相应住房的排队分配。校外已有住房，并已达到本人该享受的标准者，应退还学校原分配住房。

第十七条　教职工住房应相对稳定，迁入新旧房且住房规格与本人职称(务)基本相符者，原则上不再调整。现住没有附设层(地下室)单元楼房一楼的，居住年限满十年的，在房源许可的情况下，允许按本人职称(务)标准，调整同类型二楼以上旧房。现住有附设层(地下室)单元楼房一楼的，居住年限满十五年的，在房源许可的情况下，允许按本人职称(务)标准，调整同类同区二楼以上的旧房。

第十八条　教职工现住房与本人职称(务)不相符者，新房需住满五年(新房指在分配房屋前建成使用不足五年的)，旧房须住满三年以上才能参加调房。由学校安排的过渡房和单间住户不受此限。

第十九条　工人工龄 25 年以上可参加中级职称(务)分配住房；工龄 20 年以上可参加建筑面积 $50m^2$ 以下的二类房分配。

第四章　住房分配的程序与计分方法

第二十条　凡符合条件要求参加住房分配的教职工，均应由本人提出申请，如实填报情况，并交验有关职称(务)、学历、现住房及户口等证明材料。申请人弄虚作假的，予以通报，取消分房资格，三年内不准参加分房。

第二十一条　职能部门根据教职工本人申请进行审核后，即在“两公开”栏等处公布，经三榜按分数高低依次排序选房。如积分相同，依次按双职工、工龄长者、年龄大者优先排序。凡经正常程序分到住房后放弃者，从第二年计起，满两年后才能再次参加分房。

第二十二条　结婚用房的计分标准：

1.基本分：以男女双方的年龄总和为分数，一周岁一分；

2.附加分：双方均为本校职工加 5 分，参加扶贫社教一年以上者加 2 分。

第二十三条　单元式住房分配的计分标准：.

1.基本分：

(1)正高职称、校级 80 分；

(2)校长助理、研究生院副院长 75 分；

(3)副高职称、正处级 70 分；

(4)副处级 65 分;

(5)中级职称、正科级或本科毕业后八年、大专毕业后十年和工龄 25 年以上的干部 60 分;

(6)副科级或工龄 20 年以上干部 55 分;

(7)初级职称、一般干部 50 分;

(8)工人工龄 25 年以上 55 分;20 年以上 50 分;15 年以上 45 分;15 年以下 40 分。

2.附加分:

(1)工龄分:教职工以工改时计算的工龄起点线为准,每工作一年计 1 分;上大学期间,如未计入工龄者,学历一年计 1 分。

(2)任职分;按申请时最高职称(务)的任职时间计算,每增加一年加 1 分,不满一年的不计分。

(3)配偶分:

a.配偶为我校高级职称、行政副处以上的加 10 分;

b.配偶为我校中级职称、行政副科级以上的加 9 分;

c.配偶为我校初级职称或一般干部工人加 8 分;

d.配偶在厦门市工作,不论干部工人一律加 3 分。

(4)归侨分:申请人本人系归侨者加 2 分,配偶为归侨者(限本校教职工)加 1 分。归侨分最高不超过 2 分。

第二十四条　离休人员参加分房按中央规定政策执行。退休人员按退休前的职称(务)参加分房。

第二十五条　关于户口核计:

户口核计以同住校舍及学校配用市公产房等同户在册直系亲属(父母、子女)为准。父母、岳父母或子女的户口由本市迁入合户者,迁入时间须满三年。其迁往本校前户口所在地住房必须交由我校使用,方准予核计。已婚子女户口未迁出,但实际不同居住者不予核计人口数。

第五章　住房管理及违章处理

第二十六条　分到住房的教职工,应在限期内(从领到钥匙之日起,集体宿舍 20 天,单元式新房 60 天、旧房 70 天)搬迁完毕并全部退还原住房及床位。新分房空闲三个月以上者,房产科有权收回。

第二十七条　出国(境)人员、调离人员的住房管理按学校有关规定执行。

第二十八条　教职工及其配偶死亡两年后,其住房应无条件退还学校。

第二十九条　由学校调配使用的非我校房产,应确保学校对该房屋的调配使用权,租金卡由房产科掌管,住户应按时到房产科缴纳房租。

第三十条　有下列情况之一者,即为违章:

(1)擅自占用住房(床位);

(2)不按规定期限退还原住房(床位)或退交的原住房有公物损坏、丢失的;

(3)改变住房用途或将住房转让、转借、出租者;

(4)未经基建部门许可,室内破墙开洞、户外乱搭盖者;

(5)按第十六条规定应退还我校原分配住房而拒不退出者;

(6)其他违反房管制度或违背协议的行为。

第三十一条　各类违章用房的处理:

(1)对擅自占用住房(床位)者除责令退出,按市价赔偿房租损失外,取消其三年内参加上一标准住房的分配资格;

(2)超期退房应按市价赔偿房租损失;退房损坏、丢失公物的责令照价赔偿或恢复原状;

(3)对第三十条第(3)项和第(5)项规定的情况,可以采取停水、停电、停止供气等办法收回住房;

(4)破墙开洞者应恢复原状并按协议赔偿房产损失;

(5)对上述各类违章的教职工,视情节轻重报请学校纪检(监察)、组织、人事、师资等部门予以行政或纪律处分。

第六章　附　　则

第三十二条　本办法经厦门大学教职工代表大会讨论通过后，由校长批准颁布执行，原《厦门大学教职工住房分配与管理条例》同时废止。

第三十三条　职能部门可以根据本办法制定实施细则，由房委会通过后执行。

条三十四条　本办法所指面积、标准、年限、工龄、户口等均含本数。

第三十五条　本办法解释权属于教代会主席团会议。

——本文摘录自《关于印发〈厦门大学教职工住房分配管理办法〉的通知》，厦大综[1997]34 号，档号 1997-XZ09-4

厦门大学关于大中专毕业生来校工作后实行合同制管理的试行办法

(1997年5月16日)

一、为深化人事管理制度改革,引入竞争机制,优化队伍结构,根据福建省人事厅《关于在我省部分全民所有制事业单位对毕业生就业后实行合同制管理的试行办法》的精神,依照有关法律、法规,结合我校实际,制定本办法。

二、从一九九七年起,对分配来校工作的各类大中专毕业生(含硕士毕业生,不含博士生),实行合同制管理。

三、毕业生到我校报到时,学校和毕业生本人按规定签订《厦门大学聘用教职工合同书》,并按合同履行各自的职责、权利和义务。

四、合同的内容包括:

1.合同期限;

2.工作职责;

3.工作纪律;

4.工资报酬和劳保福利待遇;

5.违约责任;

6.双方认为需要签订的其他事项。

五、合同期限一般为三至五年(不含见习期)。

六、合同期内,不得随意解除合同。一方依照有关规定提出解除合同,必须提前二个月通知对方。个人提出解除合同应按学校有关服务期的规定办理。

七、实行合同制管理的毕业生,在见习期内按闽政[1994]7号文规定,执行见习期工资待遇。

八、合同期满后,应根据学校工作需要,并经双方同意,按规定重新签订续聘合同。未续订合同人员,可以自行联系其他工作单位,并按国家干部身份办理调动手续。超过三个月未找到单位的,人事关系转到市人才交流中心登记待业。符合辞退、除名或开除条件的,按学校有关规定办理。

九、从一九九七年起,分配到未试行合同制管理单位工作的毕业生调入我校工作,从调入之日起试行合同制管理。

十、签约双方就合同条款发生争议,按国家有关法律规定解决。

十一、本办法由校人事处负责解释。

十二、本办法自发布之日起实施。

——本文摘录自《关于重新印发〈厦门大学关于大中专毕业生来校工作后实行合同制管理的试行办法〉的通知》,厦大人[1997]34号,档号1997-XZ10-2

厦门大学实行《高等学校教师职务试行条例》的实施意见

（1997 年 5 月 30 日）

根据国务院、国家教委和福建省教委有关评聘教师职务文件的规定和国家教委教职改办[1996]3 号文精神“委属高校教师职务评聘标准，除思想政治、教育教学等的基本条件外，在学术上要向国际先进水平看齐，重点建设的委属高校尤其要把提高教师的学术水平，特别是提高高级职务教师的学术水平的工作提上重要议事日程，要利用教师职务评聘政策杠杆，激励、培养、造就一批在国际上有影响的学术技术大师。”及我校今后的奋斗目标“到 21 世纪初，把厦门大学建设成为国内一流、国际上有较大影响的社会主义综合性大学”，同时结合我校实际情况，修订本实施意见。

一、指导思想

评聘教师职务的目的，是为了充分发挥我校教师积极性、创造性和主动性，不断提高教学和科研水平，为培养我国社会主义现代化建设需要的高、精、尖人才和发展我国科学文化、技术事业做出贡献。

评聘教师职务的工作，要从学校教师和各类专业技术人员队伍的长远建设和总体规划着眼，把这项工作与师资队伍的建设结合起来，通过评聘工作不断提高我校教师队伍的素质，优化结构。

在此项工作中，特别要看到提拔优秀中青年教师的重要性和紧迫性，要引入竞争机制打破论资排辈的旧思想，不拘一格地选拔人才，及时把一批有学识、有才干的中青年教师选拔起来，发挥他们的作用。

评聘教师职务的工作，一定要坚持党的领导，注意思想政治工作；正确掌握思想政治条件与学术业务标准；处理好教学与科研、基础理论研究与应用研究之间的关系；坚持德才兼备的正确导向，坚持标准，保证质量，宁缺勿滥，择优评聘，使受聘的教师名符其实。

二、各级教师职务的标准

（一）基本要求

各级教师应热爱社会主义祖国，坚持四项基本原则，努力学习马克思列宁主义、毛泽东思想；学习建设有中国特色社会主义理论和党的路线、方针、政策；忠于人民的教育事业，服从分配，勇担重任，刻苦钻研业务，不断提高教学质量和学术水平，积极完成本职工作；有严谨的学术作风和高尚的科学道德，团结合作，作风正派，品行端正，教书育人，走又红又专的道路。

各级职务的教师既要承担教学工作，也要从事科研工作，努力探索真理，攀登科学高峰，以学校的学术地位为重，以学校能早日跨入国际先进行列为己任。

（二）职责：

1.见习助教：

见习助教应担任本专业的一门课程的辅导答疑，批改作业，讲习题课，协助主讲教师组织课堂讨论等教学工作，并应根据需要兼任学生的班主任工作。其教学工作量不得少于总工作量的二分之一。

2.助教：

(1)担任二门课程(或一门一学年的基础课)的辅导答疑，批改作业，组织课堂讨论，讲习题课，指导实验、实习和社会调查，协助指导毕业论文等教学工作。

体育、外语、政治等公共课的助教均应讲课。其他专业的课程，经系主任批准，助教也可以讲授部分章节或整门课程。

(2)有实验室单位的助教，应有一定的时间参加实验室建设工作。无实验室单位的助教，也应有适当的时间参加业务实习或教学参考资料的建设等工作。

(3)在讲师、副教授的指导下，进行科学研究，协助指导大学生毕业论文。每学年应写一篇科研工作总结或文献报告，在任助教期间至少要有一篇学术研究论文在学术会议上宣读或学术刊物上发表。

(4)任助教期间，根据工作需要应兼任二年以上的班主任或校内其他教学、科研管理工作，参加一定的社会实践工作。

(5)承担和完成教研室分配的任务以及校系交办的其他工作。

3.讲师：

(1)系统地讲授一门或一门以上课程，组织课堂讨论，组织与指导实验、实习或社会调查以及指导大学生毕业论文。

工作需要时也应承担辅导答疑，批改作业，讲习题课等工作。

(2)有实验室单位的讲师，应承担实验室的建设工作，进行实验更新和技术设备改造，编写实验教材，组织实验教学。

无实验室单位的讲师，应参加业务实习或承担编译教学参考资料等工作。

(3)结合教学工作开展科学研究，每一至二年至少有一篇具有一定水平的学术论文，在学术会议上宣读或在学术刊物上发表(不宜公开发表的应有内部同行专家鉴定及有关单位证明，下同)；或做出一些具有实用价值，产生一定的经济或社会效益的科研成果；或者在二至四年内编译出一部具有一定水平的教材或教学参考书。对参加周期性较长的重大研究课题者，应完成年度工作计划，提出阶段性的研究成果。

(4)协助副教授指导研究生和进修教师。

(5)根据工作需要，担任学生思想政治工作和教学、科研等方面的管理工作。

(6)承担和完成教研室分配的任务以及校系交办的其他工作。

4.副教授：

(1)系统地讲授二门或二门以上课程(其中一门必须是基础课或专业基础课)，教学内容应能反映本学科当前的研究成果。组织与指导课堂讨论、实验、实习和社会调查。

工作需要时，也应承担课程辅导，批改作业，讲习题课等工作。

(2)指导硕士研究生，培养中青年教师，协助指导博士生。

(3)担任实验室建设的副教授，负责制定实验室建设与发展规划，在建设与改革实验，组织教学，编写教材以及培养实验教学技术人员等工作上做出较好成绩。

(4)应是科研课题的组织者或主要成员。每年应向科研组报告所研究项目的国内外动态与发展趋势。每年至少应撰写一篇有较高学术水平的科学研究论文，在学术会议上宣读或在学术刊物上发表(包括编著出版具有较高水平的著作、教材或教学参考书等)。或做出一项具有实用价值，并产生较大经济或社会效益的研究成果(包括实验室的成果或较高水平的专题调查报告)。在参加周期性较长的重大研究课题时，应完成年度工作计划，提出阶段性的研究工作成果。

(5)根据工作需要，担任学生思想政治工作或教学、科研等方面的管理工作。

5.教授：

(1)系统地讲授三门或三门以上课程(其中一门必须是基础课或专业基础课)教学内容充实，能反映现代科学技术最新成就，并有独立见解，引导学生独立思考。

(2)指导博士研究生或硕士生,培养中青年教师。

(3)应是科研课题组或本学科的组织者,每学年应向科研组报告本研究方向的国内外学术动态及发展趋势,制定研究工作计划。每年至少撰写一篇有较高学术水平的科学研究论文(包括教学法研究论文),在学术会议上宣读或学术刊物上发表(包括出版质量较高的专著,教材和教学参考书),或做出其他有较高水平和效益的研究成果。在组织和指导周期性较长的重大研究课题时,应完成年度工作计划,提出阶段性的研究成果。

(4)根据工作需要,担任教学、科研等方面的管理和学生思想工作。在高等教育体制改革中起积极主导作用。

三、任职条件

晋升或转定各级教师职务,必须全面坚持《试行条例》所规定的思想政治、工作能力、业绩、学历、任职年限和相应职务的外语水平等任职条件,并根据下列要求实施。

(一)学历、任职年限和业务要求

1.见习助教:

获得学士学位毕业任教,第一年为见习助教,见习期一年。

2.助教(须符合下列条件之一):

(1)获得硕士学位后在校任教,经 3~6 个月教学实践考察表明能胜任助教工作,方可确定助教职务。

(2)大学本科毕业见习期满,批准转正后,经考核表明能履行助教职责,方可确定助教职务。

3.讲师(须符合下列条件之一):

(1)获得博士学位后在校任教,经 3~6 个月教学实践考察表明能胜任讲师工作,方可确定讲师职务。

(2)获得硕士学位后,已担任助教职务二年以上,经考察,能全面完成助教工作,工作业绩良好,并具备履行讲师职责的能力。

(3)获得硕士学位前已确定助教职务且在本校累计担任助教职务二年以上,或大学本科毕业在其他本科院校担任助教职务一年以上或在高等专科学校担任助教职务二年以上并在获得硕士学位后在我校担任助教职务一年以上者,经考察,表明已全面完成助教工作,业绩良好,并具备履行讲师职责的能力。

(4)获得研究生班毕业证书或双学士学位,已担任三年以上助教职务,经考察,表明已全面完成助教工作,业绩良好,并具备履行讲师职责的能力。

(5)大学本科毕业担任助教职务四年以上,并取得助教进修班结业证书、进修本专业或相近专业六门研究生主要课程,考试成绩合格。经考察,表明已全面完成助教工作,业绩良好,并具备履行讲师职责的能力。

以上教师(除高等师范院校毕业已修过教育学、心理学课程外)均须经过高等教育学、心理学、大学教学法等课程的培训,成绩合格。

4.副教授:

(1)大学本科毕业及其以上学历,担任讲师职务五年以上,或获得博士学位,担任讲师职务两年以上,任现职以来,具备下列七项条件中的两项(其中第①项为首要的必备条件):

①能履行和胜任讲师职责,每年均完成额定工作量,其中平均每年完成 70%以上的额定教学工作量,且系统讲授过一门必修课和一门以上选修课,经测评,教学效果优良,并在学术刊物(须有 CN 刊号或准印证)或正式出版的论文集上发表一篇教学研究论文;

②理工科教师在国家部委及其所属研究所和重点高等学校、全国一、二级学科学会、中国(社会)科学院所属研究所主办的全国核心学术刊物(须有 CN 刊号,简称全国核心学术刊物,下同)和国际“学术榜”刊物上至少发表三篇学术论文(独立撰写或第一作者署名,下同);

文科教师在全国核心学术刊物上至少发表五篇学术论文；

专任教师可用在全国公开发行(CN 刊号)刊物和正式出版的论文集上正式发表的一篇教学研究论文可计入上述核心刊物论文中。

以上学术论文至少应有三分之一发表在校外全国核心学术刊物上。

③在全国核心学术刊物上至少发表一篇学术论文，并正式出版有较高学术水平的专著十万字以上(不累计，若累计专著二十万字以上)，编著、译著或教科书十五万字以上(不累计，译著仅限语言专业教师翻译的学术专著或世界名著，下同)；

④在全国核心学术刊物上至少发表一篇学术论文，并获得国家级(含国家教委、中科院和中国社科院)四等、省部级三等成果奖(仅限发明奖、自然科学奖、科技进步奖、星火奖及社会科学优秀成果奖，下同)或省普通高校优秀教学成果二等奖，或全国美术展览获奖或全国单项展获奖，为主要贡献者(仅限前两名，如获得高一奖级的科技成果奖限前三名，如获两项同级奖的第三名，可视为一项此级奖的第二名，下同)；

⑤在全国核心学术刊物上至少发表一篇学术论文，且至少有一项科学技术成果经省、部委级及其以上单位主持鉴定，达到国内先进水平(仅限前两名，下同)并取得突出的经济效益(须附有关单位财务部门的证明，下同)；

⑥在全国核心学术刊物上至少发表二篇学术论文，并在科技开发中取得至少一项发明专利；

⑦在全国核心学术刊物上至少发表二篇学术论文，并获得国家自然科学基金、国家社会科学基金或国家重大攻关项目，为课题组长或第一主要合作者；或国家教委重点项目，为课题组长或第一主要合作者；或担任国家统编教材的主编或副主编；或获得省自然科学基金、省社会科学基金、省重点攻关项目或厦门市重点项目，为课题组长；

⑧术科教师晋升副教授职务时，须在全国核心学术刊物上至少发表三篇学术论文和两篇作品(包括入选全国美术展览的作品)。

(2)对大学本科毕业后从事高等学校公共课、基础课教学工作十五年以上的教师，符合下列两项条件时，晋升副教授时其论著要求可适当放宽：

①近五年来，每年均满教学工作量，教学效果优秀；

②在学术刊物(须有 CN 刊号或准印证)或正式出版的论文集上至少发表一篇教学研究论文；

③任现职期间至少有一年考核结果优秀，其他为良好；或获一次校优秀教师或教书育人先进个人；或获省优秀教师称号；或获省优秀教学成果奖。

所谓论著要求适当放宽即：独立编写一门课的讲义(已经学校印刷)并在校内使用过二轮以上和正式发表两篇学术论文(均为第一作者，其中至少有一篇论文在全国核心学术刊物上发表)，或正式发表学术论文三篇以上(均为第一作者，其中至少有一篇论文在全国核心学术刊物上发表)。

5.教授：

担任副教授职务五年以上，任现职以来，除符合有关文件规定的任职条件外，还须具备下列七项条件中的两项条件(其中第(1)项为首要的必备条件)：

(1)能履行和胜任副教授职责，每年均完成额定的工作量，其中平均每年完成 70%以上的额定教学工作量，且系统讲授过至少两门必修课或硕士研究生学位课(其中一门必须是本科基础课)和一门以上选修课，经测评，教学效果优良，并在学术刊物(须有 CN 刊号或准印证)或正式出版的论文集上发表一篇教学研究论文；

(2)理工科教师在全国核心学术刊物上至少发表五篇学术论文(含一篇发表在国际上发行的外文刊物)，其中至少有一篇论文被 SCI、EI 收录或在全国一、二级学科权威学术刊物和国际“学术榜”刊物上至少发表两篇学术论文；

文科教师在全国核心学术刊物上至少发表七篇学术论文，其中至少有两篇学术论文在全国一、二级学科权威学术刊物上发表；

专任教师可用在全国公开发行(CN 刊号)刊物和正式出版的论文集上正式发表的二篇教学研究论文可计入上述核心刊物论文中。

以上学术论文至少应有二分之一发表在校外全国核心学术刊物上。

(3)在全国核心学术刊物上至少发表三篇学术论文(其中至少有一篇学术论文在全国一、二级学科权威学术刊物上发表),并正式出版过专著十五万字以上(不累计,若累计专著二十五万字以上),编著、译著或教科书二十万字以上;

(4)在全国核心学术刊物上至少发表两篇学术论文,并获得国家级(含国家教委、中科院和中国社科院)三等、省部级二等科技成果奖、省普通高校优秀教学成果二等奖,或全国美术展览获奖,为主要贡献者;

(5)在全国核心学术刊物上至少发表两篇学术论文,并至少有两项科学技术成果经省、部级及其以上单位主持鉴定,达到国内领先水平或国际先进水平并取得显著经济效益;

(6)在全国核心学术刊物上至少发表三篇有创见性的论文(其中至少有一篇学术论文在全国一、二级学科权威学术刊物上发表),并在科技开发中取得至少二项发明专利;

(7)在全国核心学术刊物上至少发表三篇有创见性的论文(其中至少有一篇学术论文在全国一、二级学科权威学术刊物上发表),并获得国家自然科学基金、国家社会科学基金或国家重大攻关项目,为课题组长或第一主要合作者,或国家教委重点项目,为课题组长;或获得两项省自然科学基金、省社会科学基金、省重点攻关项目或厦门市重点项目,为课题组长;或担任国家统编教材的主编或副主编。

(8)术科教师晋升教授职务时,须在全国核心学术刊物上至少发表四篇学术论文和两篇作品(包括入选全国美术展览的作品),其中至少有两篇学术论文发表在全国一、二级学科权威学术刊物上。

对从事二十五年以上高校教学工作的教师,申请晋升短期周转教授职务时,可酌情放宽,即不要求在权威刊物上发表论文。

(二)破格晋升各级职务

对少数不具备《试行条例》和本文件规定的学历、任职年限要求,政治思想表现好,确有真才实学、教学科研成绩显著、贡献突出的教师,除符合《试行条例》和本文前述有关规定的相应职务任职条件外,还须具备下列相应条件,方可破格晋升相应职务。

1.破格晋升讲师职务:

不具备规定学历,担任助教七年以上,破格晋升讲师,任现职以来,除符合有关文件规定的任职条件外,还须符合下列二项条件:

(1)每年均超额完成额定工作量并系统讲授一门课程,教学认真、教学效果优良,师生反映好,教书育人成绩突出,获得校级教学工作奖励,如:校优秀教学奖、教书育人优秀奖、校九洲教学奖、清源教学奖等;或年度工作考核结果至少有两次为优或一次优和一次校级教学、科研奖,其他为良。

(2)在公开发行的学术刊物上至少发表过五篇学术论文;其中至少有两篇论文在全国核心学术刊物上发表;或正式出版译著或教科书十万字以上(不累计);或累计出版专著十五万字以上(其中至少有一本专著本人撰写七万字以上);或获得省级及其以上科技成果奖、省级社会科学优秀成果奖或省普通高校优秀教学成果奖的主要贡献者(限前三名)。

2.破格晋升副教授职务:

担任讲师职务超过三年但不满五年或获得博士学位担任讲师职务一年以上不满二年超前晋升副教授,或不具备规定学历(含大学本科毕业未修完研究生六门课程)破格晋升副教授,任现职以来,除符合有关文件规定的任职条件外,还须具备下列八项条件中的三项条件(越级或不具备规定学历且超前晋升者须符合四项条件),其中第 1 项均为必备条件:

(1)系统讲授一门主干课或基础课,教学效果优良,受到师生好评,同时每年超额完成额定工作量,其中每年均完成 70%以上的额定教学工作量,且年度考核至少有两次为优或一次优和一次校级教学、科研奖(获得博士学位的讲师年度考核有一次优),其他为良,并在学术刊物(须有 CN 刊号或准印证)或正式出版的论文集上发表一篇教学研究论文;

(2)理工科教师在全国核心学术刊物上至少发表五篇学术论文,其中至少有一篇论文被 SCI、EI 收录或在全国一、二级学科权威学术刊物和国际"学术榜"刊物上至少发表两篇学术论文;

文科教师在全国核心学术刊物上至少发表七篇学术论文,其中至少有两篇论文在全国一、二级学科权威学术刊物上发表;

(3)在全国核心学术刊物上至少发表三篇学术论文(其中至少有一篇学术论文在全国一、二级学科权威学术刊物上发表),并正式出版过专著十五万字以上(不累计,若累计专著二十五万字以上),编著、译著或教科书二十万字以上;

(4)在全国核心学术刊物上发表两篇学术论文,并获国家级(含国家教委、中科院、中国社科院)三等、省部级二等以上成果奖,或获得国家普通高校优秀教学成果三等奖或省普通高校优秀教学成果二等奖,为主要贡献者;

(5)在全国核心学术刊物上发表两篇学术论文,并在科技开发中取得至少两项发明专利;

(6)在全国核心学术刊物上发表两篇学术论文,并承担且已完成省部委"七五""八五"重点项目、"863"项目或国家重点项目(仅限前三名),并已通过省部级及其以上单位主持鉴定,达到国内领先水平,为主要贡献者(须附基金项目申请书影印件及鉴定材料等证明材料,下同);

(7)在全国核心学术刊物上发表两篇学术论文,并获得国家或省政府表彰的有突出贡献的专家、优秀教师的称号;

(8)在全国核心学术刊物上至少发表三篇学术论文(其中至少有一篇学术论文在全国一、二级学科权威学术刊物上发表),并获得国家自然科学基金、国家社会科学基金或国家重大攻关项目,为课题组长或第一主要合作者;或国家教委重点项目,为课题组长或第一合作者;或担任国家统编教材的主编或副主编。

上述破格晋升条件中某一项条件特别突出(即为本项条件加倍量或高一等级奖项)时,可酌情减少一项条件。

(注:当选择第 3 至 8 项之一和第 2 项作为破格条件时,第 3 至 8 项中的论文可不作要求。)

3.破格晋升教授职务

担任副教授职务超过二年但不满五年超前晋升教授职务,或虽任职年限已满五年但参加全校统评教授职务者,任现职以来,除符合有关文件规定的任职条件外,还须具备下列八项条件中的三项条件(越级晋升教授职务或作为优秀中青年骨干教师晋升教授职务者[简称选优对象]须具备四项条件),其中第 1 项均为必备条件:

(1)系统讲授一门主干课或基础课,教学效果优秀,并受到师生好评,同时每年超额完成额定工作量,其中每年都完成 70%以上额定教学工作量,且年度考核至少有两次为优或一次优和一次校级教学、科研奖,其他为良,并在学术刊物(须有 CN 刊号或准印证)或正式出版的论文集上发表一篇教学研究论文;

(2)理工科教师在全国核心学术刊物上至少发表七篇学术论文(含一篇发表在国际上发行的外文刊物),其中至少有二篇论文被 SCI、EI 收录或在全国一、二级学科权威学术刊物和国际"学术榜"刊物上至少发表四篇学术论文;

文科教师在全国核心学术刊物上至少发表十篇学术论文,其中至少有四篇论文在全国一、二级学科权威学术刊物上发表;

(3)在全国核心学术刊物上至少发表五篇学术论文(其中在全国一、二级学科权威学术刊物上至少发表两篇论文),并正式出版专著二十万字以上(不累计,若累计专著三十五万字以上),编著、译著或教科书三十万字以上;

(4)在全国核心学术刊物上至少发表三篇学术论文,并获得国家级(含国家教委、中科院、中国社科院)二等或省、部委级一等成果奖,或获得国家普通高校优秀教学成果二等奖或省普通高校优秀教学成果一等奖，为主要贡献者；

(5)在全国核心学术刊物上至少发表三篇学术论文(其中在全国一、二级学科权威学术刊物上至少发表一篇论文)，并在科技开发中取得至少三项发明专利；

(6)在全国核心学术刊物上至少发表二篇学术论文，并承担且已完成国家“七五”、“八五”重点项目、“863”项目或国家重大项目，经国家鉴定，达到国际先进水平，为主要贡献者；

(7)在全国核心学术刊物上至少发表二篇学术论文，并获国家表彰的有突出贡献的专家、优秀教师的称号；

(8)在全国核心学术刊物上至少发表四篇学术论文(其中至少有两篇学术论文在全国一、二级学科权威学术刊物上发表)，并获得国家自然科学基金、国家社会科学基金或国家重大攻关项目，为课题组长或第一主要合作者；或国家教委重点项目，为课题组长；或担任国家统编教材的主编。

上述破格晋升条件中某一项条件特别突出(即为本项条件加倍量或高一等级奖项)时，可酌情减少一项条件。

(注：当选择第 3 至 8 项之一和第 2 项作为破格条件时，第 3 至 8 项中的论文可不作要求。)

(三)评定教师职务的工作量要求

根据有关文件规定，教师晋升职务时每年均必须完成规定的工作量(包括教学工作量、科研工作量和其他工作量)，其中教学工作量不得低于相应职务的额定教学工作量的 70%。教学工作量参照《厦门大学教师职务聘任工作实施办法》中有关的计算方法计算。

自 1993 年校内管理体制改革实施之日起，评定教师职务工作中任职年限的计算严格按全聘者算一年；半聘者算半年；试聘、缓聘或不聘者不算其任职年限。

(四)外语水平的要求

根据《试行条例》中有关外语水平的规定，按各级职务不同的外语要求由学校统一组织考试，考试合格或及格者才能参加申报高一级职务任职资格。

学校没有终审权的学科，教师申请晋升职务时，须参加省教委统一组织的外语考试。

符合免试条件者，经批准后可以申报高一级职务任职资格。

1997 年外语考试将按新规定执行。

四、外校调入的教师职务任职资格的确认

凡由其他高等院校调来我校工作的教师，须经 3～6 个月的教学实践考察，符合我校教师同级职务任职条件并能履行和胜任其职责，且所在单位仍有空余岗位的，方能确认其任职资格。若申请晋升高一级职务者，除总任职年限符合规定外，还须在我校承担一年以上教学工作，并按我校规定参评相应职务的任职资格。

五、其他系列职务转定教师职务的要求

从其他系列专业技术职务岗位转来从事高校教学工作的教师，已取得其他系列专业技术职务任职资格的，须经一年以上教学实践，表明已具备相应职务任职条件，且所在单位仍有空余岗位的，可转定同级教师职务任职资格。申报晋升高一级职务的，除具备晋升相应职务任职条件要求外，其中须有二年以上高校教学工作实践，可晋升高一级职务任职资格。未取得其他系列专业技术职务任职资格的，须经三年以上高校教学实践，视其能力和水平评定相应教师职务任职资格。

六、校长特批

凡教学、科研等各方面工作成绩特别突出且学科建设需要的优秀人才或引进学科建设急需的优秀人才,可由校长特批其相应职务任职资格。

七、其他

(一)本实施意见自公布之日起实施,以前的规定若与本实施意见不符的,按本实施意见执行。

(二)本实施意见由校职改领导小组解释。

——本文摘录自《关于印发〈厦门大学实行《高等学校教师职务试行条例》的实施意见〉和〈厦门大学评聘专职科研人员职务实施意见〉的通知》,厦大职改[1997]08 号,档号 1997-XZ10-3

厦门大学评聘专职科研人员职务实施意见

（1997 年 5 月 30 日）

为加强我校科学研究人员队伍的建设，做好科学研究人员职务的评聘工作，提高科学研究和学术水平，根据国务院、国家教委和福建省教委有关评定专职科研人员职务文件的规定和国家教委教职改办[1996]3 号文精神“委属高校教师职务评聘标准，除思想政治、教育教学等的基本条件外，在学术上要向国际先进水平看齐，重点建设的委属高校尤其要把提高教师的学术水平，特别是提高高级职务教师的学术水平的工作提上重要议事日程，要利用教师职务评聘政策杠杆，激励、培养、造就一批在国际上有影响的学术技术大师。”及我校今后的奋斗目标“到 21 世纪初，把厦门大学建设成为国内一流、国际上有较大影响的社会主义综合性大学”，同时结合我校实际情况，修订本实施意见。

一、岗位设置

研究职务是根据高等学校科学研究（包括社会科学研究和自然科学研究）工作的需要而设置的职务岗位，按照合理的比例组成，有明确的职责，任职条件和相应评审程序。

研究职务设研究员、副研究员、助理研究员、研究实习员。其中研究员、副研究员为高级研究职务，助理研究员为中级研究职务，研究实习员为初级研究职务。

为了今后的发展和学科建设的需要，我校将不拘一格地选拔人才，及时把一批有学识、有才干的中青年研究人员提拔起来，发挥他们的作用。

二、职　责

（一）自然科学研究人员各级职务职责

研究实习人员：

1.在高、中级研究人员的指导下，承担并按要求完成研究课题中的具体工作。

2.对研究实验结果进行分析和处理。负责写出研究、实验报告。

3.根据需要，承担一定的教学、实验室建设或党政管理等工作。

助理研究员：

1.制定研究方案，独立地进行研究工作，写出研究报告或科学论文。

2.积极推广科学研究成果，定期报告本人的研究工作，指导初级研究人员工作。

3.根据需要，承担一定的教学工作、实验室建设或党政管理等工作。

副研究员：

1.选定研究课题，并提出有效的研究途径和可行的研究方法，创造性地进行研究工作。指导和组织课题的研究工作，写出高水平的研究报告或科学论著，积极推广研究成果。定期报告本学科国内外现状和发展趋势。

2.负责或参加审阅（鉴定）科学论文、著作或科研成果。

3.指导硕士研究生或协助指导博士研究生,指导中、初级研究人员工作。

4.根据需要,承担一定的教学任务、实验室建设工作和党政管理工作。

研究员:

1.提出有重要学术或实用意义的研究课题,在科学前沿进行开创性的研究工作。写出具有国际水平的科学论著。负责指导重大科研项目或攻关项目的研究工作。积极参与制定或提出学科发展规划。举办高水平的科学讲座。

2.主持审定(鉴定)重要的科学论文、著作或科研成果。

3.培养科研人才,根据需要指导硕士研究生或博士研究生,指导中、初级研究人员工作。

4.根据需要,承担一定的教学任务和党政管理工作。

(二)社会科学研究人员各级职务职责

研究实习员:

1.担任高级研究人员的研究助手。

2.在高、中级研究人员的指导下,进行研究工作。每年按计划完成研究任务。整理或写出一、二篇研究报告、专业学术资料或论文。

3.根据需要,承担一定的教学或党政管理等工作。

助理研究员:

1.承担研究课题,每年按计划完成研究任务。至少提交2万字以上具有一定学术水平的科研成果报告。

2.在高级研究人员的指导下,参加集体科研项目和重点科研课题的研究。

3.根据需要,承担一定的教学或党政管理等工作。

副研究员:

1.承担国家和学校的科研项目,或独立从事某一课题的研究。每年按计划完成研究任务,至少提交3万字以上的学术论文或阶段性成果报告,其中至少发表一篇有创见性、有较高学术价值或有较大实践意义的论文。

2.根据需要,承担学校、科研(或教学)室科研组织工作,担任课题组的领导人。

3.根据需要指导硕士研究生或协助博士研究生,指导中、初级研究人员工作。

4.根据需要,承担一定的教学任务和党政管理工作。

研究员:

1.承担国家和学校的重点科研项目,或根据国家需要提出有实用价值或有学术水平的研究课题。每年按计划完成研究任务,至少提交3万字以上有较高学术价值或有较大实践意义的论文或阶段性成果报告,其中至少发表二篇有创见性的学术论文。写出有较高学术水平的专著。

2.担任重点科研项目的学术领导,主持本学科重要领域的研究工作。

3.培养科研人才,根据需要指导硕士研究生或博士研究生,指导中、初级研究人员工作。

4.根据需要,承担一定的教学任务和党政管理工作。

三、任职条件

(一)各级研究人员必须热爱祖国,坚持四项基本原则;努力学习建设有中国特色社会主义理论;有严谨的学术作风和高尚的科学道德,团结合作;作风正派,品行端正,积极承担科研、教学任务,努力为建设社会主义物质文明和精神文明服务。

(二)学历、任职年限和业务要求:

1.研究实习员:

(1)获得硕士学位或研究生班毕业证书或第二学士学位证书,经 3～6 个月的考察合格,表明能履行研究实习员职责,方可确定研究实习员职务。

(2)获得学士学位或大学本科毕业,一年见习期满,经考察,具备下列三项条件方可确定研究实习员职务:

①基本掌握本专业的基础理论和专业知识;

②初步掌握进行本门学科研究工作的基本方法和实验技术;

③能阅读一个语种的外文专业书刊。

2.助理研究员:

(1)获得博士学位,经 3～6 个月考察表明能胜任和履行助理研究员职责,方可确定助理研究员职务。

(2)担任研究实习员职务四年以上,并修完本专业或者相近专业六门研究生课程,考试成绩合格;或获研究生班毕业证书或第二学士学位证书且担任研究实习员二至三年;或获得硕士学位证书且担任研究实习员职务二年以上,经考察表明具备下列三项条件者,可评聘助理研究员职务:

①具有本学科的扎实的理论基础和专业知识,基本了解本学科的国内外现状和发展趋势,掌握进行本学科研究工作的基本方法和实验技术,能独立地进行研究工作;

②已取得具有学术价值的研究成果,或写出有一定学术水平的论文和研究报告四篇以上(其中至少有一篇论文在公开发行的刊物上发表或在省级以上学术会议上宣读),或在推广科研成果中有明显成绩,能全面完成研究实习员工作的;

③能熟练地阅读,翻译本专业的外文书刊。

3.副研究员:

大学本科毕业及其以上学历担任助理研究员职务五年以上,或获得博士学位且担任助理研究员职务二年以上,任现职以来,全面完成助理研究员工作任务,能履行和胜任助理研究员职责,除符合有关文件规定的任职条件外,还须具备下列七项条件中的两项条件(其中第⑴项为必备条件):

(1)每年均完成额定科研工作量,在公开发行的学术刊物(均须有 CN 刊号,下同)上至少发表二篇学术论文(其中社会科学研究人员均须独立撰写或第一作者署名,自然科学研究人员至少有一篇是独立撰写或第一作者署名)。如编撰著作的,按校科技处和社科处的有关规定折算为相应工作量;

(2)自然科学研究人员在国家部委及其所属研究所和重点高等学校、全国一、二级学科学会、中国(社会)科学院所属研究所主办的全国核心学术刊物(以下简称全国核心学术刊物)上至少发表四篇学术论文(独立撰写或第一作者署名,下同),其中至少有一篇论文在全国一、二级学科权威学术刊物上发表;

社会科学研究人员在全国核心学术刊物上至少发表六篇学术论文,其中至少有一篇论文在全国一、二级学科权威学术刊物上发表;

(3)在全国核心学术刊物上至少发表二篇学术论文,并正式出版有较高学术水平的专著十万字以上(不累计,若累计专著二十万字以上),编著或译著十五万字以上(不累计,译著仅限语言专业研究人员翻译的学术专著或世界名著,下同);

(4)在全国核心学术刊物上至少发表二篇学术论文,并获得国家级(含国家教委、中科院、中国社科院)四等、省部级三等成果奖(仅限发明奖、自然科学奖、科技进步奖、星火奖及社会科学优秀成果奖),为主要贡献者(仅限前二名,如获高一奖级的科技成果奖,限前三名,如获得两项同级奖的第三名,可视为一项此级奖的第二名,下同);

(5)在全国核心学术刊物上至少发表二篇学术论文,并至少有一项科学技术成果经省部级及其以上单位主持鉴定,达到国内先进水平并取得突出的经济效益(须附有关单位财务部门证明,下同);

(6)在全国核心学术刊物上至少发表两篇学术论文,并在科技开发中取得至少两项发明专利;

(7)在全国核心学术刊物上至少发表三篇学术论文,并获得国家自然科学基金、国家社会科学基金或国家重大攻关项目,为课题组长或第一主要合作者;或国家教委重点项目,为课题组长或第一主要合作者。

4.研究员：

担任副研究员职务五年以上，任现职以来，除具备有关文件规定的任职条件外，还须具备下列七项中的两项条件(其中第⑴项为必备条件)：

(1)全面完成副研究员工作任务，履行和胜任副研究员职责，每年均完成额定科研工作量并在公开发行的学术刊物上至少发表三篇学术论文(其中社会科学研究人员均须独立撰写或第一作者署名，自然科学研究人员至少有一半以上是独立撰写或第一作者署名)。如编撰著作的，按校科技处和社科处的有关规定折算为相应工作量；

(2)自然科学研究人员在全国核心学术刊物上至少发表八篇学术论文(含一篇发表在国际上发行的外文刊物)，其中至少有两篇论文被SCI、EI收录或在全国一、二级学科权威学术刊物或国际“学术榜”刊物上至少发表四篇论文；

社会科学研究人员在全国核心学术刊物上至少发表十篇学术论文，其中在全国一、二级学科权威学术刊物上至少发表四篇论文；

(3)在全国核心学术刊物上至少发表五篇学术论文(其中在全国一、二级学科权威学术刊物上至少发表两篇论文)，并正式出版过专著十五万字以上(不累计，若累计专著二十五万字以上)，编著或译著二十万字以上；

(4)在全国核心学术刊物上至少发表三篇学术论文(其中在全国一、二级学科权威学术刊物上至少发表一篇论文)，并获得国家级(含国家教委、中科院、中国社科院)三等、省部级二等科技成果奖，为主要贡献者；

(5)在全国核心学术刊物上至少发表三篇学术论文(其中在全国一、二级学科权威学术刊物上至少发表一篇论文)，并有两项科学技术成果经国家级鉴定，达到国内领先水平或国际先进水平并取得显著的经济效益；

(6)在全国核心学术刊物上至少发表三篇学术论文(其中在全国一、二级学科权威学术刊物上至少发表一篇论文)，并在科技开发中取得至少两项发明专利；

(7)在全国核心学术刊物上至少发表四篇有创见性的论文(其中至少有两篇学术论文在全国一、二级学科权威学术刊物上发表)，并获得国家自然科学基金、国家社会科学基金或国家重大攻关项目，为课题组长或第一主要合作者；或国家教委重点项目，为课题组长。

(三)破格晋升各级职务

对在研究工作中取得突出成绩的人员，其研究成果相当卓著，经考察表明能履行和胜任高一级职务的职责，可不受学历、任职年限规定的限制破格晋升高一级职务。

破格晋升各级职务的研究人员任现职期间必须全面完成所规定的科研工作量的基础上，并且符合下列相应职务的破格晋升条件。

1.破格晋升助理研究员

不具备规定学历担任研究实习员职务七年以上破格晋升助理研究员，任现职以来，除符合有关文件规定的任职条件外，还须具备下列两项条件：

(1)每年超额完成额定科研工作量，年度工作考核至少有两次为优或一次优和一次校级教学、科研奖，其他为良；

(2)在公开发行的学术刊物上至少发表七篇学术论文，其中在全国核心学术刊物上至少发表二篇论文(独立撰写或为第一作者)；或正式出版编著、译著十万字以上或正式出版专著累计十五万字以上(其中至少有一本专著本人撰写七万字以上)；或获得省级及以上科技成果奖的主要贡献者(仅限前三名)。

2.破格晋升副研究员职务：

担任助理研究员职务超过三年但不满五年或获得博士学位担任助理研究员一年以上不满两年超前晋升副研究员，或不具备规定学历(含大学本科毕业未修完研究生六门主要课程)破格晋升副研究员职务，任现职以来，除符合有关文件规定的任职条件外，还须具备下列八项条件中的三项条件(越级晋升或不具备规定学历且超前晋升者须具备下列八项条件中的四项条件)，其中第(1)项均为必备条件：

(1)每年超额完成额定科研工作量，年度考核至少有两次为优或一次优和一次校级教学、科研奖(获得博士学位的助理研究员年度考核有一次优)，其他为良；

(2)自然科学研究人员在全国核心学术刊物上至少发表六篇学术论文，其中至少有一篇论文被SCI、EI收录或至少有三篇论文在全国一、二级学科权威学术刊物或国际“学术榜”刊物上发表；

社会科学研究人员在全国核心学术刊物上至少发表八篇学术论文，其中在全国一、二级学科权威学术刊物上至少发表三篇论文；

(3)在全国核心学术刊物上发表五篇学术论文(其中在全国一、二级学科权威学术刊物上至少发表两篇论文)，并正式出版过专著十五万字以上(不累计，若累计专著二十五万字以上)，编著或译著二十万字以上；

(4)在全国核心学术刊物上发表三篇学术论文(其中在全国一、二级学科权威学术刊物上至少发表一篇论文)，并获国家级(含国家教委、中科院、中国社科院)三等、省部级二等以上成果奖，为主要贡献者；

(5)在全国核心学术刊物上发表三篇学术论文(其中在全国一、二级学科权威学术刊物上至少发表一篇论文)，并在科技开发中取得至少两项发明专利；

(6)在全国核心学术刊物上发表三篇学术论文(其中在全国一、二级学科权威学术刊物上至少发表一篇论文)，并承担且已完成省部委“七五”、“八五”重点项目、“863”项目或国家重点项目(仅限前三名)，并已通过省部级及其以上单位主持鉴定，达到国内领先水平，为主要贡献者(须附基金项目申请书影印件及鉴定材料等证明材料，下同)；

(7)在全国核心学术刊物上至少发表三篇学术论文(其中在全国一、二级学科权威学术刊物上至少发表一篇论文)，并获得国家或省政府表彰的有突出贡献的专家称号；

(8)在全国核心学术刊物上至少发表三篇学术论文(其中在全国一、二级学科权威学术刊物上至少发表一篇论文)，并获得国家自然科学基金、国家社会科学基金或国家重大攻关项目，为课题组长或第一、二主要合作者；或国家教委重点项目，为课题组长或第一主要合作者。

上述破格晋升条件中某一项条件特别突出(即为本项条件加倍量或高一等级奖项)时，可酌情减少一项条件。

(注：当选择第3至8项之一和第2项作为破格条件时，第3至8项中的论文可不作要求。)

3.破格晋升研究员职务

担任副研究员职务超过二年但不满五年超前晋升研究员职务或虽任职年限已满五年但参加全校统评研究员职务者，任现职以来，除符合有关文件规定的任职条件外，还须具备下列七项条件中的三项条件(越级晋升研究员职务，或作为优秀中青年骨干教师晋升研究员职务者[简称选优对象]须具备四项条件)，其中第(1)项为必备条件：

(1)每年均超额完成额定科研工作量，年度考核至少有两次为优或一次优和一次校级教学、科研奖，其他为良；

(2)自然科学研究人员在全国核心学术刊物上至少发表十篇学术论文(含一篇发表在国际上发行的外文刊物)，其中至少有三篇论文被SCI、EI收录或至少有六篇论文发表在全国一、二级学科权威学术刊物或国际“学术榜”刊物上；

社会科学研究人员在全国核心学术刊物上至少发表十二篇学术论文，其中至少有六篇论文发表在全国一、二级学科权威学术刊物上；

(3)在全国核心学术刊物上至少发表七篇学术论文(其中在全国一、二级学科权威学术刊物上至少发表三篇论文)，并正式出版过专著二十万字以上(不累计，若累计专著三十五万以上)，编著或译著三十万字以上；

(4)在全国核心学术刊物上至少发表四篇学术论文(其中在全国一、二级学科权威学术刊物上至少发表二篇论文)，并获得国家级(含国家教委、中科院、中国社科院)二等或省、部委级一等成果奖，为主要贡献者；

(5)在全国核心学术刊物上至少发表四篇学术论文(其中在全国一、二级学科权威学术刊物上至少发表二篇论文)，并在科技开发中取得至少三项发明专利；

(6)在全国核心学术刊物上至少发表四篇学术论文(其中在全国一、二级学科权威学术刊物上至少发表二篇论文)，并承担且已完成国家“七五”、“八五”重点项目、“863”项目或国家重大项目，经国家鉴定，达到国际先进水平，为主要贡献者；

(7)在全国核心学术刊物上至少发表四篇学术论文(其中在全国一、二级学科权威学术刊物上至少发表二篇论文)，并获得国家表彰的有突出贡献的专家称号；

(8)在全国核心学术刊物上至少发表五篇学术论文(其中至少有三篇学术论文在全国一、二级学科权威学术刊物上发表)，并获得国家自然科学基金、国家社会科学基金或国家重大攻关项目，为课题组长或第一主要合作者；或国家教委重点项目，为课题组长。

上述破格晋升条件中某一项条件特别突出(即为本项条件加倍量或高一等级奖项)时，可酌情减少一项条件。

(注：当选择第3至8项之一和第2项作为破格条件时，第3至8项中的论文可不作要求。)

(四)评聘专职科研人员职务的工作量要求

根据有关文件规定，研究人员晋升职务时必须完成规定的工作量，其工作量参照《厦门大学专职科研编制定额分配与聘任试行办法》中相应的方法计算。

研究系列人员担任教学工作，任职期间其教学工作量平均每年达到教师相应职务额定教学工作量(指标准课内学时)的70%，方可申请教学系列的相应职务任职资格。

自1993年校内管理体制改革实施之日起，评定研究人员职务工作中任职年限的计算严格按全聘者算一年；半聘者算半年；试聘、缓聘或不聘者不计算其任职年限。

(五)外语水平的要求

根据《试行条例》中有关外语水平的规定，按各级职务不同的外语要求由学校统一组织考试，考试合格或及格者才能参加申报高一级职务任职资格。

学校没有终审权的学科，研究人员申请晋升职务时，须参加省教委统一组织的外语考试。

符合免试条件者，经批准后可以申报高一级职务任职资格。

1997年起外语考试将按新规定执行。

四、外校调入专职研究人员职务任职资格的确认

参照《厦门大学实行〈高等学校教师职务试行条例〉的实施意见》的规定执行。

五、从其他系列职务转定专职科研人员职务的要求

从其他系列职务转定专职科研人员职务的要求参照《厦门大学实行〈高等学校教师职务试行条例〉的实施意见》执行。

六、校长特批

凡教学、科研等各方面工作成绩特别突出且学科建设需要的优秀人才或引进学科建设急需的优秀人才，可由校长特批其相应职务任职资格。

七、其他

(一)研究人员职务的评定程序按照教师职务评审程序,在评聘工作中,应注意政治思想条件,坚持标准,保证质量,宁缺勿滥,择优评聘。

(二)凡本实施意见没有详细规定的有关问题参照《厦门大学实行〈高等学校教师职务试行条例〉的实施意见》执行。

(三)本实施意见自公布之日起实施,以前的规定若与本实施意见不符,按本实施意见执行。

(四)本实施意见由校职改领导小组解释。

附件一:全国一、二级学科权威学术刊物目录

一、人文社会科学:

序号	期刊名称	序号	期刊名称
QW1	哲学研究	QW2	世界宗教研究
QW3	自然辩证法研究	QW4	科学学研究
QW5	经济研究	QW6	经济学动态
QW7	中国经济史研究	QW8	世界经济
QW9	财政研究	QW10	金融研究
QW11	保险研究	QW12	国际金融研究
QW13	中国工业经济	QW14	农业经济问题
QW15	国际贸易问题	QW16	商业经济研究
QW17	投资研究	QW18	中国劳动科学
QW19	统计研究	QW20	会计研究
QW21	审计研究	QW22	管理世界
QW23	企业管理	QW24	数量经济技术经济研究
QW25	中国法学	QW26	法学研究
QW27	政法论坛	QW28	现代法学
QW29	政治学研究	QW30	中共党史研究
QW31	科学社会主义(中国科社学会)	QW32	国际问题研究
QW33	中国行政管理(理论栏)	QW34	人口研究
QW35	社会学研究	QW36	中国广播电视学刊(理论栏)
QW37	新闻与传播研究	QW38	教育研究
QW39	民族研究	QW40	心理学报
QW41	高等教育研究	QW42	文学评论
QW43	体育科学	QW44	中国语文
QW45	文学遗产	QW46	外语教学与研究
QW47	古汉语研究	QW48	外国文学研究
QW49	外国语	QW50	文艺研究
QW51	外国文学评论	QW52	美术(理论栏)

续表

序号	期刊名称	序号	期刊名称
QW53	音乐研究	QW54	美术史论
QW55	中国戏剧(理论栏)	QW56	历史研究
QW57	中国音乐学	QW58	世界历史
QW59	考古学报	QW60	近代史研究
QW61	中国史研究	QW62	高校理论战线
QW63	中国社会科学	QW64	学术月刊
QW65	求是	QW66	人民日报(理论版)
QW67	光明日报(理论版)	QW68	文艺报(理论版)
QW69	CHINA DIALY(理论版)		

二、自然科学

序号	期刊名称	序号	期刊名称
QL01	数学学报	QL02	计算数学
QL03	应用数学学报	QL04	数学年刊
QL05	物理学报	QL06	光学学报
QL07	半导体学报	QL08	力学学报
QL09	声学学报	QL10	发光学报
QL11	化学学报	QL12	高等学校化学学报
QL13	分析化学	QL14	物理化学学报
QL15	有机化学	QL16	高分子学报
QL17	环境化学	QL18	无机化学学报
QL19	化学物理学报	QL20	应用化学
QL21	植物学报	QL22	动物学报
QL23	微生物学报	QL24	生物化学杂志
QL25	生物工程学报	QL26	生物物理学报
QL27	人类学学报	QL28	海洋学报
QL29	海洋科学	QL30	水生生物学报
QL31	水产学报	QL32	生态学报
QL33	环境科学学报	QL34	海洋与湖沼
QL35	化工学报	QL36	化学工程
QL37	电子学报	QL38	通信学报
QL39	计算机学报	QL40	软件学报
QL41	计算机研究与发展	QL42	建筑学报
QL43	建筑结构学报	QL44	土木工程学报
QL45	分析仪器	QL46	机械工程学报

续表

序号	期刊名称	序号	期刊名称
QL47	系统科学与数学	QL48	控制理论与应用
QL49	自动化学报	QL50	系统工程理论与实践
QL51	航空学报	QL52	中国科学
QL53	科学通报	QL54	仪器仪表学报
QL55	空气动力学学报	QL56	地质学报
QL57	地理学报	QL58	气象学报
QL59	生理学报	QL60	中医杂志
QL61	运筹学学报	QL62	数理统计与应用概率

附件二:全国核心学术刊物目录

一、人文社会科学:

序号	期刊名称	序号	期刊名称
HW001	道德与文明	HW002	毛泽东思想研究
HW003	国外政治学	HW004	社会主义研究(华中师大)
HW005	城乡建设(北京)	HW006	孔子研究
HW007	文史哲	HW008	哲学动态
HW009	科学技术与辩证法	HW010	科学学与科学技术管理
HW011	未来与发展	HW012	党史研究资料
HW013	世界经济与政治	HW014	国际共运史
HW015	中外法学	HW016	法学评论
HW017	法学	HW018	法律科学
HW019	政治与法律	HW020	比较法研究
HW021	经济法制	HW022	法学杂志
HW023	方言	HW024	古汉语研究
HW025	辞书研究	HW026	语言研究
HW027	文艺理论研究	HW028	文艺理论与批评
HW029	世界文学	HW030	外国文学研究
HW031	戏剧	HW032	戏剧艺术
HW033	小说评论	HW034	世界汉语教学
HW035	中国广播电视学刊	HW036	国际新闻界
HW037	新闻大学	HW038	新闻研究资料
HW039	外国文学	HW040	国外文学
HW041	当代外国文学	HW042	外语研究
HW043	中国翻译	HW044	中国俄语教学
HW045	日语学习与研究	HW046	中国书法

续表

序号	期刊名称	序号	期刊名称
HW047	美苑	HW048	新美术
HW049	装饰	HW050	美术研究
HW051	人民音乐	HW052	乐器
HW053	中国戏剧	HW054	北京体育大学学报
HW055	上海体院学报	HW056	武汉体院学报
HW057	天津体院学报	HW058	现代军事
HW059	成都体院学报	HW060	比较教育研究
HW061	中国高教研究	HW062	心理学动态
HW063	心理科学	HW064	中国心理卫生杂志
HW065	世界农业	HW066	台湾研究集刊
HW067	史学史研究	HW068	现代国际关系
HW069	中国社会经济史研究	HW070	历史档案
HW071	考古	HW072	民族语文
HW073	文物	HW074	人口与经济
HW075	中国人口科学	HW076	经济管理
HW077	人口学刊	HW078	行为科学
HW079	现代企业导刊	HW080	财务与会计
HW081	财贸经济	HW082	质量管理
HW083	改革	HW084	国际经济合作
HW085	财经研究	HW086	中国农村经济
HW087	经济学家	HW088	中国经济问题
HW089	经济科学	HW090	国际贸易
HW091	财政	HW092	商业经济管理
HW093	财经问题研究	HW094	税务研究
HW095	中国税务	HW096	涉外税务
HW097	国际金融	HW098	统计与决策
HW099	中国统计	HW100	统计教育
HW101	统计与预测	HW102	中国投资管理
HW103	应用概率统计	HW104	中国审计
HW105	当代经济	HW106	财会通讯
HW107	审计理论与实践	HW108	价格理论与实践
HW109	国外社会科学	HW110	北京师大学报・社会科学版
HW111	北京大学学报・哲社版	HW112	华东师大学报・哲社版
HW113	复旦学报・社会科学版	HW114	吉林大学社会科学学报
HW115	华中师大学报・哲社版	HW116	南京大学学报・哲社版

续表

序号	期刊名称	序号	期刊名称
HW117	兰州大学学报·社科版	HW118	清华大学学报·哲社版
HW119	南开学报·哲社版	HW120	西北师大学报·社科版
HW121	四川大学学报·哲社版	HW122	西南师大学报·哲社版
HW123	厦门大学学报·哲社版	HW124	中国人民大学学报
HW125	浙江大学学报·社科版	HW126	中山大学学报·社会版
HW127	中国社科院研究生院学报	HW128	社会科学战线
HW129	新华文摘(不含论点摘编)	HW130	现代外语
HW131	旅游学刊	HW132	教学与研究
HW133	外语界	HW134	中国体育科技
HW135	中国学校体育	HW136	高等师范教育研究
HW137	清华大学教育研究	HW138	外国教育研究
HW139	高等工程教育研究	HW140	中国教育学刊
HW141	教育研究与实验	HW142	教育与经济
HW143	心理发展与教育	HW144	黄钟
HW145	中央音乐学院学报	HW146	北京中医药大学学报
HW147	音乐艺术	HW148	国外语言学
HW149	中国中药杂志	HW150	汉字文化
HW151	语文建设	HW152	美国研究
HW153	中草药	HW154	经济地理
HW155	中国地方志	HW156	瞭望
HW157	台声	HW158	中国史研究动态
HW159	现代国际关系	HW160	民国档案
HW161	史学理论研究	HW162	清史研究
HW163	史学集刊	HW164	中国人才
HW165	中国农史	HW166	法商研究
HW167	青年研究	HW168	新闻战线
HW169	法学家	HW170	新闻界
HW171	中国读者	HW172	新文学史料
HW173	现代广播	HW174	语言文字应用
HW175	中国现代文学研究丛刊	HW176	经济改革与发展
HW177	民族文学研究	HW178	宏观经济管理
HW179	经济评论	HW180	中国工业经济研究
HW181	中国土地	HW182	经济理论与经济管理
HW183	南开经济研究	HW184	欧洲
HW185	世界经济文汇	HW186	国际商务

续表

序号	期刊名称	序号	期刊名称
HW187	国际金融导刊	HW188	亚太研究
HW189	外语与外语教学	HW190	中国金融
HW191	农村金融研究	HW192	人口与计划生育
HW193	中国保险	HW194	译林
HW195	外语电化教学	HW196	华人华侨历史研究
HW197	俄罗斯文艺	HW198	马克思主义与现实
HW199	国有资产研究	HW200	中国边疆史地研究
HW201	信息系统研究	HW202	世界民族
HW203	台湾研究	HW204	现代广告
HW205	中国音乐教育	HW206	文史
HW207	中国典籍与文化	HW208	民商法论丛
HW209	中国军事科学	HW210	法制日报(理论版)

二、自然科学:

序号	期刊名称	序号	期刊名称
HL001	中西医结合杂志	HL002	中国针灸
HL003	中国医药学报	HL004	城市规划
HL005	新建筑	HL006	力学进展
HL007	建筑结构	HL008	世界建筑
HL009	电子科学学刊	HL010	电视技术
HL011	电信科学	HL012	电子测量技术
HL013	电声技术	HL014	通信技术与发展
HL015	电信技术	HL016	电力电子技术
HL017	电子技术应用	HL018	小型微型计算机系统
HL019	计算机应用与软件	HL020	计算机科学
HL021	信息与控制	HL022	中文信息报
HL023	控制与决策	HL024	模式识别与人工智能
HL025	机器人	HL026	工业仪表与自动化装置
HL027	冶金自动化	HL028	电气自动化
HL029	预测	HL030	机械设计
HL031	液压与气动	HL032	组合机床与自动化加工
HL033	新技术工艺	HL034	电加工
HL035	机床与液压	HL036	微型机与应用
HL037	机械设计与制造	HL038	中国激光
HL039	分析测试通报	HL040	电测与仪表

续表

序号	期刊名称	序号	期刊名称
HL041	仪表技术与传感器	HL042	真空
HL043	自动化仪表	HL044	激光杂志
HL045	应用激光	HL046	无损检测
HL047	激光与红外	HL048	航空动力学报
HL049	航空制造工程	HL050	化学通报
HL051	中国稀土学报	HL052	生物学通报
HL053	计算机与应用化学	HL054	石油学报(石油加工)
HL055	化工进展	HL056	石油化工
HL057	天然气化工	HL058	化工环保
HL059	化学反应工程与工艺	HL060	离子交换与吸附
HL061	数学进展	HL062	数学通报
HL063	数学物理学报	HL064	数学研究与评论
HL065	高等学校计算数学学报	HL066	应用概率统计
HL067	数理统计与管理	HL068	数值计算与计算机应用
HL069	生物数学学报	HL070	应用数学与力学
HL071	工程热物理学报	HL072	太阳能学报
HL073	高能物理与核物理	HL074	物理学报
HL075	光学学报	HL076	光谱学与光谱分析
HL077	光电子激光	HL078	量子电子学
HL079	大学物理	HL080	物理
HL081	微波学报	HL082	固体电子学
HL083	半导体光电	HL084	固体电子学研究与进展
HL085	计算物理	HL086	红外与毫米波学报
HL087	生物化学与生物物理学报	HL088	中国实用菌
HL089	工业微生物	HL090	中国人兽共患病杂志
HL091	食品科学	HL092	寄生虫与医学昆虫学报
HL093	动物学杂志	HL094	中国农业科学
HL095	动物分类学报	HL096	畜牧兽医学报
HL097	植物生理学报	HL098	遗传学报
HL099	中国医学科学院杂志	HL100	细胞生物学杂志
HL101	中华肿瘤杂志	HL102	实验生物学报
HL103	中华病理学杂志	HL104	药学学报
HL105	中国药理学学报	HL106	中华微生物和免疫学杂志
HL107	中国药理学与毒理学杂志	HL108	中华医学杂志
HL109	癌症	HL110	中国免疫学杂志

续表

序号	期刊名称	序号	期刊名称
HL111	生物化学与生物物理进展	HL112	生物学通报
HL113	应用声学	HL114	环境污染与防治
HL115	海洋环境科学	HL116	热带海洋
HL117	海洋技术	HL118	台湾海峡
HL119	环境科学	HL120	海洋工程
HL121	中国环境科学	HL122	色谱
HL123	北京大学学报·自然版	HL124	北京师大学报·自然版
HL125	重庆大学学报	HL126	大连理工大学学报
HL127	东北师大学报·自然版	HL128	复旦大学学报·自然版
HL129	华东理工大学学报	HL130	华东师大学报·自然版
HL131	华南理工大学学报·自然版	HL132	华南师大学报·自然版
HL133	华中师大学报	HL134	吉林大学自然科学学报
HL135	南京大学学报·自然版	HL136	南开大学学报·自然版
HL137	清华大学学报·自然版	HL138	山东大学学报·自然版
HL139	上海交大学报·自然版	HL140	四川大学学报·自然版
HL141	天津大学学报·自然版	HL142	同济大学学报·自然版
HL143	武汉大学学报·自然版	HL144	西安交大学报
HL145	西北工业大学学报	HL146	厦门大学学报·自然版
HL147	浙江大学学报	HL148	中国科技大学学报
HL149	中国科技大学研究生院学报	HL150	中国科学院研究生院学报
HL151	昆虫学报	HL152	中山大学学报·自然版
HL153	计算机辅助设计与图形学报	HL154	病毒学报
HL155	中华传染病杂志	HL156	中国农业科学
HL157	中华流行病学杂志	HL158	波普学杂志
HL159	地质科学	HL160	沉积学报
HL161	计量学报	HL162	大气科学
HL163	工程力学	HL164	核化学与放射化学
HL165	北京航空航天大学学报	HL166	实验力学
HL167	新中医	HL168	硅酸盐学报
HL169	中成药	HL170	中国生物医学工程学报
HL171	流体机械	HL172	电力系统自动化
HL173	电气传动	HL174	电网技术
HL175	船舶工程	HL176	电力建设
HL177	航海技术	HL178	中国造船
HL179	南京航空航天大学学报	HL180	中国航海

续表

序号	期刊名称	序号	期刊名称
HL181	航空工艺技术	HL182	西北工业大学学报
HL183	应用力学学报	HL184	飞行力学
HL185	低温物理学报	HL186	气动实验与测量控制
HL187	半导体技术	HL188	推进技术
HL189	激光技术	HL190	低温与超导
HL191	生态学杂志	HL192	光通信技术
HL193	气象	HL194	应用气象学报
HL195	环境工程	HL196	海洋通报
HL197	黄渤海海洋	HL198	核化学与放射化学
HL199	海湖盐与化工	HL200	地球化学
HL201	核技术	HL202	自然资源学报
HL203	环境保护	HL204	海洋地质与第四纪地质
HL205	兵工学报	HL206	海洋开发与管理
HL207	液压气动与密封	HL208	自然资源
HL209	制造技术与机床	HL210	水动力学研究与发展
HL211	机床与液压	HL212	机械工程技术
HL213	建筑技术	HL214	模具工业
HL215	材料研究学报	HL216	机械传动
HL217	金属学报	HL218	工程力学
HL219	矿油炼制与化工	HL220	太阳能学报
HL221	高分子材料科学与工程	HL222	功能材料
HL223	中华骨科杂志	HL224	无机材料学报
HL225	微生物学通报	HL226	化工冶金
HL227	生理科学进展	HL228	结构化学
HL229	植物生理学通讯	HL230	中华放射学杂志
HL231	土壤学报	HL232	真菌学报
HL233	微电子学与计算机	HL234	植物生态学报
HL235	电子计算机外部设备	HL236	植物分类学报
HL237	微型计算机	HL238	计算机辅助设计与图形学报
HL239	计算机工程与应用	HL240	计算机工程
HL241	照明工程学报	HL242	计算机工程与设计
HL243	中国海洋文集	HL244	大学化学
HL245	中医教育		

——本文摘录自《关于印发〈厦门大学实行《高等学校教师职务试行条例》的实施意见〉和〈厦门大学评聘专职科研人员职务实施意见〉的通知》，厦大职改[1997]08 号，档号 1997-XZ10-3

厦门大学海滨东区集资房管理暂行规定

(1997 年 7 月 11 日)

为了确保房屋的安全合理使用,维护国家财产和住户的合法权益,创造一个优美整洁、文明安全的居住环境,参照厦门市住房管理条例,根据学校住房管理有关文件规定,特制订本暂行规定。

一、住户应严格遵守《厦门大学海滨东区集资建房实施方案》及《厦门大学海滨东区集资建房协议书》的有关规定,在规定的期限内(从学校决定发放钥匙之日起 3 个月)搬迁完毕并全部退还原住房。退还的原住房应保持门窗玻璃、水电等设施完好无损,如有损坏应照价赔偿或恢复原状。如退还的系市直管公房,应在领集资房钥匙前交齐租赁合同、租金缴纳证等手续,并有义务协助办理新住户入住手续。

二、不得改变住房(含附属层,下同)的用途,如改做经营仓库、摆摊设点、办公司等。不准将住房转让、转借、出租。

三、住户对房屋共有、共同的部位和空间,应共同合理使用并承担相应的修缮责任。在维修房屋共用部位和共同设施时,有关的住户应当给予配合,不得借故阻拦或要求补偿。

四、在住房保修期内(自交房之日起,水电半年,土建一年,屋面防水保修三年),若因施工原因造成的质量问题,住户应及时书面向房屋管理部门反映,由工程组负责联系施工队保修。因使用不当或装修人为造成的质量和安全问题由住户自理,并负责造成他人损害的一切经济、法律责任。

五、住户在领钥匙前须向管理部门交纳土头垃圾清运费 50 元。

六、住户在房屋装修和使用过程中,严禁有以下任何一种行为:

1.破坏房屋结构(如拆墙开洞,改梁换柱,损坏基础等);

2.擅自改变房屋的平面布局,使用功能;

3.在房屋上擅自搭盖加层,增加楼面、屋面荷载或改变建筑外形;

4.擅自圈围房屋楼梯通道、天台等公共空间,占为私用或影响交通疏散,阳台堆放、晾挂物不得超重或超过挡墙;

5.将生活污水排入雨水管;

6.阳台擅自安装防护栅栏;

7.改动上下水主管道,拆堵烟窗,破坏防水及隔热层;

8.厨房、卫生间排气孔没有接在排气道预留孔上,擅自从外墙开孔或接出窗外;

9.室外擅自安装各种管线(如电视天线等);

10.不得在房屋及其附属设施上设置广告牌、商业宣传牌和铺面等悬挂物。

七、住户在房屋装修和使用过程中,允许有下列行为:

1.对住宅楼地面、内墙面、天棚表面进行装修(楼地面装修不得凿除原水泥找平层,只允许凿毛);

2.安装分户防盗门,但不得改变原有门洞大小位置,不得妨碍楼梯通行、消防;

3.窗户玻璃外侧、不超出墙面的格栅;

4.住户安装空调,须统一安装在预留的位置上。窗式空调只能安装在门、窗的固定扇上。

八、装修现场必须严格遵守以下规定:

1.住户在装修时应注意安全,注意邻里关系,适当安排施工时间,以免影响他人休息;

2.装修中产生的垃圾(如土头、刨花等)必须按指定位置堆放,严禁将装修垃圾堆放在转台、楼梯口或其他非指定位置,严禁从楼上往外抛弃垃圾、土头,否则将责令其自行清理,并每次罚款 50 元;造成坠落物事故的要追究法律责任;

3.装修过程中有破坏小区公共设施的,管理部门可按规定给予处罚,责令赔偿损失,如有同栋 2 户以上同时装修,不易分清责任的,由现场装修队共同负责;

4.装修过程中不得私自在户外接水、接电,严禁住户到楼梯口电表箱接电,一经发现,罚款 1000 元;

5.因装修造成的管道堵塞、渗水漏水、停电停水、损坏他人物品或由此影响毗邻房屋使用或安全的,应由装修户负责修复、赔偿;

6.装修材料不得乱堆放,搬运时应注意保护公共设施。

九、违章装修责任:

对违反本规定者,除批评教育外,可根据情节轻重,采取以下一种或几种措施:1.责令停工;2.责令恢复原状;3.扣留或没收工具;4.赔偿经济损失;5.取消装修权利;6.按城管监察有关规定予以处理。

十、由学校组建的物业管理机构及相应的小区管理生效后,本规定自行废止。

——本文摘录自《关于印发〈厦门大学海滨东区集资房管理暂行规定〉的通知》,厦大综[1997]52 号,档号 1997-XZ09-5

厦门大学关于教师职务评审程序若干规定

(1997年8月28日)

改革职称评定,实行专业技术职务聘任制,是专业技术术人员管理制度的一项重大改革。评审教师职务的工作政策性强,涉及面广。为了引入竞争机制,促进公开、平等的竞争,增加教师职务评审工作的透明度,进一步改进和完善教师职务评审程序,现根据中央和省职改工作的有关文件精神,结合我校实际情况将1996年《厦门大学关于教师职务评审程序的若干规定》修订如下:

一、本人申报,群众评议

(一)申请晋升教师(含专任教师、研究人员和专职从事学生思想政治教育干部)职务需由本人提出。申请人在任现职期间,每年度工作考核结果均必须是优(特等、一等,下同)良(二等,下同),同时每年政治思想表现考核结果必须为A、B。

申报统评教授(研究员)职务者、破格晋升职务者和选优对象,任现职以来年度工作考核至少有二次为优,其他为良,同时每年政治思想表现考核结果必须为A、B。

凡当年工作考核结果未达到良者,或当年政治思想表现考核结果未达到A、B者,或任现职期间年度工作考核结果达到优良累计不足五次者,或任现职期间年度政治思想表现考核结果A、B累计不足五次者均不能申请晋升职务。

凡晋升高一级职务者,必须在校服务二年以上,方可调离学校、出国探亲或自费出国留学,否则取消其任职资格。

(二)所有申请人均需在《厦门大学专业技术人员晋升职务报名表》中填写基本情况,由各单位认真审查申请资格,并报校职改办进行申请资格复查。经复查符合申请条件者应填写《厦门大学申请晋升讲师(助研)职务简明表》或《厦门大学申请晋升教师高级职务简明表》(简称"简明表")。

(三)申请者经所在教研室(组)或研究室教师评议(必要时申请者可先到会简要介绍本人的思想政治表现、工作态度和成绩、教学科研成果等情况),教研室(组)或研究室领导在听取群众意见的基础上,对照相应职务任职条件写出书面意见,并送交所在单位(系、所)考核推荐小组。

二、单位考核、推荐

(一)各单位负责人必须根据教学、科研人员相应职务任职条件,对每位申请人进行认真审查,凡不符合晋升条件者,不得参加考核、推荐,或经考核不符合晋升条件者不得向学校推荐。

(二)各单位召开考核推荐小组会议之前,应先对符合晋升条件者任现职以来各年度考核结果(包括教学积分、科研积分和党政兼职及其他工作积分的总和)进行平均,并以此平均分进行排序。

(三)凡申请破格晋升者、或优秀中青年骨干教师的选拔,须经所在单位考核推荐小组先进行无记名投票表决,凡赞成票数达到出席成员的三分之二及其以上者,方能与其他申请者一起表决、推荐。

(四)各单位召开考核推荐小组会议时,申请者应先到会汇报本人的思想政治表现,工作态度和成绩,教学科研成果等情况及本人各年度工作考核结果。考核推荐小组成员对每位申请者进行民主评议，然后结合申请人的各年度工作考核平均结果进行无记名投票表决（以本单位推荐人数为表决数），凡赞成票数达到出席会议成员的二分之一以上（不含二分之一）者，方可通过作为推荐对象，并以赞成票数高低为序，从高至低取足推荐人数。若最后一个推荐名额有两人或两人以上获得相同赞成票数时，取年度工作考核平均分较高者为推荐对象。若符合晋升条件的申请人超过本单位推荐人数的 150%且赞成票数超过二分之一者未达到推荐人数时，可按余额的 1.5 倍对未获得二分之一（含二分之一）赞成票数者中票数较高者进行再次投票表决，并以上述办法确定推荐对象。若仍未取足推荐人数时，则不再推荐。若符合晋升条件的申请人未超过本单位推荐人数的 150%时，虽赞成票数超过二分之一者未达到推荐人数，也不再推荐。

（五）各单位晋升高级职务的推荐人数为本单位可晋升岗位数的 150%以内，晋升中级职务的推荐人数为本单位可晋升岗位数以内。推荐名单张榜公布并报校职改办。

三、代表作送审

（一）各单位推荐的拟晋升高级职务的申请者，应提交任现职以来正式发表的科学论文、著作和技术成果一式一套，其中指定为代表性的论文（独立撰写或第一作者署名）和著作（2～3 篇、本），申报正高职务者须提交一式三套，申报副高职务者须提交一式二套。

（二）申请晋升教授（研究员）职务者的代表作应送三位教授级同行专家鉴定，其中至少有一位校外同行专家的鉴定。破格晋升副教授（副研究员）的代表作须送两位教授鉴定，其中至少有一位校外同行教授的鉴定。

（三）其他申请晋升副教授（副研究员）者的代表作，送两位校内外同行专家鉴定。

（四）学校无高级职务审定权的学科，申请者的代表作送审按省教委文件规定执行。

（五）晋升高级职务者的代表作由系主任（所长）指定同行专家鉴定。凡送校内同行专家鉴定的，由各系（所）办理送审工作；凡送校外同行专家鉴定的，由各系（所）整理好需送审的材料，送校职改办审核后由各单位办理。同行专家鉴定意见（须将专家姓名覆盖）由各系（所）打印所需的份数。

代表作送审时，应回避与申请者共同撰写该篇论著的合作者和申请者的导师。

（六）送审代表作的要求

1.晋升教授（研究员）的代表作必须是任现职以来在公开发行的学术刊物上发表的科学论文或正式出版的专著、教科书，或在科学研究上有重大发明创造的成果。

晋升副教授（副研究员）的代表作必须是任现职以来，在公开发行的学术刊物上发表的科学论文或正式出版的专著、教科书，或参加国际学术讨论会议并在大会宣读且被收入论文集正式出版的论文，或对促进科学研究和社会经济发展做出重要贡献的成果，或在革新实验技术设备和实验室建设方面取得的成果。

未经正式出版、发表的专著、教科书、论文或虽正式发表但非学术论文，未获奖或未经正式鉴定的成果，以及非大学本科使用教科书或讲义均不能作为代表作。

凡以合撰的著作、教科书、译著作为代表作时，必须明确划出本人撰写部分，送同行专家鉴定。

2.对大学本科毕业后从事高等学校公共课、基础课教学十五年以上的教师符合下列三项条件时，晋升副教授的代表作要求可适当放宽：

（1）近五年来，每年均满教学工作量，教学效果优秀；

（2）在学术刊物（须有 CN 刊号或准印证）或正式出版的论文集上至少发表一篇教学研究论文；

（3）任现职期间，年度工作考核有一年考核成绩优秀；或获一次校优秀教师或教书育人先进个人；或获省优秀教师称号；或获省教委优秀教学成果奖。

所谓代表作的要求可适当放宽，即下列论文和教材可作为代表作：

①撰写的教学改革、教学经验、专业学术论文,在全国学术会议或全国教学经验交流会上宣读或在内部交流的刊物上发表,经同行专家鉴定具有较高水平;

②编写十万字以上的教材(讲义),经学校教学管理部门批准在校内使用二轮以上,学生反映较好,经同行专家鉴定具有较高水平。

3.艺术专业教师晋升高级职务时,正式刊物上发表的作品可作为代表作之一,还必须至少有一篇在公开发行(均须有"CN"刊号)的学术刊物上正式发表的学术论文作为代表作。

4.工科或应用学科晋升副高级职务时,经鉴定达到国内先进水平的技术成果可作为代表作之一,但还必须至少有一篇在公开发行的学术刊物上正式发表的学术论文作为代表作。

5.经校教师职务评委会或学科组评审,如属本单位有职务定额而未通过者,第二年申请时,必须重新送审代表作(其中至少有一篇论文是否决后正式发表的),如属本单位职务定额限制而未通过者,其代表作是否重新送审,由本人决定。上述两种情况在次年申请时,均必须有新成果(指上年否决后正式发表或出版的论著等)。

申请人的代表作的专家鉴定意见只能在二年内使用,第三年申请时必须重新送审。

四、学科评审组评审

学科评审组的职责是评审讲师(助研)任职资格;评审副教授(副研究员)任职资格,并报校评委会审定;评审教授(研究员)和破格晋升正副教授(正副研究员)、选优对象、无审定权学科的正副教授(正副研究员)任职资格,并向学校评委会推荐。

学科组在召开会议前二天应将申请者填写的《简明表》和所有成果集中展出,并请每位成员在此二天内安排时间审阅申请者的"简明表"、代表作及其他成果,并作好记录。

学科评审组应以民主程序进行工作。学科组召开评审会议时,申请副教授(副研究员)者应到会简要汇报本人在教学科研工作方面取得的成果和今后的打算,申请晋升教授(研究员)职务者应到会简要汇报本人的研究方向、取得的成果、该研究方向国内最高水平及本人所处学术水平。学科组成员对申请人有权提出质疑,申请人应当面给予解答。

系(所)考核推荐小组应向学科组汇报表决结果和各年度工作考核平均分及需要说明的问题。

在此基础上,学科组应认真进行讨论、评审,重点评审申请者的教学情况(包括"校教学督导组"提供的检查结果)、业务能力及学术水平,并以无记名投票方式进行表决。差额推荐的单位,先按申请人所在单位可晋升岗位数进行预表决,并以获得赞成票数高低为序,由高至低取足人数(等于可晋升岗位数),参加正式投票表决。若取至最后一个岗位有两人或两人以上获得相同赞成票数时,获得相同赞成票数者必须再次表决,其中较高赞成票数者参加正式表决。若再次获得相同赞成票数时,则均不能参加正式表决。等额推荐的,不进行预表决,直接进行正式表决。正式表决结果,凡获得到会成员三分之二及以上赞成票数者,方为通过。

凡经学科组评审通过的申请者,学科组应将其情况填入《评审结果汇总表》,送校职改办。

五、校教师职务评审委员会评审

校教师职务评审委员会(简称校评委会)分为校教师职务文科评审委员会和校教师职务理工科评审委员会。校教师职务文科评审委员会和校教师职务理工科评审委员会的职责是分别审定文科和理工科副教授(副研究员)任职资格,评审文科和理工科教授(研究员)任职资格、破格晋升副教授任职资格和无审定权学科的正、副教授任职资格。

校评委会应以民主程序进行工作。

校评委会召开会议时,如有必要,请有关评审对象到会简要汇报本人教学、科研成果及这些成果的学术水平，以及今后打算。委员有权对申请人提出质疑申请人应当面给予解答。“校教学督导组”提供的检查结果作为重要参考。

各学科组应向校评委会汇报本学科组评审情况和结果。对于学科组已评审通过的副教授(副研究员，不包括破格晋升对象及无审定权学科的副教授)，在原则问题上群众没有反映意见，委员没有不同意见的，则可审定通过，不再投票表决；若在原则问题上，有群众反映(须调查核实)或委员有异议的，则需将其材料送每位委员审阅，必要时请该申请者到会简要述职，经认真评审后进行无记名投票表决。凡获得出席会议委员的三分之二及其以上赞成票数者，方为通过。

对于学科组已评审通过的教授(研究员)和破格晋升副教授(副研究员)以及无审定权学科的正、副教授，校评委会要认真进行评审，经过充分地酝酿、评审后，以无记名投票方式进行表决。凡获得出席会议委员的三分之二及其以上赞成票数者，方为通过。

若学科组通过的统评教授人数、选优对象人数或短期周转教授人数超过学校额定岗位数时，按上述差额方式表决。

六、校职改领导小组审批

根据国家人事部人职发[1991]8 号文和闽职改字[1993]19 号文精神，评审委员会的评审结果必须经校职改领导小组审核批准。

各级评审组织的评审结果中被否决的评审对象不再复议。但若在评审过程中有违反评审程序或违反评审纪律、或在任职条件认定上有明显差错的，经校职改领导小组研究决定，可提交上一级评审组织复审。

学校有审定权的学科，晋升高一级职务者的任职资格从校职改领导小组审批之日起算。

学校无审定权学科高级职务任职资格须报福建省高等学校教师职务高级评审委员会评审。

七、校教师职务评审委员会协调组

学校成立校教师职务评审委员会协调组(简称协调组)。协调组由校职改领导小组成员和文理科评审委员会正、副主任组成。其职责是协调文、理科评审委员会评审标准，研究处理评审过程中出现的重要问题等。

八、评审组织及其组成

(一)学校成立校教师职务文科评审委员会和校教师职务理工科评审委员会，两委员会又统称为校教师职务评审委员会。校评委会至少由二十五人组成，委员全部应具有正高级职务任职资格。委员中，中青年应占三分之一左右。校评委会设立主任一人，副主任一至三人。

(二)校评委会下设若干学科评审组。学科评审组一般由九到十三人组成，学科评审组成员应具有高级职务任职资格，其中具有正高级职务任职资格的人数应为二分之一以上。学科评审组设组长一人，副组长一人。

(三)系(所)成立考核推荐小组。推荐小组一般由七至十一人组成。推荐小组成员由系级党政领导和具有高级职务任职资格的教师担任，但其中具有高级职务任职资格的成员不得少于三分之二。

(四)校评委会和各学科评审组由校职改领导小组组建，并报上级主管部门备案。

考核推荐小组由各系(所)党政领导研究提名，校职改领导小组批准组建。

凡申请晋升高一级职务者，一般不参加当年各级评审组织。

(五)各级评审组织召开会议时，必须有三分之二以上成员出席，会议结果方为有效。未出席评审会议的委员不得委托投票或评审会议后补投票。

(六)各级评审组织的成员任期一般为一年。

九、评审纪律

根据国家人事部人职发[1990]4 号等有关文件规定,各级评审组织的成员和申请者均必须严格遵守评审工作纪律。

(一)各级评审组织的成员(包括校评委会委员,学科评审组成员系(所)考核推荐小组成员)必须认真学习和贯彻执行中央关于改革职称评定,实行专业技术职务聘任制的方针、政策、各项规定、《高等学校教师职务试行条例》和《厦门大学关于贯彻执行〈高等学校教师职务试行条例〉的实施意见》,严格把好质量关,必须认真执行"坚持标准,保证质量,全面考核,择优晋升"的原则,秉公办事,不徇私情,自觉遵守评审纪律,严守秘密,不准向外泄露有关评审情况,不得利用职便营私舞弊,违者应追责任,并视情节轻重严肃处理,直至撤销评委、学科组成员或考核推荐小组成员资格。

(二)凡评审对象是校评委会(学科评审组、或系(所)考核推荐小组)成员或其亲属(父母、夫妻、子女、兄弟姐妹、女婿、儿媳等)时,考核评分、评审、投票表决等过程,本人应主动回避或被告知回避,计票基数需相应减少。

(三)申请者在进行申报和评审工作期间,不得本人或通过他人找各级评审组织的成员说情,不得打听鉴定本人代表作的专家,更不得找该专家说情。若有人举报并经查实确有违反规定者,将取消其本次申请资格,若已经评审委员会评审通过的亦将取消其任职资格。

(四)申请者在开展评审工作期间,有意见者可根据组织原则向本单位领导或直接向校职改办反映。反映意见必须实事求是,证据确凿。

(五)申请者应如实填报教学工作量和教学、科研成果(包括著作、教科书、学术论文和研究成果等,其中著作、教科书、学术论文必须是任现职期间正式出版社出版或公开发行的学术刊物上正式发表的或在《人民日报》、《光明日报》、《文汇报》和《中国教育报》理论版中发表的学术论文,研究成果必须有省级及其以上机关鉴定或获得省级及其以上机关奖励的),所有这些成果在申请时均必须提供原版材料一式一套。填报材料,经教研(研究)室和系(所)领导审核后,在本单位张榜公布。如发现有弄虚作假的,经查实后,将取消其申请资格,若已经校评委会评审通过的,亦将取消其任职资格。

十、其他

(一)接近离退休年龄的教师申请晋升高一级职务问题。

鉴于教师职务的评审工作通常在下半年进行,凡属在开展评审工作的当年 7 月 1 日以后满离、退休年龄的教师可申请晋升高一级职务。

(二)申请人必须提交的材料有:简明表、外语考试成绩通知(或外语免试审批表复印件)、教学工作量计算表、学位证书(或进修硕士研究生主要课程成绩证明)复印件、获奖证书复印件,申请晋升高级职务者还须提交代表作及其他所有论著、技术成果、代表作送审审批表等。

各单位在考核推荐后,须将推荐对象的上述材料(除论著、技术成果和各单位送审的代表作外)各一份送校职改办。

(三)申请者填写"简明表"必须字迹清楚、工整。申请高级职务的"简明表"和专家评语须由各单位打印 30 份并装订好,申请中级职务的"简明表"可打印或复印份数由各单位确定。该复印件或打印的材料供评审时使用。

凡申报统评教授、短期周转教授者被所在单位推荐后应先将"简明表"复印 13 份,其中 10 份作为审查申报资格时使用,2 份作为送审代表作时使用,1 份留所在单位打印。

所有申请者的“简明表”知专家评语的原件均须送交校职改办存档。

十一、本规定自公布之日起执行。以前文件的规定如与本规定不符的,均以本规定为准

十二、本规定由校职改领导小组解释

——本文摘录自《关于印发〈厦门大学关于教师职务评审程序若干规定〉和〈厦门大学关于教师以外各类专业技术职务评审程序若干规定〉的通知》,厦大职改[1997]11号,档号1997-XZ10-3

厦门大学关于教师以外其他各类专业技术职务评审程序若干规定

(1997年8月28日)

为进一步深化职称改革,完善专业技术职务聘任制度,现根据国务院有关规定和国家人事部关于《企事业单位评聘专业技术职务若干问题暂行规定》(人职发[1990]4号)及福建省有关文件规定,结合我校实际情况,将1996年《厦门大学关于教师以外其他各类专业技术职务评审程序若干规定》修订如下。

教师以外其他各类专业技术职务(简称各类专业技术职务)系列包括:高等教育管理研究、工程技术、实验技术、卫生技术、图书资料专业、会计专业、统计专业、出版专业、翻译专业、经济专业、档案专业和幼儿园教师等12个职务系列。

一、本人申报,群众评议

(一)申请晋升各类专业技术职务需由本人提出。申请人在任现职期间,每年度工作考核结果均必须是优(特等、一等,下同)良(二等,下同),同时每年政治思想表现考核结果均必须为A、B。

凡申请者当年工作考核结果未达到良,或当年政治思想表现考核结果未达到A、B者,或任现职期间年度工作考核结果达到优良累计不足五次者,或任现职期间年度政治表现考核结果A、B累计不足五次者均不能申请晋升职务。

凡晋升高一级职务者,必须在校服务二年以上,方可调离学校,出国探亲或自费出国留学,否则取消其任职资格。

(二)所有申请人均需在《厦门大学专业技术人员晋升职务报名表》中填写基本情况,由各单位认真审查申请资格,并报校职改办进行申请资格复查。经复查符合申请条件者应填写《厦门大学专业技术人员晋升高、中级职务简明表》(简称"简明表")。

(三)申请者经所在科室全体人员评议,科室领导在听取群众意见的基础上,对照相应职务任职条件写出书面意见,并送交所在单位考核推荐小组。

二、单位考核推荐

(一)各单位负责人必须根据各职务系列相应职务任职条件,对每位申请人进行认真审查,凡不符合晋升条件者,不得参加考核、推荐,或经考核不符合晋升条件者不得向学校推荐。

(二)各单位召开考核推荐小组会议时,申请者应先到会汇报本人的思想政治表现,工作态度和成绩,出勤等情况及本人各年度工作考核结果。考核推荐小组成员对每位申请者进行民主评议,然后结合申请人的年度工作考核结果进行评分。考核推荐小组根据全体成员考核评分(去掉一个最高分和一个最低分)的平均分数进行排队。

(三)凡申请破格晋升者须经所在单位考核推荐小组先进行无记名投票表决,凡赞成票数达到到会成员的三分之二及其以上者,方能与其他申请者一起考核评分。

其他申请者在考核推荐时不进行表决。

(四)各单位晋升高级职务的推荐人数为本单位可晋升岗位数的150%以内,晋升中级职务的推荐人数为本单位晋升岗位数以内。推荐名单在本单位张榜公布,并报校职改办。

(五)申请中级职务者,须提交任现职以来的工作总结(包括政治思想表现、工作态度、工作成绩和取得的成果等),由所在单位送请二位具有高级职务任职资格的同行专家鉴定并提出推荐意见。

三、代表作送审

(一)各单位推荐的拟晋升高级职务的申请者,应提交任职以来正式发表的论文,著作和已鉴定或获奖的技术成果一式一套,其中指定为代表性的论著2～3篇(本)(其中论文须独立撰写或第一作者署名),一式二套。

(二)申请晋升高级职务者的代表作,应送具有高级职务任职资格的同行专家鉴定,其中申请正高级职务者应送具有正高级职务任职资格的同行专家鉴定。

(三)学校有评审权的专业系列,申请者的代表作可送校内二位同行专家鉴定;学校无评审权的专业系列,申请者的代表作应选二位同行专家鉴定,其中至少有一位校外同行专家鉴定。

代表作送审时,应回避与申请者共同撰写该篇论著的合作者或申请者的导师。

(四)申请者的代表作由单位负责人指定同行专家,并由所在单位办理送审工作。同行专家鉴定意见(须将专家姓名覆盖)由各单位打印所需的份数。

(五)送审代表作的要求

由于各类专业技术职务系列较多,且不同系列要求不尽相同,因此送审代表作的要求,按各职务系列的有关《试行条例》和《实施细则》执行。

凡以合撰的著作或合作完成的科研成果作为代表作时,必须明确划出著作中本人撰写的部分或科研成果中本人完成的部分送同行专家鉴定。

(六)经校专业技术职务评委会或评议组评审,如属本单位有职务定额而未通过者,第二年申请时,必须重新送审代表作(其中至少有一篇论文是否决后正式发表的),如属本单位职务定额限制而未通过者,其代表作是否重新送审,由本人决定。上述两种情况在次年申请时,均必须有新成果(指上年否决后正式发表或出版的论著等)。

申请人的代表作的专家鉴定意见只能在二年内使用,第三年申请时必须重新送审。

四、专业评议组评议

专业评议组(简称评议组)应以民主程序进行工作。评议组成员应认真审阅申报者的有关材料,并应注重申请人的工作实绩。在此基础上,评议组应认真进行讨论、评议,并以无记名投票方式进行表决。差额推荐的单位,先按申请人所在单位可晋升岗位数进行预表决,并以获得赞成票数高低为序,由高至低取足人数(等于可晋升岗位数),参加正式投票表决。若取至最后一个岗位有两人或两人以上获得相同赞成票数时,获得相同赞成票数者必须再次表决,其中较高赞成票数者参加正式表决。若再次获得相同赞成票数时,则均不能参加正式表决。等额推荐的,不进行预表决,直接进行正式表决。正式表决结果,凡获得到会成员三分之二及以上赞成票数者,方为通过。

五、校专业技术职务评审委员会评审

校专业技术职务评审委员会(简称校评委会),按职务系列分设四个专业技术职务评审委员会。其职责是评审本评委会有关职务系列中级和高级职务任职资格。

专业评议组应向校评委会汇报本评议组的评议结果及需要说明的问题。

校评委会召开评审会议时,必要时申请晋升高级职务者应到会简要述职,委员有责任对申请人提出质疑,申请人应当面给予解答。

校评委会应以民主程序进行工作。校评委会委员应认真审阅申请者提交的材料(包括"简明表"、代表作和其他成果等)。校评委会要认真进行评审,经过充分地酝酿、评审后,以无记名投票方式进行表决。凡获得到会委员三分之二及以上赞成票数者,方为通过。

凡评议组通过的评议对象超过额定岗位数时,按上述差额方式表决。

六、校职改领导小组审批

根据国家人事部人职发[1991]8号文和闽职改字[1993]19号文件精神,评审委员会的评审结果必须经校职改领导小组审核批准。

各级评审组织的评审结果中被否决的评审对象不再复议。但若在评审过程中有违反评审程序或违反评审纪律、或在任职条件认定上有明显差错的,经校职改领导小组研究决定,可提交上一级评审组织复审。

学校有审定权的职务系列,晋升高一级职务者的任职资格从校职改领导小组审批之日起算。

学校无审定权部分高级职务任职资格须报福建省有关职务系列高级评审委员会评审。

七、评审组织及其组成

(一)学校根据不同职务系列成立校高等教育管理研究职务评审委员会、校工程、实验、卫生技术职务评审委员会,校图书资料、出版、翻译及经济管理类专业技术职务评审委员会和校幼儿园教师职务评审委员会等四个评委会,此四个评审委员会统称校专业技术职务评审委员会。

各系列评委会至少由十五人组成,委员应具有高级职务任职资格。校各系列评委会设主任一人,副主任一至二人。

(二)校高等教育管理研究职务评审委员会下设二个评议组,即高教管理研究高级职务评议组和中级职务评议组;校工程、实验、卫生技术职务评审委员会下设三个专业评议组,即:实验工程技术专业评议组、土建工程技术专业评议组和卫生技术专业评议组。

校图书资料、出版、翻译及经济管理类专业技术职务评审委员会下设四个专业评议组,即:图书资料专业评议组、经济管理专业评议组、出版专业评议组、翻译专业评议组。

评议组由七至九人组成,评议组成员一般应具有高级职务任职资格。评议组设组长一人,副组长一人。

(三)单位成立考核推荐小组。推荐小组一般由七至十一人组成。推荐小组成员应由单位党政领导和具有高级职务任职资格者或由具有中级职务任职资格的科室负责人担任,但其中具有高级职务任职资格的成员不得少于三分之二。

(四)校各系列评审委员会和专业评议组由校职改领导小组组建,并报上级主管部门备案。

单位考核推荐小组由各单位党政领导研究提名,校职改领导小组批准组建。

凡申请晋升高一级职务者,一般不参加当年各级评审组织。

(五)评审组织召开会议时,必须有三分之二以上成员出席,会议结果方为有效。未出席评审会议的委员不得由他人代投票或评审会议后补充投票。

(六)各级评审组织的成员任期一般为一年。

八、评审纪律

根据国家人事部人职发[1990]4 号等有关文件规定，各级评审组织的成员和申请者均必须严格遵守评审工作纪律。

（一）各级评审组织的成员（包括校评委会委员，各专业评议组成员和单位考核推荐小组成员）必须认真学习和贯彻执行中央关于改革职称评定，实行专业技术职务聘任制的方针、政策、各项规定和各系列职务《试行条例》，严格把好质量关，必须认真执行"坚持标准，保证质量，全面考核，择优晋升"的原则，秉公办事，不徇私情，自觉遵守评审纪律，严守秘密，不准向外泄露有关评审情况，不得利用职便营私舞弊，违者应追究责任，并视情节轻重严肃处理，直至撤消评委、评议组成员或考核推荐小组成员资格。

（二）凡评审对象是校评委会（各系列评议组、或系（所）考核推荐小组）成员或其亲属（父母、夫妻、子女、兄弟姐妹、女婿、儿媳等）时，考核评分、评审、投票表决等过程，本人应主动回避或被告知回避，计票基数需相应减少。

（三）申请者在进行申报和评审工作期间，不得本人或通过他人找各级评审组织的成员说情。不得打听鉴定本人代表作的专家，更不得找该专家说情。若有人举报并经查实确有违反规定者，将取消其本次申请资格，若已经评审委员会评审通过的，亦将取消其任职资格。

（四）申请者在开展评审工作期间，有意见者可根据组织原则向本单位领导或直接向校职改办反映。反映意见必须实事求是，证据确凿。

（五）申请者应如实填报本人的工作情况、工作成绩和成果（包括正式发表的论著和已获奖或鉴定的技术成果等）。所有这些成果在申请时均必须提供原版材料一式一套。填报的材料，经所在科室和单位领导审核后，在本单位张榜公布。如发现有弄虚作假的，经查实后，将取消其申请资格，若校评委会已经评审通过的，亦将取消其任职资格。

九、其他

（一）接近离退休年龄的各类专业技术人员申请晋升高一级职务问题。

鉴于专业技术职务评审工作在下半年进行，凡属在开展评审工作的当年 7 月 1 日以后满离、退休年龄的各类专业技术人员可申请晋升高一级职务。

（二）申请人必须提交的材料有：简明表、外语考试成绩通知（或免试外语审批表）复印件，获奖证书复印件，"五大"毕业生必须提交毕业证书复印件，申请晋升高级职务者还须提交代表作及其他所有论著、技术成果，代表作送审审批表等。

单位在考核、推荐后，须将推荐对象的上述材料（除论著、技术成果和各单位送审的代表作外）各一份送校职改办。

（三）申请者填写"简明表"必须字迹清楚。申请高、中级职务者的"简明表"须由各单位打印 30 份并装订好，申请初级职务者复印 15 份，以供评审（评议）时使用。

所有申请者的"简明表"和专家评语的原件均须送交校职改办存档。

十、本规定自公布之日起执行。以前文件的规定如与本规定不符的均以本规定为准

十一、本规定由校职改领导小组解释

——本文摘录自《关于印发〈厦门大学关于教师职务评审程序若干规定〉和〈厦门大学关于教师以外各类专业技术职务评审程序若干规定〉的通知》,厦大职改[1997]11号,档号1997-XZ10-3

厦门大学党委办公室、校长办公室关于接待范围和标准的暂行规定

（1997年10月7日）

为了贯彻学校《关于贯彻落实〈中共中央国务院关于党政机关厉行节约，制止奢侈浪费行为的若干规定〉的通知》精神，在接待工作中，做到既热情周到，又尽可能的简朴节约，特制定本规定：

一、接待范围

1.海内外重要校友、知名人士；

2.国家教委、省教委等上级机关领导；

3.委属院校、省内高校领导及与我校工作联系密切的其他兄弟院校领导；

4.其他因工作关系需接待的客人（来旅游的可协助安排膳宿但不予补贴）。

二、接待用餐

1.在逸夫楼等校内宾馆、招待所设立接待餐厅，逐步推行分餐制，根据接待范围按每人每天100元、90元、80元、70元四档标准安排用餐；

2.客人来访需安排宴请，根据招待范围按每人每餐120元、110元、100元、80元标准安排；

3.控制陪餐人数，一般不得超过用膳客人的三分之一。

三、工作餐

客人来访、学校大型会议、活动工作人员需要安排工作用餐，按30元/人·餐的标准安排，实行分餐制，工作餐不安排酒水、饮料。工作餐可安排校内餐厅用餐。

四、住宿

来访客人，可安排在校内宾馆、招待所住宿，住宿费原则上由客人自理，住宿费需由我校补贴的，经办公室主任批准，可给予一定限额的补贴。

五、其他规定

1.在校内宾馆、招待所设立接待卡，签字时，需在卡上注明招待人数、费用、招待对象；

2.招待费由校办秘书每月向有关宾馆、招待所结算，分别经党办主任、校办分管副主任审核，校办主任签批后，向财务处报销；

3.办公室每学期末应将接待费开支的情况，通过书面形式，向校领导汇报；

4.每年接待费应做预算,并控制在预算范围内执行。

厦门大学党委办公室

厦门大学校长办公室

一九九七年十月七日

——本文摘录自《厦门大学党委办公室、校长办公室关于接待范围和标准的暂行规定》,(1997)厦大办13号,档号1997-XZ09-7

关于对外新闻报道用稿奖励办法

（1997 年 12 月 9 日）

为进一步加强对外新闻报道工作，鼓励我校广大师生员工积极地向国内外主要报纸、通讯社、广播、电视等新闻单位投稿，使我校改革与开放的信息，教学、科研、思想教育和后勤工作的新成绩，及时而广泛地在新闻媒介中得到反映，从而在海内外产生反响，提高学校的知名度，经学校党委和行政领导同意，决定对被国内外新闻媒体（或杂志）公开刊用、播发的反映厦大的新闻稿（消息、通讯、特写、专稿、新闻图片等）及概况介绍、经验总结等文章，由学校给予一定的物质奖励。现根据厦大委宣字（91）011 号文件，对奖励办法重新修订，具体实施细则如下：

一、奖励范围与标准

1.凡是发表在中央级报刊、电台（新华社、中国新闻社、《人民日报》、《人民日报》海外版、《光明日报》、中央人民广播电台、中央电视台、中国国际广播电台、《瞭望》、《半月谈》、《人民画报》、《中国日报》、《今日中国》、《求是》等）的头版头条或节目头条新闻稿，发给原稿费五倍的奖金。

2.凡是发表在中央级报刊、电台（见第一条所列单位）、国外及台港澳地区报刊的新闻稿；发表在中央部门级报刊、电台（《中国教育报》、《中国高等教育》、《中国青年报》、《中国青年》、《大学生》、《神州学人》、《知识就是力量》、《中国科学报》、《科技日报》、《经济日报》、《法制日报》、《中国体育报》、《华声报》、《台声》等）以及《文汇报》、《解放日报》和省级报刊、电台（《福建日报》、省电台、省电视台、《宣传半月刊》、《港台信息报》、《福建科技报》、《福建侨报》、海峡之声广播电台等）的头版头条或节目头条新闻稿，均发给原稿费三倍的奖金。

3.凡是发表在中央部门级和省级报刊、电台（见第二条所列单位）的新闻稿；发表在市级报刊、电台（《厦门日报》、市电台、市电视台、《厦门商报》、《厦门晚报》、《鹭风报》、《特区工人报》、《厦门科技》等）的头版头条或节目头条新闻稿，均发给原稿费两倍的奖金。

4.凡是发表在市级报刊、电台、电视台的新闻稿，均发给原稿费数额的奖金。

5.凡全年在国内外各级报刊、广播电台、电视台发表新闻稿 12 篇次以上，或在对外新闻报道工作中有突出贡献者，将另颁发对外宣传报道先进个人专项奖金 200 元。

二、奖励办法

1.凡是发表的稿件，作者可随时凭用稿复印件和稿费汇款（或通知）单的复印件向校报道组（设在党委宣传部）登记，并领取奖金。

2.在国外、台港澳地区发表的稿件，如无发给稿费的，也可凭用稿复印件先行登记，待评奖时参照一定比例发给

3.全年评选先进个人专项奖励在每年年底（或次年年初）进行。

4.本办法从 1997 年起执行。

校党委宣传部

一九九七年十二月九日

——本文摘录自《关于对外新闻报道用稿奖励办法》,(1997)厦大委宣 12 号,档号 1997-DQ03-1

1998年

·特　载·

任重道远　团结拼搏

——一九九八年新年献词

（1998年1月10日）

校长　林祖赓

全校师生员工、同志们：

一元复始，万象更新。值此辞旧迎新、万家欢乐之际，我代表校党委、校行政向全校师生员工致以亲切的问候，祝大家新年愉快、身体健康、学习进步、工作顺利！

回顾过去的一年，我们满怀喜悦、充满自豪。党的十五大的胜利召开和香港回归祖国，极大地鼓舞了厦大人。在全校师生员工共同努力下，我校各项事业蓬勃发展，学校水平全面提高。1997年4月底，我校完成了"211工程"建设项目可行性研究报告的专家论证审核工作，已被正式列为"九五"期间国家重点建设的高校之一，现正积极组织实施；6月，胜利召开了中国共产党厦门大学第七次代表大会，明确了今后几年学校党的建设和改革发展的目标与任务；组织召开了教学工作会议和人事师资工作会议，进一步解放思想，提高认识，为今后深化教育改革奠定了良好的基础；去年我校又新增一位中科院院士，这是我校的一大喜事；我们还设立了中青年教师培养基金，这对于加大中青年教师的培养力度将起到积极的推动作用；圆满地完成了年初提出的后勤八项实事，特别是制定了厦门大学校园总体规划可行性研究报告，并得到厦门市政府的原则同意；节能工作和校办企业改革工作也已初见成效；海滨东区700套集资房已交付使用，"安居工程"初告大捷；面向21世圮的标志性建筑——"嘉庚楼群"，施工前的各项准备工作也已就绪，即将拔地而起。

过去一年中取得的成绩，是全校师生员工共同奋斗的结果，它再次展现了厦大人始终不渝的爱国、爱校、自强不息、止于至善的精神风貌，再次表现出厦大人不畏艰难、团结拼搏的良好作风。这是一股强大的凝聚力，我们深信，有了它，我们一定可以战胜和克服在改革和发展过程中遇到的任何艰难困苦，我们的奋斗目标一定能够实现。

党的十五大的胜利召开，为高校的改革与发展指明了方向。在新的一年里，全校师生员工任重而道远。我校将继续组织实施"211工程"规划；继续做好教学工作优秀评价的各项准备工作，保证今年底顺利通过国家教委的检查评估；要进一步深化校内管理体制改革，优化资源配置；要保征"嘉庚楼群"建设的顺利进行，并加快其他公共服务体系的建设。总之，我们要在巩固现有成绩的基础上，发扬艰苦奋斗、团结拼搏的精神，继续在内涵发展上下功夫，抓住学科建设和教学改革这一核心以及师资队伍建设这一关键，努力提高教学质量和科研水平，使我校综合办学实力和管理水平跃上一个新台阶，更好地为国家和特区的经济建设和社会发展服务。

师生员工同志们,光阴紧迫,时不我待,我们要用百倍的努力,更加勤奋工作、刻苦学习,用我们的智慧和汗水,把一个富有生机、充满活力的厦门大学带入21世纪!

谢谢大家!

——本文摘录自《厦门大学》(校刊),1998年1月10日第371期

中共厦门大学委员会关于深化校内管理体制改革的决定

（1998年9月10日）

随着社会主义市场经济体制的建立和“科教兴国”战略的实施，厦门大学进入了一个新的发展时期，面临着新机遇和新挑战。1998年7月11日，校党委召开七届五次全体（扩大）会议，指出：学校应抓住机遇，加大改革力度，才能推进学校各项事业的发展。会后，学校多次召开各类座谈会，就深化校内管理体制改革广泛听取了教职员工的意见；8月22—27日，校行政办公会议专题研究“深化校内管理体制改革、强化竞争激励机制”问题，并形成了《深化校内管理体制改革专题会议纪要》（以下简称《会议纪要》）；9月2日，校党委召开七届六次全委（扩大）会，会议一致同意《会议纪要》的内容，并指出要抓紧实施，抓好落实。为此，特作如下决定：

一、统一思想，统一认识

1.关于改革时机

党的十五大明确指出：“稳步发展高等教育。优化教育结构，加快高等教育管理体制改革步伐，合理配置教育资源，提高教学质量和办学效益。”党的十五大和九届全国人大一次会议之后，政府机构改革逐步推开，“科教兴国”战略催人奋进，知识经济已见端倪，兄弟院校改革形势逼人，为我校的深化改革创造了良好的外部条件。

从学校内部而言，改革开放以来我校经历了始于八十年代的适应经济建设需要进行院系、学科、专业的调整与更新，始于九十年代的管理体制改革，以及“211工程”建设等重要发展阶段之后；当前学校又将进入一个新的发展时期。面对21世纪和社会主义市场经济体制的建立对我校办学提出的新的挑战，我校在办学观念、管理体制和运行机制上尚存在许多不适应的状况。对此，除了改革，别无选择。因此，必须有进一步深化改革的紧迫感和责任感。

2.关于改革的目标和思路

这次改革要紧紧围绕实现我校“211工程”发展规划提出的“把厦门大学建设成为国内一流、国际上有较大影响的社会主义综合性大学”的奋斗目标来进行，改革的成果要体现在人才创新、学科创新、体制创新、机制创新上面，切实改变目前校内资源相对不足、同时又存在资源浪费的状况，使学校资源能得到合理配置和充分利用，尽快提高教学、科研、管理水平和办学效益。因此，这次改革的基本思路是：以邓小平理论为指导，抓住机遇，迎接挑战，深化校内管理体制改革，强化竞争激励机制，提高教学质量、科研水平和办学效益，确保实现我校跨世纪的战略目标。

3.关于改革的重点

改革是个系统工程，必须进行总体设计，要抓住重点，把握大局，推进改革。这次改革的重点是“抓两制”，即逐步建立与社会主义市场经济相适应的学校管理体制与运行机制。学校管理体制改革的主要任务包括推进机构改革、院系体制改革、后勤改革及调整经济政策等重大工作，并逐步建立起竞争激励机制，优胜劣汰，充分调动广大教职工的积极性。

二、主要内容和措施

1.进行机关机构改革

按照“精简、统一和效能”的原则,调整、合并或撤销部分机构,精简党政机关工作人员,建立办事高效、运转协调、行为规范的行政管理体系,以提高服务质量、工作效率和管理水平。

2.理顺院系管理体制

校内管理体制改革的方向是实行校院二级管理体制。要以有利于学科的建设和发展,促进学科之间的交叉和渗透,提高教学科研水平、人才培养质量和办学效益为衡量标准,逐步进行院系体制改革,到本世纪末完成校院二级建制工作。目前,先根据实际情况选定若干学院作为第一批校院二级管理体制改革的试点单位,再根据21世纪新学科发展和“211工程”建设发展的需要,组建若干新学院。为保证该体制的顺利、有效运作,学校赋予试点学院下列办院自主权:

(1)统一组织学院的学科建设、队伍建设;(2)统一组织基础教学和公共教学、组织跨系所的科学研究;(3)考核聘任、奖惩、人员的选调;(4)职称评审(晋升副教授及以下职务的,学院具有终审权);(5)实行工资总额包干,可制订内部分配办法;(6)统一组织社会服务等。

试点学院设立院党总支(或院党委),下属各系系主任为当然副院长,尚未进入试点学院的系和尚未组建学院的系建制为副处级(现有人员的行政级别不变,新任命的干部按副处级建制确定行政级别)。

3.明确一线和二线的职责分工

以教学科研为第一线,管理服务为第二线,要压缩二线,加强一线,充实院系党政力量。调整院系党政人员编制计算办法,把学生数、教职员工数全部作为计算党政编制的基数;精简党政机关工作人员,部分机关分流人员加强院系党政工作;院党总支或党委书记原则上由专职人员担任,可兼任行政职务,分管单位行政工作。

4.建立激励竞争机制

切实引入竞争、激励机制,进一步打破平均主义,废除专业技术职务和行政职务的终身制。在现行人员聘用合同制管理的基础上,逐步扩大合同制管理的范围;改变重评轻聘、重聘轻考现象,切实加强对党政干部和教师及其他专业技术人员的任职考核和后续管理,并实行定期考核聘任制度;试行主干课程教授竞争上岗和公共基础课教师挂牌上课制度;在行政人员中实行职员职级制,大部分行政职务实行竞争上岗;工人全部实行合同制管理,实行竞争上岗;改进目前的津贴分配办法,建立主干课主讲教授津贴、公共基础课优秀教师津贴和行政领导岗位津贴制度等。

强化人才引进机制,要在职称、住房、经费(如科研启动费、安家费)等方面对引进优秀中青年人才制定倾斜政策。

5.做好人员的分流和安置

为保证改革的顺利进行,更好地开发利用我校的人力资源,必须认真做好人员的分流和安置工作。党政机关中的部分人员可充实院系党政管理力量,部分人员可转入经济实体工作,在职时按企业管理,退休时享受事业待遇;部分富余人员可集中培训,转岗分流;部分接近退休年龄的人员,经批准可提前退休;清退部分临时工,其岗位用于安置原有固定工,并实行合同制管理;辞退表现不好或者素质差的人员。

6.全面启动后勤改革

后勤改革的重点是精简后勤机构,实现行政管理与经营服务职能分开,转换运行机制。学校后勤改革的方向是社会化,一些有条件的服务项目要尽快实现社会化,条件尚未具备的服务项目先实行内部企业化管理,再创造条件稳步实现社会化。

加快住房制度改革,推进住房社会化。公有住房实行租赁制,并进行房租制度改革;对各类用房实行定额管理,根据有偿、效益原则,建立资产优化配置、合理使用的新机制。

7.调整经济政策

理顺各种财务关系，建立科学规范的财务管理体制和运行机制，改革分配制度，优化资源配置，提高办学效益。党政机关一律不得为本单位创收，在工作中形成的收入应全部上缴学校，不得私自截留，学校同时建立党政干部职务津贴及相关的奖励、补贴制度；调整院系创收分配政策，改进创收分成办法；要对校办企业进行清产核资，明确产权关系，确定其上缴基数。

三、加强领导

1.加强党的领导

深化校内管理体制改革，强化竞争激励机制，关系到我校跨世纪发展的大局。各级党组织要加强对深化校内管理体制改革的领导，认真组织师生员工深入学习邓小平理论和党的十五大精神，把学习同学校改革与发展的实际结合起来，努力提高运用邓小平理论解决学校改革发展实际问题的能力，通过学习更好地把全校师生员工的智慧和力量凝聚到学校的深化改革上来，为改革提供强大的精神动力。

成立“厦门大学深化校内管理体制改革领导小组”，负责制定具体的实施方案，统一部署，分步实施，抓好落实。

坚持“党管干部”原则。选拔任用各级领导干部，要坚持德才兼备标准和干部“四化”方针，坚持党委集体讨论决定的原则；对竞聘中层领导干部岗位的干部，要确实把好组织考核这一关；要继续加强各级领导班子的思想政治建设，加强教育，严格要求，提高各级领导班子成员的思想政治素质，更好地带领教职员工投身于改革。

坚持党的群众路线。认真向教职员工传达深化校内管理体制改革的目的、意义，改革的目标、思路，改革的重点和实施方案、步骤等，充分发动教职员工参与改革，全心全意依靠教职员工实现改革目标。

加强思想政治工作。各级党组织应认真贯彻民主集中原则和加强正面引导的方针，采取各种形式，深入细致地做好思想政治工作，把广大教职员工引导到深化校内管理体制改革的实际行动中来。思想政治工作要贯穿于改革的全过程，确保各项改革的顺利推进。

2.加强制度建设，处理好几个关系

认真研究和制定有关规章制度和配套措施，保证各项改革措施的贯彻落实。纪检、监察、审计部门要加大工作力度，加强检查、监督。

把握改革、发展、稳定的工作大局，认真处理好全局利益与局部利益、集体利益与个人利益、长远利益和眼前利益的关系。党委号召全校共产党员特别是各级领导干部要讲学习、讲政治、讲纪律，克服自我，服从安排，努力工作，带领全体教职员工投身改革，团结一致，共同为实现我校跨世纪的目标而努力奋斗！

中共厦门大学委员会

一九九八年九月十日

——*本文摘录自《厦门大学》(校刊)，1998年9月15日第381期*

学校本学期工作计划要点

(1997—1998 学年第二学期)

(1998 年 2 月 26 日)

学校党委和行政于 2 月 16 日颁发了本学期的工作计划,其要点如下:

一、进一步加强党的建设和思想政治工作

继续实施我校党的建设五年规划,进一步用邓小平理论武装全校师生员工,不断加强党的思想理论建设。要继续组织师生员工学习党的十五大精神,掀起学习邓小平理论的热潮。把学习十五大文件、学习九届全国人大的政府工作报告与系统学习邓小平理论相结合,与我校的实际情况相结合,适时召开邓小平理论学习研讨会,进一步解放思想,统一认识,抓住机遇,努力开创学校工作的新局面。

切实加强领导班子建设和干部队伍建设。增强基层党组织的凝聚力和战斗力;开展"创先争优"活动,今年"七一"要表彰一批先进党组织、优秀共产党员和优秀党务工作者。

继续实施我校社会主义精神文明建设的五年规划,积极推进社会主义精神文明建设,加强思想政治工作。要继续深化"两课"改革,充实学生日常思想政治教育内容,重视研究生教育管理工作,切实加强成教学生的法纪教育、思想道德教育和日常管理工作。弘扬爱岗敬业和为人师表精神,创造优良的校风、教风和学风;继续开展以"讲文明、树新风"为主题的群众性精神文明创建活动;继续落实校园文明建设的八项工作。

继续加强党风廉政建设。要不断建立健全党内监督的各项制度,建立"领导干部党风廉政建设责任制",充分发挥职能监督的作用;认真学习中纪委二次全会精神,继续贯彻中央的一个准则、三个条例和"八项规定",促进廉政建设;抓好"领导干部报告个人重大事项"等制度的落实,加强领导干部的教育、管理和监督。

进一步完善教代会制度,充分发挥广大教职工的民主参与和民主监督作用。

二、全面实施"211 工程"规划,加强学科建设,提高教学质量和科研水平,更好地为地方服务

切实搞好面向 21 世纪的学科建设。要根据国家教委专业调整的精神做好我校专业调整的准备工作和新的专业方向的选择和建设工作;通过第七批学位点的申报评审工作,推进我校学科建设;发挥基础学科的优势,加强交叉渗透,发展应用学科和综合性学科;切实加强新学位授予点的建设。要按照学校"211 工程""九五"建设计划认真组织检查实施情况,确保完成阶段性建设目标。各系各单位都要结合实际情况制定本单位面向 21 世纪的发展目标,发展强点,办出特色。

教学工作要以迎接本科教学工作优秀评价为动力,加强教学重点建设,深化教学改革,重视素质教育,提高学生的全面素质。继续进行系级教学工作评价和基础实验室评估,解决存在问题,努力达到全校教学工作优秀水平;继续实施"面向 21 世纪教学内容和课程体系的改革"计划,抓紧过程管理,形成初步成果;通过建设多媒体教室和组织引进开发 CIA 课件等手段,推进教学手段现代化建设。进一步开展研

究生教学改革，提高应用型、复合型和专业型硕士生的比例，制定和完善相关的培养方案，努力提高研究生的培养质量和办学效益。

科研工作既要组织争取国家重大项目，又要大力争取横向科研课题。要组织好国家重点专业实验室和国家教委开放实验室的评估工作，加强科研基地建设，推进科技体制改革，努力争取国家“攻关”、“攀登”和重大基金项目；重视科研成果的宣传推广和转化工作，扶持促进产学研基地和中试基地的形成和成长；要组织好参加全国和全省优秀成果奖的项目，同时也要做好国家、国家教委、福建省和厦门市1998年课题申报工作。

要采取有力措施，努力做好智力咨询、人才培养和合作研究，争取更多的横向科研项目，积极参与和支持特区的高新技术产业的建设，积极参与和支持厦门市的社会主义精神文明建设。采取切实措施，加强工学院建设。

三、加快改革步伐，加大改革力度，提高管理水平

加强机关工作作风建设。要建立各级领导深入基层、调查研究制度，更有效解决问题；机关和院系所行政人员要继续强化服务意识和学术意识，提高办事效率和服务水平。要推进学校行政、教学、科研管理的信息化、网络化进程，试行厦门大学教育管理信息系统，提高学校管理水平。

根据学校人事师资工作会议精神，人事和分配制度的改革要加快步伐，加大力度。引进竞争机制，完善教职工的合同制管理措施，加强流动编制人员管理。继续做好聘任考核工作，完善学术假制度，做好高层次人才的引进工作，努力提高师资队伍的整体水平。加强中青年骨干教师的动态管理，重视提高他们的全面素质。认真做好校内工资总额动态包干试点工作，进一步完善配套措施。加强教职工的校外兼职管理。

进一步抓紧院系管理体制改革的试点工作；进一步开展校公共服务体系的改革试点工作，按学科门类建立若干校图书分馆；进一步理顺公共课的教学体制，加强公共基础教学实验室的建设。成人教育要逐步由“之前”教育向“之后”教育转变。

后勤管理体制改革要以做好保障，服务群众，增进效益为宗旨，稳步向社会化迈进。开好后勤深化改革加强管理工作会议；要办好清理改造学校排洪排污设施、治理化学化工学院周围污水池、建设东区到大南校门口新道路和前埔教师商品房建设等“十件实事”，继续加强用电用水体制的改革和管理；办理好校园总体规划用地红线；按计划做好东区集资房的配套设施和周围环境建设；抓紧危旧房的拆迁安置、二次分房和售房工作；做好清房的前期工作；加强学校资产的评估和学校财产的管理；加强学校理财工作，健全管理制度，逐步理顺学校有关的经济政策。建南集团要把发展重点转移到以科研成果和优势学科依托的产业项目上来，服务社会，提高效益。加快嘉庚楼群的建设步伐，严格招标和施工管理，确保工程进度和工程质量。抓紧嘉庚广场的规划设计和校友捐资建设工作。

——本文摘录自《厦门大学》(校刊)，1998年2月26日第372期

高举旗帜　深化改革
推动发展,学校颁发本学期工作计划要点

(1998—1999 学年第一学期)

(1998 年 9 月 15 日)

9 月 3 日,校党委和行政颁发《厦门大学 1998—1999 学年第一学期工作计划要点》,要求各系各单位结合本单位实际,认真组织实施。

《要点》提出,本学期工作的指导思想是:高举邓小平理论伟大旗帜,继续认真学习党的十五大精神,认真贯彻全国第七次高校党建工作会议精神,进一步深化改革,推动学校各项事业的发展。重点工作如下:

一、组织全校师生员工深入学习邓小平理论,兴起学习邓小平理论的新高潮

要认真学习贯彻《中共中央关于在全党深入学习邓小平理论的通知》、江泽民总书记关于学习邓小平理论的重要讲话和全国学习邓小平理论工作会议精神,在全校兴起学习邓小平理论新高潮,把学习提高到一个新水平。学习邓小平理论,必须从国际国内大局出发,增强学习邓小平理论的自觉性;必须与学习和贯彻十五大精神结合起来,在全面、正确地理解和掌握十五大精神上下功夫;必须在改造客观世界的同时,改造主观世界;还必须大力弘扬马克思主义学风。

学习邓小平理论,重点要学好邓小平的教育理论和党建理论。要同学习贯彻江泽民总书记在北大百年校庆大会上的讲话精神和全国第七次高校党建会议精神结合起来;要注意同学校改革和发展的实际相结合,努力提高运用邓小平理论解决学校改革发展实际问题的能力,通过学习更好地把全校师生员工的智慧和力量凝聚到学校的深化改革上来,为深化学校管理体制改革和强化激励竞争机制提供强大的精神动力。

在学习邓小平党建理论的同时,党的各级组织,还要认真学习中组部、中宣部和教育部党组联合制订的《普通高等学校党建工作的基本标准》,对照标准,努力工作,克服差距,更好地加强党对学校的领导,加强学校党的建设工作;要紧紧围绕学校深化改革的大局,大力加强思想政治工作,为各项改革的顺利推进提供政治上、思想上的保证。

按照中宣部和教育部关于高等学校马克思主义理论课和思想品德课新的课程设置方案,进一步抓好"两课"建设,大力推进邓小平理论"进教材、进课堂、进头脑"工作;通过继续开展"三讲"和"双学"活动,认真组织好纪念党的十一届三中全会二十周年系列活动,把邓小平理论学习不断引向深入。

二、深化管理体制改革,强化激励竞争机制

按照"精简机构、转变职能、理顺关系、提高效率"的原则,进行机构的调整和合并,精简党政机关工作人员,建立办事高效、运转协调、行为规范的行政管理体系,提高工作效率、管理水平和服务质量。(详见《厦门大学深化校内管理体制改革会议纪要》)

三、继续实施“211工程”规划，推动教学质量科研水平的全面提高

为了全面实施“科教兴国”战略，国家将加大对教育科技的投入，对“211工程”建设，提出了要尽快完成第一期，尽快启动第二期的要求。为此，要加强领导，协调和集中学校各项资源，加强项目的建设和管理以及公共服务体系的建设，并在适当时间组织对“211工程”各建设项目进行评估和检查；要切实抓好学科建设和队伍建设，争取在一段时间内形成若干标志性成果，推动学科水平和教学科研水平的全面提高，为我校争取进入国家第二期“211工程”建设奠定良好基础。

要站在面向21世纪科技发展的高度，加快建立科技创新体系，一方面积极争取国家重大重点科研课题和项目，另一方面要坚持走产学研相结合的道路，加强政策引导，推进科研成果的产业化开发，为地方经济建设和社会发展服务；与此同时，要树立创新教育的办学思想，不断进行教学内容和教学方法的创新，营造有利于培养创造性人才的良好环境。继续抓好本科教学优秀评价的各项准备工作。

本学期还要继续组织好抗洪赈灾工作，并帮助解决来自灾区学生的各方面困难，让他们安心学习；做好我校第三次博士生指导教师的自审工作；继续加强校园精神文明建设，进一步抓好校园环境、校园文化市场的整顿及管理；做好筒子楼改造及住房清理工作，加强嘉庚楼群施工管理和监督，确保工程的顺利进展。

——本文摘录自《厦门大学》（校刊），1998年9月15日第381期

·专 文·

坚持实践标准　兴起学习邓小平理论新高潮

——在我校首届邓小平理论研讨会暨纪念真理标准讨论20周年座谈会上的讲话摘要

(1998年5月25日)

校党委书记　陈传鸿

今天,校党委隆重召开厦门大学首届邓小平理论研讨会暨纪念真理标准讨论20周年座谈会。这次理论研讨会是进一步落实用邓小平理论武装全党,教育干部和人民的伟大战略任务的重要措施,通过总结和交流前一段的学习成果,深入推进我校师生理论学习,掀起学习邓小平理论新高潮,真正把邓小平理论的学习提高到党的十五大要求的水平,以推动我校教育改革和发展,为把我校建设成为"国内一流、国际上有较大影响的社会主义大学"而奋斗。

20年前席卷神州大地的关于真理标准的大讨论,激起了思想解放的大潮。这场大讨论影响之巨大而深远,在我们党的历史上,在共和国发展史上留下了非同寻常的一页。

回顾20年前开展的实践是检验真理的唯一标准的大讨论,它是在党和国家处于重大历史转折的背景下,在邓小平等老一辈无产阶级革命家的领导和支持下开展起来的。这场讨论,冲破了"两个凡是"的严重束缚,推动了全国性的马克思主义思想解放运动,是十一届三中全会实现建国以来我党历史上具有深远意义的伟大转折的思想先导,是我党实现工作重点转移和20年改革开放历程的思想先导,为我们党重新确立马克思主义的思想路线、政治路线和组织路线奠定了理论基础,在党和国家的历史进程中产生了重大而深远的影响。同时,真理标准的讨论,促进了教育界深入贯彻邓小平教育思想,为新时期教育的改革奠定了重要的思想基础。

而今天,纪念真理标准讨论20周年有着深刻的现实意义:

第一,坚持实践标准,就要高举邓小平理论的伟大旗帜。邓小平理论是当代中国的马克思主义,是马克思主义在中国发展的新阶段。在当代中国,只有马克思主义同当代中国实践和时代特征结合起来的邓小平理论,而没有别的理论能够解决社会主义的前途和命运问题。坚持邓小平理论,就是真正坚持马克思列宁主义毛泽东思想;高举邓小平理论的旗帜,就是真正高举马克思列宁主义、毛泽东思想的旗帜。

第二,坚持实践标准,就要坚持解放思想、实事求是的思想路线。实事求是是马克思列宁主义的精髓,是毛泽东思想的精髓,也是邓小平理论的精髓。只有坚持解放思想实事求是的思想路线,我们才能坚持实践标准、生产力标准和"三个有利于"标准的辩证统一,分清社会主义和资本主义、公有制和私有制,即姓"社"和姓"资"、姓"公"和姓"私"的界限,澄清人们的思想疑惑,促进有中国特色的社会主义事业的健康发展。

第三，坚持实践标准，就要坚定不移地贯彻执行党的基本路线。20年建设有中国特色社会主义事业的辉煌成就举世瞩目，它雄辩地证明了党的“一个中心、两个基本点”的基本路线是完全正确的。现代化建设实践并将继续证明，只有坚持党的基本路线一百年不动摇，我们的现代化事业才能取得不断前进。

第四，坚持实践标准，就要坚持思想解放是一个永无止境的过程。实践之树是长青的，实践活动是一个永葆生机的发展过程。实践活动必将提出新的认识课题，人们的思想必须随着实践的发展而发展。不能停留在原有的水平上，使之僵化。思想解放是一个永无止境的过程。

总之，要坚持实践标准，就要高举邓小平理论的伟大旗帜，坚持解放思想、实事求是的思想路线，坚持党的基本路线不动摇。把党员和人民的思想进一步统一到党的十五大精神上来，把人民的力量凝聚到实现十五大确定的各项任务上来。对于学校来说，就是要把全校党员干部、师生的思想进一步统一到十五大精神上来，解放思想，勇于改革，勇于实践，勇于面对教育所面临的机遇和挑战，从社会主义初级阶段的实际出发，根据经济社会发展的需要来改变与社会主义市场经济不相适应的教育观念、教育体制、教学内容和教育方法，加大改革力度，探索新形势下的新的教育运行机制，勇于探索，把实践作为检验教育改革成效的标准，通过教育改革和发展的实践，逐步建立起有中国特色的社会主义教育体制和运行机制。

党的十五大做出高举邓小平理论伟大旗帜的决定，并把它作为党的指导思想郑重写入党章。江泽民同志号召全党要兴起学习邓小平理论的新高潮，这对我们落实理论武装任务提出了新的更高的要求。今后，我校的学习、宣传、研究邓小平理论的活动，要在以下几方面下功夫：

第一，要进一步增强高举邓小平理论伟大旗帜的自觉性和坚定性，兴起学习邓小平理论的新高潮。在当代中国，只有邓小平理论而没有别的理论能够解决社会主义的前途和命运问题，全体党员，特别是党员领导干部和社会科学理论工作者，在这个问题上要有清醒的认识和高度自觉性。

第二，要加强党委党校、邓小平理论研究中心和政治报告员队伍的建设，培养造就一支政治思想强、理论功底深、联系实际好的理论宣传和研究队伍，特别是中青年理论宣传研究队伍。今后，要增加投入，加强对他们的培养，使之发挥更大的作用。

第三，要把邓小平理论的学习、宣传、研究与邓小平理论“进课堂，进教材，进头脑”的三进工作有机结合起来。要用邓小平理论武装全校师生，“三进”工作是重要的环节。要按照中宣部和教育部的有关要求，在全校学生中开设《邓小平理论概论》必修课。要重视邓小平理论课师资队伍建设，要抓紧配好授课教师，尽可能集中本校相关学科政治上比较强的高水平教师讲授邓小平理论课。要加强教材建设，认真选好教学用书，还要努力改进教学方法，贯彻理论联系实际的原则，学以致用。

第四，要完整地准确地学习、宣传、研究邓小平理论，邓小平理论是当代中国的马克思列宁主义，是马克思主义在中国发展的新阶段。它是一个系统的科学体系，又是需要从各方面进一步丰富发展的科学体系。因而我们在学习、宣传、研究邓小平理论过程中要十分注意把握其完整性、系统性、科学性，避免形而上学和片面性。

第五，发挥我校文科优势，注重邓小平的哲学思想、经济思想、民主法制思想、一国两制思想、统一战线思想和社会主义精神文明建设思想的理论研究，不仅要出论文，而且要出专著，不仅要出论文专著，而且要有精品意识，出高水平高质量在全省、全国有较大影响的论文和专著。

第六，要紧密结合我国、我省和厦门经济特区改革开放和现代化建设实践中提出的新情况、新课题、新矛盾来学习、宣传、研究邓小平理论，为我国、我省的经济建设特别是厦门经济特区的第二次创业做出自己的新的理论贡献。同时，作为教育部部属院校的厦门大学的理论工作者，有责任也有能力结合改革开放和现代化建设的国情、省情，进一步丰富和发展邓小平理论。

我相信，厦门大学的学习、宣传、研究邓小平理论的活动，将以这次理论研讨会和真理标准座谈会为契机掀起一个新高潮。

——本文摘录自《厦门大学》(校刊)，1998年5月25日第376期

面向21世纪的中国高等教育

——在英国伦敦举办的第一次中英大学校长论坛上的演讲稿

(1998年6月16日)

校党委书记　陈传鸿

当今世界,科学技术突飞猛进,知识经济已见端倪,国际竞争日趋激烈。科学技术已成为推动经济和社会持续进步的决定性因素,人才和知识已成为经济和社会发展最重要的资源和动力。作为人才和知识源头的高校,如何迎接知识经济的挑战,为人类做出更大的贡献,这是全世界教育界人士都在认真思考的一个重要问题。

中国是一个发展中国家,高等教育的传统体制不能适应正在进行的改革开放的要求,高等教育的规模不能满足现代化建设对各类高级专门人才的需求,教育经费严重不足,穷国办大教育,要把拥有12亿人口的国家引向现代化,赶上知识经济的浪潮,既是一项伟大的工程,也是一个严峻的挑战。

然而,在21世纪,高等教育更面临着一个难得的发展机遇,知识经济时代的来临,使得高等教育在社会和经济发展中的作用和地位达到从未有过的高度,高校越来越成为新知识的生产、传播、存储和应用的组织,成为科学研究的最重要的基地,逐步走向社会大舞台的中心。高校与社会的关系日益密切,得到更多的支持,这就为高校的发展提供了良好的环境和新的机遇。

中国高等教育深深植根于中华民族文化的沃土中,并与国家的命运紧密相连。改革开放以来,伴随着国家经济的腾飞,中国高等教育事业有了很大的发展,并正遵照“面向现代化、面向世界、面向未来”的方针进行一场深入的教育改革。江泽民主席最近指出:“为了实现现代化,我国要有若干所具有世界先进水平的一流大学。这样的大学,应该是培养和造就高素质的创造性人才的摇篮,应该是认识未知世界,探求客观真理,为人类解决面临的重大课题提供科学依据的前沿,应该是知识创新,推动科学技术成果向生产力转化的重要力量,应该是民族优秀文化与世界先进文明成果交流借鉴的桥梁。”这段话,深刻地阐明了中国的高等教育面向21世纪伟大的历史使命。人才培养、科学研究、社会服务是大学的基本功能已成为共识。培养高素质的人才是大学的中心任务,高水平的科学研究是大学上水平的关键,社会服务是大学持续发展的动力。

关于高等教育培养什么样的人才问题,有着一个漫长的认识过程。从古希腊直到19世纪以前,西方的高等教育一直被博雅的教育思想和办学模式所统治,大学为学生提供的是“心智训练”,培养的是能从事任何职业的“有教养的人”。产业革命的兴起和工业化步伐的加快,使得专业教育和职业教育蓬勃发展起来,大学教育要为职业做准备的观点,逐渐得到越来越多的人的赞成。乃至于许多国家“职业至上论”曾在大学校园风行一时。本世纪末,随着知识经济的来临和高等教育大众化的进展,人们逐渐认识到一个仅仅学会某一职业或专业技能的大学生,已明显不能适应未来社会发展的需要。

为了迎接知识经济的挑战,大学应更重视人文精神和宽广知识的教育,注重通识教育与专业教育的结合,强调知识、能力和素质的结合,培养全面发展的人才,为受教育者终生学习打下坚实的基础。更加强调学生综合素质的培养,特别是良好的人格和创新精神。因此,在培养过程中如何实现以学生为中心,使学生的学习兴趣和好奇心得到尊重和鼓励,给学生更多选择学习内容和方式的机会,实现继承与探索、学习与研究、理论与实践的紧密结合。使学生毕业以后不仅是就业者,也可以是创业者,即为他人创造就业机会的人。以上是我们在教学改革实践中认真思考的课题。

科学是关于客观存在的知识体系，知识创新是科学研究的灵魂和科学进步的核心。科学技术是第一生产力，高校通过科学研究以实现知识创新，对科技进步和经济社会发展做贡献。科学研究是大学的一项重要的基本任务，是大学上水平的关键。可以说，没有高水平的科研，就不可能有真正意义上的高质量的现代高等教育。高校是巨大的知识和人才库，具有学科综合、人才荟萃、信息灵通等独特优势，不仅是培育人才的摇篮，也是知识创新的重要基地。历史上许多重要的新发现、新发明都是在大学里孕育和诞生的。在现代，大学更成为各国基础研究的主力军。

在大学的科学研究方面，英国卡文迪什实验室堪称典范。这所闻名于世的实验室是剑桥大学的物理实验室，在120多年的辉煌历史中，人才辈出，硕果累累，仅诺贝尔奖获得者就达25人之多。卡文迪什实验室成功的主要经验，就是有麦克斯韦开创的教学与科研相结合的体制，将研究注入教学的精神，以及既出人才又出成果的工作目标。正如它的第四任主任卢瑟福所说的："任何科学机构对于大学和国家的责任，不应以给学生例行的教育为终点。而且，没有一个实验室满足抱着过去的知识不放，它应当是一个用起源性研究获得知识的中心，活跃的中心。"这些经验今天对我们仍有重大的借鉴意义。

改革开放以来，国家加大了对高校的科研投入，使高校成为基础研究的重要基地，使一批重点大学的科研根据各自的基础和特色积极开展面向国际前沿和国家目标的战略性研究、自由探索性基础研究、应用研究等研究计划，建设一批国家和省级重点实验室和"产学研"基地，为科技成果产业化创造好的环境。在基础研究方面，努力实现多学科的交叉融合和向高技术的延伸。加强学术创新团队的建设和加强国际学术交流与合作。中国的大学在21世纪必将在科学研究、知识创新上做出更大的贡献。

为社会服务是高校的一项重要职能。在知识经济时代，高校不仅要通过人才培养和知识创新为经济和社会的协调发展提供强有力的科技支撑和人才资源，还要通过加速科研成果的转化和应用，直接为社会创造财富。这种服务的主要内容是创办高科技产业，同时加速大学科研成果的应用到新技术、新产品的开发、生产，从而带动产业的升级。另一方面，利用高校人文学科的优势，积极承担各种软科学课题，为政府和企业提供决策咨询服务，成立各种中介机构为社会提供高质量的服务。50年代美国斯坦福大学创办的"科学园"发展为闻名全球的"硅谷"，它的高科技产业不仅创造了巨额财富，为社会提供了大量的就业机会，同时也为大学本身创造了良好的发展条件。"硅谷"，对方兴未艾的中国大学科技园的建设是一个有益的示范。

面对21世纪的挑战和机遇，中国政府提出"科教兴国"的发展战略。正如江泽民主席最近在北京大学建校一百周年庆祝大会讲话中指出的："我们的大学应该成为科教兴国的强大生力军。教育应与经济社会发展紧密结合，为现代化建设提供各类人才支持和知识贡献"，这是面向21世纪教育改革和发展的方向。

英国皇家学会会员、著名的科学家和科学史家李约瑟博士分别于1944年和1984年两次来到厦门大学，对厦门大学留下了美好的印象。他的不朽巨著《中国科学史》向世界展现了中国古代科学技术的伟大成就和对人类文明的巨大贡献。正如他所预示的那样，中华民族既然创造了光辉灿烂的古代文明，也一定能在未来对人类做出更大贡献。

——本文摘录自陈传鸿:《大学之道:在建设一流大学的征程上》，厦门大学出版社，2003年12月版

在建校七十七周年庆祝大会上的讲话(摘要)

(1998年4月6日)

校长　林祖赓

今天,我们欢聚在当年嘉庚先生亲自督建的建南大会堂,共同庆祝厦门大学建校七十七周年。

七十七年前,著名爱国华侨领袖陈嘉庚先生在"教育为立国之本,兴学乃国民天职"的思想驱动下,矢志创办厦门大学。这是我国第一所由华侨独资创办的高等学府。厦门大学的诞生,是嘉庚先生继创办集美学校后倾资兴学的又一座丰碑。

厦门大学的七十七年,是艰苦创业的七十七年,是成果丰硕的七十七年。如今,厦门大学已成为一所包括人文科学、社会科学、自然科学、工程科学、技术科学、管理科学、艺术教育科学、医学科学等学科门类相当齐全的综合性大学,我们拥有研究生院和海外教育学院、工学院、医学院、管理学院、艺术学院等12个学院,27个系,62个本科专业,63个硕士学科点,21个博士点,4个博士后科研流动站,3个国家基础学科人才培养基地;拥有中科院院士6人,在校生11000多人(其中研究生近1600人,留学生250人,港澳台生180人)。1997年4月,我校的"211工程"建设通过了专家立项审核,被确认为是一所"学科门类较为齐全,办学特色鲜明,基础研究力量和师资队伍较强,在国际上有影响的高水平的国家重点大学",列入国家"九五"重点建设计划。

尤其是近几年来,全校师生团结奋进,加快改革与发展步伐,取得了令人鼓舞的成绩。

几年来,我校深入贯彻《中国教育改革和发展纲要》精神,在国家教委、省委省政府、市委市政府的高度重视与支持下,率先在办学管理体制改革方面,实现了从单一的办学体制到多种形式共存、多种层面发展的"共建模式"的突破。

近几年来,我校坚持走以内涵发展为主的方针,努力提高教学科研水平。在学科建设方面,新增了4个博士点,在原有7个国家级重点学科的基础上,有8个学科项目列入"211工程"加以重点建设,同时还有一些学科瞄准方向,在激烈的竞争中脱颖而出,在全国占有一席之地。前年厦门市政府与我校联合创办了医学院,使我校成为全国高校中学科门类最为齐全的高校之一。在教学改革方面,我们积极进行按系按专业大类招生的改革,启动了"面向21世纪教学内容和课程体系改革计划"。在科学研究方面,全校科研项目、经费、成果等呈持续上升趋势。此外我校还发挥学科优势和人才优势,积极为地方提供技术服务、科技咨询和决策参考,走产、学、研相结合的道路。前不久,我校配合厦门市政府与美国能源研究公司(ERC)签订协议,与台塑联合引进生产项目;我校与市邮电局联手开发光通讯设备;生物系与厦门凯利公司合作研究开发转基因植物等等。为了强化学校的学术氛围,在原新华社香港分社科技文教部翁心桥部长、香港校友会同仁等校友和各界朋友的支持下,我们设立了"南强学术讲座"。讲座首期计划两年,每年邀请20名香港教育界和科技界的专家为讲座报告人。今后还将邀请其他国家和地区的专家来校作学术讲座。在师资队伍建设方面,教师队伍整体素质不断提高,近年来又有2名教授当选为中科院院士;建立和不断完善中青年教师引进、选拔、培养机制,新一代学术带头人正在茁壮成长。目前全校教师平均年龄42岁,45岁以下的教师占教师总数的62%,其中有5人获国家杰出青年科学基金,2人被列入国家"百千万人才工程",8人被列入国家教委"跨世纪优秀人才培养计划"。在办学条件方面,我校教学科研设备和公共服务体系得到较大的改善,校园高速信息网络建设规模、水平居全国高校前列;"安居工程"建设成效显著,海滨东区700套集资建房已交付使用;4日下午我校又与市政府联合,在前埔举行"厦门大学教职工前埔住宅区开工典礼”，今后我校的教职工住房建设将纳入厦门市统建的轨道。

经过近几年的改革和建设，我校的办学条件不断改善，整体办学水平不断提高，师资队伍稳定，学校的凝聚力、吸引力、向心力不断增强，整个学校充满了活力并呈现出蓬勃发展的良好态势。

办好厦大，既是国家特别是福建省和厦门经济特区经济建设和社会发展的需要，也是促进祖国统一大业的需要；既是全校师生员工、海内外校友和爱国华侨华人梦寐以求的强烈愿望，也是全省、全市人民的共同心愿。可以说，争创一流大学、迈向南方之强已成为全体厦大人的共同愿望。

当人类即将迈向21世纪的时候，厦门大学从国家、地方的需要和学校的实际出发，已经确定了总体建设目标，即到21世纪初，把厦门大学建设成为国内一流、国际上有较大影响的社会主义综合性大学，拥有若干国际一流和一批达到或接近国际先进水平的学科，成为高层次人才的培养基地，成为“科教兴国”“科教兴省”“科教兴市”的重要基地。我们清楚地懂得，昨天前辈们的辉煌为我们今天的成功奠定了基础，我们今天的努力是为明天的前程创造条件。在跨世纪的征途上，我们必须转变观念，把握机遇，从社会主义初级阶段的国情、省情、市情和校情出发，把建设一流社会主义大学的奋斗目标同国家和地方经济社会发展的现实需要相结合，把学校的发展战略和步骤同国家和地方经济社会发展的现实水平相协调，把学校的改革思路与措施同国家的现行政策与社会环境相配套，做到目标的现实性、规划的阶段性和措施的可行性的协调统一，全面推进学校的改革与发展，提高办学水平和效益，培养高素质的人才，开创新局面，再上新台阶。

在这即将跨世纪的关键时刻，我们除了依靠在校的全体师生员工坚持不懈的努力拼搏外，还必须一如既往地依靠各级党委和政府的关心支持，依靠海内外华侨华人、校友和社会各界朋友的支持与帮助。

党的十五大和刚刚闭幕的九届全国人大一次会议，不仅为高等教育赋予重任，提供了发展机遇，也为高校的进一步改革发展指明了方向。朱镕基总理指出：“‘科教兴国’是本届政府最大的任务。”令人精神振奋，信心倍增。在邓小平理论的指引下，全体厦大人有信心迎接挑战，加快改革与发展步伐，把一个充满生机、富有潜力的厦门大学带入21世纪！

——本文摘录自《厦门大学》(校刊)，1998年4月15日第374期

适应知识经济时代挑战　加快高校改革与发展步伐

(1998年7月5日)

校长　林祖赓

21世纪的脚步声已越来越近。当前和今后一个时期,高等教育面临着诸多挑战。今后在技术密集型产业中占主导地位的资源和生产要素既不是资本,也不是土地或劳动力,而是知识。因此,如果说200年前工业经济替代农业经济的话,那么21世纪将是全球化知识经济占主导地位的时代,"它的核心是以智能为代表的人力资本,以高技术为代表的技术知识和以科技为核心构造新的生产力系统"。这一时代,经济和社会发展日益取决于人的文化素质和能力的发展。科技和人才越来越成为国家繁荣、民族振兴的决定性因素和最重要的资源。

21世纪的这些挑战,将从根本上改变人类社会的生产方式、工作方式、学习方式乃至思维方式,这无疑对高等教育提出了新的任务和要求,使得传统意义上的高等教育体制、人才培养模式、教学内容、教学方法和手段都需要重新审视,并做出相应的、更为深刻的变革。

一、立足国情,博采众长,探索高等教育运行机制改革

积极探索高等教育运行机制改革,调动人的积极性,发挥物的最大效益,才能适应知识经济时代对教育提出的更高要求。高等教育体制与社会经济、政治、科技、文化等都有着密切关系。我国正在实现由计划经济体制向市场经济体制的转变,高等教育的体制和运行机制能否适应这一转变,将对高等教育的发展起重要的影响。因此研究高等教育的发展问题,必须研究如何与市场经济体制相适应。既要立足国情,从实际出发,努力建立具有中国特色的高等教育体制,又要博采众长,学习和借鉴市场经济发达国家发展高等教育的一切行之有效的方法。近年来,我们已经或正在着手运行机制方面的改革,主要有:

1.在高教管理体制改革上,为了优化资源配置,提高办学质量和效益,近年来我国高教管理体制方面进行了以共建、联合、调整、合并等形式的改革。即改变或淡化单一的隶属关系,打破"条块分割",实行多种形式合作办学,形成多科性、综合性的优势,促进学科交叉渗透和优势互补。我校在这方面也积极探索,目前已形成了多种形式共存(即共建、联办、企业参与、各界人士赞助)和多种层面发展(即教育部同省共建、同市共建厦大,省校联办、市校联办、校企合作,不仅是校一级,而且深入到院系所一级)的"共建模式",走出了一条国家教育部与地方政府共建学校、学校积极为地方经济和社会发展服务的较为成功的路子。

2.在人事制度改革上,必须引进竞争机制,大力加强队伍建设。人是知识经济的载体,只有形成竞争、激励机制,才能使人才脱颖而出。长期以来,高校中"平均主义加终身制"、"只能上,不能下"的现象普遍存在,这种现象是长期形成的,但又不能不改革。近年来,我校在继续完善校内管理体制改革,实行教职工年度考核、聘任制度的基础上,采取措施逐步加大流动编制比例,缩小固定编制的规模。

3.在后勤改革上,过去由学校包办一切的后勤支撑体系已无法适应跨世纪高等教育发展的需要,因此必须走社会化改革之路,加快后勤社会化服务体系建设,使学校能集中精力抓好教学、科研工作。近年来,我校从后勤社会化的改革中已尝到甜头。此外,高校的技术后勤、公共服务体系(如图书资料系统、计算机网络等)方面,要针对资源配置不合理,"小而全"、部门所有的现象,采取相应的措施,使有限的资源

发挥最大效益,做到全校人力、财力、物力资源的合理配置和资源共享,提高利用率和整体办学效益。

二、改革人才培养模式,培养高素质人才

教育是生产知识的产业。知识经济时代的到来,要求高等学校培养出具有竞争能力、适应能力的高素质人才。适应这一需要,在人才培养目标上,要改革以往过窄的专业教育的人才培养模式,探索加强素质教育的人才培养模式。

学生的全面综合素质包括:思想品德素质、科学文化素质、业务素质、心理素质和身体素质。在教育过程中,要给学生以扎实的基础知识,要培养学生的组织能力、活动能力、管理能力、国际交往能力。面对知识经济时代的挑战,高校要更加重视学生创新意识、创新能力、开拓精神的培养,使学生做到知识与技能结合、动脑与动手结合,具备知识创新和技术创新的能力。

高等教育要适应知识经济对高素质人才培养的要求,必须转变教育思想观念,树立全面的人才培养质量观。人才的规格必须根据市场的要求来定,人才的素质要接受市场的检验,即高等教育要勇敢地面对社会、面对市场。今后,学校的学科建设和专业设置要以市场经济和社会需求为导向,加快学科、专业的转向、重组和更新,突出重点,有所为,有所不为;必须深化教学改革,继续推动面向21世纪教学内容和课程体系改革,加强公共基础课程教学,使学生既具有科学精神又具备较高的人文素养;要全面实行按系、按专业大类招生,以拓宽学生专业面、知识面。同时还要淡化教学人员和科研人员的界限,大力推进教学和科研的相互融合。

三、加强科技、教育同经济的结合,建立知识向经济转变的创新机制

知识经济时代,知识在促进经济发展中的巨大作用,需要通过建立一种创新机制(即促进创新的知识、技术脱颖而出的机制)来保证,以形成一种使知识不断形成经济增长力的良好环境。知识经济时代的高等学校,不仅是传授知识、培养人才的地方,而且又是哺育知识型企业的摇篮。

高等学校要更加积极主动地服务于经济建设和社会发展,以促进知识、技术与经济的更加紧密结合。教育、科技同企业界开展合作的形式多种多样,如企业与高校合作共组共建企业集团,高校以知识资本投入;企业与高校共同组建实验室,产业界投资科技领域,等等。

我校是唯一地处经济特区的国家重点大学,学科门类齐全,基础研究实力较强,有条件、有能力促进基础研究向高新技术研究扩展和加强应用科学研究,走产、学、研相结合的道路,加快科技成果的转化。

四、适应知识经济全球化的需要,加强国际和区域间的合作与交流

各国高等教育具有自身的传统和特色,但弱中有强,强中有弱,必须相互取长补短、加强东西教育、科技、文化方面的"融合"。特别是信息网络作为知识经济时代的基础建设之一,它的应用使整个世界更加开放,使教育更加全球化。

改革开放以来,我校十分重视开展对外教育与国际和区域学术交流与合作,已取得了良好的合作效益。

21世纪对中国的高等教育提出了严峻的挑战,高等教育能不能培养出有竞争能力、创新能力、适应能力的高素质人才,将对中国的经济建设和社会发展起重大作用。在改革中加快发展,应是世纪之交中国高等教育的基本特征。

(本文系林祖赓校长向北大举办的《大学校长论坛》提交论文的摘要)

——本文摘录自《厦门大学》(校刊),1998年7月5日第380期

·党建与思想政治工作·

厦门大学关于党风廉政建设责任制的若干规定

(1998年)

建立领导干部党风廉政责任制,是推动反腐败斗争和党风廉政建设的重要保证,是标本兼治、综合治理的有效措施。为了强化我校各级领导抓党风廉政建设的责任意识,把对党员干部的严格要求、严格管理、严格监督落到实处,现按照"党委统一领导,党政齐抓共管,纪委组织协调,部门各负其责,依靠群众的支持和参与"的要求,结合我校具体情况,制定以下规定:

一、领导和工作机制

(一)学校党风廉政建设工作,在校党委领导下进行,日常工作由校纪律检查委员会负责组织协调。

(二)职能部门负责本部门的党风廉政建设和相应工作的检查监督。几个部门共同参与的,以一个部门为主,其他部门配合,监察处负责协调和督促检查。

二、校级党政领导的责任

(一)校党委、校行政对全校党风廉政建设实行全面领导。

1.对党中央、中央纪委和教育部党组关于廉政建设的重要决定,要及时学习传达,提出具体贯彻意见并付诸实施。

2.党委常委每年至少召开一次(一般在年底)党风廉政建设专题会议,听取纪委关于党风廉政建设和反腐败工作情况的汇报,分析全校党风廉政建设工作中存在的问题,研究部署下一阶段党风廉政建设计划。

3.在每学期的工作计划中,要有党风廉政建设内容。新学期部署工作时,党委要就党风廉政工作向各单位和各级领导干部提出具体要求,每年并向中层以上领导干部通报1～2次党风廉政建设情况。通报内容包括:贯彻上级有关党风廉政建设文件精神的情况、党风廉政建设计划进展情况及重要案件查处情况等。

(二)党委书记、校长对全校党风廉政建设负全面责任。

1.对涉及全校的重要党风廉政建设工作要亲自动员部署、过问指导和监督检查。

2.指导纪委及有关部门共同开展对党员干部和党员进行反腐倡廉、遵守和维护党纪政纪的教育,督促检查党风廉政教育计划执行的情况。

3.对涉及举报副处级以上干部的重要信访和案件线索,要亲自指示,督促纪检监察部门组织力量进行核实查处。

4.对校级党政副职的廉政行为实行监督。督促校级领导班子成员按照分工深入基层了解党风廉政建设的情况。

(三)党政校级领导要严格遵守民主集中制原则和各项规章制度,重大事项要集体讨论决定。凡在招生、毕业生分配、分房、工资晋级、干部任免、重大财务开支以及投资、经营、基建工程等方面违反有关规定,擅自做出决定的,都应书面检查,造成工作损失的,应追究领导干部个人的责任。

(四)党政校级领导要主动做好民主生活会的各项准备工作,如实报告贯彻廉洁自律的各项规定的情况。凡未能按时申报个人收入、不及时报告个人重大事项、不按规定上交礼品礼金和违反规定超标准公款宴请的,都应做出深刻检查。

(五)党政校级领导要对分管部门、分管单位、分管工作中的党风廉政建设负责。每年至少一次与部门主要负责人分析党风廉政建设存在的问题,有针对性地采取措施。要督促这些单位建立健全内部管理制度,监督检查执行情况。对有章不循、造成内部管理混乱的,要限期改进。因疏于教育、管理而导致分管部门领导干部违纪或造成重大安全事故、财产损失的,主管校领导应承担领导责任。

(六)实行校领导集体谈话制度。对犯错误的副处级以上领导干部,由党委、纪委主要领导和分管校行政领导进行集体谈话,使之提高认识,吸取教训,改正错误。

三、纪委领导的责任

(一)纪律检查委员会在校党委的领导下,负责全校党风廉政建设的组织、协调、监督和指导工作。

1.依据党中央发布的党风廉政建设文件精神和廉政法规,研究制定我校的实施办法,充分发挥党内外群众的监督作用,保证各项规定得到切实有效的贯彻执行。

2.制定每学期加强党风廉政建设的计划。调查了解掌握全校党风廉政建设的情况,主动向校党委和上级纪委汇报,认真贯彻和落实校党委和上级纪委的指示。

3.对校级党政领导干部违反民主集中制原则、违反组织人事纪律、不按时申报收入、不按规定报告重大事项、不如实上缴礼品,以及其他方面的问题,要及时督促提醒,必要时向上级纪委反映。

4.要把办案工作作为重点任务进行安排和落实,建立由纪委牵头的执纪执法部门联席会议制度,通过执法监察、审计监督、专项清理等方法发现案件线索,落实办案工作责任制,更加有力地促进案件检查工作。对基层单位瞒案不报、压案不办或有意包庇袒护的,要查清事实,追究当事人的责任。

(二)纪委书记对纪委、监察处的工作负总责。

1.根据纪委全委会的工作部署,具体落实每年的教育计划,确定全校领导干部民主生活会对照检查的内容和方式,组织力量进行检查,及时处理干部廉洁自律工作中反映出来的问题。

2.抓好案件查处工作。对重要违法违纪案件要参与办案的全过程,及时调整力量查处,负责向党委和上级纪委报告工作进展情况。

3.在反腐败工作中,因安排不当而延误工作和造成群众强烈不满、对信访反映的问题未能及时安排人员进行调查处理,做好回访和复信工作;或因安排不当或督促不力,致使延误工作的,要承担领导责任。

4.每学期至少安排10天时间到基层单位调查研究,检查执行党风廉政工作计划及在财务管理、资产管理等方面的问题,如发现基层单位管理过程中存在问题而不及时提醒和督促改进,要承担一定的领导责任。

四、院、系(所)、部、处党政领导的责任

(一)各党总支、直属党支部及单位行政班子担负本部门、本单位党风廉政建设的全面责任。

1.要组织党员学习有关文件,坚持党的组织生活会等制度,使党组织成为党风廉政建设的坚强堡垒,保证党的路线、方针、政策和上级指示的贯彻落实,发现问题及时向上级组织汇报。

2.要根据党委和纪委的要求,每学期召开总支、支部专题会议,研究本单位的党风廉政情况,提出本单位党风廉政建设计划,与教学、科研等工作一同布置、一起检查。

3.机关党总支每年两次研究、布置党风廉政建设工作,要向部、处党支部和部、处干部提出阶段性党风廉政建设意见并督促落实。

(二)党总支书记、直属党支部书记主持本单位、本部门的党风廉政建设工作。

1.要认真抓好班子成员和党员干部的党风廉政建设。对党员和一般干部的问题要组织力量查处并向纪委报告,对反映党员领导干部的问题要及时了解,向党委和纪委汇报,并积极配合纪委进行调查。要切实抓好对犯错误党员和干部的思想教育工作。

2.党总支书记、直属支部书记要抓好本单位财务管理制度、物资采购与验收制度及资产管理、安全保卫等制度的制定、落实和检查工作。凡要求定期公布的内容和项目,必须保证按时公布,接受教职工监督。

3.负责本单位处级领导干部的民主生活会。按有关规定抓好民主生活会的各个环节,负责向教职工通报会议情况。凡不按要求组织领导干部自查自纠、敷衍了事走过场的,党总支书记、直属支部书记要承担责任。

4.按规定做好本单位处级领导干部离任审计工作和新任干部的党纪政纪廉洁自律教育工作。

(三)各单位党政领导干部要根据工作分工,抓好分管工作和工作人员的党风和廉政建设,凡有下列情况者,分管领导要承担领导责任:

因教育、管理不力,导致下属工作人员违纪和造成工作损失的;

财务规章制度和内部控制制度不健全,隐瞒、截留、挪用、拖欠应上交收入,或设置账外账、“小金库”,乱收费和乱集资的;

不建章立制或有章不循,造成物资采购等方面集体利益受损的;

管理失当,造成集体财物被盗,人员伤亡或学籍档案、会计财务资料等丢失或被私自涂改的。

(四)担任财务一支笔的单位负责人要履行财务管理的职责,凡单位创收收入支出及劳务费分配都应公开,一支笔所使用的经费开支,应经办公会议批准审核。

五、检查与责任追究

(一)各级党组织和党组织负责人、行政单位和行政单位负责人都要建立党风廉政建设工作记录制度,作为检查责任制的依据之一。

(二)每年年底结合领导干部廉洁自律工作,采取自查和组织抽查结合的办法,对全校党风廉政责任制的情况进行检查,作为考评单位和干部实绩的重要内容。适时召开党风廉政建设总结会,表彰在党风廉政建设中成绩突出的领导班子和领导干部。

(三)校纪委、监察处接受群众举报,对不履行责任制的单位和领导干部进行调查处理。

(四)严肃追究失职领导班子的责任。

1.凡对上级党风廉政建设的工作部署不研究、不贯彻或敷衍了事的,责成班子检查或者给予通报批评处理。

2.教职工反映的正确意见,班子有能力解决而没有解决,无法解决又不及时反映,致使矛盾加剧,在

校内造成不良影响的,要责令班子写出专题检查,建议人事部门降低班子成员年度考核档次。

3.领导失察,疏于管理,致使本单位管理无序、出现重大责任事故和违纪案件的,除责令检查外,还要对班子进行必要调整。

(五)严肃追究失职领导干部责任。

1.对在党风廉政建设中管理失察,致使本单位出现违法违纪问题,并造成不良影响的,对直接责任人除予以通报批评外,必要时还应撤换其行政和党内职务。对违反财经纪律的,按照现行有关法律、法规的规定追究直接负责的主管人员和其他直接责任人员的责任。

2.个人离任审计虚报隐瞒真实情况,不按规定交回办公用品的,一般性问题的由纪委出面谈话,进行教育;对问题较多,但构不上党纪处分的,通报批评,予以诫勉。对不认真组织干部离任审计的领导干部,也要视情况予以口头批评或通报批评。

(六)凡出现违纪违法行为的,按《中国共产党党员纪律处分条例》等有关文件精神,追究相关领导人的责任。

六、附则

(一)本规定由中共厦门大学纪律检查委员会负责解释。

(二)本规定自公布之日起实行。

——本文摘录自《厦门大学关于党风廉政建设责任制的若干规定》,档号 1998-DQ06-1

·教学与科研工作·

厦门大学授予成人高等教育本科毕业生学士学位工作细则

(修订稿)

(1998年5月9日)

第一条　为贯彻执行《中华人民共和国学位条例》和《中华人民共和国学位条例暂行实施办法》,保证我校授予成人高等教育培养的本科毕业生学士学位的质量,根据国务院学位委员会《关于授予成人高等教育本科毕业生学士学位暂行规定》和福建省教委《关于进一步加强和改进普通高校授予成人高等教育本科毕业生学士学位工作的通知》等文件精神,制定本《工作细则》。

第二条　我校成人高等教育培养的本科毕业生,系指通过全国成人高校统一招生考试录取的有正式学籍的函授、夜大学、成人脱产和大专起点本科班以及高等教育自学考试通过的本科毕业生。

第三条　授予成人高等教育培养的本科毕业生学士学位与普通高等教育授予其本科毕业生的学士学位,统一要求,标准一致,应符合《中华人民共和国学位条例》第二条和第四条以及《中华人民共和国学位条例暂行实施办法》第三条规定,达到下述学术水平者,可授予学士学位:

(一)通过学习教学计划规定的政治理论课程,能够掌握马克思主义的基本理论,并具有运用马克思主义的立场、观点和方法分析、认识问题的初步能力。

(二)通过成人高等教育,经审核准予毕业,其课程学习(含外国语和教学实验)和毕业论文(毕业设计或其他毕业实践环节)达到本科教学计划应有的各项要求,成绩优良,表明确已较好地掌握本门学科的基础理论、专门知识和基本技能,并具有从事科学研究工作或担负专门技术工作的初步能力。

第四条　我校授予成人本科毕业生学士学位工作,由校教务处主管,校学位委员会审核通过。

第五条　授予成人本科毕业生学士学位工作,按下列程序进行:

(一)成人高等教育本科应届毕业生中的学士学位申请者应于毕业后一个月内向成人教育学院履行学位申请手续。

(二)成人教育学院在应届本科毕业生毕业后三个月内向教务处择优推荐学士学位申请者名单,组织填写《厦门大学成人教育本科生学士学位申请表》,并提供课程学习和毕业论文(毕业设计或其他毕业实践环节)成绩。

(三)教务处对申请者名单按本科毕业生授予学士学位应达到的各项要求进行初步审查,决定是否接受推荐。

(四)教务处组织接受推荐的成人本科毕业生学士学位申请者,进行部分主干课程考试,即一门外国语(英语)和一门专业课、一门专业基础课考试。外国语考试统一参加每年六月份全国大学英语四级考试(外语课程结束后、提出申请前),合格分数线由省学位委员会划定。专业课和专业基础课的考试由教务处组织。

学士学位申请者参加部分主干课考试(英语、专业课、专业基础课)不及格者不能补考,有一门不及格者均不授予学位。

(五)教务处组织相同专业的系学位分委员会对考试合格的学位申请者逐个进行认真审核,审核内容主要是学位申请者完成本科教学计划应有的各项要求的情况(由成人教育学院提供专业教学计划、教学大纲、历年课程考试试题等),以及学位申请者政治思想方面的表现。在此基础上,由教务处向校学位委员会提交列入学士学位获得者名单。

(六)校学位委员会每年下半年按照坚持标准、保证质量的原则,审核、通过学士学位获得者名单。未获通过者不再补授予学士学位。

第六条　授予成人高等教育本科毕业生学士学位应颁发《学士学位证书》,证书应注明学位获得者通过何种办学形成获得某学科门类的学士学位。

第七条　本《工作细则》自公布之日起实施。《厦门大学授予成人高等教育本科毕业生学士学位工作细则》(厦大教字[1990]42 号)同时停止执行。

——本文摘录自《关于印发〈厦门大学授予成人高等教育本科毕业生学士学位工作细则〉(修订稿)的通知》,厦大教[1998]19 号,档号 1998-XZ12-1

厦门大学学生贷款归还减免规定

(1998 年 5 月 30 日)

为了加强学生贷款管理,规范贷款归还及减免行为,根据国家教委(即教育部)、财政部教财[1990]049 号和教财[1995]58 号文件的精神,并结合我校的实际情况,制定本规定。

一、严格执行学生贷款规定,坚持“有贷必还”的原则。

二、学生应于毕业当年的 6 月 20 日之前,到财务处办理贷款归还手续。如属符合减免贷款条件而要求减免贷款的,需附上本人申请和所在系审核意见以及有关证明材料复印件。

三、学生毕业前一次性还清全部贷款的,按其贷款额的 20%减还贷款。学生确有特殊困难在毕业前不能还清贷款的,应在 6 月 20 日前与财务处签订《归还贷款协议书》,否则不予办理离校手续。

四、凡贷款未还清者,其毕业证书、学位证书应保留在教务处至其还清全部贷款。各系应负责本系学生贷款催还工作,并积极配合财务处做好学生贷款的管理。

五、对未履行还款协议书并拖延还款期限的毕业生,学校除追回其应还贷款外,还要加收滞纳金,滞纳金按应还款额年 5%计收。

六、学生在校学习期间因故中途退学或出国,或受学校勒令退学、开除学籍处分的,应在办理离校手续的同时,办理还清贷款手续。

七、符合下列条件之一者,经学校审批,可免还全部或部分贷款:

1.家居内地学生毕业后到黑龙江、内蒙古、甘肃、宁夏、青海、新疆、贵州、广西、云南、西藏十个边远省区就业的,免还全部贷款。

2.学生毕业后到条件艰苦的国家重点单位(以当年公布的为准)或艰苦行业(如石油、煤炭、地质、矿业、水利、气象、国防)的基层单位(厂、矿、队、台、站、基地)工作的,免还全部贷款。

3.获省、部级以上(含省部级)领导机关表彰的学生免还全部贷款。

4.学生被学校评为“优秀三好生”的,每次可免还贷款 1000 元,连续三次被评为“优秀三好生”者,免还全部贷款;被学校评为“三好生”或“优秀学生干部”或“优秀团员”的,每次免还贷款 500 元。

5.学生在校期间死亡的免还全部贷款。

如有同时符合上述二条以上者,以免还贷款额最多的一条处理。

八、有贷款的毕业生也可以向其所分配的单位提出申请,由用人单位将全部贷款一次垫还给学校。

九、学生贷款基金实行专户核算,专款专用,回收的贷款全部用于补充学生贷款基金。

十、本规定自 1998 年 6 月起执行,以前有关规定通知凡与本规定不符的,以本规定为准。

——本文摘录自《关于印发〈厦门大学学生贷款归还减免规定〉的通知》,厦大学[1998]12 号,档号 1998-XZ11-1

·管理与服务工作·

厦门大学水电督查暂行规定

（1998年1月9日）

第一章　总　　则

第一条　为了加强水电供应与使用的督查管理，维护学校、水电用户双方的合法权益，保障正常水电供用秩序和公共安全，根据国家有关法律、法规，并结合我校实际，制定本暂行规定。

第二条　学校对电力供应和使用实行安全用电、节约用电、计划用电的原则；学校供水实行计划用水、厉行节约用水相结合的原则。

第三条　本暂行规定适用于厦门大学供电供水区域。该区域的水电管理部门及其水电督查人员和被检查的水电用户必须遵守本暂行规定。

第四条　水电督查工作必须以事实为依据，以国家法律、法规为准则，对用户的用水用电装置和水电使用情况进行督查。

第二章　督查机构

第五条　厦门大学节能办公室水电督查队为本供电供水区域内的用水用电督查机构，负责执行本暂行规定的实施。

第三章　督查内容与范围

第六条　督查范围：厦门大学水电督查部门按照有关法律、法规，负责本供电供水区域内用户的用水用电装置及水电使用情况进行督查。

第七条　督查内容：

1.用户用水用电计量装置的运行状况；

2.电力负荷控制装置、自动保护装置等电气设备运行安全状况；

3.用户执行安全用电、计划用电（水）、节约用电（水）情况；

4.水电供应使用合同及有关协议履行情况；

5.受电端电能质量状况、供水水质及水压状况；

6.违章用电（水）和窃电（水）行为的查处；

7.国家法律、法规规定的,其他认为有必要进行的水电督查。

第四章 督查程序

第八条 督查人员执行用水用电督查任务前,应按规定填写《用水用电督查工作单》,经批准后,方能赴用户执行督查任务。

第九条 水电督查人员在执行督查任务时,必须向被检查的用户出示有关证件,用户不得拒绝检查,并应派员随同配合督查,回答有关询问,为督查提供方便。督查工作结束后,应按规定写出督查结果报告,一式两份,一份由节能办存档,另一份送达用户保留。

第十条 水电督查人员实施现场督查时,水电督查员的人数不得少于两人。经现场督查确认用户在水电使用上有明显违反国家法律、法规规定,有危害供电安全、扰乱供电(水)秩序或窃电(水)行为的,督查人员应当场予以制止、责令改正,并开具《水电督查结果通知书》或《违章用电(水)、窃电(水)处罚通知书》一式两份,一份送达用户代表签收后由节能办存档,另一份送达用户保留。

第五章 责任规定

第十一条 用户对其设备的安全负责,用户使用的水电计量装置由用户负责保护,并保持表计整洁完好。水电督查人员不承担因被督查设备不安全引起的直接损坏或损害的赔偿责任。

第十二条 用户在接到《违章用电(水)、窃电(水)处罚通知书》后,应在通知期限内接受处理。当事人对处罚决定不服的,可以在接到处罚通知次日起15天内向厦门大学节能领导小组申诉。

第十三条 拒绝接受水电管理部门督查或拒绝接受处罚的用户,节能办可按国家有关法律、法规的程序停止供电(水)。情节严重的,依照法律交由有关部门处理。

第六章 附 则

第十四条 本暂行规定公布之前的文件条款与本暂行规定相抵触的,一律按本暂行规定执行。本暂行规定由校节能领导小组负责解释。

第十五条 本暂行规定自1998月2月1日起执行。

——本文摘录自《关于印发〈厦门大学水电督查暂行规定〉的通知》,厦大综[1998]3号,档号1998-XZ09-2

厦门大学关于基建、修缮工程开工前审计及竣工决算审计的试行办法

（1998 年 1 月 13 日）

第一条　为加强我校基建、修缮工程的监督和管理，确保工程质量，提高学校资金使用的效益，保护国有资产的完整与安全，根据审计署、国家教委、建设部联合通知的审基发[1992]84 号“固定资产投资项目开工前审计暂行办法”和国家教委审计局[1994]20 号“关于加强工程竣工决算审计工作的意见”及福建省审计厅闽审综字[1996]第 032 号“关于实行建设项目（工程）竣工决算全面审计制度的通知”等法规，结合我校实际情况，特制定本办法。

第二条　工程开工前审计的范围：1.我校基建工程（包括国拨、捐赠及校内自筹）总投资一百万元以上（含一百万元）的项目，2.我校院、系、部、处、室及独立核算单位（以下简称校内各单位）用自筹资金总投资一百万元以上（含一百万元）的基建工程项目。

第三条　凡属第二条第一款的基建工程项目，由基建处提出申请并连同有关材料报送审计处进行审计，凡属第二条第二款的基建工程项目，必须由校内各筹建单位向基建处申请办理手续，再由基建处按项目填报《自筹基本建设投资项目申请申报表》一式四份，经财务处等有关职能部门审查其资金来源并签署意见后，连同有关材料送审计处。

第四条　审计处根据有关制度的规定审查资金来源的合规、合法性及资金到位情况，十天内签署审计意见，送交基建处办理工程开工手续。

第五条　工程竣工决算审计的范围：对我校基建工程（包括国拨、捐赠及校内自筹）及单项工程造价在五万元以上（含五万元）的修缮和零星基建工程的竣工决算进行审计。校内各单位用自筹资金且自行管理单项工程造价在三万元以上（含三万元）的各类工程，其竣工决算亦属审计范围。

第六条　基建处应向审计处抄送年度基本建设工程项目计划和年度修缮工程项目计划。基建工程计划包括项目名称、结构类型、建筑面积、开工竣工日期、预算投资等内容。对列入修缮计划单项造价五万元以上的修缮项目，应有详细的项目实施方案，包括：修缮项目名称、实施地点、资金来源、设计图纸、设计文件、工程预算等。审计处根据基建处抄送的年度计划，制定工程审计计划。

第七条　经批准校内各单位用自筹资金支付的各项工程，原则上应纳入基建处统一管理，若各单位自行管理时，单项工程造价在三万元以上的应向审计处报送项目实施方案，包括项目名称、实施地点、资金来源、设计图纸、设计文件、工程预算等，然后由审计处纳入审计计划。

第八条　基建施工队伍的选定，列入厦门市建筑工程招标统一管理。基建处应选择具有施工资质等级、信誉好、实力强的施工队伍进行投标，经过招标确定工程质量可靠、工程造价合理的施工企业承接施工业务，并按投标时承诺的优惠条件及时签订施工合同，且不得将业务另行转包。基建处按施工合同进行包括施工质量、施工工期、工程造价等全过程的严格管理。零星基建、修缮工程以及各单位自筹项目也应选择工程质量可靠、工程造价合理的施工企业承接施工业务并签订施工协议，有关部门根据施工协议进行全过程严格管理。

第九条　我校所有工程包括基建、修维、各单位自筹等工程均应按现行预算管理办法，由施工单位编制并提交工程预算（招标工程按招标规定管理）。基建工程计取的各项费用按施工单位投标中标的承诺，在合同中加以明确，并以合同为依据进行计取。零星基建、修缮工程以及各单位自行管理的工程各项费用的计取，根据《厦门市建筑安装工程费用标准》分工程类别、分套用预算定额的不同，降低一至二级资质

等级计取费用。个人承包挂靠单位施工的费用计取按四级乡镇(或非等级)计算。施工单位提交的工程预算不作为工程决算的依据,仅作为财务部门预付部分工程款依据。对修缮及各单位自筹项目的预付工程款的比例视工程大小而定,一般不越过造价的 30%,基建工程按合同预付备料款和工程进度款。工程竣工后,由施工单位编制竣工决算,提交给基建处及有关单位进行审核。

第十条　我校竣工决算实行二审制。基建处设置工程预、决算审核人员,代表学校对施工单位编制的基建(修缮)工程竣工决算进行审核签章,履行业务部门的工作职责。校内各单位自筹资金进行修建的工程项目,各单位自行管理时,也应有专人负责对施工单位提交的竣工决算进行初步审核。审计处在基建处及有关单位审核签章的基础上,分别情况对工程决算进行再审计,履行审计监督职责。

1.基建工程决算(包括较大型专项维修),可由审计处代表学校委托有承担能力、审计质量好、信誉高的审计事务所进行审计,并按规定交纳审计费用。

2.单项工程造价在五万元以上修缮工程和零星基建工程的决算审计由审计处进行审计。

3.校内各单位自行管理的工程项目的决算审计由审计处进行审计。

第十一条　对工程竣工决算,审核和审计人员应深入现场,实地察看。对重大工序或隐蔽工程的中间验收和工程竣工验收,现场施工代表应主动通知审计和审核人员到现场参加检查验收。

第十二条　审计程序采取送审制度。基建处及各单位的审核人员,应将审核签章后的竣工决算、设计图纸、设计文件、施工合同或协议及隐蔽工程签证和图纸外的签证等相关的资料送交审计处。经社会审计或审计处审计后,再由审计人员将上述文件送交原审核人员。

第十三条　纳入审计范围的工程竣工决算造价,经委托社会审计或审计处审计后,校财务、基建财务及其他独立核算单位财务才能办理竣工决算付款报销手续,对于未经审计处签章的工程竣工决算,上述财务部门不予付款报销(不属于审计范围的除处)。

第十四条　审计处审计人员、基建处及有关单位审核人员应认真履行各自的工作职责,忠于职守,做好工程竣工决算的审核、审计工作。若有违规行为,按有关规定进行处理。

第十五条　审计处、基建处和有关单位,应本着维护学校(单位)利益的原则,密切配合,共同努力,积极推动我校基建审计工作的开展。

第十六条　本办法由审计处负责解释。

第十七条　本办法从一九九八年一月一日起试行。

——本文摘录自《关于印发〈厦门大学关于基建、修缮工程开工前审计及竣工决算审计的试行办法〉的通知》,厦大审[1998]1 号,档号 2015-XZ19-2

厦门大学年度聘任考核工作暂行规定

（1998年2月26日）

为了巩固校内管理体制改革成果，实现把我校办成国内一流，国际上有较大影响的社会主义综合性大学的宏伟目标，在总结校内管理体制改革以来实行年度聘任考核工作经验的基础上，制定本暂行规定，用于指导今后的年度聘任考核工作。

一、定编

(一)定编的原则和依据

定编以稳定规模、调整结构、理顺关系、加强管理、保证重点、提高效益为总体原则。在核定各类人员比例基础上，按照精干高效的原则调整机构设置和人员数量，优化教职工队伍，实现人员的合理配置。

编制总数根据国家教委对我校核定的学生规模控制数核定。具体核算办法根据国家教委《普通高等学校人员编制的试行办法》、《普通高等学校编制管理规程》和《厦门大学各类人员定编方案》等有关文件的规定办理。

(二)定编的实施

定编实行集中管理和分类核算相结合的管理办法。每年由人事处根据事业发展规划，核定各类人员比例标准，切块分解，再由各有关职能部门负责具体系列的人员定编。

本专科专任教师，由教务处负责定编；

研究生专任教师，由研究生院负责定编；

专职科研人员，由科技处、社科处负责定编；

实验技术人员，由物资与实验管理办公室负责定编；

图书资料人员，由图书馆负责定编；

党政人员、工人、直属单位人员，由人事处会同有关单位负责定编。

编制按学年度核定，由人事处汇总后送校定编领导小组批准，下发各系各单位执行。

二、定岗、定责

(一)凡厦门大学编制内教职员工，均应明确岗位和职责。

(二)岗位按职务系列和职务等级划分。职务系列按教学人员、科研人员、党政人员、专业技术人员、工人划分。职务等级分别按不同系列的不同等级划分，如教学人员，分教授、副教授、讲师、助教等。各单位的系列设置和职数由人事处、师资处根据“211工程”建设的总体目标，结合学校工作需要和工作任务，参照国家有关规定制定。

(三)不同岗位的人员，均应承担不同的岗位职责。具体岗位的工作职责，由分管的职能部门根据学校总体任务要求参照有关规定制定。

(四)教职员工聘任某岗位职务,应同时具备从事该岗位工作的能力和水平,并愿意承担具体的工作职责。不具备从事该岗位工作的能力和水平或不愿意承担该岗位的工作职责,不能聘任该职务。

(五)兼职人员应明确其主要工作岗位和主要工作职责,并按主要岗位职责办理聘任。

三、聘任

(一)聘任的原则

在定编、定岗、定责的基础上,根据人尽其才、人尽其责的原则,办理年度聘任。

(二)聘任的分类和工作量要求

1.聘任时间以学年为单位计算,教职工个人一学年应承担的工作量为聘任满工作量。

根据实际承担的工作量占应承担工作量的百分比和承担工作的不同形式,分为不同的聘任类型:

全聘:实际承担工作量大于等于应承担工作量100%的;

试聘:实际承担工作量大于等于应承担工作量70%,小于100%;或者上学年考核不合格,本学年工作量大于等于应承担工作量100%的;

缓聘:实际承担工作量小于应承担工作量70%的;

返聘:退休后因工作上需要,具备岗位条件,单位给予聘任的;

不聘:个人表现差,素质低,不具备岗位工作所需的条件,单位不予聘任的;

拒聘:不愿意承担单位交给的工作任务的。

2.教学和科研人员的工作量要求:

教师聘为教学人员,工作量应以教学为主,兼顾科研和其他工作;聘为科研人员,工作量应以科研为主,兼顾教学和其他工作。教学和科研人员工作量计算办法,按《厦门大学教师聘任考核实施办法》执行,其中的教学和科研人员满工作量标准,根据事业发展需要进行调整。

3.实验(工程)技术人员和其他系列专业技术人员的工作量要求:

实验(工程)技术人员实行坐班制,严格执行考勤制度,其工作量计算办法按《厦门大学实验(工程)技术人员定编、定岗、定责和考核、聘任办法》执行。总工作量要求根据事业发展需要进行调整。

其他专业技术人员均实行坐班制,严格执行考勤制度,其工作量要求分别按不同系列的工作量计算办法执行,并随事业发展需要进行调整。

4.专职党政管理人员和工人的工作量要求:

专职党政管理人员实行坐班制,严格执行考勤制度,按满负荷原则承担工作任务。工作量不满的人员应调整岗位或增加临时任务。

工人分别根据不同的岗位实行任务包干,并按满负荷原则承担工作任务。工作量不满的岗位应予合并、裁减,富余人员实行下岗待业和竞争上岗。

5.返聘人员的工作量要求:

返聘人员根据工作需要和岗位情况分别承担不同的工作任务,可以全聘,也可以承担部分工作。根据我校队伍结构情况,返聘人员一般只从事教学科研工作。党政管理和其他专业技术工作一般不返聘退休人员。

6.新调进人员(含留学回国人员、进修返校人员,下同)的工作量要求:

新调进人员应及时按满工作量原则办理聘任手续。如确因组织原因无法满工作量的,半年内,可予适当减免。

(三)聘任的方法和程序

1.个人根据自己承担的工作任务,填写工作任务卡。
2.先由所在科室审核,再由所在单位领导审核并签署聘任意见。
3.将工作任务卡和聘任花名册分别送各个职能部门审核后送人事处、师资处备案。

(四)缓聘、不聘和拒聘人员的处理。

缓聘人员应承担单位安排的临时工作,缓聘期间可发给职务工资和保留补贴。第二学年工作量仍然不满的不再缓聘,可在校内调整工作岗位并试聘一年。无法调整工作岗位或调整工作岗位后试聘不合格的,给予下岗待业处理。下岗待业人员发给下岗待业生活费。

不聘人员应上交校人才交流服务中心,不聘期间发给三个月职务工资和保留补贴,并由本人在校内联系其他工作单位,校内没有单位可以接收的应调高学校。半年内无法正常调离的,根据不同情况分别按辞退、辞职或自动离职处理。

拒聘人员停发全部工资津贴并上交校人才交流服务中心。拒聘人员不在校内调整工作岗位,只能调离学校。三个月内无法正常调离的,分别按辞职或自动离职处理。

四、考核

(一)考核的原则

考核坚持客观公正、民主公开、注重实绩的原则,正确评价教职员工的德才表现和工作实绩,督促大家提高政治业务素质,认真履行职责,并作为晋升、聘任、奖惩、培训、辞退以及发放津贴和晋升工资的依据。

(二)考核的内容和标准

考核的内容包括德、能、勤、绩四个方面,重点考核工作实绩。

德,主要考核政治、思想表现和职业道德表现;

能,主要考核业务技术水平、管理能力的运用发挥,业务技术提高、知识更新情况;

勤,主要考核工作态度、勤奋敬业精神和遵守纪律情况;

绩,主要考核履行职责情况、完成工作任务的数量、质量、效率,取得成果的水平以及社会效益和经济效益。

考核标准以各自的岗位职责和学年度工作任务书为依据。具体标准按不同系列分别由职能部门制定。

(三)考核的等级和比例

考核的等级分特等,一等,二等,三等和不合格五个等级,其中特等、一等为优秀,二等、三等为合格。

考核要严格坚持标准,被确定为优秀等级的人数,一般掌握在本单位总人数的百分之十,最多不超过百分之十五。其中占实际聘任人数2%的一等人员,可由单位领导机动掌握,但必须计入优秀比例之内。

(四)优秀的基本标准

拥护党和国家的路线、方针、政策,模范遵守国家的法律、法规及学校各项规章制度和职业道德,工作责任心强,勤奋敬业,专业技术能力强或提高快,工作有创新,在教学、科研和管理工作中成绩突出,超额完成工作任务。

其中,特等人员应符合下列条件之一:

1.工作量满200%,本学年度获得省部级三等奖及其以上奖励或在国际学术榜刊物上发表论文的;

2.工作量在150%以上,本学年度获得省部级一等奖及其以上奖励的;

3.工作量满150%,担任863课题、攀登课题等主要负责人的。

特等人员由所在单位推荐,由校聘任考核领导小组确定。50人以下的单位,可推荐1人;50人以上100人以下的单位,可推荐2人;100人以上200人以下的单位,可推荐3人;200人以上的单位,可推荐4人。

(五)合格的基本标准

拥护党的路线、方针、政策,自觉遵守国家的法律、法规及学校各项规章制度和职业道德,工作负责,业务熟练,专业技术能力较强或提高较快,能够履行岗位职责,完成工作任务,无责任事故。

确定为合格的人员,根据完成工作任务情况和考核分的高低分别确定为二等和三等。如有下列情况,应确定为三等:

1.累计旷工达2天;

2.迟到、早退月均达5次;

3.事假(含哺乳假)累计达30天,病假累计达60天。

(六)不合格的基本标准

政治、业务素质较低,组织纪律较差,难以适应工作要求,或工作责任心不强,履行岗位职责差,不能完成工作任务,在工作中造成严重失误或责任事故。

有下列情况,当年度应确定为不合格:

1.受党内警告、行政记过及其以上处分的;

2.违反计划生育规定受处分的;(一年后的六年内最高不超过合格三等)

3.累计旷工达三天的;

4.违反学校规定擅自到校外兼职的;

5.实际完成工作量达不到全聘要求的。

(七)考核的方法和程序

考核实行平时与定期相结合,定性与定量相结合,领导与群众相结合。考核要注重实效,简便易行,宜于操作。

考核由所在单位党政领导负责,并组成有关人员参加的领导小组具体组织实施。

年度考核的基本程序是:

1.被考核人填写考核表,进行总结和述职,并进行自评;

2.所在科室人员之间进行互评;

3.单位考核领导小组对被考核人评议,确定考核等级;

4.向教职工公布考核结果;

5.将考核结果送人事处存入本人档案。

(八)考核结果的使用

年度考核合格,按下列规定办理:

1.可按照有关规定晋升职务工资档次,并结合下学年聘任情况发放各类津贴。

2.下年度具有续聘的资格。

年度考核不合格按下列规定处理:

1.不能晋升职务工资档次;不发或少发各类津贴。

2.年度考核不合格或因个人原因没有考核结果,下学年工作量达到全聘的,给予试聘,试聘期一年。试聘期满考核仍不合格,根据不同情况,予以降职、调整工作,低聘或解聘。连续二年考核不合格,又不服从组织安排或重新安排后年度考核仍不合格的,予以辞退。

五、分配

(一)教职工的工资津贴的分配与校内管理体制改革相结合,以年度聘任考核工作为基础,与教职工工作的数量、质量和工作表现直接挂钩,多劳多得,少劳少得,不劳不得,不平均发放。

(二)纳入年度聘任考核分配的项目有:职务工资,30%津贴,特区津贴,地方补贴,校内津贴和返聘津贴等。

(三)纳入年度聘任考核分配的具体办法

1.职务工资:连续两年考核合格,可以按规定晋升一级职务工资档次,没有连续二年考核合格,不能晋升职务工资档次。

2. 30%津贴:年度考核合格以上,下学年全聘的,按考核等级发放津贴。

试聘人员,按四等标准发放津贴。

长期病休人员,重新全聘上岗,按三等标准发放津贴。

新调进人员,全聘的按二等标准发放津贴。

缓聘、不聘和拒聘人员不发津贴。

3.特区津贴:年度考核合格以上,下学年全聘的,全额发给特区津贴。缓聘、不聘和拒聘人员,不发特区津贴。试聘人员发给 80%特区津贴。

4.校内津贴(含职务津贴和业绩津贴):年度考核合格以上,下学年全聘的,职务津贴和业绩津贴分别按不同的职务等级和考核等级全额发给。

新调进人员,全聘的发给职务津贴和二等标准业绩津贴。

试聘、缓聘、不聘和拒聘人员,不发校内津贴。

5.返聘津贴:返聘人员完成聘任工作任务,年度考核合格以上,按学校规定发给返聘津贴。

6. 30%津贴、特区津贴和校内津贴发放的未尽事宜,仍按学校有关文件的规定执行。地方补贴按地方有关规定和学校制定的分配办法执行。

六、附则

(一)年度聘任考核于每年的六月份进行。六月二十日上交考核结果花名册和考核结果登记表,六月三十日上交下学年聘任花名册。各单位的考核、聘任花名册应自留一份,以备查对。

(二)本暂行规定由人事处负责解释。

(三)本暂行规定从发布之日起施行,以往规定中与本规定不一致的,以本规定为准。

——本文摘录自《人事处印发〈厦门大学年度聘任考核工作暂行规定〉》,厦大人[1998]11 号,档号 1998-XZ10-4

厦门大学人员选调工作暂行规定

(1998年2月26日)

一、人员选调的原则

(一)人员选调工作必须坚持党的干部路线、方针和政策,遵守国家关于干部人事调配工作的具体规定,为党和国家的中心任务服务。

(二)人员选调必须根据国家教委核定我校的编制规模和年度教职工人数计划进行,各单位的人员选调工作按学校下达各单位的编制定员和增人计划进行。

(三)人员选调必须坚持以工作需要为主,择优选拔,宁缺勿滥,有利于教职工队伍的优化组合,提高办学效益,适应校内管理体制改革的需要,促进学校各项事业的发展。

二、人员选调的范围和条件

(一)人员选调的范围包括调进在职人员,录用留学回国人员,选拔应届毕业生,照顾教职工家属两地分居等。

(二)调进的在职人员必须符合下列基本条件:

1.具有硕士研究生以上学历或具有讲师以上职称;

2.年龄原则上讲师在30周岁以下,副教授在40周岁以下,教授在50周岁以下。

(三)选拔的应届毕业生必须符合下列基本条件:

1.从事教学科研工作必须具有硕士研究生以上学历,英语达国家六级水平;

2.从事党政管理工作必须具有大学本科毕业以上学历,品学兼优,其中从事学生思想政治工作的必须是党员和主要学生干部;

3.从事实验(工程)及其他专业技术工作,一般应具有大学本科毕业以上学历,学习成绩优良,各方面表现良好,个别特殊专业(如护士、幼教等)可适当放宽学历要求。

(四)录用的留学回国人员必须符合下列基本条件:

1.具有博士研究生学历,或副高以上职称;

2.年龄原则上符合本章第(二)条第2款规定。

(五)要求帮助解决夫妻两地分居,必须符合下列基本条件:

1.在校一方具有副高以上职称,或副处以上职务,或博士研究生学历,一般到校工作后分居两年以上;

2.本人一般具有大专毕业以上学历;

3.本人年龄男的在50周岁以下,女的在45周岁以下。

三、人员选调的考核审批程序

(一)调进或录用教学科研人员,按下列程序办理:

1.个人提出书面申请,并报送有关材料(含毕业证书、职称证书、个人简历、家庭情况、论文目录、代表作等。留学回国人员报送的材料按国家教委留学回国服务中心的规定办理)。

2.经人事处初步审核后推荐用人单位考核。用人单位须有三名具有副高级职称以上专家进行专业考核。考核采用面试、试讲、审阅代表作等方式进行。参加考核人员应签署考核意见。最后经所在单位领导集体研究并由主要负责同志签署意见。

3.人事处根据单位意见研究审核(教学科研人员同时征求师资处意见),同意调进的副教授及其以下职务人员报分管校领导审批;教授报分管校领导和校长审批。

4.报厦门市人事局(副高职称以上报市委组织部)审批。

(二)选留本校应届毕业生按下列程序办理:

1.各单位申报学年度留人计划,人事处审核后公布全校留校岗位和人数。

2.毕业生提出留校申请,所在单位党组织对报名毕业生进行德智体全面考核,并写出书面推荐意见。

3.由人事处、师资处分别确定参加笔试人选名单,并组织进行笔试和面试。根据笔试和面试成绩择优推荐确定留校初选名单。

4.征求各用人单位意见后确定留校名单。报分管校领导审批。

5.报厦门市人事局审批。

(三)选拔外校应届毕业生按下列程序办理:

1.人事处根据学年度接收计划,接受外校毕业生报名,或向毕业生所在院校发函联系。

2.人事处审核毕业生推荐材料,向毕业生所在院校征求意见或请所在院校协助择优推荐。组织进行笔试和面试。根据笔试和面试情况择优选拔,确定人选。

3.征求各用人单位意见,确定录用名单,报分管校领导审批。

4.报厦门市人事局审批。

(四)要求帮助解决夫妻两地分居按下列程序办理:

1.本人提出申请,所在单位领导签署意见。

2.由人事处根据在校一方条件和家属本人条件,确定是否可以调入。

3.属教学科研人员,参照本章第一条规定考核,其他人员,由人事处考核后推荐到用人单位考核。

4.分管校领导审批。

四、人员选调的其他问题

(一)博士点和重点学科建设需要或其他学校认为需要引进的人员,具有正高级以上职称,经学校有关部门考核合格,可以由学校直接调进并安排到有关单位,用人单位无特殊理由不得拒绝接收。

(二)各单位接收本校或外校毕业生,均必须纳入选留毕业生计划,并按本细则确定的程序严格考核,一般不得直接点名要求接收某位毕业生。

(三)调进在职人员和录用留学回国人员,均必须为教学科研人员,党政管理人员、其他专业技术人员和工人不从校外调入。

(四)从厦门市区调进的教学科研人员,除年龄和学历必须符合要求外,还必须同时具有高校或科研单位的教学科研经历,方可调入。

(五)学校选留硕士研究生及其以下学历毕业生和调进讲师及其以下职务,硕士研究生及其以下学历的各类人员,均实行合同制管理。合同期一般为五年。合同期满,根据工作需要和个人表现,参考个人意愿,决定是否续签合同。

五、附则

(一)本暂行规定由人事处负责解释。

(二)本暂行规定从发布之日起施行,以往规定中与本规定不一致的,以本规定为准。

——本文摘录自《关于印发〈厦门大学人员选调工作暂行规定〉的通知》,厦大人[1998]12号,档号1998-XZ10-4

厦门大学教师聘任考核实施办法

（1998年3月10日）

一、适用范围

凡专任教师和专职科研人员（统称教师，下同），均按本办法进行聘任和考核。专任教师在教学计划安排允许的条件下，可按相应条件聘为专职科研人员；专职科研人员亦可根据教学需要，聘为专任教师。

本办法自1998—1999学年起实施。

二、教师的职责

（一）教授（研究员）

1.把握本学科的发展方向，指导和参加本学科教学和科学研究。

2.负责本学科的学术梯队建设，指导和培养年轻教师。

3.指导博士研究生或硕士研究生、进修教师，承担研究生某些课程的讲授工作。

4.担任本（专）科生课程的讲授工作和（或）提出有重要学术或实用意义的研究课题，在科学技术前沿进行开创性的研究与开发工作。

5.指导本学科的实验室建设。

6.完成本职工作量定额。

（二）副教授（副研究员）

1.掌握本学科的发展动态和本学科的某一发展方向，负责和参加本学科的某一方面的教学工作和科学技术研究与开发工作。

2.协助负责本学科的学术梯队建设，指导和培养年轻教师。

3.根据要求指导硕士研究生、进修教师或协助指导博士研究生，承担研究生某些课程的讲授工作。

4.担任本（专）科生课程的讲授工作和（或）指导和组织课题的研究工作，写出高水平的研究报告或科学论著。

5.指导本学科的实验室建设。

6.完成本职工作量定额。

（三）讲师（助理研究员）

1.系统地讲授本、专科的某些课程或根据要求承担研究生的某些课程的讲授工作和（或）负责和参加一项以上科学技术研究课题。

2.根据要求协助指导硕士研究生、进修教师。

3.根据要求承担辅导、答疑、批改作业、实验课等教学工作。

4.指导本(专)科生的毕业论文(设计)。

5.负责学生的生产实习和社会调查工作。

6.参加实验室建设,组织和指导实验教学工作。

7.完成本职工作量定额。

(四)助教(研习员)

1.承担课程的辅导、答疑、批改作业、实验课、部分公共课讲授等教学工作或参加部分科学研究工作。

2.根据要求承担本、专科的某门课程的讲授工作。

3.协助指导本(专)科生的毕业论文(设计)。

4.参加实验室建设,参与组织和指导生产实习、社会调查等工作。

5.完成本职工作量定额。

三、教学工作量定额及计算方法

(一)教学工作量定额

1.标准课时定义:

教师每上一节课,包括辅导、答疑、批改作业(公外含批改作文)、考试等规定为一个标准课时。其他教学环节如实验、实习、毕业论文等也按一定计算方法折算为标准课时。

2.教学工作量定额:

各级职务教师教学工作量定额按下式计算:6×41×P

6 为周学时,41 为我校现行校历规定的年教学周数,P 为职务系数。

各类教师的教学工作量定额见附表一。

(二)教学工作量计算方法

1.讲授课程的工作量计算公式:

每讲授一门课程(指同一学期讲授的同一课程,重复班按重复班系数计算)按下式计算工作量

M=R×N×L

式中 R 为综合系数,

R=R1+R2+R3+R4+R5

R1 为课程系数(与课程类型有关)

R2 为效益系数(超标准班系数+重复班系数)

R3 为特殊补贴(如开新课,批改中、外文作文等)

R4 为编写讲义补贴

R5 为研究生授课形式系数(与课堂授课时间有关)

N 为实际上课周数(包括复习考试周),L 为周课时。

(1)课程系数 R1:取值见附表二

(2)效益系数 R2:取值见附表三

(3)特殊补贴 R3:

凡开新课的(校内没开过的课)经教务处核准可给予 0.2 补贴;中文写作、外文写作课批改作文可给予 0.5 补贴;研究生课:R3=0。

(4)编写讲义补贴 R4:

当年度自编讲义使用 R4=0.2。补贴均以一人一次性计,多人编写的按工作量大小分摊。正式出版

教材按科研成果计算。

(5)研究生授课形式系数R5:(本、专科生R5=0)

课堂讲授<1/3总教学时数	1/3<课堂讲授<2/3	课堂讲授>=2/3
-0.4	-0.2	0

2.其他教学形式的工作量计算方法见附表四。

四、科研工作量定额及计算方法

(一)科研工作量计分方法

科研工作量计分标准见附表五。

1.记分时效:科研经费定额和科研经费余额按学年计算;科研水平、学术活动和科研效益均按日历年度计算。

2.凡多人完成的论文、成果、获奖成果由共同完成者协商分配。其中主编的工作量可按全书的15%计算,但总分不能增加。

3.参加国际、国外双边或地区性学术会议、全国性学术会议,并收入正式出版的论文集的论文按E记分,列入ISTP的论文按D计分。

4.参加地方性学术会议,并收入论文集(正式出版)的论文按F记分。

5.学术会议论文被录用为“口头报告”并出席会议者加权1.5。

6.科研创收用于聘任工作量的经费不能按“科研效益”栏目重复记分。

7.科研经费余额计分应按在核定的年限内到校的经费额扣除用以聘任的经费额计算,多人合作的课题由负责人与合作者协商分配。

(二)科研工作量定额

教师的科研工作量分值按计分表中的A至Z各项的得分累加。各级职务教师科研工作量定额如下:

教授(研究员)	副教授(副研究员)
140	110
讲师(助理研究员)	助教(研究实习员)
95	80

五、教师的聘任

教师的年度聘任按照教学工作量定额和科研经费定额进行。

职务级别	研究员(教授)	副研究员(副教授)	助研(讲师)	研究实习员(助教)
人文社科	3000	1500	1000	至少参与一个课题
理工	30000	15000	10000	至少参与一个课题

1.理工科教师的科研经费定额以在本校立题的科研项目为依据,按年到校科研经费(学校资助项目经费不计在内,科技服务类以实际净上缴学校金额数)计算。基础数学类项目科研经费加权系数为3.0;国家863项目、“攻关”项目、“攀登”计划等国家级重大或重点项目三级以上子课题经费加权系数为1.5;

国家自然科学基金重点项目经费加权系数为1.2。

2.人文社会科学教师的科研经费定额以在本校立题(不含校资助)的研究项目为依据,按相应课题经费数计算。如课题属横向科研项目,不论职务级别,科研经费定额均为5000元/人/年。

3.几点说明

(1)经校科研处立题的各类科研(含科技服务)项目,课题组可根据项目申请书或合同规定的执行年限及总经费数,安排每年使用经费数并分配给项目参加者个人,作为其受聘的工作量依据。

(2)科研项目按规定年限完成后,结余经费可延期一年用于聘任,超过规定年限一年以上者则一概不作为科研经费认定。

(3)横向科研项目经费若有部分需返回委托方或转拨第三方,其返回或转拨部分须扣除;若含有为委托方购买仪器设备、计算机等费用,且财产权归委托方所有,则其购置费也须扣除。

(4)科研编制中的工程技术人员,凡承担大型仪器设备的管理,为科研项目提供测试服务者,其聘任条件按校实验办规定的机时数计。以科研编制聘任的科辅人员,应优先保证为面上科研工作提供技术后勤服务之需;凡进入科研课题组者,其聘任条件与同等职务级别的科研人员一致。

(5)社科片教师承担国家或省自然科学基金项目或软科学项目,其科研经费额依照理工类标准执行。

4.兼职工作量:(均为占本人工作量定额的百分数)

校领导、校工会正主席 67～80

校长助理、学院正副院长、研究生院副院长、正副处长 50～67

校工会副主席、系正副主任、总支正副书记、民主党派负责人 30～50

校工会正部长、部门工会主席 20～25

教研室正副主任、党支部书记、班主任 15～20

各系、教研室正副主任、党支部书记、班主任减免工作总量不得超过由校核定的编制所减免的工作总量。

5.教师的综合聘任标准

教师的综合聘任标准按下式计算:

总工作量=[(教学工作量+其他工作量)/教学工作量定额+科研经费投入量/科研经费定额]×100+兼职工作量

其中其他工作量不得超过教学工作量定额的30%。

教师均应根据需要承担一定的教学工作,专任教师与专职科研人员的最低教学工作量标准由各系(所)制定。

除有特殊规定者外,教师的聘任均根据总工作量分全聘、试聘和缓聘三种类型进行:

总工作量≥100且达到最低教学工作量　全聘

70≤总工作量<100或总工作量≥100但未达到最低教学工作量　试聘

总工作量<70　缓聘

此外,具有高级职务的教师,按照相应职责的要求,在聘任期内还应有一定的科研产出。

六、教师的考核

教师的考核包括政治思想表现考核、教学工作考核和科研工作考核。

(一)政治思想表现考核

1.政治思想表现考核的内容和分级

政治思想表现考核内容包括政治态度、参加政治学习情况、参加社会实践情况、工作态度、批评与自我批评、教书育人情况、团结协作精神、完成工作任务情况、职业道德与个人修养;非教学科研类奖励或以及党政处分等。思想政治表现考核结果分A、B、C、D四级。

2.各项考核内容的涵义及评级要求见附表六。

(二)教学工作考核

教学工作考核分教学工作量考核、教学工作效果考核和教学工作获奖情况三个方面。

1.教学工作量考核

每位教师依据教学工作量定额计算方法实事求是填写实际工作量。

2.教学工作效果考核

教学工作效果考核分为学生评价和同行教师及领导评价两方面,但使用同一种测评表,具体如附表七。

测评结果按以下方法计算:

测评分数=每张表的总评分相加÷参评人数

教学工作考核的要求:

(1)考核前每位教师要重温教师教学规范,并进行教学工作自我小结。

(2)每位教师均必须建立听课制度,一般教师至少要听一次本教研室教师本年度开设的课程,教研室主任应至少听二次,系主任应争取做到听一次全系本年度开设的全部课程。

(3)考核时每位教师在教研室汇报交流本学期的工作情况。

(4)教研室主任组织对教师进行政治思想表现及工作质量测评。

(5)系考核小组组织学生对任课教师包括公共课、外系为本系开设的课程进行测评,并进行统计。

(6)同时开设几门课的教师,教学质量分按几门课的加权平均分计算。

(优9~10;良7.5~8.9;中6~7.4;5.9以下为差)。

加权系数分别为:

(优)1.2;(良)1.1;(中)1;(差)0.8。

(7)系考核小组对测评结果进行审核,并负责整理。

(8)考核结果分四个等级并与教师本人见面后上报学校。考核的原始资料如学生测评表及同行评价等存系归档备查。

3.教学工作获奖奖励得分(计算方法同科研奖励得分)国家级教学成果奖一等360分,二等270分;省(部)级教学成果奖一等240分,二等180分;省(部)级优秀教材奖一等200分,二等150分;省(部)级优秀课程奖180分。

以上奖项集体获得者其中主持人得分占60%,余40%由参加者协商分配。

4.教学工作考核积分

教学工作考核积分等于教学工作量得分乘以教学质量评估加权数加上获奖标准分(获奖分/科研工作量定额)×100。

(三)科研工作考核

科研工作考核按照科研工作量计分标准和科研工作量定额进行。科研工作积分等于科研工作量分值除以科研工作量定额×100。

(四)其他工作考核

教师参加实验室工作,其工作量参照实验技术人员工作量计算方法计算,并折合成相应得分。教师参加实验室工作的工作量须由实验室主任或分管实验室的系主任审核签字后送实验办核准。

(五)各项工作综合考核办法与考核等级的评定

教师的综合考核总积分按下式计算：

综合考核总积分=教学工作积分+科研工作积分+兼职分+其他工作积分

其中其他工作积分按标准时数除以教学工作量定额乘以100计算。

教授(研究员)按下表评定考核等级：

考核结果		a≥100 且 b≥20	a≥100 且 b<20	a<100
思想政治表现考核	A	一等或二等	三等	不合格
	B	一等或二等	三等	不合格
	C	二等或三等	三等	不合格
	D	不合格	不合格	不合格

注：a代表综合考核总积分；b代表科研工作积分中的产出部分，等于科研水平、学术活动和科研效益所得科研工作量分值除以科研工作量定额乘以100。

教授(研究员)当年度考核为不合格，下年度将不予聘任或低聘为副教授(副研究员)；连续两年考核为三等，自第三年起低聘为副教授(副研究员)。教授(研究员)在低聘期间若能达到教授(研究员)的考核要求，在本单位仍有岗位的条件下，可申请自下一年度起恢复原聘职务。

副教授(副研究员)及以下职务的教师按下表评定考核等级：

考核结果		综合考核总积分	
		≥100分	<100分
思想政治表现考核	A	一等或二等	不合格
	B	一等或二等	不合格
	C	二等或三等	不合格
	D	不合格	不合格

以上教授(研究员)和副教授(副研究员)及以下职务教师考核等级评定中，凡涉及多种选择的，均按《厦门大学年度考核聘任工作暂行规定》执行。

七、教师聘任与考核的组织与实施

教师聘任考核由校考核领导小组统一领导，由师资处具体组织实施。各系、部、所相应成立聘任考核领导小组，由系主任、党总支书记、工会主席和教师代表组成。

聘任考核以教研室为基本实施单位。

聘任考核每学年进行一次，一般安排在六月份进行。聘任时由教师按照开课计划安排和到校科研经费填写年度工作任务卡。任务卡经教研室负责人和系主任(所长)逐级审核，分送教务处、研究生院、科技处、社科处、师资处复核后，送人事处备案。

考核时首先由教师本人填写考核表，进行述职和自评。教研室在个人自评的基础上进行互评。单位考核领导小组在教研室互评的基础上对教师进行评议并提出考核等级意见，送教务处、研究生院、科技处、社科处、师资处复核后，报校考核领导小组审批，考核结果审批表送人事处归入个人档案。

附表一　教学工作量定额

<table>
<tr><td rowspan="12">教学工作量定额</td><td colspan="3">职务级别</td><td>教授</td><td>副教授</td><td>讲师</td><td>助教</td></tr>
<tr><td colspan="3">职务系数(p)</td><td>1.3</td><td>1.2</td><td>1.1</td><td>1</td></tr>
<tr><td colspan="3">学年标准课时</td><td>320</td><td>295</td><td>271</td><td>246</td></tr>
<tr><td rowspan="3">公外教师</td><td colspan="2">标准班(人)</td><td colspan="2">35</td><td colspan="2">35</td></tr>
<tr><td>周标准课时</td><td>本专科
研究生</td><td colspan="2">9
8</td><td colspan="2">8
7</td></tr>
<tr><td>学年标准课时</td><td>本专科
研究生</td><td colspan="2">369
328</td><td colspan="2">328
287</td></tr>
<tr><td rowspan="4">体育教师</td><td colspan="2">周标准课时</td><td colspan="4">30</td></tr>
<tr><td colspan="2">学年标准课时</td><td colspan="4">10</td></tr>
<tr><td colspan="2">学年标准课时</td><td colspan="4">410</td></tr>
<tr><td colspan="6">注:训练运动队,指导群体活动、早操,三、四年级体育达标测验等工作,以实际承担工作小时数÷6 换算成标准课时。</td></tr>
</table>

附表二　各类课程的 R1 数值

<table>
<tr><td colspan="2">本、专科(包括成人高等教育)</td><td colspan="2">研究生</td></tr>
<tr><td>科目</td><td>R1</td><td>科目</td><td>R1</td></tr>
<tr><td>主干课</td><td>1.1</td><td>博士生基础理论课和专业课</td><td>1.4</td></tr>
<tr><td>基础课、专业课</td><td>1.0</td><td>硕士生学位课程(理工科)</td><td>1.2</td></tr>
<tr><td>公共课、选修课</td><td>1.0</td><td>硕士生学位课程(文经科)</td><td>1.1</td></tr>
<tr><td>艺术学院技能课</td><td>0.7</td><td>硕士生选修课程(理工科)</td><td>1.1</td></tr>
<tr><td rowspan="2">实验课</td><td rowspan="2">0.5</td><td>硕士生选修课程(文经科)</td><td>1.0</td></tr>
<tr><td>政治理论课</td><td>1.0</td></tr>
</table>

附表三　各类课程的 R2 数值

<table>
<tr><td rowspan="8">本专科</td><td colspan="3">按课程规定一个合适的授课人数为标准班，其 R2＝0</td></tr>
<tr><td colspan="3">超过标准班人数的按以下公式计算 R2：
$R_2=0.2\times\frac{授课人数-标准班人数}{标准班人数}$</td></tr>
<tr><td>课型</td><td>标准班（人）</td><td>备注</td></tr>
<tr><td>作业量较大的课程
作业量特别大的课程</td><td>40
30</td><td>招生人数少的自然班，人数不足标准班人数的以标准班人数计；70 以下不分班；选修课一般不得少于 10 人，为批改全部作业者按作业量少的一般课程计算。（特殊情况须经教务处批准）</td></tr>
<tr><td>外文系的专业课程艺术学院的技能课</td><td>25</td><td>40 人以下不分班</td></tr>
<tr><td>基础、公共实验课
专业实验课</td><td>16
8</td><td>因实验仪器等条件限制不能达到标准班人数的，经系主任批准按实际可承担人数核计</td></tr>
<tr><td>政治课、德育课
法律基础课
军事理论课
作业量少的一般课程</td><td>60</td><td>100 人以下不分班</td></tr>
<tr><td colspan="3">重复班系数＝重复班数×0.8（技能课、实验课重复班不计）</td></tr>
<tr><td rowspan="5">研究生</td><td>课型</td><td>人数</td><td>R2</td></tr>
<tr><td>博士生课</td><td></td><td>0</td></tr>
<tr><td>硕士生课</td><td>≤2
3～8
≥9</td><td>−0.2
0
0.1</td></tr>
<tr><td colspan="3">研究生的各类课程由各单位严格按照培养方案制定的教学计划（经研究生院审核和校长批准）开设，硕士生学位课程按二级学科开设，由各单位统一组织任课教师，不得分方向上课，如要分开上，则一门课的工作量要分摊计算。</td></tr>
<tr><td colspan="3">政治理论课以 60 人为一个标准班，每超过 20 人增加 0.1</td></tr>
</table>

附表四　其他教学形式的工作量计算方法

<table>
<tr><td rowspan="3">带实习</td><td colspan="4">按以下公式折算为标准课时
M=(工作系数+效益系数)×实际工作天数</td></tr>
<tr><td colspan="2">工作系数</td><td colspan="2">效益系数</td></tr>
<tr><td colspan="2">本市岛内　1.0
本市岛外　1.2
市外　1.3
考古、海上　1.6
未跟班的　0.3—0.5
(由系主任酌定)</td><td colspan="2">$0.2\times\frac{\text{实习人数}-16}{16}$
注:1.指导16以上用本公式计算
2.超过32人可由两教师带
3.考古与海上实习超过20人可由两教师带</td></tr>
<tr><td rowspan="4">批改作业</td><td colspan="4">M=(0.5+效益系数)×听课周学时×周数
(本公式用于非授课教师)</td></tr>
<tr><td colspan="2">辅导人数</td><td colspan="2">效益系数</td></tr>
<tr><td colspan="2">40以下</td><td colspan="2">0</td></tr>
<tr><td colspan="2">每增加10</td><td colspan="2">增加0.1</td></tr>
<tr><td rowspan="7">毕业论文、毕业设计的准备、批改、答辩</td><td colspan="2">指导学生类别</td><td colspan="2">指导论文(设计)的全年工作量(标准课时)</td></tr>
<tr><td colspan="2" rowspan="2">博士生
(按该标准计算二年工作量)</td><td>文经科</td><td>理工科</td></tr>
<tr><td>48×人数</td><td>72×人数</td></tr>
<tr><td rowspan="2">硕士生
(按该标准计算一年工作量)</td><td>教科类</td><td>41×人数</td><td>60×人数</td></tr>
<tr><td>应用类</td><td colspan="2">41×人数÷2</td></tr>
<tr><td colspan="2">本、专科生(按该标准计算一学期工作量,不足者按实际周数算)</td><td>41×人数÷4</td><td>60×人数÷4</td></tr>
<tr style="display:none"></tr>
<tr><td colspan="2">本、专科学年论文</td><td colspan="3">41×人数÷6</td></tr>
<tr><td colspan="2">其他工作</td><td colspan="3">承担实验室建设、准备新实验、仪器维修等,可由实验办核定计算工作量,计算方法为:实际承担小时÷6</td></tr>
</table>

附表五　科研工作量计分标准

类别		代码	分指标	分值
科研经费定额		A	科研经费投入达到定额(不足者按比例计算)	50
科研经费余额		B	自然科学研究项目	25/万
		C	人文社会科学研究项目	25/千
科研水平	论文	D	国际学术榜公布的刊物	45/篇
		E	全国性学术刊物及国外、境外同类学术刊物	30/篇
		F	地方学术刊物及国外、境外同类学术刊物	15/篇
	著作	G	科研专著	6/万字
		H	编著	3/万字
		I	译著,工具书,古籍校、注、释	2/万字
		J	科普、通俗读物及论文选编,古籍标点,编译,资料书	1/万字
	通过鉴定成果	K	经政府部门或专家评审、鉴定的科研成果达到国际先进水平或获国家发明专利	110/项
		L	经政府部门或专家评审、鉴定的科研成果居国内领先或国内首创	75/项
		M	经政府部门或专家评审、鉴定的科研成果居国内先进水平或获国家实用新型专利	50/项
		N	其他	30/项
	获奖成果	O	国家自然科学奖、发明奖、科技进步奖(1.2.3.4 等)	360、280 230、190
		P	国家教委、中科院科技进步奖(1,2,3,4 等) 国家教委、社科院人文社会科学奖(1,2,3,4 等)	280、230 190、155
		Q	部委、省级科技进步奖(1,2,3,4 等) 部委、省级人文社会科学奖(1,2,3,4 等)	240、190 155、125
		R	副省级、副部级科技进步奖(1,2,3,4 等) 副省级、副部级人文社会科学奖(1,2,3,4 等)	190、155 125、100
		S	市、厅级科技进步奖(1,2,3,4 等) 市、厅级人文社会科学奖(1,2,3,4 等)	155、125 100、85
学术活动		T	被录用参加国际学术会议论文	22/篇
		U	被录用参加国外双边或地区性学术会议论文	15/篇
		V	被录用参加全国性学术会议论文	8/篇
		W	被录用参加地方学术会议论文	4/篇
科研效益		X	科技成果转让费	45/万元
		Y	技术服务费	38/万元
		Z	技术咨询服务费	30/万元

附表六　思想政治表现考核内容及评级要求

政治态度	是否坚持四项基本原则，坚持改革开放，拥护党的基本路线，在思想上、政治上与党中央保持一致。
政治学习	单位组织的政治、业务学习等，按出勤率和学习态度评定。满勤并认真学习者凭 A；未满勤(因公出差除外)者评 B 及以下等级；无故缺席四次者评 C；四次以上者评 D。
社会实践	参加社教、扶贫、社会调查、实习带队以及单位组织的技术服务和咨询服务等活动情况。凡无故拒绝单位指派参加上述任何活动者评 C 或 D。
工作态度	是否对本职工作或单位安排的其他工作积极主动，勇于挑重担，不推诿。无故推诿者评 B 及以下等级；态度恶劣者评 C 及以下等级。
批评自我批评	是否勇于同不良倾向作斗争，善意指正别人的缺点；敢于剖析自己的不足，并虚心接受别人的意见，对别人的批评进行报复者评 D。
教书育人	为人师表，既严格要求又能关心学生的全面发展，寓教育于教学过程之中的情况。考场秩序混乱，考试多人作弊，主考教师评 D。
团结协作	是否股权大局，建立和谐的工作环境。善于与教研室或课题组的同事合作共事，乐于帮助他人。
完成任务	是否按计划完成承担的工作任务，无教学、科研事故，私自调课(未按规定经所在教研室、系所及教务处同意)一次者评 B；二次者评 C，二次以上者评 D；有缺课现象者评为 D。
职业道德 个人修养	是否遵纪守法，治学严谨，作风正派并注意仪表。上课迟到早退者评 C；上课使用传呼机或移动电话者评 D；违反学校有关经济实体兼职规定者评为 D。
考核结果	非教学、科研类奖励凡获国家、省级奖励一项以上者均为 A 级；获校、市级奖励一项以上者兼有前列各项中三项以上者为 A 余为 B 者，均可得 A 级；未获任何奖励者，前列九项中得五项以上 A 余为 B 者，方可得 A 级；B、C、D 各级由各单位参照前项规定评级。凡受党内严重警告、行政记大过以上处分者，思想政治表现均为 D 级。

附表七　教学质量测评表

年　　月　　日

项目	内　　容	课程：	教师：	课程：	教师：	课程：	教师：	课程：	教师：	课程：	教师：	课程：	教师：
教学内容	严格执行教学大纲要求，基本理论概念清楚，重点、难点突出。能吸收新成果、反映新信息、介绍学科发展前沿新动向；理论联系实际，不断充实新教学内容。												
教学方法	采用启发式教学，注意因材施教、语言表达清楚，条例清晰，板书工整，能启发学生思维，培养学生分析问题与解决问题的能力。												

续表

项目	内 容	课程： 教师：	课程： 教师：	课程： 教师：	课程： 教师：	课程： 教师：	课程： 教师：
教学态度	认真备课，有质量较高的教案讲稿，讲课、辅导、答疑、批改作业认真，虚心征求意见并积极改进教学，热心指导学生的课外实践。						
教学效果	学生听课率高，课堂气氛活跃。考题符合教学大纲，严格按标准评分，各教学环节符合教师规范要求。						
教书育人	为人师表，既严格要求又关心学生全面发展，寓教育于教学过程中。						
总 评							

注：1.本表格由各班主任组织20位学生无记名填写，每人一份(如不够填写，另加一份)。

2.本学年所有任课教师均为测评对象。

3.在五个相应栏目内按10分制打分(优9～10；合格6～8；不合格0～5)。

4.各栏内的分数平均为总评分。

——本文摘录自《关于印发〈厦门大学教师聘任考核实施办法〉的通知》，厦大师职[1998]13号，档号1998-XZ14-1

厦门大学关于使用学术假人员工资待遇的有关规定

(1998 年 3 月 10 日)

根据《厦门大学关于学术假制度的暂行规定》(厦大师职[1996]22 号),我校从 1996 年 3 月起试行学术假制度,规范了学校的教学和科研秩序。为了鼓励具备使用学术假资格的教学科研人员充分利用学术假,到国内外著名高校进修、学习、合作研究,以提高业务水平,增强对外交流能力,扩大学校的影响,现决定对以不同方式使用学术假人员的工资待遇加以调整,具体规定如下:

1.除由外方支付工资赴境外讲学外,以各种方式使用学术假人员的职务工资、30%津贴、其他津贴全部发放。

2.以各种方式使用学术假人员(含境外讲学者)的政府津贴、市专家补贴、院士补贴全部发放。

3.使用学术假在国内进修、校内著书立说人员的特区补贴全部发放,出国(境)人员特区补贴不予发放。

4.校内津贴除国内进修人员外,其他人员不予发放。

5.单位公派出国(境)人员每月应发放的工资,参照厦大人[1997]5 号文件第二条规定,出国(境)期间暂存留财务处,按期回校时,一次性发放。

6.学术假期满后延期期间,所有工资、津贴一律停发。

7.以上规定自发布之日起执行。

附:新旧工资标准对照表

		国家公派、校际交流		单位公派*		国内进修学习		教授校内著书立说	
		原标准	新标准	原标准	新标准	原标准	新标准	原标准	新标准
职务工资		保留	保留	扣发	保留	保留	保留	未定	保留
30%津贴		扣发	保留	扣发	保留	保留	保留	未定	保留
政府津贴		保留	保留	保留	保留	保留	保留	未定	保留
市专家补		保留	保留	保留	保留	保留	保留	未定	保留
院士补		保留	保留	保留	保留	保留	保留	未定	保留
其他津贴		保留	保留	扣发	保留	保留	保留	未定	保留
特区补贴		扣发	扣发	扣发	扣发	保留	保留	未定	保留
校内津贴	津贴	扣发	扣发	扣发	扣发	保留	保留	未定	扣发
	业绩	扣发	扣发	扣发	扣发	保留	保留	未定	扣发

*不包含由外方支付工资赴境外讲学者

——本文摘录自《关于印发〈厦门大学关于使用学术假人员工资待遇的有关规定〉的通知》,厦大师职[1998]14 号,档号 1998-XZ14-1

厦门大学关于教师出国经费资助范围的规定

(1998 年 3 月 10 日)

为了规范教师出国经费的管理,提高有限经费的利用效率,根据出国人员经费来源的不同,制定此规定。

1.教师出国经费仅限用于部分资助首次出国的国家公派出国人员及到发展中国家进行校际交流的人员。

2.资助旅费标准为火车硬卧。

3.国家留学基金委资助的出国人员(含三个月高访人员)可由教师出国经费资助办理签证的往返旅费、出国及回国的境内旅费,后项旅费待回国报到时方予报销。办理出国手续的其他费用,如签证费、护照工本费、卫检费,按 50%的标准报销。公证费、体检费自理。

4.校际交流人员中除赴发展中国家进修者可参照国家留学基金委资助的出国人员标准给予资助外,其余人员一切费用自理。

5.国家公派人员中由外国政府或组织提供资助者,可由教师出国经费资助参加面试的境内旅费一趟,其余费用自理。

6.国家公派出国人员中经录取但需参加外语培训者,可资助培训费和旅费。

7.由学校推荐申请外国政府奖学金的出国人员,所需费用均自理。

8.单位公派人员出国的一切费用自理。

9.本规定自发布之日起执行。

——本文摘录自《关于印发〈厦门大学关于教师出国经费资助范围的规定〉的通知》,厦大师职[1998]15 号,档号 1998-XZ14-1

厦门大学公共服务体系（图书资料系统）管理体制改革试行条例

（1998年3月23日）

为贯彻落实1997年全校人事师资工作会议精神，解决当前我校院、系、所资料室存在的“小而全”和资源利用率不高的问题，做到人尽其才、物尽其用，提高文献资源的保障率和利用率，提高管理水平和服务质量，实现资源共享，经校行政办公会议研究，制定如下条例。

第一条　逐步取消院、系、所原有的资料室，按学科门类建立图书馆专科分馆（以下简称分馆）。

第二条　分馆隶属于校图书馆（以下简称总馆），由总馆统一管理。

第三条　设立分馆的院、系、所取消所有的图书资料人员编制，原有的图书资料人员纳入总馆的工资总额动态包干管理体制，由总馆考核选用、统一调配及进行培训。

第四条　在现有条件下分馆的服务优先保证该学科门类的教师和学生，以后逐步做到“一证全校通用”。分馆的场所也在现有资料室基础上调整使用。

第五条　分馆建设推行“以学校为主，院系为辅”的原则，鼓励院、系、所积极参与分馆建设。分馆书刊订购经费在总馆图书资料费中切块保证的基础上，从单位发展基金中按教职工与学生数确定一定比例经费作为书刊购置补充经费。

第六条　建立分馆后，院、系、所原有的图书资料原则上全部归总馆管理，由总馆统一典藏。少量在特殊情况下购置或捐赠的院、系、所专用图书资料可在分馆内设立“特藏”或“专柜”，由原单位保留使用，但书刊目录编入总馆的书刊总目，以备查询。

第七条　建立分馆后，原有资料室财产的使用权归分馆，所有权属于学校。有关单位应事先对财产进行登记造册，以便清点移交。

第八条　为加快改革的试点和推行，学校在年度预算内切出启动费。启动费主要用于书架、阅览桌及自动化设备的配备及必要的图书搬运费用。

第九条　成立厦门大学公共服务体系管理体制改革协调领导小组，加强改革过程中的协调和领导。

第十条　本条例从公布之日起试行。

——本文摘录自《关于印发〈厦门大学公共服务体系（图书资料系统）管理体制改革试行条例〉的通知》，厦大办[1998]7号，档号1998-XZ09-1

厦门大学离退休工作暂行规定

(1998 年 3 月 27 日)

为加强离退休工作,妥善安排好离退休教职工的生活,继续发挥他们的作用,保障他们的合法权益,做到"老有所养、老有所医、老有所为、老有所学、老有所乐",根据中央和上级的有关规定,结合我校实际,制定本暂行规定。

一、我校离退休教职工几十年来为厦门大学的发展、壮大,辛勤工作、无私奉献,对教育事业做出了重要的贡献。他们离开工作岗位后,许多人仍然奋斗在教学科研第一线,继续发挥着不可替代的作用。做好离退休工作是学校工作的重要组成部分,也是全校人员的共同责任。

做好离退休工作关键在领导。各级领导要以党的十五大精神为指导思想,按照"更好地从政治上关心,生活上照顾老干部,发挥他们的作用"的要求,充分认识做好离退休工作的重要性。各单位要把离退休工作列入议事日程,实行岗位责任制,增强政治责任感,做到思想认识到位,服务工作到位,解决问题到位,加强领导,切实做好离退休工作。

二、《中华人民共和国老年人权益保障法》继承了中华民族敬老养老的传统美德,体现了党和国家对老年人的关心爱护,是做好离退休工作的依据。

三、学校设立离退休工作委员会协调全校的离退休工作。由分管人事工作的副校长任主任委员,成员由各有关部门负责人及离退休教职工代表组成,其主要职责是:

1.贯彻落实党和国家关于离退休工作的方针政策,结合我校实际制定和完善离退休工作管理服务的办法和实施意见。

2.指导协调学校有关部门,各涉老单位共同做好全校的离退休工作。

3.检查离退休教职工政治、生活待遇的落实情况,反映他们的合理要求和意见,解决离退休教职工的实际问题,为离退休教职工排忧解难。

4.进行老龄问题的研究,制定老年事业发展规划。

5.调查研究离退休工作情况,总结工作经验,表彰管理服务工作中的先进事迹。

四、学校离退休工作按照"统一领导,分级管理,待遇分开,原单位负责"的原则,实行校、系(各单位)二级管理。

五、校离退休工作处(部)是学校离退休日常工作的办事机构,负责处理管理服务过程中的具体事宜,离退休工作处(部)的工作人员要加强政策学习,提高政治业务素质,安心本职工作,全心全意为离退休教职工服务。

六、各系、各单位成立离退休工作领导小组,由分管人事工作的领导任组长,成员由党总支、部门工会主席、办公室主任(秘书)及离退休教职工代表组成,其职责是:

1.负责本单位离退休教职工的管理服务工作,关心他们政治、生活待遇的落实情况,组织他们参加各种活动,邀请他们回原单位参加重要会议和节庆活动。

2.做好离退休管理和服务的基础工作,建立离退休教职工花名册,调查了解离退休教职工健康状况、个人愿望和要求。

3.走访了解离退休教职工的思想和生活情况,并及时向有关部门反映,主动帮助他们解决具体困难,做好节日慰问和生病探视工作。

4.会同亲属做好去世离退休教职工的丧事料理工作。

七、离退休工作是全校性的工作,各单位要密切配合,互相支持,积极帮助解决离退休工作中的具体问题,主动为离退休教职工多做好事,多办实事。

八、学校各涉老组织要根据自己的工作职责,积极、主动、热情开展各项工作,支持、指导、鼓励离退休教职工开展自我管理、自我教育、自我服务工作。

1.按照居住区组建退休教职工活动小组,开展各项活动。

2.支持校离退休教职工联合会的工作。

3.组织、发动离退休教职工积极参加老年大学的学习。

4.组织、发动离退休教职工积极参加老年人体育协会组织的各项健身活动。

九、认真落实离退休教职工的政治和生活待遇。

1.校、系领导建立通报情况、联系走访慰问老干部、老教授和探视关心住院病人的制度;坚持和完善离退休教职工政治理论学习制度,按规定组织老同志阅读文件、听报告,请老同志参加一些必要的会议和一些重大活动,听取他们对本单位重大改革措施的建议和意见,使他们及时了解国内外大事和本单位的工作情况。

2.加强离退休党支部建设。离休干部单独成立离休干部党总支,各单位要根据各自的实际情况健全和完善退休教职工党组织。安排和组织好党员的组织生活,既是党的组织建设的一个重要方面,也是落实离退休教职工政治待遇的主要内容,党委各部门、各总支应认真做好这项工作。

3.逐步改善离退休教职工活动条件,以丰富离退休教职工晚年的精神文化生活。

4.离退休教职工的离退休费和各项补贴费根据国家和省、市有关规定并按学校经费到位情况予以执行。

5.各系、各单位要考虑到离退休教职工曾经为学校的事业做出的贡献,在发放教职工福利待遇时,给予适当的照顾。

6.离退休教职工按照学校的有关规定,参加学校的统一分房、购房。

7.离休干部的医疗费按规定给予实报实销,退休教职工的医疗费按学校规定执行。

校医院对离退休教职工就医提供方便。对离休干部和 70 周岁以上退休教职工就医予以优先,定期进行体检,建立老干部病房,并不断创造条件为老年离退休教职工提供更好的医疗保健服务。

十、学校各单位应为离退休教职工参与社会主义物质文明和精神文明建设创造条件,根据社会需要和可能,支持、鼓励离退休教职工在自愿和量力的情况下从事撰写回忆录和专题性文章、著书立说、继续从事教学和科研工作、参加考察干部、调查研究、指导和帮助年青干部做好工作、关心下一代、开展科技服务、创办第三产业,参加社区活动和社会公益方面的活动。

十一、学校根据财力状况在每年预算时拨给一定数额的离退休教职工活动经费,由离退休处(部)统一掌握使用。

学校根据财力状况在每年预算时拨出一定经费作为校离退休教职工联合会、老年大学、老年体协的活动经费。

十二、加强宣传教育。离退休工作是党的工作,是学校工作的重要组成部分,必须加强宣传教育,使全校人员认识到离退休教职工是党和国家的宝贵财富,是我校建设的有功之臣,他们不仅在历史上有过重要贡献,而且在长期工作中所积累的丰富经验,对学校今后的工作仍具有重要的指导作用,要尊重爱护离退休教职工,虚心向他们请教,热忱体贴、照顾他们,在我校形成一个敬老尊贤的优良风尚。

十三、本规定从一九九八年五月一日起执行。

——本文摘录自《关于印发〈厦门大学离退休工作暂行规定〉的通知》,厦大离退休[1998]6 号,档号 1998-XZ32-1

厦门大学行政办公会议议事规则

(1998年3月29日)

为进一步完善党委领导下的校长负责制,加强行政指挥系统,提高会议效率,特制定本规定。

一、学校行政办公会(以下简称“办公会”)是由校长(或由校长委托的副校长)召集和主持的研究、审议、决定学校行政工作方面重大问题的会议。

二、参加办公会的人员有校长、副校长,党委书记、副书记,纪委书记,工会主席、党委办公室主任和校长办公室主任。其他列席人员根据需要由有关校领导决定并由校办通知。

三、办公会一般一周安排一次。

四、办公会的议题范围为:

1.传达、贯彻落实上级重要文件、会议精神;

2.讨论党委关于学校行政事务的决议的实施意见;

3.讨论决定关于学校重大改革和发展方案及措施;

4.讨论决定学校重要行政规章制度的制定、修改、废止;

5.审议申报专业设置和学位授予点的增设与调整;

6.审定教学、科研、行政机构的设置和调整;

7.审定教学、科研、行政管理等方面的重大活动和计划;

8、审定学科建设和师资队伍建设规划;

9、审定学校年度经费的预、决算;

10、审议通过年度基建计划,讨论决定重大基建和维修项目;

11、讨论决定校长认为需要讨论的其他问题。

五、提交校长办公会审议的议题,一般须由主管副校长提出,由校长办公室汇总后报校长(或校长委托的副校长)审定。办公会有关材料由相应的职能部门、单位负责准备,并于会前三天将材料送至校长办公室,由校长办公室将本周办公会的议题和有关材料于会前两天分送与会人员;与会人员要提前了解会议内容,并做好发表意见的准备。

除需紧急议决的事项外,一般不临时安排议题。

六、与会人员要按时到会。因故不能到会者,须事先向校长办公室请假。

七、校长办公室负责会议记录和整理会议纪要,并按规定将记录和纪要归档。

八、《校行政办公会议纪要》须经有关办公会成员审阅后再由校长(或校长委托的副校长)签发。《会议纪要》与学校文件具有同等的效力。

九、凡已经办公会决议的事项,必须坚决执行,任何单位或个人不得以任何理由拒绝执行。决议的落实情况由校长办公室负责督促和检查,并向校长汇报。

十、严格会议纪律。凡会议讨论的情况和决议的过程,以及会议决定不得外传的事项,任何人不得泄露。

十一、本《议事规则》自发布之日起施行。

——本文摘录自《关于印发〈厦门大学行政办公会议议事规则〉的通知》,厦大办[1998]10号,档号1998-XZ09-1

厦门大学学术假制度实施细则

（1998年4月27日）

为了进一步完善我校的学术假制度，加强师资队伍建设，根据《厦门大学关于学术假制度的暂行规定》（厦大师职[1996]22号），特制订本《实施细则》。

一、学术假制度适用范围

1.学术假是有计划地帮助教师（指专任教师和专职科研人员，不含教学辅助人员和科研辅助人员）提高学术水平、更新知识结构和促进学术交流的一种制度，仅在教师中实行。

2.教师的学术假仅限用于在学期内到国内外著名高校和科研机构进行学术交流（包括讲学）、合作科研、进修学习等，符合一定条件的教授（研究员）还可使用学术假在校内著书立说。

二、申请使用学术假的条件

1.初次申请使用学术假，任助教（研究实习员）者在本校工作年限须满五年；任讲师（助研）及以上职务者，自任本职起在校工作须满三年；博士后到校任职须满两年（不含在站时间）。

2.教师申请使用学术假须在要求的服务年限期间完成或超额完成本职额定工作量（综合考核总积分≥100）且各年度考核均在二等（含二等）以上。

3.使用学术假不应影响在研课题的进行。课题负责人应在在研课题执行计划期限1/3以上，并明确指定课题接替人，方可申请使用学术假。

三、使用学术假的期限和方式

1.每次使用学术假的期限不超过两个学期。

2.在满足工作量定额和考核要求的前提下，上次用假后在校工作已满两年半的教师可再次申请使用一学期的学术假；上次用假后在校工作已满五年的教师，可申请使用两学期的学术假。

3.自上一次使用学术假以来年均完成或超额完成教学工作量定额（含兼职工作量）的教授（研究员）还可使用学术假在校内著书立说。

4.学术假不得拆开使用，学术假的安排应在学期内进行，不能跨学期使用。

5.学术假一般不能提前使用。个别确因学科发展需要须派往国内著名高校进修的教师，经过批准后可适当提前使用。

四、申请使用学术假的程序

1.使用学术假须提前半年申请，并提交详细的工作（学习）计划书（附有效邀请函或接受进修通知），经所在教研室、系（所、院）审查同意并签署意见，送师资与职称工作处确认学术假资格后，报校领导审批。

2.半年以下的合作科研项目由科技处或社科处受理,经师资与职称工作处确认学术假资格后报校领导审批。

3.具备学术假资格的教师经批准后,要完成或妥善安排好本职工作,用假前须按规定办理有关手续;出国(境)教师不能按预定时间出发时,应将情况告知师资与职称工作处及项目主办部门;未按规定办理手续或未能及时报告出国(境)时间调整情况者,所造成的后果自行承担。

五、用假者在学术假期内的权利义务

1.用假者应按计划完成进修、学习或著书立说的任务,充分利用学术假提高业务水平和科研能力,注意维护国家和学校的利益及声誉。

2.用假者应保持与所在单位的联系,所在单位要主动关心他们的学习、生活等情况。

3.按计划较好完成任务并按期回校且销假时提交有关材料者,该年度的考核可定为二等;未能按计划使用学术假或其行为造成不良影响以及未按期回校用假者,该年度的考核视情节定为三等或不合格。

4.用假者的工资待遇按《厦门大学关于使用学术假人员工资待遇的有关规定》(厦大师职[1998]14号)执行。

六、学术假期满后的销假

学术假期满后,用假者应按时返校并到师资与职称工作处或项目主办部门办理销假手续。销假时,应提交有关学术假期间学习(工作)情况的小结(国内进修教师和国内访问学者应提交进修成绩单或访问学者工作情况考核表),同时出示回校时间的证明,并办理聘任手续。在校内著书立说的用假者在销假时还需提交完成的书稿或出版的著作。

七、学术假期满后的延期

1.为维护教学科研秩序,一般不允许延期。

2.用假者确因合作研究需要而提出延期申请者,须经学校批准,事先与学校签订协议。延期期限不得超过三个月。

3.用假者在延期期间向学校缴纳编制补偿费。编制补偿费按合作单位提供的资助额的25%且不少于每月2500元人民币的标准执行。资助额以办手续当日公布的汇率折算为人民币。延期期限不得超过三个月。编制补偿费标准可根据情况作适当调整。

4.用假者应在学术假期满前提出延期申请。香港地区延期申请须在期满前三个月提出,其他人员须在期满前二个月提出,未遵照时间要求提交的延期申请,有关部门可不予受理。

5.申请一学期学术假的用假者,若具备使用一学年学术假资格,申请延期时,在教学科研计划安排许可的条件下,经学校批准,可按使用一学年学术假对待,延期期限不超过半年,延期期间免交编制补偿费。

6.用假者在延期期间的所有工资、津贴,一律不予发放。

7.学术假期满或延期期满逾期未归者,均视为违约,学校不再保留其公职。确因工作需要,经学校批准恢复公职者,报到时除应缴纳不少于每月2500元人民币的编制补偿费外,还必须缴纳编制补偿费总额的20%作为违约费。逾期不足半个月部分,按半个月计;逾期超过半个月但不足一个月部分,按一个月计。所有应缴纳的费用在回校后一个月以内凭师资与职称工作处的缴款凭单到财务处一次性交清,方可办理报到手续。在规定期限内未交者,报到时间则按缴款日期计算。国家公派留学人员的违约行为还要由国家留学基金委员会根据有关条例处理。

八、学术假以外的学术活动

1.两周以内的短期学术会议、高级研讨班等学术活动可不计入学术假。

2.在寒暑假期间安排的校外学术活动可不计入学术假。申请者应事先安排好办理手续过程所需的时间,若因手续原因需占用学期时间,前后均不能超过一周。超过规定时间者,视为使用一学期学术假。

3.某些不具备使用学术假资格的教师确因校际科研合作需要(指在校外事办立项并经学校批准的校际科研合作项目,不包括以教师个人名义或院、系、所名义签订的合作项目),申请在学期内赴国(境)外进行为期三个月以下(含三个月)的合作科研,需经所在单位同意,科技处或社科处审查,到师资与职称工作处签订协议书后报校领导审批。申请者到校工作或自上次使用学术假后回校工作需满一年。协议内容包括按资助总额的25%并不少于每月2500元人民币的标准缴纳编制补偿费。所应缴纳的编制补偿费应在回校办理报到手续前一次性缴清。此类合作科研活动每人每年仅限一次,每次最长期限不超过三个月并不得延期,每累计满六个月扣除一学期的学术假。其出国(境)期间的工资津贴一律停发。

本《实施细则》自发布之日起执行,由校师资与职称工作处负责解释。

——本文摘录自《关于印发〈厦门大学学术假制度实施细则〉的通知》,厦大师职[1998]18号,档号1998-XZ14-1

关于使用流动编制外聘教师的暂行规定

(1998年5月15日)

为进一步加强流动编制管理,规范外聘教师的聘请程序、工作量标准和工资支付等办法,经校办公会议研究,就有关问题作如下规定:

一、各系、各单位使用流动编制,聘请外校教师上课,必须在本单位教师编制数内安排,本单位现有教师已经满编,不再外聘。

二、外聘的教师,必须是我校教学上急需但又无法自行解决的专业课教师。凡所开的课程可以由本校教师完成的,不再外聘。

三、外聘教师所上课程,必须由教务处列入教学计划,非教学计划内课程不予外聘。

四、外聘教师上课必须提前一学期提出申请,经教务处审核后,送人事处确认,并报校领导批准后执行。

五、外聘教师的满工作量标准,教授每周为9节,副教授每周为8节,讲师每周为7节。因特殊需要聘请外校教师承担非教学任务的,应经校领导特批。

六、外聘教师工作时间一般为一学年或一学期。超过一学年的,应重新申请,短于一学期的,一般不外聘。

七、外聘教师按下列标准支付工资:

1.教授(含同级职务人员,下同)每月1800元;

2.副教授每月1400元;

3.讲师每月1100元;

4.工作时间不满一个月的,按实际在校工作天数支付工资,日工资以每月三十天平均计算。

八、外聘教师实际上课学时数超过满工作量标准,给予超工作量补贴,教授每节补贴50元,副教授每节补贴40元,讲师每节补贴35元。为了保证教学质量,每周加课时数不得超过原定周工作量标准的一半,即教授每周上课总时数不超过14节,副教授不超过12节,讲师不超过10节,如确有必要增加课时超过以上标准,须经教务处同意后方能实行。

九、外聘教师教学工作量至少应达到70%。实际上课学时数达不到满工作量标准的,按实际上课学时数支付工资,学时工资标准按第八条超工作量补贴标准执行。

十、外聘教师到校和聘期结束离校均应到人事处办理手续。

十一、医学院外聘教师办法由医学院董事会另行制定。

十二、以上规定从发布之日起实行。

——本文摘录自《关于印发〈使用流动编制外聘教师的暂行规定〉的通知》,厦大人[1998]30号,档号1998-XZ10-4

关于教职工报考在职研究生的补充规定

（1998年5月15日）

为了进一步规范对教职工报考在职研究生工作的管理，鼓励教职工提高业务素质和理论水平，保证教学科研和管理工作有序进行，经校办公会议研究，对教职工报考在职研究生问题作如下补充规定：

一、教职工申请报考在职研究生，必须专业对口。教学科研人员允许报考现从事工作的专业或相近专业。非教学科研人员允许报考与自己现从事工作相关的专业，如党政管理人员可报考高等教育学、行政学等。报考与自己现从事工作关系不密切的专业，只能报考脱产研究生。

二、一个单位同时在学的在职研究生人数，不得超过本单位教师干部人数的30%。

三、教学科研人员报考本校在职研究生，所需学费由本人缴纳40%，学校减免60%；非教学科研人员报考本校在职研究生，所需学费由本人缴纳60%，学校减免40%。本人缴纳部分一半于报到时交清，一半于毕业前交清。

四、在职研究生至少应当承担70%的工作量。教学科研人员承担总工作量达到100%的，校内津贴和30%津贴按全额发给。现已在学的教学科研人员，总工作量达到100%的，从1998年9月起，津贴不再扣发。

五、在职研究生毕业前因各种原因辞职、调动、出国等，应补交学校减免的学费，并根据实际参加在职研究生学习的时间，缴纳原定研究生毕业后应完成的服务年限补偿费。学习时间在一年以下（含一年）交5000元，学习时间在一年以上二年以下（含二年）交10000元，学习时间在二年以上交15000元。入学前未按学校规定完成服务年限的，其补偿费一并补交。

六、有关在职研究生管理的未尽事宜，仍按厦大人[1995]7号文件的规定办理，上述文件与本补充规定不一致的，以本补充规定为准。

七、本补充规定从1998年9月起实行。

——本文摘录自《关于印发〈关于教职工报考在职研究生的补充规定〉的通知》，(1998)厦大办9号，档号1998-XZ10-4

厦门大学住房装修管理规定

(1998年5月17日)

一、住户应在领取住房钥匙之前,向学校房屋主管部门签订《住房装修责任书》。

二、住户在房屋装修和使用过程中,严禁有以下任何一种行为:

1.破坏房屋结构(如拆墙开洞、改梁换柱、破坏基础等);

2.擅自改变房屋的平面布局、使用功能;

3.在房屋上擅自搭盖加屋,增加楼面、屋面荷载或改变建筑外形;

4.擅自圈围房屋楼梯通道、天台、室外空地、绿地等公共空间,占为私用或影响通行疏散;

5.将生活污水排入雨水管;

6.改动上下水主管道、供电线路或拆堵烟窗,破坏防水和隔热层;

7.厨房、卫生间排气(烟)扇没有接在排气(烟)预留孔上,擅自从外墙开孔或接出窗外;

8.擅自在室外安装各种管线(如排水管、排污管、自来水管、电视天线等)。

三、住户在房屋装修和使用中,允许有下列行为:

1.对住房楼地面、内墙面、天棚表面进行装修(楼地面只允许凿毛,不得凿除原水泥找平层);

2.安装分户防盗门,但不得改变原有门洞大小和位置,不得防碍楼道通行和住户紧急疏散;

3.可将木门窗改换为铝合金门窗。但新区和新建楼房改换外门窗,应由学校主管部门统一规格、色调和施工期限;

4.住户安装空调,需统一安排在预留位置上。窗式空调只能安装在门、窗的固定扇上。没有预留孔的楼房安装分体式空调,应在管理部门指定的位置上开孔。

四、装修现场管理:

1.装修户应主动搞好邻里关系,自觉维护他人权益,努力减轻装修污染和噪音。每日的施工时间限定为上午8:00～12:00,下午:冬春季2:00～6:00,夏秋季3:00～7:00。

2.装修材料和废弃物,应堆放在指定的位置,及时清理、清扫,严禁堆放在楼梯口、楼梯转台或其他非指定位置,违者按每平方米每日50元罚款。严禁从楼上往外抛弃垃圾,违者按每次50元罚款。造成他人伤亡的,报请司法部门处理。

3.搬运装修材料和清理装修垃圾时应注意保护公共设施。破坏公共设施的,应负责修复或照价赔偿。

4.装修过程中不得私自在户外接水、接电,严禁住户到楼梯口电表箱接电,一经发现,罚款1000元。

5.因装修造成的管道堵塞、渗水漏水、停水停电、损坏他人物品或影响他人房屋使用和安全的,装修户除负修复、赔偿责任外,还应负由此引起的其他民事和刑事责任。

五、违规装修处理:

1.对违犯本规定者,管理部门可根据情节轻重、改正态度、危害程度,分别采取以下一种或几种处理措施:

①批评教育;②责令停工;③责令恢复原状;④赔偿经济损失;⑤取消分房资格;⑥给予党纪、政纪处分;⑦交市城建监察部门处理。

2.违犯本规定第二条的,除责令恢复原状外,可分别作以下处罚:①违犯第一款的,处以每平方米

300～500 元罚款；②违犯第二至第四款的，处以每平方米 200～300 罚款；③违犯第五至第八款的，处以每日 5～10 元罚款，直至恢复原状止。

3.违犯本规定第三条的，责令限期整改。

4.违犯本规定第四条的，按规定处理。

六、本规定由校城市建设管理监察大队负责解释和监管实施。

七、本规定从颁布之日起生效。

——本文摘录自《关于印发〈厦门大学住房装修管理规定〉的通知》，厦大综[1998]39 号，档号 1998-XZ09-2

校长办公室公务传真文稿收发和档案管理办法

(1998年6月15日)

1.凡以学校或办公室名义收发的传真文稿和校领导、办公室领导以个人名义联系公务活动收发的传真文稿(以下简称“公务传真文稿”)一律须经登记。

2.办公室指定专人从事公务传真文稿的收发和登记工作。公务传真文稿登记的必要事项为:收发时间、标题或摘要、收发对象、收发地点等。

3.公务传真文稿一律须归档。能以原件归档的尽可能用原件,若无法以原件归档的则以复印件归档。

4.工作人员须定期(一季度一次)按收发时间的先后顺序分别整理公务传真文稿,有特殊价值的公务传真文稿经办公室领导审批后送交校档案馆,但办公室仍须存留复印件。

——本文摘录自《关于印发〈校长办公室公务传真文稿收发和档案管理办法〉的通知》,(1998)厦大办9号,档号1998-XZ09-1。

厦门大学实行《高等学校教师职务试行条例》的实施意见

（1998 年 6 月 30 日）

根据国务院、国家教委和福建省教委有关评聘教师职务文件的规定和国家教委教职改办[1996]3 号文精神“委属高校教师职务评聘标准，除思想政治、教育教学等的基本条件外，在学术上要向国际先进水平看齐，重点建设的委属高校尤其要把提高教师的学术水平，特别是提高高级职务教师的学术水平的工作提上重要议事日程，要利用教师职务评聘政策杠杆，激励、培养、造就一批在国际上有影响的学术技术大师”及我校今后的奋斗目标“到 21 世纪初，把厦门大学建设成为国内一流、国际上有较大影响的社会主义综合性大学”，同时结合我校实际情况，修订本实施意见。

一、指导思想

评聘教师职务的目的，是为了充分发挥我校教师积极性、创造性和主动性，不断提高教学和科研水平，为培养我国社会主义现代化建设需要的高、精、尖人才和发展我国科学文化、技术事业做出贡献。

评聘教师职务的工作，要从学校教师和各类专业技术人员队伍的长远建设和总体规划着眼，把这项工作与师资队伍的建设结合起来，通过评聘工作不断提高我校教师队伍的素质，优化结构。

在此项工作中，特别要看到提拔优秀中青年教师的重要性和紧迫性，要引入竞争机制打破论资排辈的旧思想，不拘一格地选拔人才，及时把一批有学识、有才干的中青年教师选拔起来，发挥他们的作用。

评聘教师职务的工作，一定要坚持党的领导，注意思想政治工作；正确掌握思想政治条件与学术业务标准；处理好教学与科研、基础理论研究与应用研究之间的关系；坚持德才兼备的正确导向，坚持标准，保证质量，宁缺勿滥，择优评聘，使受聘的教师名符其实。

二、各级教师职务的标准

（一）基本要求

各级教师应热爱社会主义祖国，坚持四项基本原则，努力学习马克思列宁主义、毛泽东思想；学习建设有中国特色社会主义理论和党的路线、方针、政策；忠于人民的教育事业，服从分配，勇担重任，刻苦钻研业务，不断提高教学质量和学术水平，积极完成本职工作；有严谨的学术作风和高尚的科学道德，团结合作，作风正派，品行端正，教书育人，走又红又专的道路。

各级职务的教师既要承担教学工作，也要从事科研工作，努力探索真理，攀登科学高峰，以学校的学术地位为重，以学校能早日跨入国际先进行列为己任。

（二）职责

1.见习助教：

见习助教应担任本专业的一门课程的辅导答疑，批改作业，讲习题课，协助主讲教师组织课堂讨论等教学工作，并应根据需要兼任学生的班主任工作。其教学工作量不得少于总工作量的二分之一。

2.助教:

(1)担任二门课程(或一门一学年的基础课)的辅导答疑,批改作业,组织课堂讨论,讲习题课,指导实验、实习和社会调查,协助指导毕业论文等教学工作。

体育、外语、政治等公共课的助教均应讲课。其他专业的课程,经系主任批准,助教也可以讲授部分章节或整门课程。

(2)有实验室单位的助教,应有一定的时间参加实验室建设工作。无实验室单位的助教,也应有适当的时间参加业务实习或教学参考资料的建设等工作。

(3)在讲师、副教授的指导下,进行科学研究,协助指导大学生毕业论文。每学年应写一篇科研工作总结或文献报告,在任助教期间至少要有一篇学术研究论文在学术会议上宣读或学术刊物上发表。

(4)任助教期间,根据工作需要应兼任二年以上的班主任或校内其他教学、科研管理工作,参加一定的社会实践工作。

(5)承担和完成教研室分配的任务以及校系交办的其他工作。

3.讲师:

(1)系统地讲授一门或一门以上课程,组织课堂讨论,组织与指导实验、实习或社会调查以及指导大学生毕业论文。

工作需要时也应承担辅导答疑,批改作业,讲习题课等工作。

(2)有实验室单位的讲师,应承担实验室的建设工作,进行实验更新和技术设备改造,编写实验教材,组织实验教学。

无实验室单位的讲师,应参加业务实习或承担编译教学参考资料等工作。

(3)结合教学工作开展科学研究,每一至二年至少有一篇具有一定水平的学术论文,在学术会议上宣读或在学术刊物上发表(不宜公开发表的应有内部同行专家鉴定及有关单位证明,下同),或做出一些具有实用价值,产生一定的经济或社会效益的科研成果,或者在二至四年内编译出一部具有一定水平的教材或教学参考书。对参加周期性较长的重大研究课题者,应完成年度工作计划,提出阶段性的研究成果。

(4)协助副教授指导研究生和进修教师。

(5)根据工作需要,担任学生思想政治工作和教学、科研等方面的管理工作。

(6)承担和完成教研室分配的任务以及校系交办的其他工作。

4.副教授:

(1)系统地讲授二门或二门以上课程(其中一门必须是基础课或专业基础课),教学内容应能反映本学科当前的研究成果。组织与指导课堂讨论、实验、实习和社会调查。

工作需要时,也应承担课程辅导,批改作业,讲习题课等工作。

(2)指导硕士研究生,培养中青年教师,协助指导博士生。

(3)担任实验室建设的副教授,负责制定实验室建设与发展规划,在建设与改革实验,组织教学,编写教材以及培养实验教学技术人员等工作上做出较好成绩。

(4)应是科研课题的组织者或主要成员。每年应向科研组报告所研究项目的国内外动态与发展趋势。每年至少应撰写一篇有较高学术水平的科学研究论文,在学术会议上宣读或在学术刊物上发表(包括编著出版具有较高水平的著作、教材或教学参考书等)。或做出一项具有实用价值,并产生较大经济或社会效益的研究成果(包括实验室的成果或较高水平的专题调查报告)。在参加周期性较长的重大研究课题时,应完成年度工作计划,提出阶段性的研究工作成果。

(5)根据工作需要,担任学生思想政治工作或教学、科研等方面的管理工作。

5.教授:

(1)系统地讲授三门或三门以上课程(其中一门必须是基础课或专业基础课),教学内容充实,能反映现代科学技术最新成就,并有独立见解,引导学生独立思考。

(2)指导博士研究生或硕士生,培养中青年教师。

(3)应是科研课题组或本学科的组织者,每学年应向科研组报告本研究方向的国内外学术动态及发展趋势,制定研究工作计划。每年至少撰写一篇有较高学术水平的科学研究论文(包括教学法研究论文),在学术会议上宣读或学术刊物上发表(包括出版质量较高的专著、教材和教学参考书),或做出其他有较高水平和效益的研究成果。在组织和指导周期性较长的重大研究课题时,应完成年度工作计划,提出阶段性的研究成果。

(4)根据工作需要,担任教学、科研等方面的管理和学生思想工作。在高等教育体制改革中起积极主导作用。

三、任职条件

晋升或转定各级教师职务,必须全面坚持《试行条例》所规定的思想政治、工作能力、业绩、学历、任职年限和相应职务的外语水平等任职条件,并根据下列要求实施。

(一)学历、任职年限和业务要求

1.见习助教:

获得学士学位毕业任教,第一年为见习助教,见习期一年。

2.助教(须符合下列条件之一):

(1)获得硕士学位后在校任教,经3～6个月教学实践考察表明能胜任助教工作,方可确定助教职务。

(2)大学本科毕业见习期满,批准转正后,经考核表明能履行助教职责,方可确定助教职务。

3.讲师(须符合下列条件之一):

(1)获得博士学位后在校任教,经3～6个月教学实践考察表明能胜任讲师工作,方可确定讲师职务。

(2)获得硕士学位后,已担任助教职务二年以上,经考察,能全面完成助教工作,工作业绩良好,并具备履行讲师职责的能力。

(3)获得硕士学位前已确定助教职务且在本校累计担任助教职务二年以上,或大学本科毕业在其他本科院校担任助教职务一年以上或在高等专科学校担任助教职务二年以上并在获得硕士学位后在我校担任助教职务一年以上者,经考察,表明已全面完成助教工作,业绩良好,并具备履行讲师职责的能力。

(4)获得研究生班毕业证书或双学士学位,已担任三年以上助教职务,经考察,表明已全面完成助教工作,业绩良好,并具备履行讲师职责的能力。

(5)大学本科毕业担任助教职务四年以上,并取得助教进修班结业证书、进修本专业或相近专业六门研究生主要课程,考试成绩合格。经考察,表明已全面完成助教工作,业绩良好,并具备履行讲师职责的能力。

以上教师(除高等师范院校毕业已修过教育学、心理学课程外)均须经过高等教育学、心理学、大学教学法等课程的培训,成绩合格。

4.副教授:

(1)大学本科毕业及其以上学历,担任讲师职务五年以上,或获得博士学位,担任讲师职务两年以上,任现职以来,必须具备下列八项条件中的两项条件(其中第①项为首要的必备条件):

①能履行和胜任讲师职责,每年均完成额定工作量,其中平均每年完成70%以上的额定教学工作量,且系统讲授过一门必修课和一门以上选修课,经测评,教学效果优良,并在学术刊物(须有CN刊号或准印证)或正式出版的论文集上发表一篇教学研究论文。

②理工科教师在国家部委及其所属研究所和重点高等学校,全国一、二级学科学会,中国(社会)科学院所属研究所主办的全国核心学术刊物(须有CN刊号,简称"核心刊物",下同)和国际"学术榜"刊物上至少发表三篇学术论文(独立撰写或第一作者署名,下同)。

文科教师在核心刊物上至少发表五篇学术论文。

专任教师可用在全国公开发行(CN 刊号)刊物和正式出版的论文集上正式发表的一篇教学研究论文计入上述核心刊物论文中。

以上学术论文至少应有三分之一发表在校外核心刊物上。

③在核心刊物上至少发表一篇学术论文,并正式出版有较高学术水平的专著十万字以上(不累计;若累计,专著须有二十万字以上),或编著、译著、教科书十五万字以上(不累计,译著仅限语言专业教师翻译的学术专著或世界名著,下同)。

④在核心刊物上至少发表一篇学术论文,并获得国家级成果奖、省部级四等成果奖(仅限发明奖、自然科学奖、科技进步奖、星火奖、社会科学优秀成果奖、普通高校优秀教学成果奖,下同),为主要贡献者(仅限前三名,如获得高一奖级的科技成果奖限前四名,如获两项同级奖的第四名,可视为一项此级奖的第三名,下同),或全国美术展览获奖或全国单项展获奖,为主要贡献者(仅限前两名)。

⑤在核心刊物上至少发表一篇学术论文,且至少有一项科学技术成果经省部级及其以上单位主持鉴定,达到国内先进水平(仅限前两名,下同)并取得突出的经济效益(须附有关单位财务部门的证明,下同)。

⑥在核心刊物上至少发表二篇学术论文,并在科技开发中取得至少一项国家发明专利(仅限前两名,下同)。

⑦在核心刊物上至少发表二篇学术论文,并获得国家自然科学基金、国家社会科学基金或国家重大攻关项目,为课题组长或第一主要合作者;或教育部重点项目,为课题组长或第一主要合作者;或担任国家统编教材的主编或副主编;或获得省自然科学基金、省社会科学基金、省重点攻关项目或厦门市重点项目,为课题组长。

⑧术科教师晋升副教授职务时,须在核心刊物上至少发表三篇学术论文和两件作品(包括入选全国美术展览的作品)。

(2)对大学本科毕业后从事高等学校公共课、基础课教学工作十五年以上的教师,符合下列三项条件时,晋升副教授时其论著要求可适当放宽:

①近五年来,每年均满教学工作量,教学效果优秀;

②在学术刊物(须有 CN 刊号或准印证)或正式出版的论文集上至少发表一篇教学研究论文;

③任现职期间至少有一年考核结果优秀,其他为良好;或获一次校优秀教师或教书育人先进个人;或获省优秀教师称号;或获省优秀教学成果奖。

所谓论著要求适当放宽即独立编写一门课的讲义(已经学校印刷)并在校内使用过二轮以上和正式发表两篇学术论文(均为第一作者,其中至少有一篇学术论文在核心刊物上发表),或正式发表学术论文三篇以上(均为第一作者,其中至少有一篇学术论文在核心刊物上发表)。

5.教授:

担任副教授职务五年以上,任现职以来,除符合有关文件规定的任职条件外,还须具备下列八项条件中的两项条件(其中第 1 项为首要的必备条件):

(1)能履行和胜任副教授职责,每年均完成额定的工作量,其中平均每年完成 70%以上的额定教学工作量,且系统讲授过至少两门必修课或硕士研究生学位课(其中一门必须是本科基础课)和一门以上选修课,经测评,教学效果优良,并在学术刊物(须有 CN 刊号或准印证)或正式出版的论文集上发表一篇教学研究论文。

(2)理工科教师在核心刊物上至少发表五篇学术论文,并具备下列两项条件:

①五篇中有一篇学术论文发表在国际发行的外文刊物上;

②五篇中有一篇学术论文被 SCI、EI 收录,或在全国一、二级学科权威学术刊物(简称"权威刊物",下同)和国际"学术榜"刊物上至少发表两篇学术论文。

文科教师在核心刊物上至少发表七篇学术论文,其中至少有两篇学术论文在权威刊物上发表。

专任教师可用在全国公开发行(CN 刊号)刊物和正式出版的论文集上正式发表的二篇教学研究论

文可计入上述核心刊物论文中。

以上学术论文至少应有二分之一发表在校外核心刊物上。

(3)在核心刊物上至少发表三篇学术论文(其中至少有一篇学术论文在权威刊物上发表,理工科教师须有一篇学术论文发表在国际发行的外文刊物上),并正式出版过专著十五万字以上(不累计;若累计,专著须有二十五万字以上),或编著、译著、教科书二十万字以上。

(4)在核心刊物上至少发表两篇学术论文(其中至少有一篇发表在权威刊物上,理工科教师须有一篇学术论文发表在国际发行的外文刊物上),并获得国家级四等、省部级三等成果奖或全国美术展览获奖,为主要贡献者。

(5)在核心刊物上至少发表两篇学术论文(理工科教师须有一篇学术论文发表在国际发行的外文刊物上),并至少有两项科学技术成果经省部级及其以上单位主持鉴定,达到国内领先水平或国际先进水平并取得显著经济效益。

(6)在核心刊物上至少发表三篇学术论文(其中至少有一篇学术论文在权威刊物上发表,理工科教师须有一篇学术论文发表在国际发行的外文刊物上),并在科技开发中取得至少二项国家发明专利。

(7)在核心刊物上至少发表三篇学术论文(其中至少有一篇学术论文在权威刊物上发表,理工科教师须有一篇学术论文发表在国际发行的外文刊物上),并获得国家自然科学基金、国家社会科学基金或国家重大攻关项目,为课题组长或第一主要合作者;或教育部重点项目,为课题组长;或获得两项省自然科学基金、省社会科学基金、省重点攻关项目或厦门市重点项目,为课题组长;或担任国家统编教材的主编或副主编。

(8)术科教师晋升教授职务时,须在核心刊物上至少发表四篇学术论文和两件作品(包括入选全国美术展览的作品),其中至少有两篇学术论文发表在权威刊物上。

2000年起文科教师原则上须有一篇学术论文发表在国际发行的外文刊物上。

(二)破格晋升各级职务

对少数不具备《试行条例》和本文件规定的学历、任职年限要求,政治思想表现好,确有真才实学、教学科研成绩显著、贡献突出的教师,除符合《试行条例》和本文前述有关规定的相应职务任职条件外,还须具备下列相应条件,方可破格晋升相应职务。

1.破格晋升讲师职务:

不具备规定学历,担任助教七年以上,破格晋升讲师,任现职以来,除符合有关文件规定的任职条件外,还须符合下列二项条件:

(1)每年均超额完成额定工作量并系统讲授一门课程,教学认真、教学效果优良,师生反映好,教书育人成绩突出,获得校级教学工作奖励,如:校优秀教学奖、教书育人优秀奖、校九洲教学奖、清源教学奖等;或年度工作考核结果至少有两次为优或一次优和一次校级教学、科研奖,其他为良。

(2)在公开发行的学术刊物上至少发表过五篇学术论文,其中至少有两篇学术论文在核心刊物上发表;或正式出版译著或教科书十万字以上(不累计),或累计出版专著十五万字以上(其中至少有一本专著本人撰写七万字以上);或获得省级及其以上科技成果奖、省级社会科学优秀成果奖或省普通高校优秀教学成果奖的主要贡献者(限前三名)。

2.破格晋升副教授职务:

担任讲师职务超过三年但不满五年或获得博士学位担任讲师职务一年以上不满二年超前晋升副教授,或不具备规定学历(含大学本科毕业未修完研究生六门课程)破格晋升副教授,任现职以来,除符合有关文件规定的任职条件外,还须具备下列八项条件中的三项条件(越级或不具备规定学历且超前晋升者须符合四项条件),其中第(1)项均为必备条件:

(1)系统讲授一门主干课或基础课,教学效果优良,受到师生好评,同时每年超额完成额定工作量,其中每年均完成70%以上的额定教学工作量,且年度考核至少有两次为优或一次优和一次校级教学、科研奖(获得博士学位的讲师年度考核有一次优),其他为良,并在学术刊物(须有CN刊号或准印证)或正式出版的论文集上发表一篇教学研究论文。

(2)理工科教师在核心刊物上至少发表五篇学术论文,其中至少有一篇学术论文被SCI、EI收录或在权威刊物和国际“学术榜”刊物上至少发表两篇学术论文;文科教师在核心刊物上至少发表七篇学术论文,其中至少有两篇学术论文在权威刊物上发表。

(3)在核心刊物上至少发表三篇学术论文(其中至少有一篇学术论文在权威刊物上发表),并正式出版过专著十五万字以上(不累计;若累计,专著须有二十五万字以上),或编著、译著、教科书二十万字以上。

(4)在核心刊物上发表两篇学术论文(其中至少有一篇学术论文在权威刊物上发表),并获国家级四等、省部级三等成果奖,为主要贡献者。

(5)在核心刊物上发表两篇学术论文,并在科技开发中取得至少两项国家发明专利。

(6)在核心刊物上发表两篇学术论文,并承担且已完成省部委重点项目(仅限前两名)或国家重点项目(仅限前三名),并已通过省部级及其以上单位主持鉴定,达到国内领先水平,为主要贡献者(须附基金项目申请书影印件及鉴定材料等证明材料,下同)。

(7)在核心刊物上发表两篇学术论文,并获得国家或省政府表彰的有突出贡献的专家、优秀教师的称号。

(8)在核心刊物上至少发表三篇学术论文(其中至少有一篇学术论文在权威刊物上发表),并获得国家自然科学基金、国家社会科学基金或国家重大攻关项目,为课题组长或第一主要合作者;或教育部重点项目,为课题组长或第一合作者;或担任国家统编教材的主编或副主编。

(9)术科教师晋升副教授职务时,须在核心刊物上至少发表三篇学术论文和四件作品(包括入选全国美术展览的作品),其中至少有一篇学术论文发表在权威刊物上。

上述破格晋升条件第(2)至(9)项中某一项条件特别突出(即为本项条件加倍量或高一等级奖项)时,可酌情减少一项条件。

[注:当选择第(3)至(9)项之一和第(2)项作为破格条件时,第(3)至(9)项中的学术论文可不作要求,否则各项学术论文数须累加。]

3.破格晋升教授职务

担任副教授职务超过二年但不满五年超前晋升教授职务,或虽任职年限已满五年但参加全校统评教授职务者,任现职以来,除符合有关文件规定的任职条件外,还须具备下列八项条件中的三项条件[越级晋升教授职务或作为优秀中青年骨干教师晋升教授职务者(简称选优对象)须具备四项条件],其中第(1)项均为必备条件:

(1)系统讲授一门主干课或基础课,教学效果优秀,并受到师生好评,同时每年超额完成额定工作量,其中每年都完成70%以上额定教学工作量,且年度考核至少有两次为优或一次优和一次校级教学、科研奖,其他为良,并在学术刊物(须有CN刊号或准印证)或正式出版的论文集上发表一篇教学研究论文。

(2)理工科教师在核心刊物上至少发表七篇学术论文,并具备下列两项条件:

①七篇中有一篇学术论文发表在国际发行的外文刊物上;

②七篇中有二篇学术论文被SCI、EI收录,或在权威刊物和国际“学术榜”刊物上至少发表四篇学术论文,或有一篇学术论文被SCI、EI收录和两篇学术论文发表在权威刊物上或国际“学术榜”刊物上。

文科教师在核心刊物上至少发表十篇学术论文,其中至少有四篇学术论文在权威刊物上发表。

(3)在核心刊物上至少发表五篇学术论文(其中在权威刊物上至少发表两篇学术论文,理工科教师须有一篇学术论文发表在国际发行的外文刊物上),并正式出版专著二十万字以上(不累计;若累计,专著须有三十五万字以上),或编著、译著、教科书三十万字以上。

(4)在核心刊物上至少发表三篇学术论文(其中至少有一篇发表在权威刊物上,理工科教师须有一篇学术论文发表在国际发行的外文刊物上),并获得国家级三等、省部级二等成果奖,为主要贡献者。

(5)在核心刊物上至少发表三篇学术论文(其中在权威刊物上至少发表一篇学术论文,理工科教师须有一篇学术论文发表在国际发行的外文刊物上),并在科技开发中取得至少三项国家发明专利。

(6)在核心刊物上至少发表二篇学术论文(理工科教师须有一篇学术论文发表在国际发行的外文刊物上),并承担且已完成国家重点项目(仅限前两名),经国家鉴定,达到国际先进水平,为主要贡献者。

(7)在核心刊物上至少发表二篇学术论文(理工科教师须有一篇学术论文发表在国际发行的外文刊物上),并获国家表彰的有突出贡献的专家、优秀教师的称号。

(8)在核心刊物上至少发表四篇学术论文(其中至少有两篇学术论文在权威刊物上发表,理工科教师须有一篇学术论文发表在国际发行的外文刊物上),并获得国家自然科学基金、国家社会科学基金或国家重大攻关项目,为课题组长或第一主要合作者;或教育部重点项目,为课题组长;或担任国家统编教材的主编。

(9)术科教师晋升教授职务时,须在核心刊物上至少发表五篇学术论文和四件作品(包括入选全国美术展览的作品),其中至少有三篇学术论文发表在权威刊物上)。

2000年起文科教师原则上须有一篇学术论文发表在国际发行的外文刊物上。

上述破格晋升条件第(2)至(9)项中某一项条件特别突出(即为本项条件加倍量或高一等级奖项)时,可酌情减少一项条件。

[注:当选择第(3)至(9)项之一和第(2)项作为破格条件时,第(3)至(9)项中的学术论文可不作要求,否则各项学术论文数须累加。]

(三)评定教师职务的工作量要求

根据有关文件规定,教师晋升职务时每年均必须完成规定的工作量(包括教学工作量、科研工作量和其他工作量),其中教学工作量不得低于相应职务的额定教学工作量的70%。教学工作量参照《厦门大学教师职务聘任工作实施办法》中有关的计算方法计算。

自1993年校内管理体制改革实施之日起,评定教师职务工作中任职年限的计算严格按全聘者算一年;试聘、缓聘或不聘者不算其任职年限。

(四)外语水平的要求

根据《试行条例》中有关外语水平的规定,按各级职务不同的外语要求由学校统一组织考试,考试合格或及格者才能参加申报高一级职务任职资格。

1997年起外语考试按厦大职改[1996]28号文规定执行。

四、外校调入的教师职务任职资格的确认

凡由其他高等院校调来我校工作的教师,须经3～6个月的教学实践考察,符合我校教师同级职务任职条件并能履行和胜任其职责,且所在单位仍有空余岗位的,方能确认其任职资格。若申请晋升高一级职务者,除总任职年限符合规定外,还须在我校承担一年以上教学工作,并按我校规定参评相应职务的任职资格。

五、其他系列职务转定教师职务的要求

从其他系列专业技术职务岗位转来从事高校教学工作的教师,已取得其他系列专业技术职务任职资格的,须经一年以上教学实践,表明已具备相应职务任职条件,且所在单位仍有空余岗位的,可转定同级教师职务任职资格。申报晋升高一级职务的,除具备晋升相应职务任职条件要求外,其中须有二年以上高校教学工作实践,可晋升高一级职务任职资格。未取得其他系列专业技术职务任职资格的,须经三年

以上高校教学实践,视其能力和水平评定相应教师职务任职资格。

六、校长特批

凡教学、科研等各方面工作成绩特别突出且学科建设需要的优秀人才或引进学科建设急需的优秀人才,可由校长特批其相应职务任职资格。

七、其他

(一)本实施意见自公布之日起实施,以前的规定若与本实施意见不符的,按本实施意见执行。

(二)本实施意见由校职改领导小组解释。

——本文摘录自《关于印发〈厦门大学实行《高等学校教师职务试行条例》的实施意见〉和〈厦门大学评聘专职科研人员职务实施意见〉的通知》,厦大职改[1998]07 号,档号 1998-XZ10-3

厦门大学评聘专职科研人员职务实施意见

（1998年6月30日）

为加强我校科学研究人员队伍的建设，做好科学研究人员职务的评聘工作，提高科学研究和学术水平，根据国务院、国家教委和福建省教委有关评定专职科研人员职务文件的规定和国家教委教职改办[1996]3号文精神"委属高校教师职务评聘标准，除思想政治、教育教学等的基本条件外，在学术上要向国际先进水平看齐，重点建设的委属高校尤其要把提高教师的学术水平，特别是提高高级职务教师的学术水平的工作提上重要议事日程，要利用教师职务评聘政策杠杆，激励、培养、造就一批在国际上有影响的学术技术大师"及我校今后的奋斗目标"到21世纪初，把厦门大学建设成为国内一流、国际上有较大影响的社会主义综合性大学"，同时结合我校实际情况，修订本实施意见。

一、岗位设置

研究职务是根据高等学校科学研究（包括社会科学研究和自然科学研究）工作的需要而设置的职务岗位，按照合理的比例组成，有明确的职责、任职条件和相应评审程序。

研究职务设研究员、副研究员、助理研究员、研究实习员。其中研究员、副研究员为高级研究职务，助理研究员为中级研究职务，研究实习员为初级研究职务。

为了今后的发展和学科建设的需要，我校将不拘一格地选拔人才，及时把一批有学识、有才干的中青年研究人员提拔起来，发挥他们的作用。

二、职责

（一）自然科学研究人员各级职务职责：

研究实习人员：

1.在高、中级研究人员的指导下，承担并按要求完成研究课题中的具体工作。

2.对研究实验结果进行分析和处理。负责写出研究、实验报告。

3.根据需要，承担一定的教学、实验室建设或党政管理等工作。

助理研究员：

1.制定研究方案，独立地进行研究工作，写出研究报告或科学论文。

2.积极推广科学研究成果，定期报告本人的研究工作，指导初级研究人员工作。

3.根据需要，承担一定的教学工作、实验室建设或党政管理等工作。

副研究员：

1.选定研究课题，并提出有效的研究途径和可行的研究方法，创造性地进行研究工作。指导和组织课题的研究工作，写出高水平的研究报告或科学论著，积极推广研究成果。定期报告本学科国内外现状和发展趋势。

2.负责或参加审阅（鉴定）科学论文、著作或科研成果。

3.指导硕士研究生或协助指导博士研究生,指导中、初级研究人员工作。

4.根据需要,承担一定的教学任务、实验室建设工作和党政管理工作。

研究员:

1.提出有重要学术或实用意义的研究课题,在科学前沿进行开创性的研究工作。写出具有国际水平的科学论著。负责指导重大科研项目或攻关项目的研究工作。积极参与制定或提出学科发展规划。举办高水平的科学讲座。

2.主持审定(鉴定)重要的科学论文、著作或科研成果。

3.培养科研人才,根据需要指导硕士研究生或博士研究生,指导中、初级研究人员工作。

4.根据需要,承担一定的教学任务和党政管理工作。

(二)社会科学研究人员各级职务职责:

研究实习员:

1.担任高级研究人员的研究助手。

2.在高、中级研究人员的指导下,进行研究工作。每年按计划完成研究任务。整理或写出一、二篇研究报告、专业学术资料或论文。

3.根据需要,承担一定的教学或党政管理等工作。

助理研究员:

1.承担研究课题,每年按计划完成研究任务。至少提交2万字以上具有一定学术水平的科研成果报告。

2.在高级研究人员的指导下,参加集体科研项目和重点科研课题的研究。

3.根据需要,承担一定的教学或党政管理等工作。

副研究员:

1.承担国家和学校的科研项目,或独立从事某一课题的研究。每年按计划完成研究任务,至少提交3万字以上的学术论文或阶段性成果报告,其中至少发表一篇有创见性、有较高学术价值或有较大实践意义的论文。

2.根据需要,承担学校、科研(或教学)室科研组织工作,担任课题组的领导人。

3.根据需要指导硕士研究生或协助博士研究生,指导中、初级研究人员工作。

4.根据需要,承担一定的教学任务和党政管理工作。

研究员:

1.承担国家和学校的重点科研项目,或根据国家需要提出有实用价值或有学术水平的研究课题。每年按计划完成研究任务,至少提交3万字以上有较高学术价值或有较大实践意义的论文或阶段性成果报告,其中至少发表二篇有创见性的学术论文。写出有较高学术水平的专著。

2.担任重点科研项目的学术领导,主持本学科重要领域的研究工作。

3.培养科研人才,根据需要指导硕士研究生或博士研究生,指导中、初级研究人员工作。

4.根据需要,承担一定的教学任务和党政管理工作。

三、任职条件

(一)各级研究人员必须热爱祖国,坚持四项基本原则;努力学习建设有中国特色社会主义理论;有严谨的学术作风和高尚的科学道德,团结合作;作风正派,品行端正,积极承担科研、教学任务,努力为建设社会主义物质文明和精神文明服务。

(二)学历、任职年限和业务要求:

1.研究实习员:

(1)获得硕士学位或研究生班毕业证书或第二学士学位证书,经 3～6 个月的考察合格,表明能履行研究实习员职责,方可确定研究实习员职务。

(2)获得学士学位或大学本科毕业,一年见习期满,经考察,具备下列三项条件方可确定研究实习员职务:

①基本掌握本专业的基础理论和专业知识;

②初步掌握进行本门学科研究工作的基本方法和实验技术;

③能阅读一个语种的外文专业书刊。

2.助理研究员:

(1)获得博士学位,经 3～6 个月考察表明能胜任和履行助理研究员职责,方可确定助理研究员职务。

(2)担任研究实习员职务四年以上,并修完本专业或者相近专业六门研究生课程,考试成绩合格;或获研究生班毕业证书或第二学士学位证书且担任研究实习员二至三年;或获得硕士学位证书且担任研究实习员职务二年以上,经考察表明具备下列三项条件者,可评聘助理研究员职务:

①具有本学科的扎实的理论基础和专业知识,基本了解本学科的国内外现状和发展趋势,掌握进行本学科研究工作的基本方法和实验技术,能独立地进行研究工作;

②已取得具有学术价值的研究成果,或写出有一定学术水平的论文和研究报告四篇以上(其中至少有一篇学术论文在公开发行的刊物上发表或在省级以上学术会议上宣读),或在推广科研成果中有明显成绩,能全面完成研究实习员工作的;

③能熟练地阅读,翻译本专业的外文书刊。

以上研究人员(除高等师范院校毕业已修过教育学、心理学课程外)均须经过高等教育学、心理学、大学教学法等课程的培训,成绩合格。

3.副研究员:

大学本科毕业及其以上学历担任助理研究员职务五年以上,或获得博士学位且担任助理研究员职务二年以上,任现职以来,全面完成助理研究员工作任务,能履行和胜任助理研究员职责,除符合有关文件规定的任职条件外,还须具备下列七项条件中的两项条件(其中第 1 项为必备条件):

(1)每年均完成额定科研工作量,在公开发行的学术刊物(均须有 CN 刊号,下同)上至少发表二篇学术论文(其中社会科学研究人员均须独立撰写或第一作者署名,自然科学研究人员至少有一篇是独立撰写或第一作者署名)。如编撰著作的,按校科技处和社科处的有关规定折算为相应工作量。

(2)自然科学研究人员在国家部委及其所属研究所和重点高等学校,全国一、二级学科学会,中国(社会)科学院所属研究所主办的全国核心学术刊物(须有 CN 刊号,简称“核心刊物”,下同)上至少发表四篇学术论文(独立撰写或第一作者署名,下同),其中至少有一篇学术论文在全国一、二级学科权威学术刊物(简称“权威刊物”,下同)上发表;

社会科学研究人员在核心刊物上至少发表六篇学术论文,其中至少有一篇学术论文在权威刊物上发表。

(3)在核心刊物上至少发表二篇学术论文,并正式出版有较高学术水平的专著十万字以上(不累计;若累计,专著须有二十万字以上),编著或译著十五万字以上(不累计,译著仅限语言专业研究人员翻译的学术专著或世界名著,下同)。

(4)在核心刊物上至少发表二篇学术论文,并获得国家级、省部级四等成果奖(仅限发明奖、自然科学奖、科技进步奖、星火奖及社会科学优秀成果奖),为主要贡献者(仅限前三名,如获高一奖级的科技成果奖,限前四名,如获得两项同级奖的第四名,可视为一项此级奖的第三名,下同)。

(5)在核心刊物上至少发表二篇学术论文,并至少有一项科学技术成果经省部级及其以上单位主持鉴定,达到国内先进水平并取得突出的经济效益(须附有关单位财务部门证明,下同)。

(6)在核心刊物上至少发表两篇学术论文,并在科技开发中取得至少两项国家发明专利(仅限前两名,下同)。

(7)在核心刊物上至少发表三篇学术论文,并获得国家自然科学基金、国家社会科学基金或国家重大攻关项目,为课题组长或第一主要合作者;或教育部重点项目,为课题组长或第一主要合作者;或获得省自然科学基金、省社会科学基金、省重点攻关项目或厦门市重点项目,为课题组长。

4.研究员:

担任副研究员职务五年以上,任现职以来,除具备有关文件规定的任职条件外,还须具备下列七项中的两项条件(其中第1项为必备条件):

(1)全面完成副研究员工作任务,履行和胜任副研究员职责,每年均完成额定科研工作量并在公开发行的学术刊物上至少发表三篇学术论文(其中社会科学研究人员均须独立撰写或第一作者署名,自然科学研究人员至少有一半以上是独立撰写或第一作者署名)。如编撰著作的,按校科技处和社科处的有关规定折算为相应工作量。

(2)自然科学研究人员在核心刊物上至少发表八篇学术论文,并具备下列两项条件:

①八篇中有一篇学术论文发表在国际发行的外文刊物上;

②八篇中有两篇学术论文被SCI、EI收录,或有四篇学术论文发表在权威刊物或国际"学术榜"刊物上,或一篇学术论文被SCI、EI收录和两篇学术论文发表在权威刊物上;社会科学研究人员在核心刊物上至少发表十篇学术论文,其中在权威刊物上至少发表四篇学术论文。

(3)在核心刊物上至少发表五篇学术论文(其中在权威刊物上至少发表两篇学术论文,自然科学研究人员须有一篇学术论文发表在国际发行的外文刊物上),并正式出版过专著十五万字以上(不累计;若累计,专著须有二十五万字以上),或编著、译著二十万字以上。

(4)在核心刊物上至少发表三篇学术论文(其中在权威刊物上至少发表一篇学术论文,自然科学研究人员须有一篇学术论文发表在国际发行的外文刊物上),并获得国家级四等、省部级三等成果奖,为主要贡献者。

(5)在核心刊物上至少发表三篇学术论文(其中在权威刊物上至少发表一篇学术论文,自然科学研究人员须有一篇学术论文发表在国际发行的外文刊物上),并有两项科学技术成果经国家级鉴定,达到国内领先水平或国际先进水平并取得显著的经济效益。

(6)在核心刊物上至少发表三篇学术论文(其中在权威刊物上至少发表一篇学术论文,自然科学研究人员须有一篇学术论文发表在国际发行的外文刊物上),并在科技开发中取得至少两项国家发明专利。

(7)在核心刊物上至少发表四篇学术论文(其中至少有两篇学术论文发表在权威刊物上,自然科学研究人员须有一篇学术论文发表在国际发行的外文刊物上),并获得国家自然科学基金、国家社会科学基金或国家重大攻关项目,为课题组长或第一主要合作者;或教育部重点项目,为课题组长;或获得两项省自然科学基金、省社会科学基金、省重点攻关项目或厦门市重点项目,为课题组长。

2000年起社会科学研究人员原则上须有一篇学术论文发表在国际发行的外文刊物上。

(三)破格晋升各级职务

对在研究工作中取得突出成绩的人员,其研究成果相当卓著,经考察表明能履行和胜任高一级职务的职责,可不受学历、任职年限规定的限制破格晋升高一级职务。

破格晋升各级职务的研究人员任现职期间必须在全面完成所规定的科研工作量的基础上,并且符合下列相应职务的破格晋升条件。

1.破格晋升助理研究员

不具备规定学历担任研究实习员职务七年以上破格晋升助理研究员,任现职以来,除符合有关文件规定的任职条件外,还须具备下列两项条件:

(1)每年超额完成额定科研工作量,年度工作考核至少有两次为优或一次优和一次校级教学、科研奖,其他为良;

(2)在公开发行的学术刊物上至少发表七篇学术论文,其中在核心刊物上至少发表二篇学术论文(独立撰写或为第一作者);或正式出版编著、译著十万字以上或正式出版专著累计十五万字以上(其中至少有一本专著本人撰写七万字以上);或获得省级及以上科技成果奖的主要贡献者(仅限前三名)。

2.破格晋升副研究员职务:

担任助理研究员职务超过三年但不满五年或获得博士学位担任助理研究员一年以上不满两年超前晋升副研究员,或不具备规定学历(含大学本科毕业未修完研究生六门主要课程)破格晋升副研究员职务,任现职以来,除符合有关文件规定的任职条件外,还须具备下列八项条件中的三项条件(越级晋升或不具备规定学历且超前晋升者须具备下列八项条件中的四项条件),其中第(1)项均为必备条件:

(1)每年超额完成额定科研工作量,年度考核至少有两次为优或一次优和一次校级教学、科研奖(获得博士学位的助理研究员年度考核有一次优),其他为良。

(2)自然科学研究人员在核心刊物上至少发表六篇学术论文,其中至少有一篇学术论文被SCI、EI收录或至少有三篇学术论文在权威刊物或国际“学术榜”刊物上发表;社会科学研究人员在核心刊物上至少发表八篇学术论文,其中在权威刊物上至少发表三篇学术论文。

(3)在核心刊物上发表五篇学术论文(其中在权威刊物上至少发表两篇学术论文),并正式出版过专著十五万字以上(不累计;若累计,专著须有二十五万字以上),或编著、译著二十万字以上。

(4)在核心刊物上发表三篇学术论文(其中在权威刊物上至少发表一篇学术论文),并获国家级四等、省部级三等成果奖,为主要贡献者。

(5)在核心刊物上发表三篇学术论文(其中在权威刊物上至少发表一篇学术论文),并在科技开发中取得至少两项国家发明专利。

(6)在核心刊物上发表三篇学术论文(其中在权威刊物上至少发表一篇学术论文),并承担且已完成省部委重点项目(仅限前两名),国家重点项目(仅限前三名),并已通过省部级及其以上单位主持鉴定,达到国内领先水平,为主要贡献者(须附基金项目申请书影印件及鉴定材料等证明材料,下同)。

(7)在核心刊物上至少发表三篇学术论文(其中在权威刊物上至少发表一篇学术论文),并获得国家或省政府表彰的有突出贡献的专家称号。

(8)在核心刊物上至少发表三篇学术论文(其中在权威刊物上至少发表一篇学术论文),并获得国家自然科学基金、国家社会科学基金或国家重大攻关项目,为课题组长或第一主要合作者;或教育部重点项目,为课题组长或第一主要合作者。

上述破格晋升条件第(2)至(8)项中某一项条件特别突出(即为本项条件加倍量或高一等级奖项)时,可酌情减少一项条件。

[注:当选择第(3)至(8)项之一和第(2)项作为破格条件时,第(3)至(8)项中的学术论文可不作要求,否则各项学术论文数须累加。]

3.破格晋升研究员职务

担任副研究员职务超过二年但不满五年超前晋升研究员职务或虽任职年限已满五年但参加全校统评研究员职务者,任现职以来,除符合有关文件规定的任职条件外,还须具备下列七项条件中的三项条件[越级晋升研究员职务,或作为优秀中青年骨干教师晋升研究员职务者(简称选优对象)须具备四项条件],其中第(1)项为必备条件:

(1)每年均超额完成额定科研工作量,年度考核至少有两次为优或一次优和一次校级教学、科研奖,其他为良。

(2)自然科学研究人员在核心刊物上至少发表十篇学术论文,并具备下列两项条件:

①至少有一篇学术论文发表在国际发行的外文刊物上;

②至少有三篇学术论文被SCI、EI收录,或至少有六篇学术论文发表在权威刊物或国际“学术榜”刊

物上，或有一(二)篇学术论文被 SCI、EI 收录和四(二)篇学术论文发表在权威刊物或国际“学术榜”刊物上；社会科学研究人员在核心刊物上至少发表十二篇学术论文，其中至少有六篇学术论文发表在权威刊物上。

(3)在核心刊物上至少发表七篇学术论文(其中在权威刊物上至少发表三篇学术论文，自然科学研究人员须有一篇学术论文发表在国际发行的外文刊物上)，并正式出版过专著二十万字以上(不累计；若累计，专著须有三十五万以上)，或编著、译著三十万字以上。

(4)在核心刊物上至少发表四篇学术论文(其中在权威刊物上至少发表二篇学术论文，自然科学研究人员须有一篇学术论文发表在国际发行的外文刊物上)，并获得国家级三等、省部级二等成果奖，为主要贡献者。

(5)在核心刊物上至少发表四篇学术论文(其中在权威刊物上至少发表二篇学术论文，自然科学研究人员须有一篇学术论文发表在国际发行的外文刊物上)，并在科技开发中取得至少三项国家发明专利。

(6)在核心刊物上至少发表四篇学术论文(其中在权威刊物上至少发表二篇学术论文，自然科学研究人员须有一篇学术论文发表在国际发行的外文刊物上)，并承担且已完成国家重点项目(仅限前两名)，经国家鉴定，达到国际先进水平，为主要贡献者。

(7)在核心刊物上至少发表四篇学术论文(其中在权威刊物上至少发表二篇学术论文，自然科学研究人员须有一篇学术论文发表在国际发行的外文刊物上)，并获得国家表彰的有突出贡献的专家称号。

(8)在核心刊物上至少发表五篇学术论文(其中至少有三篇学术论文发表在权威刊物上，自然科学研究人员须有一篇学术论文发表在国际发行的外文刊物上)，并获得国家自然科学基金、国家社会科学基金或国家重大攻关项目，为课题组长或第一主要合作者；或教育部重点项目，为课题组长。

2000 年起社会科学研究人员原则上须有一篇学术论文发表在国际发行的外文刊物上。

上述破格晋升条件第(2)至(8)项中某一项条件特别突出(即为本项条件加倍量或高一等级奖项)时，可酌情减少一项条件。

[注：当选择第(3)至(8)项之一和第(2)项作为破格条件时，第(3)至(8)项中的学术论文可不作要求，否则各项学术论文数须累加。]

(四)评聘专职科研人员职务的工作量要求

根据有关文件规定，研究人员晋升职务时必须完成规定的工作量，其工作量参照《厦门大学专职科研编制定额分配与聘任试行办法》中相应的方法计算。

研究系列人员担任教学工作，任职期间其教学工作量平均每年达到教师相应职务额定教学工作量(指标准课内学时)的 70%，方可申请教学系列的相应职务任职资格。

自 1993 年校内管理体制改革实施之日起，评定研究人员职务工作中任职年限的计算严格按全聘者算一年；试聘、缓聘或不聘者不计算其任职年限。

(五)外语水平的要求

根据《试行条例》中有关外语水平的规定，按各级职务不同的外语要求由学校统一组织考试，考试合格或及格者才能参加申报高一级职务任职资格。

1997 年起外语考试按厦大职改[1996]28 号文规定执行。

四、外校调入专职研究人员职务任职资格的确认

参照《厦门大学实行〈高等学校教师职务试行条例〉的实施意见》的规定执行。

五、从其他系列职务转定专职科研人员职务的要求

从其他系列职务转定专职科研人员职务的要求参照《厦门大学实行〈高等学校教师职务试行条例〉的实施意见》执行。

六、校长特批

凡教学、科研等各方面工作成绩特别突出且学科建设需要的优秀人才或引进学科建设急需的优秀人才,可由校长特批其相应职务任职资格。

七、其他

(一)研究人员职务的评定程序按照教师职务评审程序,在评聘工作中,应注意政治思想条件,坚持标准,保证质量,宁缺毋滥,择优评聘。

(二)凡本实施意见没有详细规定的有关问题参照《厦门大学实行〈高等学校教师职务试行条例〉的实施意见》执行。

(三)本实施意见自公布之日起实施,以前的规定若与本实施意见不符,按本实施意见执行。

(四)本实施意见由校职改领导小组解释。

附件一:全国一、二级学科权威学术刊物目录

一、人文社会科学:

序号	期刊名称	序号	期刊名称
QW1	哲学研究	QW2	世界宗教研究
QW3	自然辩证法研究	QW4	科学学研究
QW5	经济研究	QW6	经济学动态
QW7	中国经济史研究	QW8	世界经济
QW9	财政研究	QW10	金融研究
QW11	保险研究	QW12	国际金融研究
QW13	中国工业经济	QW14	农业经济问题
QW15	国际贸易问题	QW16	商业经济研究
QW17	投资研究	QW18	中国劳动科学
QW19	统计研究	QW20	会计研究
QW21	审计研究	QW22	管理世界
QW23	企业管理	QW24	数量经济技术经济研究
QW25	中国法学	QW26	法学研究
QW27	政法论坛	QW28	现代法学
QW29	政治学研究	QW30	中共党史研究
QW31	科学社会主义(中国科社学会)	QW32	国际问题研究
QW33	中国行政管理(理论栏)	QW34	人口研究

续表

序号	期刊名称	序号	期刊名称
QW35	社会学研究	QW36	中国广播电视学刊(理论栏)
QW37	新闻与传播研究	QW38	教育研究
QW39	民族研究	QW40	心理学报
QW41	高等教育研究	QW42	文学评论
QW43	体育科学	QW44	中国语文
QW45	文学遗产	QW46	外语教学与研究
QW47	古汉语研究	QW48	外国文学研究
QW49	外国语	QW50	文艺研究
QW51	外国文学评论	QW52	美术(理论栏)
QW53	音乐研究	QW54	美术史论
QW55	中国戏剧(理论栏)	QW56	历史研究
QW57	中国音乐学	QW58	世界历史
QW59	考古学报	QW60	近代史研究
QW61	中国史研究	QW62	高校理论战线
QW63	中国社会科学	QW64	学术月刊
QW65	求是	QW66	人民日报(理论版)
QW67	光明日报(理论版)	QW68	文艺报(理论版)
QW69	CHINADIALY(理论版)		

二、自然科学:

序号	期刊名称	序号	期刊名称
QL01	数学学报	QL02	计算数学
QL03	应用数学学报	QL04	数学年刊
QL05	物理学报	QL06	光学学报
QL07	半导体学报	QL08	力学学报
QL09	声学学报	QL10	发光学报
QL11	化学学报	QL12	高等学校化学学报
QL13	分析化学	QL14	物理化学学报
QL15	有机化学	QL16	高分子学报
QL17	环境化学	QL18	无机化学学报
QL19	化学物理学报	QL20	应用化学
QL21	植物学报	QL22	动物学报
QL23	微生物学报	QL24	生物化学杂志
QL25	生物工程学报	QL26	生物物理学报
QL27	人类学学报	QL28	海洋学报

续表

序号	期刊名称	序号	期刊名称
QL29	海洋科学	QL30	水生生物学报
QL31	水产学报	QL32	生态学报
QL33	环境科学学报	QL34	海洋与湖沼
QL35	化工学报	QL36	化学工程
QL37	电子学报	QL38	通信学报
QL39	计算机学报	QL40	软件学报
QL41	计算机研究与发展	QL42	建筑学报
QL43	建筑结构学报	QL44	土木工程学报
QL45	分析仪器	QL46	机械工程学报
QL47	系统科学与数学	QL48	控制理论与应用
QL49	自动化学报	QL50	系统工程理论与实践
QL51	航空学报	QL52	中国科学
QL53	科学通报	QL54	仪器仪表学报
QL55	空气动力学学报	QL56	地质学报
QL57	地理学报	QL58	气象学报
QL59	生理学报	QL60	中医杂志
QL61	运筹学学报	QL62	数理统计与应用概率

附件二:全国核心学术刊物目录

一、人文社会科学:

序号	期刊名称	序号	期刊名称
HW001	道德与文明	HW002	毛泽东思想研究
HW003	国外政治学	HW004	社会主义研究(华中师大))
HW005	城乡建设(北京)	HW006	孔子研究
HW007	文史哲	HW008	哲学动态
HW009	科学技术与辩证法	HW010	科学学与科学技术管理
HW011	未来与发展	HW012	党史研究资料
HW013	世界经济与政治	HW014	国际共运史
HW015	中外法学	HW016	法学评论
HW017	法学	HW018	法律科学
HW019	政治与法律	HW020	比较法研究
HW021	经济法制	HW022	法学杂志
HW023	方言	HW024	古汉语研究
HW025	辞书研究	HW026	语言研究
HW027	文艺理论研究	HW028	文艺理论与批评

续表

序号	期刊名称	序号	期刊名称
HW029	世界文学	HW030	外国文学研究
HW031	戏剧	HW032	戏剧艺术
HW033	小说评论	HW034	世界汉语教学
HW035	中国广播电视学刊	HW036	国际新闻界
HW037	新闻大学	HW038	新闻研究资料
HW039	外国文学	HW040	国外文学
HW041	当代外国文学	HW042	外语研究
HW043	中国翻译	HW044	中国俄语教学
HW045	日语学习与研究	HW046	中国书法
HW047	美苑	HW048	新美术
HW049	装饰	HW050	美术研究
HW051	人民音乐	HW052	乐器
HW053	中国戏剧	HW054	北京体育大学学报
HW055	上海体院学报	HW056	武汉体院学报
HW057	天津体院学报	HW058	现代军事
HW059	成都体院学报	HW060	比较教育研究
HW061	中国高教研究	HW062	心理学动态
HW063	心理科学	HW064	中国心理卫生(杂志)
HW065	世界农业	HW066	台湾研究集刊
HW067	史学史研究	HW068	现代国际关系
HW069	中国社会经济史研究	HW070	历史档案
HW071	考古	HW072	民族语文
HW073	文物	HW074	人口与经济
HW075	中国人口科学	HW076	经济管理
HW077	人口学刊	HW078	行为科学
HW079	现代企业导刊	HW080	财务与会计
HW081	财贸经济	HW082	质量管理
HW083	改革	HW084	国际经济合作
HW085	财经研究	HW086	中国农村经济
HW087	经济学家	HW088	中国经济问题
HW089	经济科学	HW090	国际贸易
HW091	财政	HW092	商业经济管理
HW093	财经问题研究	HW094	税务研究
HW095	中国税务	HW096	涉外税务
HW097	国际金融	HW098	统计与决策

续表

序号	期刊名称	序号	期刊名称
HW099	中国统计	HW100	统计教育
HW101	统计与预测	HW102	中国投资管理
HW103	应用概率统计	HW104	中国审计
HW105	当代经济	HW106	财会通讯
HW107	审计理论与实践	HW108	价格理论与实践
HW109	国外社会科学	HW110	北京师大·社会科学版
HW111	北京大学学报·哲社版	HW112	华东师大学报·哲社版
HW113	复旦学报·社会科学版	HW114	吉林大学社会科学学报
HW115	华中师大学报·哲社版	HW116	南京大学学报·哲社版
HW117	兰州大学学报·社科版	HW118	清华大学学报·哲社版
HW119	南开学报·哲社版	HW120	西北师大学报·社科版
HW121	四川大学学报·哲社版	HW122	西南师大学报·哲社版
HW123	厦门大学学报·哲社版	HW124i	中国人民大学学报
HW125	浙江大学学报·社科版	HW126;	中山大学学报·社会版
HW127	中国社科院研究生院学报	HW128	社会科学战线
HW129	新华文摘(不含论点摘编)	HW130	现代外语
HW131	旅游学刊	HW132	教学与研究
HW133	外语界	HW134	中国体育科技
HW135	中国学校体育	HW136	高等师范教育研究
HW137	清华大学教育研究	HW138	外国教育研究
HW139	高等工程教育研究	HW140	中国教育学刊
HW141	教育研究与实验	HW142	教育与经济
HW143	心理发展与教育	HW144	黄钟
HW145	中央音乐学院学报	HW146	北京中医药大学学报
HW147	音乐艺术	HW148	国外语言学
HW149	中国中药杂志	HW150	汉字文化
HW151	语文建设	HW152	美国研究
HW153	中草药	HW154	经济地理
HW155	中国地方志	HW156	潦望
HW157	台声	HW158	中国史研究动态
HW159	现代国际关系	HW160	民国档案
HW161	史学理论研究	HW162	清史研究
HW163	史学集刊	HW164	中国人才
HW165	中国农史	HW166	法商研究
HW167	青年研究	HW168	新闻战线

续表

序号	期刊名称	序号	期刊名称
HW169	法学家	HW170	新闻界
HW171	中国读者	HW172	新文学史料
HW173	现代广播	HW174	语言文字应用
HW175	中国现代文学研究丛刊	HW176	经济改革与发展
HW177	民族文学研究	HW178	宏观经济管理
HW179	经济评论	HW180	中国工业经济研究
HW181	中国土地	HW182	经济理论与经济管理
HW183	南开经济研究	HW184	欧洲
HW185	世界经济文汇	HW186	国际商务
HW187	国际金融导刊	HW188	亚太研究
HW189	外语与外语教学	HW190	中国金融
HW191	农村金融研究	HW192	人口与计划生育
HW193	中国保险	HW194	译林
HW195	外语电化教学	HW196	华人华侨历史研究
HW197	俄罗斯文艺	HW198	马克思主义与现实
HW199	国有资产研究	HW200	中国边疆史地研究
HW201	信息系统研究	HW202	世界民族
HW203	台湾研究	HW204	现代广告
HW205	中国音乐教育	HW206	文史
HW207	中国典籍与文化	HW208	民商法论丛
HW209	中国军事科学	HW210	法制日报(理论版)

二、自然科学:

序号	期刊名称	序号	期刊名称
HL001	中西医结合杂志	HL002	中国针灸
HL003	中国医药学报	HL004	城市规划
HL005	新建筑	HL006	力学进展
HL007	建筑结构	HL008	世界建筑
HL009	电子科学学刊	HL010	电视技术
HL011	电信科学	HL012	电子测量技术
HL013	电声技术	HL014	通信技术与发展
HL015	电信技术	HL016	电力电子技术
HL017	电子技术应用	HL018	小型微型计算机系统
HL019	计算机应用与软件	HL020	计算机科学
HL021	信息与控制	HL022	中文信息报

续表

HL023	控制与决策	HL024	模式识别与人工智能
HL025	机器人	HL026	工业仪表与自动化装置
HL027	冶金自动化	HL028	电气自动化
HL029	预测	HL030	机械设计
HL031	液压与气动	HL032	组合机床与自动化加工
HL033	新技术工艺	HL034	电加工
HL035	机床与液压	HL036	微型机与应用
HL037	机械设计与制造	HL038	中国激光
HL039	分析测试通报	HL040	电测与仪表
HL041	仪表技术与传感器	HL042	真空
HL043	自动化仪表	HL044	激光杂志
HL045	应用激光	HL046	无损检测
HL047	激光与红外	HL048	航空动力学报
HL049	航空制造工程	HL050	化学通报
HL051	中国稀土学报	HL052	生物学通报
HL053	计算机与应用化学	HL054	石油学报(石油加工)
HL055	化工进展	HL056	石油化工
HL057	天然气化工	HL058	化工环保
HL059	化学反应工程与工艺	HL060	离子交换与吸附
HL061	数学进展	HL062	数学通报
HL063	数学物理学报	HL064	数学研究与评论
HL065	高等学校计算数学学报	HL066	应用概率统计
HL067	数理统计与管理	HL068	数值计算与计算机应用
HL069	生物数学学报	HL070	应用数学与力学
HL071	工程热物理学报	HL072	太阳能学报
HL073	高能物理与核物理	HL074	物理学报
HL075	光学学报	HL076	光谱学与光谱分析
HL077	光电子激光	HL078	量子电子学
HL079	大学物理	HL080	物理
HL081	微波学报	HL082	固体电子学
HL083	半导体光电	HL084	固体电子学研究与进展
HL085	计算物理	HL086	红外与毫米波学报
HL087	生物化学与生物物理学报	HL088	中国实用菌
HL089	工业微生物	HL090	中国人兽共患病杂志
HL091	食品科学	HL092	寄生虫与医学昆虫学报
HL093	动物学杂志	HL094	中国农业科学

续表

HL095	动物分类学报	HL096	畜牧兽医学报
HL097	植物生理学报	HL098	遗传学报
HL099	中国医学科学院杂志	HL100	细胞生物学杂志
HL101	中华肿瘤杂志	HL102	实验生物学报
HL103	中华病理学杂志	HL104	药学学报
HL105	中国药理学学报	HL106	中华微生物和免疫学杂志
HL107	中国药理学与毒理学杂志	HL108	中华医学杂志
HL109	癌症	HL110	中国免疫学杂志
HL111	生物化学与生物物理进展	HL112	生物学通报
HL113	应用声学	HL114	环境污染与防治
HL115	海洋环境科学	HL116	热带海洋
HL117	海洋技术	HL118	台湾海峡
HL119	环境科学	HL120	海洋工程
HL121	中国环境科学	HL122	色谱
HL123	北京大学学报·自然版	HL124	北京师大学报·自然版
HL125	重庆大学学报	HL126	大连理工大学学报
HL127	东北师大学报·自然版	HL128	复旦大学学报·自然版
HL129	华东理工大学学报	HL130	华东师大学报·自然版
HL131	华南理工大学学报·自然版	HL132	华南师大学报·自然版
HL133	华中师大学报	HL134	吉林大学自然科学学报
HL135	南京大学学报·自然版	HL136	南开大学学报·自然版
HL137	清华大学学报·自然版	HL138	山东大学学报·自然版
HL139	上海交大学报·自然版	HL140	四川大学学报·自然版
HL141	天津大学学报·自然版	HL142	同济大学学报·自然版
HL143	武汉大学学报·自然版	HL144	西安交大学报
HL145	西北工业大学学报	HL146	厦门大学学报·自然版
HL147	浙江大学学报	HL148	中国科技大学学报
HL149	中国科技大学研究生院学报	HL150	中国科学院研究生院学报
HL151	昆虫学报	HL152	中山大学学报·自然版
HL153	计算机辅助设计与图形学报	HL154	病毒学报
HL155	中华传染病杂志	HL156	中国农业科学
HL157	中华流行病学杂志	HL158	波普学杂志
HL159	地质科学	HL160	沉积学报
HL161	计量学报	HL162	大气科学
HL163	工程力学	HL164	核化学与放射化学
HL165	北京航空航天大学学报	HL166	实验力学

续表

HL167	新中医	HL168	硅酸盐学报
HL169	中成药	HL170	中国生物医学工程学报
HL171	流体机械	HL172	电力系统自动化
HL173	电气传动	HL174	电网技术
HL175	船舶工程	HL176	电力建设
HL177	航海技术	HL178	中国造船
HL179	南京航空航天大学学报	HL180	中国航海
HL181	航空工艺技术	HL182	西北工业大学学报
HL183	应用力学学报	HL184	飞行力学
HL185	低温物理学报	HL186	气动实验与测量控制
HL187	半导体技术	HL188	推进技术
HL189	激光技术	HL190	低温与超导
HL191	生态学杂志	HL192	光通信技术
HL193	气象	HL194	应用气象学报
HL195	环境工程	HL196	海洋通报
HL197	黄渤海海洋	HL198	核化学与放射化学
HL199	海湖盐与化工	HL200	地球化学
HL201	核技术	HL202	自然资源学报
HL203	环境保护	HL204	海洋地质与第四纪地质
HL205	兵工学报	HL206	海洋开发与管理
HL207	液压气动与密封	HL208	自然资源
HL209	制造技术与机床	HL210	水动力学研究与发展
HL211	机床与液压	HL212	机械工程技术
HL213	建筑技术	HL214	模具工业
HL215	材料研究学报	HL216	机械传动
HL217	金属学报	HL218	工程力学
HL219	矿油炼制与化工	HL220	太阳能学报
HL221	高分子材料科学与工程	HL222	功能材料
HL223	中华骨科杂志	HL224	无机材料学报
HL225	微生物学通报	HL226	化工冶金
HL227	生理科学进展	HL228	结构化学
HL229	植物生理学通讯	HL230	中华放射学杂志
HL231	土壤学报	HL232	真菌学报
HL233	微电子学与计算机	HL234	植物生态学报
HL235	电子计算机外部设备	HL236	植物分类学报
HL237	微型计算机	HL238	计算机辅助设计与图形学报

续表

HL239	计算机工程与应用	HL240	计算机工程
HL241	照明工程学报	HL242	计算机工程与设计
HL243	中国海洋文集	HL244	大学化学
HL245	中医教育		

——本文摘录自《关于印发〈厦门大学实行《高等学校教师职务试行条例》的实施意见〉和〈厦门大学评聘专职科研人员职务实施意见〉的通知》,厦大职改[1998]07 号,档号 1998-XZ10-3

厦门大学关于教师职务评审程序若干规定

（1998 年 6 月 30 日）

改革职称评定，实行专业技术职务聘任制，是专业技术人员管理制度的一项重大改革。评审教师职务的工作政策性强，涉及面广。为了引入竞争机制，促进公开、平等的竞争，增加教师职务评审工作的透明度，进一步改进和完善教师职务评审程序，现根据中央和省职改工作的有关文件精神，结合我校实际情况将 1997 年《厦门大学关于教师职务评审程序的若干规定》修订如下：

一、本人申报，群众评议

（一）申请晋升教师（含专任教师、研究人员和专职从事学生思想政治教育干部）职务需由本人提出。申请人在任现职期间，每年度工作考核结果均必须是优（特等、一等，下同）良（二等，下同），同时每年政治思想表现考核结果必须为 A、B。

申报统评教授（研究员）职务者、破格晋升职务者和选优对象，任现职以来年度工作考核至少有二次为优，其他为良，同时每年政治思想表现考核结果必须为 A、B。

凡当年工作考核结果未达到良者，或当年政治思想表现考核结果未达到 A、B 者，或任现职期间年度工作考核结果达到优良累计不足五次者，或任现职期间年度政治思想表现考核结果 A、B 累计不足五次者均不能申请晋升职务。

凡晋升高一级职务者，必须在校服务二年以上，方可调离学校、出国探亲或自费出国留学，否则取消其任职资格。

（二）所有申请人均需在《厦门大学专业技术人员晋升职务报名表》中填写基本情况并如实填写《厦门大学教师职务晋升申请表》，由各单位认真审查申请资格，并报校职改办进行申请资格复查。经复查符合申请条件者应填写《厦门大学申请晋升讲师（助研）职务简明表》或《厦门大学申请晋升教师高级职务简明表》（简称“简明表”）。

（三）申请者经所在教研室（组）或研究室全体教师评议（必要时申请者可先到会简要介绍本人的思想政治表现、工作态度和成绩、教学科研成果等情况），教研室（组）或研究室领导在听取群众意见的基础上，对照相应职务任职条件写出书面意见，并送交所在单位（系、所）考核推荐小组。

（四）各单位在考核前三天应将所有申请人的“简明表”在本单位内张榜公布。凡对申请人填写的内容有疑议的，应及时向单位考核小组或校职改办反映。

二、单位考核、推荐

（一）各单位负责人必须根据教学、科研人员相应职务任职条件，对每位申请人进行认真审查，凡不符合晋升条件者，不得参加考核、推荐，或经考核不符合晋升条件者不得向学校推荐。

（二）各单位召开考核推荐小组会议之前，应先对符合晋升条件者任现职以来各年度考核结果（包括教学积分、科研积分和党政兼职及其他工作积分的总和）进行平均，并以此平均分进行排序。

（三）凡申请破格晋升者或优秀中青年骨干教师的选拔，须经所在单位考核推荐小组先进行无记名投票表决,凡赞成票数达到出席成员的三分之二及其以上者,方能与其他申请者一起表决、推荐。

(四)各单位召开考核推荐小组会议时,申请者应先到会汇报本人的思想政治表现,工作态度和成绩,教学科研成果等情况及本人各年度工作考核结果。考核推荐小组成员对每位申请者的"简明表"认真审阅并进行民主评议,然后结合申请人的各年度工作考核平均结果进行无记名投票表决(以本单位推荐人数为表决数)。凡赞成票数达到出席会议成员的二分之一以上(不含二分之一)者,方可通过作为推荐对象,并以赞成票数高低为序,从高至低取足推荐人数。若最后一个推荐名额有两人或两人以上获得相同赞成票数时,取年度工作考核平均分较高者为推荐对象。若符合晋升条件的申请人超过本单位推荐人数的150%且赞成票数超过二分之一者未达到推荐人数时,可按余额的1.5倍对未获得二分之一(含二分之一)赞成票数者中票数较高者进行再次投票表决,并以上述办法确定推荐对象。若仍未取足推荐人数时,则不再推荐。若符合晋升条件的申请人未超过本单位推荐人数的150%时,虽赞成票数超过二分之一者未达到推荐人数,也不再推荐。

(五)各单位晋升高级职务的推荐人数为本单位可晋升岗位数的150%以内,晋升中级职务的推荐人数为本单位可晋升岗位数以内。推荐名单张榜公布并报校职改办。

(六)各单位推荐的各类型申请人,若经学校复审后,不符合晋升条件者,不得送审,且各单位不得递补。

三、代表作送审

(一)各单位推荐的拟晋升高级职务的申请者,应提交任现职以来正式发表的科学论文、著作和技术成果一式一套,其中指定为代表性的论文(独立撰写或第一作者署名)和著作(2～3篇、本),申报正高职务者须提交一式三套,申报副高职务者须提交一式二套。

(二)申请晋升教授(研究员)职务者的代表作应送三位教授级同行专家鉴定,其中至少有一位校外同行专家的鉴定。破格晋升副教授(副研究员)的代表作须送两位教授鉴定,其中至少有一位校外同行教授的鉴定。

(三)其他申请晋升副教授(副研究员)者的代表作,送两位校内外同行专家鉴定。

(四)学校无高级职务审定权的学科,申请者的代表作送审按省教委文件规定执行。

(五)晋升高级职务者的代表作由系主任(所长)指定同行专家鉴定。凡送校内同行专家鉴定的,由各系(所)办理送审工作;凡送校外同行专家鉴定的,由各系(所)整理好需送审的材料,送校职改办审核后由各单位办理。同行专家鉴定意见(须将专家姓名覆盖)由各系(所)打印所需的份数。

代表作送审时,应回避与申请者共同撰写该篇论著的合作者和申请者的导师。

(六)送审代表作的要求

1.晋升教授(研究员)的代表作必须是任现职以来在公开发行的学术刊物上发表的科学论文或正式出版的专著、教科书,或在科学研究上有重大发明创造的成果。

晋升副教授(副研究员)的代表作必须是任现职以来,在公开发行的学术刊物上发表的科学论文或正式出版的专著、教科书,或参加国际学术讨论会议并在大会宣读且被收入论文集正式出版的论文,或对促进科学研究和社会经济发展做出重要贡献的成果,或在革新实验技术设备和实验室建设方面取得的成果。

未经正式出版、发表的专著、教科书、论文或虽正式发表但非学术论文,未获奖或未经正式鉴定的成果,以及非大学本科使用教科书或讲义均不能作为代表作。

凡以合撰的著作、教科书、译著作为代表作时,必须明确划出本人撰写部分,送同行专家鉴定,否则专家鉴定意见无效,且不得参评,后果自负。

2.对大学本科毕业后从事高等学校公共课、基础课教学十五年以上的教师符合下列三项条件时,晋升副教授的代表作要求可适当放宽:

(1)近五年来,每年均满教学工作量,教学效果优秀;

(2)在学术刊物(须有CN刊号或准印证)或正式出版的论文集上至少发表一篇教学研究论文;

(3)任现职期间,年度工作考核有一年考核成绩优秀;或获一次校优秀教师或教书育人先进个人;或获省优秀教师称号;或获省教委优秀教学成果奖。

所谓代表作的要求可适当放宽,即下列论文和教材可作为代表作:

①撰写的教学改革、教学经验、专业学术论文,在全国学术会议或全国教学经验交流会上宣读或在内部交流的刊物上发表,经同行专家鉴定具有较高水平;

②编写十万字以上的教材(讲义),经学校教学管理部门批准在校内使用二轮以上,学生反映较好,经同行专家鉴定具有较高水平。

3.艺术专业教师晋升高级职务时,正式刊物上发表的作品可作为代表作之一,还必须至少有一篇在公开发行(均须有"CN"刊号)的学术刊物上正式发表的学术论文作为代表作。

4.工科或应用学科晋升副高级职务时,经鉴定达到国内先进水平的技术成果可作为代表作之一,但还必须至少有一篇在公开发行的学术刊物上正式发表的学术论文作为代表作。

5.经校教师职务评委会或学科组评审,如属本单位有职务定额而未通过者,第二年申请时,必须重新送审代表作(其中至少有一篇论文是否决后正式发表的),如属本单位职务定额限制而未通过者,其代表作是否重新送审,由本人决定。上述两种情况在次年申请时,均必须有新成果(指上年否决后正式发表或出版的论著等)。

申请人的代表作的专家鉴定意见只能在二年内使用,第三年申请时必须重新送审。

四、学科评审组评审

学科评审组的职责是评审讲师(助研)任职资格;评审副教授(副研究员)任职资格,并报校评委会审定;评审教授(研究员)和破格晋升正副教授(正副研究员)、选优对象、无审定权学科的正副教授(正副研究员)任职资格,并向学校评委会推荐。

学科组在召开会议前二天应将申请者填写的《简明表》和所有成果集中展出,并请每位成员在此二天内安排时间审阅申请者的"简明表"、代表作及其他成果,并作好记录。

学科评审组应以民主程序进行工作。学科组召开评审会议时,申请副教授(副研究员)者应到会简要汇报本人在教学科研工作方面取得的成果和今后的打算,申请晋升教授(研究员)职务者应到会简要汇报本人的研究方向、取得的成果、该研究方向国内最高水平及本人所处学术水平。学科组成员对申请人有权提出质疑,申请人应当面给予解答。

系(所)考核推荐小组应向学科组汇报表决结果和各年度工作考核平均分及需要说明的问题。

在此基础上,学科组应认真进行讨论、评审,重点评审申请者的教学情况(包括"校教学督导组"提拱的检查结果)、业务能力及学术水平,并以无记名投票方式进行表决。差额推荐的单位,先按申请人所在单位可晋升岗位数进行预表决,并以获得赞成票数高低为序,由高至低取足人数(等于可晋升岗位数),参加正式投票表决。若取至最后一个岗位有两人或两人以上获得相同赞成票数时,获得相同赞成票数者必须再次表决,其中较高赞成票数者参加正式表决。若再次获得相同赞成票数时,则均不能参加正式表决。等额推荐的,不进行预表决,直接进行正式表决。正式表决结果,凡获得到会成员三分之二及以上赞成票数者,方为通过。

凡经学科组评审通过的申请者,学科组应将其情况填入《评审结果汇总表》,送校职改办。

五、校教师职务评审委员会评审

校教师职务评审委员会(简称校评委会)分为校教师职务文科评审委员会和校教师职务理工科评审

委员会。校教师职务文科评审委员会和校教师职务理工科评审委员会的职责是分别审定文科和理工科副教授(副研究员)任职资格,评审文科和理工科教授(研究员)任职资格、破格晋升副教授任职资格和无审定权学科的正、副教授任职资格。

校评委会应以民主程序进行工作。

校评委会召开会议时,如有必要,请有关评审对象到会简要汇报本人教学、科研成果及这些成果的学术水平,以及今后打算。委员有权对申请人提出质疑,申请人应当面给予解答。"校教学督导组"提供的检查结果作为重要参考。

各学科组应向校评委会汇报本学科组评审情况和结果。对于学科组已评审通过的副教授(副研究员,不包括破格晋升对象及无审定权学科的副教授),在原则问题上群众没有反映意见,委员没有不同意见的,则可审定通过,不再投票表决;若在原则问题上,有群众反映(须调查核实)或委员有异议的,则需将其材料送每位委员审阅,必要时请该申请者到会简要述职,经认真评审后进行无记名投票表决。凡获得出席会议委员的三分之二及其以上赞成票数者,方为通过。

对于学科组已评审通过的教授(研究员)和破格晋升副教授(副研究员)以及无审定权学科的正、副教授,校评委会要认真进行评审,经过充分酝酿、评审后,以无记名投票方式进行表决。凡获得出席会议委员的三分之二及其以上赞成票数者,方为通过。

若学科组通过的统评教授人数、选优对象人数超过学校额定岗位数时,按上述差额方式表决。

六、校职改领导小组审批

根据国家人事部人职发[1991]8 号文和闽职改字[1993]19 号文精神,评审委员会的评审结果必须经校职改领导小组审核批准。

各级评审组织的评审结果中被否决的评审对象不再复议。但若在评审过程中有违反评审程序或违反评审纪律、或在任职条件认定上有明显差错的,或个别被否决的正常晋升对象已达到破格晋升其所申请职务条件且有岗位的,经校职改领导小组研究决定,可提交上一级评审组织复评,或提请校评审委员会复审。

学校有审定权的学科,晋升高一级职务者的任职资格从校职改领导小组审批之日起算。

学校无审定权学科高级职务任职资格须报福建省高等学校教师职务高级评审委员会评审并从福建省职改领导小组审批之日起算。

七、校教师职务评审委员会协调组

学校成立校教师职务评审委员会协调组(简称协调组)。协调组由校职改领导小组成员和文理科评审委员会正、副主任组成。其职责是协调文、理科评审委员会评审标准,研究处理评审过程中出现的重要问题等。

八、评审组织及其组成

(一)学校成立校教师职务文科评审委员会和校教师职务理工科评审委员会,两委员会又统称为校教师职务评审委员会。校评委会至少由二十五人组成,委员全部应具有正高级职务任职资格。委员中,中青年应占三分之一左右。

校评委会设立主任一人,副主任一至三人。

(二)校评委会下设若干学科评审组。学科评审组一般由九到十三人组成,学科评审组成员应具有高级职务任职资格,其中具有正高级职务任职资格的人数应为二分之一以上。学科评审组设组长一人,副组长一人。

(三)系(所)成立考核推荐小组。推荐小组一般由七至十一人组成。推荐小组成员由系级党政领导和具有高级职务任职资格的教师担任,但其中具有高级职务任职资格的成员不得少于三分之二。

(四)校评委会和各学科评审组由校职改领导小组组建,并报上级主管部门备案。

考核推荐小组由各系(所)党政领导研究提名,校职改领导小组批准组建。

凡申请晋升高一级职务者,一般不参加当年各级评审组织。

(五)各级评审组织召开会议时,必须有三分之二以上成员出席,会议结果方为有效。未出席评审会议的委员不得委托投票或评审会议后补投票。

(六)各级评审组织的成员任期一般为一年。

九、评审纪律

根据国家人事部人职发[1990]4 号等有关文件规定,各级评审组织的成员和申请者均必须严格遵守评审工作纪律。

(一)各级评审组织的成员[包括校评委会委员、学科评审组成员、系(所)考核推荐小组成员]必须认真学习和贯彻执行中央关于改革职称评定,实行专业技术职务聘任制的方针、政策、各项规定、《高等学校教师职务试行条例》和《厦门大学关于贯彻执行〈高等学校教师职务试行条例〉的实施意见》,严格把好质量关,必须认真执行"坚持标准,保证质量,全面考核,择优晋升"的原则,秉公办事,不徇私情,自觉遵守评审纪律,严守秘密,不准向外泄露有关评审情况,不得利用职便营私舞弊,违者应追究责任,并视情节轻重严肃处理,直至撤消评委、学科组成员或考核推荐小组成员资格。

(二)各级评审组织的记票人、唱票人、监票人均由评审组织成员推举产生。开票、计票应在会议室内当众进行。

(三)凡评审对象是校评委会[学科评审组,或系(所)考核推荐小组]成员或其亲属(父母、夫妻、子女、兄弟姐妹、女婿、儿媳等)时,考核评分、评审、投票表决等过程,本人应主动回避或被告知回避,计票基数需相应减少。

(四)申请者在进行申报和评审工作期间,不得本人或通过他人找各级评审组织的成员说情,不得打听鉴定本人代表作的专家,更不得找该专家说情。若有人举报并经查实确有违反规定者,将取消其本次申请资格,若已经评审委员会评审通过的亦将取消其任职资格。

(五)申请者在开展评审工作期间,有意见者可根据组织原则向本单位领导或直接向校职改办反映。反映意见必须实事求是,证据确凿。

(六)申请者应如实填报教学工作量和教学、科研成果(包括著作、教科书、学术论文和研究成果等,其中著作、教科书、学术论文必须是任现职期间正式出版社出版或公开发行的学术刊物上正式发表的或在人民日报、光明日报、文汇报和中国教育报理论版中发表的学术论文,研究成果必须有省级及其以上机关鉴定或获得省级及其以上机关奖励的),所有这些成果在申请时均必须提供原版材料一式一套。填报材料,经教研(研究)室和系(所)领导审核后,在本单位张榜公布。如发现有弄虚作假的,经查实后,将取消其当年和次年申请资格,若已经校评委会评审通过的,亦将取消其任职资格。

十、其他

(一)接近离退休年龄的教师申请晋升高一级职务问题。

鉴于教师职务的评审工作通常在下半年进行,凡属在开展评审工作的当年 7 月 1 日以后满离、退休年龄的教师可申请晋升高一级职务。

(二)申请人必须提交的材料有:简明表、外语考试成绩通知(或外语免试审批表复印件)、教学工作量计算表、学位证书(或进修硕士研究生主要课程成绩证明)复印件、获奖证书复印件,申请晋升高级职务者还须提交代表作及其他所有论著、技术成果、代表作送审审批表等。

各单位在考核推荐后,须将推荐对象的上述材料(除论著、技术成果和各单位送审的代表作外)各一份送校职改办。

(三)申请者填写“简明表”必须字迹清楚、工整。申请高级职务的“简明表”和专家评语须由各单位打印30份并装订好,申请中级职务的“简明表”可打印或复印15份。该复印件或打印的材料供评审时使用,各单位应另留一份备查。

凡申报统评教授被所在单位推荐后应先将“简明表”复印13份,其中10份作为审查申报资格时使用,2份作为送审代表作时使用,1份留所在单位打印。

所有申请者的“简明表”和专家评语的原件均须送交校职改办存档。

十一、本规定自公布之日起执行

以前文件的规定如与本规定不符的,均以本规定为准。

十二、本规定由校职改领导小组解释

——本文摘录自《关于印发〈厦门大学关于教师职务评审程序若干规定〉和〈厦门大学教师以外其他各类专业技术职务评审程序若干规定〉》,厦大职改[1998]08号,档号1998-XZ10-3

厦门大学关于教师以外其他各类专业技术职务评审程序若干规定

（1998年6月30日）

为进一步深化职称改革，完善专业技术职务聘任制度，现根据国务院有关规定和国家人事部关于《企事业单位评聘专业技术职务若干问题暂行规定》（人职发[1990]4号）及福建省有关文件规定，结合我校实际情况，将1997年《厦门大学关于教师以外其他各类专业技术职务评审程序若干规定》修订如下。

教师以外其他各类专业技术职务（简称各类专业技术职务）系列包括：高等教育管理研究、工程技术、实验技术、卫生技术、图书资料专业、会计专业、统计专业、出版专业、翻译专业、经济专业、档案专业和幼儿园教师等12个职务系列。

一、本人申报，群众评议

（一）申请晋升各类专业技术职务需由本人提出。申请人在任现职期间，每年度工作考核结果均必须是优（特等、一等，下同）良（二等，下同），同时每年政治思想表现考核结果均必须为A、B。

凡申请者当年工作考核结果未达到良，或当年政治思想表现考核结果未达到A、B者，或任现职期间年度工作考核结果达到优良累计不足五次者，或任现职期间年度政治表现考核结果A、B累计不足五次者均不能申请晋升职务。

凡晋升高一级职务者，必须在校服务二年以上，方可调离学校，出国探亲或自费出国留学，否则取消其任职资格。

（二）所有申请人均需在《厦门大学专业技术人员晋升职务报名表》中填写基本情况，由各单位认真审查申请资格，并报校职改办进行申请资格复查。经复查符合申请条件者应填写《厦门大学专业技术人员晋升高、中级职务简明表》（简称“简明表”）。

（三）申请者经所在科室全体人员评议，科室领导在听取群众意见的基础上，对照相应职务任职条件写出书面意见，并送交所在单位考核推荐小组。

（四）各单位在考核前三天应将所有申请人的“简明表”在本单位内张榜公布。凡对申请人填写的内容有疑议的，应及时向单位考核小组或校职改办反映。

二、单位考核推荐

（一）各单位负责人必须根据各职务系列相应职务任职条件，对每位申请人进行认真审查，凡不符合晋升条件者，不得参加考核、推荐，或经考核不符合晋升条件者不得向学校推荐。

（二）各单位召开考核推荐小组会议时，申请者应先到会汇报本人的思想政治表现，工作态度和成绩，出勤等情况及本人各年度工作考核结果。考核推荐小组成员对每位申请者进行民主评议，然后结合申请人的年度工作考核结果进行评分。考核推荐小组根据全体成员考核评分（去掉一个最高分和一个最低分）的平均分数进行排队。

（三）凡申请破格晋升者须经所在单位考核推荐小组先进行无记名投票表决，凡赞成票数达到到会成员的三分之二及其以上者,方能与其他申请者一起考核评分。

其他申请者在考核推荐时不进行表决。

(四)各单位晋升高级职务的推荐人数为本单位可晋升岗位数的150%以内,晋升中级职务的推荐人数为本单位晋升岗位数以内。推荐名单在本单位张榜公布,并报校职改办。

(五)申请中级职务者,须提交任现职以来的工作总结(包括政治思想表现、工作态度、工作成绩和取得的成果等),由所在单位送请二位具有高级职务任职资格的同行专家鉴定并提出推荐意见。

(六)各单位推荐对象,若经学校复审后,不符合晋升条件者,不得送审,且各单位不得递补。

三、代表作送审

(一)各单位推荐的拟晋升高级职务的申请者,应提交任职以来正式发表的论文,著作和已鉴定或获奖的技术成果一式一套,其中指定为代表性的论著2～3篇(本)(其中论文须独立撰写或第一作者署名),一式二套。

(二)申请晋升高级职务者的代表作,应送具有高级职务任职资格的同行专家鉴定,其中申请正高级职务者应送具有正高级职务任职资格的同行专家鉴定。

(三)学校有评审权的专业系列,申请者的代表作可送校内二位同行专家鉴定;学校无评审权的专业系列,申请者的代表作应选二位同行专家鉴定,其中至少有一位校外同行专家鉴定。

代表作送审时,应回避与申请者共同撰写该篇论著的合作者或申请者的导师。

(四)申请者的代表作由单位负责人指定同行专家,并由所在单位办理送审工作。同行专家鉴定意见(须将专家姓名覆盖)由各单位打印所需的份数。

(五)送审代表作的要求

由于各类专业技术职务系列较多,且不同系列要求不尽相同,因此送审代表作的要求,按各职务系列的有关《试行条例》和《实施细则》执行。提交送审的代表作应与所从事的工作相一致。

凡以合撰的著作或合作完成的科研成果作为代表作时,必须明确划出著作中本人撰写的部分或科研成果中本人完成的部分送同行专家鉴定。

(六)经校专业技术职务评委会或评议组评审,如属本单位有职务定额而未通过者,第二年申请时,必须重新送审代表作(其中至少有一篇论文是否决后正式发表的),如属本单位职务定额限制而未通过者,其代表作是否重新送审,由本人决定。上述两种情况在次年申请时,均必须有新成果(指上年否决后正式发表或出版的论著等)。

申请人的代表作的专家鉴定意见只能在二年内使用,第三年申请时必须重新送审。

四、专业评议组评议

专业评议组(简称评议组)应以民主程序进行工作。评议组成员应认真审阅申报者的有关材料,并应注重申请人的工作实绩。在此基础上,评议组应认真进行讨论、评议,并以无记名投票方式进行表决。差额推荐的单位,先按申请人所在单位可晋升岗位数进行预表决,并以获得赞成票数高低为序,由高至低取足人数(等于可晋升岗位数),参加正式投票表决。若取至最后一个岗位有两人或两人以上获得相同赞成票数时,获得相同赞成票数者必须再次表决,其中较高赞成票数者参加正式表决。若再次获得相同赞成票数时,则均不能参加正式表决。等额推荐的,不进行预表决,直接进行正式表决。正式表决结果,凡获得到会成员三分之二及以上赞成票数者,方为通过。

五、校专业技术职务评审委员会评审

校专业技术职务评审委员会(简称校评委会),按职务系列分设四个专业技术职务评审委员会即厦门大学工程、实验、卫生技术职务评审委员会,厦门大学图书资料、出版、翻译、经济管理类专业技术职务评审委员会,厦门大学高等教育管理研究职务评审委员会和厦门大学幼儿园教师职务评审委员会。其职责是评审本评委会有关职务系列中级和高级职务任职资格。

专业评议组应向校评委会汇报本评议组的评议结果及需要说明的问题。

校评委会召开评审会议时,必要时申请晋升高级职务者应到会简要述职,委员有责任对申请人提出质疑,申请人应当面给予解答。

校评委会应以民主程序进行工作。校评委会委员应认真审阅申请者提交的材料(包括"简明表"、代表作和其他成果等)。校评委会要认真进行评审,经过充分酝酿、评审后,以无记名投票方式进行表决。凡获得到会委员三分之二及以上赞成票数者,方为通过。

凡评议组通过的评议对象超过额定岗位数时,按上述差额方式表决。

六、校职改领导小组审批

根据国家人事部人职发[1991]8号文和闽职改字[1993]19号文件精神,评审委员会的评审结果必须经校职改领导小组审核批准。

各级评审组织的评审结果中被否决的评审对象不再复议。但若在评审过程中有违反评审程序或违反评审纪律,或在任职条件认定上有明显差错的,或个别被否决的正常晋升对象已达到破格晋升其所申请职务条件且有岗位的,经校职改领导小组研究决定,可提交上一级评审组织复审,或提请校评审委员会复审。

学校有审定权的职务系列,晋升高一级职务者的任职资格从校职改领导小组审批之日起算。

学校无审定权部分高级职务任职资格须报福建省有关职务系列高级评审委员会评审并从福建省职改领导小组审批之日起算。

七、评审组织及其组成

(一)学校根据不同职务系列成立校高等教育管理研究职务评审委员会,校工程、实验、卫生技术职务评审委员会,校图书资料、出版、翻译及经济管理类专业技术职务评审委员会和校幼儿园教师职务评审委员会等四个评委会,此四个评审委员会统称校专业技术职务评审委员会。

各系列评委会至少由十五人组成,委员应具有高级职务任职资格。校各系列评委会设主任一人,副主任一至二人。

(二)校高等教育管理研究职务评审委员会下设二个评议组,即高教管理研究高级职务评议组和中级职务评议组;校工程、实验、卫生技术职务评审委员会下设三个专业评议组,即实验工程技术专业评议组、土建工程技术专业评议组和卫生技术专业评议组。

校图书资料、出版、翻译及经济管理类专业技术职务评审委员会下设四个专业评议组,即图书资料专业评议组、经济管理专业评议组、出版专业评议组、翻译专业评议组。

评议组由七至九人组成,评议组成员一般应具有高级职务任职资格。评议组设组长一人,副组长一人。

(三)单位成立考核推荐小组。推荐小组一般由七至十一人组成。推荐小组成员应由单位党政领导和具有高级职务任职资格者或由具有中级职务任职资格的科室负责人担任,但其中具有高级职务任职资格的成员不得少于三分之二。

(四)校各系列评审委员会和专业评议组由校职改领导小组组建,并报上级主管部门备案。

单位考核推荐小组由各单位党政领导研究提名,校职改领导小组批准组建。

凡申请晋升高一级职务者,一般不参加当年各级评审组织。

(五)评审组织召开会议时,必须有三分之二以上成员出席,会议结果方为有效。未出席评审会议的委员不得由他人代投票或评审会议后补充投票。

(六)各级评审组织的成员任期一般为一年。

八、评审纪律

根据国家人事部人职发[1990]4 号等有关文件规定,各级评审组织的成员和申请者均必须严格遵守评审工作纪律。

(一)各级评审组织的成员(包括校评委会委员,各专业评议组成员和单位考核推荐小组成员)必须认真学习和贯彻执行中央关于改革职称评定,实行专业技术职务聘任制的方针、政策、各项规定和各系列职务《试行条例》,严格把好质量关,必须认真执行"坚持标准,保证质量,全面考核,择优晋升"的原则,秉公办事,不徇私情,自觉遵守评审纪律,严守秘密,不准向外泄露有关评审情况,不得利用职便营私舞弊,违者应追究责任,并视情节轻重严肃处理,直至撤消评委、评议组成员或考核推荐小组成员资格。

(二)各级评审组织的记票人、唱票人、监票人均由评审组织成员推举产生。开票、计票应在会议室内当众进行。

(三)凡评审对象是校评委会[各系列评议组、或系(所)考核推荐小组]成员或其亲属(父母、夫妻、子女、兄弟姐妹、女婿、儿媳等)时,考核评分、评审、投票表决等过程,本人应主动回避或被告知回避,计票基数需相应减少。

(四)申请者在进行申报和评审工作期间,不得本人或通过他人找各级评审组织的成员说情。不得打听鉴定本人代表作的专家,更不得找该专家说情。若有人举报并经查实确有违反规定者,将取消其本次申请资格,若已经评审委员会评审通过的,亦将取消其任职资格。

(五)申请者在开展评审工作期间,有意见者可根据组织原则向本单位领导或直接向校职改办反映。反映意见必须实事求是,证据确凿。

(六)申请者应如实填报本人的工作情况、工作成绩和成果(包括正式发表的论著和已获奖或鉴定的技术成果等)。所有这些成果在申请时均必须提供原版材料一式一套。填报的材料,经所在科室和单位领导审核后,在本单位张榜公布。如发现有弄虚作假的,经查实后,将取消其当年和次年申请资格,若校评委会已经评审通过的,亦将取消其任职资格。

九、其他

(一)接近离退休年龄的各类专业技术人员申请晋升高一级职务问题。

鉴于专业技术职务评审工作在下半年进行,凡属在开展评审工作的当年 7 月 1 日以后满离、退休年龄的各类专业技术人员可申请晋升高一级职务。

(二)申请人必须提交的材料有:简明表、外语考试成绩通知(或免试外语审批表)复印件、获奖证书复印件,"五大"毕业生必须提交毕业证书复印件,申请晋升高级职务者还须提交代表作及其他所有论著、技术成果,代表作送审审批表等。

各单位在考核、推荐后,须将推荐对象的上述材料(除论著、技术成果和各单位送审的代表作外)各一份送校职改办。

(三)申请者填写"简明表"必须字迹清楚。申请高、中级职务者的"简明表"须由各单位打印 30 份并装订好，申请初级职务者复印15份，以供评审（评议）时使用。各单位应另留一份备查。

所有申请者的“简明表”和专家评语的原件均须送交校职改办存档。

十、本规定自公布之日起执行

以前文件的规定如与本规定不符的均以本规定为准。

十一、本规定由校职改领导小组解释

——本文摘录自《关于印发〈厦门大学关于教师职务评审程序若干规定〉和〈厦门大学教师以外其他各类专业技术职务评审程序若干规定〉》，厦大职改[1998]08号，档号1998-XZ10-3

关于防治建筑火灾隐患的工作方案

(1998年7月11日)

近一段时间,个别高校建筑物屡次发生火灾,给国家财产造成损失。教育部发出通知,要求所属高校切实做好学校建筑火灾隐患的防治工作。校党、政领导高度重视,在校行政办公会议上进行了专门研究,强调一定要把火灾、火险的防治工作作为学校的一件大事来抓,绝不能掉以轻心,并于五月十九日正式成立了以朱之文副校长,张翼副书记为正副组长的"厦门大学消防综合治理领导小组"(以下简称"消防领导小组")。

我校是建校近80年的老校,由于历史的原因,消防欠账较多,存在许多火灾隐患。如:早期建筑均为砖木或石木结构,耐火等级低,基础设施陈旧,电源明线敷设,部分线路老化,消防器材配置不足等。但也有近年来人为造成的火险隐患,如:部分职工违章装修,违章搭盖,乱堆杂物,占用通道,违章使用液化气,私拉乱接电源等。消防领导小组针对以上问题,多次召开专门会议进行研究,特制订以下工作方案:

一、领导重视,加强宣传

火险隐患危及广大师生员工和国家的生命财产安全,火灾一旦发生,其后果不堪设想。学校要求各系、各单位领导要把防治火灾隐患工作作为维护学校稳定,保障学校正常教学、科研和教职工生活的大事来抓,认真自查、自纠本单位的火险隐患。同时,应定期或不定期地向本单位教职工宣传消防法规和消防常识,教育教职工树立火灾忧患意识。

二、抓住重点,限期整改

目前,在我校各类建筑中问题最多、火险隐患最严重的是单身宿舍楼,其中又以丰庭(一)最为突出。消防领导小组研究决定,今年将单身宿舍楼作为我校建筑火灾隐患防治的重点。在暑假结束前完成丰庭(一)的整改工作(具体整改计划和步骤另行制定),下学期重点做好丰庭(二)、(三)和芙蓉(三)的整改工作。

三、综合治理,各尽其责

消防工作,以防为主。要做好防范工作,必须对火灾隐患实行有效的综合治理,把防范工作与学校的各项管理工作有机地结合起来,才能从根本上杜绝产生隐患的根源,产生事半功倍之效。领导小组强调,要把防治建筑火灾隐患的工作与清理不合理住户结合起来;与加强安全用电管理结合起来;与节能降耗和管网改造工作结合起来;与清理违章建筑结合起来;与住房配套设施改造结合起来等等。火灾隐患的整改将会涉及许多部门的工作,亦可能涉及个别教职工、个别单位的暂时利益。有关部门应主动配合,各尽其责。对个别教职工的思想问题,其所在单位要负责做好思想工作。

四、统筹规划，逐项推进

由于多方面的原因，我校在消防方面的欠账很多，绝非一朝一夕可以解决。我校要根据教育部的有关通知精神，在进一步查明各类建筑火灾隐患的基础上，分清轻重缓急，统筹规划，抓紧逐项解决。

——本文摘录自《关于防治建筑火灾隐患的工作方案》，厦大综[1998]77 号，档号 1998-XZ09-3

关于教职工报考在职研究生的补充规定

(1998年7月22日)

为了进一步规范对我校教职工报考在职研究生的管理,鼓励教职工提高业务素质和理论水平,保证教学科研和管理工作有序进行,经校办公会议研究,特作如下补充规定:

一、教职工申请报考在职研究生,必须专业对口。教学科研人员允许报考现从事工作的专业或相近专业,鼓励报考外校相关专业。非教学科研人员允许报考与自己现从事工作相关的专业,如党政管理人员可报考高等教育学、行政管理等专业。报考与现从事工作关系不密切的专业,只能报考脱产研究生。

二、在职研究生的培养应结合工作需要和教职工队伍建设进行合理的规划。具体规划由人事处、师资处制定并报主管校长批准后实行。一个单位同时在学的在职研究生人数,不得超过本单位教师干部人数的30%。

三、教职工申请报考在职研究生,须由本人申请,所在单位同意,并经人事处审核后报主管校长批准,方能报考。政工干部报考,须先报党委分管书记批准。

四、教职工报考本校和外校在职研究生(不含研究生课程进修班),应交的培养费由本人承担50%,学校承担50%,学校承担的部分将根据在职研究生培养规划列入年度预算。

五、在职研究生至少应承担70%的工作量。总工作量达到100%的,所有津贴均按全额发给。现已在学的在职研究生,总工作量达到100%,从1998—1999学年起,津贴不再扣发。

六、在职研究生毕业后至少应在校服务五年,服务期未满离开学校应按规定交纳补偿费。在职研究生毕业前因各种原因辞职、调动、出国等,应补交学校承担的学费,并根据实际参加在职研究生学习的时间,缴纳原定研究生毕业后应完成的服务年限补偿费。学习时间在一年以下(含一年)交5000,学习时间在一年以上二年以下(含二年)交10000元,学习时间在二年以上交15000元。入学前未按学校规定完成服务年限的,其补偿费一并补交。

七、有关在职研究生管理的未尽事宜,仍按厦大人[1995]7号文件的规定办理,上述文件与本补充规定不一致的,以本补充规定为准。

八、本补充规定从1999年1月起实行,报考1999年度在职研究生的均按以上规定办理。其中第六条规定,同样适用于现有在学的在职研究生。

——本文摘录自《关于重新印发〈关于教职工报考在职研究生的补充规定〉的通知》,厦大人[1998]43号,档号1998-XZ10-4

关于《厦门大学关于教师职务评审程序若干规定》的补充规定的通知

(1998年9月2日)

根据学校推进人事制度改革,实行校院二级管理,扩大学院职称评审自主权的需要,经校职改领导小组研究,决定在部分学院成立院级教师职务评审委员会,终审教师副高级和中级职务任职资格。现特补充规定如下:

一、范围

目前先在化学化工学院、工学院、经济学院、法学院和管理学院等五个学院中试行组建院教师职务评审委员会。其他院、系、所仍按厦大职改[1998]08号文执行。

二、组成

以学院为单位组建教师职务评审委员会(简称院评委会),院评委会至少由十一至十五人组成,委员应具有高级职务任职资格,其中具有正高级职务任职资格的人数应为二分之一以上。院评委会设主任一人,副主任一至二人。院评委会由校职改领导小组组建。设立院教师职务评审委员会的学院不再设立学科评审组。

三、职责

院教师职务评审委员会的职责是评审讲师(助理研究员)任职资格、评审副教授(副研究员)(含破格晋升)任职资格并报校职改领导小组审批;评审教授(研究员)(含破格晋升和选优对象)任职资格、无审定权学科的正副教授(正副研究员)任职资格,并向学校评委会推荐。

四、评审程序

1.个人申报,群众评议及单位考核推荐,按厦大职改[1998]08号文执行。

2.院教师职务评审委员会评审。院评委会在召开会议前二天应将申请者填写的"简明表"和所有成果集中展出,并请每位成员在此二天内安排时间审阅申请者的"简明表"、代表作及其他成果,并做好记录。

院评委会应以民主程序进行工作。院评委会召开评审会议时,申请副教授(副研究员)者应到会简要汇报本人在教学科研工作方面取得的成果和今后的打算,申请晋升教授(研究员)职务者应到会简要汇报本人的研究方向、取得的成果、该研究方向国内最高水平及本人所处学术水平。院评委会成员对申请人有权提出质疑,申请人应当面给予解答。

系(所)考核推荐小组应向院评委会汇报表决结果和各年度工作考核平均分及需要说明的问题。

在此基础上,院评委会应认真进行讨论、评审,重点评审申请者的教学情况(包括"校教学督导组"提供的检查结果)、业务能力及学术水平,并以无记名投票方式进行表决。差额推荐的单位,先按申请人所在单位可晋升岗位数进行预表决,并以获得赞成票数高低为序,由高至低取足人数(等于可晋升岗位数),参加正式投票表决。若取至最后一个岗位有两人或两人以上获得相同赞成票数时,获得相同赞成票数者必须再次表决,其中较高赞成票数者参加正式表决。若再次获得相同赞成票数时,则均不能参加正式表决。等额推荐的,不进行预表决,直接进行正式表决。正式表决结果,凡获得到会成员三分之二及以上赞成票数者,方为通过。

凡经院评委会评审通过的申请者,院评委会应将其情况填入《评审结果汇总表》,送校职改办。

特此通知。

厦门大学职称改革领导小组

一九九八年九月二日

——本文摘录自《关于〈厦门大学关于教师职务评审程序若干规定〉的补充规定的通知》,厦大职改[1998]14 号,档号 1998-XZ10-3

关于工科教师中设置高级工程师职务的意见

（1998 年 9 月 4 日）

鉴于工科教学实践性强的特点，经研究，决定在我校工科各单位根据工作需要在教师中设置高级工程师职务。其目的是为了引进企业单位中有实践经验又有较高理论水平的优秀人才，充实我校工科教师队伍，加强工科的学科建设。

一、高级工程师职务的数额及使用范围：

设置高级工程师职务不另增其职务数额，而由设置高级工程师职务的单位从副教授职务数额中扣除。高级工程师职务数额不能超过本单位副高职数的 10％。

高级工程师职务用于聘任从校外企业单位引进的从事教学、科研工作的工科各专业教师。

二、受聘高级工程师职务的工科教师转岗及晋升问题：

1.从校外企业单位引进的具有高级工程师职务任职资格的教师，经 3～6 个月教学实践考察，表明能胜任和履行副教授职责的，可聘任高级职务工程师职务。

从事教学工作实践一年后，具备副教授职务任职条件者可申请转定副教授职务任职资格。

暂时不具备副教授职务任职条件者，可继续聘任高级工程师职务。

2.担任副高级职务五年以上，其中从事我校工科教学工作两年以上，并具备教授职务任职条件者可申请晋升教授职务任职资格。

厦门大学职称改革领导小组

一九九八年九月四日

——本文摘录自《关于工科教师中设置高级工程师职务的意见》，厦大职改[1998]13 号，档号 1998-XZ10-3

厦门大学关于调入人员实行合同制管理的暂行规定

(1998 年 9 月 4 日)

一、为深化我校人事管理体制改革,加强教职工队伍建设,逐步建立竞争和激励机制,促进人员合理流动,根据国家有关部门关于事业单位人员逐步试行聘用合同制改革的文件精神,结合我校实际,制定本暂行规定。

二、从一九九八年二月二十六日起,凡调入我校工作的讲师(含同等职务)、科级及其以下职务、硕士研究生及其以下学历的各类人员(含分配到我校工作的应届毕业生,下同。),均实行合同制管理。

三、调入人员到校报到时,根据本暂行规定和学校人事处(代表学校)签订《厦门大学教职工聘用合同》,并按合同履行各自的职责、权利和义务。

四、合同的内容包括:

(一)合同期限;

(二)工作岗位和职责;

(三)工作纪律;

(四)工资报酬和劳保福利待遇;

(五)合同的解除;

(六)违约责任;

(七)双方认为需要签订的其他事项。

五、合同期限为三至五年。一般首期聘用合同期限为五年,续聘合同期限为三年。需要延长或缩短合同期限的,另行协商确定。

六、实行合同制管理的人员,在合同期内,与校内同级同类人员享受同等待遇,合同另有规定的,按合同规定执行。

七、调入人员有下列情况之一者,学校可以提前解除合同:

(一)不履行合同条款,经教育不改的;

(二)对工作不负责任,造成严重损失的;

(三)严重违法乱纪的;

(四)年度考核不合格,所在单位不予试聘或试聘后仍然不合格的;

(五)出国逾期未归的。

八、调入人员在合同期内被开除、劳动教养或判处徒刑的,合同自行解除。

九、调入人员有下列情况之一者,学校不予解除合同:

(一)因公负伤、致残、丧失劳动能力的;

(二)女职工在孕期、产期、哺乳期的;

(三)患绝症、精神病及本专业职业病的。

十、调入人员在合同期内有下列情况之一者,根据学校规定交纳编制补偿费后,可以提出解除合同,学校无特殊理由应予批准:

(一)考上全日制各类高等院校继续深造的;

(二)自费出国留学、出国定居的;

（三）个人要求调动工作或辞职的。

十一、因第十条原因，调入人员提前解除合同的，编制补偿费按3000元乘以未完成的服务年限计算。

十二、因第七条之（一）（二）（三）（四）原因，学校提前解除合同的，允许调入人员有三个月时间自行联系工作单位，联系工作期间停发全部工资津贴。三个月后仍无法找到工作单位的，其人事关系转到市人才服务中心。因第六条之（五）原因，提前解除合同的，调入人员的行政关系不再保留，人事档案由校人才交流服务中心代管，如本人要求转递人事档案或提供有关证明，必须按规定补交编制补偿费、档案托管费。

十三、合同期内任何一方提出解除合同，必须提前二个月通知对方，由提出解除合同一方填写《解除合同审批表》，双方签名盖章后送主管校长批准后实行。调入人员无特殊理由，拒绝或无法在《解除合同审批表》上签名的，由人事处在审批表上说明情况后直接送主管校长批准后实行。因第七条之（五）原因提前解除合同，学校不提前通知对方，由人事处填写《解除合同审批表》，报主管校长批准后实行。

十四、合同期满，根据学校工作需要，经双方协商，确定是否续签合同。双方不再续签合同，允许调入人员有三个月时间自行联系工作单位，并正常办理调动手续。三个月内学校按调入人员原工资标准发放职务工资和保留补贴，三个月期满无法正常调离的，停发全部工资津贴，其人事关系转市人才服务中心。

十五、合同期内，调入人员一方要求辞去公职，不发辞职补助费；合同期满，辞去公职，按闽人调[1992]24号文件规定发给辞职补助费。

十六、调入人员实行合同制管理后，涉及学校正常管理事项的，按学校有关规定办理。双方发生争议的，协商解决，不能协商解决的，按上级有关政策规定处理。

十七、本暂行规定由人事处负责解释。

十八、本暂行规定从发布之日起实行。一九九八年二月二十六日起至本规定发布之前调入的实行合同制管理的人员和一九九七年度分配来校工作实行合同制管理的毕业生，也参照以上办法进行管理。

——本文摘录自《关于印发〈厦门大学关于调入人员实行合同制管理的暂行规定〉的通知》，厦大人[1998]44号，档号1998-XZ10-4

关于离退休教职工返聘的补充规定

(1998 年 9 月 11 日)

为了充分发挥离退休教职工的作用,规范离退休教职工返聘工作的管理,现就离退休教职工返聘问题作如下补充规定:

一、各系各单位因教学工作需要,返聘离退休教师承担教学工作的,应占所在单位编制,返聘经费由学校负担。编制已满的单位不再返聘。

二、科研课题未完成,从事该课题研究的科研人员可以继续返聘到课题结束。离退休后继续申请到科研项目的,可以继续办理返聘。科研人员返聘,经费由科研课题费支付。

三、返聘手续一学年办理一次,结合年度聘任工作进行。如学年尚未结束达到退休年龄,需要返聘至学年结束的,可以临时办理。

四、返聘人员应填写返聘审批表,经有关职能部门审核后报主管校长审批。返聘人员按在职人员办法核算工作量并办理聘任手续,其返聘工作列入年度教学科研计划。工作量不到满额,但工作又确实需要的,可以返聘承担部分教学科研工作。

——本文摘录自《关于印发〈关于离退休教职工返聘的补充规定〉的通知》,厦大人[1998]46 号,档号 1998-XZ10-4

关于加强校园内广告海报等张贴物管理的规定

（1998年9月16日）

各系、各单位：

自1994年校园文明评估工作以来，我校校园内的布告、广告、海报等张贴物的管理工作有了较大的进展，但仍不尽如人意，乱张贴、乱摆放的现象仍然存在，严重影响校容校貌。为切实解决校园内广告、海报张贴无序的现象，进一步加强校园文明建设，根据厦大综[1998]64号文件的精神，特作如下规定：

1.凡属于校内通知、布告、海报、广告等各种张贴物，确需在校园内公共场所张贴的，均须在学校统一设置的布告栏内张贴，供张贴的布告栏有新区、白城坡顶、三家村、体育室、信箱、凌云楼、大南校门、芙蓉九等八处。除这八处外，严禁在任何墙壁、门柱、树干、电线杆等处张贴。

2.任何单位和个人不准随意设置和到处挂靠广告牌、海报板，确属工作需要的广告牌、海报板，须统一规格，在特许的时间和地点集中摆放。

3.未经许可，任何单位和个人不准在校园内张挂商业性广告。

4.不准张贴大小字报，不准张贴同乡组织的通告和海报。

5.通知、广告、海报等张贴物应力求形式大方、规范、用意明白。

6.三家村布告栏设有教师专用栏及学生专用栏，其余布告栏由师生共同使用。

7.遇有随意张贴者，应加以劝阻和制止，并请其自行清理。

8.学生方面的张贴物由校团委审批和管理，其余的由我部审批和管理。

维护校容校貌是全校师生员工的共同责任。上述规定，请各系各单位广为宣传、加强教育；希望全体师生员工自觉遵守、互相监督。倘若违反规定，除责令责任单位或责任人自行清理外，还将视其情节轻重予以批评、罚款、舆论曝光等处罚。

校党委宣传部

一九九八年九月十六日

——本文摘录自《关于加强校园内广告海报等张贴物管理的规定》，(1998)厦大委宣5号，档号1998-DQ03-1

厦门大学职员职级制度暂行规定

(1998年11月12日)

第一章 总 则

第一条 为了配合我校人事管理体制改革,建设一支优化、高效的管理队伍,根据国家关于事业单位管理人员实行职员职级制度的精神,制定本暂行规定。

第二条 我校职员的范围包括专职从事行政管理、党务管理和群团工作的人员。

兼职从事行政管理、党务管理和群团工作的教学、科研和其他专业技术人员,不参加职员职级的评定。

第三条 职员职级是管理人员专业水平、工作能力、职位职责的标志。根据国家有关规定并结合我校实际,我校职员分为九个职级。其中一至五级职员为高级职员,六至七级职员为中级职员,八至九级职员为初级职员。

第四条 各级职员的结构比例,根据单位编制、工作性质、任务和需要确定。

全校高级职员岗位不超过职员总数的25%,其中三级以上职员不超过高级职员的10%,四级职员不超过高级职员的35%。

中级职员岗位不超过职员总数的38%,其中六级职员不超过中级职员的60%。

第二章 职员的职责和任职条件

第五条 高级职员的职责是:主持或分管学校或者院系(部、处)的管理工作或主持高水平的专门业务工作;起草、拟定本职管理工作中重要的计划、方案,或者承担重要的业务研究课题,撰写业务工作规程或研究报告;指导中、初级职员工作。

第六条 中级职员的职责是:主持院系(部、处)或者院系(部、处)以下基层单位的管理工作或者专门业务工作;起草一般性公文或者撰写业务性文件;指导初级职员工作。

第七条 初级职员的职责是:承办具体的管理工作或者一般性的业务工作,参与起草一般性公文或撰写业务文件。

第八条 学校各级职员必须认真学习马列主义、毛泽东思想和邓小平理论,贯彻执行党的路线、方针、政策,遵守国家法律、法规,熟悉有关的行政业务的政策、规程,恪守工作纪律和职业道德,身体健康,能坚持正常工作。

第九条 高级职员还必须具备下列任职条件:

(一)系统地掌握高等教育管理工作的理论和方法,有较高的政策理论水平,有较强的系统分析研究能力、组织管理能力及解决疑难问题的能力;

(二)有较高水平的文字表达能力,独立发表过较高水平的论文、论著或者撰写过具有一定指导、借鉴作用的工作报告、工作总结等;

(三)具有指导中、初级职员工作的能力;

(四)具有大学毕业以上学历。

第十条 中级职员还必须具备下列任职条件:

(一)熟练掌握高等教育管理工作所需要的理论知识，有一定的政策理论水平、业务研究能力和组织能力，具备独立解决工作中实际问题的能力；

(二)有较好的文字表达能力，能够撰写有一定水平的论文、论著或者工作报告、工作总结；

(三)具有指导初级职员工作的能力；

(四)具有大学专科毕业以上学历。

第十一条　初级职员还必须具备下列任职条件：

(一)初步掌握本职工作所需要的理论知识和技能方法，了解本职工作的范围、任务和特点；

(二)有一定的文字表达能力；

(三)一般应具有大学专科毕业以上学历。

第三章　职员职级的确定和晋升

第十二条　职员确定和晋升职级，主要依据职员的政治思想表现、工作实绩、政策理论水平、学历和任职年限以及学校核定的结构比例决定。

职员晋升职级一般应逐级晋升。

第十三条　各类正规全日制院校毕业生担任职员初定职级和职务工资办法：

(一)中专毕业生见习期满，考核合格，定为九级职员，按九级职员职务工资标准第一档确定职务工资；

(二)大学专科毕业生见习期满，考核合格，定为九级职员，按九级职员职务工资标准第二档确定职务工资；

(三)大学本科毕业生见习期满，考核合格，定为八级职员，按八级职员职务工资标准第二档确定职务工资；

(四)获得双学士学位大学本科毕业生、研究生班毕业和未取得硕士学位的研究生，见习期满，考核合格，定为八级职员，按八级职员职务工资标准第三档确定职务工资；

(五)获得硕士学位的研究生参加工作一年，考核合格，定为八级职员，按八级职员职务工资标准第四档确定职务工资；

(六)获得博士学位的研究生参加工作，经考核合格，定为七级职员，按七级职员职务工资标准第四档确定职务工资。

第十四条　职员晋升职级的基本条件：

(一)九级职员晋升为八级职员，大专毕业生须担任九级职员二年以上，中专毕业生须担任九级职员四年以上，年度考核合格。

(二)八级职员晋升为七级职员，须担任八级职员三年以上，年度考核合格，按规定的结构比例选拔晋升。其中担任八级职员后，年度考核均合格，符合中级职员任职条件，在连续晋升三档工资后，可晋升为七级职员。

(三)七级职员晋升为六级职员，须担任七级职员二年以上，年度考核合格，按规定的结构比例选拔晋升。其中担任七级职员后，年度考核均合格，在连续晋升三档工资后，可晋升为六级职员。

(四)六级职员晋升为五级职员，须担任六级职员三年以上，年度考核合格，按规定的结构比例选拔晋升。其中担任六级职员后，年度考核均合格，符合高级职员任职条件，在连续晋升六档工资后，可晋升为五级职员。

(五)五级职员晋升为四级职员，须担任五级职员三年以上，年度考核合格，按规定的结构比例选拔晋升。其中担任五级职员后，年度考核均合格，在连续晋升六档工资后，可晋升为四级职员。

(六)四级职员晋升为三级职员，一般应在担任校级领导职务或正处级领导职务人员中选拔晋升。担任校级领导职务者，须任四级职员三年以上；担任正处级领导职务者，须任正处级领导职务和四级职员六年以上，年度考核合格，按规定的结构比例选拔晋升。

(七)三级职员晋升为二级职员,须担任三级职员六年以上,年度考核合格,按规定的结构比例选拔晋升。

(八)二级职员兼任省、部级领导职务,可晋升为一级职员。

第十五条　职员获全国教育系统劳动模范或者国家、省、部级先进工作者等荣誉称号或者在管理工作中取得突出成绩,获得省、部级以上奖励,可以提前晋升职级。工作表现特别突出,做出显著成绩者,在晋升职级时学历和任职年限要求可适当放宽。

第十六条　职员在受行政处分期间不得晋升职级。受降级处理的职员,应相应降低其工资等级。

第十七条　确定和晋升初级职员的程序:

(一)硕士毕业生及其以下学历人员,见习期满或参加工作满一年,经考核合格,人事处在办理转正手续时同时确定职员职级。

(二)九级职员申请晋升为八级职员,需本人书面申请,经单位考核并签署意见,校人事处审查合格后予以办理晋级手续。

第十八条　确定和晋升中高级职员职级的程序:

(一)本人提出书面申请,经人事组织部门资格审查合格后填写《职员晋升职级审批表》;

(二)所在单位组成推荐组,经评议后提出推荐意见;

(三)学校组成职员职级评审领导小组,经评审后确定和晋升职员的中高级职级。

第四章　职员的聘任和考核

第十九条　职员的聘任应根据学校工作需要,在单位编制和岗位结构比例内进行。

第二十条　职员的聘任按学校有关教职工年度聘任的办法实施。各学院负责本学院职员的聘任工作,并将聘任结果报送校人事处备案。各学院以外的职员聘任经所在单位签署意见后,报送校人事处审核并办理聘任手续。

第二十一条　原从事教学、科研和其他专业技术工作的人员,转入或调入管理工作岗位,可按照条件和审批程序确定相应的职员职级并办理聘任手续。

第二十二条　职员具备专业技术职务任职条件,可以通过评审或考试取得专业技术职务任职资格。获得专业技术职务任职资格的职员,申请聘任专业技术职务,所在单位必须具备设岗条件,并根据按需设岗、按岗聘任的原则办理聘任手续。聘任专业技术职务,可享受专业技术职务工资待遇。凡执行专业技术职务工资标准的,不再占职员职级职数,但应占相应专业技术职务职数。

第二十三条　学校对被聘任的职员的德、能、勤、绩进行全面考核,重点考核工作实绩。

(一)"德"主要考核职员的政治思想水平,执行党和国家的路线、方针、政策和有关的法律、法规的表现,廉政情况以及道德品质;

(二)"能"主要考核职员应具备的做好本职工作的基本业务技术能力;

(三)"勤"主要考核职员的工作态度、敬业精神和出勤情况;

(四)"绩"主要考核职员履行职责的实际工作表现和取得的工作实绩。

各学院按学校规定具体实施本学院职员的考核,并将考核结果报送校人事处备案。其他职员的考核由校人事处组织实施。

第二十四条　对职员的考核应坚持客观、公正、准确的原则,实行领导和群众相结合,平时和定期相结合。

第二十五条　职员的考核分为平时考核和年度考核,平时考核作为年度考核的基础。

第二十六条　职员的年度考核按学校有关教职工年度考核的办法进行,先由个人总结,再由所在单位领导在听取群众意见的基础上写出评语并确定考核等次。对高级职员的考核,必要时可以进行民意测验或者民主评议。

第二十七条　职员的考核结果归入本人档案,作为晋升工资,发放津贴,实施奖惩,确定是否续聘和职级变动的依据。连续考核优秀,同等条件下可按规定优先或提前晋升职级;年度考核不合格,应予降低一级工资或调整工作岗位;连续二年考核不合格,应予降低一级职级或者解聘。

第五章　职员的工资待遇

第二十八条　职员实行国家规定的事业单位职员职务等级工资制度,在受聘期间按照确定的职级享受相应的工资待遇。我校各级职员职务工资标准按人事部有关职员职务工资的标准和规定制定,具体标准见下表:

厦门大学职务工资标准表

单位:元/月

职员等级	职务工资标准														
	1	2	3	4	5	6	7	8	9	10	11	12	13	14	15
一级职员	494	534	574	619	664	709	754	799	844	889					
二级职员	384	419	454	494	534	574	614	654	694	734					
三级职员	349	384	419	454	494	534	574	614	654	694	734				
四级职员	274	299	324	354	384	414	444	474	504	534	564	594			
五级职员	249	274	299	324	354	384	414	444	471	504	534	564	594		
六级职员	212	230	248	266	290	314	338	362	386	410	434	458	482	506	
七级职员	194	212	230	248	266	290	314	338	362	386	410	434	458	482	506
八级职员	174	188	202	216	230	247	264	281	298	315	332	349	366	383	
九级职员	159	171	183	195	207	221	235	249	263	277	291	305	319	333	

第二十九条　职员确定职级后,根据年度考核聘任情况,按学校规定享受相应的津贴(含特区津贴、岗位津贴等)。职员的津贴标准与原行政人员津贴标准分别对应。

第三十条　职员在受聘期间的住房和医疗待遇按国家有关规定由学校确定。

第六章　附　　则

第三十一条　本暂行规定由校人事处负责解释。

第三十二条　本暂行规定自 1999 年 1 月 1 日起施行。

——本文摘录自《关于印发〈厦门大学职员职级制度暂行规定〉的通知》,厦大人[1998]55 号,档号 1998-XZ10-4

厦门大学职员职级制度暂行规定实施细则

(1998年11月12日)

一、现有行政人员转定职员职级办法

1.现有行政人员以行政职务转定职员职级按下列对应办法办理：

正校级——二级职员

副校级——三级职员

正处级——四级职员

副处级——五级职员

正科级——六级职员

副科级——七级职员

科员级——八级职员

办事员级——九级职员

2.现有行政人员兼任专业技术职务，以专业技术职务转定职员职级按下列对应办法办理：

研究员(含同等职务，下同)任职满三年定为二级职员；

研究员任职未满三年定为三级职员；

副研究员任职满三年定为四级职员；

副研究员任职未满三年定为五级职员；

助理研究员任职满三年定为六级职员；

助理研究员任职未满三年定为七级职员；

研究实习员定为八级职员。

任助理研究员及其以上专业技术职务未满三年，但任专业技术职务以前已任副科、副处、副校级行政职务，转定职员职级时按下列办法办理：

任助理研究员之前任副科级职务，副科级职务任职满三年，定为六级职员；

任副研究员之前任副处级职务，副处级职务任职满三年，定为四级职员；

任研究员之前任副校级职务，副校级职务任职满三年，定为二级职员。

例如：某科员同时聘任为助理研究员，如该同志任助理研究员未满三年，转定职员职级时定为七级职员；如已满三年，定为六级职员。

如该同志原任行政职务为副科长，又聘任为助理研究员，副科长任职未满三年，转定职员职级时定为七级职员；如副科长任职已满三年，转定职员职级时定为六级职员。

3.行政人员具有专业技术职务任职资格，申请聘任专业技术职务，根据按需设岗、按岗聘任的原则确定。凡不再设岗的，不能聘任专业技术职务，但可保留任职资格。

二、职员初次确定职级后,申请晋升高一级职级,行政职务任职年限,可视同相对应职员职级任职年限。累计达到晋升高一级职级年限的,可申请参加晋升高一级职级的评审

例如:某副处级干部,1996 年 9 月任现职,1998 年 9 月确定为五级职员,到 1999 年 9 月,累计任副处级职务已满三年(初定职级前二年,初定职级后一年),视同任五级职员三年,可申请参加晋升四级职员的评审。

某正处级干部,1993 年 9 月任现职,1998 年 9 月确定为四级职员,到 1999 年 9 月,累计任正处级职务六年(初定职级前五年,初定职级后一年),可视同任四级职员六年,可申请参加晋升三级职员的评审。

某正科级干部,1987 年 9 月任现职,1998 年 9 月确定为六级职员,到 1999 年 9 月,累计任正科级职务十二年(初定职级前十一年,初定职级后一年),视同任六级职员十二年,相当于晋升六档工资,可申请参加晋升五级职员的评审。

三、初次确定职员职级后提升行政职务人员确定职级办法

初次确定职员职级后提升行政职务的人员,其原任职务任职年限可视同相对应职员职级任职年限,达到晋升高一级职级年限的,予以确定高一级职级。

例如:某副处级干部,1995 年 9 月任现职,1998 年 9 月确定为五级职员,1998 年 12 月提升正处级职务,视同任五级职员三年以上,在提升正处级职务时,可确定为四级职员。

某科员,1995 年本科毕业参加工作,1996 年 9 月转正定级,1998 年 9 月确定为八级职员,1998 年 12 月提升为副科级干部,该同志转正定级后任科员的年限视同八级职员任职年限,这样,任八级职员不到三年,仍定为八级职员。到 1999 年 9 月,视同任八级职员的年限已满三年,可定为七级职员。

凡提升行政职务的人员重新确定职级,可不必经过学校职员职级评审组评审,直接由人事组织部门确定。

四、现从事专业技术工作的人员调入或转入职员系列确定职级办法

1.现从事专业技术工作兼任行政职务的人员,其兼任的行政职务相应高于专业技术职务的,调入或转入职员系列时,其兼任行政职务的年限可视同相对应的职员职级任职年限。转入职员系列确定职级一年后,任职年限达到晋升高一级职级年限的,可申请晋升高一级职级。

例如,某讲师任现职以来,同时兼任副处级职务二年,转入职员系列时可确定为五级职员,并视同任五级职员二年,一年后,可申请参加晋升四级职员的评审。

2.现从事专业技术工作未兼任行政职务,或兼任的行政职务相应等于或低于专业技术职务,转入职员系列时按下列对应办法确定职级:

教授兼任正校级职务定为二级职员;

教授兼任副校级及其以下职务,教授任职未满三年,定为三级职员;教授任职满三年,定为二级职员;

副教授兼任正处级职务定为四级职员;

副教授兼任副处级及其以下职务,副教授任职未满三年,定为五级职员;副教授任职满三年,定为四级职员;

讲师兼任正科级职务定为六级职员;

讲师兼任副科级及其以下职务,讲师任职未满三年,定为七级职员;讲师任职满三年,定为六级职员。

任讲师及其以上职务未满三年转入职员系列，转入职员系列后年限与讲师及其以上职务任职年限累积计算，满三年后可高定一级职级。

例如：某讲师任现职以来未兼任行政职务，转入职员系列时已任讲师二年，可定为七级职员；一年后，任讲师年限和转为七级职员年限累积已满三年，可定为六级职员。

如该讲师转入职员系列时，任讲师职务已满三年，可直接定为六级职员。

五、职员工资津贴和其他待遇的对应办法

1.职员确定职级后，分别按《厦门大学职员职务工资标准表》对应确定职务工资等级。

原执行职员职务工资标准的职员，根据原工资额与《厦门大学职员职务工资标准表》对应，确定工资等级。

原已评聘了专业技术职务的职员，经批准继续聘任专业技术职务的，可以继续执行专业技术职务工资标准。因岗位调整，不再聘任，只保留任职资格的人员，应按职员职级确定职务工资等级，原专业技术职务工资标准高于职员职务工资标准的部分予以保留，待今后工资升级时予以冲销。

原为专业技术系列人员转入职员系列，确定职级后，按闽人薪[1995]1号文件关于改变工资序列办法重新确定职员职务工资等级。

职员确定和晋升职级后，原职务工资低于同级职员职务工资最低档的，进入同级职员职务工资最低档。

2.职员确定职级后，根据年度考核聘任情况，按学校规定享受职员各类津贴。职员津贴标准按第一条第1点办法与原行政人员津贴标准分别对应。

3.职员在受聘期间的住房和医疗待遇，在国家未有规定之前，按第一条第1点对应办法，分别享受同等人员的待遇。

六、本实施细则由校人事处负责解释

七、本实施细则自1999年1月1日起施行

——本文摘录自《关于印发〈厦门大学职员职级制度暂行规定实施细则〉的通知》，厦大人[1998]56号，档号1998-XZ10-4

厦门大学深化校内管理体制改革转岗人员分流安置暂行办法

（1998年11月12日）

为保证校内管理体制改革的顺利进行，更好地开发利用校内的人力资源，现就学校党政工作人员编制调整后转岗人员的分流安置问题作如下规定：

一、学校成立转岗分流安置协调小组，负责协调转岗分流安置工作。

二、根据定编定岗定责重新确定各部处人员编制，并按下列办法确定上岗人员和转岗人员：

（一）由各单位采用个人自荐、群众推荐和领导推荐等形式提出科长候选人，在广泛征求群众意见的基础上，由单位领导提出科长人选按审批程序报学校审定。

（二）各单位在科长确定后，成立由单位领导和科长代表组成的三至五人的转岗分流协调小组，讨论决定转岗分流中的具体问题。

（三）各单位根据工作职责确定工作岗位，并向本单位公布。可采用个人自荐、群众推荐和领导推荐等形式，提出各工作岗位候选人。候选人可等额，也可差额。候选人确定后，在广泛征求群众意见的基础上，由单位转岗分流协调小组讨论决定上岗人选报学校审批。

各单位也可以把全部人员上交学校，然后由单位转岗分流协调小组提出上岗人选报学校审批。

（四）各单位未上岗人员为转岗人员。

（五）各单位领导应负责与转岗人员谈话，做好政治思想工作。

三、各单位转岗人员按下列办法管理和安置：

（一）转岗人员人事关系同原单位脱钩，统一由人事处管理。人事处负责组织转岗人员培训学习，或安排临时性工作。转岗人员在待岗期间一年内待遇不变。

（二）根据充实与加强院系管理工作的原则，重新确定院系党政管理编制，公布院系缺编岗位，鼓励优秀的机关干部到院系工作。

（三）机关机构改革后，部处或院系出现新的岗位空缺，同等条件下，转岗人员可优先受聘上岗，用人单位不得拒绝接收符合条件的转岗人员。拒绝接受转岗人员的单位，一年内不再安排其他人员上岗，实行工资总额包干的单位相应扣减包干工资。

（四）转岗人员适合企业工作，可转入校内企业部门，在职期间按校内企业人员管理，退休时可享受校内事业人员待遇。

（五）鼓励转岗人员报考研究生脱产学习，在学期间保持原工资、住房等待遇，学费自理，毕业后重新择业。

（六）空缺岗位无人应聘，可由人才交流服务中心选拔推荐转岗人员上岗。适合岗位工作，又不服从推荐的转岗人员，学校不再安排，从拒绝推荐之日起发给半年基本工资，半年后予以辞职、辞退或自动离职处理。辞职或辞退人员，按规定发给补助金。

（七）转岗人员经过一年待岗，仍无机会上岗，由学校安排从事临时岗位工作，工资照发。从事临时岗位工作的人员，仍享有竞争上岗的权利和机会。拒绝接受安排临时岗位的转岗人员，从拒绝接受安排之日起，按第（六）条关于不服从推荐安排的转岗人员的处理办法办理。凡由学校负担工资的临时岗位，同等条件下优先安排转岗人员上岗，拒绝接收转岗人员上岗的，学校停止发放临时工工资。

(八)转岗人员可申请自谋职业。申请自谋职业的转岗人员应提出书面申请,经批准后办理辞职手续,学校发给一年基本工资和保留补贴,并按闽人调[1992]24号文件规定发给辞职补助费,即每工作满一年,发给一个月基本工资,工龄满十年,从第十一年起每满一年发给一个半月基本工资,辞职补助费总额最高不超过本人二十四个月基本工资。

(九)转岗人员可申请调离学校,申请调离学校人员按正常办法办理调动手续。

(十)转岗人员申请自谋职业和申请调离学校,如服务期未满的,学校不收编制补偿费。

(十一)转岗人员男年龄满55周岁,工龄满30年,女年龄满50周岁,工龄满25年,经批准,可以申请提前退休。

(十二)转岗人员表现不好,素质差,予以辞退。

四、本办法由校人事处负责解释。

五、本办法从公布之日起实施。

——本文摘录自《关于印发〈厦门大学深化校内管理体制改革转岗人员分流安置暂行办法〉的通知》,厦大人[1998]57号,档号1998-XZ10-4

厦门大学专业技术人员职称外语考试实施意见

（1998年11月27日）

根据国家人事部《关于专业技术人员职称外语等级考试的通知》(人发[1998]54号)及中央、省职称改革工作有关文件精神，经研究，决定我校专业技术人员(包括教师及其他各类专业技术人员)实行全国专业技术人员职称外语等级统一考试(简称全国职称外语等级考试)与全国外语水平考试(WSK)同时进行的考试办法。从1999年开始，我校不再自行组织专业技术人员职称外语考试。现具体规定如下：

一、考试范围与对象

专业技术人员晋升正、副高级、中级职务时，均需参加外语考试。参加晋升专业技术职务外语考试者，原则上应具备晋升高一级职务的任职年限。

1.凡年龄在45周岁以下的教师(含教学、科研人员)晋升(转定)高、中级职务须参加全国外语水平考试(WSK)。

2.下列人员可参加全国职称外语等级考试或参加WSK考试：

(1)凡年龄在45周岁及其以上的教师晋升(转定)高、中级职务者；

(2)从事体育、音乐、美术和中医专业教学工作的教师晋升(转定)高、中级职务者；

(3)凡晋升工程、实验、卫生、图书资料、档案、翻译、出版、高教管理、思想政治教育等系列高、中级职务者及晋升会计、统计、经济等系列高级职务者；

(4)参加国家统一组织的专业技术资格考试人员(会计师、统计师、经济师和高级程序员等)。

二、免试条件

1.WSK成绩达到公派出国分数线标准且已公派出国留学一年以上，或TOEFL考试成绩在550分以上(有效期四年)，或教师在国外留学并获得博士学位，教师以外其他专业技术人员获得博士学位者，晋升高级职务可免于外语考试；

2.大学外语六级水平考试合格，或TOEFL考试成绩500分以上(有效期四年)，或教师在国外留学并获得硕士学位，教师以外其他专业技术人员获得硕士学位者，晋升中级职务可免于外语考试；

3.晋升副高级职务时外语考试合格，晋升正高级职务时，男年满55周岁，女年满50周岁的人员，可免于外语考试(本项从2001年起执行，此前仍按厦大职改[1996]28号文执行)；

4.转定职务系列的人员，晋升原职务任职资格时外语考试成绩合格，且与所转定职务系列同级职务任职资格外语要求相同时，可免于相应等级的外语考试；

5.晋升高级职务时，任现职以来发表的学术论文被SCI、EI收录(出示有效证明材料)共十篇以上(含十篇)，其中五篇以上(含五篇)为本人独立撰写或本人执笔且第一作者署名者，可免于外语考试；

6.已按规定参加福建省和本校组织的职称外语考试，或参加WSK考试成绩合格，并仍在有效期内，可免于外语考试。

符合免试外语条件者须填写《免试外语审批表》。

三、外语考试成绩要求及有效期

1.凡参加全国外语水平考试(WSK)者,晋升(转定)各级职务 WSK 成绩标准如下:

(1)晋升正高级职务 100 分以上,晋升副高级职务 90 分以上,晋升中级职务 85 分以上(总分以 EPT 总分 160 分为标准,如不同语种的考试总分不相同时,按比例折算);

(2)凡从事外语和马列主义理论全校性公共课教学的教师晋升高、中级职务时,可相应降低 10 分;

(3)凡参加 WSK 考试者,任现职以来,教学科研成果特别突出,达到破格晋升条件且任职年限已达到晋升高一级职务要求,可酌情相应降低 10 分。

以上 WSK 考试成绩有效期为四年。

2.全国职称外语等级考试的等级划分和适用人员见下表:

考试等级	A	B	C
适用人员	教学(含思想政治教育)、科研(含高教管理研究)、卫生、工程、实验、农业系列申报高级; 其他系列(出版、图书资料、档案等)申报正高级	教学(思想政治教育)、科研(含高教管理研究)、工程、实验、农业、卫生系列申报中级; 翻译系列高级第二外语; 高级未分正副的系列(经济、会计、统计)申报高级;其他系列(出版、图书资料、档案等)申报副高级。	翻译系列申报中级第二外语; 其他系列(出版、图书资料、档案、经济、会计、统计等)申报中级。

参加全国职称外语等级考试者,取得国家人事部统一印制的《职称外语等级考试合格证书》,全国有效。A 级考试合格成绩有效期为四年,B、C 级考试合格成绩有效期为三年。

四、考试语种及题型

1.全国外语水平考试(WSK)语种为:英语、日语、俄语、德语和法语。题型包括写作、听力、语法结构与词汇、完形填空和阅读等五部分。不同语种题型略有不同。请参看 WSK 考试大纲。

2.全国职称外语等级考试语种为:英语、日语、俄语、德语、法语、西班牙语。其中,英语划分为综合与人文、理工、卫生、财经四个专业类别。

试题主要测试参考人员阅读理解外文专业基础文献的能力(参阅"全国职称外语等级考试大纲")。报考者可根据自己所从事的工作,任选一种语言及类别应试。

五、考试时间

1.全国外语水平考试(WSK)的时间:每年举行三次,第一次考试在每年三月的第四个星期六,考试语种为英语、日语和俄语;第二次考试在每年七月的第一个星期六,考试语种为:法语、德语;第三次考试在每年九月的第三个星期六,考试语种为英语。

具体日期看当年通知。

2.1999 年全国职称外语等级考试的时间定于 4 月 17 日上午 9:00－11:00 进行,考试实行全国统一大纲、统一命题、统一组织的形式。

以后每年考试的时间,请看当年通知。

六、报名日期及地点

1.全国外语水平考试(WSK)报名时间和地点,请看WSK厦门大学考试中心(校外语教学部)的通知。

2.1999年全国职称外语等级考试报名时间:

1998年12月1日—12月3日。

报名地点:厦门市人事考试测评中心(湖滨一里73号)。联系电话:5157692、5156229、9500392123。

报考者请携带单位介绍信、本人身份证、毕业证书、资格证书(均为原件)、本人2.5厘米同版免冠照片3张直接到厦门市人事考试测评中心报名。按规定交纳报名费。

七、其他

1.本实施意见有关条款除有注明外,从1999年度起执行,以前所发职称外语考试有关文件不再执行。

2.本实施意见由校职改领导小组负责解释。

附件1:全国职称外语等级统一考试用书参考教材。

(附件1略——编者)

厦门大学职称改革领导小组

一九九八年十一月二十七日

——本文摘录自《厦门大学专业技术人员职称外语考试的实施意见》,厦大职改[1998]19号,档号1998-XZ10-3

关于更正《厦门大学专业技术人员职称外语考试实施意见》中第二条第 2 项内容的通知

(1998 年 12 月 2 日)

由于打印文件时编辑有误,将《厦门大学专业技术人员职称外语考试实施意见》第二条免试条件中第 2 项“大学外语六级水平考试合格”排错位置,现特将该项内容更正如下:

TOEFL 考试成绩 500 分以上(有效期四年),或教师在国外留学并获得硕士学位,教师以外其他专业技术人员获得硕士学位或获得全国大学外语六级水平考试合格者,晋升中级职务可免于外语考试。

厦门大学职称改革领导小组

一九九八年十二月二日

——本文摘录自《关于更正〈厦门大学专业技术人员职称外语考试的实施意见〉中第二条第 2 项内容的通知》,厦大职改[1998]20 号,档号 1998-XZ10-3

关于《厦门大学关于教师职务评审程序若干规定》的补充规定

（1998年12月8日）

根据厦大职改[1998]08号文第六条的复评规定，经研究，决定对《厦门大学关于教师职务评审程序若干规定》的复评程序补充规定如下：

凡被否决的申请者，本人提出申诉，且符合申诉条件的，经校职改领导小组研究同意提交上一级评委会复评的，上一级评委会应认真审阅该申请者的申诉意见及有关评审材料，并对他进行立案表决。表决采用无计名投票方式。凡获得出席会议委员的三分之二及其以上赞成票数者，方为通过并予以立案。对已被立案的申请者，可以在该评委会会议上与所在单位其他评审对象一起投票表决。表决时，按各单位可晋升岗位数投票，凡获得出席会议委员的三分之二及其以上赞成票数者，方为通过。

厦门大学职称改革领导小组

一九九八年十二月八日

——本文摘录自《关于〈厦门大学关于教师职务评审程序若干规定〉的补充规定》，厦大职改[1998]21号，档号1998-XZ10-3

厦门大学基本建设项目与房地产档案资料管理暂行规定

(1998 年 12 月 29 日)

第一章　总　　则

第一条　为了做好我校基本建设档案资料管理工作,充分发挥档案资料在工程建设、生产(使用)管理、工程维护和改建扩建中的作用,根据国家档案局、国家计委《基本建设项目档案资料管理暂行规定》和《中华人民共和国档案法》,结合我校基本建设工作的具体情况,特制定本规定。

第二条　学校基本建设项目档案资料是指学校土地、校产、房屋资产及其在整个建设项目从酝酿、决策到建成的全过程中形成的、应当归档保存的文件,包括基本建设项目的提出、调研、可行性研究、评估、决策、计划、勘测、设计、施工、调试、生产设备、竣工、试生产(使用)等工作活动中形成的文字材料、图纸、图表、计算材料、声像材料等形式与载体的文字材料。

第二章　档案资料的管理

第三条　按照国家档案有关法规,学校基建档案实行集中统一管理制度,即由厦门大学档案馆集中统一管理,任何单位和个人不许把学校基建档案据为己有,有关部门和个人应当按时向学校档案馆移交应当归档的基建档案,以确保档案资料的完整、准确、安全和有效利用。

第四条　基建档案工作是学校基本建设的重要组成部分,学校有关单位都要把学校基本建设文件材料的形成、积累、整理和归档工作列入本单位管理及有关人员的职责范围,确定分管负责人和专(兼)职档案人员,并制定有关规章制度。造成档案资料损失的要依照《档案法》有关规定处罚。

第五条　学校建设单位和档案馆要负责监督、检查和指导学校建设项目的档案资料工作。档案馆应参加重点建设项目档案资料的验收。

第六条　学校基建项目的档案资料工作要与项目建设进程同步。项目申请立项时,有关单位即应开始进行文件材料的积累、整理、审查工作;项目竣工验收时,完成文件材料的归档和验收工作。

第七条　项目建设过程中建设单位、工程总承包单位、工程建设现场指挥机构、勘察设计单位,施工单位应在各自的职责范围内搞好建设项目文件材料的形成、积累、整理、归档和管理工作。属于建设单位归档范围的档案材料,有关单位应按时整理、移交建设单位。

第八条　档案资料的汇总整理

1.学校基建项目在发包时,建设单位应要求施工单位在工程竣工时,提交两套工程档案资料,并应在承包施工协议条款中做出明确规定。

2.建设项目实行总承包的,各分包单位负责收集、整理分包范围内的档案资料,交总包单位汇总、整理。竣工时由总包单位向建设单位提交完整、准确的项目档案资料。

3.建设项目由建设单位分别向几个单位发包的,各承包单位负责收集、整理所承包工程的档案资料,交建设单位汇总、整理,或由建设单位委托一个承包单位汇总、整理。

4.建设项目竣工时,建设单位应将基建项目档案材料完整、准确地制作两份,一份送交厦门市城建档案馆,一份移交学校档案馆。

第九条　学校校产管理部门应在其职责范围内做好学校土地、房产、资产等有关材料的收集整理归档工作。属学校所有的地产房产项目,其产权证办理完毕即应及时向学校档案馆移交归档。

第十条　学校建设项目中有关单位如总务水电、网管中心、建南集团等部门均应做好基建材料、网管线路包括地下水电、通讯管线资料的收集整理归档工作。

第十一条　对学校基建维修和改建等工程项目中形成的有关材料,有关主管单位和承建单位应在维修和改建工程完结时,及时将有关档案材料送交学校档案馆归档。

第十二条　对以往散存在有关单位和个人的基建房地产等档案材料,有关单位应组织专人整理归档,对已破损遗失的档案,要组织力量尽快抢救,及时送交学校档案馆。

第十三条　归档文件材料要字迹清楚,图面整洁,不得用易褪色的书写材料书写、绘制。

第十四条　学校档案馆要加强档案提供利用的手段和措施,保证利用。对基建房地产档案的借阅利用,按学校有关档案利用的规定执行。

第十五条　学校要为档案管理配备符合要求的档案资料库房,并为档案资料制作、保存和提供利用设立专项经费和配置必要的设备。

第三章　竣工档案资料的管理要求

第十六条　竣工图是工程的实际反映,是工程的重要档案,工程承发包合同或施工协议中要根据国家对编制竣工图的要求,对竣工图的编制、整理、审核、交接、验收做出规定,施工单位不按时提交合格竣工图的,不算完成施工任务并应按国家有关规定承担相应责任。

第十七条　施工单位要按工程档案归档要求编制好竣工图。工程竣工验收前,由建设单位和档案馆组织检查竣工图和编制施工档案的质量。

第十八条　编制竣工图的费用,按下列办法办理。

施工单位应负责提供准确有效的隐蔽资料,委托该工程设计单位编制竣工图时,所需费用由施工单位自行解决。

第四章　归档范围和保管期限

第十九条　建设项目文件材料归档范围和保管期限,一般可据规定附表《基本建设项目文件材料归档范围和保管期限》执行。

第二十条　建设单位及其有关单位应根据工程全过程应产生的文件材料规定详细的归档范围和内容,以确保归档文件材料的完整性。

第五章　附　　则

第二十一条　本暂行规定由厦门大学档案馆负责解释。

第二十二条　本暂行规定自发布之日起实施。

附件:

厦门大学基本建设项目和房地产文件材料归档范围和保管期限

序号	类目名称	保管期限
1.	基建管理性材料	
1.1	上级关于基建工作的文件	
1.1.1	针对本校的(有办文的,随办文归档、定保管期限)、重要的	长期
1.1.2	一般的、普发性的	作资料

1.2	本校基建工作年度计划	长期
1.3	本校基建工作规章制度	长期
1.4	本校基建总体规划图、总平面图、总地下管道图及其说明	永久
1.5	征地签订的合同、协议书及附图	永久
1.6	有关兴建、扩建、维修、加固各类用房的报告、批复及附图	长期
1.7	本校基建工程统计报表、财务决算	永久
1.8	基建工作中形成的其他重要材料	长期
2.	基建项目材料	
2.1	申请报告及上级对基建项目的审批文件	长或永
2.2	设计委托书、任务书、批准设计文件和扩初设计的批复	长期
2.3	工程协议、工程执照、标书及公证书	长期
2.4	地质勘测材料	长期
2.5	材料试验记录、施工日记、更改通知书、验收记录	长期
2.6	基建项目的全套竣工图纸、竣工说明及验收报告等	永久
3.	房地产管理材料	
3.1	本校总体土地规划图、红线图	永久
3.2	本校使用土地和有关房产校产的报告、批复及其有关文字、图表、声像材料	永久
3.3	本校房屋产权证及有关材料	永久
3.4	有关土地、校产纠纷的来往文书及处理结果	长期
3.5	本校关于地界变化、交换、转让、租用的报告与批复	永久

——本文摘录自《关于印发〈厦门大学基本建设项目与房地产档案资料管理暂行规定〉的通知》,厦大办[1998]31号,档号1998-XZ09-1

1999年

·特　载·

迎接新挑战　再创新业绩

——一九九九年新年献词

(1999 年 1 月 5 日)

校长　林祖赓

全校师生员工、同志们：

在全党全国人民认真贯彻落实党的十五大精神、兴起学习邓小平理论的新高潮中，在举国上下欢庆党的十一届三中全会和改革开放 20 周年的锣鼓声中，我们送走了不平凡的 1998 年，迎来了充满希望的 1999 年。值此辞旧迎新、万家欢乐之际，我代表校党委、校行政向全校师生员工致以亲切的问候，恭祝大家新年愉快、身体健康、学习进步、工作顺利！

回首翻天覆地、举世瞩目的改革开放 20 年历程，我们切身体会到了邓小平理论的正确与伟大，是这一光辉的马克思主义理论的最新成就，引导我们走向胜利和成功，为在 21 世纪实现更大的飞跃打下了坚实的基础。20 年弹指一挥间，在改革开放的春风吹拂下，我校也经历了沧桑巨变，获得了蓬勃发展，学校的办学条件不断改善，整体办学水平不断提高，凝聚力、吸引力不断增强，学校进入了建校以来最好的发展时期。学校各项事业的进步，与历届领导和师生员工的关心、支持和奉献是分不开的，在此谨向你们表示衷心感谢！

回顾刚刚过去的一年，在全校师生员工共同努力下，我们认真贯彻党的十五大精神，抓住机遇，开拓进取，在改革和发展中又取得了一系列令人欣喜的成绩：党的建设和思想政治工作再次荣获中组部、中宣部、教育部党组表彰；全面规划，稳步实施，“深化校内管理体制改革方案”，机关“三定”工作和 7 个单位 19 个处级岗位的竞争上岗工作已经完成，并制定了一系列配套制度，其他各项改革正在有条不紊地进行之中；“211 工程”重点建设全面推进；认真做好教学评估准备工作，研究生和本科专业目录修订已经完成，新增了 2 个一级学科、4 个博士学位授权点和 1 个人才培养基地；有 140 多项科研成果荣获省、部级以上奖励；嘉庚楼群、筒子楼改造工程和前埔住宅小区购房工作已经展开；在全面夺取抗洪救灾胜利的过程中，我校师生员工鼎力相助，做出了积极的贡献。我们的成绩再次展现了厦大人始终不渝的爱国爱校、自强不息、止于至善的精神风貌，这将激励着我们去迎接新的挑战、战胜各种困难、争取更大的成绩。

展望新的一年，是我们迈向 21 世纪，更加重要的一年。要实现我校跨世纪的奋斗目标，我们的任务还很艰巨。按照十五大“优化教育结构，加快高等教育管理体制改革步伐，合理配置教育资源，提高教学质量和办学效益”的精神，我们在办学管理体制改革、教学科研主体改革和后勤改革等方面都有着十分重大的任务，要实现这些任务，就要求我们必须高举邓小平理论伟大旗帜，解放思想，实事求是，切实转变教育思想观念，励精图治、团结奋斗，使各项改革有突破性的进展，真正实现优化资源配置，提高教学质量和办学效益的目的。我们还要继续加强党建和思想政治工作，加强社会主义精神文明建设，继续推进“211工程”建设，做好“本科教学工作优秀评价”和“211工程”中期检查、国家级重点学科评估的准备工作，迎接全国教育工作会议和全国知识创新大会的召开。

师生员工同志们，在新的一年，我们还将迎来新中国成立50周年和澳门回归祖国两大喜事。让我们用百倍的努力，更加勤奋的工作，更加刻苦的学习，建设一个更加美好的厦大，作为国庆50周年和澳门回归的献礼！

——本文摘录自《厦门大学》(校刊)，1999年1月5日第391期

厦门大学校院二级管理体制试行条例

（1999年1月18日）

为了优化我校的资源配置，提高办学的效益和水平，促进学科建设和队伍建设，根据《中华人民共和国高等教育法》第三十七条关于“高等学校根据实际需要和精简、效能的原则，自主确定教学、科学研究、行政职能部门等内部组织机构的设置和人员配备”的精神和学校关于实行校院二级管理体制的决定，制定本试行条例。

第一条　学校是具有法人资格的办学单位，依法享有自主确定教学、科研等内部组织机构的权利。学校内部实行校院二级管理。

学院是学校下属的内部办学实体。学院在学校党委和行政领导下，自主开展教学、科学研究和社会服务等活动。

第二条　学院成立院务委员会。院务委员会由正副院长、学院党总支正副书记、各系（所）负责人、院工会主席等人员组成。学院办公室主任为院务委员会秘书。

院务委员会的主要职责：

（一）讨论制定本学院教学科研、学科建设和队伍建设发展规划、重要改革方案和有关规章制度；

（二）讨论决定本学院的教学科研与学科建设的其他重要问题；组织实施“211工程”建设；

（三）讨论决定本学院师资队伍建设与人事管理工作的重要问题；推荐本学院各系（所）主任（所长）人选；

（四）讨论决定本学院对外交流与合作和社会服务的重要问题；

（五）讨论决定本学院经费管理和使用的重要问题；

（六）讨论决定本学院的房屋和物资设备等资产的使用管理的重要问题；

（七）讨论决定本学院其他行政工作的重要问题。

第三条　学院院长在学校党委和行政领导下，具体负责本学院的教学、科学研究和行政管理等工作。

院长履行下列职责：

（一）主持院务委员会办公会议，负责本学院日常行政工作；

（二）主持拟定本学院年度工作计划并组织实施；

（三）组织本学院开展教学、科学研究、对外交流与合作和社会服务等活动；

（四）组织本学院开展思想政治教育活动；

（五）根据院务委员会的决定，聘任和解聘本学院教师及工作人员；

（六）根据学校和学院的有关规定，审批本学院的经费开支；

（七）校长赋予的其他职责。

第四条　学院设立党总支。学院的党总支在学院中处于政治核心的地位。

学院党总支履行下列职责：

（一）保证监督党和国家的方针、政策及学校的各项决定在本学院的执行；

（二）参与讨论和决定本学院教学、科学研究、行政管理工作中的重要事项，支持院长在其职权范围内独立负责地开展工作；

（三）加强党组织的思想、组织、作风建设，具体指导党支部的工作；

(四)领导本学院思想政治工作;

(五)做好本学院干部的教育和管理工作;

(六)领导本学院工会、共青团、学生会等群众组织,支持他们开展工作;

(七)校党委赋予的其他职责。

第五条　学校负责制定全校的发展规划和建设目标。学院在学校发展规划和建设目标指导下,具体负责制定本学院的发展规划和学科建设的分阶段目标和实施步骤,调整学院专业设置,统筹协调学院学科建设的各项工作。

第六条　学校负责确定学院各类人员的编制数,制定进人的标准和条件。学院具体负责本学院教职工队伍的管理安排、调整补充和培养提高工作。在学校确定的编制数内,学院制定具体的人员补充计划,并根据学校制定的进人标准和条件,选拔考核补充教职员工,确定具体人选,报学校审核批准并办理具体手续。学院可根据岗位职责自行决定本学院各类人员的院内调动并报学校备案,统一规划本学院教师的进修培养、出国学习等工作。

第七条　学校负责制定教学工作的总体要求、目标规范,对全校范围内教学工作进行管理。学院负责本学院教学计划的制定和实施,组织安排本学院公共课、基础课的教学,指导所属各系组织和安排专业基础课和专业课的教学,组织开展本学院的教学改革。学校对学院的教学工作进行检查、监督和评估。

第八条　学校负责全校科研工作的组织和管理,制定科研和科技开发的发展规划。学院在学校科研和科技开发规划指导下,制定本学院的科研与科技开发规划,组织协调科研力量,申报科研项目,统一管理学院所属的科研机构。学校对学院的科研课题的进展实施检查和督促。

第九条　学校负责制定教职工聘任考核条例、奖惩办法,并监督条例和办法的实施。学院根据学校的聘任考核条例具体负责本学院教职工的聘任和考核,办理教职工的聘任手续,确定教职工的考核等级,报送考核结果,并根据学校的奖惩办法对教职工实施奖惩。

第十条　学校根据国家有关职称评审的政策,制定学校职称评审办法,确定各学院教师和其他专业技术岗位数额。学院负责组成学科组对本学院教师和其他专业技术职务任职资格进行评审。副教授及其以下职务,学院具有终审权。学院有权自行调剂其内部岗位设置。学校对学院的职称评审工作进行检查和监督。

第十一条　学校对学院实行工资总额包干,并根据国家有关工资津贴分配的政策制定津贴分配的原则规定。学院根据国家政策和学校规定制定本学院津贴分配的具体办法并组织实施。学校对学院的津贴分配进行检查和监督。

第十二条　学校对全校财务工作实行统一管理,负责制定学校内部的财务管理规定。学院作为学校的财务预算单位,对学校分配给学院的教学、科研、行政等管理经费有权根据学校财务管理规定直接审批。学院的创收分成由学院统一管理和按有关规定支配。学院配备财务核算员负责学院的具体财务核算,配合学校财务处按照财务制度对学院经费进行分类管理。学校对学院财务管理进行检查和监督。

第十三条　学校负责确定全校对外交流与合作的原则和社会服务的方向,制定全校对外交流与合作和社会服务的管理办法。学院统筹本学院对外交流与合作和社会服务工作,根据学校和学院制定的具体的管理和分配办法,组织开展与校外单位的交流合作和社会服务等活动。

第十四条　学校负责制定物资设备和公用房屋的管理办法,统一管理全校的房屋、物资设备等资产。学院根据学校的有关规定,调配和管理本学院的物资设备和教学、科研及办公用房,负责学院内器材物品的调拨和安排。学校对学院的资产管理进行检查和监督。

第十五条　学院依照学校的各项规章制度自主处理院内行政事务。学院设立办公室,根据工作需要配备办公室主任和教学、科研、人事、财务、研究生管理等秘书及工作人员(院办编制在15人以上可另配备办公室副主任1人),负责办理学院各项行政事务。

学院根据学生规模配备若干专职政工人员。

第十六条　学院所属各系(所)是学院领导下的教学科研的基本单位。系(所)配备系主任(所长)一人,如工作需要,经学校批准,可适当增加配备副系主任(副所长)。系主任(所长)在院长领导下,根据学院的总体规划和要求,具体履行下列职责:

(一)负责实施本系(所)的教学科研计划,调配本系(所)的教学科研人员,确定本系(所)各教研室(研究室)负责人,组织本系(所)的各项教学、科研工作。

(二)负责实施本系(所)学科建设和师资队伍建设计划,落实学科建设和师资队伍建设的各项具体工作,对本系(所)拟调进的教学科研人员进行考核和初选,提出拟调人员名单。

(三)根据学院的总体安排,组织本系(所)教师开展对外交流与合作和社会服务等工作。

(四)负责实施学院布置的其他各项工作。

第十七条　学院所属各系(所)根据党员人数和工作需要,设立若干党支部。党支部在学院党总支领导下开展工作。

第十八条　学院所属各系(所)不设办公室,由学院在各系(所)配备系主任(所长)秘书,其编制属院办公室。

第十九条　学院与所属系(所)的具体工作分工和内部关系,由各学院自行研究确定。

第二十条　本条例由学校行政办公会议负责解释。

——本文摘录自《关于印发〈厦门大学校院二级管理体制试行条例〉的通知》,厦大人[1999]9号,档号1999-XZ10-3

厦门大学1998—1999学年第二学期工作计划要点

(1999年3月10日)

本学期要继续高举邓小平理论伟大旗帜,深入贯彻落实党的十五大精神,学习和贯彻教育部"面向二十一世纪教育振兴行动计划"和《高等教育法》,进一步加强学校党的建设和思想政治工作,维护校园政治稳定;继续推进校内管理体制改革,加快实施"211工程"规划,切实提高办学水平和办学效益。为此,要重点做好以下几项工作:

一、把邓小平理论的学习引向深入,重点抓好邓小平教育理论的学习

继续深入学习邓小平理论,重点抓好邓小平教育理论的学习。通过学习,提高对"科教兴国"战略、"教育优先发展"战略的重要意义,对新形势下高校人才培养、办学体制改革的方向,对教育要适应并且服务于经济快速发展、科技不断创新和社会全面进步的需要等问题的认识,不断解放思想,更新观念,促进学校各项改革和发展。

为此,各单位要认真组织全体干部教师,以《邓小平教育理论学习纲要》、《邓小平论教育工作》为学习材料,安排一段时间,集中学习一次邓小平教育理论;党委中心组要坚持带头学习,在自学基础上,结合工作与思想实际,适当安排专题讨论;党委党校要举办邓小平教育理论学习班,组织学校领导和院长、系主任进行集中学习。

二、继续推进校内管理体制改革,积极推行校院二级管理体制

机关要按照新的机构设置和职责分工建立健全各项制度,保证机构协调运转,努力提高工作效率、管理水平和服务质量。继续巩固、发展机关机构改革的成果,进一步加强机关作风建设,机关部门领导职务任职届满的仍实行竞争上岗。妥善做好转岗人员的分流工作。

要以有利于学科的建设和发展,提高教学科研水平和人才综合素质,提高办学效益为衡量标准,根据《厦门大学校院二级管理体制试行条例》,在充分调研的基础上,分批推行校院二级管理体制,确保在2000年前学校按校院二级进行管理。

全面启动后勤管理体制改革,把后勤的行政管理职能和经营服务职能分开,强化行政管理职能,转换运行机制。组建若干服务经营实体,实行企业化管理,切实提高后勤服务的质量和水平。

三、加快实施"211工程"规划,提高教学科研水平

加快"211工程"建设步伐,从抓若干标志性成果入手,加强对各建设项目的管理,切实解决具体实施过程中的各类问题;加强学科建设,在做好现有重点学科建设的基础上,努力培植新的重点学科;加强师资队伍建设,加大高层次人才引进力度,推动教学科研水平的全面提高,以迎接教育部"211工程"中期检查、项目验收和重点学科评估工作。

进一步深化教学改革，按照新的专业目录，遵循“科学、规范、拓宽”的原则，重新修定培养方案和教学计划，努力构建适应新世纪需要的人才培养模式；按照设立基本课主讲教授岗位和推行公共课“挂牌上课”制度，做好第一次遴选主讲教授和挂牌上课教师竞争上岗工作；加强课程体系调整和教材建设，重点抓“厦门大学面向21世纪系列教材”的组稿、出版工作；筹建高等职业技术学院，做好今年招生的各项准备工作。

认真研究科研为地方经济建设和社会发展服务的各种模式和相关政策，继续积极争取“863”“973”等国家重大、重点科研课题和项目，大力开展横向科研，探索产学研相结合的路子，推进科研成果的产业化开发工作，为地方经济建设和社会发展做贡献。

四、加强思想政治工作，维护校园政治稳定

加强日常的思想教育和德育工作。把握有利时机，深入开展爱国主义教育、社会主义教育和形势政策教育，使广大学生提高民族自信心和责任感，认清国内国际形势，自觉维护校园政治稳定；抓好改革和发展大局的教育，使广大师生员工能服从学校改革、发展、稳定的工作大局，切实做到局部利益服从整体利益、个人利益服从集体利益、眼前利益服从长远利益。

各级领导要增强政治敏感性和责任感，针对广大师生员工的思想实际，做深入细致的工作，及时准确掌握动态信息，发现问题及时报告并妥善处理；关心群众生活，注意做好生活后勤、特困生资助等方面的工作，为广大师生员工排忧解难；加强校园文化建设和治安工作，切实维护校园稳定。加强思想政治工作队伍的思想建设，着力提高政工干部的政治素质和业务素质。

按照中央和省委的部署，本学期要积极做好“三讲”教育的准备工作。切实加强党的基层组织建设，切实加强和维护党的纪律，进一步推进党风廉政建设和反腐败斗争。

各单位、各部门要结合本单位实际，根据本计划要点，认真研究制定本单位工作计划，并组织实施。

——本文摘录自《关于印发〈厦门大学1998—1999学年第二学期工作计划要点〉的通知》，厦大委综[1999]2号，档号1999-XZ09-5

厦门大学1999—2000学年第一学期工作计划要点

(1999年9月6日)

本学期要继续以邓小平理论为指导,深入贯彻落实党的十五大精神,贯彻落实全国教育工作会议、全国技术创新大会、全国高校党建会议精神和《面向21世纪教育振兴行动计划》,进一步加强学校党的建设和思想政治工作,继续做好校内管理体制改革,加快实施"211工程"计划,切实提高学校的内在活力、教育质量和办学效益。为此,要重点做好以下几项工作:

一、认真做好以"讲学习、讲政治、讲正气"为主要内容的党性党风教育的准备

"三讲"教育工作是贯彻党的十五大精神和中央的部署,深入学习邓小平理论,加强领导班子建设,提高领导干部素质的一项重要举措,对实现我校跨世纪奋斗目标具有十分重大的意义,对此,各级领导班子特别是主要领导同志要有充分的认识,要以高度的政治责任感切实做好"三讲"教育的准备工作,以饱满的政治热情迎接"三讲"教育的到来,认真按照中央和省委的要求,高质量地完成"三讲"教育任务。

二、继续进行校内管理体制改革

要本着"有利于促进学科发展,提高教学科研的整体实力水平,充分利用学校教育资源,增强学校社会服务功能"的原则,继续做好校院两级管理体制的实施,已经建立校院二级管理体制的学院,要根据《厦门大学校院二级管理体制试行条例》,进一步理顺校、院、系的关系,形成科学决策、自主管理、有效监督的机制,紧紧围绕学科建设这个核心,有效地开展各项工作,确保学校发展规划目标的实现。

全面实施后勤改革的具体方案,要切实实现行政管理职能和经营服务职能的分离,建立起"精干、高效"的后勤行政管理"小机关";五个中心实行企业化管理后,要注意处理好经营与服务、社会效益与经济效益的关系,为学校教育事业的发展提供有力保障。学校赋予它们必要的自主权,同时又要注意加强管理和监督,确保新的后勤管理和运行机制健康、有序运行。

要继续认真做好改革后各类人员的分流和安置工作。

三、加快实施"211工程"规划,提高教学科研水平

根据国家"211工程"部际协调小组办公室的通知,本学期将对我校"211工程"开展中期检查,为此要加强领导、认真准备,特别是要加强对重点建设项目的管理,提高各项目建设的质量和效益,促进一批标志性成果的形成,同时,还要做好全国重点学科评估和第8次增列新学位点的各项准备工作,从而为我校"211工程""九五"计划的顺利完成和学校进入"211工程"二期计划奠定良好的基础。

要站在面向21世纪高科技竞争的高度上,深化学校科研体制改革。认真学习贯彻《中共中央、国务院关于加强技术创新,发展高科技,实现产业化的决定》,积极筹备召开科研工作会议,研究确定我校面向21世纪科研工作的整体方案;要在继续发挥基础研究优势的基础上,下决心采取倾斜政策重点发展高新技术研究,做好科研成果转化工作,为国家和地方特别是福建省、厦门市的经济建设和社会发展多做贡

献；认真探索发展高科技产业的模式，推进高新技术与科研成果的产业化进程。

继续深化教学改革，要按照全教会精神全面推进素质教育，培养适应知识经济要求、政治素质高、创新能力强的合格人才；认真做好实施“基本课主讲教授岗位”及“公共课挂牌上课”的各项具体工作，做好迎接教育部“本科教学优秀评价”的各项准备工作，以此促进其他各项教学工作。同时还要抓住实施“长江学者计划”契机，积极引进优秀人才，优化师资队伍，推动学校教学科研水平的全面提高。

本学期还要继续组织好有关揭批“法轮功”问题的学习教育；做好迎接国庆五十周年和澳门回归的各项庆典活动；继续做好嘉庚楼群和筒子楼改造工程。

各单位、各部门要结合本单位实际，根据本计划要点，认真研究制定本单位工作计划，并组织实施。

——本文摘录自《关于印发〈厦门大学1999—2000学年第一学期工作计划要点〉的通知》，厦大委综[1999]18号，档号1999-XZ09-5

·专 文·

立足地方,发挥优势,为“科教兴省”做贡献

——在福建省政协第二次会议的大会发言

(1999年1月)

校党委书记 陈传鸿

省委省政府关于“科教兴省”的战略决策,对于福建的经济社会发展,对于福建的腾飞,具有重要而深远的意义。厦门大学作为地处福建省的教育部直属综合性大学,理应在“科教兴省”中发挥重要作用。因此,在确定跨世纪的发展目标和改革思路时,我校将立足于社会主义初级阶段的国情、省情、市情,全面适应国家现代化建设的需要和福建省、厦门经济特区二次创业的需要,把建设一流社会主义大学的奋斗目标同国家和地方经济社会发展的现实相结合,把学校的发展战略同“科教兴国”“科教兴省”的战略相结合。

一、改革开放以来,厦门大学积极为地方经济建设和社会发展服务

改革开放以来,面对新形势,厦门大学较早地确立了“立足地方,面向全国,发挥优势,主动服务”的办学思路,积极为地方经济和社会发展服务。在人才培养方面,1981年到1997年的17年间,厦门大学为福建省输送了13675名本科生(占毕业生总数的53%)和2000多名毕业研究生,还输送了成人教育毕业生50580名;同时,近几年为省市党政和经济管理部门举办各类研究生课程班,人数1000多名。1994年,厦大为适应厦门市建设“航空城”和“信息港”的需要,设立了飞机维修专业,及时帮助厦门解决了这方面人才紧缺的问题;大力开展科技服务,科技转让和咨询。鼓励教师走出校门,开展横向课题科学研究,并与省市科研单位、工厂、企业建立多种技术合作关系。利用综合性大学学科齐全,文理工交叉的优势,承担软科学研究项目,为政府有关部门及企业的规划、决策等提供科学依据。依靠师资优势,组织教师支援地方大学和中学的办学。

与此同时厦门大学的办学也得到省市政府的大力支持。早在1983年和1985年,福建省人民政府就先后与厦大联办厦门大学艺术教育学院和政法学院;1993年《中国教育改革和发展纲要》颁布之后,福建省委省政府,厦门市委市政府认真贯彻落实《纲要》精神,在全国范围内率先与国家教委共建厦门大学。1996年福建省政府与国家教委共建厦门大学,每年投入400万元用于厦门大学海洋与环境学院的建设。1994年,厦门市政府与国家教委共建厦门大学和厦大工学院,1996年联办厦大医学院,至1997年,共投入了13138.63万元。在厦大建设用地、住房建设等方面,省市也给予大力支持。“共建”为学校办学注入了新的活力,加快了学校的改革与发展,也大大强化了学校的服务意识,推动了学校为地方经济建设和社

会发展服务工作。

二、加大力度,发挥优势,为“科教兴省”做出更大贡献

要在“科教兴省”中更有作为,厦门大学必须加大为地方经济社会发展服务的力度,要使学校不仅成为高素质人才的培养基地,而且要成为知识创新的重要基地,成为哺育知识型(智力型)企业的摇篮,成为高新技术的辐射源。为此,我们有几点思考:

1.建立组织机构,加强领导。成立“厦门大学产学研领导小组”,在省市统筹下,负责对学校开展社会服务工作(产学研工作)进行调研、规划、组织、协调与管理,负责督促检查为地方承担的各项服务工作任务的落实。

2.把高素质创新人才培养放在学校为地方服务的突出位置。要扩大本科生和研究生教育规模,提高教育质量,继续为福建省和厦门经济特区输送优秀人才。成人教育要增设地方急需的专业,还要积极为地方科学普及服务,围绕经济社会发展的重大问题开展软科学研究。

3.重视高新技术开发与转化,成为知识创新、技术创新、管理创新的重要基地。首先,学校要成为高新技术引进的重要软环境和积极参与者。近年来,厦门大学积极配合厦门市政府发展航空工业的需要,创办了飞机维修工程专业,现已为厦门太古飞机维修工程公司输送了100多名毕业生。又如Kodak(柯达公司)、ERC(美国能源研究公司)、DELL(戴尔计算机公司),将总部设在厦门,我校很快地介入,建立了密切联系,包括开展合作研究,输送毕业生,培训技术人员以及设备共享等等。其次,努力成为高新技术的开发者和高新技术产业的发源地之一。面向新世纪,进行新一轮的学科调整、改造,要大力加强工学院建设,促进理工结合,发展横向科研,从政策上扶持和鼓励应用开发研究,调动教师承担地方应用开发研究项目的主动性和积极性。再次,走产学研相结合的道路,开展校内组合,校内外组合,(即与校外研究机构,大型企业及其他院校的联合),联合攻关,为福建省和厦门经济特区解决经济社会发展的重大和关键技术问题,特别要尽可能地为大型企业解决技术难题,为改造和提高传统产业,发展新兴产业和高新技术产业提供技术支持。如配合省市发展以光纤通信、网络集成系统等为主的信息产业、以新型高能化学电源为主的独立电源相关产业,以及化工高技术产业,生物工程与海洋药物产业,光机电一体化产业等。

4.发挥学科、人才优势,提供咨询服务。一是加强咨询服务的组织工作,有针对性地成立若干专家咨询组,专家顾问组,为省市政府决策服务。二是加强引导,积极推进各院系,各单位以不同形式进入企业,或提供咨询,或与企业合作,与企业结成对子,通过为企业服务做到互惠互利,从而加快自身发展。三是学校的各种中介机构,在提供各种中介服务时要把社会效益放在第一位。

5.要使厦大成为“科教兴省”的重要人才库。一方面学校适应自身学科建设,新学科发展的需要,引进高级专门人才,设立特聘岗位,广开招聘渠道;另一方面还要为社会发展需要而储备人才,充分利用学校的学术环境、研究条件(包括图书资料,实验设备,学科交叉渗透,培养研究生等等),使高级人才到福建来,在学校里开展高新技术研究,再把研究成果回馈于社会。要努力建立学校与社会人才流动机制。

三、几点建议

1.要切实把教育放在优先发展的战略地位,贯彻落实《高等教育法》、《面向21世纪中国教育振兴行动计划》,把教育投资作为一种基础性投资,千方百计加大对教育的投入,保证《教育法》规定的“教育经费的三个增长,即各级政府教育财政拨款的增长要高于同级财政经常性收入的增长,在校生教育经费逐步增长,教师工资和学生人均教育经费逐步增长”,提高省级政府本级财政支出中教育经费支出的比例,力争三年内每年增加1～2个百分点;力争到2000年实现财政性教育经费占国民生产总值的比例达到4%的目标。认真解决长期困扰高校的地方补贴,公费医疗改革和离退休人员经费问题。

2.深化高教管理体制改革,淡化隶属关系的概念。省政府应充分利用在本省的教育资源,包括中央

部委所属的高等院校,注重发挥这些高校的作用,在重点学科建设、科研项目立项和成果奖励等方面一视同仁。厦门大学当前正在进行校内管理体制改革,以优化校内资源配置,强化竞争激励机制,全面提高教学质量、科研水平和办学效益。还将紧密结合福建省和厦门市的需要进行学科建设、重组和创新,我们希望将厦门大学的学科建设纳入省市各项规划之中,在考虑具体政策时,能给予指导和安排。

3.新一轮的竞争关键在人才。要体现以人为本,加大队伍建设力度。建议省政府设立人才引进和培养基金,建立人才交流机制,促进学校与社会人才双向流动和省内科研机构与高校的融合;同时建议建立福建省储备人才库,每年给厦门大学若干高级人才的储备指标。我校拟设立高等职业技术学院,为福建省培养更多的高级职业技术人才,建议省政府在政策上给予鼓励,在招生指标方面给予适当倾斜。

4.在科技转化方面,高校应主动为经济社会发展服务,政府也要加强领导和支持,如要建立创新基金(或风险基金),形成风险投资机制;建议政府拨专款,用于认定项目的贴息;鼓励私人资本和社会资金以入股等方式,为高新技术产业提供融资渠道,使得高新技术产业的风险从政府或承办者承担,变为由社会共同承担。

——本文摘录自陈传鸿:《大学之道:在建设一流大学的征程上》,厦门大学出版社,2003年12月版

振奋精神 团结进取

——在厦门大学全球校友代表暨各界人士恳谈会上的讲话(摘要)

(1999 年 8 月 22 日)

校党委书记 王豪杰

2001 年 4 月 6 日,由著名爱国华侨领袖陈嘉庚先生首创的厦门大学将要迎来建校 80 周年,这是厦大发展史上的一个重要里程碑,也是中国高等教育发展史上的一件大喜事。华诞在即,无论是全体在校的师生员工、广大的海内外校友,还是众多为厦门大学的建设与发展做出过贡献的各界朋友,都满怀豪情企盼着这一日子的到来。为了迎接 80 周年校庆,更为了加快学校的改革与发展,提高学校的办学水平、办学效率和参与科技创新的能力,使学校以崭新的面貌屹立于 21 世纪的世界高校之林,分布在世界各地的校友代表暨各界朋友云集深圳,经过为期三天的聚会,圆满地完成了会议的各项议程,达到了会议的预期目的。在三天时间里,我们共同回顾办学历程,畅谈感想,加深了感情,更重要的是各位校友和朋友们站在 21 世纪世界高等教育发展和国际经济、科技激烈竞争的高度,怀着深情厚望,畅所欲言,集思广益,献计献策,提出许多宝贵的意见和建议,这些意见和建议是一笔巨大的精神财富和物质财富,对于我们筹备 80 周年校庆和加快学校的建设与发展,将起到巨大的促进作用。在此,我谨代表厦门大学对关心、支持学校发展的各位领导、各位校友和各位朋友表示衷心的感谢!

借此机会,我想从当前高等教育的新形势,结合厦门大学的改革与发展,谈几点看法和思考:

一、成绩与不足

近几年来,厦门大学紧紧抓住申请进入“211 工程”的良好机遇,深入贯彻落实《中国教育改革和发展纲要》精神,在教育部、福建省委省政府、厦门市委市政府的高度重视和支持下,率先进行了厦门市和福建省同教育部共建厦门大学的探索并取得了实质性的进展,曾经赢得了一片赞扬声。学校在学科建设、教学改革、科学研究、师资队伍建设、对外学术交流以及校内管理体制改革等方面也取得了一定的成绩,学校的办学条件有所改善,整体办学水平有所提高,师资队伍相对比较稳定,整个学校呈现出了蓬勃发展的良好态势。这些都为我们跨世纪加快发展步伐奠定了基础,也为我们开创新局面创造了有利条件。

厦门大学也存在着一些不尽如人意的问题:

1.在人才培养方面。我们的教育观念还比较保守,教学内容和方法更新较慢,教学手段的现代化和信息化程度不高,一句话,我们的人才培养模式还不能完全适应国家和社会对于高层次创新人才培养的迫切要求。

2.在科学研究方面。厦门大学在国家和地方的经济社会发展中所起的作用与厦门大学具有的人才智力优势是不相称的,与一些兄弟院校相比我们已落后了一步,学校的潜力尚未发挥出来,在应用研究、科研开发、成果转化方面存在明显的不足,已有的科技合作项目规模小,标志性成果和具有创新水平的科技开发不多,尚无形成较大经济效益、实现产业化的科技成果,总之,学校还缺乏自身的“造血”功能。原因是多方面的,既有思想观念和政策导向的问题,也有资金投入和组织协调方面的因素。厦大是综合性大学,原有的工科基础较为薄弱,加上受传统的“重学轻术”观念的影响,教学科研人员都偏重于基础理论研究,对应用研究、科研开发和成果转化不够重视,许多研究停留在实验室和学术论著阶段上,缺乏适应市场需要能够转化为产品的较为成熟的研究成果。学校晋升职称也主要看论著的数量。由于科技开发需要大量资金,必须经过一系列中试环节,加之从企业进入市场,又有较大风险,整个科技成果转化过程具有相当的复杂性。因此,教学和科研人员视之为“畏途”而较少去问津。

3.在经费投入方面。虽然近几年来学校的经费总收入有所增长,但仍然是捉襟见肘,严重地阻碍了学校的可持续发展。以近三年为例,“吃饭财政”现象十分明显。每年实际投入到教学、科研中的经费很少,杯水车薪,难以发展。

此外,在学科方面,被全国公认的传统优势学科受到挑战,新兴学科还不多;在师资队伍方面,在国内外有权威、享有崇高学术地位的专家不多,在全国各种实质性的委员会中的委员或评委较少,新一代学术权威有待成长和悉心培养;在体制、机制方面,学校的人财物资源未能产出应有的效益,管理水平也有待提高,等等。

二、面临新挑战

在世纪之交,新技术的蓬勃发展、知识经济的兴起、综合国力竞争的加剧,我国经济体制和经济增长方式的转变以及“科教兴国”和可持续发展战略的实施,使我国高等教育在全国经济社会发展中的地位和作用比以往任何时期都显得突出与重要。20 世纪 90 年代以来,许多国家纷纷把加快教育发展与改革作为争取国际竞争有利地位的国策之一,综合国力的竞争已经演进成为经济实力和民族素质的竞争。在这样的国际国内环境中,我国高等教育面临着前所未有的挑战。在未来的世纪中,中国高等教育不仅是一个本身发展的问题,而且是关系到国家命运的问题,关系到中华民族伟大复兴的问题。从这一战略高度出发,党的“十五大”提出了跨世纪社会主义现代化建设的宏伟目标与任务,对落实“科教兴国”战略做出了全面部署。去年,国务院正式宣布“实施科教兴国战略是本届政府的最大任务”,并先后决定实施“国家创新工程”和《面向 21 世纪教育振兴行动计划》。今年 6 月中旬,党中央、国务院又召开了改革开放以来的第三次全国教育工作会议。这一切都说明了党和政府振兴高等教育的信心和决心,为高等学校的发展提供了不可多得的机遇。

在这个宏观背景下,国家采取了一系列措施,在一些重要领域、一些重点高校进行了重点投入(即重中之重),使这些大学加快改革和发展的步伐。我们深深感到来自各方面的压力。如不审时度势,采取切实可行的措施来加快厦大的发展,那么三五年之后我们与这些高校之间的差距将越来越大,因此当前真可谓是“大浪淘沙”,竞争激烈,适者生存,优者发展,弱者则可能被逐出历史舞台。

三、群策群力,团结一致,共同把厦门大学的事情办好

在认清了形势,找出了问题和存在的不足之后,最重要的就是团结一致,上上下下齐心协力把厦大的事情办好。为此,要做好以下几个方面的工作:

一是在思想观念上要有强烈的危机感、压力感和忧患意识。患得患失,顺其自然,将永远碌碌无为。有压力才会有动力,能否变压力为动力,需要有不等不靠、克服困难、干成几件事的决心和勇气。不能因为我们有不足之处、存在困难、面临挑战,就认为没有希望了,就无法开展工作了。相反,从逆境中崛起,迎难而上,千方百计把工作做好,才能够不辜负党和人民的重托,不辜负海内外华侨、校友和各界朋友的深情厚望。

二是要积极参与国家创新体系建设,着重增强自身的“造血功能”。制定相应的倾斜政策,“稳住一头,放开一片”,一方面保持一定数量的专职科研人员从事基础性研究,以保持我校基础研究的雄厚优势;另一方面要鼓励大多数的教师开展应用性、开发性研究,使学校不仅成为高素质人才的培养基地,而且是知识创新、技术创新的重要基地。要调整职称评审政策和创收分成政策,让科研人员尝到甜头,充分调动他们参与高新技术研究和应用成果开发的积极性。要建立科研奖励基金,加大科研奖励力度;同时还要大胆地开展大学科技园的试点工作,为科研人员提供施展才华的环境,把蕴藏在学校中的智力优势转化

为产业优势和经济优势。目前，学校已决定，主动介入深圳"虚拟大学园"和厦门高新技术科技园区，并鼓励科研工作者"进区进园"，把学校现有的高新技术成果"加温"孵化，加速培育，尽快扶持高新技术产业"由小变大，由大变强"。

三是全面推进素质教育，构筑创新人才培养体系。人才培养是大学的根本任务和立校之本，一所好的大学不仅要向学生传授科学文化知识，培养学生学会生活和工作，更要培养学生在专业领域的创造能力。我们所培养的创造性人才既要有现代科学知识，又要有能力，更要有使知识和能力发挥作用的素质。素质主要包括思想道德素质、文化素质、创造素质和身心素质，其中，文化素质是成才的基础，思想道德素质是成才的根本，创造素质是成才的关键，身心素质是成才的保障。为此，我们要加大教学投入与建设，力争 3～5 年内形成科学、完整、高效的创新人才培养体系，成为我国培养高素质专门人才的重要基地。

四是要加强师资队伍建设，构筑创造性人才高地。要牢固树立"以人为本，以教师为本"的思想，把师资队伍建设作为一项关键性的工作来抓，建设合理的学科梯队。通过设立人才工程基金，增设"长江学者奖励计划"特聘教授岗位，采取有效措施，下决心花大力气引进一批高层次人才，尤其是能够领导本学科进入国际先进水平的优秀学术带头人和学术攻坚骨干。与此同时要继续做好中青年骨干教师的选拔和跟踪培养，全面提高教师队伍的整体素质。

五是要最大限度地争取国家和地方政府的投入。办好厦门大学，既是国家特别是福建省和厦门经济特区经济建设和社会发展的需要，也是促进祖国统一大业的需要，既是全校师生员工、海内外校友和爱国华侨梦寐以求的强烈愿望，也是全省、全市人民的共同心愿。在各级党委、政府形成这一共识的基础上，通过为国家和地方提供人才支持和知识贡献，最大限度地争取国家增加拨款，争取地方政府的重点支持。

六是紧密联系和团结全体校友和各界朋友，凝聚力量，共谋发展。厦门大学所走过的办学历程中，始终倾注了海内外华侨、广大校友和各界朋友的深情厚望和关心支持。为了厦门大学的明天，为了厦门大学再创辉煌，我衷心希望全世界的校友和各界朋友，继续关心和支持学校的建设和发展，把"嘉庚精神"发扬光大，共同促进厦大早日实现嘉庚先生提出的"南方之强"的夙愿。

78 年的风雨历程造就了厦门大学的今天。站在前人铸就的丰碑上，我们满怀信心地展望未来。让我们衷心地祝愿，在新世纪的曙光中，厦门大学能够更加光彩夺目，更加灿烂辉煌！

——本文摘录自王豪杰：《梦萦南强》，厦门大学出版社，2007 年 3 月版

抓住机遇　迎接挑战

——《厦门大学报》记者访谈录

(1999年11月15日)

校党委书记　王豪杰

在迎接21世纪到来的时候,教育正面临着种种严峻的挑战。实施面向21世纪教育振兴行动计划,推进素质教育、技术创新,加快教育的改革和发展,特别是国家采取一系列措施,加大对高等教育的投入,为高等教育的发展提供了不可多得的机遇。如今,建设世界一流大学,努力成为世界知名高水平大学,已在全国高等学校中形成共识。

物竞天择,大浪淘沙。厦门大学的未来和发展也面临着严峻的挑战。在这样的形势下,厦门大学将向何处去,应该怎样去面对激烈的竞争和挑战,是摆在我们每个厦大人面前的严重问题。

日前,记者就广大师生员工所关心的问题采访了校党委书记王豪杰。

问:在当今充满激烈竞争和挑战的形势下,您认为我校所面临的压力和危机是什么?

答:第三次全教会和全国科学技术创新大会之后,高校面临的形势发生了很大的变化,国家教育部对高校的发展有了战略性的思考,将有重大的举措,各兄弟院校,特别是名牌大学,为了迎接这一挑战,也都采取了一系列行之有效的重大措施。面对新形势,联系兄弟院校改革发展的实际,看看我校的现状,我感到有一种压力,一种忧患,甚至是一种危机。

压力或者危机来自哪里呢?我想讲几个例子。第一个例子是今年8月初,我在昆明参加了大学校长书记暑假工作会议,在会上听到了两个数据,一个是"三六九",一个是"一二三"。也就是国家在三年之内向清华、北大投进18个亿。其他的像上海交大、西安交大、复旦、南开、浙大、哈工大,国家在两年内将投进6个亿,同时它们所在省也1∶1配套。也就是说,三年中教育部跟地方政府共投入12个亿。那么厦门大学投入几个亿呢?第二个例子是今年6月份在北京参加全教会和第八次高校党建工作会议,李岚清副总理号召大家到东北去看看"东大阿尔派",他说那是一个现代化的、技术含量很高的"虚拟工厂",短短几年时间,它的资产已经达到了6个亿。由此我想到了一些耳熟能详的高校大公司,如北大的方正、清华的紫光、上海交大的昂立等。那么厦门大学叫得响的品牌是什么呢?会议期间,我在跟兄弟院校的领导交谈中了解到,一些大学特别是名大学在争取横向科研经费方面,几倍地超过我们。已经有10个学校的科研经费超过1个亿,最多的达到七点几个亿。可我校的科研经费,特别是横向科研经费是多少呢?8月中旬在深圳召开厦大全球校友代表恳谈会时,很多校友都很着急地说,厦大财金、会计学科很出名,我们的毕业生到处在为一些公司捆绑上市,他们很愿意也为母校的公司捆绑上市。可是我们拿什么东西去捆绑上市呢?第三个例子是我有一次到上海出差,参观了复旦大学的人体遗传基因工程和华东电网网络管理两个孵化器。两个孵化器不仅孕育着重大的科研成果突破,而且还蕴藏着无比巨大的物质财富。而其中一个孵化器恰恰是教师和他的学生自己掏钱搞起来的。据说一年前他们组建一个公司,大家凑了150万,可是一年零一个月后,他们的资产已经增到1500多万,净增了9倍。他们面对技术革命,面对知识经济时代的到来,看到市场对高新技术的需要,他们敢于下海迎接挑战,而且成功了。最近在媒体中看到,很多学生,特别是清华的学生,他们敢于休学,利用自己的研究成果去办公司等等。

从以上我说的这些例子可以看出,我们至少有两点忧患:一是厦门大学如果不能争取到政府的大笔的资金投入,不出三五年,我们跟名牌大学的距离一定会拉大;二是厦门大学如果不能够大力发展高新技术产业,走产学研道路,我们不仅不能够为地方的经济发展和科技进步做出我们应有的贡献,而且也会因为我们的产学研和高新技术产业不发展，拿不到应有的资金回报，这不仅会影响到学校的发展，甚至会危及学校的生存。

这是我们面临的两个非常严峻的挑战，也是我校目前面临的非常严峻的形势。为了迎接这个挑战，学校党委确定了本学期的两项中心工作：一是积极争取政府的大笔资金投入，争取把厦大列入国家跨世纪重点发展的高水平的学校；二是大力发展高新技术产业。

问：您所提到的本学期两项中心工作目前进展情况如何？

答：关于积极争取政府大笔资金的投入这项工作，应该说进展是非常顺利的。我们在8月初就清醒地意识到必须抓紧这项事情，并把它作为本学期的工作重点。本学期以来，学校党政领导利用各种机会争取各级领导的重视和支持，取得很好的效果。中共中央政治局常委、国务院副总理李岚清和教育部部长陈至立分别接见我校书记和校长，明确表示支持。李岚清副总理明确表示："关于共建厦门大学的事，明义同志、近平同志在四中全会期间都跟我说了，我支持，教育部和省市也都赞成。我要强调的是应该把厦门市拉上……"福建省委、省政府和厦门市委、市政府也非常关心厦大，在台风过后的10月19日，省委书记陈明义、代省长习近平和厦门市委书记、市长洪永世，带领省、市有关部门负责人在厦门宾馆明宵厅召开了"重点共建厦门大学的专题会议"，会上形成了福建省人民政府、厦门市人民政府与教育部共建厦门大学的协议，表示愿意以1∶1的比例，与教育部分别以3个亿加3个亿的投入，共建厦门大学。假如这项协议能够落实，在3年之内，国家和福建省、厦门市将给我校注入6个亿的资金。我想，真的到了这个协议实施时，全体厦大人一定会感到无比的鼓舞。

关于大力发展高新技术产业，学校也做了许多准备工作。首先是解放思想，转变观念。当今大学的功能不仅仅只是传授知识，培养人才，它还必须包括使大学的研究成果转化为生产力，直接为经济建设和科技进步服务。有一种观点认为，现代大学是现代经济发展的重要动力源，我本人是赞同这句话的。若不信，你可以去看看美国的硅谷，它的周围就是有一批像斯坦福这样的大学；可以去看看英国的剑桥工业园，再看看日本的筑波科技园，也看看我们北京的中关村一条街，如果没有它周边的北大、清华，能有北京的中关村一条街吗？其次是在做好基础理论研究的同时，要更加注重或者大力发展应用开发研究，高等学校特别是我们这样的学校，注重基础理论研究是无可非议的。但时代发展到今天，仅此是不够的，如果只按照过去的模式，向上面要到一点科研经费，关在自己的实验室写一篇文章，文章发表后，收入SCI，再以此来向校长要教授职称，之后就没有了下文。如果是这样的话，作为现代化的厦门大学的功能是不齐全的，也是对不起各级政府和人民对厦大的关心与期望的。福建省、厦门市给了我们很多的支持，可是联系到我校给福建省、厦门市的回报，就觉得有些遗憾了。因此，在做好基础理论研究的同时，应该大力发展应用开发研究，用我们的应用技术、横向服务、科技开发、成果转化形成产业化来壮大我校的力量。再次是我们的教师、研究人员必须走出象牙塔，面向经济建设的主战场，敢于面向社会要课题。全国技术创新大会之后，已经明确技术创新的主体是企业，那种只靠向上级主管部门要课题经费的日子已经过去了。大量的科研经费在哪里？在大企业，因为公司是技术创新的主体。我们如果不走出书斋，不走出象牙塔，面向经济建设主战场，我们要不到课题经费，厦大就永远这样受穷。这个观念一定要转变。除此之外，还要抓住我校已经形成的或已初见开发前景的一些科技项目，如膜技术、微机电技术、锂离子电池、生物工程等等。以这些已初见开发前景的技术成果的转化，形成产业化来带动厦大科技开发应用。我想这个也是很重要的。

为实现厦门大学科技成果的转化，大力发展这些科技产业，学校近两个月来也做了很多具体的和很有成效的工作。首先是参加了在深圳举行的中国首届"高交会"，我们推选了五十几个项目去参展，成交了5个应用开发项目，成交额达到3100万元。其次是我们参加在深圳举办的"深圳虚拟大学园"。全国最著名的22所大学进入了深圳的虚拟大学园。其实，进入这个虚拟园是一种品牌、一种实力、一种形象，或者说是一种荣誉的象征。当然那个环境有助于我们进行知识创新和技术创新。再次是已在筹办"厦门大学科技园"。最后是拟在11月下旬召开"厦门大学科技工作会议"，在这个会议上，我们将对科技工作的指导思想、科研体制和机制、科研政策、人财物重组等等做出一系列的规定，我们希望通过这些努力和全校科技工作会议的召开,厦门大学的科学研究在重视基础理论研究的同时,应用开发研究也一定会上一个新台阶。

我们在采访中也深深地意识到,在知识、信息和科学技术高速发展的今天,我们只有把握住每一个创新发展的机会,不断完善自我,才能在迎接新世纪对教育的挑战中站稳脚跟,才能在时不我待的激烈竞争中,深化改革、发挥优势、保持特色、加快发展,创造厦门大学更加美好的明天。

——本文摘录自王豪杰:《梦萦南强》,厦门大学出版社,2007 年 3 月版

抗风抢险　灾后重建

——在学校抗台风抢险救灾总结表彰大会上的讲话(摘要)

(1999年11月15日)

校党委书记　王豪杰

今年10月9日,一场近四十年来最大的强台风正面袭击厦门,我校遭到重创。面对从天而降的灾难,全校师生员工不畏艰险,齐心协力,坚强地与台风抗争,谱写了一曲抗风抢险救灾的英雄赞歌。

我校取得抗御14号台风斗争胜利的主要原因,一是早预防、早部署,掌握了抗台风的主动权;二是全校各单位和师生员工团结一致、不畏艰险、英勇顽强地与台风抗争,这是抗御台风斗争取得胜利的根本保证;三是各级领导、解放军、武警官兵和各兄弟友好单位的关心和大力支持;四是学校各级领导分工负责,团结战斗,在抗御台风、抢险救灾中发挥了核心作用,经受住了考验。

这次台风暴露了我校还存在的一些问题和不足,如我校基础设施历史欠账太多,绿化工作缺乏全盘规划,树种良莠不齐、老化严重、更新不及时等。

针对这些问题,结合校园文明建设,我校下阶段灾后重建恢复工作的重点是:

1.加强校园总体规划,严格依照规划办事,创建更加优美的校园环境。

2.加大基础设施建设力度。要下大力气加大基础设施建设的投入,将电力、广播、有线电视、网络线路由架空转入地下铺设,对西村门口至群贤楼排水设施进行改造。

3.进一步做好绿化工作。今后要加强绿化工作的规划,特别是校园主干道的绿化规划。应根据我校地处海边、台风频繁的特殊性,对老化树种进行更新,挑选、种植抗风能力强、能遮阳、可观赏的优良树种。

4.根据机构改革的实际,重新划分卫生包干区,彻底整治校园内一些卫生死角,代之以花圃和绿地。

团结就是力量。无论是在风狂雨骤的危急时刻,还是在风和日丽的日子,只要我们团结一致,就没有克服不了的困难。今天,学校对在抗风救灾中涌现出的先进典型进行表彰、奖励,希望全校广大师生员工能以这些先进典型为榜样,继续发挥我校自强不息、艰苦奋斗的优良传统,同心同德,爱岗敬业,努力做好本职工作,为灾后重建校园奉献自己的力量,为早日实现我校跨世纪的战略目标而努力奋斗。

——本文摘录自王豪杰:《梦萦南强》,厦门大学出版社,2007年3月版

抓住机遇　深化改革　努力开创我校科研工作新局面

——在全校科研工作会议闭幕式上的讲话(摘要)

(1999年12月10日)

校党委书记　王豪杰

我校科研工作会议自开幕以来,经历了大会、主题报告、个人阅读文件、小组讨论以及今天下午的大会发言,已圆满地完成了会议的各项议程,达到了会议预定的目标,会议开得很成功。

几天来,全体与会代表紧紧围绕这次会议的三个主文件和八个配套文件,提出了许许多多很有见地的宝贵意见,这是献给这次会议的一份珍贵礼物,也是这次会议的重要收获。

收获之一:对我校科研改革的重要性、紧迫性以及改革的时机达成了共识

在过去相当长的一段时期里,我校科研工作尤其是应用开发研究相对薄弱,这是一个不争的事实。校党委关于召开科研工作会议、抓科研改革的想法由来已久。但是,这个会议是不是急着开,什么时候召开,会议要解决和能解决什么问题,这些问题经历了一个思想认识和统一的过程。

最近一年来,我校面临的形势发生了很大的变化,特别是看到教育部对高校的发展有了战略性的思考,已有重大举措;各兄弟院校,尤其是名牌大学为了迎接这一挑战,也都采取了一系列行之有效的重大措施。我们感到一种忧患,感到一种危机。怎么办呢?党委认识到出路只有一条,那就是:抓住机遇,迎接挑战,深化改革,加快发展。与此同时,校内要求科研改革的呼声也越来越强烈。我们认为召开全校科研工作会议,下决心进行科研改革的时机已经成熟。在科技创新的时代里,我们的科研早改革,早发展,早受益,不改革就不仅难以发展,甚至会危及生存。我们厦门大学不能总是"拿着金饭碗讨饭吃",我们要有忧患意识,要有紧迫感、危机感,更要紧紧抓住机遇,勇敢地迎接挑战,这样才能开创我校科研工作的新局面。

收获之二:对"转变观念"这一问题有更深刻的认识,并逐步趋于一致

第一是全面认识现代大学的功能。在知识经济已见端倪、创新成为时代主旋律的今天,"现代大学是现代经济发展的重要动力源"的观点已被普遍接受。今天的大学功能不仅仅只是传授知识,培养人才,还必须包括技术创新和知识应用,也就是必须包括使大学的科研成果转化为生产力,直接为经济建设和社会进步服务。因此,技术创新的成果理所当然应得到承认,在技术创新中做出贡献的科研人员,也理所当然应得到同等的尊重和荣誉。

第二是更加准确地把握基础研究与应用开发研究的关系。与会代表同意陈校长在主题报告中对这一关系的论述。我同意一些代表的两点补充意见:①从我校的校情出发,强调提出"在继续重视基础理论研究的同时,大力发展高新技术产业"是必要的。②我们说我校的应用研究显得比较薄弱,但不是绝对薄弱,关键是要通过相应的改革,确实转变观念,采取有效措施,营造一个适合应用研究的环境,使我校在应用研究方面的潜能释放出来。我们毕竟有自己的工科院系,而能够进行应用研究的也并不仅仅是工科人才,有些基础理论研究人员转向应用研究以后,事业更有成就。

我也很同意我校一位资深院士的观点:"厦大有很多很好的基础研究成果,没有理由做不出应用研究成果。"诚然,以文理为主的综合大学总体上说在应用研究上不如工科院校,究其原因既有院系学科门类组成的差异,也有历史的积淀。事实上,国内不少综合性大学通过技术创新和产业化,已形成了许多大家耳熟能详的品牌。我们之所以提出"大力发展高新技术产业",就是建立在殷切期望,并且充分相信我们厦大有能力、有水平也有可能在哪一天会孕育孵化出一个"全国叫得响的'南强'品牌"!

第三是认识到科研必须面向经济主战场。全国技术创新大会后,已经明确技术创新的主体是企业。因此,要面向经济主战场,向大企业要课题、要经费。如果不是这样,我们就难免要受穷。

第四是认识到要有团队精神,要整合力量,敢于要大课题,要第一、二层次的课题,出大成果。

第五是对"产业化"的界定有了更清晰的认识。不少同志担心一提"产业化"就是"办公司"。办公司不是我们高校科研人员的强项,这方面的教训值得记取。实际上,学校对基础研究、应用研发和产业化这三者的界定是清晰的。我们认为:基础理论研究的主要任务是带有基础性、前瞻性、战略性的研究,它的目标是领域前沿、重要方向、重大项目。因此,基础研究水平不仅要在国内体现,更重要的是要在国际上体现。例如发表 SCI 已成为一项国际间高校科研水平的衡量标准之一。而应用开发则侧重于转化,侧重于完成企业的科研课题。就我校而言,我们应注重或重点支持的是那些已见开发前景、可望在转化中做大的项目,或者是那些离实际应用还有一两步之遥,但如果后继经费条件没法跟上就会搁浅的项目,这一类应用开发项目得到支持就会转化形成产业并得到回报。反之,有可能连人带项目被别人挖走,甚至连知识产权都会丧失。至于产业化,我们深知不易,还有很长很长的路要走。我们不会有一个应用开发成果就去办一个公司。我们的"厦大科技园",实际上也可能包含两个部分。一个是孵化园,重点是做应用项目的开发研究和成果转化;另一个是产业园,重点是以孵化园的成果和企业合作,我们以技术、专利持有入股、控股,大多不会直接去经营办公司。当然,如果能看准一两个能做大、看好、具有知识产权、技术含量高、后继力量雄厚又有市场前景的项目,真能实现产业化,也是一件求之不得的事,何乐而不为呢?

收获之三:明确改革的重点,对一系列改革的配套措施提出了许多宝贵意见

与会代表在小组讨论和组长汇报会上,对这次会议提供的改革措施和政策规定,不仅提出了许多建设性的意见,也有尖锐的批评。这些意见、建议和批评,对于我们进一步明确我校科研改革的指导思想和出发点,对于我们进一步准确把握我校改革的核心和重点,对于我们进一步解放思想、转变观念,对于我们进一步完善科研改革措施的有关政策,使之更加切合我校实际,以保证我校的科研改革能更加顺利、健康地深入发展,无疑将起着极大的作用,这也使我们对即将全面展开的科研改革更加充满信心。

收获之四:这次会议激发了大家的政治热情,调动了大家的积极性

大家一致要求,会后要狠抓落实,真抓实干。党委十分欣赏和珍惜广大科技工作者的这种热情和积极性,这是我校科研改革必定成功的根本保证。大家一致认为,这次科研工作会议的召开,仅仅是我校科研改革的开端,是我校开创科研工作新局面的宣言,而更重要的是贯彻落实,抓出实效。这就要求全体与会代表和全校教师、科研人员和干部职工认识要到位,思想要统一。即使还有不同的意见,也应求同存异,要有全局观念,"有所为有所不为",突出重点,抓住特色,争上水平。只要有利于调动全校师生员工的积极性和创造性,有利于我校科研改革与发展,有利于我校为国家、为地方做出更大贡献,有利于我校整体水平的提高,就要坚决去实行。

老师们、同志们,科研改革和积极争取各级政府的大笔资金投入,是我校本学期的两项中心工作。经过两个多月的努力,今天我们高兴地看到:这次会议的顺利召开,实际上已意味着一场酝酿已久,对我校未来发展至关重要的科研改革已拉开了序幕;争取大额资金投入的新一轮共建也在有序顺利地进展中,省市 2000 年的共建资金已经落实;李岚清副总理、教育部以及省市领导,还有许许多多关心和支持厦大的校友、各界朋友都十分关注我校的改革与发展。这些都将给我校全体师生员工以极大的鼓舞。我们有决心、有信心在党中央、国务院和福建省、厦门市的关怀和支持下,带领全校师生员工,紧紧抓住机遇,勇敢地迎接挑战,充分发挥我校"侨、台、特、海"这一全国独一无二的区位优势,充分发挥我校近 80 年来所形成的办学特色和学术水平,进一步发扬我校"自强不息,止于至善"的优良传统,继续深化改革,加快发展,把一个充满生机、活力和希望的厦门大学带进 21 世纪!

——本文摘录自王豪杰:《梦萦南强》,厦门大学出版社,2007 年 3 月版

学习邓小平教育思想　加快教育改革和发展

——发表于《邓小平理论学习与研究——厦门大学首届邓小平理论研讨会文选》

(1999 年 5 月)

校长　陈传鸿

高举邓小平理论的伟大旗帜,是我们党经过 20 年改革开放和现代化建设的成功实践做出的历史性选择,也是教育战线 20 年改革发展的实践证明了的科学结论。邓小平教育思想,是邓小平理论的重要组成部分。作为教育工作者,只有认真学习和领会邓小平教育思想,才能更好地高举邓小平理论的伟大旗帜,才能更自觉地在十五大精神指引下,面向 21 世纪努力建设有中国特色社会主义教育。本文仅从教育的重要战略地位、教育与科技和经济建设的关系、人才的培养等三个方面,谈谈学习邓小平教育思想的体会。

一、关于教育的重要战略地位

邓小平同志从社会主义现代化战略全局和中华民族前途命运高度,强调必须十分重视发展教育事业。"文革"结束后,教育战线是拨乱反正最早的领域之一,这是邓小平同志积极倡导,大力推动的结果。在邓小平教育思想指引下,教育战线出现了崭新面貌。1977 年 8 月,他在中央召开的教育工作会议上指出,建国以后 17 年,教育、科研战线的"主导方面是红线",并否定了对知识分子的错误估计。同年 5 月,他极力倡导"尊重知识,尊重人才",指出"我们要实现现代化,关键是科学技术要搞上去,发展科学技术,不抓教育不行。"在改革开放和社会主义现代化建设的新时期,邓小平对教育的重要性和实现现代化的基本途径做了精辟的论述,指出:"我们国家,国力的强弱,经济发展后劲的大小,越来越取决于劳动者的素质,取决于知识分子的数量和质量。一个十亿人口的大国,教育搞上去了,人才资源的巨大优势是任何国家比不了的。有人才优势,再加上先进的社会主义制度,我们的目标就有把握达到。"因此,他郑重地向全党提出,要"把教育工作认真抓起来,如果现在不向全党提出这样的任务,就会误大事,就要负历史责任"。基于这种认识,邓小平关于教育优先发展的战略思想受到了人们高度重视并开始实施。党的十二大把教育和科学技术列为社会主义现代化建设三大重点之一;党的十三大提出"把发展科学技术和教育事业放在首要位置";党的十四大进一步明确提出"必须把教育事业摆在优先发展的战略地位";党的十五大提出我们要"实施科教兴国战略和可持续发展战略"。江泽民在十五大报告中再次强调"要切实把教育摆在优先发展的战略地位"。

纵观世界近百年来的发展历史,无论是西方发达国家中的后来居上者,如日本和德国,还是最近几十年中出现的诸如亚洲"新兴工业化国家和地区",无一不采取教育优先发展战略。邓小平统揽世界发展的历史、现实和趋势,正视我国国情,确立了教育优先发展的战略地位,这一思想极具科学性、现实性和远见性。

与教育优先发展战略紧密相联系,1983 年 10 月邓小平在为北京景山学校题词中提出:"教育要面向现代化,面向世界,面向未来。"在这"三个面向"中,面向现代化是基础。它揭示了教育与社会主义现代化的关系,阐明了教育是经济建设和社会发展的基础和前提条件,指出了教育要为社会主义现代化服务。同时教育也要面向国际经济、社会和科学技术现代化的要求,实现教育自身发展的现代化。教育面向世界，要求教育要为我国改革开放培养所需要的各种专门人才，又要勇于和善于赶超世界教育、科技发展水平，以适应新技术革命的形势和我国对外开放的要求。教育是为未来培养人才的前瞻性事业，教育面向未来，既包含了面向现代化和面向世界的内容，又要求我们必须重视和实施教育的可持续发展战略。同时要求教育适应未来社会发展的需要，要求我们有科学的对策以及预知为谋。教育这"三个面向"，既相互联系，又相辅相成，精辟地阐明了教育发展战略的基本内涵，是邓小平在新的历史条件下对教育发展共同规律的新的高度概括，体现了当前利益和长远利益，现实需求和未来发展的科学统一。可以说，确保教育优先发展是邓小平教育思想的核心内容，教育的"三个面向"又是这一核心内容的重要表现，是对传统的不适应现代化社会的教育观念的革命。贯彻落实"三个面向"的教育思想，对于我们把握中国教育改革和发展的主动权，不断深入认识与贯彻教育优先发展战略具有鲜明的时代特征和纲领性的指导意义。江泽民同志《在庆祝北京大学建校一百周年大会上的讲话》中深刻指出，我们的大学应该成为科教兴国的强大生力军。教育应与经济社会发展紧密结合，为现代化建设提供各类人才支持和知识贡献。这是面向21 世纪教育改革和发展的方向。我们要继续解放思想，深化改革，面向现代化，面向世界，面向未来，在教育和科研战线上努力开创人才培养、知识创新的生机勃勃的新局面。为了实现现代化，我们要有若干所具有世界先进水平的一流大学。这样的大学，应该是培养高素质的创造性人才的摇篮；应该是认识未知世界，探求客观真理，为人类解决面临的重大课题提供科学依据的前沿；应该是知识创新，推动科学技术成果向现实生产力转化的重要力量；应该是民族优秀文化与世界先进文明成果交流借鉴的桥梁。江总书记的讲话精辟地论述了面向 21 世纪的中国教育改革和发展的方向，是对邓小平"三个面向"教育思想的坚持和发展。

落实教育优先发展的战略地位关键在领导，即主要取决于领导者的战略眼光。邓小平曾批评说："还有相当一部分同志，包括一些高级干部，对于发展和改革教育的必要性认识不足，缺乏紧迫感，或在口头上承认教育重要，到了实际问题时又变得不那么重要了。忽视教育的领导者，是缺乏远见的，不成熟的领导，就领导不了现代化建设。"这就要求全党全社会牢固树立教育为本、教育优先的意识，真正认识到教育优先是百年大计，是治国方略的重要组成部分，并在领导体制、投入体制和依法治教等方面抓好落实。

二、关于教育与科技和经济建设的关系

在我国改革开放和社会主义现代化建设进程中，邓小平始终把教育的改革与发展融入全盘的改革开放和现代化建设的总体设计之中，明确地指出教育与科技进步是社会经济发展的基础和前提。他一再告诫我们，要实现现代化，关键是科学技术要搞上去，发展科学技术，不抓教育不行，抓科技必须同时抓教育。他对我国与美国、日本等发达国家的科技教育做了比较，指出："同发达国家相比，我们的科学技术和教育整整落后了二十年。"发达资本主义国家战后 20 多年生产的产品超过了过去 200 多年的总和，单是战后 30 年世界工业总产值累计额就是人类历史全部工业总产值累计额的 2 倍左右。在当今世界，国家间的竞争已越来越多地表现在科学技术水平上的竞争，科技进步在发达国家经济增长中的作用，到 80 年代已高达 60%以上。目前我国的教育和科技队伍从数量到质量都有很大差距。我国的文盲率是 20%，占世界文盲人数的 1/4。针对这种状况，江泽民总书记在党的十五大报告中重申了邓小平关于"科学技术是第一生产力"的论断，进一步提出实施科教兴国战略的中长期科学发展规划。科教兴国，就是指全面落实"科学技术是第一生产力"的思想，坚持以教育为本，把科技与教育摆在经济发展的重要位置，增强国家的科技实力及向现实生产力转化的能力，提高全民族的科学文化素质，把经济建设转移到依靠科技进步和提高劳动者素质的轨道上来，加快实现国家的繁荣强盛。

中国是一个发展中国家，中国人口多、底子薄的国情决定了迅速发展生产力和加速科技进步的极端重要性。在世界新技术革命的挑战面前，以经济建设为中心的战略实施，绝不能撇开教育优先发展战略。邓小平的这两大战略思想也具有十分紧密的内在逻辑联系。在这里，以经济建设为中心就是要集中精力发展生产力，发展生产力必定要抓住生产力基本要素的关键环节，而教育和科技正是现代化社会发展生

产力的两个极其重要的环节。这是邓小平的基本思路，认准这一思路，邓小平以极其敏锐的洞察力和坚定的意志，一以贯之地进行论述和实践。继建国初期和70年代末的有关论述之后，十二大闭幕不久，邓小平指出："战略重点，一是农业，二是能源和交通，三是教育和科学，搞好教育和科学技术，我看是关键。""从长远看，要注意教育和科学技术"。这是邓小平在继承马克思主义观点的基础上，又有新的发展。诚然，"科学"包括社会科学。正是鉴于教育与科技和经济建设关系上明显的和潜在的重要性，邓小平语重心长地提出："我们要千方百计，在别的方面忍耐一些，甚至牺牲一点速度，把教育的问题解决好。"直到90年代，邓小平在视察南方讲话中仍然一如既往地强调："经济发展快一点，必须依靠科技和教育。"

邓小平关于教育与科技和经济建设的关系方面的理论观点，不仅涉及教育本身的改革与发展，而且更重要的是涉及整个国家、社会的变革和进步。因此，"社会主义现代化建设必须依靠教育，教育必须为社会主义现代化建设服务"这一基本方针，在任何情况下都不能动摇。实践证明，教育体制，尤其是高等教育体制的深化改革，与经济体制改革的顺利进行并取得成功密切相关。抓好教育和经济科技的相结合，是现阶段我国教育改革的根本任务。江泽民同志指出教育工作要有"两个重要转变"，即要求我们的教育工作必须进一步解决好两个重要问题，一是教育要全面适应现代化建设对各类人才培养的需要；二是要全面提高办学质量和效益。"两个重要转变"与邓小平教育思想一脉相承，是新形势下教育和经济科技的相结合的根本要求。这就要求教育工作要增强"适应"和"服务"意识，主动进入经济建设主战场，把教育与经济社会发展的总目标结合起来，为地区经济社会发展服务，在"适应"和"结合"的过程中，大力推进教育事业的发展。全党和全社会要高度重视知识创新、人才开发对经济发展和社会进步的重大作用，使科教兴国真正成为全民族的广泛共识和实际行动。

三、关于人才培养问题

培养什么人和怎样培养人，这是教育思想的核心问题。教育的根本任务是培养人，人才是教育的最终产品。邓小平同志指出："教育方面有许多问题，归根到底，要出人才，出成果。"可见，小平同志一直把多出人才，出好人才作为衡量教育办得好不好的标准。

在人才培养方面，邓小平一贯主张"学校应该永远把坚定正确的政治方向放在第一位"，"学校要大力加强革命秩序和革命纪律，造就具有社会主义觉悟的一代新人"，"革命的理想，共产主义的品德要从小培养。"关于人才培养的总体要求，邓小平在1978年全国教育工作会议上的讲话中说："我们的学校是为社会主义建设培养人才的地方，培养人才有没有标准呢？有的，这就是毛泽东同志说的，应该使受教育者在德育、智育、体育几方面都得到全面发展，成为有社会主义觉悟的有文化的劳动者。"邓小平在1980年又一次强调：青少年要"立志做有理想，有道德，有知识，有体力的人"。邓小平对教育过程也特别重视，对于在新的历史条件下如何办学，如何更好地贯彻教育与生产劳动相结合的方针等等，都有不少论述。当前，教育适应社会主义市场经济的需要，不仅应该重视市场机制的作用，而且也应该遵循教育自身的发展规律。毫无疑问，市场具有多变性，波动性等特点，而教育则是百年树人的事业，因此在教育改革与发展的问题上，既要考虑市场需要，又要有长远的战略眼光。在人才培养的问题上，必须确立全面的人才观念，按照"三个面向"和江总书记提出的坚持"四个统一"，即"坚持学习科学文化与加强思想修养的统一；坚持学习书本知识与投身社会实践的统一；坚持实现自身价值与服务祖国人民的统一；坚持树立远大理想与进行艰苦奋斗的统一"的要求，加强综合素质教育和创新能力的培养，培养青年学生具有未来社会所需要的思想道德、业务能力和心理、身体等方面的良好素质，使学校培养出来的人才能够适应世界新科技革命和市场经济等的挑战，使学校既要成为科学文化知识的摇篮，又要成为思想道德教育的基地。

应该特别指出，振兴教育的希望在教师，教师是人才培养的关键。师资的好坏，直接关系到教育的质量。为此，早在建国初期邓小平就指出："解决学校问题，基本在于能否团结大量有学问有能力的教授，这是检查学校工作的标准。"1978年8月他又指出："要研究如何提高教师的水平。"1978年4月他又一次明确指出："一个学校能不能为社会主义建设培养合格人才，培养德、智、体全面发展，有社会主义觉悟的有文化的劳动者,关键在教师。"所以,"我们要提高人民教师的社会地位,不但学生应该尊重老师,整个社会都应该尊重老师。"教师作为人类灵魂的工程师,要努力提高自身的政治素质和业务素质,做到爱岗敬业、教书育人、为人师表。由于教师在培养人才中的第一线作用,由于教师对于学生各方面的影响力直接而又长久,建设一支具有师德与业务俱佳以及结构合理的教师队伍,是加快教育改革与发展,实现培养社会主义现代化建设和接班人的重要保障。

邓小平关于教育的论述内容极为丰富,深刻地揭示了社会主义初级阶段教育的本质和规律,确立了面向21世纪中国教育改革和发展的战略方针,形成了互相紧密联系的完整的教育思想体系。实践证明,邓小平理论是指引我们实现国家富强、民族振兴和人民幸福的唯一正确的理论。作为邓小平理论组成部分的邓小平教育思想是新时期我们教育改革与发展的根本指导思想。高举邓小平理论的伟大旗帜,深入学习邓小平教育思想,是教育战线首要的、紧迫的和长期的任务。通过学习,坚持教育的社会主义方向,全面贯彻党的教育方针,加速教育改革和发展的步伐,把建设有中国特色的社会主义教育事业推向21世纪。

——本文摘录自陈传鸿:《大学之道:在建设一流大学的征程上》,厦门大学出版社,2003年12月版

深化后勤社会化改革

——在厦门大学后勤工作会议上的讲话

(1999 年 5 月 29 日)

校长　陈传鸿

一、提高对后勤工作和后勤改革重要性的认识

学校后勤工作是学校工作的重要组成部分。人们常用"兵马未动,粮草先行"来形容后勤工作是一项基础性、先行性、保障性的工作。它确保学校教学科研社会服务的顺利进行,并为满足师生员工基本生活需要提供有效的服务。后勤改革是学校校内管理体制改革的重要组成部分。这次高校后勤改革的重点要求高校后勤适应社会主义市场经济体制,改变计划经济体制下形成的高校办社会、办后勤的格局,稳步把后勤推向社会,以新的体制和运作方式为学校的改革发展服务。

邓小平同志历来十分重视后勤工作,指出:"后勤工作很重要","科研教育的后勤部门,工作量大,政策性强,十分重要","搞后勤要学会管家,要学会少花钱多办事","后勤工作也是一门学问,也需要学习,也能出人才,不钻进去是搞不好的","不是忠心耿耿的人,不懂得科学知识的人,是搞不起来的"。小平同志还有这样的名句:"我愿意当大家的后勤部长,愿意同各级党委的领导同志一起,做好这方面的工作",非常令人感动。我们要深刻领会小平同志的教导,用邓小平理论统一思想,统一认识,指导工作,在广大师生员工中形成了解后勤、理解后勤、重视后勤、支持后勤的良好局面。

搞好后勤改革有利于学校整体工作和综合改革的顺利进行,它不单纯是后勤部门的事,也是办好学校的一件大事。目前,学校正在进行新一轮的校内管理体制改革,已经取得了初步成绩,但改革的步伐还要加快,这对后勤改革也提出了更高的要求。

二、充分利用社会资源,推进后勤改革社会化目标的实现

后勤改革的目标就是实现社会化,就是要经过几年的努力,逐步从学校办后勤转变为依靠地方政府部门和社会第三产业为高校提供优质的后勤服务。前几年,我们在全国高校中率先实现的电话通讯社会化,教职工住房社会化。学校总体改扩建规划的修订等工作,得到了厦门市委市政府的大力支持,这些成功的经验表明,必须有好的社会大环境,如果没有地方党委、政府为主导的推进行为,社会化很难实现。今后要实现医疗制度改革、住房制度改革、水电煤气供应,改善学校基础设施,以及下大力气全面改善学生的学习和生活条件等项工作,任务十分艰巨。因此,还要继续加强与外界的联系工作,积极争取教育部和地方政府继续支持,争取社会支持,充分利用各种社会资源,为我校后勤改革创造好的社会环境。

三、转变观念,形成后勤改革的合力

后勤社会化改革的实质是企业化。这次后勤改革的主要内容是理顺管理体制,转换运行机制,它不仅关系到学校的发展和人才培养质量和办学效益的提高,而且关系到全体师生员工的切身利益。要保证

后勤改革的成功，就必须转变观念，在校内营造良好的改革环境，使全校上下齐心协力做好这项工作。

学校后勤体制的转换和运行机制的形成，将逐步减轻学校行政负担和经费负担，使学校从“办社会”的沉重负担中解放出来，保证学校集中精力抓好教学科研这个中心工作。但实现这一目标，需要一个过程，因此，学校对后勤改革要给予更多的关心和支持，努力增强后勤实体的造血功能和面向市场自我运转能力，并使之尽快达到社会化。

学校各职能部门和校内各单位要从各方面支持后勤改革，让大家都充分认识后勤改革的目的、意义，正确处理好局部利益与整体利益，眼前利益与长远利益的关系，支持改革，参与改革。从各方面支持后勤改革，主动为后勤改革创造好的条件，积极配合后勤部门开展工作。

后勤部门在改革中要坚持服务育人的宗旨，坚持社会效益和经济效益相统一的原则。不管后勤改革如何深化，无论体制采用何种形式，“三服务，两育人”的宗旨必须始终坚持，不能改变。事实上，在社会主义市场经济条件下，任何社会第三产业，只有通过优质的服务，才能实现其所追求的经济效益和社会效益。所有经营实体在考虑服务过程的经济效益的同时，还必须考虑社会效益，即如何为教学、科研和师生员工提供优质服务。一定要避免只顾经济效益，忽视社会效益的倾向，坚持做到两个效益的统一。同时坚持群众满意的评价原则。只有这样，才能做到既减轻学校的负担，又改善服务质量，提高后勤保障能力，达到我们改革的目的。在改革中还要贯彻实事求是的原则，对分离出来的实体，学校要扶上马，送一程，以利于后勤的正常运转和学校的稳定。总之，在贯彻落实这次会议已经决定了的每一项改革时，态度要坚决，步伐要稳健，对于实施改革中的每一项具体工作要做深、做细，避免简单化。

广大师生员工在改革过程中要充分理解后勤工作，克服实际中存在的在对后勤投入时要它“社会化”，在后勤提供服务时要它“福利化”的双重标准，以主人翁的精神参与、支持、配合做好后勤改革的各项工作。

随着后勤改革的各项措施将全面启动，我们可能面临一系列新的矛盾和问题，为此要大胆探索，勇于实践，敢于走别人没走过的路，有敢为天下先的气魄，不畏艰难，开拓进取，开创我校后勤工作的新局面。

四、要坚持改革与加强管理相结合

高校的后勤不改革，就没有出路，没有动力；而忽视管理的改革，就可能背离改革的初衷。管理出质量，出效益。深化后勤改革，有诸多的配套工作，其中很重要的一条就是要强化管理。要注意坚持改革与加强管理相结合，才能保证改革目标的实现。后勤 5 个经营实体成立后，一方面要赋予它们人、财、物方面的自主权，使之有较强的活力和发展后劲。同时，要加强管理，坚持实体责、权、利的相统一。改革需要做的工作千头万绪，必须制定一整套制度，科学规范改革各项措施的具体实施；同时，要加强建立监督机制，形成外部监督和内部监督相结合、管理监督与群众监督相结合的监督体系，保证学校后勤改革在社会化道路上沿着正确的方向前进。

五、加强后勤干部队伍建设，为后勤改革提供组织上的保障

后勤工作是一门学问，要顺利推进后勤改革，必须要有一支一流的队伍。后勤的社会化改革，使后勤服务的专业化、市场化水平越来越高。许多干部职工将由事业单位转入企业单位工作，人们原来习惯的、熟悉的许多思维方式、服务方式、工作方式将越来越不适应于新的条件、新的环境。因此要特别注意对后勤职工的教育、培训和提高，要组织干部职工认真学习邓小平理论，学习市场营销、企业管理、财务管理、计算机技术、法律等知识；学会成本核算与经营服务艺术等等，从而为后勤改革造就一支重服务、懂管理、会经营、有一定特长、训练有素的后勤干部职工队伍。

最后我要强调：一定要正确处理好改革发展与稳定的关系；要妥善安排好转岗分流人员，这是做好新一轮改革的一个关键环节；要千方百计拓宽安置渠道，要充分发挥学校自身优势和其他优势，努力增加工

作岗位；要开展多种形式的培训和学习，为分流人员创造转岗交流条件；要注意做好转岗人员的思想工作，同时还要积极向社会用人单位推荐分流人员，要建立和健全保障服务体系和制定相关政策，做到改革无情，操作有情。总之，要以极端细心，极端负责的态度做好这项工作，以维护学校的稳定，保证改革的顺利推进。

同志们，新的世纪即将来临，让我们齐心协力，开拓进取，以这次会议为契机，把我校后勤工作推向一个新的发展阶段，为实现我校跨世纪奋斗目标做出更大贡献！

——本文摘录自陈传鸿：《大学之道：在建设一流大学的征程上》，厦门大学出版社，2003 年 12 月版

《入党读本》序

——发表于《入党读本》

(1999年8月)

校长 陈传鸿

严格培训入党积极分子,努力培养高素质的新党员,这是党的建设的一项基础工程,也是高校党校的重要任务之一。为适应党校教育发展的需要,厦门大学党委党校于1993年着手编写了党员教育系列教材,其中《入党读本》是为培训入党积极分子开办的“党的基本知识学习班”的教材,至今已是第三次修订。在这次修订中,作者们坚持以马列主义、毛泽东思想和邓小平理论为指导,以党的十五大提出的宏伟目标和我们党肩负的历史重任为中心,深入浅出地阐述了党章的基本内容、党的基本知识和对党员的基本要求。修订中作者还力求全面、完整、准确地反映学习、研究邓小平理论的新成果;力求反映以江泽民同志为核心的党中央在党建方面的新精神和新的实践经验;力求忠实、系统地阐述党的纲领和党的章程;力求把党的基本知识的理论与社会主义现代化建设的实际紧密结合;力求全书各章内容具有一定新意和可读性。希望本书对广大入党积极分子和新党员学习党章,掌握党的基本知识能有所帮助。

本书共十一章,内容包括党的基本知识和对党员的要求。第1～7章主要阐述中国共产党的性质、地位和奋斗目标、党的宗旨、党的组织制度、党的纪律、党的作风等党的基本知识。第8～11章,主要阐述对党员和入党积极分子的要求,包括党员的义务和权利、党员的党性修养,党员的世界观改造和从思想上入党等。组织上入党一生一次,思想上入党则需要一辈子的磨炼。端正入党动机,解决思想入党问题,从根本上说就是要牢固树立无产阶级的世界观,共产主义的人生观和为人民服务的价值观。

在学习党的基本知识过程中,必须特别关注党的十五大对党章进行修改的内容,即在党章中明确规定,把邓小平理论确立为党的指导思想。旗帜问题至关紧要,旗帜就是方向,旗帜就是形象。方向是一个政党选择和确定的道路及其目标,形象是一个政党展现给外界对它的印象和评价,两者相互联系,体现着一个政党的指导思想。在社会主义改革开放和现代化建设的新时代,在跨越世纪的新征途上,一定要高举邓小平理论的伟大旗帜,用邓小平理论来指导我们整个事业和各项工作。这是我们党从历史和现实中得出的不可动摇的结论。作为要求入党的积极分子和广大党员一定要响应党中央的号召,认真学习好邓小平理论,深刻认识邓小平理论确立为全党指导思想的重大意义,深刻理解在当代中国,只有邓小平理论而没有别的理论能够解决社会主义的前途和命运问题,全面准确地把握邓小平理论的体系和精髓,并自觉地指导自己的工作和行动。

在学习党章对党员要求的同时,必须认真学习党的十五大对党员提出的新要求。江泽民同志在十五大报告中提出:“我们现在的努力是朝着最终实现共产主义的最高纲领前进的,忘记远大目标,不是合格的共产党员,不为实现党的社会主义初级阶段的纲领努力奋斗,同样不是合格的共产党员。”他还对在新的历史条件下,共产党员如何保持先进性,又体现时代要求提出了四条标准,即胸怀共产主义远大理想,带头执行党和国家现阶段的各项政策,勇于开拓,积极进取,不怕困难,不怕挫折;诚心诚意为人民谋利益,吃苦在前,享受在后,克己奉公,多做贡献;刻苦学习马克思主义理论,增强识别是非能力,掌握好本职工作的知识和本领,努力创造一流的成绩;在危急的时刻挺身而出,维护国家和人民的利益,坚决同危害人民、危害社会、危害国家的行为做斗争。江泽民同志提出的上述要求,是党章对党员要求的具体体现,具有鲜明的时代特征。一切要求入党的积极分子和共产党员,都必须严格按照党章和党员的标准要求自己,自觉地站在时代的前列,从思想上到行动上体现先进性的要求,充分发挥先锋模范作用。

江泽民同志在学习《邓小平文选》第三卷报告会上的讲话中指出:“我们的改革开放和社会主义现代化建设是全新的事业,我们的前人没有做过,其他国家也没干过。”开创这全新而宏伟的事业,特别需要一大批优秀人才,尤其是受过高等教育的、年轻、又红又专的人才。高等学校是培养社会主义现代化建设的高层次人才的重要阵地,在高等学校中做好党员的发展工作,特别是做好青年教师和大学生的党员发展工作,培养一大批跨世纪的青年马克思主义者,这不仅关系到社会主义教育事业的发展,而且关系到整个党的建设和党的事业的兴衰。作为积极要求申请入党的大学生、青年教师,应当从严要求自己,做到又红又专,德才兼备,并积极创造条件争取早日加入党组织,以便在党的教育培养下更快成长。各级党组织一定要从保证党的事业后继有人、兴旺发达的高度,按照“坚持标准,保证质量,改善结构,慎重发展”的方针,认认真真地做好党员发展工作,为培养更多的优秀的社会主义接班人而努力奋斗。

——本文摘录自陈传鸿:《大学之道:在建设一流大学的征程上》,厦门大学出版社,2003 年 12 月版

弘扬嘉庚精神　携手再创辉煌

——在厦门大学全球校友暨各界人士恳谈会上的发言(摘要)

(1999 年 8 月 19 日)

校长　陈传鸿

今天,厦门大学海内外校友和新老朋友欢聚一堂,在这里隆重举行"厦门大学全球校友暨各界人士恳谈会",目的是向诸位通报学校发展情况,回顾办学历史,总结办学经验,广泛联络和发动海内外校友和各界朋友集思广益,共同商讨学校办学大计;以迎接厦门大学八十周年校庆为契机,进一步弘扬陈嘉庚先生的爱国主义精神,群策群力,共同促进学校的改革和发展,使厦门大学以崭新的形象迈向 21 世纪。在此,我谨代表厦门大学全体师生员工向莅临的各位领导、各位校友和各界朋友表示热烈的欢迎！向为召开这次大会提供大力支持的深圳市委、市政府以及厦门大学深圳校友会表示衷心的感谢！

忆往昔,群贤毕至艰苦岁月共创业

20 世纪初叶,辛亥革命爆发,推翻了两千多年的封建统治,海外华侨无不欢欣鼓舞,报国之举接连不断。著名爱国华侨领袖陈嘉庚先生在"教育为立国之本,兴学乃国民天职"的思想驱动下,于 1921 年倾资创办了厦门大学。

厦门大学是我国近代教育史上第一所由华侨创办的高等学府,在我国高等教育史上具有极其重要的意义。为办好厦门大学,嘉庚先生竭尽全力,费尽苦心,以"一息尚存,此志不移"的精神和"宁可变卖大厦,也要支持厦大"的决心,独撑厦大十六年。1937 年,抗日战争爆发,厦门大学改为国立大学,被迫内迁闽西山城长汀,在极端艰苦的条件下坚持办学并屡创佳绩。在从 1939 年起举行的"全国大学生学业竞试"中,厦大连接两次夺得国立大学第一名的好成绩,被誉为"印度加尔各答以东最著名的高等学府"。无论是初创时期、长汀时期,还是抗战后返迁厦门的恢复时期,厦门大学海纳百川,群贤毕至,自强不息,力创佳绩,为厦门大学日后成为国家重点大学奠定了良好的基础,并逐步形成了优良的办学传统和鲜明的办学特色。"自强不息,止于至善"的校训在这里生生不息,代代相传并不断地得以发扬光大。

新中国成立后,经过 1952 年全国院校调整,厦大成为文理综合性大学,办学规模不断扩大,办学质量不断提高,1962 年被列为全国重点大学。1978 年后,中国大地的改革开放的春风带来了勃勃生机。1984 年,厦大成为唯一地处经济特区的国家重点大学。今年秋季开学后,厦门大学在校生有 13530 人。建校迄今 70 多年间,已先后为国家培养 6 万多名本科生和研究生,其中不少成为蜚声中外的专家、学者和知名企业家,有的则走上领导岗位,成为祖国建设的骨干力量。根据初步统计,在中国科学院和中国工程院院士中,毕业于厦大和在厦大工作过的就有 30 多人。

邓小平、江泽民、李瑞环、李岚清、钱其琛等党和国家领导人非常关心厦门大学的发展,曾亲自来校视察工作并与师生座谈。这些辉煌的时刻,将永远载入学校的史册,不断激励和鞭策一代又一代厦大人奋勇前进。

78 年的发展在历史的长河中是短暂的,而 78 年"自强不息,止于至善"的奋斗史却是永恒的。厦门大学从诞生到今天,无不浸透着先辈们的辛勤劳动。回顾厦大的发展过程,我们不仅更加怀念校主陈嘉庚先生,同时也要衷心感谢我们的历任老领导、老专家和老一辈厦大人,我们衷心感谢关心支持我校发展的各级党委和政府!

78年的办学历程,倾注了无数海内外华侨华人、校友和社会各界的深情厚谊和无私的支持帮助。近十年来,校园中相继建成的逸夫楼、克立楼、蔡清洁楼、自钦楼、明培体育馆、钟林美广场、建文楼、联兴楼,以及正在兴建的嘉庚楼群五幢大楼(颂恩楼、保欣丽英楼、钟铭选楼、成枫楼、祖营楼)都是海外华侨、校友捐资建造的。新加坡李氏基金会同仁秉承先辈宏愿,不断捐资修缮嘉庚建筑、修建道路、资助召开国际会议等。还有,由校友和各界捐资的本栋、自强、清源、九洲、自钦、信华科技、进雄、杜邦、光华、太古等奖教奖学金的设立;再有,由厦门市26家外经贸企业设立的"厦门大学教育发展基金",陈德仁先生、吕振万先生设立的"厦门大学教师出版基金",福耀集团设立的"福耀厦门大学教育发展基金",施子清家族、建设银行厦门市分行设立的"厦门大学中青年教师培养基金等等,都在厦门大学的建设和发展中发挥作用,在厦大校史上留下了光彩的一页。在此我代表厦大师生员工向所有支持和帮助过厦门大学建设和发展的个人和单位致以衷心的感谢!

怀豪情,沐改革春风开拓奋进结硕果

改革开放近20年来,全校师生员工团结奋进,加快发展的步伐,取得了令人鼓舞的成绩,为建设一流大学奠定了坚实的基础。学校多次受到上级领导的表彰,1993年和1998年,先后两次荣获中组部、中宣部、教育部党组授予的"党的建设和思想政治工作先进高等学校"称号;1994年荣获教育部授予的"文明校园"称号。

为了适应在厦门设立经济特区的新形势,我校及时提出了"立足特区、面向全国、发挥优势、主动服务"的办学思想,开始了办学体制改革积极探索。1983年和1985年分别与福建省政府联办艺术教育学院和政法学院。1993年《中国教育改革和发展纲要》颁布以后,在国家教委、省委省政府、厦门市委市政府的重视与支持下,学校紧紧抓住机遇,率先实行国家教委与省市共建大学的办学新模式,并取得了实质性进展。通过改革增强了办学活力,加快了各方面的建设,大大密切了与省、市政府以及社会各界的联系。

改革开放之初,我校主要以文理、经济学科为主,所设专业主要为基础类学科。为适应国家提出的"把工作重心转移到经济建设上来"的要求,学校紧紧抓住学科建设这个龙头,按照"保护基础、加强应用、发展新兴交叉学科"的原则,适时地、逐步地调整、改造、更新和组建了一批学科、专业,复办了工学院,使得学科布局趋向合理。目前我校已成为一所在11个学科门类中拥有10大学科门类(除农学外)的综合性大学。1978年恢复研究生招生后,研究生教育规模逐年扩大,层次不断提高。1986年获准试办研究生院,1996年教育部正式批准我校建立研究生院,标志着我校已成为国家培养高层次人才的重要基地之一。1978年在校研究生仅42人,1998年已达到1863人(硕士1503人,博士360人),20年来累计授予硕士学位3525人,博士382人。学校办学条件不断改善,育人环境整体优化。学校校舍建筑面积从"文革"前的16万平方米增至目前的60万万平方米,图书馆藏书达200万册。近年来,教学、科研设备和公共服务体系得到了明显的改善,校园网络建设水平居全国先进行列。同时学校在教学、科学研究、师资队伍建设、国际学术交流与和合作以及校内管理体制改革等方面都取得了显著的成绩。

特别要汇报的是,1993年《中国教育改革和发展纲要》颁布以后,我校抓住机遇,围绕制定学校面向21世纪的改革发展规划,办学体制改革的思路与措施等重大问题,开展了综合评估和专题调研,认真分析了我校的办学基础、条件、水平和"侨、台、特、海"的办学特色,制订了《厦门大学面向21世纪改革与发展纲要》,提出:"到21世纪初,把厦门大学建设成为国内一流、国际上有较大影响的社会主义综合性大学"的总体战略目标和改革与发展的基本思路。1995年我校通过了"211工程"预审,1997年完成了专家立项、审核工作,被确认为是一所"学科门类较为齐全、办学特色鲜明、基础研究力量和师资队伍较强,在国际上有影响的高水平的国家重点大学",列入了国家重点建设的行列。

总之,经过改革开放20年的发展,我校办学条件不断改善,整体办学水平不断提高,师资队伍稳定,学校凝聚力、吸引力不断增强，整个学校充满了活力并进入了建校以来最好的发展时期。

展望未来，自强不息携手再铸新辉煌

展望21世纪，江泽民同志指出："当今世界，以信息技术为主要标志的科技进步日新月异，高科技成果向现实生产力的转化越来越快，初见端倪的知识经济预示人类的经济社会生活将发生新的巨大变化。"21世纪，以高新技术为核心的知识经济将逐步占据经济发展的主导地位，人力资源的重要性将远高于以往任何时代。国家的综合国力和国际竞争力将越来越取决于教育发展、科技进步和知识创新水平。教育将始终处于优先发展的战略地位。因此，中国政府决定实施"科教兴国"战略，启动"知识创新工程"和《面向21世纪教育振兴行动计划》；不久前召开的全国教育工作会议上，党中央、国务院做出了《关于深化教育改革，全面推进素质教育的决定》。这些都说明党和政府站在国家和民族伟大复兴的高度，以新时代视角认识教育的战略地位，这既为教育的全面振兴提供了难得的机遇，也向教育提出了严峻的挑战。

面对21世纪的激烈竞争，我们应当清醒地看到，我校教育观念、体制机制、教学内容和方法、教学手段等方面同培养高素质人才的要求还很不适应；科技创新能力和高科技产业化水平不高，教育经费不足阻碍了学校的可持续发展，把我校建设成为一流大学还有不少困难，因此我们深感任重而道远。在下个世纪，大学作为创造、传授和运用知识的重要基地，对于国家的进步和世界的发展肩负着前所未有的历史使命。为了迎接新世纪的挑战，我们一定要做好各方面的工作。

要进一步解放思想，转变观念，加快学校的改革和发展。发展是硬道理，所有问题从根本上是要通过加快发展来解决。现在我国高等教育正处于大发展的时期，为满足广大人民群众日益增长的对高等教育的需求，为社会主义经济建设培养更多的高素质人才，在今后几年内，我校办学规模要逐步扩大，特别要大力发展研究生教育。

要充分发挥学校在人才培养、科学研究和社会服务的功能。在学科建设方面，要以社会主义市场经济和社会需求为导向，加快学科、专业的重组与更新，围绕"突出重点、保持特色、加强交叉渗透，发展应用学科"的原则，发挥我校基础学科的优势，形成文科与理工科、基础与应用学科、传统与新兴学科的协调发展，能够适应国家和地方经济建设、社会发展和科技进步的学科体系。要加大对教育基础设施的投入，深化教学改革，推进素质教育，不断提高教育质量和办学效益。要积极贯彻教育、科技和经济相结合的方针，在保持我校基础研究优势的同时，大力加强高新技术研究和应用成果开发，努力为国家尤其是地方解决经济和社会发展的重大关键技术问题，使厦门大学成为知识创新基地和学术研究中心，为增强国家综合国力、促进社会的持续发展做出应有的贡献。

要加强师资队伍建设，要进一步确立"以人为本"的观念，把造就高素质的师资队伍建设真正摆在学校发展的关键位置上。积极营造良好的学术研究风气和人才培养的氛围，激活人才竞争和合作的机制，加大队伍建设的投入力度。在吸引人才、留住人才、发挥人才潜力方面再上一个新台阶。适度扩大教师队伍规模，进一步优化师资队伍结构；改变师资管理模式。完善教师考核聘任制度，探索和建立相对稳定的骨干层和出入有序的开放式的教师队伍管理模式。完善竞争淘汰机制，改革职称评审制度，注重对新一代学术带头人和年轻学术骨干的培养。进一步改善教师工作条件和生活条件，加强教师在岗培训，提高教师整体素质。加强国际学术交流与合作，提高教师队伍在国际的学术竞争力。

要进一步深化办学体制改革，拓宽筹集办学资金渠道。要通过加大为福建省和厦门经济特区服务的力度，更加密切与省市的联系，巩固和发展共建成果；要加强引导，积极推进各院系所与企业、行业部门的共建联合；通过有效的合作促进各单位的自身发展。要进一步深化校内管理体制改革，合理配置学校的人财物资源，提高办学效益。

这次恳谈会的主题之一是共同商讨如何积极做好80周年校庆的各项筹备工作，在此基础上制订好校庆的活动方案和工作计划。我们希望，通过办好校庆，充分展现办学成就，认真总结办学经验，进一步弘扬陈嘉庚先生爱国主义精神，发扬优良办学传统，凝聚全校师生和海内外校友、各界朋友的力量，共同促进学校的建设与发展。在此我真诚地希望大家能畅所欲言，集思广益，为学校的建设与发展出谋划策，团结一心，共同开创厦门大学更加灿烂辉煌的明天。

——本文摘录自陈传鸿:《大学之道:在建设一流大学的征程上》，厦门大学出版社，2003 年 12 月版

加快科研改革与发展 为实现我校跨世纪目标而奋斗

——在全校科研工作大会上的讲话

(1999年11月23日)

校长 陈传鸿

这次科研工作会议，主题是认真总结“八五”以来我校科研发展和管理体制改革的工作，研究在新形势下，深化我校科研体制改革，推进高新技术产业化的具体措施，以充分发挥科研在学校跨世纪发展中的重大作用，为我校新一轮创业提供可靠的基础和保证。现在我就学校科研体制改革问题，讲三点意见。

一、充分认识加快我校科研改革的重要性和紧迫性

科学技术是第一生产力，加快科研改革和发展，不仅是现代科研事业自身发展的需要，也是我们适应形势的不断发展，迎接知识经济时代的需要，更是加快我校改革和发展的步伐，实现跨世纪目标的需要。要充分认识加快我校科研改革的重要性，增强紧迫感和责任感，认真扎实地推进科研体制改革。

当今世界，国际经济的竞争越来越明显地表现为科技和人才的竞争。为了迎接知识经济的挑战，世界各国都在调整科研政策，经济政策和发展战略，高度重视发展科学技术事业，尤其是高科技领域创新能力的培养和产业化的组织。在这种形势下，党的十五大从跨世纪的战略高度，把实施科教兴国战略作为把社会主义现代化建设全面推进到21世纪的重大部署和主要战略。特别今年以来中央又召开了全国教育工作会议和全国技术创新大会，分别做出了《关于深化教育改革，全面推进素质教育的决定》和《关于加强技术创新，发展高科技，实现产业化的决定》，选择和确定发展高科技，实现产业化和全面推进素质教育，作为推进科技和教育发展的战略重点，这是党中央，国务院为进一步落实科教兴国战略的又一重大举措。而要完成这一重要任务，当务之急是加快科研改革。理论和实践都证明，只有从根本上形成有利于提高基础研究水平和有利于科研成果转化和应用的体制和机制，才能不断提高知识创新能力，提高科技创新水平，促进经济、社会和科教的紧密结合和不断发展，才能完成和落实科教兴国战略的各项具体要求，才能迎接知识经济的挑战。

科研体制改革是为科研事业发展服务的。具体地说，学校的科研体制改革必须以促进学校科研生产力为标准，为实现学校发展目标服务。“八五”以来，我校以申报和实施“211工程”重点建设项目为契机，学校的科研事业有了很大的发展。具体表现在科研经费总量和承担重大项目数有较大增长；基础研究成绩显著；高技术开发开始起步，并日益受到重视；科研人才培养和队伍建设已见成效；科研管理水平有所提高。应该说我校科研工作的成绩是主要的，是有目共睹的。但是，对照国家经济社会发展的要求和形势的发展，对比兄弟院校的竞争势态，对照学校跨世纪发展的目标，我校的科研工作还有较大的差距，有的还很突出。我认为问题主要表现在两个方面：一是科学研究资源配置不合理，力量分散，不适应学科交叉，多学科联合，难以申请承担重大项目；二是应用研究发展滞后，高新技术产业化方面基本上是空白。这两方面问题的存在，严重制约了学校的发展，影响了学校作为高水平大学功能的形成和发挥。当前特别是要改革科研管理体制，以体制创新促科研发展，促高新技术产业化。一方面要继续稳定发展基础研究，支持和扶持若干有优势的领域出世界领先的理论成果；另一方面要加强创新应用研究，大力发展高新技术，努力实现产业化的突破。总之，鉴于科研对学校发展的重要性，我们要以科研体制改革为突破口，

以推进产业化为重点,推动学校科研事业的发展,为学校在新世纪更高层次的发展提供良好的体制,机制条件和可靠的物质基础。

二、转变观念,突出重点,理顺关系,加快改革发展步伐

学校科研体制改革既是当前工作的重点,又与各方面的工作紧密联系,相互影响,相互制约。因此我们在改革中要转变观念,抓住重点,正确处理各方面的关系。

要明确改革的指导思想与出发点。我们必须以邓小平理论和党的基本路线为指导,认真贯彻党的十五大精神以及全国教育工作会议和全国技术创新大会的精神,从实现学校跨世纪发展目标的高度,来认识和把握科研体制改革的目标和任务,把有利于为国家做出更大贡献,有利于提高学校的综合实力,有利于调动广大科研人员的积极性和主动性这三个"有利于"的原则作为改革的出发点,作为衡量改革成败得失的标准。

要转变观念,最重要的是要按照党的解放思想、实事求是的思想路线,把过去在计划经济体制下形成的思维方法和观念转变到与市场经济和现代高等教育与科研事业发展相适应的要求上来。比如,对于科研在高校中的地位,应该认识到,真正意义上的大学,高水平的大学,必须有高水平的科研,科学研究和科技水平是体现高校水平的主要标志。一流的科研培养一流的高素质人才,没有一流的科研,不可能有高质量的现代教育。学校要造就并培养一支高水平的师资队伍,主要条件和凝聚力也在于创造好的科研环境和水平。同时,在国家对教育投入有限的情况下,学校要改善自身的工作条件和物质基础,一条重要的出路也在于发展科研。在国际交往中,科研也起决定性的作用,没有高水平的科研,就难以进行高层次的合作交流,从而就没有知名度,没有地位。所以学校上水平,科研是关键。再如,高新技术产业化是不是高校的一个重要任务?应用水平和市场效益是不是应作为判定高校科研成果的一个标准?这些问题都要在认真学习的基础上,统一认识。

要抓住这次改革的核心和重点。这次改革的核心是要以改革促发展,推进产业化。关于改革的重点可以用四句话来表述:调整科研结构,优化科研布局,改革管理体制,转换运行机制。所谓调整结构,是按照"稳住一头,放开一片"的原则,加强重点基础研究,搞活应用研究。在扶持重点研究机构,加强基础研究的同时催生一批应用研究机构,搞活一批开发服务型机构和企业,使其面向市场,面向经济建设主战场,逐步改变我校应用开发研究明显"短腿"的现象。优化布局,是对现有比较分散的科研资源和机构进行重组,以适应现代科研活动综合性强的特点,创建国家研究基地,承担重大研究项目。管理体制改革的目的,是要建立符合国家需要的,适应社会主义市场经济和现代高等教育与科研事业发展的新型科研体制。运行机制转换的核心是要搞活。要通过各种政策效应,形成竞争机制和激励机制,为科研工作创造良好的外部环境和内在动力。这四条归根结底是为了解放科研生产力,促进我校科学研究出成果,上水平。

科研改革是一项系统工程,需要多方面的配合。因此,在改革中要正确处理好几个方面的关系。一是要正确处理教学与科研的关系,使教学和科研紧密结合,相互促进。二是要正确处理基础研究和应用开发研究的关系,基础研究要进一步加强,高新技术产业化要大力推进,两方面都要选调精兵强将,但用不同的管理体制和机制来运作。两个方面互为依托,相互促进。三是要正确处理自然科学和人文科学的关系,科学研究包括自然科学,也包括社会科学,它们是科学中的"两翼",共同构成人类知识创新体系的内容。一个综合性大学的科研结构必须实现"文理两翼齐飞,基础与应用研究共同发展"的格局。四是要正确处理科研和人才培养的关系,把承担科研项目作为人才培养的重要途径,把出成果和出人才两个目标结合起来,实现基地、项目、人才一体化发展。五是要正确处理科研和学科建设的关系。一方面,学科建设要以科研方向和成果作为主要标志,另一方面学科建设特别是研究方向要以科研的需要而调整。希望这次改革能推动形成一种多学科交叉协作的组织体制和运行机制,来承接一些大课题,并在此基础上来调整和加强学科建设。这比那种固守原来的学科划分和研究方向的做法更能适应形势发展的需要。

三、统一思想，加强领导，为科研改革与发展提供强有力的保证

学校科研体制改革是去年启动的整个校内管理体制改革一个重要方面，它本身也是一个系统工程。要做好这项工作任务十分艰巨，需要学校各部门的支持和配合，广大教师和科研人员的积极参与和支持，但关键还是要统一思想，加强领导，为科研体制改革创造一个良好的环境，提供强有力的保障。

各级领导都要把认识统一到十五大关于科教兴国战略的论述上来，统一到今年中央两次会议的决定上来。要把科研体制改革纳入议事日程，做到认识到位，责任到位，工作到位。校学术委员会和产学研工作领导小组要充分发挥它对科研工作的咨询和协调职能。学校各职能部门还要努力学习科技知识，提高自身科技素质，尊重知识，尊重人才，为学校科研工作提供一流的服务，当好"后勤部长"。各单位要按照学校的统一部署，制定好本单位的改革规划实施方案，保证各项改革措施落到实处。

科研改革涉及方方面面，涉及观念的更新和不同人群的利益调整，实施后具体矛盾肯定会很多，有一定难度，需要及时总结经验和调整政策，更重要的是要加强思想政治工作。科学研究是一项创造性的工作，人是科研和知识创新的主要因素，因此，充分调动广大教师和科研人员的积极性，是搞好我校科研体制改革的关键。在改革中要牢牢把握改革发展的目标和要求，"以人为本"，建立有效的激励机制和竞争机制，创造优秀人才脱颖而出的良好环境，使做出成绩者得到各方面的鼓励和奖励。一部分科技人员可以通过自己的诚实劳动和创造性工作先富起来。学校还要从总体上不断改善和提高教师和科研人员的工作和生活条件，以充分调动广大科研人员的积极性。

学校要采取有效措施，建立多渠道、多元化的科研投入体系与经费筹措机制，保证科研投入逐年增加，为科研的改革与发展提供强有力的保障。学校对科研的投入主要用于保护和促进基础研究，更大的投入要通过科成果应用开发，实现产业化，从市场来获得。这就要求要加大应用研究的比重，要敢于和善于从帮助企业解决技术创新中的难题和通过高科技成果转化为商品，从而从市场的盈利中获得研究开发经费。同时，还要采取各种措施，提高资金的使用效益。

深化科研体制改革，加快学校科研事业的发展，是我校新一轮创业的必由之路。我们要认真学习邓小平理论，进一步解放思想，开拓进取，努力开创科研体制改革和科研事业发展的新局面，为实现我校跨世纪发展的宏伟目标而奋斗。

——本文摘录自陈传鸿：《大学之道：在建设一流大学的征程上》，厦门大学出版社，2003 年 12 月版

·党建与思想政治工作·

关于在校内管理体制改革过程中及时做好流动党员的组织关系接转工作的几点意见

（1999 年 3 月 31 日）

各党总支、直属党支部：

我校部处机关改革已基本结束，院系改革正在进行。在改革过程中部分党员调整了工作岗位，转岗分流人员中也有不少是中共党员。为加强党的建设，增强党员的组织观念及便于党员在一个支部内过正常的组织生活，经研究，提出如下几点意见：

1.凡是调整工作岗位的党员，应及时到校党委组织部接转组织关系；

2.凡是转岗分流的党员，其关系一律转到校人才交流中心，本人应及时到组织部接转组织关系；

3.请各党总支、直属党支部及时通知相关同志。

——本文摘录自《关于在校内管理体制改革过程中及时做好流动党员的组织关系接转工作的几点意见》，(99)厦大委组 005 号，档号 1999-DQ02-7

关于贯彻落实举报工作的实施意见

（1999年10月25日）

第一条 为了保障举报人的权利，健全举报制度，加强纪检、监察工作，促进党风廉政建设，根据有关党政纪条规，结合我校实际，就贯彻落实举报工作提出本意见。

第二条 任何单位和个人都有权向学校纪委、监审处检举、控告本校各级党政机关及其工作人员的违法违纪行为。

第三条 举报工作要依法依纪办事，实事求是，维护当事人民主权利。各级党组织、党员和干部要重视举报工作，正确对待举报。

第四条 检举、控告人应据实检举、控告，并尽可能提供具体事实。提倡署名举报，对署名举报和匿名举报，纪委、监审处都要认真对待，妥善处理。

第五条 对检举、控告不实的，必须分清是错告还是诬告。对错告的，应澄清事实；对诬告的，应依照有关规定予以处理。

第六条 举报人可以采用电话、信函、当面举报等形式进行举报。

（一）电话举报。校纪委接待室设举报电话（2182242）。纪检监察工作人员在接受电话举报时，必须耐心接听，询问清楚，如实记录。需要时，可约请举报人提供书面材料。

（二）信函举报。校纪委、监审处在大南校门口、白城路口、纪委办公室（凌峰11号楼）等地设立举报箱，以便群众举报。

（三）当面举报。校纪委、监审处设立专门的举报接待室接受举报人当面举报，接待人员应做好笔录，必要时在征求举报人同意后可以录音。

第七条 对于不属于纪委、监审处受理范围的举报，承办人员应当做好解释，尽可能地为举报人提供反映途径。信函则转交有关部门处理，并酌情予以回复。

第八条 举报经校纪委、监审处初步审查，认为需要立案调查的，依照《厦门大学案件办理工作制度》的有关规定办理；不需立案但被举报人确有缺点、错误的，纪委、监审处可责成被举报人做出检讨或说明，进行必要的批评教育。

第九条 对举报的问题做出处理后，由纪委、监审处或承办的党组织将处理结果告知举报人。匿名举报的问题，必要时可在适当范围内公布调查处理的结果。

第十条 举报调查材料，纪委、监审处应按有关规定及时立卷归档。

第十一条 纪委、监审处保障举报人依法行使举报权，维护举报人的合法权益。

第十二条 纪委、监审处受理举报和查处举报案，应遵守保密制度：

（一）受理举报应在固定场所单独进行，专人接谈，无关人员不得接待、旁听和询问。

（二）举报信函的收发、拆阅、登记、转办、保管，当面或电话举报的接待、接听、记录、录音等工作，应建立健全责任制，严防泄露或遗失举报材料。

（三）举报材料列入密件管理，不得私自摘抄、复制、扣压、销毁。

（四）严禁将举报材料和举报人的有关情况透露给被举报单位、被举报人。

（五）举报材料除查案工作需要外，不得向有关人员出示。因查案工作需要出示的，必须经纪委、监审处主要负责人批准,并隐去可能暴露检举、控告人身份的内容。

(六)核实情况必须在不暴露举报人的情况下进行。

(七)任何单位和个人不得擅自追查举报人,不得擅自核对笔迹或进行文检。对确属诬告陷害,需要追查诬告陷害者的,必须报学校党委批准,由纪委、监审处进行。

第十三条　任何单位和个人不得以任何借口和手段阻挡、压制举报人进行举报和打击报复举报人、证明人、承办人员及其亲属。指使他人打击报复的,或者被指使人、被指使单位的主要负责人和直接责任人员明知实施的行为是打击报复的,以打击报复论处。

打击报复举报人、证明人、承办人的,纪委、监审处可根据有关党政纪条规处理。

第十四条　举报事项经查属实,并为国家、集体挽回或减少损失的,对举报人应予奖励,有重大贡献的,要给予重奖。奖励由纪委、监审处提出,报经党委批准后执行。

中共厦门大学纪律检查委员会

厦门大学监察审计处

1999 年 10 月 25 日

——本文摘录自《关于贯彻落实举报工作的实施意见》,(1999)厦大纪 8 号,档号 1999-DQ06-1

·教学与科研工作·

厦门大学关于评选研究生“三好学生”和“优秀学生干部”的办法

（1999年1月18日）

为了表彰先进，鼓励我校研究生勤奋学习、奋发向上，培养德、智、体全面发展的优秀人才，根据国家教委（即教育部）、财政部颁发的《普通高等学校研究生奖学金办法》的规定，结合我校实际情况，制定本办法：

一、评选对象

全校在学的全脱产的研究生（不包括在职研究生）。

二、评选名额

“三好学生”：占参评博士生数的12%，占参评硕士生数的7%。

“优秀学生干部”：占参评研究生总数的2%。

三、评选条件

三好学生：

1.热爱祖国、坚持四项基本原则，具有良好的品行修养和高尚的道德情操，自觉遵守国家法律和学校规章制度；

2.认真学习马克思主义基本理论，积极参加形势政策学习活动，各门政治理论课成绩一般在良好以上；

3.学习刻苦勤奋，成绩优秀，至少有3/4以上的学位课程成绩达到优秀，其余在合格以上，或者总成绩在可比学生中居前1/3（应附上学籍总卡复印件）；

4.学术思想活跃，有较强的科研能力，写出较高水平的作品或有一定创见的研究论文，并在正式的刊物上发表。（成果应经各单位评审小组审定，并签署意见后填入申报表中）；

5.积极参加文艺、体育活动，在公益卫生等各项义务劳动中表现良好，身体健康。

优秀学生干部

1.担任研究生班委、团支委、分会委员以上职务，任职时间达半年以上的在任学生干部；

2.有较强的责任心和奉献精神，认真履行职责，并有一定工作实绩；

3.具备“三好学生”的基本条件（总成绩在可比学生中居前1/2）。

四、评选程序

1.以班组为单位评选推荐，经系评审小组初审后，由学生工作处与研究生院审核，报送校领导审批。

2.本年度各项先进模范和奖学金获得者、在文艺体育和各种竞赛活动中获奖者,在评选中应优先考虑。

五、评选时间

每年评选一次,于三月份进行。

六、奖励办法

获“三好学生”“优秀学生干部”称号的研究生名单将公布表彰,并发给荣誉证书,同时享受本年度相应的“优秀奖学金”。

七、凡弄虚作假或违反本办法的行为将视情节轻重,给予取消荣誉称号、追回优秀奖学金的处理。

——本文摘录自《关于印发〈厦门大学关于评选研究生“三好学生”和“优秀学生干部”的办法〉的通知》,厦大学[1999]1号,档号1999-XZ11-1

关于我校研究生学籍管理若干问题的补充规定

（1999年3月15日）

为了更好地贯彻执行《厦门大学研究生学籍管理实施细则》，根据实际情况，做如下补充规定：

一、研究生一般不得更动学习年限，如因客观原因需要更改学习年限的，必须在学位论文答辩六个月之前提出申请，并在每年的3月份和9月份办理有关审批手续。研究生要求延长学习年限，一般不得超过二个月。在每年9月份新生入学前未能离校的，其宿舍床位由校宿管部门按规定统一处理。个别因特殊情况需再延长学习年限者，根据相应学科入学时原定的学习年限最长不得超过壹年，逾期做肄业处理。延长期间不享受在校生的各种待遇，若需收取有关费用由个人支付。学习成绩优异的硕士研究生，可以在中期分流时办理提前毕业申报手续。

二、研究生在学期间不得请假出国探亲。有直系亲属（限于父母亲和配偶）在港、澳、台者，可以按有关规定申请在寒暑假探亲，但必须在开学前返校。

三、研究生申请请假出国出境参加科研合作研究，必须持有我校与合作单位双方签署协议的有效文件。合作项目必须在学校科研处登记立项。各单位派出参加合作科研的必须是二年级以上（含二年级）的研究生，主要是博士生。完成合作科研任务后必须按时返回学校。

四、研究生在学期间申请自费出国留学，按国家教委教留[1993]81号文和福建省教委闽教外[1993]184号文的有关规定办理，可保留学籍一年。未能获得签证者，在规定的时间内向公安部门缴回护照后可以复学。

五、研究生在办理出国申请有关手续期间仍必须遵守学校纪律，继续努力学习。毕业班研究生在当年9月份前未离境者，可以进行论文答辩并申请学位。

厦门大学研究生院

一九九九年三月十五日

——本文摘录自《关于我校研究生学籍管理若干问题的补充规定》，厦大研字[1999]02号，档号1999-XZ28-1

厦门大学设立基本课主讲教授岗位暂行办法

(1999年5月8日)

第一条 为了鼓励教授(研究员)承担本科基本课程的教学,切实提高教学质量,培养高素质的人才,根据《厦门大学深化校内管理体制改革会议纪要》有关决定,制定本《暂行办法》。

第二条 学校设立基本课主讲教授岗位,并经一定的程序确定主讲教授。

基本课是指专业类基本课程(或学科核心课)和专业类普通课程。具体课程名称由教务处另行公布。

第三条 主讲教授的职责是:

1.全面负责该门课程的教学,实际承担课程的讲授;

2.组织该门课程各个教学环节的工作:如设计教学内容,编写或主持编写教材、教案,选择教学参考书,建立教学档案等;

3.改进教学方法,充分运用现代化教学手段;

4.总结教学经验,组织教学法讨论,撰写教学研究论文或提交书面总结;

5.指导年轻教师的教学,参与课程评估。

第四条 凡具备以下条件的教师,可申请担任主讲教授岗位:

1.现任教授或研究员;

2.思想品德优秀,热爱教学,为人师表;

3.在与本课程相关的领域有一定的教学和科研成果;

4.身体健康。

第五条 确定主讲教授岗位的程序:院(系)提出申请、教务处提出推荐名单、校学术委员会审议通过后报校长审定公布。

第六条 确立主讲教授的程序:

1.具备主讲教授资格的教师可向所在院(系)申请担任本单位主讲教授岗位,也可向教务处申请担任外单位主讲教授岗位;

2.具备主讲教授资格的教师可以申请一门或多门课程的主讲教授岗位。申请多门课程主讲教授岗位时,需要说明申请志愿顺序,但申请者经选拔,每人每学期只能担任一门课程的主讲教授岗位;

3.院(系)对本单位申请本单位主讲教授岗位者进行资格审查,按择优原则提出主讲教授推荐名单并报教务处审核;

4.教务处组织专家组对申请担任外单位主讲教授岗位者进行评审,按择优原则提出主讲教授的推荐名单;

5.教务处向校学术委员会提交全校基本课主讲教授推荐名单,由校学术委员会审议通过后报校长审定公布。

第七条 凡取得主讲教授资格的教师,可享受以下工作条件:

1.授课学期按月发放岗位工作津贴1000元,每学期按6个月计;

2.主讲教授所承担的课程列入学校重点课程建设计划;

3.主讲教授所编写或主持编写的教材列入学校教材出版重点资助对象;

4.优先保证主讲教授使用现代化教学设备。

第八条 学校每学期对承担主讲教授岗位的教师进行考核(考核办法另定)。凡经学生测评和专家复评认为教学效果差的,或没有履行本《暂行办法》第三条规定的岗位职责的,学校将宣布取消其主讲教授资格。

第九条 全校设立主讲教授岗 100 个左右,宁缺毋滥。

第十条 本《暂行办法》自 1999—2000 学年起实行。

第十一条 本《暂行办法》由教务处负责解释。

——本文摘录自《关于印发〈厦门大学设立基本课主讲教授岗位暂行办法〉的通知》,厦大教[1999]16号,档号 1999-XZ12-1

厦门大学实施“挂牌上课”暂行办法

（1999 年 5 月 8 日）

第一条 为了在教学中引入竞争机制，提高课程（尤其是基础课程）教学质量，根据《厦门大学深化校内管理体制改革会议纪要》有关决定，制订本《暂行办法》。

第二条 实行“挂牌上课”的课程范围：

1.全校性公共基础课；

2.文化素质教育课程；

3.其他课程。

第三条 实行“挂牌上课”的形式：

1.同一门课程有两个或两个以上重复班的，由学生自愿选择主讲教师，同时开课。如选报某位主讲教师人数过多，可由该主讲教师增开一个重复班。如选报人数不足正常班 50％不予开课。

2.同一门课程只开设一个班的，由两名或两名以上主讲教师挂牌，接受学生报名，选择报名人数多的教师担该班课程主讲。

3.教师可以跨系（教学部）参加“挂牌上课”课程主讲教师的竞争。

第四条 “挂牌上课”教师的资格：

1.讲师（或博士学位获得者）和讲师以上职称的教师；

2.思想品德优良，爱生乐教，为人师表。

第五条 “挂牌上课”教师的工作条件：

1.凡按第三条第 2 款办法竞争担任主讲教师的，经学生测评、同行测评和院（系）核定（考核办法另定），认定教学特别优秀的，授课学期每月补贴 500 元；认定教学优秀的，授课学期每月补贴 300 元。

2.凡按第三条第 1 款办法“挂牌上课”的，每门课程经学生测评、同行测评和院（系）核定（考核办法另定），在“挂牌上课”班数 30％比例以内，认定为教学特别优秀的，评发其主讲教师授课学期每月补贴 500 元；认定为教学优秀的，评发其主讲教师授课学期每月 300 元。

3.每学期按 6 个月计，授课补贴待期末考核后一次性发放。

第六条 研究生的政治理论、外语等公共课参照本办法执行。

第七条 全校每年奖励“挂牌上课”优秀教师 100 名左右，宁缺毋滥。

第八条 本《暂行办法》自 1999—2000 学年起实行。

第九条 本《暂行办法》由教务处负责解释。

——本文摘录自《关于印发〈厦门大学实施“挂牌上课”暂行办法〉的通知》，厦大教[1999]17 号，档号 1999-XZ12-1

厦门大学硕士、博士学位论文质量抽查评估办法(试行)

(校学位评定委员会1999年6月25日审议通过)

(1999年6月25日)

为保证和提高我校硕士、博士学位论文质量,确实把我校学位与研究生教育工作的重心转移到提高质量上来,经研究决定对硕士、博士论文质量进行抽查评估。

一、抽查评估范围

抽查评估的范围为上一年申请并通过答辩获得学位的硕士、博士学位论文。

二、评估论文抽取方式

评估送审的论文采取随机的方式进行抽取。

三、评估标准

以《中华人民共和国学位条例》及其暂行实施办法的规定为原则标准,同时以被评估论文体现的学位申请人的创新能力和知识结构为重心,采取积分的形式对学位论文的选题、综述及成果的创新性等方面进行综合评估(详见附件)。

四、抽评工作的组织与安排

1.每年3月随机抽取上一年已通过答辩的学位论文进行评审。

2.被抽查的论文,由所在系(所)向研究生院学位与学科建设处提供学位论文五份。

3.被抽查的学位论文由研究生院学位与学科建设处采取匿名方式寄送校外3至5名同行专家评审。评审专家由学位评定分委员会提名,研究生院学位与学科建设处确定,名单严格保密(所选定的校外专家,不应与该论文答辩前的论文评阅人重复)。

五、抽评结果的处理

1.抽查评估的结果将由研究生院学位与学科建设处予以公布,并通报全校。

2.校外评审专家评价均为优秀的论文,经校学位评定委员会审议后,予以奖励。

3.被抽查的论文评审意见为不合格超过半数者,为未通过。对论文抽查评审未通过者,将由校学位评定委员会根据评审结果,做出处理决定。

4.对抽查评估过程中发现论文有抄袭、剽窃、作假、雷同等问题者,交由校学位评定委员会处理,情节严重者将撤消其学位。

本办法由校学位评定委员会负责解释。

厦门大学研究生院
1999 年 6 月 25 日

附件：

厦门大学硕士、博士学位论文质量评价表

密封编号：　　　所在学科专业　　　申请学位级别
论文题目：

<table>
<tr><td rowspan="11">分项评价</td><td>一级指标
及比重</td><td>二级指标
及比重</td><td>评判分数
(百分制)</td><td>备注</td></tr>
<tr><td rowspan="2">选题与综述
(0.2)</td><td>选题的理论意义或
实用价值(0.6)</td><td></td><td></td></tr>
<tr><td>对所在领域的综述
(0.4)</td><td></td><td></td></tr>
<tr><td rowspan="2">成果的创新性
(0.6)</td><td>理论或方法的创新
性(0.6)</td><td></td><td></td></tr>
<tr><td>技术应用上的创新
及开拓(0.4)</td><td></td><td></td></tr>
<tr><td rowspan="4">论文体现的申请人
的理论基础、专门
知识及科研能力
(0.2)</td><td>理论基础(0.3)</td><td></td><td></td></tr>
<tr><td>专门知识(0.3)</td><td></td><td></td></tr>
<tr><td>科研能力(0.3)</td><td></td><td></td></tr>
<tr><td>写作能力(0.1)</td><td></td><td></td></tr>
<tr><td>抄袭、剽窃、作假、雷同情况
(－0.1～－1)</td><td colspan="3"></td></tr>
<tr><td colspan="4"></td></tr>
<tr><td rowspan="2">总体
评价</td><td>优(90～100)</td><td>良(80～89)</td><td>合格
(70～79)</td><td>不合格(70
分以下)</td></tr>
<tr><td></td><td></td><td></td><td></td></tr>
</table>

您对该论文所涉及的领域的熟悉程度(请在相应栏打“√”)

非常熟悉(　　) 比较熟悉(　　) 不太熟悉(　　)

评审专家(签名)

年　月　日

——本文摘录自《厦门大学硕士、博士学位论文质量抽查评估办法》,厦大研字[1999]07 号,档号 1999-XZ28-1

厦门大学优秀博士学位论文奖评选与奖励办法(试行)

(校学位评定委员会 1999 年 6 月 25 日审议通过)

(1999 年 7 月 5 日)

为促进我校博士生培养质量和博士学位论文质量的全面提高,并配合全国每年一次的优秀博士学位论文奖的评选活动,推动我校研究生教育改革的深入开展,经研究决定设立“厦门大学优秀博士学位论文奖”。现将评选和奖励办法公布如下。

一、参评对象及名额

参评对象为上一年通过答辩,并获得厦门大学博士学位的论文。每年评选一次,每次评选 5 至 10 篇。

二、参评条件及要求

凡参评的博士学位论文,应以中文撰写,其论文评阅人和答辩委员对论文评价的优秀率达到三分之二及以上,并符合以下条件:

1.论文选题紧密围绕重大的理论问题和实际问题,尤其鼓励与国家经济建设、科技进步和社会发展紧密相关的应用性、技术性选题;

2.论文内容有重大创新,具有重要科学意义或应用前景;

3.研究结果可能导致本领域科学研究的突破性进展,或有重要的直接应用价值;

4.研究方法或技术路线有重要创新。

以上四条中,第一条为必备条件。

三、评选程序

1.每年 3 月 15 日至 4 月 15 日申报,4 月 16 日至 5 月 15 日通信评审,5 月 16 日至 6 月 15 日汇总材料,6 月下旬交校学位评定委员会评审确认。

2.优秀博士学位论文的申报可通过以下几条途径:

(1)导师推荐;

(2)个人自荐;

(3)院、系(所)推荐;

(4)他人推荐(包括校内校外人员,推荐者一般应具有高级职称)。

无论采取哪种途径申报,均应征得作者本人同意。每种申报途径限报一篇。

3.申报人应准备学位论文 6 份、填写申报表一式 2 份。推荐者(包括自荐者)应同时准备一份推荐信,对被推荐论文的主要贡献做出实事求是的介绍。上述材料经学位评定分委员会审核无误后,报送研究生院学位与学科建设处。

4.被推荐的博士学位论文将采取匿名方式送校外 3 至 5 名同行专家评审(论文将掩去指导教师和作者姓名等有可能影响评审公正性的信息,对评审专家的确定也将严格保密),最后由校学位评定委员会根据专家评审结果,以无记名投票方式确定本年度优秀博士学位论文。

5.凡经校学位评定委员会评出的优秀博士学位论文,将在校内张榜公布,并实行一个月的争议期。如发现入选论文存在抄袭、剽窃、作假等违法和违背学术道德行为或主要研究结论不能成立等严重问题,可在一个月内以书面形式向学位与学科建设处提出异议。异议内容一经查实,将在全校公布,并按有关规定处理。

6.提出异议的书面材料应包括论文题目、作者姓名、异议内容、支持异议的具体证据或科学依据,以及提起异议者的真实姓名、工作单位、联系地址、联系电话等。不符合上述规定的异议不予受理。负责受理异议的单位或组织对提出异议的单位或个人予以保密。

四、奖励办法

1.对评出的优秀博士学位论文的作者,将颁发荣誉证书,并奖励人民币 2000 元。

2.福建省和全国每年的优秀博士学位论文评选的候选论文,均从本校评出的优秀博士学位论文中推荐。

3.获得全国优秀博士学位论文奖的论文,将对论文指导教师给予适当奖励。

以上办法自 1999 年 9 月 1 日起试行。

本办法由校学位评定委员会负责解释。

——本文摘录自《关于印发〈厦门大学优秀博士学位论文奖评选和奖励试行办法〉的通知》,厦大研[1999]2 号,档号 1999-XZ28-1

厦门大学选聘博士生指导教师工作实施细则(试行)

(1999年7月12日)

根据国务院学位委员会学位[1995]20号文件《关于改革博士生指导教师审核办法的通知》精神和学位[1999]9号文件《关于进一步下放博士生指导教师审批权的通知》精神及其附件《关于选聘博士生指导教师工作的几点原则意见》,经校学位评定委员会研究决定,制定我校选聘博士指导教师工作实施细则。

一、选聘博士生指导教师的基本原则

博士生指导教师是指导、培养博士生的重要工作岗位。选聘博士生指导老师必须坚持以下基本原则:

1.有利于学科建设和调整学科结构,有利于发挥指导集体的作用,有利于培养国家经济建设、科技进步和社会发展所需要的高层次创新型专门人才。

2.必须坚持标准,严格要求,保证质量,公正合理。

3.必须充分发挥专家、学者的作用,并在具体工作中严格执行自我约束制度。

二、选聘博士生指导教师工作办法

为了充分发挥同行专家在遴选博士生指导教师工作中的重要作用,在博士生指导教师队伍建设工作中引入竞争机制,并适当简化工作程序,实行博士生指导教师评聘分开的办法。

今后分别进行博士生指导教师的资格评审和上岗聘任工作:通过遴选程序(进行专家通讯评议)确认新增博士生指导教师资格;通过聘任程序在业已确认博士生指导教师资格的范围内,根据当年各博士点和有博士学位授权的一级学科非博士点专业招收博士生的计划和申请人承担的科研项目和科研经费情况、近期的科研成果和获奖情况、近年来培养博士研究生的质量和数量,以及年龄、身体健康状况等等,聘任下一年招生的博士生指导教师。

三、选聘博士生指导教师的条件

遴选和聘任的博士生指导教师必须具备以下条件:

1.热爱研究生教育事业,熟悉国家有关研究生教育的政策法规,能教书育人,为人师表,具有高尚的科学道德,严谨的治学态度,能认真履行导师职责,每年保证有半年以上的时间在国内指导博士生,身体健康情况良好。

2.具有教授(研究员或相当职称)专业技术职务,新选聘的1953年1月1日以后出生的博士生指导教师一般应具有博士学位。

3.申请新增博士生指导教师者应是我校博士学位授予学科、专业范围内(含具有博士学位授予权的一级学科非博士点专业)的在岗教授(研究员或相当职称),并能够真正担负指导博士生的实际工作。

新增列的博士生指导教师年龄一般在55岁以下,应重视有博士学位的年轻教授,学科建设特殊需要的，年龄可适当放宽，但不得超过 60 周岁。

申请聘任的自审博士生指导教师年龄一般不应超过 61 岁(招生至 62 岁止，以便其在 65 岁之前将其纳入招生计划次年所招博士生的培养工作完成)，国务院学位委员会批准的 5 批博士生指导教师根据年龄、身体和工作等情况安排招生计划。

4.有较高的学术造诣和丰富的科研工作经验，学术水平应居国内本学科的前列，能及时掌握本学科的前沿领域及发展趋势，有重要的科研成果(具体指标见附件)。

5.所从事的研究方向有重要的理论意义或实际应用价值，正在承担国家或省部级科研项目或其他有重要价值的项目，有较充足的科研经费工具体指标见附件)。

6.已完整培养过一届硕士研究生，或参加过博士生指导小组工作完整地协助培养过一届博士生，培养质量较好，能承担研究生的教学任务。

7.作为人才引进的其他院校的博士生指导教师如拟在我校招收博士研究生，其所在专业点须为博士点或有博士学位授权的一级学科非博士点专业，并须经分委员会提出，经校学位评定委员会确认，方承认其博士生指导教师资格，纳入聘任程序。

8.凡在我校申请兼职博导的，必须是我校的兼职教授，并对我校相应学科建设及博士生培养有重大支持。

四、新增博士生指导教师的遴选程序

1.资格审查

申请人可向所在学科学位评定分委员会提出申请，填报《准备新担任博士生指导教师简况表》及附录(一式十份)，并附送代表性成果三件(包括这些成果的学术评价、鉴定材料及使用部门意见的复印件，每件一式三份)以及有关科研课题立项通知书和获奖证书复印件(一式三份)交申请学科学位评定分委员会，由分委员会责成申请人所在院(系、所)组织审核并将每位申请人的《准备新担任博士生指导教师简况表》及附录在其所在院(系、所)内公布一星期后，连同其他材料交申请人所在学科学位评定分委员会。

凡通过有关院(系、所)审核的申请人，应向学位评定分委员会报告本人近 5 年来取得的主要科研成果，当前从事的科研工作(项目、经费和重要性等)和培养研究生等方面的情况，并回答分委员会委员提出的问题。

学位评定分委员会根据选聘博士生指导教师的条件对申请人资格进行审查，并采取无记名投票的方式进行表决，获得分委员会委员半数同意者方为通过。分委员会应从通过审查的申请人中，根据学科建设实际需要和校学位评定委员会限定的名额，择优向校学位评定委员会推荐候选人。

学位评定分委员会针对其审查通过并向校学位评定委员会推荐的候选人的学科、专业领域(限于二级学科)，向校学位评定委员会至少推荐 5 位校外有指导博士生经验且学风端正、治学严谨的同行专家，供校学位评定委员会选聘作为进行通讯评议的专家，校外同行专家推荐名单应保密。

2.同行专家通讯评议

校学位评定委员会聘请校外同行专家对学位评定分委员会推荐的候选人的学术水平及指导博士生的能力进行全面评议，专家人数应不少于 3 人。

3.校学位评定委员会审定

校学位评定委员会对各分委员会推荐的申请人名单逐个进行审查，并根据校外同行专家通讯评议的结果，采取无记名投票方式进行表决，就申请者是否具有指导博士生的资格做出决议，获出席会议 2/3 以上(含 2/3)委员同意者为通过。

4.征询意见

凡经校学位评定委员会表决通过确定博士生指导教师资格的申请人名单由研究生院学位与学科建设处在校内公布，征询意见。自名单公布之日起，一个月内无异议者，由校学位评定委员会批准，正式确认其博士生指导教师资格。

5.校学位评定委员会为终审机构，对未通过博士生指导教师资格审定的申请者，一般不进行复议。

五、聘任博士生指导教师的程序

1.已具有博士生指导教师资格者可向所在学科学位评定分委员会提出申请，并填报《招收培养博士学位研究生计划表》。

2.所在学科学位评定分委员会对申请招生的指导教师工作条件和能力进行综合评议，并根据本学科的招生计划和申请人的条件进行初选，将推荐名单报送研究生院。

3.研究生院根据本实施细则附件规定的条件进行形式审查及复核，并由校学位评定委员会主席主持审定当年聘任的博士生指导教师名单，研究生招生办公室据以编制招生目录，纳入招生计划。

4.已经纳人聘任名单并列入招生计划，但计划年度未能招生者，列人未上岗名单，不享受博士生导师待遇。聘任并已上岗者如遇无在学博士生的情况(原有博士生毕业生未招收新生)即为自行下岗，同样不能享受博士生指导教师待遇。所指导的博士生有经批准延长学习期间者，导师仍列在聘任名单内，但因该博士生延期毕业而发生的有关费用均由其导师支付。凡3年未能上岗或5年内上岗不合格者(未能培养出1名博士)，其聘任资格自动取消，不再纳入聘任计划。如拟继续招生，则需重要申报参加新增博士生指导教师遴选，并经评审通过，重新获得博士生指导教师资格后方可纳入聘任程序。

5.凡具备下述条件之一的博士生指导教师，可从具备条件当年算起，连续4年直接纳人招生计划：(1)其培养的博士生获国家百篇优秀博士学位论文奖；(2)其培养的博士生在学期间或毕业后两年内获国家级科研奖(排序前三名，含国家社科奖)；(3)本人学术成果获国家级二等以上奖励(排序前两名，含国家社科奖)；(4)总理基金获得者；(5)国家“百千万人才”人选者；(6)教育部“跨世纪人才”人选者；(7)获得特聘教授资格；(8)评为“长江”学者。

六、质量保证和约束机制

遴选和聘任博士生指导教师必须坚持公平、公正和公开的原则，坚持标准，宁缺毋滥。为此，应健全质量保证和约束机制。

1.如实填报有关材料

申请人必须正确对待遴选和聘任工作，务必实事求是地填报有关材料，申请人所在院(系、所)和学科学位评定分委员会必须认真审核有关材料和数据。

2.妥善推荐同行专家评议名单

同行专家评议是保证遴选质量的关键环节，各分委员会应审慎对待，推荐学术水准高，坚持原则，作风正派，治学严谨的相同或相近领域的专家。同时，应注意回避原则。

3.实行回避制度

凡申请作为博士生指导教师的人员，不得参与涉及本人及与本人同批申报的其他申请人的评议或审批工作和有关的组织领导工作。学位评定委员会和分委员会成员要自觉遵守回避制度，不得参与对自己或亲属的有关评议或审批工作。

4.受理异议

校学位评定委员会应受理个人或组织对选聘博士生指导教师工作过程或结果提出的异议，校学位评定委员会正副主席应通过集体讨论，对有关异议调查核实的结果作出合理仲裁。对因学术问题提出的异议，可根据情况采取扩大同行评议范围或组织专家小组审查的方式进行认定。

5.纪律约束

学位评定委员会和分委员会委员必须从学校发展和学科建设的大局出发，坚持原则，出以公心，认真负责，坚决遏止不正之风。申请者不得以任何方式向有关评审人员施加影响。

七、时间安排

遴选新增博士生指导教师工作每两年一次，结合新增博士点启动工作进行。
聘任博士生指导教师工作于每年 9 月开始，11 月结束。

八、附则

本实施细则自发布之日起施行。本实施细则由校学位评定委员会负责解释。
附：厦门大学遴选新增及聘任博士生指导教师科研工作具体指标

厦门大学学位评定委员会

1999 年 7 月 12 日

附件 1：

厦门大学遴选新增博士生指导教师科研工作具体指标

学科类别		科研工作具体指标
理科	基础研究	1.申请人在 SCI、EI 刊物上近 5 年来至少发表论文 3 篇； 2.曾获省部级以上科技奖； 3.近 3 年至少主持一项国家级或省部级科技项目，近 3 年纵向科研经费至少 5 万元/人年均。
	应用研究	1.申请人近 5 年来在国内外权威、核心刊物上至少发表论文 3 篇； 2.曾获省部级以上科技奖； 3.近 3 年至少主持一项国家级或省部级科技项目或较高科技水平的横向科研项目，近 3 年科研经费至少 10 万元/人年均；或近 5 年来主持已完成或目前正在主持一项经费在 50 万元以上（纵向）或 100 万元以上（横向）的有较高水平的应用开发项目。
文科		1.申请人近 5 年来在国内外权威刊物上至少发表论文 3 篇或出版高水平学术专著 2 部； 2.曾获省部级以上科研成果奖； 3.近 3 年来至少主持一项国家级或省部级科研项目；近 3 年来科研经费至少 1 万元/人年均；或近 5 年来主持已完成或目前正在主持一项经费在 20 万元以上（纵向）或 40 万元以上（横向）的有较高水平的应用开发项目。

——本文摘录自《厦门大学研究生学位管理文件汇编（2002）》，档号 2019-XZ28-008

厦门大学计算机辅助教学课件(CAI)开发、立项管理试行办法

(1999年9月13日)

为提高我校计算机辅助教学(CAI)课件开发的水平,规范CAI课件开发、立项管理,特制定了《厦门大学计算机辅助教学(CAI)课件开发、立项管理试行办法》,今后我校的CAI课件开发、立项工作将依据《试行办法》进行。

一、CAI课件项目管理的程序

申请(可行)→立项→课件开发→中期检查→课件开发→验收(合格)→使用、推广

1.CAI课件申请、立项

CAI课件立项每学年审定一次,每学年初(9月初)校内各单位可向教务处申请立项,教务处组织审核,批准立项。

2.课件开发

项目申请人可自行开发课件,也可与CAI课件开发室合作开发课件。一般情况下,课件开发周期在一学年以内。如课件内容较广或者比较复杂,也应有阶段性的成果。

3.中期检查

第一学期末(12月份)教务处对课件项目进行中期检查。

4.验收

每学期末(5～6月)教务处组织院(系)对该学年度的项目进行验收。凡未完成进度或验收不合格者将提出批评并限期整改,凡整改期限后仍不合格者将中止其项目,甚至回收经费。验收合格者应即投入使用。

验收内容:

(1)完整的课件。

(2)所开发课件的内容、结构、运行平台、特点等情况的说明。

(3)课件试用情况。面向学生开发的课件应提供3名以上学生试用情况,面向教师开发的应提供专业教师试用情况。

(4)经费使用情况。

二、CAI课件立项经费

一般课件项目经费为3000元,技术含量高、受益面广的课件可适当增加经费1～2千元,属重大项目者可另外提交报告。经费由课件组负责人负责管理。该经费一般不用于购买设备,其主要用于支付材料费及使用全校CAI课件开发室设备的机时费(标准另行制订)。有条件的课件组也可独立承担课件开发。

三、学校为 CAI 课件提供的开发条件

学校在网络管理中心建立全校 CAI 课件开发室,学校集中投资建立 CAI 课件开发系统,每年投入一定的设备维护费,不投入运行费。该室向全校承担 CAI 项目的教师有偿开放,承担设备的维护、管理,提供课件开发的技术咨询等任务,该室其他单位合作开发课件或独立申请课件项目。

四、配套政策

1.教师从事 CAI 课件开发,给予工作量补贴,具体标准由院长(或系主任)视实际情况酌情决定。

2.每两年在校内举行 CAI 课件评优,优秀课件可作为教学成果,参评职称、奖励等。

附:厦门大学 CAI 课件立项申请表

厦门大学 CAI 课件立项中期检查表

厦门大学 CAI 课件验收表

(附件略——编者)

——本文摘录自《关于印发〈厦门大学计算机辅助教学(CAI)课件开发、立项管理试行办法〉的通知》,厦大教[1999]33 号,档号 1999-XZ12-2

厦门大学科研编制占用费的试行办法

(1999 年 9 月 20 日)

为了合理配置科研资源,用活用好我校有限的科研编制,规范科研编制的聘任,决定收取科研编制占有费。

收费与缴费

第一条　科研编制占用费收费分院(系)进行,各院(系)根据本规定和本单位的实际情况制订具体收费标准,提出收费实施方案,经学校领导批准,由财务处协助将应收费用转入专设的帐户。从各院(系)收缴的经费仍分别全额返还给各院(系)支配,用于科研投入。

第二条　收费以学年为时间单位,各院(系)在当年聘任工作结束后(一般为每年 9～10 月)办理收费。收费工作与科研用房租金收费(具体办法另文规定)同时进行。

第三条　科研编制占用费的收缴单位为课题组,财务处从课题组负责人的科研账户中转扣该课题组应缴款的总额。课题组缴费为本组内所有教师应缴数的总和。

收费标准

第四条　各院系可根据具体情况在下述范围内制订具体的收费标准:

(1)一个全额科研编制占用费为:理工科 1000～4000 元/年,文科另定。

(2)国家重点实验室和教育部开放实验室在上述标准基础上减半。

(3)院士免缴科研编制占用费。

第五条　每个教师占用科研编制应缴费的份额为 100%减去教学工作量和其他工作量之和的差,收费金额为上述应收费份额乘以一个全额科研编制应缴费标准金额。教学工作量和其他工作量以经各部门核对的学年聘任表为准。

其　他

第六条　各院(系)在收取上述费用后,原则上应停止从科研经费中扣转各种公共基金(如图书资料、后勤管理等)。

第七条　因科研需要欲在本系科研编制以外聘任科研人员的,可以向科研处申请使用机动科研编制,编制费的收费额度另行规定,所收费用进入校内自选课题基金。

附　则

第八条　本办法由科研处解释。

第九条　本办法自 1999—2000 学年开始在化学化工学院和生物系试行。

——本文摘录自《关于印发〈厦门大学科研编制占用费的试行办法〉的通知》，厦大科[1999]71 号，档号 1999-XZ13-1

厦门大学学生证、学生校徽管理规定

(1999 年 11 月 5 日)

学生证、校徽是学生在校期间身份的证明和标志,每个学生都应当倍加爱护、妥善保管。为了加强我校学生证和校徽的管理,维护学生证、校徽使用的严肃性,特制定本规定。

1.各院(系)应指定专人负责学生证、校徽的管理工作。主要内容是:(1)定期向学生处思想教育科领取空白学生证及学生证遗失补发申请表。学生证遗失补发申请表一式二份,院(系)与学生处各存一份。(2)负责填写证件内容、初审(含收缴补办证件费用、登报费等)及制成学生证、校徽的发放工作。

2.各院(系)应在每年新生入学后,及时向学生处报送新生入学时填写的《厦门大学学生卡片》,并派人将完成初审的学生证统一送到学生处教育管理科办理审核、"假期火车票减价优待凭证"等盖章手续,再到学校办公室办理盖钢印手续。

3.每学期开学前,由学生持学生证到各院(系)指定地点办理注册手续,在注册栏加盖院(系)主任印章或注册章后,学生证在本学期方为有效。

4.凡家庭居住地不在厦门市,假期需乘火车回家的学生,其学生证上的"假期火车票减价优待凭证"应按铁路部门规定,选择离家最近的火车站填写,确定后不得改动。如家庭地址变迁需改动的,应持迁入地公安派出所的证明、父母调入单位的证明和院(系)的证明,到学生处教育管理科办理更改手续。

5.学生证、校徽如有遗失,应及时挂失补办。遗失学生证每月补发一次,程序如下:(1)学生遗失学生证后,应及时向各院(系)负责教师申报补办,并交一寸证件照一张、登报费 5 元、补办费 5 元,补办申请书一份。(2)每月 5—10 日为办理补发遗失学生证手续时间。各院系指定的负责人携初审后的证件、遗失补发申请表、登报费、补办费到学生处教育管理科办理有关手续,下个月 5—10 日领取制成的学生证。该月为登报挂失期。假期月份不办理补发手续。(3)补发的学生证应由所在院(系)补办注册手续后再发给学生。如再次遗失的,加收赔款 10 元,第三次遗失,不予补发。

6.学生证属于身份证明,证件内容不得自行涂改。如有差错,经所在院(系)审核并出具证明,到学生处办理更改手续。凡弄虚作假擅自涂改的,一经发现,其学生证作废,并视情节给予相应纪律处分。

7.学生证不得作为抵押品。学生因毕业、退学、开除等原因离校时,应由各院系负责收回学生证、校徽。遗失学生证应补交 5 元,遗失校徽补交 2 元。

8.学生证、校徽不得伪造、转借他人使用及冒他人名义申请补发,违者视情节轻重采取取消购买火车优待票资格、通报批评等处理措施,或给予纪律处分。

——本文摘录自《关于印发〈厦门大学学生证、学生校徽管理规定〉的通知》,厦大学[1999]16 号,档号 1999-XZ11-1

厦大科研事业 50 年回顾与展望

（1999 年 11 月 25 日）

厦门大学地处我国东南沿海，鹭岛之滨，是由爱国华侨领袖陈嘉庚先生于 1921 年创办的。1952 年，在全国院系调整中，厦大被确定为综合性大学，1962 年被列为国家重点大学。十一届三中全会以来，学校的各项事业蓬勃发展，教育质量和科研水平显著提高。

经过半个世纪的建设和发展，厦门大学现已成为一所包括人文科学、自然科学、技术科学、管理科学、艺术教育科学、医学科学等学科门类较齐全的重点综合性大学。学校设有经济学院、人文学院、外文学院、法学院、管理学院、艺术教育学院、化学化工学院、计算机与信息工程学院、物理与机电工程学院、海洋环境学院、医学院、海外教育学院、成人教育学院及高等职业技术学院等 14 个学院，其中包括 27 个系、62 个本科专业、73 个硕士学科点、25 个博士学科点（2 个一级学科博士点）、6 个博士后流动站、8 个“211 工程”重点建设学科及 7 个国家级重点学科。并拥有一支素质较高、结构较合理的师资队伍，荟萃着众多的国内外著名专家学者，现有教学科研人员 1400 人左右，教授、副教授近 800 人，其中中科院院士 6 人，国务院学科评议组成员 4 人，博士生导师 130 人，国家级有突出贡献的专家 11 人。学校形成了一个从培养学士、硕士到博士的完整的人才培养体系，并设有博士后流动站，是我国较早设立研究生院的高校之一。目前，学校有在校生万余人，其中博士、硕士研究生 1800 多人，外国留学生 280 多人，台港澳地区学生 180 多人。

科学研究是体现高校综合实力的重要指标。建国 50 年来厦门大学的科学研究取得辉煌成绩。仅 1978 年至今，厦大承担各类自然科学研究项目超过 2300 项，科研经费逐年增加，“九五”头两年，科研经费年均数为 1682.5 万元，约为“八五”年均 966.6 万元的 1.74 倍，“七五”年均 369 万元的 4.6 倍。460 项自然科学研究成果通过专家评审、鉴定，300 多项科研成果获得国家及部省级奖励，其中国家自然科学奖 9 项，国家发明奖 3 项，国家科技进步奖 4 项，教育部科技进步奖 58 项，持有国家专利 96 项，发表学术论文超过 9700 篇，其中被 SCI、EI、ISTP 等著名国际文献收录系统收录的论文逐年增加，譬如 1998 年就有 139 篇论文被 SCI 收录，居全国高校第 12 位。

1978 年以来，厦门大学承担各类社会科学研究项目大约 1000 项，科研经费超过 500 万元，500 多项科研成果获各级政府奖励，出版各类著作超过 1000 部，发表论文超过 13000 篇。厦门大学在基础研究方面具有较强的优势。在过去的半个世纪里，厦大学者提出了许多新学说、新理论和新观点，对推动学科建设和发展做出了重要的贡献。人文社会科学方面，1979 年初，经济研究所胡培兆与谢佑权教授率先提出“社会主义经济是建立在公有制基础上的有计划的商品经济”的理论主张，完成了理论上的一次飞跃，获得了孙治方经济科学奖。钱伯海教授创造性地提出了国民经济核算的“钱氏定理”，创立了国民经济综合平衡学。70 年代末起，葛家澍教授相继提出并完善了“资金运动论”和“信息系统论”，成为国内会计学界的主流学说。80 年代，余绪缨教授首先在国际上提出了包括微观管理会计、宏观管理会计以及国际管理会计在内的“广义管理会计”体系，引起国际会计学界的瞩目。80 年代初，吴宣恭教授较早提出了全民所有制内部实行所有权权能分离的理论主张，这些理论主张对当前的国有企业改革仍然具有借鉴意义。

自然科学方面，1985 年以来，厦门大学在物理化学、分析化学、原子簇化学、半导体物理与半导体器件物理、理论物理、寄生动物学、植物学、海洋化学、海洋生物学等学科领域承担了 40 多项国家攀登计划项目、国家自然科学基金重大项目和重点项目的研究任务，取得了一批跃居国际先进水平的科学研究成果：以蔡启瑞院士为学科带头人的催化化学研究队伍，早在60年代初就分别主持或参加了国家十年科学规划“国重29”和“国重27”两个项目的研究任务，80年代前期其主攻方向“催化与固氮”是联合国教科文组织在中国高校中资助的4个重大科学研究项目之一，该项目的执行表明厦门大学在这一学科领域中的国际地位。“八五”期间，该研究队伍在甲烷和低碳烷烃临氧定向转化等方面的研究取得了重大进展，研究出具有我国特色的新催化剂体系，得到国际催化学界的高度评价；以田昭武院士为带头人的电化学研究队伍在“六五”期间通过执行“电极过程动力学研究”项目，在多孔电极极化理论、半导体电极光电理论、自催化电极过程理论、交流阻抗理论分析等方面提出了许多新概念与新见解，他们所建立的新研究方法均居于国际领先水平，得到国内外同行的肯定。90年代以来，他们通过执行“原位表面拉曼光谱研究”等国家自然科学基金重点项目，开拓了许多新的研究领域，引起了国际同行的关注；以张乾二院士为带头人的量子化学与结构化学研究队伍，80年代就在国际上首次建立了一种新型的多电子体系波函数，为解决化学中多粒子问题提供了创造性的有效方法。90年代以来，他们在化学键理论的价键法研究、固体表面化学键的研究等方面取得了突破性进展，如提出一种对称群表示矩阵元计算新方法、提出并建立了价键理论的对不变式方法等，引起国内外同行的关注；以唐崇惕院士及已故唐仲璋院士为带头人的寄生动物学研究队伍，对我国各类吸虫、绦虫、线虫的病原生物学与流行病学进行了卓有成效的研究，为各种寄生虫病的防治提供了科学依据与措施，其中有3项研究成果获得国家自然科学奖。

在推动经济发展、为经济建设服务中，厦门大学发挥了基础研究的优势，厚积而薄发，取得了可喜的成绩。“国家分配论”的代表人物邓子基教授针对我国财政税收以及国有资产管理提出了一系列具有重要参考价值的观点，对实践产生了积极的指导作用。陈安教授等对《华盛顿公约》与“解决投资争端国际中心”以及《汉城公约》与“多边投资担保机构”进行了卓有成效的研究，为我国参加这些公约或组织提供了重要参考意见。林鹏教授等研究人员对我国热带海岸珍贵红树资源进行了长期全面调查，统一了全国红树种类范围，揭示了我国各纬度地带红树林生态系统物流、能流的规律，丰富了湿地生态学理论，对拯救和发展我国濒危红树林资源及持续利用起了重要作用。通过研究，他们提出了一整套红树植物的引种驯化、扩种栽培技术，指导建立了我国3个红树林保护区，对海岸保护、水产资源繁殖和生态环境保护起了重要作用，产生了显著的社会效益、环境效益与经济效益。苯乙烯是一种重要的大吨位化工产品，厦门大学化学系从1975年就开始从事有关产品的研究与开发工作，迄今先后开发了6种型号的催化剂，在全国20多家企业中推广使用，产生了巨大的经济效益，仅以吉林化学工业股份有限公司为例，1985—1995年间通过使用XH系列苯乙氢烯催化剂就新增产值7.6亿，新增利税3.1亿。厦门大学物理化学研究所也成功地解决了厦门市在民用燃气管网系统改造和燃气源转换过程中遇到的关键性难题，其直接与间接产生的经济效益超过亿元，并且为厦门市建设环保城市做出了积极贡献。

以“211工程”建设为契机，明确发展方向，加强重点建设。学校现已确立物理化学与应用化学、海洋资源与环境、现代动植物生物学、信息光电子材料与信息技术、经济理论与管理、东南亚问题与台湾问题研究、高等教育学、国际经济法及台港澳法等8大学科群为重点突破方向与目标的优先行动计划，集中力量，重点支持。

科研基地建设是高校科研团队实力的重要体现。目前，全校设有46个研究院、所、室，其中厦门大学固体表面物理化学国家重点实验室因其工作成绩卓著，在1995年被授予“先进集体”，并荣获最高荣誉奖——“金牛奖”，该实验室也是1995—1998年间我国发表论文最多、论文被引用次数频次最高的10个国家重点实验室之一。厦门大学的3个教育部开放研究实验室，即海洋生态环境实验室、材料和生命过程分析化学实验室以及肿瘤细胞工程实验也都于1998年顺利通过教育部的评估，她们在各自的研究领域中都取得了丰硕成果。基地的建设既提高了学校的科研水平，也促进了学科建设和高层次创新人才的培养。

人才是厦门大学最宝贵的资源，富有创造性的年青的科技人员为厦大跨世纪的发展奠定了坚实的基础。现在，学校既有一批学术造诣精深、为我国科学事业做出重要贡献的老一辈专家，如蔡启瑞、田昭武、张乾二、黄本立、唐崇惕、万惠霖等中科院院士，与邓子基、张亦春、钱伯海、葛家澍、余绪缨、胡培兆、吴宣恭、韩国磐、潘懋元、陈安、汪澎白等专家，也有一批年富力强、潜力巨大的新一代学者，如洪华生、郑兰荪、田中群、孙世刚、黄培强、林昌健、陈金灿、商少平、杨勇、王小如等，如曾华群、陈甬军、曲晓辉、廖益新、杨斌、曾五一、陈支平、王光远、徐崇利等。特别是进入 90 年代后，厦门大学加大了对中青年教师的培养力度，采取各种措施壮大科研队伍的新生力量，先后遴选了 300 多名中青年教师，纳入厦门大学中青年学术骨干培养计划，取得了显著成就。迄今，厦门大学已有 3 人入选国家跨世纪百千万工程，7 人获得国家杰出青年科学基金资助，10 人入选教育部跨世纪人才培养计划。目前，在学校承担的重大研究项目中，45 岁以下的中青年教师已经占据半壁江山。教师平均年龄为 42 岁，45 岁以下的中青年教师占教师总数的 62%。

学术活动，特别是国际学术活动为厦大增添了浓厚的学术氛围，也提高了厦大的国际学术地位。1980 年以来，厦门大学举办社会科学类国际学术会议约 30 次，教师出国(境)参加学术活动超过 1000 人次，邀请国(境)外学者超过 500 人次。自然科学方面，1990 年以来，出境参加学术活动超 1300 人次，邀请境外学者来校进行学术交流超过 2000 人次，每年均承办多次全国性或国际性学术会议。特别是在 1995 年 7 月，厦门大学承办了第 19 届国际统计物理会议，这是亚洲第二次也是我国首次主办这一重要的国际统计物理会议。同年 8 月，厦门大学还与厦门市联合主办了国际电化学(ISE)第 46 届年会，这同样也是亚洲第二次、我国首次主办此类国际电化学会议，这无疑确立了厦门大学在该领域研究中的国际地位。

随着社会主义市场经济体制的确立与完善，随着科教兴国战略的确立与落实，科学研究事业已获得了前所未有的历史性机遇，厦门大学必然会抓住机遇，在科学研究的漫漫征途上取得更加辉煌的成就，以描绘出“到 21 世纪初，把厦门大学建成为国内一流，在国际上有较大影响的社会主义综合性大学”的宏伟蓝图。

——本文摘录自《厦门大学报》，1999 年 11 月 25 日第 408 期

改革开放以来厦大人文社科研究概况

(1999 年 11 月 25 日)

十一届三中全会以来,我校人文社会科学研究坚持党的基本理论和基本路线为指导,坚持理论联系实际的作风,服务于党和政府的决策,服务于两个文明建设,服务于高等教育改革开放,科研水平迅速提高,社会影响不断扩大,为我国经济和社会发展做出了应有的贡献。

据统计,我校文科教师自 1986 年到 1998 年,共承担了国家人文社会科学规划课题 126 项,国家自然科学基金 27 项,教育部人文社科规划课题 229 项,福建省人文社科规划课题 186 项,福建省教委基金课题 133 项。出版各类著作 1000 部,发表论文 13000 多篇,获各级政府科研奖励 500 余项。

回顾我校人文社会科学研究 20 年来走过的路程,成绩主要体现在以下几方面:

一、科研工作转向经济建设和社会发展主战场,研究解决改革发展中重大问题。1979 年 4 月,胡培兆、谢佑权两教授在我国经济论坛第一次明确提出"社会主义经济是建立在公有制基础上的有计划的商品经济"的主张,突破了传统的计划经济思想的束缚,推动了我国经济体制改革。吴宣恭教授运用马克思主义的产权理论对股份公司内部产权关系的特点进行剖析,以此作为探索股份公司运行机制和作用的客观基础。葛家澍教授关于会计对象的"资金运动"观点,关于会计本质的"信息系统论"观点,已成为我国会计学的主流学派。余绪缨教授在我国率先致力于将现代管理与会计融为一体的"现代管理会计"研究,创立了一个比较完整的管理会计理论与方法体系。以邓子基教授为首的研究小组对我国财政理论与财政改革进行了深入的研究,他们提出的一系列新的观点和政策主张,不仅为全国学术界公认是坚持发展了"国家分配论",丰富发展了财政科学,而且为国务院财政部等政府部门所重视和采纳,作为制定政策、措施的依据和参考。曾五一教授的《我国社会总供需平衡测算和分析的理论与方法研究》,系统地总结了一套符合我国国情,既比较科学又比较便于操作的总供需平衡统计理论和方法。陈安教授在对我国加入《华盛顿公约》和"解决投资争端国际中心"的有关问题及中国 MIGA(多边投资担保机构内)的关系进行了深入的研究,取得了重大成果。其专著《MIGA 与中国:多边投资担保机构述评》不仅填补了国内的国际经济法学界在研究领域上的一个重要空白,而且也是国际上研究 MIGA 最深入、阐述最全面透彻的成果之一,从而使我国对 MIGA 的研究由几近空白一跃而跻身于世界先进水平。

二、在深入实践第一线为决策提供咨询服务方面取得重大成果,获得了较高的经济效益和社会效益,受到上级有关单位的好评。钱伯海教授、黄良文教授、翁礼馨教授从 70 年代起就为建立我国新的国民经济核算体系进行开创性的研究。钱伯海教授建立的国民经济核算的平衡原则被国家统计局用来制定《中国国民经济核算体系》方案。厦大台湾研究所在国内外都有较大的影响,该所积极为祖国统一大业服务,他们的研究成果得到中央和有关部门的重视,中央领导同志曾给予他们很高的评价,称台湾所"为决策提供了参考"。南洋研究院以韩振华教授为首的研究小组对南海诸岛主权问题进行长期而富有成效的研究,他们的研究成果受到外交部的表扬,被称为"为我国的外交斗争做出了贡献"。此外,李金明研究员、陈甬军教授、李文溥教授的研究成果也受到中央及有关部门的重视和好评。

据了解,我校教师这两年为国家计委、国务院发展研究中心、国家体改委等单位提供了多份决策性意见,对国有企业改革、经济增长方式转变、国家投资、金融自由化与风险回避等问题提出具有重要参考价值的建议。

三、基础研究扎实发展,水平稳步提高,为有中国特色社会主义文化建设做出贡献。高校文科教师担负着承传文化的责任。我校近 10 年来在应用研究取得了重大进展的同时,在基础研究方面也取得了重大进展，共有近 320 部(篇)论著获得过教育部(原国家教委)人文社科优秀成果奖和福建省社科优秀成果奖，在学术界和社会上产生了较大的影响。

四、国内国际学术交流日益活跃，改革开放推动了我校人文社科研究走出国门，积极参与国际学术交流。现在每年出国(境)出席各种学术会议和学术活动的人员十分频繁，仅 1998 年短期出国(境)参加各种学术活动的人员已达到近百人(次)，与改革开放之初每年仅有几个人出国(境)参加学术活动相比，发展迅速！我校还多次承办国际或地区学术会议，邀请境外知名学者、教授来校作学术报告。

五、我校人文社科研究事业人才辈出，一批中青年学术骨干迅速成长，并在各学科领域崭露头角。有 1 位教师入选教育文科跨世纪百千万人才培养工程，有 5 位教师入选教育部文科跨世纪人才培养计划。45 岁左右或以下的中青年教师在承担国家社科基金课题的人员中占 44.4%，在承担国家自然科学基金项目的人员中占 40.74%，在承担教育部规划课题的人员中占 45%，在福建省规划课题占 42.47%，前三项比例又分别提高到 65%、58%和 62%。在教育部两次社科优秀成果评奖中，我校共获得 28 项，中青年教师占 14 人(次)，在福建省第二、三届优秀成果评奖中，我校共获 231.5 项，中青年教师占 230 人(次)。

——本文摘录自《厦门大学报》，1999 年 11 月 25 日第 408 期

厦门大学“优秀三好学生”、“三好学生”及“优秀学生干部”评选办法

（1999年11月30日）

为表彰先进，促进校风及学风建设，培养德、智、体全面发展的优秀人才，根据教育部《普通高等学校学生管理规定》，结合我校实际情况，制定“优秀三好学生”“三好学生”及“优秀学生干部”评选办法：

一、评选对象：全校在学的二年级以上本、专科生。

二、评选名额：

三好学生：占可评本、专科生数的8%；

优秀三好学生：占可评本、专科生数的2%；

优秀学生干部：占可评本、专科生数的2%。

三、评选时间：

每年三月份评选上年度的先进个人。

四、评选条件：

（一）凡先进个人均应具备以下条件：

1.热爱祖国，有正确的政治立场、观点和态度，拥护党的基本路线，具有良好的品行修养和高尚的道德情操。

2.认真学习马克思列宁主义、毛泽东思想和邓小平理论，积极参加形势政策教育和学习，马克思主义理论课和思想品德课成绩应在70分以上。

马克思主义理论课包括：毛泽东思想概论；邓小平理论概论；马克思主义政治经济学原理；马克思主义哲学原理；当代世界经济与政治。

思想品德课包括：法律基础；大学生成才修养。

3.遵纪守法，模范执行《高等学校学生行为准则》和学校各项规章制度。

4.学习目的明确，态度端正，有较强的分析问题和解决问题的能力，学习成绩优良。

5.积极参加体育锻炼和文娱活动，有健康的身体素质、良好的卫生习惯和心理素质，达到或接近《大学生体育合格标准》和《国家体育锻炼标准》。

6、积极参加社会实践、文化科技活动和学校各项义务劳动，集体观念强。

（二）优秀三好学生还应当具备：

1.在学习、生活和各项活动中能起先锋模范作用，表现突出。

2.学习成绩优秀（至少应有3/4课程成绩在80分以上，其余在及格以上；或总成绩在可比的学生中名列前茅）。

（三）三好学生还应当具备：

学习成绩优良（至少应有1/2课程成绩在80分以上，其余在及格以上；或总成绩在可比的学生中居前1/3）。

（四）优秀学生干部还应当具备：

1.担任班委、团支书以上职务，任职时间在一年以上的学生干部。

2.学习成绩优良（至少应有1/3课程成绩在80分以上，其余在及格以上；或总成绩在可比的学生中

居前1/2)。

3.有较强的组织、领导和协调能力,主动承担社会工作,热心为同学服务,廉洁自律,工作实绩突出,群众基础好。

五、评选办法:

(一)学校成立评审领导小组,由学校分管领导、学生工作处、宣传部、教务处、校团委的负责人组成,负责全校的评审指导工作。

各院(系)应成立由分管学生思想政治工作的党总支副书记、副院长、副系主任、分团委书记并吸收部分师生代表组成的评审小组,负责本院(系)先进学生个人的初评。

(二)各院(系)应在学生综合考核和鉴定的基础上,先评出“三好学生”和“优秀学生干部”人选,并在“三好学生”人选中推荐出“优秀三好学生”人选,报学生工作处,然后由校评审领导小组根据条件评审并确定名单。

各院(系)应严格掌握评选条件,坚持宁缺勿滥的原则,并充分发扬民主。先进个人候选人的提名须经其所在班级充分酝酿,通过民主评选产生。初评结果应以适当方式公布,征求意见。

六、奖励办法:

(一)获得“优秀三好学生”“三好学生”及“优秀学生干部”称号的名单将在校庆期间公布表彰,并发给荣誉证书。先进材料装入学生个人档案,并作为学生品学考核的重要依据。

(二)先进个人按下列情况分别享受同年度奖学金:

获得“优秀三好学生”称号者,享受一等奖学金;获得“三好学生”或“优秀学生干部”称号者,享受二等奖学金。

七、对弄虚作假或违反规定者,学校将取消其荣誉称号、追回奖学金;情况严重的,将给予纪律处分。

八、本评选办法自公布之日起执行,以前有关规定凡与本办法不符的,以本办法规定为准。

九、本评选办法由学生工作处负责解释。

一九九九年十一月

——本文摘录自《关于印发〈厦门大学“优秀三好学生”、“三好学生”及“优秀学生干部”评选办法〉的通知》,厦大学[1999]19号,档号1999-XZ11-1

“厦门大学新世纪教材大系”出版管理办法

(1999年12月21日)

第一条　为了总结我校教学内容与课程体系改革成果,更新教学内容,学校组织出版“厦门大学新世纪教材大系”。

第二条　教材范围:列入教学计划中的学科基本课程,有特色的选修课。为提高教材质量,优先考虑已立项的“教学内容与课程体系改革”项目教材;旧有版本修订、重编或已有成熟讲义的教材。

第三条　教材申报对象:凡我校从事教学、科研、实验第一线工作的能单独或合作完成教材编写的教师均可申报。学校基于对教材的质量和课程建设连续性的考虑,鼓励本课程的学科带头人、中青年教学、科研骨干申报编写,同时欢迎已退休的著名教授担任主编。

第四条　教材的理论体系与知识体系:必须坚持四项基本原则,能为被教育者提供正确的、科学的世界观和方法论。教材的观点一般是本学科已定论的观点,力求学科知识具有系统性、科学性和先进性。教材适用本科教学。

第五条　教材编写体例与篇幅:严格按照教材体例编写,包括内容简介,概念,知识点,复习思考题等。要求概念清晰、准确,理论简明扼要,阐述深入浅出;篇幅根据课程的时数而定,一般在30万字以下。

第六条　院(系)学术委员会根据第二、三、四、五条的要求负责教材的推荐、审稿工作。对教师申报的教材提出推荐意见,报送教务处;对完稿的教材要填写“教材鉴定书”。

本着编、用结合的原则,院(系)要负责协调教材的选用工作。原则上与本系列教材同类的课程要求使用本系列教材。

第七条　教材编写者要填写出版社编著(译)书籍介绍表。列入出版计划后,编写者要按规定与出版社签订合同并对合同条款承担责任。本着文责自负原则,编写者对教材的观点承担责任。

第八条　根据院(系)的推荐意见,教务处对申报的教材指定专家进行审核,并综合审核意见进行立项。学校负责资助一定额度的教材出版费,成立教材编审委员会,负责出版教材的审定和评奖工作。

——本文摘录自《关于印发〈厦门大学新世纪教材大系出版管理办法〉的通知》,厦大教[1999]50号,档号1999-XZ12-2

厦门大学军事训练课程管理规定

（1999年12月30日）

保卫祖国、抵抗侵略是《中华人民共和国宪法》赋予每一个公民的神圣职责。高等院校的学生在就学期间接受基本军事训练，正是履行这一神圣职责的具体行动。对此，《中华人民共和国兵役法》、《中华人民共和国国防法》都做出了明确的规定。为了维护法律的严肃性，严格履行法律赋予的责任和义务，根据教育部和总参谋部、总政治部等有关部委的文件精神，制定本规定。

一、军事训练课程为大学生的公共必修课，由军事理论教育和军事技能训练两个部分组成。学校采用课堂教学和实践教学相结合的方法组织教学。全部课程共5个学分，其中军事理论课2学分、军事技能训练3学分。每一位学生必须修完全部课程，取得5个学分，方能毕业。

二、学生因故不能到课学习或训练累计达总课时（训练总天数）1/3者，不得参加该课程考试。军事理论课因缺课没有成绩者必须重修，考试不及格者可以补考一次，补考不及格者毕业前可以再补考一次。军事技能训练缓训、未参加考试或考试不及格者，由学校利用假期组织补训。

三、学生因身体等原因不能参加技能训练者，可以申请缓训或免训。因身体原因申请缓训或免训者需由学校医院出具证明。申请缓训或免训由军训办公室会同教务处审批。

四、军事训练课程在主管教学的校长领导下，由军事教研室组织教学、考试和评定成绩。

五、本管理规定由教务处负责解释。

——本文摘录自《关于印发〈厦门大学军事训练课程管理规定〉的通知》，厦大教[1999]51号，档号1999-XZ12-2

厦门大学关于深化体制改革,加强科研工作的决定

(1999 年 12 月 30 日)

21 世纪即将来临,综合国力的竞争日趋激烈,科学技术的进步越来越受到人们关注。为实施“科教兴国”战略,党中央和国务院在全国技术创新大会和教育工作会议上发出了“加强技术创新,发展高科技,实现产业化”和加强素质教育的号召。厦门大学必须抓住时机,迎接挑战,在知识创新、技术创新和管理创新方面为实现国家目标做出贡献,显示“国内一流、国际上有较大影响的社会主义综合大学”的综合实力。

我校科研工作近年来取得了较大的发展:科研总量不断增加;基础研究基地建设成绩显著,人才的引进和培养也处于同类学校的前列,理论研究成果获奖项目多层次高;应用研究已有起色,发展势头良好。但与社会经济发展的需求和兄弟学校的成绩相比,我校科研在一些方面还较落后。主要表现在:学科发展不平衡,工科专业建设和科研发展迟缓,文理结合、理工结合和学科交叉优势发挥不充分;创新能力不足,有些基础研究中的发现、发明和创新苗子较难得到培育;科研资源配置不合理,调整不及时,科研课题和研究力量分散,缺乏争取重大项目的竞争力;应用研究发展滞后,高技术成果储备和成熟程度不够,科技产业未能实现突破。

造成科研工作困难的主要原因是:思想观念落后,科研管理体制不顺,运作机制和科研政策不活,科研投入不足。

为了切实贯彻中共中央、国务院《关于加强技术创新,发展高科技,实现产业化的决定》,全面落实我校体制改革方案,大力推进我校科研工作的改革与发展,为我校跨世纪的科研发展提供体制和机制条件,促进我校科研工作上一个新台阶,现做出如下决定:

一、指导思想

1.以邓小平理论和党的十五大精神为指导,贯彻落实全国教育工作会议和技术创新大会精神,坚持从实际出发,大胆创新,把科研工作与人才培养、学科建设、经济和社会发展紧密结合起来。更新观念,确立科学研究在“国内一流、国际上有较大影响的”大学中的重要地位。学校上下都要充分认识到加强技术创新,加速科技成果转化和高新技术产业化是高校的重要历史使命之一,高度重视发挥高等学校科学研究在知识创新和技术创新、提高管理水平和实行素质教育中的作用,开放办学,开放办科研,全面发挥高校的各种社会功能。

2.我校科研总体要实现“文理工科共同繁荣,应用和基础研究相互促进”的发展格局。进一步加强和推进基础研究发展,加大对理科重点实验室和文科重点基础研究基地的支持力度,集中基础理论研究方面的优秀骨干,创造宽松的环境,提供优惠政策和充分条件,出高水平的研究成果,培养优秀学科带头人。积极鼓励和引导大部分教师从事应用科技研究;下决心采取倾斜政策,重点扶持和发展高新技术研究,积极做好科研成果的转化工作,努力实现高新技术产业化。文科科研要提高参与重大决策的能力和为社会经济发展与改革服务的水平。要从基础与应用两方面提高学校科研的整体实力,增强学校科研的“自我造血”功能。

3.“振兴厦大，争创一流”要以人为本。要及时调整职称政策、创收分成政策和人事管理规定，调动广大教师和科研人员承担大课题、开展科技创新和高新技术产业化的积极性，让一部分教师凭借科技创新先富起来；要开拓多种途径使教师在不同的工作岗位上充分发挥他们的特长，对科研人员的各类科研成果，都要给予承认和鼓励，努力做到人尽其才。

二、奋斗目标

1.建立适应社会主义市场经济体制，符合国家、福建省及厦门市发展需要，遵循科研自身发展规律的有特色的新型科研体制；形成合理有效的运行机制与规章制度，为科研创新创造良好的政策环境。

2.依照“调整结构，分流人才，转变机制”和“开放、流动、竞争、联合”的方针，调整或重组我校的科研机构，并分层次、分类别实行不同的运行管理机制。①基础研究方面：重点支持建设若干有发展前途的重点实验室或文理科重点基础研究基地，实行“开放、流动、竞争、联合”机制，培养高层次、高素质人才，出高水平的学术成果，使其较快地进入世界科学研究前沿。②应用开发研究方面：以精干为原则，组建若干工程技术中心和技术服务咨询机构，走校内外联合、产学研结合的道路，实行“市场导向、技术推动、自主发展、自我约束”机制。③产业化方面：有目标地推动少数有条件、有活力、发展方向和研究内容适合国家和地方经济发展需要的科研机构逐渐走向市场化、企业化，在明晰产权关系和各方责权利基础上，校企分离，所有权与经营权分开，积极探索试行股份制或股份合作制，实行现代企业制度。

3.改革要促进科学事业的发展，我校科研在“十五”期间发展的总体目标是：(1)理工科要新建 1～2 个国家级基础研究基地、2～3 个省部级的重点实验室或工程技术中心和一批有高技术开发实力和成果转化能力的研究中心或开发实体；文科争取 2～3 个研究机构进入国家重点基础研究基地建设计划。全校要在基础理论研究方面出一批国内外有影响的标志性的研究成果。(2)一批具有自主知识产权的科研成果实现产业化。文科科研要提高参与重大决策的能力和为地方经济社会发展服务的水平。(3)引进和培养一大批学术骨干，其中 3～5 人达到院士级水平的学术尖子；培养一批高新技术研发专家和高技术产业的经营人才。(4)“十五”中期(即 2002 年)开始争取科研经费超过 5000 万元，其中约一半来自横向合作。

三、改革措施

1.学校通盘规划研究机构的建立与重组，按大学科方向设立院、所。学校着重抓科研规划、宏观管理和重大项目，抓交叉联合和新的生长点，抓学科建设和研究基地建设；试行学院院长统一领导下的系所职能相对分离的管理体制，系所人员共用，教学和科研编制打通，个人编制类型的划定破除固定化、终身制。研究机构实现开放管理、科研编制实行浮动化。

2.加强科研管理队伍建设，提高管理水平。科研处主要负责抓好全校科研工作的规划、组织、协调与服务工作；研发中心主要负责学校的科研开发、成果转让和产学研合作等有关的科研成果产业化方面的工作。各院系负责科研的领导要切实做好本单位科研工作规划、队伍组织、项目管理和指导科研秘书的工作，各院系要明确一位领导主管科技开发和产业化工作，有条件的可以采用多种体制组织开发队伍和科技实体，使高科技开发和产业化工作落到实处。

3.试行课题组长负责制。课题组由相同或相近研究方向的项目组相互联合组成，由优秀的学术(技术)带头人领导，实现科研人员和资源的优化组合。课题组享有充分自主权，学校对课题组实行整体考核。

4.按照“统筹全局，突出重点”和“基础研究抓特色”的原则，设立重点基础研究基地专项资金，加大对基础研究基地、重点项目和研究人员的支持力度，改善他们的工作条件和生活待遇。

5.应用研究要以产业化为目标，要为国家和地方经济建设作贡献。学校要挑选具有开发前景和良好经济效益的科研项目或成果进行重点扶植;有重点地选择成熟的、有规模效益的高新技术成果,组织队伍实现产业化。在校内选择设定重大研究项目,制订相应鼓励措施,以激励教师组织起来承担大项目。学校办好"福建发展论坛"和将要成立的"厦门经济技术研究开发院",鼓励教师与福建省和厦门市的企事业单位合作,引导教师的研究和服务项目进入"厦门经济技术研究开发院"。

6.大力推进科研成果转化工作。学校已主动介入深圳"虚拟大学园",还将遵循"统筹规划,以人为本,市场推动,扩大开放"的方针,与厦门市合作建好"厦门大学科技园",鼓励校内院系和教师、校外单位和科研工作者"进区进园"创办高科技企业,把蕴藏在学校中、社会上的智力优势转化为产业优势和经济优势。院系创办科技企业的利润的分成部分由院系自己支配。建立激励机制,允许并帮助科研人员到当地企事业单位兼职,鼓励科技人员以科技成果和资金等方式入股,投资兴办高科技企业,学校充分保证技术完成人的权益。学校重点扶持几个有发展前途、有开发前景的项目,争取形成产业规模,创出品牌,并在适当时机组建上市公司。

7.实行开放办学,开放办科研,在开放中求发展。校内研究机构是开放的,包括研究项目和研究人员的开放,即研究所的课题可以聘用所外人员进行,所内人员无研究项目应离开研究所;研究所外的项目可以带人纳入研究所的管理轨道;也可以设立虚拟研究机构。学校将通过各种渠道,大力宣扬我校科研的特色和优势,积极与本市、本省乃至于国内外的大企业、大公司合作,创造条件成立各种体制机动灵活的合作研究中心。注重与国外的科研机构、跨国公司等实行强强合作和国际间的学术交流,学校将在校级科研基金中专设学术交流基金,适当资助举办全国和国际性的学术会议,邀请国内外著名学者来我校讲学。

8.大力培养创新人才,要形成"人尽其才,才尽其用"的良好环境与运行机制。要注重发挥老一辈专家的学科带头人作用,在他们周围逐步形成结构合理的学术群体。要努力培养、大胆启用中青年教师,创造条件让他们在研究集体中唱主角、挑大梁,加快人才的成长;积极吸引国内外优秀的科研、开发和经营人才。同时也要重视发挥各种层次人才的科研潜力。研究生是创新研究的有生力量,各级领导和指导教师要切实负责,从思想和业务上加强指导,学校和院系要想办法提高研究生的生活待遇,可以在项目经费中给参加项目研究的研究生发放补助。大学生课外科技活动和毕业论文、毕业设计环节既是进行素质教育的重要内容,又是发挥大学生聪明才智进行科技创新的机会,要认真组织,精心指导,及时发现成果,发现人才。

四、保障条件

1.拓展多元投资渠道,多方筹措资金,加大科研投入。学校将设专项资金支持国家级重点研究基地的争取和建设,支持科研基础设施(如网络硬件和软件、仪器设备、图书资料和学术刊物)的建设;设立学校统一的科学研究基金,支持人才引进和培养,资助出版学术专著,资助在高水平的刊物上发表学术论文,资助国际国内学术交流,资助有前途的研究项目;通过多种途径筹集科研资金,加强和金融部门的结合,设立科技成果转化和产业化风险投资基金;争取地方财政投入,参与国家、地方的经济建设项目;与企业集团联合科技攻关,加大科技成果转化的力度;大力发展校办高科技产业,实现自我发展。今后几年学校还将选择若干个工科专业花大力气大投入进行重点建设,大幅度改善我校工程科学研究的条件。

2.加大科研奖励力度,实行激励机制。加大对 SCI、EI、ISTP、SSCL、A&HCI 和 ISSHP 收录的学术论文的奖励力度;对各级政府科研奖励表彰的科研成果进行配套奖励;增设专利奖,奖励获得授权的专利的发明人。特设校内科研奖励,重奖创新研究成绩突出、对学校科技成果转化和实现产业化做出重要贡献的集体和个人。专利实施和成果产业化获得效益后的奖励参照国家有关规定执行。

3.制订或调整科研有关的政策规定。简化科研项目经费使用审批程序,提高横向课题研究人员的劳务提成比例,鼓励教师通过各种渠道争取项目经费;职称评审办法要有利于从事各种科研工作的教师都有平等的竞争机会,鼓励和允许科研人员根据自身特点多元发展;制订规章制度,允许教师业余兼职,创办科技型企业,到当地企事业单位兼职。

4.引入竞争机制,实行优胜劣汰。今后学校将择优支持学科建设、支持研究基地和优秀的学术研究骨干。科研处要定期公布各个科研机构的科研项目和科研成绩,形成竞争局面。研究机构的设立要符合基本条件,并必须进行定期考核,实行科研资源(编制、房子和设备等)的有偿使用和与科研任务及成绩挂钩的办法。改进对各类科研人员的考核办法,逐步建立既有动力又有压力的科研成果考核积分体系。

5.制订学校知识产权保护实施细则,建立健全知识产权保护机制。各种职务发明的知识产权归属学校,未经学校许可或授权任何个人不得私自转让或使用以谋取私利。违反规定的要追究有关单位和个人的经济和法律责任。科研项目必须在科研处或研发中心立项,研究经费应该进入学校规定许可的帐户,按照拨款单位和学校的科研经费使用规定使用。

6.加强领导。学校成立厦门大学产学研工作领导小组,协调和指导学校科研和科技成果转化工作。各院(系、所)各研究机构党政主要负责人要加强对本单位本机构科研工作的领导和协调。同时,充分发挥校院(系、所)两级学术委员会对科研工作的决策咨询作用。学校各部门要确立机关工作为教学和科研第一线服务的观念,根据本决定认真研究落实措施。

——本文摘录自《关于印发〈厦门大学深化体制改革,加强科研工作的决定〉的通知》,厦大科[1999]75 号,档号 1999-XZ13-1

厦门大学知识产权保护管理实施细则(试行)

(1999年12月30日)

第一章　总　　则

第一条　为有效地保护学校的知识产权,鼓励广大教职员工和学生发明创造与智力创作的积极性,发挥学校的智力优势,进一步贯彻落实科技部、教育部、人事部、财政部、中国人民银行、国家税务总局、国家工商行政管理局联合制定的《关于促进科技成果转化的若干规定》和教育部第3号令《高等学校知识产权保护管理规定》,促进科技成果产业化,特制定如下实施细则。

第二条　《厦门大学知识产权保护管理实施细则》(以下简称"细则")所称的所属单位是指学校各院、系、所、校机关各部处、校办企业、后勤、附属单位及以厦门大学命名的产学研联合体等一切法人或非法人单位。本细则所称的师生员工是指在学校及其所属单位工作的在编人员、临时聘用人员、博士后在站人员、校办企业聘用的职工,以厦门大学命名的产学研联合体聘用的职工,以及在校学习的研究生、本科生、专科生和进修人员。

第三条　本细则所称的知识产权包括:

1.专利权、商标权;

2.属于商业秘密的技术信息和经营信息;

3.著作权及其邻接权;

4.厦门大学校名、校标和各种服务标记;

5.依照国家法律、法规规定或者依法由合同约定由学校享有或持有的科学技术成果及其他知识产权。

第二章　知识产权归属

第四条　学校的名称,以学校名义申请注册的商标及其他统一使用的标记或标志均为学校的无形资产,包括但不限于"厦门大学"、"Xiamen University"、"厦大"、"Xia Da"以及学校的盾牌型图案等。学校师生员工在使用这些名称、商标及标志时,不得采取欺骗或有损学校形象的方式。学校师生员工有义务维护学校的名誉。

第五条　以"厦门大学"或"厦大"名义设立机构,或签署协议、合同等时,必须经学校授权或学校主管领导的批准。

第六条　执行学校及其所属单位任务,或主要利用学校及所属单位物质条件所完成的发明创造或技术成果是职务发明或职务技术成果。职务发明申请专利的权利属于学校,专利权被依法授予后由学校持有。职务技术成果的使用权、转让权由学校享有。

本细则所称"执行学校及其所属单位任务"完成的发明创造或其他技术成果是指:

1.在本职工作中完成的发明创造及其他技术成果,包括在完成科研计划课题或合同课题时所完成的及在自选课题、自筹经费完成的与本职工作有关的发明或其他技术成果。

2.履行本单位交付的本职工作之外的任务所完成的发明或其他技术成果。

本细则所称"利用学校及其所属单位物质条件"是指利用学校及其所属单位的资金、设备、零部件、原材料、试验条件、场地或者不对外公开的技术资料、技术基础以及利用学校及其所属单位的名义筹集或获得的资金、设备、零部件、原材料、试验条件、场地等。

第三章　知识产权管理及其管理机构职责

第七条　学校成立知识产权管理小组,负责学校的知识产权保护与管理工作。学校知识产权保护与管理的日常工作由科研处和资产处承担。科研处负责全校科研项目的立项、成果和档案管理;负责有关知识产权合同的审查、签订和管理;负责科技保密等日常工作。凡属重大或有争议的知识产权事宜,科研处应及时报送校知识产权管理小组审核,并经校领导审批。

第八条　学校各单位在对外签订各类合同,包括科学研究、科技开发、科技成果转让、知识产权许可使用或转让等必须经科研处审查,并由法人代表及其委托的代理人签署合同书或协议。无法人资格的单位和个人无权代表学校签署合同或协议。

第九条　学校及其所属单位以其持(所)有的知识产权或技术成果作为出资或入股时,应与合资(作)方签订合同,并对该知识产权或技术成果进行评估,明确知识产权所占全部出资或股份的比例,有偿使用。具有独立法人资格的校办经济实体使用学校的知识产权也应采取有偿使用原则。

第十条　学校及其所属单位派出人员,包括访问学者、进修人员、公派留学生等派出国的人员和派往国内其他单位的研究人员,应遵守学校知识产权保护规定,不得擅自将学校的知识产权带出。他们在国外或外单位完成的发明创造或其他智力劳动成果,除与接受单位另有协议外,专利权及其他智力劳动成果权归学校或派出的法人单位持(所)有或者双方共有。申请专利等具体事宜按国家有关规定办理。

第十一条　来学校及其所属单位学习、进修或合作研究的客座研究人员、临时聘用人员、博士后在站人员,应由学校及其所属单位与其签署协议、明确他们在学校及其所属单位学习或工作期间完成的发明或其他智力成果,应归学校及其所属单位持有或双方共有。他们在离开学校及其所属单位前,须将在学校及其所属单位从事科技工作的全部技术资料、实验材料、实验设备、产品、计算机软件等交回学校,各单位有责任保护学校的知识产权,并不得允许上述人员擅自复制、发表、泄漏、使用、许可或转让。

第十二条　离休、退休、停薪留职、辞职及调离的职工,在离开原单位前,必须将其在原单位从事科技工作的全部技术资料、实验材料、实验设备、产品、计算机软件等交回原单位。

第十三条　我校教职工和学生凡申请非职务专利,登记非职务计算机软件的,以及进行非职务专利,非职务技术成果转让和许可的,应向校科研处申报,接受审核。对于符合非职务条件的,科研处出具相应证明。

第十四条　学校各单位或个人,与国内外单位或个人进行合行研究或合作开发,必须订立书面合同,合同中必须订有知识产权保护条款,并对知识产权的归属以及利益的分配加以约定。

第十五条　接受国内、外单位或个人委托,或者委托国内、外单位或个人进行研究、开发,须订立书面合同。合同中应订有知识产权归属及其保护条款。

第四章　奖励和扶持

第十六条　学校设立科学技术奖励基金,奖励在知识产权的产生、转化及产业化方面为学校做出突出贡献的人员。

第十七条　学校将其知识产权以技术转让的方式提供他人实施使用的,可从转让或许可使用所取得的净收入中,提取20%～25%对完成该项职务发明或职务技术成果及其转化做出重要贡献的人员给予奖励。若由职务发明人或职务成果完成人自行进行产业化的,学校可从转化收入中提取30%～35%的比例给予奖励。

第十八条　学校及其所属单位独立开发或者与其他单位合作研究开发的科技成果实施转化成功投产后,在所属单位奖励之外,可连续3～5年从该项目投产后的学校收益部分中提取5%～8%的比例,对完成该项科技成果及其产业化做出重要贡献的人员给予奖酬;采用股份制的企业投产后,按科技成果入股时作价金额20%～30%的股份给予奖励,该持股人依据其所持股份分享收益,并依法纳税。

第十九条　为鼓励我校广大师生员工关心并积极参与促进学校科技成果的转化,从转化或许可使用所取得的净收入中,提取5%～10%对该项成果转化的中介人员给予奖励。

第二十条　学校从技术实施收益中提取10%作为知识产权专项基金,用于支持补贴专利申请、专利维持和知识产权保护方面的有关费用。

第二十一条　凡申请使用知识产权基金的项目或个人,经科研处审查,送校知识产权管理小组审核后,报分管校领导审批。

第五章　法律责任

第二十二条　全校师生员工及其所属单位有关人员有义务自觉遵守《高等学校知识产权保护管理规定》及本细则的各项条款,若有违规者,依照《高等学校知识产权保护管理规定》中第二十九条、第三十条、第三十一条、第三十二条的规定追究责任,依法惩处。

第六章　附　　则

第二十三条　本细则由校知识产权领导小组负责解释。

第二十四条　本细则自公布之日起执行。

——本文摘录自《关于印发〈厦门大学知识产权保护管理实施细则〉的通知》,厦大科[1999]76号,档号1999-XZ13-1

·管理与服务工作·

关于职员职级实施套改的几点补充规定

（1999年1月18日）

一、凡专职从事行政管理、党务管理和群团工作的人员，列入套改范围，并从1999年1月起，按照其行政职务或专业技术职务确定职员职级。

二、现有党政管理人员的专业技术职务作为资格继续保留，工资按职员职级标准执行。如专业技术职务工资标准高于职员职级工资标准，高出部分予以保留。

三、今后党政管理人员可继续按规定申请参加专业技术职务的评审或考试。评上或考上专业技术职务的人员可保留专业技术职务任职资格，不与工资挂钩。资格可用于对外联系，调动时可按聘任人员予以介绍。

——本文摘录自《关于印发〈关于职员职级实施套改的几点补充规定〉的通知》，厦大人[1999]10号，档号1999-XZ10-3

厦门大学机关部处工作职责

(1999年3月2日)

·学校办公室

一、协调安排校党政领导的公务活动;筹备、协调、组织学校的重要工作和重要活动。

二、统筹安排校级党政会议,负责会议记录和整理会议纪要;负责起草学校有关文件及综合性材料。

三、协调学校党政职能部门、群团组织及其他单位的工作,检查各单位工作任务完成情况,督促学校有关决议、决定的贯彻实施。

四、负责上级来文的收发和归档,校内公文周转和校级文件的核稿、录印;掌管学校党政印章。

五、统筹学校办公自动化、信息化建设;负责全校信息的上报、传递和发布工作。

六、开展专题或综合调研,为校党委和校行政科学决策提供依据;负责学校的综合统计工作。

七、受理来信来访,按照校领导批示,督促及时处理、反馈。

八、负责学校的接待和对外联络以及校友总会的日常工作。

九、编写学校大事记和《厦门大学年鉴》。

十、负责校保密委员会、校评奖委员会的日常工作;参与校奖学金评奖委员会有关工作。

十一、完成上级部门和学校领导交办的其他工作。

·组织部

一、制定组织工作规划、计划,并认真组织实施,定期检查、反馈计划落实情况。

二、制定基层组织工作、党内民主生活、党员培养发展、干部教育管理、干部选拔任用等有关规章制度,并督促基层组织认真遵守。

三、负责中层干部和党务政工科级干部的教育、考核、推荐和管理工作,提出选拔任用建议;制订中青年干部的选拔、培养规划;推荐、培养、考察后备干部。

四、负责党的总支委员会、支部委员会的换届选举工作。

五、负责党的基层组织的思想、组织、作风建设。加强中层领导班子建设和党员教育、发展管理工作。

六、配合党校开展党员、入党积极分子和干部的培训教育工作。

七、深入基层调查研究,挖掘典型,开展经验交流。

八、组织评选表彰优秀党员、优秀党务工作者、先进党组织。配合纪委对违纪党员开展教育处理工作。

九、负责党员组织关系和党籍的日常管理工作;办理因公出国、出境人员政审手续;办理党员出国、出境期间保留党籍的手续。

十、负责党员、干部数据库的管理工作。

十一、完成上级部门和学校领导交办的其他工作。

· 宣传部

一、负责组织、指导全校的政治理论学习、研究和宣传工作，指导马列主义理论课和思想政治教育课的教学工作，负责邓小平理论研究中心的日常工作，管理学校的政治报告员队伍，开展经常性的学习辅导报告。

二、组织全校师生员工开展形势和政策的学习和教育工作，调查研究教职工思想动态，配合有关部门开展党员和干部的教育、培训工作以及学生的思想政治工作。

三、负责校刊、电台、新闻中心的新闻宣传及对外宣传报道工作。

四、负责校文明办、校关工委办公室的日常工作，参与指导、组织全校性文化活动，负责校园文化市场的管理工作。

五、负责管理建南大会堂。

六、完成上级部门和学校领导交办的其他工作。

· 统战部

一、组织学习、宣传、研究邓小平新时期统战理论，进一步贯彻落实党的各项统战方针政策。

二、发挥各民主党派、有关团体及党外人士在参政议政、民主监督中的作用。

三、加强和改善党对民主党派的政治领导，支持和帮助民主党派加强自身建设。

四、贯彻落实党的知识分子政策。

五、加强党外后备干部队伍的建设，配合有关部门开展对党外干部的选拔、培养、举荐工作。

六、开展海外统战工作，负责“三胞”及其眷属、出国留学人员的联谊工作。

七、发挥党外人士的智力优势和社会影响力，支持他们开展咨询等有关的社会服务活动。

八、完成上级部门和学校领导交办的其他工作。

· 纪委

一、在校党委领导下，主持、协调学校党风廉政建设。

二、执行校纪律检查委员会的工作计划，制定党风和廉政建设的有关措施、办法。

三、建立落实《党风廉政建设责任制》，促进反腐败领导体制和工作机制的有效运转。

四、履行监督、检查职能，确保党的纪律对各级组织、党员干部的监督约束，督促领导干部开好民主生活会，实施年度廉政检查。

五、加强宣传教育职能、开展经常性党风廉政建设的电化教育和党纪政纪条规的学习。

六、查处党内违纪案件，纠正不正之风。

七、受理群众来信来访，维护党员正当权利，保护群众正当利益。

八、研究、探讨高校党风廉政建设现状和理论，向学校和有关部门提供调研报告。

九、完成上级部门和学校领导交办的其他工作。

· 监察审计处

一、监督、检查学校确定的监察对象贯彻实施国家法律、法规、政策、决定、命令以及校纪校规的情况。

二、受理对监察对象违反政纪和校纪行为的检举控告，组织力量进行核实、查处或转交有关部门处理。

三、对违纪的监察对象,根据管理权限和处分程序,做出处分决定或提出处分建议。

四、受理不服从行政处分的监察对象的申诉。

五、协助有关部门教育监察对象。

六、参与对监察对象的考核和评议。

七、负责对学校财务收入和支出情况的审计;对学校资产的审计;对校办产业的资产、负债与损益的审计;对基建、修缮工程的概算和预决算的审计。

八、协助对校内各单位行政负责人、法定代表人经济责任的审计和离任审计。

九、完成上级部门和学校领导交办的其他工作。

•工会

一、在校党委领导下,依照工会章程独立开展工作,履行维护、参与、建设、教育四项职能,发挥党委联系教职工的桥梁和纽带作用。

二、负责青工委、女工委等工作,开展工运理论和妇女理论研讨。

三、组织教职工开展文体活动,丰富教职工的文化生活。

四、发挥工会作为教代会日常工作机构的作用,协助校党委开展教代会工作。

五、协助学校计生委管理学校计划生育工作。

六、负责管理学校教职工活动中心。

七、完成上级部门和学校领导交办的其他工作。

•团委

一、在校党委领导下,根据青年特点与需要,独立自主地开展工作,发挥党联系青年的桥梁和纽带作用。

二、加强团的思想建设和组织建设,建立、健全团的组织,带好团的队伍。

三、调查研究全校团员青年的思想动态,向校党委提供有关信息。

四、负责“推优”工作,加强专职团干的选拔、管理、考核、培训和输选工作,培养和推荐优秀团员入党。

五、组织实施跨世纪青年文明工程和跨世纪青年人才工程,引导团员青年投身科技实践和社会实践。

六、协助有关部门开展校园文化活动,选拔、培养文艺骨干,丰富团员青年的课余文化生活。

七、指导学生会及学生社团按其章程开展工作。

八、完成上级部门和学校领导交办的其他工作。

•人事处

一、贯彻执行党和国家关于人事工作的方针、政策,拟定学校人事管理的规章制度。

二、负责全校各类人员的编制管理。

三、负责学校行政机构的设置和调整的调研及方案制定工作。

四、负责全校教职工的年度聘任和考核的指导、管理工作。

五、负责全校教职工的工资、福利管理工作。

六、负责学校行政科级干部的选拔、考核、任免、管理工作。

七、负责全校教职工的流动调配工作。

八、负责学校人才交流服务中心的管理工作。

九、负责学校师资队伍的规划、招聘、选拔、培养和提高工作。

十、负责全校教师和其他各类专业技术职务的评审组织工作。负责全校职员职级评定的组织工作。

十一、负责外校进修教师的接收、管理工作。

十二、负责全校教职工的培训、教育、进修等管理工作。

十三、负责全校教职工人事档案的管理工作。

十四、负责全校教职工的奖惩及请假管理。

十五、负责人事信息资料的收集、整理、汇总;管理人事信息系统,上报人事统计报表。

十六、负责人事文书材料的搜集、整理、立卷和归档工作。

十七、开展学校人事管理的调查研究工作,为学校党委和行政有关决策提供服务。

十八、完成上级部门和学校领导交办的其他工作。

·教务处

一、制定学校教学工作总体规划,调整和规范专业设置,确定各专业招生规模,组织制定教学计划和管理规章制度。

二、负责编制学期开课计划,组织安排学生实习、社会实践等教学活动,负责编排课表和调度教室。

三、会同各院系加强教材建设,组织资助教材出版,负责全校教材的订购、印刷和供应工作。

四、负责全校本专科学生的学籍管理、毕业资格审核和学士学位授予工作。

五、负责实验教学管理工作,配合有关部门加强和完善实验室的建设,加强电化设施建设和软件开发,推广使用现代化教育技术。

六、建立教学质量监控体系,开展教学调查研究,采集和统计教学信息资料,组织教学督导,进行教学检查,开展各类教学评估和评优活动。

七、指导各院系加强专业建设,完善教学管理,收集整理教学档案资料,组织教师和教学管理干部开展教学研究。

八、配合财务处进行教学和实验经费的分配及使用管理工作;配合人事处进行专任教师的定编和教学工作量的核定工作。

九、负责台港澳预科班的教学和管理工作。

十、完成上级部门和学校领导交办的其他工作。

·招生办

一、在校招生工作领导小组的领导下,制定全校各类学生招生计划。

二、负责研究生、本专科生、成教生和台港澳地区与海外留学生的招生管理工作。

三、负责组织各类学生(海外函授生除外)招生的考务和录取工作。

四、开展有关招生的各项调研工作,为学校招生工作决策提供依据。

五、完成上级部门和学校领导交办的其他工作。

·科研处

一、制定学校科研发展规划和科研工作计划。

二、开展科研管理政策研究。

三、负责重点科研基地的建设和全校科研类实验室的建设工作,提出科研机构设置的建议,组织跨系跨学科的研究群体。

四、负责各类项目(特别是重要项目)的组织、立项申请和审核申报。

五、负责立项项目的工作计划管理。

六、负责科研经费使用的监控和管理。

七、负责科研成果管理和知识产权保护。

八、负责科研成果的推广、应用和协助开展科研开发工作。

九、负责科研信息管理,包括科研统计、档案管理、科研宣传和科研信息网建设。

十、开展科研、学术及其管理工作交流,协助各学会工作。

十一、负责科研外事管理。

十二、负责科研资源管理,包括科研编制和科研实验室管理及优秀科研人才的培养。

十三、完成上级部门和学校领导交办的其他工作。

·研究生院

一、参与有关学校发展问题的决策,开展研究生教育研究工作。

二、组织制定我校学位工作与研究生教育的发展规划和年度计划;参与指导各院(系、所)研究生教育和相关学科发展的工作。

三、负责学科建设协调工作,参与制订学校学科建设规划,调整和优化学科结构,促进新兴学科、交叉学科和高新技术学科的发展。根据我校"211 工程"的目标,组织重点学科建设的实施。

四、组织制定各博士点、硕士点研究生培养方案和教学计划,推动研究生教育和教学改革。

五、制定研究生教育的各项规章制度,负责研究生学籍管理,办理研究生课程进修班的申报和审批,进行教学质量监督,管理博士后科研流动站等工作。

六、接受各类人员的硕士、博士学位申请,组织学位授权点的申报和研究生导师的遴选;对学位授予质量进行检查和评估,负责全省学位授予信息的检查和汇总报盘。

七、负责研究生管理干部队伍的建设,统一管理研究生教育的各种经费。

八、完成上级部门和学校领导交办的其他工作。

·学生处(部)

一、负责全校学生的思想教育、管理、军训等工作。

二、开展学生工作的舆论宣传、动态调研、学生综合素质测评、学生心理健康教育、《学生工作信息》的编辑等工作。

三、负责全校学生辅导员的管理培训工作。

四、负责毕业研究生及本专科毕业生的就业指导工作。

五、指导校研究生会开展工作。

六、负责"三好生""优秀学生干部""优秀学生奖学金"和"专业奖学金"评审工作。组织评审、推荐省级、全国先进个人和集体的工作。

七、负责学生贷款、特困生补助、学生证、学生校徽的管理工作。

八、负责违纪学生留校察看处分以上的工作。

九、配合研究生院、教务处进行学生学籍变动管理工作。

十、完成上级部门和学校领导交办的其他工作。

·外事办(港澳台办)

一、管理并协调全校涉外工作、港澳台工作,开展对外学术交流。

二、加强涉外纪律教育,制定涉外工作规章制度并组织实施。

三、负责外国专家和一般外籍教师的聘请及管理工作。

四、负责国际合作、区域合作、校际交流工作以及短期专家的聘请、管理和协调工作。

五、负责临时来访讲学、研究及友好访问的组织与接待工作。

六、负责政府或校际间合作科研项目的申报、管理、组织实施以及评估总结工作。

七、负责学校因公出国(境)人员护照、签证(通行证)报批工作。

八、完成上级部门和学校领导交办的其他工作。

·保卫处

一、负责学校安全保卫工作,组织监督全校各部门的内部保卫工作。

二、维护学校的政治稳定。

三、负责学校治安综合治理工作,创建安全学校。

四、查处治安案件,协助公安机关侦破重大刑事案件,打击刑事犯罪分子。

五、负责校门、道路交通和车辆管理,维持交通秩序。

六、配合开展法制、国家安全、政治稳定和治安教育,增强师生员工的法制观念、政权意识和国家安全意识。

七、负责重点部位、重大活动和重点人物的保卫工作。

八、领导治安保卫委员会开展工作,负责对治保人员的教育和训练,发挥治保组织的桥梁和战斗作用。

九、在校安全生产委员会领导下,定期开展安全大检查。

十、完成上级部门和学校领导交办的其他工作。

·离退休处(部)

一、制定离退休工作计划、服务管理办法和实施意见。负责协调全校涉老工作。

二、宣传贯彻国家的有关法律法规,维护离退休教职工的合法权益。

三、开展老龄问题调研,提出学校老年事业发展建议。

四、配合党委组织部、离休党总支加强离退休干部党建和思想政治工作。

五、会同有关单位落实离退休教职工的政治、生活待遇。

六、协助离退休教职工联合会、老年大学、老年体协组织离退休教职工开展文体等活动。

七、按照"自愿参与,量力而行"的原则,支持、鼓励离退休教职工在为发展学校教育事业,加强精神文明建设,参加社区服务和公益活动等方面继续发挥作用。

八、完成上级部门和学校领导交办的其他工作。

·财务处

一、制定校内财务制度,规范学校财务行为,维护学校财经秩序。

二、参与编制学校各项财经工作计划和学校发展规划,预测学校的年度财务收支,编制学校的年度综合财务预、决算,拟订经费分配方案。

三、与学校各有关部门配合,依法拓宽办学经费的来源渠道,筹集办学资金,确保学校综合财务收入预算的实现。

四、严肃预算管理,按照有关规定控制各项财务开支,引导各院系部处增收节支。

五、设置会计科目,组织会计核算,全面反映学校综合财务收支预算的执行情况,编制和报送财务报表。

六、定期或不定期地向学校提供财务收支情况、预算执行情况和有关财经规章制度执行情况。

七、负责学校财产物资增减变动的会计记录工作;监督有关部门管理学校财产物资;合理调度资金,提高资金效益。

八、承办学校教学科研社会服务收费的审批,负责各类单据的管理工作。

九、负责财务会计档案资料管理和保密工作。

十、负责贷款办的财务管理工作。

十一、完成上级主管部门和学校领导交办的其他工作。

• 总务处

一、制定后勤服务规划、绿化规划、环境卫生规划及年度工作计划,参与制定校园总体规划。

二、稳步推进后勤服务社会化。

三、负责管理饮食服务中心、维修服务中心、校园服务中心和接待服务中心等服务经营实体。组织招聘服务经营实体主要负责人;代表学校与各服务经营实体签订经济合同,监督其按合同履行各项职责。

四、负责学校水电的供应、管理、收费和督查工作。

五、负责校爱国卫生运动委员会办公室和绿化委员会办公室的日常工作。

六、负责主管幼儿园、托儿所的办学、管理工作。

七、负责与厦门市有关的业务部门进行业务联系及有关协调工作。

八、完成上级部门和学校领导交办的其他工作。

• 基建处

一、制定校园总体规划和道路、水电、环境等单项规划。

二、管理学校基本建设,制定基本建设年度计划,组织实施学校各项基本建设任务。

三、负责房屋和基础设施的改造、维修管理。制定年度房屋、基础设施改造维修计划,审定改造维修设计方案,组织实施改造维修工程。

四、管理学校行政办公、教学科研、实验用房的装修。审批装修设计方案,负责组织重大装修项目的实施和管理。

五、负责基建档案管理工作。

六、完成上级部门和学校领导交办的其他工作。

• 资产管理处

一、统一管理学校土地、房屋、物资等学校有形、无形资产。参与制定校园总体规划和住房建设规划。

二、负责学校土地管理工作。负责与政府有关部门确定学校用地红线,制定土地使用管理办法,维护学校用地完整。

三、负责学校各类房屋管理工作。制定各类用房分配方案和房屋使用、管理、维护制度,负责住房销售、租赁和办理产权。

四、负责学校物资管理工作。制定物资的采购及有关管理制度和物资年度采购计划;负责固定资产登账工作;审批物资的转让、遗失、报损报废、销毁等工作。

五、负责校园建设管理监察工作。处理土地侵权行为、土地纠纷;清理各类违章用房、搭盖;处理占道经营、窜门叫卖等行为，维护学校校园管理秩序。参与工程竣工验收。

六、负责管理物业管理中心。组织招聘物业管理中心主要负责人；代表学校与物业管理中心签订经济合同，监督其按合同履行各项职责。

七、负责学校现有人防设施的管理工作。

八、完成上级部门和学校领导交办的其他工作。

·成教院

一、负责全校成人高等学历教育和非学历教育的专业设置与教学管理工作。

二、负责全校成人高等学历教育各类学生的学籍管理工作。

三、负责本院学生的思想政治工作和后勤管理工作。

四、负责全校各院系成人高等学历教育与非学历教育的办班类别、教学计划和任课教师资格的申报、审核工作。

五、负责学校主考的自学考试的专业申报、考试计划的制订、教材和参考书目的选定工作。负责自学考试的试卷评阅和毕业证书的审核发放工作。

六、完成上级部门和学校领导交办的其他工作。

·档案馆(含校史办)

一、规划全校档案工作，制定学校档案工作规章制度，对本校各文书处理部门与科技档案形成部门进行业务指导、督促和检查。

二、负责收集和征集各类档案，对各种档案及有关资料进行整理、分类、编目、保管、鉴定销毁和统计。

三、负责对档案文件的查询、借阅和信息资源开发利用等服务工作。

四、负责档案文件保密、库房安全管理及技术保护和档案现代化管理工作。

五、负责校史党史资料的收集征集保管工作，进行校史党史研究及编辑出版工作。

六、负责学校书画字画档案文博资料的收集、保存和修复及校史展览等有关管理工作。

七、开展档案工作的宣传教育和管理人员的培训以及档案学术研究和交流活动。

八、完成上级部门和学校领导交办的其他工作。

·党校

一、对党员和党的干部进行马克思主义的基本理论特别是邓小平理论的教育、党的路线方针政策的教育和党性教育。

二、组织开展马克思列宁主义、毛泽东思想、邓小平理论和党建专题研究，为加强党的建设与学校的发展服务。

三、对新党员和入党积极分子进行党的基本知识的培训教育。

四、完成上级部门和学校领导交办的其他工作。

——本文摘录自《关于印发〈厦门大学机关部处工作职责〉的通知》，厦大人[1999]2号，档号1999-XZ10-3

厦门大学信息报送、用稿、计分办法

(1999年3月17日)

为进一步做好我校信息工作,促进各信息点的信息报送,更好地为各级领导决策和决策的贯彻落实服务,特制定本办法:

一、我校各信息点报送信息时,应有本单位信息工作负责人的签字。

二、学校办公室信息工作人员应及时按照我校信息处理程序处理各单位、各部门报送信息。

三、我校各信息点信息报送、用稿实行计分办法,各信息点年终的累计总分将作为年度评先进单位、先进个人的主要指标。

四、计分办法:

1.每报送1条信息,每条记1分;

2.被学校《每周信息》采用的,每条加3分;

被学校采用作为专报件或领导专阅件,每条加5分;

学校领导批示且产生良好效益的,每条另加3分;

被市委办、省委办、教育部办公厅采用的,每条另加5分。

3.每季度汇总各单位、各部门上报及被采用信息的情况,并予以公布;对未上报的单位、部门予以通报。

五、奖励办法:

学校每年召开一次信息工作总结表彰大会,表彰若干先进单位和先进个人,评选若干"好信息",并给予一定奖励。同时鼓励运用网络手段,对网页制作更新快、信息传递效益显著的,予以其单位或或个人特别奖励。

六、本办法从一九九九年元月起实施。

——本文摘录自《关于印发〈厦门大学信息报送、用稿、计分办法〉的通知》,(1999)厦大办3号,档号1999-XZ09-4

关于进一步加强我校信息工作的意见

（1999年3月17日）

信息是领导了解和掌握教学、科研、管理及其他各方面情况的重要渠道，是领导决策的基础和依据，是沟通上下工作情况的重要桥梁。向上一级报送信息是全校各单位的责任和义务，是一项重要的工作制度。我校是教育部在福建省的唯一信息直报点，也是福建省委和厦门市委的信息直报点，在为上一级报送教育信息方面承担着重要责任。为进一步发挥信息工作的作用，更加准确、及时、全面地收集、上报信息，为中央、省、市和学校领导决策和指导工作服务，现就进一步加强我校信息工作提出以下意见：

一、理顺工作体系，发挥我校信息载体的作用

学校信息工作领导小组是学校领导、统筹各类信息工作的领导机构，负有全面领导学校信息工作的责任。

学校办公室是学校信息收集、编辑和报送的承办部门，是向领导机关报送信息的主渠道，对上级、对学校和学校各单位的信息服务负有主要职责。

学校各单位是信息工作的基础。全校各单位的信息负责人和信息员组成的全校信息工作网络，是学校做好信息工作的基础。

充分发挥我校信息载体的作用，我校目前的信息载体主要有：(1)《每周信息》(反映教学、科研、管理等方面工作的面上动态，送学校领导和各单位，并与兄弟院校交流)；(2)《领导参考信息》(提供国内外高等教育改革与发展动态)；(3)《厦大信息(专阅件)》(发学校有关领导专阅)；(4)《厦大信息(专报件)》(报送上级有关部门)；(5)校园网信息网站(收集、传递、发布某些重要信息)。

二、健全信息工作制度，全面提高我校信息工作的水平

建立健全信息工作制度是信息工作顺利开展的保证，也是信息工作水平提高的重要保证，为此，重新明确以下工作制度：

1.信息报送制度：各单位要本着及时、准确、全面报送信息的原则向学校办公室报送信息。各单位每月至少报送一次信息，凡需要学校和上级部门及时掌握、立即处理的重要情况和紧急信息，都要迅速收集上报，随时发生随时报，最迟不超过1小时，可以先报一般情况，事后再续报事态发展、处理措施和原因、后果及吸取教训、开展工作的情况。对紧急信息迟报、漏报的单位要通报批评，造成后果的追查原因和责任。

2.信息要点发布制度。每学期初，由学校办公室根据信息工作领导小组的意见，遵照教育部、省委、市委和学校的有关文件精神制定学校信息工作要点，并向全校各单位发布，提出具体要求，以此指导全校各单位的信息工作。

3.信息工作通报制度。学校对各单位报送信息进行登记，按信息数量、质量和采用情况实行计分制，每季度通报一次。

4.信息工作总结表彰制度：学校每年就信息工作进行一次表彰，按累计总分和类别决定奖项；分别表

彰若干信息工作先进单位和信息工作先进个人,同时每年评选若干条好信息予以表彰。对于学校采用的稿件,每篇将给予适当稿酬。

5.信息反馈和催查办制度。对上级和学校的重要决策、重要文件、重大工作部署和发布的重要信息,本单位贯彻执行情况及反映要及时反馈。对领导同志批示的信息和反映重要问题的信息,有关单位应及时办理,并及时反馈办理结果。

6、信息编辑制度。信息编辑人员要及时阅读处理各种信息来件,按轻重缓急和信息工作程序提出处理意见;对要件、急件应做到不漏送、不误时,编辑时要根据服务对象的不同,坚持适用对路原则,同时注重信息的综合开发和深度加工。

三、紧密围绕中心工作和需求报送信息,努力提高报送信息质量

信息工作是为各级党政中心工作服务的,教育信息工作应该紧紧围绕教育的中心工作,立足于为领导对教育的决策服务来开展。这样,才能适应上级和学校的需求,才能对路适用,提高报送信息的质量。因此,各单位在报送信息工作中,应紧紧围绕中心工作和需求来进行,主要有以下几方面的内容:

1.对中央、省、市决策的反馈。包括师生员工对中央、省、市重要决策的反映,对中央领导同志重要讲话的反映,包括正反面的意见,以及各种要求和建议;贯彻落实过程中出现的新情况、新问题,包括阶段性成效、突出问题和需进一步修改完善的建议;师生员工对当前社会热点问题,社会各界对教育热点问题的反映。

2.对学校领导决策的反馈。包括师生员工对学校重要决策的反映,包括正反面的意见,以及各种要求和建议;贯彻落实过程中出现的问题、困难,以及好的经验、各种建议;就学校教育改革发展提出的各种建议和意见。

3.各单位工作的重要情况。包括各单位领导的决策和重要工作的思路、安排、部署、措施;阶段性的工作成果与经验,需党政机关或领导了解和帮助解决的主要问题;本单位教学、科研、管理工作情况,制定和执行工作计划情况,以及工作中的难点和存在问题;加强党的建设和精神文明建设的成效、典型经验或突出问题,包括党的组织、宣传、统战工作和思想作风建设等方面的重要情况和问题。

4.重大的校园动态。包括师生中带有倾向性、苗头性行为,影响校园秩序稳定的突发事件等;各种重大的人身伤亡事故或影响较大的事故;其他重大突发事件。

5.重要的社情民意。包括师生员工定期的思想动态分析;当前师生员工最关心、议论较多、意见较大的问题。

6.其他需要及时上报的重要情况。

四、建立一支素质高、信息灵、责任心强的信息工作队伍,开创我校信息工作的新局面

目前,全校的信息工作队伍已经重新调整,各单位均有一位信息负责人和信息员,这是今后我校信息工作的主体,也是今后我校信息工作能否适应新形势,开创新局面的关键所在。因此,必须加强队伍建设,造就一支素质高、信息灵、责任心强的信息工作队伍,按照中央的要求,必须做到:有坚定正确的政治方向,有自觉牢固的服务意识,有精湛高超的业务水平,有求务实真的工作作风,有分秒必争的效率观念。每位从事信息工作的同志要按照这一总要求,结合自己的实际认真学习,努力提高政治素质和业务素质,培养信息意识,做好信息工作。学校要定期分批组织信息工作人员开展业务学习和经验交流活动,以提高信息工作水平。

五、充分利用校园网，建立快速灵敏的信息收集、传递、发布渠道

运用计算机网络进行信息处理是信息工作发展的方向。我校校园计算机网络为我们提供了很好的条件，要充分利用校园网，把我校的信息工作自动化提高到一个新水平。学校办公室要建立一个权威的信息收集、传递和发布网站，信息工作人员要学会运用计算机信息网络调阅、传递、存储和加工信息，逐步实现信息处理的无笔操作，并利用统计学方法和计算机技术对信息进行定量、定性分析。

六、加强对信息工作的领导

各单位要充分认识信息工作的重要性，高度重视信息工作，充分发挥信息在了解情况、科学决策和指导工作中的作用，切实加强对信息工作的领导。要定期或不定期地研究本单位信息工作；指导和支持信息工作人员开展信息工作，发挥他们的作用；保护信息工作人员的积极性，支持他们积极收集、如实反映真实情况和问题；要在参加会议、阅读文件，了解本单位的工作意图及开展工作情况等方面为信息工作人员提供各种便利条件。

——本文摘录自《关于转发校信息工作领导小组〈关于进一步加强我校信息工作的意见〉的通知》，厦大委综[1999]5 号，档号 1999-XZ09-5

厦门大学关于加强校内摩托车管理的通知

(1999 年 3 月 31 日)

各系、各单位：

根据《厦门市摩托车管理暂行规定》和厦门市公安局《关于进一步整顿市区摩托车的通告》[厦公九(九九)001 号]精神，特将校内摩托车管理有关事项通知如下：

一、我校现有开元区、思明区、湖里区牌号摩托车车主应于 5 月 31 日前到市交警支队车管处办理市区通行的统一标识；

二、坚决禁止无牌证摩托车在校内行驶，禁止助力车上路行驶；

三、自 9 月 1 日起，禁止岛外牌照摩托车在校内行驶；

四、现有特种公务摩托车的单位，因执法、抢险、维修、后勤保障需要，须在校内通行的，应于 5 月 1 日前报经校整治领导小组批准，车身喷成黄色，方可通行；

五、违反本通知者，由保卫处交管科责令其改正，并开出《道路交通违章处罚通知单》，交思明交警大队处理。

以上通知内容，请各单位传达至每位教职工，并严格遵照执行。

附件：

《厦门市公安局关于进一步整顿市区摩托车的通告》;《特种车辆审批表》

(附件略——编者注)

厦门大学

一九九九年三月三十一日

——本文摘录自《厦门大学关于加强校内摩托车管理的通知》，厦大综[1999]15 号，档号 1999-XZ09-6

厦门大学机关转岗人员分流安置补充规定

（1999 年 5 月 9 日）

为做好机关转岗人员的分流安置工作，保证校内管理体制改革的顺利进行，经校行政办公会研究决定，就机关转岗人员分流安置工作的有关问题作如下补充规定：

1.从 1999 年 2 月起，机关未上岗人员列为转岗人员，转岗人员人事关系挂靠学校人才交流服务中心管理。

2.转岗人员在待岗期间一年内工资待遇不变。从 1999 年 2 月起，工资津贴按 1999 年 1 月的标准发放；从 1999 年 8 月起至 2000 年 1 月止，津贴等级按二等标准发放。住房和其他福利按学校有关规定实施。

3.转岗人员经过一年待岗，仍无法上岗的，由学校安排顶替临时工岗位工作。学校事业费承担工资的临时工岗位，由学校人事处下达指令性计划，安排转岗人员上岗，工资津贴按原标准发给。无法安排临时工岗位工作的，发给下岗生活补助费，生活补助费标准参照学校仪器厂下岗人员生活补助费标准执行（即按基本工资的 140％加上房租补贴、住房公积金补贴的总和扣除住房公积金后的余额发放，若低于 400 元的，按 400 元发放）。

4.转岗人员现为在职研究生，或于 1999 年 9 月至 2000 年 8 月期间考入在职研究生的，可与学校签订协议转为脱产研究生。就读脱产研究生期间，人事关系挂靠学校人才交流服务中心，列入编外人员管理，毕业后重新择业。

5.转岗人员攻读脱产研究生期间，按学校规定享受工资、住房等待遇。工资发放标准为：基本工资（职务工资＋30％津贴）、保留津贴和特区津贴。现为在职研究生的转岗人员，从转岗后的第四个月起执行转岗人员攻读脱产研究生的工资标准。

6.转岗人员攻读脱产研究生期间，应按研究生院有关脱产研究生的收费标准交纳学费，学校不再减免或承担其学费。

7.转岗人员攻读脱产研究生时，未完成学校规定的服务年限的，学校不再收取其编制补偿费。配偶系本校教职工的，可继续留校工作。

8.到 1999 年 1 月止，符合厦大人[1998]57 号文件规定的提前退休条件的转岗人员，必须于 5 月 30 日前书面提出退休申请，经学校批准后，办理提前退休手续，超过五月份未提出申请的，列为转岗人员进行管理。

9.转岗人员在待岗期间（从 1999 年 2 月起到 2000 年 1 月止），符合提前退休规定时，可书面提出退休申请，经学校批准后，办理提前退休手续。在办理提前退休手续前，如原单位工作需要，可在原单位继续上班，不占该单位编制数。

10.从 1999 年 2 月到 2000 年 1 月期间，符合国家规定的退休条件，本人不愿意提前退休的转岗人员，如原单位工作需要，可在原单位继续上班至退休，不占该单位编制数。

11.转岗人员因故无法重新上岗者，在职时人事关系由人才交流服务中心管理，退休后人事关系由原工作单位管理。

12.转岗人员系聘用制干部，若聘用合同期满，年龄达到工人退休年龄的，则不再续聘，按干部待遇办理退休手续。

13.转岗人员在待岗期间到校外谋职者,应限时调离(时限一般为三个月,有试用期的最多为6个月),超过规定期限的予以停薪,并办理离校手续。

14.转岗女职工在分娩期间,享受国家规定的产假待遇,产假不计入待岗期限,顺延其待岗时间。

15.转岗人员因健康原因无法正常上班的,人事关系由原单位管理,不占该单位编制。

16.本补充规定由校人事处负责解释。

——本文摘录自《关于印发〈厦门大学机关转岗人员分流安置补充规定〉的通知》,厦大人[1999]47号,档号1999-XZ10-4

厦门大学学术委员会暂行条例

（1999 年 5 月 24 日）

为加强依法治校，充分行使办学自主权，促进学科建设，提高教学科研水平和办学效益，根据《中华人民共和国高等教育法》及上级有关规定，特制定本暂行条例。

一、学术委员会的性质和构成

第一条　学术委员会是在学校党委和校长领导下，对教学、科研等方面学术问题进行评议、咨询、指导的学术管理机构。

第二条　学校按文科和理科分设二个学术委员会，分别审议自然科学（含技术科学、生命科学、工程科学等）和哲学人文社会科学（含哲学、人文科学、社会科学等）的学术问题。

第三条　学术委员会由主席一人、副主席一人和委员若干人组成。成员中由主席指定一人担任秘书，负责处理日常事务工作。

第四条　学术委员会正副主席、委员由校长办公会议讨论决定，校长任命。

第五条　文科、理科学术委员会必要时可由校长主持召开联席会议。

二、学术委员会的成员、换届及撤换

第六条　学术委员会任期每届 4 年，委员和主席可以连任。

第七条　学术委员会组成人员一般应是各主要学科的主要学术带头人或知名教授。

第八条　学术委员会成员一般应是在职人员或在 65 岁以下，主席、科学院院士和文科资深学者除外。

第九条　学术委员会成员凡离职、调离本校等原因需要届中撤换，另行替补；撤换和替补由主席提议，委员会讨论通过，校长宣布。正副主席的届中更换由校长办公会议决定。

三、学术委员会的职责

第十条　学术委员会的职责是：

1.审议学科、专业的设置与调整；

2.审议教学、科研中长期规划及相关的重大举措和政策；

3.评审校内重大科研项目并推荐申报；

4.评定校内重大教学、科学研究成果；

5.完成党委和校长委托的其他学术性工作。

四、学术委员会的办事规程

第十一条　学术委员会一般每年举行两次全体委员会议，必要时可由主席召集临时会议。

第十二条　学术委员会以集体讨论、民主协商为议事原则。

第十三条　学术委员会会议有半数以上成员到会，并且有主席出席时会议决议有效，表决以到会人数的半数以上同意为通过。

第十四条　例行性工作由主席和秘书执行。

五、学术委员会的下属机构

第十五条　各院(系)可相应设立学术分委员会，在校学术委员会和相应院(系)领导下工作，其主要任务是对院(系)的各项学术工作进行指导和管理。其职责、任期等参照校学术委员会相应条款执行。院(系)学术委员会的组成由院长(系主任)推荐，经学校学术委员会审议批准。

第十六条　本条例自公布之日起实施。解释权归校长办公会议。

厦门大学

一九九九年五月廿四日

——本文摘录自《关于印发〈厦门大学学术委员会暂行条例〉的通知》，厦大办[1999]23号，档号1999-XZ09-2

关于印发校领导在学校后勤工作会议上重要讲话的通知

（1999 年 6 月 4 日）

各院（系）、各单位：

在日前学校召开的后勤工作会议上，王豪杰书记、陈传鸿校长分别作了重要讲话，就我校的后勤改革工作发表了重要意见；朱之文副校长代表学校作了主题报告，在回顾总结八年来成绩的基础上，提出了今后我校后勤改革的指导思想、任务目标、基本原则和具体措施。三位领导同志的讲话和报告对今后我校后勤改革具有指导性意义，现印发给你们。望传达到广大师生员工，组织他们认真学习讲话精神，并贯彻落实到实际工作中，为全面推进后勤改革做出贡献。

附件一：王豪杰书记的讲话

附件二：陈传鸿校长的讲话

附件三：朱之文副校长的主题报告

厦门大学办公室

一九九九年六月四日

附件一：

在厦门大学后勤工作会议上的讲话

校党委书记　王豪杰

1999 年 5 月 28 日

各位领导、来宾、同志们：

厦门大学后勤工作会议今天开幕了，首先我代表学校向省教委和兄弟院校的各位领导的到来表示热烈的欢迎！向辛勤工作的广大后勤干部职工致以亲切的问候！

后勤工作是高校工作的重要组成部分，对保证学校教学、科研的顺利进行和促进稳定起着重要作用。随着社会主义市场经济体制的逐步建立和高等教育改革的不断深入，学校后勤改革也在不断深化。

1991 年以来，我校的后勤工作在校党委和行政的领导下，在全体后勤职工的共同努力下，紧紧围绕学校的中心工作，积极探索后勤改革的路子，取得了很大的成绩：在全国高校中率先实现电话通讯社会化，率先实现教职工住房商品化、社会化，获得了教育部领导的高度评价；基本建设投入逐年加大，基础设施有了很大改善；积极参与校园文明建设，创造良好的育人环境；修订《厦门大学校园总体改扩建规划》，与市政府协商扩大了学校建设用地面积，充分利用和开发办学资源；坚持为教学、科研和教职工生活提供各方面的良好服务；去年下半年以来，我校按照高标准进行筒子楼改造，青年教职工住房条件将在短期内得到较大改善。可以说，后勤工作为学校两个文明建设，为保障各方面工作的顺利进行发挥了重要作用。这些成绩的得是全体后勤干部职工辛勤劳动的结果，同时也是与上级领导的关心和支持分不开的。在此，我代表校党委向广大后勤干部职工致以崇高的敬意！向支持和关心我校后勤工作的上级领导和兄弟院校表示衷心的感谢！

这次后勤工作会议,是在新一轮高校管理体制改革大力推进的形势下召开的。为开好这次会议,学校上上下下经过专门调研、反复酝酿,并经校党委常委会、学校行政办公会议、改革领导小组会议多次研究,提出了我校后勤改革的整体方案,提交给会议讨论。会上,朱之文副校长将代表学校作主题报告,对一九九一年以来学校的后勤工作进行回顾,并提出我校深化后勤改革的思路和具体措施;与会同志们还要进行讨论,就我校后勤工作的现状及后勤工作的跨世纪改革规划作认真研究,共商大计。明天,陈传鸿校长还将在全体大会上作重要讲话。这里,我先谈几点意见:

一、认清形势,树立改革的紧迫感

当前全国各地和高校都在进行新一轮管理体制改革,这是社会主义市场经济的要求,也是实施"科教兴国"战略和贯彻落实《面向21世纪教育振兴行动计划》的要求,更是高校发展内在的客观需要,高校后勤改革是高校内部管理体制改革的重要环节。长期以来,高校后勤由学校包揽,形成"大而全,小而全"封闭式办后勤的自我服务体系,这种由学校办后勤的体制既加重学校负担,又限制了学校的发展,已成为制约高等教育发展的"瓶颈"。后勤不改革就没有出路,因此,我们要充分认识后勤改革的重要性和紧迫感。

二、转变观念,明确改革的指导思想

学校的后勤改革必须以邓小平理论为指导,以《中国教育改革和发展纲要》和《振兴行动计划》为指导,按照社会主义市场经济的要求,转变观念,解放思想,理顺体制,转换机制,充分调动后勤干部、职工的积极性;要坚持"三服务二育人"的宗旨,坚持社会效益和经济效益的统一;要正确把握改革、发展、稳定的关系,正确处理好各种矛盾。

三、整体推进,实现改革的基本目标

后勤改革的目标是实现社会化,这是一个比较复杂的过程,需要几年的努力才能达到。为此,必须对后勤改革进行整体规划,选准突破口,全面推进;必须与校内管理体制改革协调一致,共同前进,这样才能发挥后勤改革的整体效应。

四、加强思想政治工作和舆论宣传工作,营造良好的改革氛围思想政治工作是我党的一大优势,任何时候都不能忽视和放松。后勤改革从总体上说是符合学校事业发展和广大教职工的根本利益的。要有针对性地开展深入细致的思想政治工作,大张旗鼓地宣传改革,正确处理局部利益与整体利益、眼前利益与长远利益的关系,使广大教职工同心协力,拥护改革、支持改革。

同志们,这次会议的召开,标志着我校后勤改革进入一个新的阶段,我相信在全体与会同志的共同努力下,这次会议一定能够达到预期目的,为深化我校后勤改革、开创我校后勤工作新局面奠定坚实的基础!

最后,预祝会议圆满成功!

谢谢大家!

附件二:

在厦门大学后勤工作会议上的讲话

校长　陈传鸿

1999年**5**月**29**日

(全文略,请查看专文《深化后勤社会化改革》——编者)

附件三：

深化改革，加强管理，开创我校后勤工作新局面

——在厦门大学后勤工作会议上的讲话

厦门大学副校长　朱之文

1999年5月28日

各位领导、同志们：

厦门大学后勤工作会议今天开幕了。这标志着作为校内管理体制改革重要组成部分的后勤改革即将全面启动。

这次会议的主要任务是：回顾1991年以来我校的后勤工作，总结经验，找准问题；认真研究深化后勤改革、加强后勤管理的思路和方案，使后勤工作更好地适应新形势高校办学的需要，更好地为教学科研服务、为师生员工的生活服务。

现在，我代表学校就这两个方面的工作向同志们做汇报：

一、1991年以来后勤工作的回顾

1991年以来的八年，是我校教育事业发展最快、最好的时期之一。学校适应社会主义市场经济的新形势，办学体制改革取得新的突破、校内管理体制改革取得新的进展、教学改革取得新的成绩，教育投入显著增加，教育事业迅速发展，整个学校充满生机和活力。围绕服务于学校的中心工作，后勤的改革和发展也取得了很大的成绩：

（一）努力适应社会主义市场经济，积极探索后勤改革的路子

在高等教育改革中高校后勤改革是起步比较早的。特别是1992年以后，为适应社会主义市场经济的要求，后勤在改革实践上有两个比较明显的特点：

第一，结合高校后勤的实际，后勤服务管理引进了部分竞争机制和企业管理的一些方法。大家知道，高校后勤改革是从膳食改革入手的。在八十年代，我校膳食改革就打破了系办食堂、学校统付工资费用、食堂只计算原材料成本的办伙格局，实行膳食服务联通、食堂开展竞赛、学校按营业额的一定比例拨付管理费的办伙办法。92年以后，学校加大了膳食改革步伐，以食堂为基本核算单位，实行经济目标责任制，食堂之间开展服务竞争，把营业额作为考核食堂办伙的主要指标，实行“暗贴改明补”即学校不再按营业额的一定比例拨付管理费，膳食的政策性补贴直接发放给每个学生，管理费按营业额的一定比例提取并计入成本。这一改革措施，解决了营业额不断增大造成学校管理费支出增加的负担，93年至今为学校节省1400多万元；食堂由只计算原材料成本发展到核算基本的料工费成本；把职工的经济利益与服务质量和效益挂钩，促进了各食堂之间的竞争，提高了服务质量和效益。

1997年，学校改革维修服务体制，成立了维修服务中心。改维修服务学校拨款为有偿收费，公开服务价格，实行昼夜24小时值班，为师生员工提供及时、周到的维修服务。“中心”成立一年多来，共维修水电、玻璃、液化器具等5万多次，解决了多年以来多头维修、投诉困难、拖延推诿、无人负责的状况，树立了维修服务的新形象，受到了师生员工的好评，荣获学校“九州奖”。

第二，抓住时机，把电话通讯、教职工住房等项目推向社会，由社会来承办。社会经济越是发展，学校办社会的弊端就越显突出。我校纵横式电话总机曾经为教育事业发展提供优质的通讯服务，获得过“南强奖”。但随着程控电话网络的迅速普及，学校电话总机已难满足教学科研和教职工通讯的需要，95年我们抓住邮电部门抢占程控电话市场的有利机遇，果断决策，在市邮电局的大力支持下，撤销了学校电话总机，将校内电话并入市程控电话网络，成功地完成了升级换代，既满足了学校发展的需要，又甩掉包袱、

减轻负担,在全国高校率先实现电话通讯社会化。

为加快改善教职工住房条件,学校积极探索住房建设新路子。94 年由学校投资基础设施和教职工集资,在海滨东区建设 700 套、面积约 7 万平方米的教职工集资房,较大地改善了教职工住房条件。97 年下半年,学校主动与市政府联系,研究把教职工住房纳入市统建房规划的问题。在市委、市政府的大力支持下,我们与市建委商得一致,从 1998 年至 2010 年规划安排我校教职工统建房 2000 套。98 年前埔居住南区厦大住宅小区 280 套教职工住房售房工作已顺利完成。在部属国家重点大学中,我校率先实现了教职工住房商品化、社会化,获得教育部领导高度评价,认为这为高校实现住房社会化走出了一条新路。

与此同时,我们在住房制度、基建招投标、工程监理等方面也进行了一系列改革。以上改革对开阔人们视野、改变传统观念、减轻学校负担、改善办学条件起到了积极的作用,也为后勤进一步深化改革积累了经验、奠定了良好的基础。

(二)加快基本建设步伐,大力改善学校办学条件

学校根据教育发展的需要,积极采取措施,广开筹资渠道,充分利用海外华侨、校友捐款、社会各界捐资、学校内部自筹等,加大基本建设投入,91 年至 98 年,共完成基本建设投资 2.1 亿元,其中:国拨款 9015 万元,海外、社会捐赠 2894 万元,学校内部自筹 1864 万元,东区教职工住房建设万元。学校累计竣工校舍建筑面积为 18.2 万平方米,一批基础设施得到改造,办学条件有很大改善。

教职工住房水平位居部属高校前列。为解决教职工住房困难,国拨基建投资向住房建设倾斜,91 年至 98 年累计完成投资 3193 万元,新建教职工住宅 810 套,计 5.1 万平方米,加上海滨东区 700 套集资房约 7 万平方米,我校教职工人均住房面积由 1991 年的 4.27 平方米提高到 1998 年的 13.44 平方米,比部属重点大学 7.95 平方米高出 5.49 平方米,比全国高校 8.45 平方米高出 4.99 平方米。98 年下半年,根据国务院、教育部关于高校筒子楼改造的要求,在青年职工支持下,我校按照高标准进行筒子楼改造,青年教职工住房条件可望在短期内得到较大改善。

教学科研及辅助用房、学生生活用房及活动场所、学校对外接待及医疗保障条件有较明显改善.我们建设了台湾研究所、基金楼、新南强教室、联兴楼等教学、科研用房,全面翻修了成智楼、成义楼,保证了教学、科研的需要;建成了蔡清洁楼、芙蓉(十一)、芙蓉(十二)、石井(六)、石井女生浴室、化学食堂、东苑食堂等学生生活用房和学生活动中心、东边社运动场、法学院运动场,翻修了芙蓉(二)学生宿舍,初步保证了学生生活、运动、娱乐的需要;建成了逸夫楼、克立楼、建文楼和医院住院大楼,保证了对外学术交流、对外接待和师生员工医疗保障的需要。

供水、供电、供气、排洪、排污和道路等基础设施得到了改造。在供水方面,学校投资 190 万元,改造了部分教工住宅区、学生宿舍区的供水管网,新建了峰巢山路口至厦大的供水管道和海滨学生区的水泵房及 300 立方米水池,使学校的蓄水池容量达 3300 立方米,日供水量 1.3 万吨;在供电方面,学校投资 653 万元,建设了鸿山变电站至厦大的高压双回路供电线路,改造了高压配电室和校园部分供电设施,使学校供电容量达 1.26 万千伏安,日供电量 6.5 万千瓦/小时;在供气方面,98 年学校投资 85 万元,改造燃煤锅炉集中供气系统为以食堂为单位的燃油独立供气,避免了集中供气的风险,提高了供气质量,减少环境污染,美化了校园环境;在排洪排污方面,我们清理并局部改造了东大沟、博学(二)至西校门排污沟、芙蓉(三)至化学化工学院排污管道和化学化工学院楼前两个污水池,疏通了学校主要排洪排污管沟,初步改变了老校区雨污合流状况。在道路建设方面,拓宽了大南路、环芙蓉园道路、白城至海滨东区道路,改造了敬贤(一)至小车队道路、三家村至大白城坡道、建南楼群道路及钟林美广场道路。校园道路的拓宽、改造改善了校园交通状况,保证了行人、行车的通畅、安全。由后勤部门筹资建设的凌云路正在施工中,更加合理、完善的校园路网正在形成。

(三)积极参与校园文明建设,创造良好育人环境

加强学校精神文明建设,创造一个净化、绿化、美化的校园环境,是后勤部门参与育人的重工作。我们以“211 工程”校园评估为契机,按照学校建设文明校园的总体要求,积极投入校园环境整治、卫生保洁、绿化美化、室内文明等为主要内容的校园精神文明建设。

整治校园环境。由于历史的原因、长期的基本建设和受经济利益的驱动,东边社不断扩张、基建残留工棚和违章建筑到处可见,它们出租房屋,开设旅馆、饭店、酒家、发廊、影视厅、歌舞厅等营业点,成为外来闲杂人员的栖息地和酗酒滋事、藏污纳垢的场所,严重影响学校的育人环境。校园环境整治,我们拆迁东边社、大南平屋等,共有住户111户、常住人口343人、房屋593间、建筑面积1.26万平方米,征用土地面积2.8万平方米;拆除凌云区、白城区、仪器厂周边、凌峰人防洞口等各类基建残留工棚、违章建筑0.9万平方米;还拆迁了北村平屋、敬贤(二)、敬贤(三)、东边(一)至(五)、芙蓉(六)等危旧房12幢,计0.73万平方米。净化了校园环境、维护了校园秩序、改善了校园风貌。

搞好环境卫生。学校在整治校园环境的同时,注重抓好校园环境卫生。"211工程"校园评估以来,后勤部门先后清理了学校近百处卫生死角,清运土头垃圾近5000立方米;封盖了360多米东大沟并清理长年淤积的污泥和累积的废弃物6000立方米;采取划片包干、单位负责,把楼前屋后、公共场所的卫生清扫落实到各单位;校管科职工风雨无阻坚持日清扫校园主干道、主要活动场所20多万平方米,日清运垃圾15吨。学校环卫工作上了一个新台阶,基本保持了校园卫生整洁。

绿化美化校园。学校开辟了三个苗圃,共培育各类苗木2300株、绿篱苗1250米、花卉6.8万盆;校园新种植各种树木520棵、草坪1.4万平方米,整理原有草坪2.5万平方米;整修烈士陵园、萨本栋墓、芙蓉园等园林、休读景点16个;做好西校门、钟林美广场、群贤广场、鲁迅广场等重要场所在重大节日、重要接待活动的鲜花摆放工作。学校绿化面积达1308亩,绿化覆盖率达59.7%,荣获"全国绿化400佳"、教育部"文明校园"称号和厦门市"七·五"期间全民义务植树绿化"先进单位"称号。

室内文明建设。结合"211工程"校园评估和厦门创建国家卫生城市,后勤部门先后专项修缮了8幢公共教室,更换老旧破损电线,整修墙面黑板,更新南强教室课桌椅,清理了"课桌文学"、"厕所文学";专项改造、维修了14幢学生宿舍的屋顶、门窗、走廊、水房、厕所,积极协同学校有关部门、院系开展创建"文明宿舍"活动;按照厦门市创卫标准,整修了8个学生食堂,开展用餐环境文化建设,让书画、音响、电视进入食堂,晚上则把整洁明亮的食堂辟为学生晚自修的场所。遍过室内文明建设,改善了学生的学习、生活环境。

(四)抓好办学资源,做好服务工作,为学校教育事业和师生员工服务

着眼于学校发展的全局,抓好办学用地资源,减免各项配套费用,后勤部门为学校的发展做出了重大贡献。97年,根据学校教育事业发展的需要,我们开始修订《厦门大学校园总体改扩建规划》,并请市政府有关部门对总体改扩建规划的原则、布局、功能分区等进行初步论证。与此同时,我们以初步的总体改扩建规划方案为依据,积极与市政府协商扩大学校建设用地面积,在市政府的大力支持下,以专题会议纪要形式确定了学校建设用地由海拔50米提高到海拔80米,用地面积由原来的1500亩提高到2188亩,增加688亩,为我校21世纪教育发展用地的需要提供了有力的保证。在基本建设、基础设施建设等方面,后勤部门积极主动与市政府有关部门联系,争取理解和支持,91年以来为学校减免人防、消防、环保等各项配套费累计达1436万元,节省了大量建设资金,有力地支持了教学、科研。

做好后勤服务工作,为教学、科研和教职工生活服务。住房分配是教职工关心的热点,房产部门严格执行教代会审议通过的《教职工住房分配办法》,坚持公开、公平原则,认真审核,严格把关,秉公分房,92年至98年累计分配各类套房、单间房3352套(间);物资设备管理部门平均每年担负着1496万元的物资设备、实验材料的采购、管理任务,他们认真把握采购和管理的每一个环节,基本做到采购物资质优价廉,为教学科研服务及时周到;水电费是学校财政支出的大项目,为了节省水电费支出,97年初学校成立了节能领导小组,采取了用电指标定额包干等节能措施,取得了明显成效,97、98年为学校节省水电费支出261.6万元;膳食工作关系到每个学生的生活,膳食部门认真抓好采购、调配、质量、成本、服务等工作,使学校膳食工作基本做到:饭菜鲜美可口,价格合理稳定,环境卫生整洁,服务热情周到;液化石油气供应是教职工生活的保证,液化气站接受教职工开户达3350户,长期以来坚持以优惠价格送气上门服务,91年以来安全供售气20多万瓶,与市价相比,补贴教职工价差310多万元;信箱服务是教职工获取信息的窗口,厦大信箱数十年如一日,无论是严冬酷暑、刮风下雨,及时传递、送达邮件日均近2万件,从不间断;车

队为教学、科研服务,为教职工服务,为接送教职工子女上学做了大量的工作,年行车里程达80多万公里;票务部为我校外事接待、学术交流、工作会议的顺利进行,也为师生员工出差、旅游、探亲、分配等做了大量的票务工作,年均达2.3万张次;幼儿保教服务是中青年教职工关心的重点,97年以来,学校和总务处投资80多万元,改善幼儿保教条件、引进幼教师资、提高幼儿保教水平,解除中青年教师的后顾之忧,保证了他们把精力放在教学、科研的第一线。

后勤工作取得的上述成绩,是在校党委、校行政领导下,在全校师生员工的大力支持下,全体后勤干部职工辛勤劳动的结果,在此,我代表校党委、校行政向后勤的全体干部职工表示亲切的慰问和衷心的感谢!

在看到成绩的同时,我们应清醒地认识后勤工作存在的问题,主要有以下几个方面:

第一,思想观念还不完全适应新的形势。计划经济条件下形成的学校办社会的思维定式,"等、靠、要"、"小而全"、"大而全"、平均主义、"大锅饭"、"铁饭碗"等传统观念和习惯做法,对人们还有较深刻的影响,不是短期内能够完全改变的。

第二,管理体制不顺、机构设置过细。后勤行政部门管理职能和经营服务合二为一,即行政部门既负责管理,又负责经营,经济关系不明确,缺乏有效的监督机制;部门科室设置过细,职责不清,存在相互扯皮、推诿现象,工作效率不高。

第三,管理基础工作薄弱,总体管理水平不高。突出地表现在:校园总体规划不完整,规划与建设脱节,建设项目布局随意性大;基础设施建设无设计、无图纸施工现象较普遍,造成管线纵横交错、混乱不堪;各类用房、库房等资源配置不尽合理,缺乏有效调节机制,一方面资源紧缺,另一方面资源浪费严重;管理反馈系统不灵,常流水、常明灯等现象时有发生。

第四,基础设施建设历史欠账多、包袱沉重。排洪排污与学校建设规模矛盾突出,雨污分开排放未得到根本解决,污水排放达不到市环保标准;水电管线布局比较混乱,新老校区水电供应安排不够合理,水管锈蚀、破裂、渗漏、堵塞和电线老化、破损、超载比较严重;消防设施老化、消防器材配备不足、消防水压不够、消防栓喷不出水的现象严重。

第五,后勤管理队伍素质不高。由于历史的原因,后勤干部职工总体的文化水平比较低,尤其是技术性、专业性比较强的部门,管理干部、技术骨干、技术人员严重不足,直接影响到后勤工作水平的提高和现代化管理手段的应用。

后勤工作中存在的矛盾和问题,是长期积累形成的,只有通过深化改革、加强管理才能逐步解决,也只有这样,才能使我校后勤工作上新台阶、上新水平。

二、后勤改革指导思想、任务目标与基本原则

高校后勤工作是高校整体工作的重要组成部分,是确保教学、科研顺利进行和满足师生员工基本生活需要的一项基础性、先行性、保障性的工作。高校后勤改革是高等教育改革的重要内容。

社会主义市场经济体制的建立,客观上要求改变计划经济体制下形成的高校办社会、办后勤的格局,把高校后勤推向社会,实现由社会来办学校、办后勤;高校作为产业,要在激烈的竞争中加快建设发展,就必须突破后勤这个制约高校发展的"瓶颈",减少庞杂的后勤对高校办学的压力,这就要求后勤在新的条件下采取新的体制和运行方式来为高校的发展服务;高校新一轮内部管理体制改革的迅速推进,要求高校后勤与之和配套、相适应;高校后勤长期以用来形成的突出矛盾和问题,也要求后勤通过改革加以解决。高校后勤改革已成为高等教育发展一项重要而紧迫的任务。

后勤改革的指导思想:高举邓小平理论伟大旗帜,以党的十五大精神、《中国教育改革和发展纲要》、《面向21世纪教育振兴行动计划》为指导,认真贯彻《中共厦门大学委员会关于深化校内管理体制改革的决定》和《厦门大学深化校内管理体制改革会议纪要》的精神,解放思想,更新观念,坚持"三服务,两育人"的宗旨,深化后勤改革,理顺管理体制,转换运行机制,精简内设机构,缩减人员编制,行政高效运行,中心

企业管理,改革住房制度,加强基建管理,减轻学校负担,稳步把后勤推向社会,使后勤在新的起点上为促进学校教育事业发展做出更大的贡献。

后勤改革的目标就是要实现后勤社会化。但是,就目前的外部环境和学校的内部条件来说,由于缺少强有力的政策支持,社会第三产业还不发达,高校几十年形成的后勤体制也难以在短期内完全脱离"母体",这就决定了实现后勤社会化需要一个过程。这是一个体制转化的过程,观念转变的过程,也是利益调整的过程。在这一过程中,我们要大胆改革,稳步推进,坚决克服急于求成和不思进取的倾向。要积极争取市政府有关部门的支持,创造条件使液化气供应、供水、供电等部门和项目尽快实现社会化;力争用三年左右的时间,改后勤由学校拨款服务为有偿收费服务,实现后勤服务内部社会化,然后向社会化迈进。

后勤改革成功与否,要以广大师生员工对改革后的后勤服务是否满意作为衡量标准。为此,后勤改革必须坚持以下基本原则:

第一,牢固树立"三服务,两育人"的宗旨。这是高校教育环境和服务对象特点的要求,是高校后勤的显著特色。后勤的管理体制、运行机制、服务方式可以变,但坚持"三服务,两育人"的宗旨绝对不能变。后勤改革只有创造以一流的管理教育人、优质的服务感染人、优美的环境陶冶人,在更高的层次上为教学、科研服务,为师生员工生活服务,才能形成具有社会主义大学特色的高校后勤,才有强大的生命力。

第二,解放思想,更新观念。高校后勤的社会化改革是社会主义市场经济条件下高校办学改革的重要组成部分,是一件新生事物。后勤实现社会化的过程,就是不断解放思想,更新观念的过程。解放思想,更新观念必须贯穿后勤改革的全过程。只有这样,才能破除计划经济条件下形成的"等、靠、要"、平均主义、大锅饭、铁饭碗等不适应新形势的思想观念和人们的习惯做法;只有这样,才能树立适应新形势的市场观念、竞争观念、经营观念、效益观念等新的观念,才能拿出新思路、新措施、新办法,解决改革中碰到的困难和问题,保证改革的顺利进行。

第三,团结协作,开拓进取。后勤改革涉及机构精简撤并、单位性质转换、人员缩编调整、福利服务改有偿服务、拨款运行改收费运行、生产消费改消费生产、料工费核算改完全成本核算、事业管理改企业管理等,这就要求后勤部门在改革过程中要团结协作,开拓进取。要善于根据新的条件找准位置、进入角色,学习新知识,掌握新本领,闯出新路子,开拓新领域,打开新局面,创出新成效。

第四,正确处理改革、发展、稳定的关系。这是后勤改革必须处理好的最基本的关系。后勤要在稳定中改革,以改革促发展,在改革发展中求稳定生要处理好教育与经济、经营与服务、社会效益与经济效益的关系"要掌握好改革的力度,充分考虑师生员工的实际承受能力,稳中求进。后勤改革要有利于提高为教学、科研和示范师生员工生活服务的质量,有利于调动后勤干部职工的积极性、主动性和创造性,有利于后勤经济实体增强自我积累、自我发展的能力,有利于减轻学校精力、财力负担,保障学校教育事业的发展。

三、深化后勤改革,加强后勤管理的重点工作

(一)改革管理机构,理顺管理体制,转换运行机制

1.精兵简政,理顺管理体制

由于以往机构设置和管理体制有许多方面已经不适应新的形势,后勤的机构和体制将按以下指导原则进行改革:(1)把行政管理职能与经营服务功能分开,强化行政管理职能,转换经营服务机制;(2)按精简、统一、效能的原则调整后勤机构,明确职能工,划清职责权限,实行精兵简政;(3)加强执法监督、管理监督机构的建设,充分发挥其在后勤管理中的作用。

后勤原有总务、基建、资产三个处,设有 18 个科,加上实验办并入 2 个科;计 20 个科,改革后精简为 8 个科。总务处由原行政科、膳食科、财务科、动力科、校管科、节能办、幼儿园、招待所等 8 个科改为管理科:综合科、水电科等 3 个科;基建处由原财务科、基建科、修缮科、计划材料科、设计室等 5 个科改为综合

计划科、施工管理科等2个科;资产处由原房产科、土地科、城监大队加上原总务处物资科、宿管科和原实验办供应科、物管科等7个科改为房地产科、物资设备科、城监大队等3个科。原总务处、资产处的经营服务功能按其类别、性质成立饮食服务中心、校园服务中心、维修服务中心、接待服务中心、物业管理中心等5个中心。改革后,后勤行政管理干部由111人精简到54人,精简51%,各“中心”组建后将再精简人员20%。通过改革真正把行政管理职能与经营服务功能分开,把事业单位与企业单位分开,精兵简政,理顺管理体制。

2.转换运行机制

总务处、基建处、资产处作为职能部门代表学校履行行政管理职能,不再直接从事生产经营服务活动。它们与“中心”的关系是事业与“企业”的关系即甲乙双方的关系,不参与管理“中心”内部事务。它们对“中心”主要是采用行政、经济手段进行合同、政策、市场、资源、环境、价格、卫生等管理,负责选聘、辞退“中心”主要负责人,为“中心”做好生产经营服务工作创造必要的条件。

“中心”的性质是经济实体,实行企业化管理。“中心”实行主任负责制,朝着自主经营、独立核算、自负盈亏的方向发展。为此必须赋予“中心”经营自主权:(1)人事权。中心主任、副主任、部门负责人及员工实行竞争上岗和全员聘用合同制管理。按“老人老办法,新人新办法”的原则,原事业编制人员保留其档案工资及相应待遇,新进企业编制人员的人事关系挂靠厦门市人才交流中心。(2)财权。自主调配使用资金,开立银行帐号,独立财务核算。(3)分配权。根据按劳分配、效率优先、兼顾公平的原则,决定工资、奖金的分配。工资、奖金增长的幅度不得高于劳动生产率和经济效益增长的幅度。(4)机构、岗位设置权。按工作需要设置内部的机构和岗位。(5)资产处置权。校有资产处置须按规定报批,在生产经营服务过程中新增的资产有处置权。(6)经营决策权。根据市场和服务对象的需要,决定生产经营服务活动。

在理顺管理体制,转换运行机制的过程中,要有条件地逐步放开校内生活服务市场,用招标方式竞选有实力、信誉好的第三产业企业参与学校服务经营活动;要鼓励开展行业竞争,不搞独家垄断经营,在正当的竞争中提高服务的层次和质量,实现优存劣汰;要按企业化管理的要求,对“中心”进行清产核资,明晰产权关系,实行资产租赁经营;要抓紧“中心”人事、分配、财务等制度的建设,严格规范管理;要加快行政监督机制和监督制度的建设,形成管理监督、执法监督、舆论监督、群众监督相结合的监督体系,确保新的体制和机制能够健康、有序运行。

(二)加快住房制度改革,推进住房社会化

1.提高房租加补贴,实行厦门市房租标准

1992年我校与厦门市同步进行住房制度改革,实施提租加补贴、建立住房公积金、分房购买建设债券,迈出了住房改革的第一步。从95年起厦门市房租标准在每平方米0.70元基础上逐年提高,现在每平方米为2.51元。我校由于财力等原因,没有跟上厦门市提租,现在房租仍维持在每平方米0.70元。住房制度改革滞后带来许多新的矛盾,突出表现在:不利于住房商品化、社会化,造成买房不如租房;已经购房和参加集资购房的教职工享受不到住房补贴和公积金补贴;导致部分住市直管公房和外单位直管房的教职工向校内要住房,加大学校住房需求的压力和住房管理的难度。从维护学校整体利益,加快住房制度改革,改善教职工住房条件出发,我们要积极筹措资金,争取从2000年1月1日起分步执行厦门市厦房改字[1997]03号文件,逐步把房租标准、住房补贴、公积金补贴提高到与厦门市同步的水平。

2.实行公有住房租赁制

根据国家、厦门市房改取消住房实物分配的精神,决定对产权、调配权属于学校的住房、直管公房、代管房等实行租赁制。建立以厦门市房租标准为主,超面积住房租金、逾期住房租金、临时住房租金等为辅的租金制度,形成以租金作为住房调节杠杆,用行政、法律手段管理住房的新办法。住房租赁的具体实施办法由《厦门大学教职工住房租赁管理办法》等文件做出规定。

3.加快住房商品化、社会化

要继续按规定做好学校可出售区公有住房的出售工作。鼓励购买住房部分产权和参加东区集资房建设拥有住房部分产权的教职工，购买住房全部产权。要积极与市政府有关部门协商，做好办理教职工住房产权的工作。学校在校园范围内原则上不再兴建教职工套房。教职工住房建设纳入厦门市政府统一规划、统一设计、统一施工、统一管理的轨道。我们将在去年出售前埔 280 套住房的基础上，进一步与厦门市政府协商 1999 年至 2010 年 1800 套住房的建设规划，并安排落实 99 年前埔教职工住房的兴建和出售计划，加快实现教职工住房商品化、社会化。

(三)加强基本建设管理，实现工作重点转移

1.抓紧修订校园总体改扩建规划

校园总体改扩建规划是学校基本建设的总纲，是教育部基建投资改革后基建拨款的依据，是向厦门市政府申请扩大学校建设用地的基础。校园总体改扩建规划得修订，要从 2010 年学校发展规模出发，根据学科建设和教学科研的需要，力求做到建设布局合理，功能分区清楚，各类用房适当，活动场所充足，道路管网规范。在校园总体改扩建规划修订的同时，要着手制订校园道路规划、水电规划、环艺规划、排洪排污规划等。校园总体改扩建规划修订和各分项规划制订，要力争在 2000 年底之前完成。规划一经批准；就要树立规划的严肃性、权威性，把基本建设纳入严格按规划建设的轨道。

2.基本建设重点转向基础设施建设

基本建设要彻底改变以往只重视房屋建设轻视基础设施配套建设，轻视周边环境整治建设，轻视房屋使用维修:维护的状况。从今年起，国拨基建投资的重点将逐步转向基础设施建设，这是基本建设一个重大的转变。学校决心用六年左右的时间基本完成对基础设施的改造。做到排洪排污沟全面改造整治，排放达到环保要求；校园主干道、重要场所取消架空线，强、弱电电线改为地下电缆；改造供水的管网和设施，基本实现由市政管网直接供水，学校分片区监控；改造拓宽校园主干道，建设凌云路，完善校园路网。要重视校园嘉庚建筑风格的保护和整体建筑风格的协调；要重视建筑物的维修、维护和体育运动场所、休读场所的建设；要重视校园环境的整治和绿化美化工作，营造独具特色的校园风貌。

3.抓好重点工程建设，加快学生公寓建设

重点工程关系到学校面向 21 世纪发展的全局，务必按时保质保量，切实抓好。“211 工程”的建设项目:嘉庚楼群、海洋楼；医学院建设项目:解剖病理楼；其他重点项目:嘉庚广场、芙蓉餐厅等必须在 2006 年底前建成，向建校 80 周年献礼。筒子楼改造是党中央国务院实施“科教兴国”战略的一个重大举措，是一项政治工程、民心工程。我校争取国拨筒子楼改造经费 2486 万元，加上学校配套 800 多万元，共约 3300 万元，我们要按国务院、教育部的要求，克服一切困难，努力工作，一定要在今年底完成筒子楼的改造任务，绝不把筒子楼带入 21 世纪！要采取学校投入建设、贷款建设或社会化建设的办法，加快学生公寓的建设，改善学生的住宿条件，争取用三年左右的时间按 99 年底在校生规模实现本专科生 6 人住一间的目标。

4.强化基本建设全过程管理，提高基建工作水平

基本建设创造着学校的建筑艺术、建筑风格，从而形成校园的整体形象和特色，基本建设的布局、结构、质量直接服务着学校的教育，是办学的百年大计。因此，在加强基建管理干部队伍建设的同时，要强化基本建设全过程的管理:严格执行校园总体改扩建规划，确保建设布局的合理性；抓好项目设计管理，保证学校建筑风格的协调性；规范项目招标管理，保证中标价格的科学性；强化现场施工管理，保证施工质量的可靠性；加强工程预决算管理，讲求基建投资的经济效益；加强基本建设档案管理，保证基建档案的完整性；遴选优秀的施工队伍，加强施工队伍管理等。通过加强基本建设管理，把我校的基建工作提高到一个崭新的水平。

(四)加强资源管理，建立资源优化配置、合理使用的新机制

1.加强建设用地管理，抓紧划定岛外新校区用地

建设用地是学校最珍贵、最有限的资源，要十分珍惜和爱护每一寸建设用地。要根据学校教育发展规模的需要，在科学规划、合理安排的前提下，抓住有利时机遇，抓紧与厦门市政府商定岛外新校区建设用地。要继续与市政府有关部门做好现有校园习惯性用地的勘界工作，尽快确定校园用地红线。要进一

步完善学校建设用地使用管理制度，严格审批程序。要采取有力措施，坚决制止土地侵权、违章搭盖、违章圈地、违章开垦等行为，确保学校土地资源的完整。要十分重视沿路、临海要道地段开发的经济价值，以前瞻的眼光合理规划、充分利用，为学校长远发展留下具有宝贵价值的物业。

2.加强房屋、设备管理，提高使用效益

全面进行各类房屋、设备的普查、清理，摸清家底，建立管理档案。组织房屋、设备使用情况调查，为资源优化配置做好基础工作。参照国内外大学的做法，结合我校的实际情况，制定行政、教学、科研、实验用房等的定额标准，规划、调整、安排各类用房。建立资产使用评价制度和资产评估制度，推进资产管理科学化。创造条件，打破资产部门单位"所有制"和资产无法合理流动、充分利用的状况，根据有偿、效益原则，着手建立资产优化配置、合理使用的新机制。

3.加强物资设备采购管理

改进物资设备采购管理，推行大批量物资设备采取政府采购的办法，单件、专门化、小批量以使用单位采购为主的办法。简化、规范物资设备采购审批程序，加强采购重点环节监督，建立资产管理部门、使用单位、代理商等对贵重物资设备联检联验的制度。清理物资设备仓库，减少库存，加快周转，提高库容使用效率和效益。

(五)加强后勤干部队伍建设，提高管理服务水平

1.加强领导班子建设

后勤改革能否顺利进行，改革后的后勤服务工作能否迅速打开新的局面，领导班子是关键。越是在改革时期，越是在工作艰巨的节骨眼上，越要重视领导班子建设。要紧密结合后勤改革，开展创建"好班子"活动，好班子的基本标准："政治坚定、团结协作、勤政廉洁、开拓创新"。政治坚定：就是要高举邓小平理论伟大旗帜，带头学习邓小平理论，在政治上、思想上、行动上与党中央保持高度一致，胸怀全局，讲学习、讲政治、讲正气。团结协作：就是要认真贯彻民主集中制原则，重大问题集体研究决策，班子成员要敢于、善于负责，"一班人"要开诚布公、思想融洽、配合默契、步调一致。勤政廉洁：就是要严格遵守中央和学校关于廉洁自律的各项规章制度，从领导班子做起，抓好本部门、本单位的廉洁自律工作，勤勤恳恳、扎扎实实工作，倾听群众呼声，关心群众疾苦，真心实意为师生员工服务。开拓创新：就是要有强烈的事业心和责任感，解放思想、实事求是、迎难而上、真抓实干，创造性地开展工作。"好班子"是在实践中干出来的，我们要在实践中考验班子、发现干部、培养干部，经过实践的锻炼，真正把后勤各部门、各单位的领导班子建设好。

2.加强管理干部、技术干部队伍建设

后勤的科会化改革，使后勤服务的专业化、市场化水平越来越高。许多干部职工将由事业单位转入企业单位工作，人们原来习惯的、熟悉的许多服务方式、工作方式将越来越不适应于新的条件、新的环境。许多新的知识、新的技能需要人们不断去学习。培养管理干部队伍和技术干部队伍是我们面临的一项重要任务。我们要采取有力措施，组织干部职工学习市场营销，企业管理、财务管理、计算机技术、法律等知识；要根据不同服务部门、服务岗位的需要，组织员工学习掌握水电维修、物业管理、烹调、园艺、绿化等技能；我们还要聘任有专业特长、专业技能的人员来充实我们的干部队伍和职工队伍，提高管理水平和服务水平。

(六)加强党的建设和思想政治工作，为后勤改革提供强有力的保证

1.加强党的思想建设，发挥党员的先锋模范作用

我们要深入学习邓小平理论和党的十五大精神，把握邓小平理论的科学体系和精神实质，统一思想认识，指导后勤改革实践。后勤的党员干部要成为带头深入学习邓小平理论和党的十五大精神的模范：要成为勤政廉洁、讲学习、讲政治、讲正气的模范；要成为解放思想、更新观念、实事求是、顾全大局、积极宣传后勤改革的模范；要成为身体力行、率先垂范、带领群众投入后勤改革的模范，一句话，党员干部要在后勤改革中起先锋模范作用。

2.加强党的组织建，发挥党组织的战斗堡垒作用

要结合后勤改革的实际，认真贯彻《中国共产党普通高等学校基层党组织工作条例》，加强各中心实体基层党组织的建设。后勤改革对基层党的建设提出了许多新的特点、新的内容和新的要求，基层党组织要粮据新的情况，不断改进和完善党组织的活动内容和工作方式，加强党的制度建设和组织建设，增强党组织的凝聚力和战斗力，使基层党组织真正发挥团结和带领广大群众推进后勤改革的政治核心作用和战斗堡垒作用。

3.加强思想政治工作，保证后勤改革顺利进行

后勤改革是涉及人们思想观念和利益调整的一场变革，不可避免地会对后勤的干部职工造成影响。在改革过程中，要特别注重加强思想政治工作。要深入到干部职工中去，细心听取他们的意见和建议，了解他们的困难和问题，结合改革寻求解决的办法；要从全局和发展的观点出发，给大家讲清楚后勤改革的道理，通报后勤改革的方案和做法，统一大家的思想，求得理解和支持；要特别重视做好下岗分流的干部职工的思想工作，以高度负责的精神，组织他们学习新知识，掌握新技能，创造条件让下岗的职工有再上岗的机会、分流的职工安心在新的岗位工作。总之，思想政治工作要做得深入、做得细致、做入脑里、做入心里，让大家心平气顺、拿出劲来、携起手来，共同把后勤改革推向前进。

同志们，后勤改革是为了在更高水平、更高层次上促进高等教育的发展。后勤的社会化，不是高等教育的发展不需要后勤，而是在市场经济条件下高等教育发展对后勤提出的更高的要求，市场经济越发达，高越发展，就越需要社会化的后勤保障服务。后勤改革不单纯是后勤部门的事，而是办好学校的一件大事。我们要以改革的精神、发展的眼光满腔热情地关心、支持、帮助后勤的改革，扶上马、送一程，创造条件让后勤稳步走向社会化。后勤的劳动很繁杂、很琐碎、很辛苦，广大后勤的干部职工长年累月、任劳任怨、辛勤劳作、默默耕耘，后勤的劳动是高尚的劳动，理应得到人们的理解和尊重。后勤改革对后勤的发展来说，既是严峻的挑战，又是难得的机遇。希望后勤广大干部职工在校党委的领导下，振奋精神，抓住机遇，不畏艰难，闯出新路，发展自己，以崭新的姿态、优质的服务、骄人的业绩，为把厦门大学建设成为国内一流、国际上有较大影响的社会主义综合性大学做出更大的贡献！

——本文摘录自《关于印发校领导在学校后勤工作会议上重要讲话的通知》，(1999)厦大办 7 号，档号 1999-XZ09-4

关于在校内体制改革中加强档案管理的几点意见

(1999年7月5日)

校内体制改革是我校近两年工作的一件大事,为确保改革中档案管理工作的稳步发展和各单位档案文件材料的齐全完整、安全及其归属,根据《中华人民共和国档案法》和福建省档案局闽档[1999]14号文等有关法规,现就校内体制改革中加强档案管理工作有关问题提出如下几点意见:

一、档案工作是学校一项重要工作,各单位在校内体制改革中均应加强对档案工作的领导,分管负责人和有关承办人员职责应明确,任务要落实,应把这项工作列入有关人员的职责范围,切实做好档案文件材料的立卷归档工作。

机构变动部门和单位在校内体制改革中,应把档案的处置工作列入本单位机构改革工作的总体计划,列为撤并单位和分管负责人移交工作的一项重要内容,及时解决好档案整理、移交、接收过程中存在的具体问题,做好机构改革中档案的处置工作,任何部门和个人不得私自带走、留存、转移或销毁档案。

在机构精减、院系体制调整、人员分流干部考核任免、职工聘任、竞争上岗等工作变动时,凡未办理档案文件交接手续的不得办理调动手续、不得选拔任用、年度考核不得评合格。

三、机构变动部门和单位的档案,凡属应当归档的文件材料,应按学校有关规定,及时向档案馆移交归档。其归属与流向按以下要求执行:

1.撤销的部门和单位(包括临时机构),其档案原则上全部向学校档案馆移交;确因工作需要的文件档案,可由其职能归属的主要部门或单位代管,不得分散,待到归档期限时再向档案馆移交。

2.两个或两个以上部门或单位合并组成新的部门或单位时,原部门或单位的档案,可由新组建的部门或单位保管。

3.一个部门或单位的职能和内部机构分解到两个以上部门或单位时,其档案不得分散,应作为一个档案整体向档案馆移交。

4.原来是行政或事业单位,在机构改革中转为服务实体经济实体,不再行使行政管理职能的转换机制前形成的档案,应移交档案馆;个别单位确因工作需要,经档案馆同意,可暂由改制后的新单位保管,转换机制后形成的档案,由新单位保管。

5.机构保留但名称更改或职能与业务范围部分发生变动的部门和单位,其原来形成的档案由该部门或单位继续保管不得分散。

四、机构变动后新设置的部门和单位应及时建立健全档案管理制度,及时收集变动过程中形成的文件材料,并做好整理保管工作。

五、校内体制改革中的机构改革,院系调整改革、人员精减分流等变动过程中,必须确保档案的完整、安全与集中统一管理,既要加强对以往文件资料的收集,也要加强对现行文件的整理归档工作,认真做好档案的收集,整理、保管、利用和清理交接工作,避免应归档的文件材料的散失。

六、各院系所各单位和有关人员必须按照《档案法》和学校有关档案文件管理规定,确保档案收集齐全、完整安全。对有违反《档案法》行为的单位与个人,必须坚决予以查处,严防国家与学校的档案流失。

厦门大学档案馆

一九九九年六月二十三日

——本文摘录自《关于转发〈关于在校内体制改革中加强档案管理的几点意见〉的通知》,厦大综[1999]32号,档号1999-XZ09-6

厦门大学关于引进高层次人才的暂行规定

(1999 年 7 月 7 日)

为加强我校师资队伍建设和学科建设，进一步提高教学、科研水平，实现把我校建设成为一流大学的奋斗目标。特制定本暂行规定。

一、引进人才的范围

1.两院院士；

2.学科建设需要、学术成果突出可作为学术带头人的中青年教授；

3.学科建设需要，学术成果突出且可作为学科带头人培养的年轻副教授或博士。

二、优惠条件

凡属我校学科建设急需引进的高层次人才，学校提供以下优惠条件：

1.提供必要的工作条件，安排实验室和提供必要的实验设备。

2.根据实际工作需要资助一定数额(理工科教师 3～5 万元，文科教师 1～1.5 万元)的科研启动费，用以帮助他们尽快地开展科研工作。协助留学回国人员向国家有关部门申请科研启动费及科研基金。

3.凡从国内高等学校和科研单位引进的教授(研究员)、副教授(副研究员)来我校报到时，所在院(系、所)有空余岗位的，直接聘任相应职务，所在单位没有空余岗位的，由学校统筹解决；凡从国外引进的人才，视其业务能力、学术成果与水平，由校长特批聘任相应职务。

4.安排招收研究生。

5.凡引进的人才年龄在 40 周岁以下的，即列为我校优秀中青年骨干教师培养对象。

6.引进的人才中，教授安排三室二厅或三室一厅住房一套，副教授安排三室一厅或二室一厅住房一套，获得博士学位的已婚者安排二室一厅或一室一厅住房一套、未婚者安排一室一厅住房一套。根据各人的具体情况给予一定的安家费用。

7.引进人才的家属户口随迁，学校协助联系其子女的入学入托；对其配偶，学校根据不同情况采取不同办法给予妥善安排。

8.两院院士优惠条件专门商定。

三、其他

1.人才引进的申报及审批程序按《厦门大学人员选调工作暂行规定》(厦大人[1998]12 号文)的有关规定执行。

2.各单位应配合学校优先安排引进人才家属的工作；后勤部门及建南集团聘用人员时，在同等条件下应优先聘用引进人才的家属。

3.引进的人才必须按规定至少在我校工作五年,若服务期未满调离我校的,必须按规定交纳编制补偿费,同时必须退回全部补助费和安家费,其随调家属按我校有关规定办理。

4.经校领导审批的引进人才科研启动费的使用由科研处具体管理。

5.凡不列入引进人才范围的调入人员或毕业生按一般调入或毕业生录用的有关政策和程序办理。

6.本暂行规定由人事处负责解释。

7.本暂行规定从公布之日起实施。

——本文摘录自《关于印发〈厦门大学关于引进高层次人才暂行规定〉的通知》,厦大人[1999]70号,档号1999-XZ10-4

关于评聘教师和专职科研人员职务实施意见的补充意见

(1999年8月6日)

经研究,我校1999年度教师和专职科研人员职务的评审原则上仍按厦大职改[1998]07号文执行。为鼓励我校教师和专职科研人员更好地为社会经济建设服务,鼓励他们从事科技开发应用课题研究。同时为进一步完善评聘教师和专职科研人员职务实施意见,特制订如下补充意见。

一、鼓励从事科技开发和应用课题研究

1.理工科经费15万元以上的横向课题相当于省基金一般项目,经费50万元以上的横向课题相当于国家基金一般项目或省基金重点项目,经费100万元以上的横向课题相当于国家基金重点项目,经费300万元以上的横向课题相当于国家基金重大项目。

文科经费4万元以上的横向课题相当于省基金一般项目,经费12万元以上的横向课题相当于国家基金一般项目,经费25万元以上的横向课题相当于国家基金重点项目。

以上经费必须以实际到款额计算,且课题研究内容已完成1/2以上,并须经校科研处认定。有校外合作单位的,必须扣除合作单位部分的经费。

2.一项经省、部级以上单位鉴定为国内领先或先进水平的科技成果或国家发明专利(出示专利证书)可代替一篇核心刊物学术论文;一项经省、部级及以上单位鉴定为国际领先或先进水平的科技成果可代替一篇权威刊物学术论文。

3.研究成果已取得较大经济效益,向学校净上交10万元,可代替一篇核心刊物论文,向学校净上交20万元,可代替一篇权威刊物论文(以校财务处的证明为据)。

4.接受中央和省政府调研课题的,调研报告被中央有关部门采用并有成果认可书或被省政府采用并有成果认可书可相当于一篇核心刊物论文;调研报告被中央有关部门采用并有成果认可书且受到中央领导书面肯定的,可相当于一篇权威刊物论文。

5.从事应用研究和科技开发的教师除上述1至4项条件外,晋升副教授(副研究员)在相对应的任职条件中至少应有一篇核心刊物论文,晋升教授(研究员)在相对应的任职条件中至少有一篇权威刊物论文。

二、正式出版一本专著和全国统编教材(十万字以上)或一本编著、译著、教科书(十五万字以上)可相当于一篇核心刊物论文。

三、在国际学术讨论会大会报告并被ISTP收录的论文视同SCI、EI收录的论文。

四、国家基金重大项目一级子课题负责人相当于国家基金重点项目负责人,二级子课题负责人相当于国家基金一般项目负责人,三级子课题负责人相当于省级基金一般项目负责人;国家基金重点、项目一级子课题负责人相当于国家基金一般项目负责人,二级子课题负责人相当于省级基金一般项目负责人。

五、承担两项厦门市一般项目相当于一项厦门市重点项目。

六、学术论文在国外学术刊物上发表的,其论文级别由所在学科组的专家确认,并报校职改领导小组审定。

七、体育学科教师,担任主教练所培养的运动员或运动队获得一次全国比赛前三名或全省比赛第一名,可相当于术科一件作品。

八、音乐学科教师参加全国重大活动的演出,或参加全国歌手大奖赛前三名,或出版一盒个人专辑可相当于术科一件作品。

九、申请正常晋升高级职务的教师，公派出国一年以上独立使用外语或在国际学术会上用外语在大会发言或在国外获得硕士学位，教学科研成果较突出且为本学科骨干教师，参加外语考试成绩差合格标准10分以内的，经校职改领导小组研究同意，组织专家小组进行面试，面试合格者，可申请晋升高一级职务。

十、在国外著名的本专业外文学术刊物上发表五篇以上学术论文的（独立撰写或第一作者署名），晋升高级职务时可免试外语。

十一、从2000年起凡晋升讲师（助理研究员）职务者必须取得全国或福建省计算机等级考试二级证书。已获得计算机及相近专业硕士、学士学位者或在校学习期间已取得计算机等级考试二级证书者可免试（出示证书）。

十二、由于本单位评优人数限制，在年度考核时未评上优等，但其考核总积分已达到或超过本单位当年优等总积分的，本人可提出申请，经所在单位核实，并报校职改领导小组研究同意，可视同一次优等（仅限一次）。

十三、本补充意见从一九九九年起执行。

十四、本补充意见由校职改领导小组负责解释。

厦门大学职称改革领导小组

一九九九年八月六日

——本文摘录自《关于评聘教师和专职科研人员职务实施意见的补充意见》，厦大职改[1999]10号，档号1999-XZ10-6

厦门大学关于教师职务评审程序若干规定

(1999 年 8 月 25 日)

改革职称评定,实行专业技术职务聘任制,是专业技术人员管理制度的一项重大改革。评审教师职务的工作政策性强,涉及面广。为了引入竞争机制,促进公开、平等的竞争,增加教师职务评审工作的透明度,进一步改进和完善教师职务评审程序,现根据中央和省职改工作的有关文件精神,结合我校实际情况将 1998 年《厦门大学关于教师职务评审程序的若干规定》修订如下:

一、本人申报,群众评议

(一)申请晋升教师(含专任教师、研究人员和专职从事学生思想政治教育干部)职务需由本人提出。申请人在任现职期间,每年度工作考核结果均必须是优(特等、一等,下同)良(二等,下同),同时每年政治思想表现考核结果必须为 A、B。

申报统评教授(研究员)职务者、破格晋升职务者和选优对象,任现职以来年度工作考核至少有二次为优,其他为良,同时每年政治思想表现考核结果必须为 A、B。

凡当年工作考核结果未达到良者,或当年政治思想表现考核结果未达到 A、B 者,或任现职期间年度工作考核结果达到优良累计不足五次者异或任现职期间年度政治思想表现考核结果 A、B 累计不足五次者均不能申请晋升职务。

凡晋升高一级职务者,必须在校服务二年以上,方可调离学校、出国探亲或自费出国留学,否则取消其任职资格。

(二)所有申请人均须在《厦门大学专业技术人员晋升职务报名表》中填写基本情况并如实填写《厦门大学教师职务晋升申请表》,由各单位认真审查申请资格,并报校职改办进行申请资格复审。经复审符合申请条件者应填写《厦门大学申请晋升讲师(助研)职务简明表》或《厦门大学申请晋升教师高级职务简明表》(简称"简明表")。

(三)申请者所在教研室(组)或研究室应组织全体教师进行评议,必要时申请者可先到会简要介绍本人的思想政治表现、工作态度和成绩、教学科研成果等情况。教研室(组)或研究室领导在听取群众意见的基础上,对照相应职务任职条件写出书面意见,并送交所在单位(院、系、所)考核推荐小组。

(四)各单位在考核前三天应将所有申请人的"简明表"在本单位内张榜公布。凡对申请人填写的内容有疑议的,应及时向单位考核推荐小组或校职改办反映。

二、单位考核、推荐

(一)各单位负责人必须根据教学、科研人员相应职务任职条件,对每位申请人进行认真审查。凡不符合晋升条件者,不得向学校推荐。

(二)各单位召开考核推荐小组会议之前,应先对符合晋升条件者任现职以来各年度考核结果(包括教学积分、科研积分和党政兼职及其他工作积分的总和)进行平均,并以此平均分进行排序。

(三)凡申请破格晋升或参加优秀中青年骨干教师选拔者,须经所在单位考核推荐小组先进行无记名投票预表决。赞成票数达到出席成员的三分之二及其以上者,方能与其他申请者一起成为正式表决、推荐的对象。

(四)各单位召开考核推荐小组会议时,申请者应先到会汇报本人的思想政治表现,工作态度和成绩,教学科研成果等情况及本人各年度工作考核结果。考核推荐小组成员对每位申请者的“简明表”认真审阅并进行民主评议，然后结合申请人的各年度工作考核平均结果进行无记名投票表决（以本单位推荐人数为表决数）。凡赞成票数达到出席会议成员的二分之一以上（不含二分之一）者，方可通过作为推荐对象。考核推荐小组以赞成票数高低为序，从高至低取足推荐人数。若最后一个推荐名额有两人或两人以上获得相同赞成票数，取年度工作考核平均分较高者为推荐对象。在符合晋升条件的申请人超过本单位推荐人数的150％且赞成票数超过二分之一者未达到推荐人数时，可按余额的1.5倍对未获得二分之一（含二分之一）赞成票数者中票数较高者进行再次投票表决，并以上述办法确定推荐对象。若仍未取足推荐人数，则不再推荐。在符合晋升条件的申请人未超过本单位推荐人数的150％时，虽赞成票数超过二分之一者未达到推荐人数，也不再推荐。

（五）各单位晋升高级职务的推荐人数为本单位可晋升岗位数的150％以内，晋升中级职务的推荐人数为本单位可晋升岗位数以内。推荐名单须在本单位张榜公布并报校职改办。

（六）各单位推荐的各类型申请人，若经学校复审发现不符合晋升条件，不得送审，且各单位不得递补。

三、代表作送审

（一）各单位推荐的拟晋升高级职务的申请者，应提交任现职以来正式发表的科学论文、著作和技术成果一式一套，其中指定为代表性的论文（独立撰写或第一作者署名）和著作（2～3篇、本），申报正高职务者须提交一式三套，申报副高职务者须提交一式二套。

（二）申请晋升教授（研究员）职务者的代表作，应送三位教授级同行专家（其中至少有一位校外同行专家）鉴定。破格晋升副教授（副研究员）的代表作须送两位教授（其中至少有一位校外同行教授）鉴定。

（三）申请正常晋升副教授（副研究员）者的代表作，送两位校内外同行专家鉴定。

（四）学校无高级职务审定权的学科，申请者的代表作送审按省教委文件规定执行。

（五）晋升高级职务者的代表作由院长（系主任、所长）指定同行专家鉴定。凡送校内同行专家鉴定的，由各院（系、所）办理送审工作；凡送校外同行专家鉴定的，由各院（系、所）整理好需送审的材料，送校职改办审核后由各单位办理。同行专家鉴定意见（须将专家姓名覆盖）由各院（系、所）打印所需的份数。

代表作送审时，应回避与申请者共同撰写该论著的合作者和申请者的导师。

（六）送审代表作的要求

1.晋升教授（研究员）的代表作必须是任现职以来在公开发行的学术刊物上发表的科学论文或正式出版的著作、教科书，或在科学研究上有重大发明创造的成果。

晋升副教授（副研究员）的代表作必须是任现职以来，在公开发行的学术刊物上发表的科学论文或正式出版的著作、教科书，或参加国际学术讨论会议并在大会宣读且被收入论文集正式出版的论文，或对促进科学研究和社会经济发展做出重要贡献的成果，或在革新实验技术设备和实验室建设方面取得的成果。

未经正式出版的著作、教科书，或发表的论文，或虽正式发表但非学术论文，未获奖或未经正式鉴定的成果，以及非大学本科使用的教科书或讲义，均不能作为代表作。

以合撰的著作、教科书作为代表作时，必须明确划出本人撰写部分，或者以合作研究的成果作为代表作时，必须明确本人承担部分，方能送同行专家鉴定。否则专家鉴定意见无效，且不得参评，后果自负。

2.对大学本科毕业后从事高等学校公共课、基础课教学十五年以上的教师符合下列三项条件时，晋升副教授的代表作要求可适当放宽：

（1）近五年来，每年均满教学工作量，教学效果优秀；

（2）在学术刊物（须有CN刊号或准印证）或正式出版的论文集上至少发表一篇教学研究论文；

（3）任现职期间，年度工作考核有一年考核成绩优秀；或获一次校优秀教师或教书育人先进个人称号；或获省优秀教师称号；或获省教委优秀教学成果奖。

所谓代表作的要求可适当放宽，即下列论文和教材可作为代表作：

①撰写的教学改革、教学经验、专业学术论文，在全国学术会议或全国教学经验交流会上宣读或在内部交流的刊物上发表，经同行专家鉴定具有较高水平；

②编写十万字以上的教材(讲义)，经学校教学管理部门批准在校内使用二轮以上，学生反映较好，经同行专家鉴定具有较高水平。

3.艺术专业教师晋升高级职务时，正式刊物上发表的作品可作为代表作之一，此外，还必须至少有一篇在公开发行(均须有“CN”刊号)的学术刊物上正式发表的学术论文作为代表作。

4.工科或应用学科教师晋升高级职务时，经鉴定达到国内外先进水平的技术成果可作为代表作之一，但还必须至少有一篇在公开发行的学术刊物上正式发表的学术论文作为代表作。

5.经校教师职务评委会、学院教师职务评委会或学科组评审，如属本单位有职务定额而未通过者，第二年申请时，必须重新送审代表作(其中至少有一篇论文是否决后正式发表的)。如属本单位职务定额限制而未通过者，其代表作是否重新送审，由本人决定。上述两种情况在次年申请时，均必须有新成果(指上年否决后正式发表的论文，或正式出版的著作等)。

四、学科评审组或学院教师职务评审委员会评审

学科评审组的职责是评审讲师(助研)任职资格；评审副教授(副研究员)任职资格，并报校评委会审定；评审教授(研究员)和破格晋升正、副教授(正、副研究员)，选优对象，无审定权学科的正、副教授(正、副研究员)任职资格，并向学校评委会推荐。

学院教师职务评审委员会(简称院评委会)的职责是评审本学院讲师(助理研究员)、副教授(副研究员)(含破格晋升)任职资格，并报校职改领导小组审批；评审教授(研究员)(含破格晋升和选优对象)和无审定权学科的正、副教授(正、副研究员)的任职资格，并向学校评委会推荐。

学科组和院评委会在召开会议前二天应将申请者填写的“简明表”和所有成果集中展出，并请每位成员在此二天内安排时间审阅申请者的“简明表”、代表作及其他成果，并做好记录。

学科评审组(院评委会)应以民主程序进行工作。学科组(院评委会)召开评审会议时，申请副教授(副研究员)者应到会简要汇报本人在教学科研工作方面取得成果和今后的打算，申请晋升教授(研究员)职务者应到会简要汇报本人的研究方向、该研究方向国内外最高水平和本人所处学术水平、创新性成果。学科组成员(院评委会委员)对申请人有权提出质疑，申请人应当面给予解答。

系(所)考核推荐小组应向学科组或院评委会汇报考核推荐结果和各年度工作考核平均分及需要说明的问题。

在此基础上，学科组(院评委会)应认真进行讨论、评审，重点评审申请者的教学情况(包括“校教学督导组”提供的检查结果)、业务能力及学术水平，并以无记名投票方式进行表决。差额推荐的单位，先按申请人所在单位可晋升岗位数进行预表决，并以获得赞成票数高低为序，由高至低取足人数(等于可晋升岗位数)，参加正式投票表决。若取至最后一个岗位有两人或两人以上获得相同赞成票数时，获得相同赞成票数者必须再次表决，其中较高赞成票数者参加正式表决。若再次获得相同赞成票数时，则均不能参加正式表决。等额推荐的，不进行预表决，直接进行正式表决。正式表决结果，凡获得到会成员三分之二及以上赞成票数者，方为通过。

凡经学科组(院评委会)评审通过的申请者，学科组(院评委会)应将其情况填入《评审结果汇总表》，送校职改办。

五、校教师职务评审委员会评审

校教师职务评审委员会(简称校评委会)分为校教师职务文科评审委员会和校教师职务理工科评审委员会。校教师职务文科评审委员会和校教师职务理工科评审委员会的职责是分别审定文科和理工科未组建院评委会的单位副教授(副研究员)任职资格，分别评审文科和理工科教授(研究员)任职资格、未组建院评委会的单位破格晋升副教授(副研究员)任职资格和无审定权学科的正、副教授任职资格。

校评委会召开会议时，应以民主程序进行工作。如有必要，可请有关评审对象到会简要汇报本人教学、科研成果及这些成果的学术水平，以及今后打算。委员有权对申请人提出质疑，申请人应当面给予解

答。“校教学督导组”提供的检查结果作为重要参考。

各学科组(院评委会)应向校评委会汇报本学科组(院评委会)评审情况和结果。对于学科组已评审通过的副教授(副研究员,不包括破格晋升对象及无审定权学科的副教授),在原则问题上群众没有反映意见、委员没有不同意见的,则可审定通过,不再投票表决;若在原则问题上,有群众反映意见(须调查核实)或委员有异议的,则需将其材料送每位委员审阅,必要时请该申请者到会简要述职,经认真评审后进行无记名投票表决。凡获得出席会议委员的三分之二及其以上赞成票数者,方为通过。

对于学科组(院评委会)已评审通过的教授(研究员)和未组建院评委会的单位破格晋升副教授(副研究员)以及无审定权学科的正、副教授,校评委会要认真进行评审,经过充分酝酿、评议后,以无记名投票方式进行表决。凡获得出席会议委员的三分之二及其以上赞成票数者,方为通过。

若学科组(院评委会)通过的统评教授人数、选优对象人数超过学校确定的岗位数,按上述差额方式表决。

六、校职改领导小组审批

根据国家人事部人职发[1991]8号文和闽职改字[1993]19号文精神,评审委员会的评审结果必须经校职改领导小组审核批准。

各级评审组织的评审结果中被否决的评审对象不再复议。但若在评审过程中有违反评审程序或违反评审纪律、或在任职条件认定有明显差错的、或个别被否决的正常晋升对象已达到破格晋升其所申请职务条件且有岗位的,经校职改领导小组研究决定,可提交上一级评审组织复评,或提请校评委会复审。

学校有审定权的学科,晋升高一级职务者的任职资格从校职改领导小组审批之日起算。

学校无审定权学科高级职务任职资格须报福建省高等学校教师职务高级评审委员会评审,并从福建省职改领导小组审批之日起算。

七、校教师职务评审委员会协调组

学校成立校教师职务评审委员会协调组(简称协调组)。协调组由校职改领导小组成员和文科、理工科评审委员会正、副主任组成。其职责是协调文科、理工科评审委员会评审标准,研究处理评审过程中出现的重要问题等。

八、评审组织及其组成

(一)学校成立校教师职务文科评审委员会和校教师职务理工科评审委员会,两委员会又统称为校教师职务评审委员会。校评委会至少由二十五人组成,委员全部应具有正高级职务任职资格。委员中,中青年教师应占三分之一左右。校评委会设立主任一人,副主任一至三人。

(二)校评委会下设若干学科评审组。学科评审组一般由九到十三人组成,学科评审组成员应具有高级职务任职资格,其中具有正高级职务任职资格的人数应为二分之一以上。学科评审组设组长一人,副组长一人。

(三)凡已按学院建制运行管理的,以学院为单位组建学院教师职务评审委员会(简称院评委会),院评委会由十三至十九人组成,委员应具有高级职务任职资格,其中具有正高级职务任职资格的人数应为二分之一以上。评委会设主任一人,副主任一至二人。设立院评委会的学院不再设立学科评审组。

(四)系(所)成立考核推荐小组。考核推荐小组一般由七至十一人组成。考核推荐小组成员由系级党政领导和具有高级职务任职资格的教师担任,其中具有教师高级职务任职资格的成员不得少于三分之二。考核推荐小组设组长一人,副组长一人。

(五)校评委会、院评委会和学科评审组由校职改领导小组组建,并报上级主管部门备案。

考核推荐小组由各系(所)党政领导研究提名,校职改领导小组批准组建。

凡申请晋升高一级职务者,一般不参加当年各级评审组织。

(六)各级评审组织召开会议时,必须有三分之二以上成员出席,会议结果方为有效。未出席评审会议的委员不得委托投票或评审会议后补投票。

(七)各级评审组织的成员任期一般为一年。

九、评审纪律

根据国家人事部人职发[1990]4号等有关文件规定，各级评审组织的成员和申请者均必须严格遵守评审工作纪律。

(一)各级评审组织的成员(包括校评委会委员、院评委会委员、学科评审组成员、系(所)考核推荐小组成员)必须认真学习和贯彻执行中央关于改革职称评定、实行专业技术职务聘任制的方针、政策和各项规定，根据《高等学校教师职务试行条例》和《厦门大学实行〈高等学校教师职务试行条例〉的实施意见》及《厦门大学评聘专职科研人员职务实施意见》，严格把好质量关；必须认真执行"坚持标准，保证质量，全面考核，择优晋升"的原则，秉公办事，不徇私情，自觉遵守评审纪律，严守秘密，不准向外泄露有关评审情况和表决结果，不得利用职便营私舞弊，违者应追究责任，并视情节轻重严肃处理，直至撤消校评委会委员、院评委会委员、学科组成员或考核推荐小组成员资格。

(二)在学院教师职务评审委员会评审结果中，若有评审对象明显不符合晋升条件而被通过的，经查实，校职改领导小组将不予审批；若已审批的，将取消该评审对象的任职资格。对明显违反规定的，应追究有关人员的责任。

(三)各学院、系、所必须严格执行"两公开，一监督"的原则，确实做到公开、公平、公正地择优评审。凡未按本评审程序执行，缺少程序中的任何一项工作，其评审结果均为无效，必须重新评审。同时追究有关人员的责任。

(四)各级平审组织的记票人、唱票人、监票人均由评审组织成员推举产生。开票、计票应在会议室内当众进行。

(五)凡评审对象是校评委会(院评委会、学科组或系(所)考核推荐小组)成员本人或其亲属(父母、夫妻、子女、兄弟姐妹、女婿、儿媳等)时，考核评分、评审、投票表决等过程，该成员应主动回避或被告知回避，计票基数需相应减少。

(六)在申请和评审工作期间，申请人不得亲自或通过他人找各级评审组织的成员说情，不得打听鉴定本人代表作的专家，更不得找该专家说情。若有人举报并经查实，确有违反规定者，将取消其任职资格。

(七)在评审工作期间，有意见者可根据组织原则向本单位领导或直接向校职改办反映。反映意见必须实事求是，证据确凿。对匿名信不予受理

(八)申请者应如实填报教学工作量和教学、科研成果。科研成果必须有省级及其以上鉴定，或获得省级及其以上奖励。所有填报材料均必须提供原件一式一套，且须经教研(研究)室和系(所)领导审核。如发现有弄虚作假的，经查实后，将取消其当年和次年申请资格；若已经校评委会评审通过的，亦将取消其任职资格。

十、其他

(一)鉴于教师职务的评审工作通过常在下半年进行，凡属在开展评审工作的当年7月1日以后满离、退休年龄的教师可申请晋升高一级职务。

(二)申请人必须提交的材料有：简明表、外语考试成绩通知(或外语免试审批表复印件)、教学工作量计算表、学位证书(或进修硕士研究生主要课程成绩证明)复印件、获奖证书复印件，申请晋升高级职务者还须提交代表作及其他所有论著、技术成果、代表作送审审批表等。

各单位在考核推荐后，须将推荐对象的上述材料(除论著、技术成果和各单位送审的代表作外)各一份送校职改办。

(三)申请者填写"简明表"必须字迹清楚、工整。申请高级职务的"简明表"和专家评语须由各单位打印30份并装订好，申请中级职务的"简明表"可打印或复印20份。该复印件或打印的材料供评审时使用，各单位应另留一份备查。

凡申报统评教授、选优对象者被所在单位推荐后应先将"简明表"复印13份，其中10份作为审查申报资格时使用，2份作为送审代表作时使用，1份留所在单位打印。

所有申请者的“简明表”和专家评语的原件均须送交职改办存档。

十一、本规定自公布之日起执行。以前文件的规定如与本规定不符的，均以本规定为准。

十二、本规定由校职改领导小组负责解释。

——本文摘录自《关于印发〈厦门大学关于教师职务评审程序若干规定〉和〈厦门大学关于教师以外各类专业技术职务评审程序若干规定〉的通知》，厦大职改［1999］09号，档号1999-XZ10-6

厦门大学关于教师以外其他各类专业技术职务评审程序若干规定

(1999年8月25日)

为进一步深化职称改革,完善专业技术职务聘任制度,现根据国务院有关规定和国家人事部关于《企事业单位评聘专业技术职务若干问题暂行规定》(人职发[1990]4号)及福建省有关文件规定,结合我校实际情况,将1998年《厦门大学关于教师以外其他各类专业技术职务评审程序若干规定》修订如下。

教师以外其他各类专业技术职务(简称各类专业技术职务)系列包括:高等教育管理研究、工程技术、实验技术、卫生技术、图书资料专业、会计专业、统计专业、出版专业、翻译专业、经济专业、档案专业和幼儿园教师等12个职务系列。

一、本人申报,群众评议

(一)申请晋升各类专业技术职务需由本人提出。申请人在任现职期间,每年度工作考核结果均必须是优(特等、一等,下同)良(二等,下同),同时每年政治思想表现考核结果均必须为A、B。申请破格晋升各级职务者,每年政治思想表现应均为A、B,年度工作考核结果至少有一次优,其他均为良。

凡申请者当年工作考核结果未达到良,或当年政治思想表现考核结果未达到A、B者,或任现职期间年度工作考核结果达到优良累计不足五次者,或任现职期间年度政治表现考核结果A、B累计不足五次者均不能申请晋升职务。

凡晋升高一级职务者,必须在校服务二年以上,方可调离学校,出国探亲或自费出国留学,否则取消其任职资格。

(二)所有申请人均需在《厦门大学专业技术人员晋升职务报名表》中填写基本情况,由各单位认真审查申请资格,并报校职改办进行申请资格复查。经复查符合申请条件者应填写《厦门大学专业技术人员晋升高、中级职务简明表》(简称"简明表")。

(三)申请者经所在科室全体人员评议,科室领导在听取群众意见的基础上,对照相应职务任职条件写出书面意见,并送交所在单位考核推荐小组。

(四)各单位在考核前三天应将所有申请人的"简明表"在本单位内张榜公布,凡对申请人填写的内容有疑议的,应及时向单位考核小组或校职改办反映。

二、单位考核推荐

(一)各单位负责人必须根据各职务系列相应职务任职条件,对每位申请人进行认真审查,凡不符合晋升条件者,不得参加考核、推荐,或经考核不符合晋升条件者不得向学校推荐。

(二)各单位召开考核推荐小组会议时,申请者应先到会汇报本人的思想政治表现,工作态度和成绩,出勤等情况及本人各年度工作考核结果。考核推荐小组成员对每位申请者进行民主评议,然后结合申请人的年度工作考核结果进行评分。考核推荐小组根据全体成员考核评分(去掉一个最高分和一个最低分)的平均分数进行排队。

(三)凡申请破格晋升者须经所在单位考核推荐小组先进行无记名投票表决,凡赞成票数达到到会成员的三分之二及其以上者,方能与其他申请者一起考核评分。

其他申请者在考核推荐时不进行表决。

(四)各单位晋升高级职务的推荐人数为本单位可晋升岗位数的150%以内,晋升中级职务的推荐人数为本单位晋升岗位数以内。推荐名单在本单位张榜公布，并报校职改办。

（五）申请中级职务者，须提交任现职以来的工作总结（包括政治思想表现、工作态度、工作成绩和取得的成果等），由所在单位送请二位具有高级职务任职资格的同行专家鉴定并提出推荐意见。

（六）各单位推荐对象，若经学校复审后，不符合晋升条件者，不得送审，且各单位不得递补。

三、代表作送审

（一）各单位推荐的拟晋升高级职务的申请者，应提交任职以来正式发表的论文，著作和已鉴定或获奖的技术成果一式一套，其中指定为代表性的论著 2～3 篇（本）（其中论文须独立撰写或第一作者署名），一式二套。

（二）申请晋升高级职务者的代表作，应送具有高级职务任职资格的同行专家鉴定，其中申请正高级职务者应送具有正高级职务任职资格的同行专家鉴定。

（三）学校有评审权的专业系列，申请者的代表作可送校内二位同行专家鉴定；学校无评审权的专业系列，申请者的代表作应选二位同行专家鉴定，其中至少有一位校外同行专家鉴定。

代表作送审时，应回避与申请者共同撰写该篇论著的合作者或申请者的导师。

（四）申请者的代表作由单位负责人指定同行专家，并由所在单位办理送审工作。同行专家鉴定意见（须将专家姓名覆盖）由各单位打印所需的份数。

（五）送审代表作的要求

由于各类专业技术职务系列较多，且不同系列要求不尽相同，因此送审代表作的要求，按各职务系列的有关《试行条例》和《实施细则》执行。提交送审的代表作应与所从事的工作相一致。

凡以合撰的著作或合作完成的科研成果作为代表作时，必须明确划出著作中本人撰写的部分或科研成果中本人完成的部分送同行专家鉴定。

（六）经校专业技术职务评委会或评议组评审，如属本单位有职务定额而未通过者，第二年申请时，必须重新送审代表作（其中至少有一篇论文是否决后正式发表的），如属本单位职务定额限制而未通过者，其代表作是否重新送审，由本人决定。上述两种情况在次年申请时，均必须有新成果（指上年否决后正式发表或出版的论著等）。

申请人的代表作的专家鉴定意见只能在二年内使用，第三年申请时必须重新送审。

四、专业评议组评议

专业评议组（简称评议组）应以民主程序进行工作。评议组成员应认真审阅申报者的有关材料，并应注重申请人的工作实绩。在此基础上，评议组应认真进行讨论、评议，并以无记名投票方式进行表决。差额推荐的单位，先按申请人所在单位可晋升岗位数进行预表决，并以获得赞成票数高低为序，由高至低取足人数（等于可晋升岗位数），参加正式投票表决。若取至最后一个岗位有两人或两人以上获得相同赞成票数时，获得相同赞成票数者必须再次表决，其中较高赞成票数者参加正式表决。若再次获得相同赞成票数时，则均不能参加正式表决。等额推荐的，不进行预表决，直接进行正式表决。正式表决结果，凡获得到会成员三分之二及以上赞成票数者，方为通过。

评议组召开评议会议时，申请晋升高级职务者应到会简要汇报本人任现职以来的主要工作及工作业绩，取得哪些主要成果。评议组成员对申请者有权提出质疑，申请者应当面给予解答。

五、校专业技术职务评审委员会评审

校专业技术职务评审委员会（简称校评委会），按职务系列分设四个专业技术职务评审委员会即厦门大学工程、实验、卫生技术职务评审委员会，厦门大学图书资料、出版、翻译、经济管理类专业技术职务评审委员会，厦门大学高等教育管理研究职务评审委员会和厦门大学幼儿园教师职务评审委员会。其职责是评审本评委会有关职务系列中级和高级职务任职资格。

专业评议组应向校评委会汇报本评议组的评议结果及需要说明的问题。

校评委会召开评审会议时，必要时申请晋升高级职务者应到会简要述职，委员有责任对申请人提出质疑，申请人应当面给予解答。

校评委会应以民主程序进行工作。校评委会委员应认真审阅申请者提交的材料(包括“简明表”、代表作和其他成果等)。校评委会要认真进行评审,经过充分地酝酿、评审后,以无记名投票方式进行表决。凡获得到会委员三分之二及以上赞成票数者,方为通过。

凡评议组通过的评议对象超过额定岗位数时,按上述差额方式表决。

六、校职改领导小组审批

根据国家人事部人职发[1991]08 号文和闽职改字[1993]19 号文件精神,评审委员会的评审结果必须经校职改领导小组审核批准。

各级评审组织的评审结果中被否决的评审对象不再复议。但若在评审过程中有违反评审程序或违反评审纪律、或在任职条件认定上有明显差错的,或个别被否决的正常晋升对象已达到破格晋升其所申请职务条件且有岗位的,经校职改领导小组研究决定,可提交上一级评审组织复审,或提请校评审委员会复审。

学校有审定权的职务系列,晋升高一级职务者的任职资格从校职改领导小组审批之日起算。

学校无审定权部分高级职务任职资格须报福建省有关职务系列高级评审委员会评审并从福建省职改领导小组审批之日起算。

七、评审组织及其组成

(一)学校根据不同职务系列成立校高等教育管理研究职务评审委员会、校工程、实验、卫生技术职务评审委员会,校图书资料、出版、翻译及经济管理类专业技术职务评审委员会和校幼儿园教师职务评审委员会等四个评委会,此四个评审委员会统称校专业技术职务评审委员会。

各系列评委会至少由十五人组成,委员应具有高级职务任职资格。校各系列评委会设主任一人,副主任一至二人。

(二)校高等教育管理研究职务评审委员会下设二个评议组,即高教管理研究高级职务评议组和中级职务评议组;校工程、实验、卫生技术职务评审委员会下设三个专业评议组,即:实验工程技术专业评议组、土建工程技术专业评议组和卫生技术专业评议组。

校图书资料、出版、翻译及经济管理类专业技术职务评审委员会下设四个专业评议组,即:图书资料专业评议组、经济管理专业评议组、出版专业评议组、翻译专业评议组。

评议组由七至九人组成,评议组成员一般应具有高级职务任职资格。评议组设组长一人,副组长一人。

(三)单位成立考核推荐小组。推荐小组一般由七至十一人组成。推荐小组成员应由单位党政领导和具有高级职务任职资格者或由具有中级职务任职资格的科室负责人担任,但其中具有高级职务任职资格的成员不得少于三分之二。

(四)校各系列评审委员会和专业评议组由校职改领导小组组建,并报上级主管部门备案。

单位考核推荐小组由各单位党政领导研究提名,校职改领导小组批准组建。

凡申请晋升高一级职务者或有亲属申请晋升高一级职务者,一般不参加当年各级评审组织。

(五)评审组织召开会议时,必须有三分之二以上成员出席,会议结果方为有效。未出席评审会议的委员不得由他人代投票或评审会议后补充投票。

(六)各级评审组织的成员任期一般为一年。

八、评审纪律

根据国家人事部人职发[1990]4 号等有关文件规定,各级评审组织的成员和申请者均必须严格遵守评审工作纪律。

(一)各级评审组织的成员(包括校评委会委员,各专业评议组成员和单位考核推荐小组成员)必须认真学习和贯彻执行中央关于改革职称评定,实行专业技术职务聘任制的方针、政策、各项规定和各系列职务《试行条例》,严格把好质量关,必须认真执行“坚持标准,保证质量,全面考核,择优晋升”的原则,秉公办事,不徇私情,自觉遵守评审纪律,严守秘密,不准向外泄露有关评审情况,不得利用职便营私舞弊,违者应追究责任，并视情节轻重严肃处理，直至撤销评委、评议组成员或考核推荐小组成员资格。

(二)各级评审组织的记票人、唱票人、监票人均由评审组织成员推举产生。开票、计票应在会议室内当众进行。

(三)凡评审对象是校评委会(各系列评议组、或系(所)考核推荐小组)成员本人或其亲属(父母、夫妻、子女、兄弟姐妹、女婿、儿媳等)时，考核评分、评审、投票表决等过程，该成员应主动回避或被告知回避，计票基数需相应减少。

(四)申请者在进行申报和评审工作期间，不得本人或通过他人找各级评审组织的成员说情。不得打听鉴定本人代表作的专家，更不得找该专家说情。若有人举报并经查实确有违反规定者，将取消其本次申请资格，若已经评审委员会评审通过的，亦将取消其任职资格。

(五)申请者在开展评审工作期间，有意见者可根据组织原则向本单位领导或直接向校职改办反映。反映意见必须实事求是，证据确凿。

(六)申请者应如实填报本人的工作情况、工作成绩和成果(包括正式发表的论著和已获奖或鉴定的技术成果等)。所有这些成果在申请时均必须提供原版材料一式一套。填报的材料，经所在科室和单位领导审核后，在本单位张榜公布。如发现有弄虚作假的，经查实后，将取消其当年和次年申请资格，若校评委会已经评审通过的，亦将取消其任职资格。

九、其他

(一)鉴于专业技术职务评审工作在下半年进行，凡属在开展评审工作的当年 7 月 1 日以后满离、退休年龄的各类专业技术人员可申请晋升高一级职务。

(二)申请人必须提交的材料有：简明表、外语考试成绩通知(或免试外语审批表)复印件，获奖证书复印件，"五大"毕业生必须提交毕业证书复印件，申请晋升高级职务者还须提交代表作及其他所有论著、技术成果，代表作送审审批表等。

各单位在考核、推荐后，须将推荐对象的上述材料(除论著、技术成果和各单位送审的代表作外)各一份送校职改办。

(三)申请者填写"简明表"必须字迹清楚。申请高、中级职务者的"简明表"须由各单位打印 30 份并装订好，申请初级职务者复印 15 份，以供评审(评议)时使用。各单位应另留一份备查

所有申请者的"简明表"和专家评语的原件均须送交校职改办存档。

十、本规定自公布之日起执行。以前文件的规定如与本规定不符的均以本规定为准。

十一、本规定由校职改领导小组解释。

——本文摘录自《关于印发〈厦门大学关于教师职务评审程序若干规定〉和〈厦门大学关于教师以外各类专业技术职务评审程序若干规定〉的通知》，厦大职改[1999]09 号，档号 1999-XZ10-6

厦门大学改进机关工作作风的若干意见

(1999年9月15日)

机关及其工作人员应坚持为教学科研服务、为基层服务、为师生员工服务的宗旨，坚持公开、公正、精简和高效的办事原则，方便师生员工。

一、实施“首问责任制”，即师生员工到机关办事，第一个被问及的机关工作人员，必须热情主动接待，耐心接受咨询。是本人负责的，应立即受理；是其他人负责的，被问人应礼貌、文明地予以指引。

二、机关对外服务岗位要提供完整的服务项目、办事依据、办事程序和要求的材料，以备查询。

师生员工到机关办事时，机关承办人要一次性告知办事政策法规依据、办事程序和要求办事人员必须提供的材料；在承办过程中，要一次性告知能否办理，是否手续完整、齐全；对符合规定、手续齐备的，应马上办理，不能马上办好的要告知办事时限。

属经常性办事岗位的，经办人员外出时，单位领导要指定人员代办其业务。机关工作人员因出差、请假或其他原因两天以上无法上班的，事前要向直接行政领导汇报正在办理的事项，直接行政领导人要及时指定人员代行其职责。

三、根据工作性质，决定在机关有关部处设立“窗口”岗位，推行服务承诺制。第一批确定的“窗口”岗位是：厦大办公室一室、教务处教学科、财务处报销大厅、总务处管理科、保卫处户籍室、资产处城监大队、监审处信访室。

对“窗口”岗位的主要要求是：窗口岗位实行承诺制，公开承诺范围、承诺内容；窗口岗位必须人员到位，在办公时间内不能缺岗，工作人员因故无法到岗时，单位负责人应事前指定其他人替代。

在有关岗位，对规定的服务项目实行定时服务制，即公开办事时间和办事程序。在办事时间内按“窗口”岗位要求。这些岗位是：人事处办理退休手续岗位、学生处办证岗位、保卫处出境申办岗位、组织部政审岗位、外事办办理出国手续岗位。

四、机关作风建设领导小组设投诉电话(2182242，设在监审处)和投诉信箱，受理群众对部门及其工作人员违反有关规定的投诉，调查处理违反本规定的问题。

(一)经查实，工作人员有下列行为之一者，由责任人所在部门和处室给予批评教育；属处级以上干部的，由校机关作风建设领导小组给予批评教育。

1.在规定的期限内，对符合政策规定且资料齐全、手续完备的事宜，因工作人员未尽职责不能一次性给予办理的；

2.对资料不齐全、手续不完备，因工作人员未向对方解释清楚，而造成办事人员再次往返的；

3.工作消极推诿，有意刁难办事人员的；

4.擅自离岗，贻误工作的；

5.忽视办事程序，工作草率马虎，造成一般性工作失误的。

(二)经查实，工作人员有下列行为之一的，责任人写出书面检查，在部门和处室做出检讨，年度考核不能评为优秀。

1.工作消极应付，不负责任，做出错误的行政行为，造成不良影响的；

2.以为他人办事为由，接受办事人员宴请或收受礼品的；

3.违反办事政策规定、程序和纪律,在工作中徇私情的。

(三)经查实,工作人员有下列行为之一的,年度考核为不称职或不合格,并视情节,在一定范围内通报批评。

1.在工作中,做出严重违反政策规定的行政行为,造成严重后果的;

2.不执行上级组织的决议和命令,贻误工作的;

3.在办事过程中吃、拿、卡、要、索贿受贿、徇私舞弊的;

4.压制、打击报复举报群众的。

校机关作风建设领导小组将定期不定期地对机关各部门进行检查监督;或组织特邀监察员进行巡视检查;每年度召开2～3次座谈会,听取各方面意见,对机关作风进行评议。

五、机关工作人员因违反厦门大学改进机关作风和提高办事效率的有关规定被投诉,经查确属机关工作人员责任且情节较重的,应给予告诫。

机关工作人员违反"规定",部门负责人批评无效,需提请告诫的,由部门书面报告,送机关作风建设领导小组办公室处理。

校机关作风建设领导小组在检查监督过程中,认为机关工作人员违反"规定",达到告诫程度的,可给予告诫。

对部门负责人提出告诫的,由校机关作风建设领导小组研究决定。

告诫由人事、监察部门联合执行,执行人员应认真做好记录,并发给被告诫人《告诫书》。告诫的内容包括:违规事实、违规条款、违规后果。告诫时,被告诫人可以就违规事实发表书面或口头意见。告诫自批准之日起生效。

工作人员被告诫一次的,停发当月机关工作人员津贴,年度考核不能评定优秀;当年度被告诫两次的,停发半年机关工作人员津贴,年度考核为不合格;累计被告诫三次的,停发该年度机关工作人员津贴,其部门可以向人事处提出解聘意见。

被告诫人不服行政告诫的,可向校机关工作作风建设领导小组办公室申请复审。

以上意见从1999年10月1日起执行。

——本文摘录自《关于印发〈厦门大学改进机关工作作风的若干意见〉通知》,厦大办[1999]44号,档号1999-XZ09-2

厦门大学后勤社会化改革方案

(1999年9月18日)

《中共中央关于教育体制改革的决定》指出:"高等学校后勤服务工作的改革对于保证教育改革的顺利进行极为重要。改革的方向是实行社会化"。根据《中共厦门大学委员会关于深化校内管理体制改革的决定》和《厦门大学深化校内管理体制改革会议纪要》的精神,制定我校后勤社会化改革方案。

指导思想和目标

高举邓小平理论伟大旗帜,以党的十五大精神为指导,在校党委和行政领导下,结合后勤的实际,坚持"三服务、两育人"的宗旨,深化后勤改革,理顺管理体制、转换运行机制,精简内设机构,缩减人员编制,行政高效运行,中心企业管理,减轻学校负担,稳步把后勤推向社会,使后勤在新的起点上为促进学校教育事业发展做出更大的贡献。

后勤改革要有利于为学校人才培养和教学、科研服务;有利于减轻学校办学负担;有利于调动后勤干部职工的积极性和创造性;有利于增强后勤经济实体自我积累、自我发展的能力。力争通过三年的努力,使学校后勤实现内部社会化,即由事业拨款运行转为有偿服务运行,为实现社会化奠定良好的基础。

管理体制

按照行政管理职能和经营服务功能分开及精简、统一、效能的原则调整后勤机构,明确职能分工,划清职责权限,实行精兵简政。后勤原有总务、基建、资产三个处,设有18个科,加上原实验办并入的2个科,共有20个科,改革后精简为8个科。总务处原行政科、膳食科、财务科、动力科、校管科、节能办、幼儿园、招待所等8个科改为管理科、综合科、水电科等3个科;基建处由原财务科、施工科、修膳科、计划材料科、设计室等5个科改为综合计划科、施工管理科等2个科;资产处由原房产科、土地科、城监大队,加上原总务处物资科、宿管科和原实验办供应科、物管科等7个科改为房地产科、物资设备科、城监大队等三个科。原总务处、资产处的经营服务功能按其类别、性质分别成立:

◇饮食服务中心(原膳食科)

◇校园服务中心(原校园管理科、行政科的液化气站、信箱)

◇维修服务中心(原动力科、维修中心、基建处修缮科)

◇接待服务中心(原招待所〈含餐厅〉、专家招待所、行政科车队)

◇物业管理中心(原总务处宿管科、公共教室,资产处房产科)

其中:总务处代表学校行使对饮食服务中心,校园服务中心、维修服务中心、接待服务中心的行政管理职能,资产处代表学校行使对物业管理中心的行政管理职能。总务处、资产处分别代表学校以签订协议或合同的方式与经济实体建立甲乙方关系。

改革后,后勤行政管理干部由111人精简到54人,精简了51%,各经济实体组建后,再精简人员20%。通过改革真正把行政管理和经营服务功能分开,把事业单位与企业单位分开,精兵简政,理顺管理体制。

运行机制

一、后勤部门(甲方)代表学校对各经济实体进行宏观行政管理,行使指导、协调、监督、检查、服务等职能。

1.宏观行政管理

(1)负责制定后勤改革发展规划、年度工作计划。

(2)考核、选拔、聘任经济实体主要负责人。

(3)制定后勤服务的目标任务、规范要求、履行条件,代表学校与各经济实体签订经营服务协议。

(4)审核各经济实体年度计划和发展规划、财务收支计划、重大投资项目及人事、财务、分配、资产管理等基本制度。

(5)制定后勤服务市场、资源、环境、价格、卫生等管理制度并实施监督。

2.财务资产管理

(1)负责学校下达的预算内后勤各项经费的计划使用和管理。

(2)对各经济实体的财务运转情况进行审计监控。

(3)负责后勤固定资产的租赁管理。

3.监督检查

(1)监督经济实体履行协议或合同条款的情况,对经济实体提供的服务进行监督、考核、验收。

(2)对经济实体的收费范围、收费项目、收费标准进行审核。

4.综合协调

代表学校协调后勤与政府有关部门的关系,协调后勤与校内各职能部门的关系,协调后勤内部各单位的关系,为经济实体的发展创造条件。

二、经济实体(乙方)实行企业化管理,由行政福利型的运行机制向经营服务型转变。实行主任负责制,有相对独立的人、财、物调配权;经营、投资、分配决策权;内部机构设置权。逐步建立企业化管理的体制和机制,达到经营市场化、服务商品化、管理制度化、行为规范化。

1.人事管理

(1)经济实体的人事制度采用“老人老办法、新人新办法”。按照《厦门大学后勤经济实体人事管理办法》,实行干部聘任制、工人聘用制。

(2)经济实体主任在全校范围内公开招聘,由后勤部门会同组织部、人事处等有关部门进行考核、选拔,报请主管副校长批准后由后勤部门聘任;副主任由主任提名,竞争上岗,后勤部门考核、聘任。主任、副主任聘期三年,聘期内,后勤处长可根据合同或协议执行情况及时提出对各经济实体主任、副主任的奖惩及聘任意见,经各后勤部门办公会议讨论决定后实施,任期届满,由后勤各处按规定重新考核、聘任。

(3)用工制度引进竞争机制,按照“按需设岗、以岗定编”,和“公开、公平、竞争、择优”的原则,经济实体20%左右的干部职工将转岗分流,做到减员增效、提高劳动生产率和服务质量。

2.财务管理

经济实体在银行开设独立帐户,按照企业管理模式实行独立核算的财务制度。经济实体的财务必须接受后勤部门和校监察审计处的指导和监督,按月向后勤部门报送财务报表。财务制度由各经济实体制订,后勤部门审批后执行。

3.分配制度

经济实体实施效益工资制,建立以效益高低定分配、以服务优劣定等级、多劳多得、优质优酬、高效高奖的分配激励机制。

遵循效率优先、兼顾公平、按劳分配的原则,实行“基本工资+岗位津贴+效益工资”的新工资制度,使个人利益与实体经济效益直接挂钩,克服“人在岗、不出力”的弊端,充分调动职工的工作积极性。

4.资产管理

经济实体使用的学校原有资产,由后勤部门及学校有关部门组成资产评估小组进行评估和界定,若干年内以零租赁方式由经济实体使用,经济实体必须使原有的资产保值、增值。经济实体在经营服务过程中添置的资产必须按《厦门大学后勤经济实体固定资产管理办法》进行管理。

5.服务收费

行政拨款服务逐步过渡到有偿收费服务,由后勤部门及学校有关部门组成收费核定小组,按照行业参照价、学校调控价、成本核算价等方式制定合理的收费标准。

6.监控体系

建立行政职能部门专检、经济实体自检、群众监督和舆论监督相结合的监控体系,按照《厦门大学后勤经济实体监控办法》对经济实体的服务质量、服务态度、管理状况进行全面监督。

政策与条件

一、学校要加强后勤改革宣传教育,为后勤改革创造一个良好的舆论环境。

二、改革后,学校应继续加强对为教学、科研和师生生活服务的建设项目和大型设备的投入,为后勤提高服务水平和质量创造硬件条件。

三、学校对后勤经济实体要扶上马、送一程。对经济实体运行经费、人员经费的投入分三年逐年核减,三年后,经济实体基本实现自我生存、自我发展。

四、学校要积极争取政府有关部门在政策上对后勤服务行业减免税、费,使后勤有条件以低于市场的价格为师生提供服务。

五、经总务处、资产处核准的各经济实体使用的校内收款收据,学校财务处、监察审计处应给予认可。

六、经济实体运转初期,学校应拨给一定启动资金,使后勤转制顺利进行。

附件一

厦门大学后勤经济实体人事管理办法

根据校内管理体制改革后勤经济实体人事管理实行“老人老办法,新人新办法”的原则,特制定本办法。

一、人员编制

1.原属学校在编的全民和集体所有制职工转入经济实体,仍保留其事业编制,即在职按企业管理、退休享受事业待遇。

2.以企业编制从社会招聘、调入的人员,其人事关系挂靠厦门市人才交流中心,按企业办法管理。

二、用人形式

1.实行全员聘用合同制。经济实体所有岗位,本着“条件公开、双向选择、平等竞争、最佳配置”的原则竞争上岗。

2.聘用合同时间根据不同人员的实际情况和工作需要,分别签订固定期限聘用合同或无固定期限聘用合同。

3.经济实体主任采用公开考核招聘,竞争上岗。副主任可由主任提名,竞争上岗,经主管部门考核、聘任,聘期三年。主任经与主管部门协商可按德、能、勤、绩考核聘任、解聘所属部门的负责人,聘任对象不受编制、身份、原职务、职称限制。

三、分配办法

经济实体根据按劳分配的原则，逐步实施与档案工资脱钩的效益工资制，按照岗位职责、技能高低、工作难易程度和贡献大小确定收入，工资总额的增长不得高于经济效益的增长幅度、职工平均工资的增长不得高于劳动生产率的增长幅度。经济实体内部原学校事业编制的人员，享有经济实体的工资待遇，学校保留其本人的档案工资，并按国家的工资政策调整其档案工资，待退休时，由学校办理退休手续，按事业编制计发退休工资。

四、社会保障

1.现有在编的全民所有制的干部职工转入经济实体的，学校应继续提供其享有公费医疗、住房分配的权利。

2.现有在编集体所有制职工转入经济实体的，其社会劳动保险和公费医疗沿用老办法，由学校负担。

3.从社会招聘、调入的人员，实行劳动合同制，其工资、社会福利、保险费等均按企业有关规定办理。

五、职级职称资格评定

现有事业编制的干部、职工转入经济实体后，可申报、评定高于原级别的专业技术职称、职员职级和技工等级，经济实体新进企业编制的管理、技术人员，学校在职称评定上提供便利。

六、人员调配及流动

1.原学校事业编制的干部、职工进入经济实体后，有资格参加学校各职能部门及各院、系所有关岗位的竞聘。

2.参照学校有关转岗人员提前退休的规定，后勤干部、职工男年满 55 周岁(工龄满 30 年)、女年满 50 周岁(工龄满 25 年)，经批准可给予办理提前退休手续。

3.长期病假及年老体弱者，由于身体原因不能坚持正常工作者，且符合因病提前退休规定的，可给予办理退休手续。

4.原学校事业编制人员未被聘用者或未签订聘用合同者，上交学校人才交流中心。

七、离退休人员的安置与管理

原学校事业编制的后勤人员离退休后仍按校处二级管理办法管理。

附件二

厦门大学后勤经济实体固定资产管理办法

后勤部门原拥有的固定资产和经济实体在经营服务过程中新增的固定资产，都是学校国有资产。为了确保国有资产的保值和安全，考核经济实体的经营业绩，特制订本办法。

一、后勤经济实体固定资产是指使用期限超过一年，单价 800 元以上的房屋、建筑物、机器、机械、运输工具及设备等。

二、行政主管部门应对经济实体使用学校原有的固定资产进行清理、界定、评估，在此基础上与经济实体签订国有资产租赁合同。在后勤改革后的若干年内，经济实体以零租赁方式取得固定资产的使用权，以后根据实际情况，对经济实体实行低价优惠的租赁政策，有偿使用固定资产。

三、经济实体租用的固定资产要严格按照《厦门大学固定资产管理办法》管理，确保固定资产的安全。在经营服务过程中要做好固定资产的维护、保养工作。固定资产的维护、保养状况是考核经济实体经营业绩的硬性指标。

四、租赁的固定资产不得转租、转借、抵押,更不得变卖,如发生损毁、丢失,必须按《厦门大学后勤经济实体固定资产管理实施细则》的规定申报处理。

五、经济实体经营服务过程中新增的固定资产是考核其经营业绩的重要指标。新增固定资产的购置及处置必须报主管部门备案后,按《厦门大学后勤经济实体固定资产管理实施细则》的规定执行。

六、行政主管部门必须定期或不定期对经济实体租赁使用的固定资产进行检查,全面反映固定资产的使用、维护状况,确保固定资产的安全,做到账卡相符,账物相符;对闲置的或利用率低的固定资产,行政主管部门应按资产优化配置的原则,进行调配租赁,充分发挥资产使用效率。

附件三

厦门大学后勤经济实体监控办法

为了维护全校师生的权益,督促经济实体依法经营,促进实体健康发展,特制定本办法。

一、行政主管部门是代表学校对经济实体进行监控的专职机构,负有对经济实体检查、监督、处罚、奖励的责任。

1.监督经济实体按照国家的法律、法规和学校的规章制度合法经营、规范服务。

2.对经济实体的经营方向、经营方针、经营计划、经营策略、经营范围、具体实施方法、完成年度计划等情况进行监控检查,并负有建议改进的职责。

3.对经济实体的服务宗旨、服务项目、服务范围、服务态度、服务质量及承诺兑现情况进行评估考核。

4.负责检查审核经济实体的财务计划、成本核算、重大投资项目(含技改项目)、经济合同、收费范围、收费标准等。

5.对经济实体的人员管理、规章制度、管理状况及履行协议或合同条款等情况进行全面监督。

6.对经济实体在经营服务过程中发生的违规违纪现象,予以处罚,对成绩突出、有重大贡献的给予奖励。

二、经济实体内部设立管理监控机构,自检自查,科学管理、规范服务。

1.制订实体内部监控的各项规章制度,定期负责检查考评。

2.指定专门人员对经营服务情况进行自检跟踪,对违反制度规定的行为,做出书面整改或处罚处理。

3.按月、季、年报送主管部门所需的人财物、经营活动的各种报表、资料,反馈自检情况。

4.对各项信访进行落实,发现问题及时整改,并进行反馈。

5.督促检查实体自身的防毒、防疫、防台、防汛、安全生产、治安、消防等工作。

三、充分发挥民主监督和舆论监督的作用,行政主管部门和经济实体设立举报电话,处理校内各部门和师生员工对后勤服务工作的举报意见和来信来访,协助并督促经济实体进行整改,及时了解整改情况,并对举报意见和来信来访做出答复。

附件四

厦门大学饮食服务中心组建方案

《中国教育改革和发展纲要》指出:高等学校的后勤工作应通过改革,逐步实现社会化。根据《中共厦门大学委员会关于深化校内管理体制改革的决定》和《厦门大学深化校内管理体制改革会议纪要》的精神,把原膳食科改制组建厦门大学饮食服务中心(以下简称"中心")。

机构设置及职责

一、机构设置

<table>
<tr><td colspan="10">饮食服务中心</td></tr>
<tr><td rowspan="2">办公室</td><td rowspan="2">财务部</td><td colspan="7">餐饮部</td><td rowspan="2">经营部</td></tr>
<tr><td>丰庭餐厅</td><td>勤业餐厅</td><td>东苑餐厅</td><td>芙蓉餐厅</td><td>石井餐厅</td><td>南光餐厅</td><td>海滨餐厅</td></tr>
</table>

二、中心工作职责

1.贯彻执行学校有关伙食工作的指示精神,做好师生员工伙食供应工作。

2.负责学生区开水供应和澡堂浴室的管理服务。

3.开展多层次、多形式的经营服务活动。

4.严格执行《食品卫生法》,经常检查和督促各饮食单位的卫生状况,严防食物中毒事故发生。

5.积极配合学校做好育人稳定工作。

三、部门职责及管理办法

1.办公室:主要负责建章立制、人事管理、卫生督查、安全保卫、对外宣传、承接投诉、联系接待和处理各种公文函件等日常事务。

2.财务部:对中心的流动资金、固定资产、成本核算、管理费等进行电算化管理,并具体负责财务审核及“金龙卡”微机售饭菜系统管理工作。采取“划小核算,集中管理,宏观调控,统一审批”的管理办法,财务人员及账目集中管理,资源统一调配,实行中心主任一支笔审批。

3.餐饮部:主要负责对各餐厅及开水房、浴室的管理,抓好食品卫生、饭菜质量、营养配餐、成本核算、学生民主监控及炊事队伍建设,努力完成年度生产经营计划。餐厅内部逐步试行和推广“岗位计分计酬”的方法,实行以调控指标责任制和定额指标责任制两种目标效益管理办法。

4.经营部:实行经济目标责任制。主要负责中心所有物资、食品的采购供应、冷藏保鲜、生产加工一条龙以及炊厨设备的制作维护,并努力挖掘潜力,开拓市场,多种经营,多层次服务,加强创收,降低成本。

运行方式

中心是实行企业化管理的经济实体,实行主任负责制。中心内部的劳动人事管理办法、财务分配制度、固定资产管理办法、监控办法等按照《厦门大学后勤社会化改革方案》有关规定执行。

一、在转换运行机制方面,饮食服务中心将重点抓好五个方面的工作

1.全面实行目标管理,建立富有特色的中心内部经营服务管理制度。饮食服务中心将在原《厦门大学总务处膳食科管理条例》各项制度的基础上,本着精简、实用、高效的原则,从中心的经营实际出发,建立健全一系列内部管理规章制度,如文明服务制度、考核奖惩制度、成本核算制度、物资采购保管制度、餐厅卫生制度、安全管理制度、民主监控制度等,建立和逐步试行“以岗定责,以责定分,以分定酬”的岗位计分制。

2.从满足师生需求出发,高标准,严要求,实行经营服务“双承诺制”。饮食服务中心将从成立之日起逐步向全校师生实施承诺制。在经营承诺方面,中心将制定《承诺制实施办法》、《餐厅文明服务公约》等制度。在服务承诺方面,建立具体、准确、合理的操作标准和行为规范。同时,中心通过制定《文明用餐公约》,要求用膳者文明用餐,共创文明食堂。

3.发挥师生民主监督和舆论监督的作用,建立中心内部监控机制。继续支持学生膳食民主监控大队

和膳委会对中心的餐厅及其他服务项目的日常监督检查工作,加强用膳者的监督意识和参与民主管理的意识。同时,中心通过内部的监控机构,了解师生员工对中心管理、服务及有关工作的意见、建议和要求,通过举报台、监督电话、召开座谈会或服务质量的调查、民意测验等途径,及时做出反馈、答复和处理,并做好宣传、解释工作。

4.引进经营服务竞争机制,对外招标1～2个食堂。中心成立一学期后将划出1～2个食堂向社会实行公开招标经营,充分利用社会资金办伙,加大竞争力度,提高管理水平和服务水平。

二、运行经费

学校在政策和资金上为中心的发展提供必要的条件,中心的办公费、运行费、人员经费、部分设备费等全部自理。

1.学校方面:每年给予膳食科的办伙经费(包括人头工资)约210多万元,其中拨给学生的暗贴改明补经费100万元转由校财务处直接划拨给学生;其余的110多万元停止划拨。

2.成立饮食中心后采取水电费包干使用、超额自付的管理形式,原学校划拨的水电费约100万元/年将第一年按100%核拨,第二年按66.6%核拨,第三年按33.3%核拨,从第四年起水电费完全打入成本。

3.餐厅大众饭菜提取的管理费由原来的18%提为20%,以此为基准按3%上下浮动;小炒、宴席等其他服务提取的管理费控制在25～30%。

4.加强豆浆、糕点、面食和其他副食品加工组等经营实体的创收,以弥补办伙经费的不足。

三、开创新的服务项目,拓展经营服务市场

一方面,稳定校内市场,严格控制各餐厅原料物资的统一采购,开展多层次、多形式的经营服务,促进"自选餐厅"在校内的推广,为实现规范化管理、标准化服务、社会化经营的目标而努力。另一方面,开拓校外市场,开发拳头产品,扩大对外经营服务范围,推出"流动快餐车"为校内外提供送饭菜上门等优质服务。申请筹建"菜篮子"基地,建立食品加工厂,形成产供销一条龙,增强规模效益,降低成本,稳定物价,方便广大师生。

附件五

厦门大学校园服务中心组建方案

《中国教育改革和发展纲要》指出:高等学校的后勤工作应通过改革,逐步实现社会化。根据《中共厦门大学委员会关于深化校内管理体制改革的决定》和《厦门大学深化校内管理体制改革会议纪要》的精神,把原校园管理科和行政科液化气站、信箱合并、改制、组建厦门大学校园服务中心(以下简称"中心")。

机构设置和职责

一、机构设置

校园服务中心			
办公室	绿化保洁部	邮政服务部	液化气站

二、中心工作职责

1.承接学校的绿化、卫生保洁、森林防火等工作。

2.做好液化气供应工作。

3.做好全校各单位报刊、杂志的刊订、收发、投递和全校信件、邮件的收发、投递工作。

4.积极配合学校做好育人、稳定工作。

三、部门职责及管理办法

1.办公室:负责中心人事管理、文秘、监控、财务、统计及综合协调等工作。

2.绿化保洁部:承接校内园林、绿地的建设、养护及校外绿化工程,合理布置校园绿化美化,做好森林防火工作;承接校园内道路、绿地和教学、科研、行政办公建筑物户外场地的卫生清扫、保洁。按照厦门市国家园林、卫生城市的标准,合理划分包干作业区域,确定各区域的服务等级,采取划片包干和定额目标管理,将所承接学校的绿化、保洁等业务量化分解,创造优美、整洁的校园环境,突出服务育人、环境育人。

3.邮政服务部:开展全校各单位报刊、杂志、信件、邮件的刊订、收发、投递等服务项目。实行行政补贴型管理,建立健全各项内部管理规章制度,健全岗位责任制,逐步实现管理工作制度化、规范化。

4.液化气站:由福利补贴型经营逐步转为保本经营,采用双重经济指标(营业额指标和管理费指标)累进计酬的分配办法,充分调动员工的积极性和创造性。按照厦门市有关价格和质量的标准,保质保量为教职工提供液化气供应服务。

运行方式

中心是实行企业化管理的经济实体,实行主任负责制。中心劳动人事管理办法、财务分配制度、固定资产管理办法、监控办法等按照《厦门大学后勤社会化改革方案》有关规定执行。

一、依据师生需要,开辟新的经营服务项目

根据中心服务性质和学校消费市场,开辟新的经营服务项目,满足师生生活需要。

1.为师生员工提供高品位、优质低价的服务,积极筹建教育超市。

2.积极开展社区服务,为学校各单位、家庭、个人提供钟点工、理发、搬家运输、家庭装修土头垃圾清运等便民和利民服务。

3.筹建洗涤部,积极拓展校内外洗涤市场,以优质、多种形式的服务,满足师生员工的洗涤需求。

二、开展服务承诺制,强化内部监控

中心按照行业要求和自身服务特点,将服务的内容、标准、程序、时限、责任逐项向师生员工做出承诺,把服务内容具体化,让师生参与监督。

1.液化气站:对服务态度、办理手续和瓶装液化气的质量、重量及送气的时限做出承诺。

2.校园净化、美化和绿化:参照厦门市国家园林、卫生城市的标准,创建整洁、优美、舒适、布局合理、特色突出的校园绿化环境,使绿化面积达标养护率达96%以上,花灌木占乔灌木数量达30%以上,草花面积占绿化面积3%以上,绿化覆盖率达59.7%以上,成立卫生状况评估小组,定期、不定期进行考评。

3.邮政服务部:根据我校教学科研、行政办公作息时间和信箱工作的特点,参照厦门市邮政部门承诺制的有关要求,在服务态度、服务质量、服务效率、作息时间等方面做出承诺,将邮政服务部建成我校的优质文明服务窗口。

三、运行经费

学校在政策和资金上为中心的发展提供必要的条件,中心的办公费、运行费、人员经费、部分设备费等全部自理。

1.液化气站

积极开拓校内及学校周边市场,扩大用户数量;强化成本核算,合理调配资源,多渠道与社会合作,加强现有设备的利用率,以外养内,降低校内服务成本。参照厦门市物价局制定的收费标准,重新制定用气价格,在价格和质量上与厦门市煤气公司同步,随行就市(对教职工15kg按5元/瓶优惠)。向市场要效益,并创造条件,实现液化气供应社会化经营。

2.校园绿化和卫生保洁

(1)通过承接学校的绿化、卫生保洁、森林防火等业务,参照厦门市园林环卫行业通行标准,结合学校的实际情况,合理测算工作量,确定不同区域、不同项目、不同工种的服务等级,设定服务收费标准。以优质服务向学校收取服务费。

(2)利用现有的设备、人员、技术、组织等优势,积极开展对外经营业务,开辟经费来源渠道。

(3)大型设备投资学校应给予财政支持。

3.邮政服务部

(1)收费服务,费用由学校提供。

(2)在完成承诺服务项目的基础上,利用工作特点,开拓相关经营业务,弥补校内服务经费之不足。

附件六

厦门大学维修服务中心组建方案

《中国教育改革和发展纲要》指出:高等学校的后勤工作应通过改革,逐步实现社会化。根据《中共厦门大学委员会关于深化校内管理体制改革的决定》和《厦门大学深化校内管理体制改革会议纪要》的精神,把原总务处动力科、维修服务中心、基建处修缮科合并、改制、组建厦门大学维修服务中心(以下简称"中心")。

机构设置及职责

一、机构设置

维修服务中心			
办公室	工程部	维修部	材料供应部

二、中心工作职责

1.承接全校水电设施的维护、维修及抢修。

2.承接全校液化气具、门窗玻璃、家用电器的维修。

3.承接全校房屋及有关建筑的维修、维护和校园道路、涵洞、隧道等设施的修建和维护工作。

4.承接校内外的建筑水电安装、改造装饰等有关工程。

5.承接学校部分专项工程。

6.积极配合学校做好育人、稳定工作。

三、部门职责及管理办法

1.办公室:负责维修中心内部监控、财务和工程预决算工作,承办中心对外联系、人事文秘、综合协调等工作。

2.工程部:以经营为主,采用承包责任制。以投标竞争方式,承接校内外水电设施的改造、安装等有关工程,承接校园道路、涵洞、隧道等设施的修建和维护工作,承接学校部分专项工程。

3.维修部:以校内服务为主,注重社会效益,采用分项计件承包为主、工作量定额为辅的管理办法。承接全校水电设施的维护、维修及抢修,承接全校液化气具、门窗玻璃、家用电器的维修,承接全校房屋及有关建筑的维修、保养工作。

4.材料供应部:负责中心承接任务所需材料、工具的采购、保管、供应工作。直接从厂家或厂家指定的代理商进货,采用仓储供应、店面零售的办法,为中心和用户提供优质低价的材料。

运行方式

中心是实行企业化管理的经济实体,实行主任负责制。中心劳动人事管理办法、财务分配制度、固定资产管理办法、监控办法等按照《厦门大学后勤社会化改革方案》有关规定执行。

一、明确目标管理责任制,推行全面质量管理

质量保证是维修服务中心的灵魂,质量管理以主任为主,副主任具体抓落实,严把质量关。材料采购、供应严格按程序和规章执行,力争做到同品牌、同质量、低价格。明确责、权、利,逐步实现维修服务工作制度化、规范化。

中心的质量方针:

a.质量第一、安全第一;

b.信得过工程、信得过质量、信得过服务;

c.锐意进取、追求卓越。

中心的质量目标:

a.日常维修服务一次合格率100%,优良率不低于85%,返修率低于3%;

b.安装工程交付验收合格率100%,优良率不低于75%。

二、实行承诺制服务

完善《文明服务公约》和《承诺制实施办法》,提供全天24小时电话值班、节假日正常上班的维修服务。要求全体工作人员讲究效率,严于律己,文明、热情、周到服务。

三、内部监控机制

中心内部建立监控机构,通过举报电话、召开座谈会、服务质量调查、民意测验等接受师生对中心日常工作进行监督。并根据师生员工的意见、建议和要求做出反馈、答复和处理,做好宣传、解释工作。

四、收费标准

强化市场意识和成本意识,建立和完善经济核算制度,努力降低修建成本。参照厦门市维修行业收费标准,校内修建收费应低于社会同类服务的收费标准。一般工程安装以三级乙类和四级标准收费,教工学生宿舍、办公设施的零星维修管理费按材料费的20%计收,其他营业场所管理费按材料费的25%~30%计收。

五、运行经费

学校在政策和资金上为中心的发展提供必要的条件,逐步减少人员经费投入,中心的办公费、运行费、部分设备费等全部自理。

1.启动资金:中心开始运转的启动费由学校一次性提供,3年后,不计利息偿还。

2.人员经费:第一年度按100%核拨,第二年度按70%核拨,第三年度按40%核拨,从第四年开始,人员经费由中心自筹解决。

3.各项维护、维修、抢修等有偿服务收入。

4.承接工程收入(校内修建安装的工程招标,在同等条件下,应向维修中心倾斜,使中心每年承担不少于200万元的校内工程)。

附件七

厦门大学接待服务中心组建方案

《中国教育改革和发展纲要》指出:高等学校的后勤工作应通过改革,逐步实现社会化。根据《中共厦门大学委员会关于深化校内管理体制改革的决定》和《厦门大学深化校内管理体制改革会议纪要》的精神,把原招待所、专家楼招待所、大小车队合并、改制、组建厦门大学接待服务中心(以下简称“中心”)。

机构设置与职责

一、机构设置

接待服务中心			
办公室	招待所	车队	大丰园餐厅

二、中心工作职责

1.根据特种行业管理的有关规定,制定相应的规章制度、管理,办法。

2.做好各类会议和旅客的接待服务工作,做到安全、卫生、舒适。

3.严格执行《食品卫生法》,做好招待所餐厅的经营服务工作。

4.为学校教学、科研、公务活动及师生生活提供车辆服务,做到行车安全、及时、准点、方便、节约。

5.做好车辆的管理、维护、维修工作。

6.保质保量地做好车辆油料供应工作,确保油库安全。

7.积极配合学校做好育人、稳定工作。

三、部门职责及管理办法

1.办公室:负责中心的财务、人事管理、文秘和有关业务往来的接待工作,做好服务、卫生的监督管理,协调各部门工作。

2.招待所:由厦大招待所、专家楼招待所组成,做好旅客的住宿接待工作。努力提高服务质量、管理水平,采用经济目标责任制管理办法,对年度经营目标进行定量测算。

3.车队:由小车班、客车班、油库等组成,负责车辆运输、使用、管理、维护、维修和油库管理等工作,采用统一调度、单车核算,在保证完成学校教职工子女上学用车及公务用车的前提下,积极开展校内外经营服务活动,收费标准可参照市价的标准实行优惠。在确保学校公务用车的同时,积极开展对外经营活动,除人员工资、车辆的各种费用自理外,按照不同车型,每部车按月上缴一定的管理费。车辆驾驶员竞争上岗,上岗者须交纳一定数额的风险抵押金。中心将维持学校小车班现有的规模(小车 5 部、旅行车 2 部、中巴 2 部),小车班收入单列,用于车辆报废后购置新车,不足部分由学校承担。

4.招待所餐厅:采用经营承包责任制管理,按月上缴管理费。严格执行《食品卫生法》,为师生和旅客提供卫生、可口、经济的餐饮服务。

运行方式

中心是实行企业化管理的经济实体,实行主任负责制。中心劳动人事管理办法、财务分配制度、固定资产管理办法、监控办法等按照《厦门大学后勤社会化改革方案》有关规定执行。

一、强化制度建设,推行经营服务承诺制

中心作为我校对外交流的窗口,应自觉树立和维护学校对外服务的形象,建立、健全内部管理规章制度,明确岗位职责,逐步做到服务工作制度化、规范化。中心全面推行经营服务承诺制,按照各自服务特点,制订《文明服务公约》和《服务承诺实施办法》。

1.招待所:改善住宿条件,制订服务标准,做到优质文明服务。

2.车队:对服务时限、服务质量、服务态度做出明确承诺。

3.餐厅:从饭菜质量、服务态度、食品卫生等方面做出承诺。

二、内部监控制度

健全内部监控机构和监控制度。组织监控小组,实施全面和全过程的服务质量检查监督,坚持对各独立核算实体进行检查评估，并按规定做好记录和处理意见。设立投诉电话，受理客户的投诉。

三、运行经费

学校在政策和资金上为中心的发展提供必要的条件，中心的办公费、运行费、人员经费、部分设备费等全部自理。

1.学校拨款：学校对小车队的公务用车每年补贴4万元，客车队接送中小学、幼儿学生的补贴每年12万元，共计16万元仍由学校拨款。

2.水电费列入经营成本。

3.各经营服务实体的创收。

附件八

厦门大学物业管理中心组建方案

《中国教育改革和发展纲要》指出“高等学校的后勤工作应通过改革，逐步实现社会化”。根据《中共厦门大学委员会关于深化校内管理体制改革的决定》和《厦门大学深化校内管理体制改革会议纪要》的精神，把原资产处的房产科、地产科、原总务处的宿管科、校管科等合并、改制、组建厦门大学物业管理中心（以下简称“中心”）。

一、中心的性质

中心是实行企业化管理的经济实体，实行主任负责制。中心按照合同和契约，接受业主（学校、住户）的委托，为业主和用户提供高效、优质、经济的服务，使物业充分发挥其使用价值和经济效益。

通过学校的政策扶持，中心逐步实现“以业养业，自我发展”，实现向社会化过渡。

二、中心的职责与组织机构

（一）中心职责

1.结合城市管理有关标准对物业实施管理并制订具体的管理办法。

2.依照委托管理合同，负责管辖区内物业、公共场地的保洁、绿化养护和管理，公用设备（设施）的养护及维修，公共秩序管理等工作。

3.及时接受和处理业主关于住宅区管理的投诉。定期对承接服务项目的专业服务机构进行考核，评价其工作业绩，按照市场竞争优胜劣汰的规则选择专业服务机构（承包者）。

4.依照委托管理合同和有关价格管理规定收取管理服务费用，接受有关部门、业主及住户的监督。

5.制止违反管理规定的行为，积极配合有关部门及时处理管辖区内的违章违法事件。

6.凭房地产科的租赁通知单，为住户办理入住、退房手续，收取住房押金、租金。依据房地产科的通知书，对学生宿舍的住宿进行管理。接受资产管理处的委托，管理部分经营性用房。

（二）中心的组织机构

1.中心机构设置：

物业管理中心		
办公室	财务部	管理部

2.各部门职责：

（1）办公室：负责接待、对外联络、宣传工作；建章立制、人事管理、物业档案管理；承接投诉、处理各种公文函件等日常事务，协调各部门工作；对合同项目及其技术要求进行核定，做好预决算；商业街的收租、门前三包、维修等日常管理工作。

（2）财务部：做好管理费用的核收和使用管理，编制财务报表，进行财务预算、财务分析和财务审核，财务单证管理，财产立账建卡。

(3)管理部:对辖区内的环境卫生、绿化养护、公共设施(设备)、公共场地、公共秩序进行管理。根据房地产科的租赁通知书,为住户办理入住、退房手续,学生宿舍的入住安置。

三、中心管理范围内片区划分和管理服务内容

(一)管理范围内片区划分:

1.教职工宿舍区按住户数、密集程度、分布情况等分为五个片区,即:①海滨东区、海滨51—55号楼;②海滨1—50号楼、白城区;③北村、西村、成伟;④敬贤区、凌峰、大南、笃行区;⑤单间教工宿舍。

2.学生宿舍区,按学生的分类划为:①女生宿舍区;②研究生宿舍区;③本科生宿舍区;④新区及其他生员区。

3.公共教室,按地域划分为:①南强二区;②群贤区;③博学区。

4.部分经营性用房:海滨、大生里、顶沃仔一条街。

5.办公用房:嘉庚楼群。

(二)管理服务内容

中心按法规及合同、契约行使管理权,具体管理服务内容按各类用房分别为:

1.教工住宅区:

(1)住宅区内的环境保洁管理。

(2)住宅区内绿化及其养护管理。

(3)住宅区内公共设施(设备)、公共场地、公共秩序的维护管理。

(4)根据房地产科的住房租赁通知单,办理教职工入住及退房移交手续,收取房租。

(5)安排管理员对住宅区进行日常巡视,监督合同的履行。依法对违章行为进行纠正和处罚。

(6)依据委托合同,办理其他有偿服务项目。

(7)按规定收取服务管理费等各项费用。

2.学生宿舍区:

(1)学生宿舍区内的环境卫生及绿化养护的管理。

(2)学生宿舍区水、电、家具等各种设施的管理及维修工作,负责各楼栋的电话呼叫服务。

(3)配合校保卫处进行日常治安管理。

(4)根据房地产科的学生宿舍安排通知单,负责各类学生的住宿安置及调整工作。

(5)按规定收取服务管理等费用。

(6)石井女生宿舍区实行封闭式管理。

3.公共教室区:

(1)负责教学楼辖区的卫生保洁工作。

(2)保证教具、教师开水的供应及水电设施正常运行。

(3)教学楼辖区基本设施的管理及维修、维护工作。

4.部分经营性用房:

(1)接受资产管理处的委托,签订租赁契约合同,办理承租及退租手续。

(2)收取租金、滞纳金、水电费、卫生费、治安联防费。

(3)配合地方政府敦促承租户签订门前三包责任书。

(4)受理租户对房屋店面的装修申请,做好经营性用房的正常维修。

(5)帮助租户解决诸如水电维修等日常管理问题。

(6)配合承租户办理工商执照、税务登记、公共场所经营许可证等。

(7)接受学校委托,对违约承租户进行法律诉讼等。

(8)接受学校委托,办理经营性用房的延期手续。

5.非管辖区内校管住房:

非管辖区内的校管住房及其公共部分的维修管理问题,由中心负责联系处理,费用从学校基建维修

基金中支出。

四、管理制度及管理规定

中心根据政府有关法规及管理服务的范围、内容，制订以下管理制度。

1.中心的人事管理、财务、分配制度和监控体系等按《厦门大学后勤实体人事管理办法》、《厦门大学后勤经济实体固定资产管理办法》、《厦门大学后勤经济实体监控办法》的规定执行。

2.管理规定：

①居住公约

②住宅区管理规定

③住户须知

④学生宿舍管理规定

⑤公共维修基金管理规定

3.中心内部管理制度类：

①工作制度

②各工种职责

③服务承诺

④检查制度

五、经费问题及支持条件

(一)中心的经费来源依据所辖不同类别区域有所不同。

1.教职工住宅片区。考虑到教职工对物业管理的适应性和承受能力，物业管理中心不以盈利为目的，根据“取之于民用之于民”的原则，按照所提供的服务项目收取服务管理费，全部用于片区的实际支出。

2.学生宿舍区。学校按每位学生每年 50 元的标准收取管理费，管理费将全额用于学生宿舍区的卫生保洁、绿化养护、水电管理设施维护、零修管理、值班人员的工资及社会保障费用。

3.公共教室区。公共教室区的人员费、工具费、设施维修费由学校划拨。采取实收实支方式运作。

4.中心管理的经营性用房，按一定比例提成，作为中心的运行费和管理费。

(二)学校要在以下方面给予必要的条件和政策。

1.由于物业管理中心执行房地产科分离出的部分行政管理职能，如验收房屋、协助清房、收缴租金等，学校应核付有关服务经费。

2.物业办公用房。按《厦门市住宅区物业管理条例》第四章第三十三条规定：“开发建设单位应向业主委员会移交已分摊计费到户的用于公共服务的物业管理用房，物业管理用房面积为住宅区总建筑面积的 2‰。”因此，中心的办公用房学校应按上述标准给予支持。

3.按房改规定学校应从售房款中提取 20%作为住宅维修基金。

4.建议学校按照水电费代扣的办法，协调财务处帮助代扣物业管理费。

——本文摘录自《关于印发〈厦门大学后勤社会化改革方案〉的通知》，厦大综[1999]49 号，档号 1999-XZ09-7